新郑天利两周墓地

上

河南省文物考古研究院　编著

上海古籍出版社

图书在版编目（CIP）数据

新郑天利两周墓地/河南省文物考古研究院编著. —
上海：上海古籍出版社，2018.5
ISBN 978－7－5325－8728－5

Ⅰ. ①新…　Ⅱ. ①河…　Ⅲ. ①周墓-发掘报告-新郑
Ⅳ. ①K878.85

中国版本图书馆CIP数据核字（2018）第028774号

责任编辑：张亚莉
装帧设计：黄　琛
技术编辑：耿莹祎

新郑天利两周墓地（全二册）
河南省文物考古研究院　编著
上海古籍出版社出版发行
（上海瑞金二路272号　邮政编码200020）
（1）网址：www.guji.com.cn
（2）E-mail：guji1 @ guji.com.cn
（3）易文网网址：www.ewen.co
常熟市新骅印刷有限公司印刷
开本889×1194　1/16　印张35.5　插页62　字数816,000
2018年5月第1版　2018年5月第1次印刷
印数1—1,300
ISBN 978-7-5325-8728-5
K · 2436　定价：508.00元
如有质量问题，请与承印公司联系

目　录

插 图 目 录

彩 版 目 录

第一章　绪　论

第一节　地理位置与自然环境

　　新郑位于河南省中部郑州地区以南42公里,地处颍河支流双洎河中上游地区,该地区也是河南中部的交通中心。境内的京广铁路南达武汉、广州,往北至北京。从新郑至新密市另有一条铁路专钱与京广线相连。从尉氏至新密的一条窄轨小铁路也从市区经过。境内公路交通也极为发达。南北有京珠高速,南达武汉、珠海,北至北京,经郑州与西安,与连云港高速公路连接。与京珠高速并行的还有107国道,北达北京,南至广州、深圳。东西有灵宝至永城的省级公路,是沟通豫西至豫东主干道之一。新郑机场是河南最大的航空港(图一)。

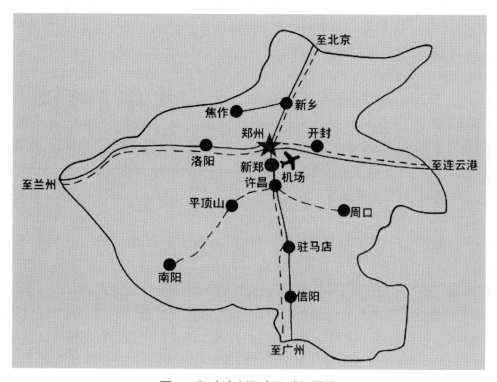

图一　河南省新郑市区域位置图

据出土的象牙、鹿角、犀牛骨和鸵鸟蛋等化石表明，大约在50万年以前，新郑市属气候温和，雨量充沛，森林茂密的亚热带气候。现在为温带大陆性季风气候。气温适中，四季分明，以公历3月至5月为春，6月至8月为夏，9月至11月为秋，12月至次年2月为冬。春暖、夏热、秋爽、冬寒。年平均气温14.2℃。7月份温度最高，平均27.3℃；1月份最低，平均0.0℃。年降水量699.8毫米。降水量最多年份达1 174.0毫米（1964年），最少年份为449.4毫米（1966年）。年际变化较大，降雨多集中在7—9月份，雷暴雨多集中在7—8月份。风向随季节而交替变化。冬季多刮北风，夏季多刮南风。全年平均风速3米/秒，最大风速20米/秒。大风方向，主要以冬、春的东北、西北大风为主；秋多雷雨，冰雹伴随大风，风向不一。这种适宜的气候，为史前和史初文化的肇始和发展提供了先天的有利条件。

新郑境内虽然没有特别大的河流，但是小河众多，其中较为有名的河流有双洎河（古洧水）、黄水河（古溱水）、溟水河、梅河、潮河、暖泉河、莲河、十八里河等。这些河流多发源于西部和北部山区，几条稍大的河流都是常年河，属于颍河水系；较小的河流均为季节河，属于贾鲁河水系。其中双洎河和黄水河呈东西环绕之势从郑韩故城两侧流过，这两条河流无论是对现在的新郑市，还是对春秋战国时期的郑韩两国，都有着很大的影响。

第二节　历史沿革

新郑双洎河沿岸的新石器时代遗址，经多年的调查、发掘与研究，大体包括新石器时代的早、中、晚期的遗存。其中尤以新石器早期的裴李岗遗址著称于世。这一时期，人类主要活动于河旁高阶地上，也就是说，至迟在8 000年左右，已有人类在双洎河中上游地区劳动生息。这一时期的文化遗存，在市区有裴李岗、西土桥、唐户、沙窝李、岗时、岭西等多处。新石器时代中期的仰韶文化遗址有10处，著名的有唐户、高坡岩、南李庄、大朱庄、官庄、王垌、古城村等遗址，基本面貌属庙底沟类型和秦王寨、大河村类型。新石器时代晚期的龙山文化遗址有9处，其中唐户遗址面积最大，为50余万平方米。其余的王垌、水泉、孟家沟、大司、人和寨和金钟寨遗址，面积少则3、4万平方米，多则10万—20万平方米。更为著名的还有古城寨龙山文化城址，位于新郑、新密两市交界处，加上城外遗址面积达30余万平方米以上，是迄今中原地区面积较大、保存最好的龙山文化晚期城址。

进入夏代，禹划九州，新郑属豫州。这一时期的文化有新郑烟厂新址、望京楼、高千庄、于寨、唐户等遗址。商代，为郑地。新郑在王都之南，亦有南郑之称，这一时期的遗址有后端湾、小高庄村西、褚庄温泉、唐户、小王庄、王垌、郭砦沟、望京楼等10余处。常见的遗存以二里岗上层为多，说明商代早期略晚这一带人口大量增加。西周时期，属夏之后裔妘姓的郐国所辖，其国都当在今新密至新郑一带，但目前还未找到。原来公布的省级文物保护单位新密郐国故城，经发掘证实是龙山文化晚期城址。墓葬在新郑唐户和郑韩故城内多有分布，以西周中晚期为常见。

入东周以后，公元前769年，郑武公灭郐东迁，在双洎河与黄水河的交汇处另建新都，国名仍称郑，为区别陕西的旧郑，始称"新郑"，或称"新邑"。这一时期的遗存在郑韩故城内外都较丰富，还有杨湾、孙庄、大范庄、侯庄、山东乔、裴商庙和唐户等10余处。这些遗存的分期，从春秋早、中、晚期到战国早期，共分四期。公元前375年，韩哀侯灭郑，并将国都从阳翟（今禹州市）迁到新郑。郑韩故城内，这一时期的地层堆积和遗迹分布情况较春秋时期面积扩大，而且密集，多数地段内春秋的文化堆积和遗迹均遭到了极为严重的破坏。战国中晚期的遗存可分为二期3段，即战国中期、战国晚期前段及晚期后段，从时间段推测，其晚期后段可能含秦灭韩以后的文化。韩都城以外的战国遗址和城址有10余处，著名的有郭店镇华阳寨、龙湖镇古城村、观音寺、山水寨、望京楼、耿坡等遗址。公元前230年，秦灭韩。秦王政二十六年（公元前221年）设新郑、苑陵二县，归颍川郡。西汉时，新郑、苑陵改属河南郡。新朝改苑陵县为左亭县，治所苑陵。苑陵故城在今龙王乡西侧，城墙保存大多较好。东汉建安七十年（公元212年），复改左亭县为苑陵县，与新郑县均属司隶校尉部河南尹。三国属魏，苑陵、新郑属司州河南尹。晋泰始二年（公元266年），置司州。分河南立荥阳郡；新郑并入苑陵县，治所苑陵。东魏天平初，分荥阳置广武郡；苑陵县属北豫州广武郡。北齐、北周时苑陵县改属荥州。隋改荥州为荥阳郡。开皇十六年（公元596年），恢复新郑县。大业初，废苑陵县，并入新郑县。唐武德四年（公元621年），分新郑县为新郑、清池二县，属管州（今郑州市）。贞观元年（公元627年），清池县并入新郑县，治所新郑，属河南道郑州荥阳郡。五代，新郑县属郑州。宋熙宁五年（公元1072年）废郑州。新郑县属开封府。元丰八年（公元1085年），恢复郑州，新郑改属郑州。金代新郑县属南京路钧州。元初，新郑县归颍顺军，后废军为州。新郑县隶属汴梁路钧州。明初新郑县属钧州。隆庆五年（公元1571年），改属河南开封府。清初，新郑属钧州。雍正二年（公元1724年）钧州改属直隶禹州，新郑属河南禹州。雍正十三年（公元1735年）升许州为府，新郑归属许州府。乾隆六年（公元1741年），又属开封府。中华民国二年（公元1912年），废州、府，新郑县属豫东道。民国三年，豫东道改名开封道，新郑属开封道。民国十六年废道，改行政区，建县，成立县政府，新郑县属第一行政督察区。中华人民共和国成立后，新郑县属郑州专区。1955年改属开封专区，1958年改属郑州市，1961年又归属开封地区行政公署，1983年再改属郑州市。1994年5月，经国务院批准，新郑撤县设市。

第三节　天利墓地发掘概况

新郑天利两周墓地位于新郑市梨河镇韩城路东段北、郜楼村南。东临乡村道路，南依义兴彩印厂、新郑市晨晖科技有限公司，西接七里闫村耕地，北邻郑州和一正生物科技有限公司，地形呈长方形，总面积约23 000平方米（图二）。

2012年10月，为了配合郑州天利食品厂的基本工程建设，在报请国家文物局批准后，河南省文物考古研究院新郑工作站开始对其进行抢救性发掘，至2013年2月下旬清理结束，共发掘两周时期墓葬313座，出土各类质地的文物千余件（图三）。

新郑天利两周墓地以竖穴土坑墓为主，共有307座，另有空心砖墓6座。值得注意的是，天利

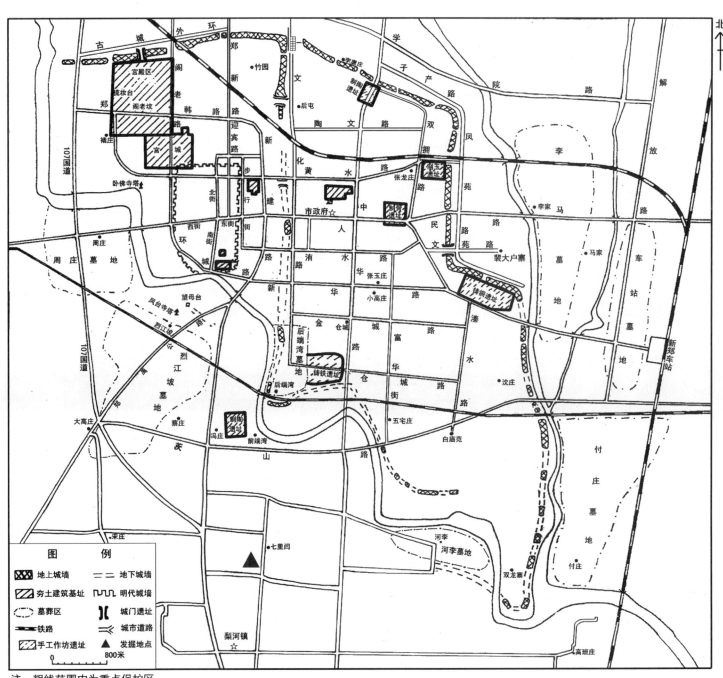

图二　天利墓地发掘位置示意图

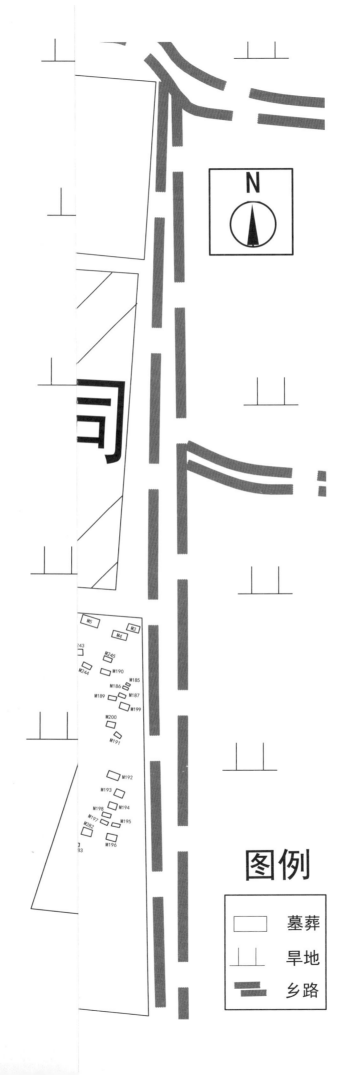

N

图例

墓葬

旱地

乡路

M5　M3
M4
243
M245
M244　M190
M185
M186　M187
M189　M199
M200
M191
M192
M193
M198　M194
M197　M195
M282
M196

313座墓葬竟未出土1件铜容器,且出土陶鼎的墓葬仅4座。另外,这313座墓葬中,有24座墓葬出土陶模型明器,有55座墓葬出土贝。

在发掘的过程中,我们除了对墓葬中的人骨做了现场鉴定外,还对墓葬中保存较为完好的骨架做了腹土的取样,便于今后做寄生虫方面的研究工作。发掘结束后,我们还对墓地进行了航拍。

在对墓葬及出土陶器等主要器物进行年代分析和对各类型器物进行期段组合的基础上,我们尝试对出土陶器墓葬进行整体分期,并做出年代的判断。通过分析,我们将新郑天利两周墓地分为七期13段,年代跨度大致从西周晚期到战国晚期早段之际。

总体而言,新郑天利墓地随葬陶器基本是以日用陶器为主,墓主的等级为庶民,他们无权使用铜礼器随葬,在仿铜陶礼器还没被广泛使用的情况下,他们发明创造了器形简陋、细小的陶模型明器随葬,以此僭用贵族阶层才能使用的铜礼器。春秋中晚期以后,仿铜陶礼器已经开始普遍,鼎制遭到严重的破坏,此时的部分墓主,却还是选择使用陶模型明器,而不是仿铜陶礼器,或许是对春秋早中期形成的这种传统之继承,体现了考古学文化的延续性。到了战国时期,天利食品厂墓地占绝对主导的鬲、盂、罐、豆等日用陶器组合绝迹,代之而起的是属于韩文化的鼎、盖豆、壶的组合。可见,这一时期韩文化在新郑地区占据绝对主导,成了新郑地区考古学文化的主流。

第二章　墓葬形制及随葬品

天利食品两周墓地共发掘墓葬313座,根据墓葬形制,可分为二类五型,现依类型介绍如下:

第一节　甲类——土坑竖穴墓

甲类墓葬共计307座,占绝大多数。根据棺椁重数,我们将其分为四型:

一、A型　一椁二棺

一椁二棺的墓葬极少,仅1座。

1. M285

开口平面呈长方形,斜壁,壁面平整,口大底小,平底。填土为五花土,土质疏松。墓向300°。墓葬开口距地表90厘米,开口长360、宽280厘米,墓深440厘米,墓底长330、宽220厘米。葬具为木质一椁二棺,仅存朽痕,均为长方形。椁长296、宽183、高80、厚6厘米,外棺长218、宽131、高20、厚6厘米,内棺长198、宽72-81、高10、厚6厘米。人骨保存较好,仰身直肢,面朝南,双手置于腹部,双脚并拢。(图四;彩版一)

随葬品14件,出土于墓葬西端的椁与外棺之间,均为陶器:

M285:1,陶盂。泥质灰陶。折沿微仰,斜方唇,上腹斜直,下腹斜收,平底。口径15.2、腹径15.5、底径7.8、高8.8厘米。(图五,5;彩版五二,4)

M285:2,陶罐。泥质灰陶。平折沿略仰,沿面内凹,方唇,短颈,溜肩弧鼓,折腹,弧腹内收,平底;沿面饰有一道凹弦纹,腹部较粗糙。口径12.1、腹径16.0、底径9.1、高11.8厘米。(图六,1)

M285:3,陶罐。泥质灰陶。平折沿,方唇,短颈,溜肩弧鼓,折腹,弧腹内收,平底;沿面饰有数道极细的凹弦纹,腹部有刀削痕迹。口径12.0、腹径16.0、底径8.8、高12.2厘米。(图五,9)

M285:4,陶盂。口部变形,泥质灰陶。折沿上仰,尖圆唇,上腹斜直,下腹斜收,上有刮削痕,平底。口径15.0、腹径15.4、底径7.3、高7.4厘米。(图五,4)

M285:5,陶罐。泥质灰陶。平折沿略仰,沿面内凹,方唇,短颈,溜肩弧鼓,折腹,弧腹内收,

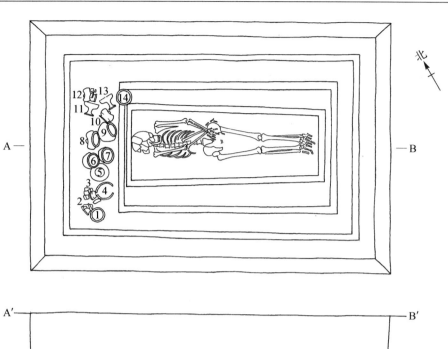

图四　M285平、剖面图

1. 陶盉　2. 陶罐　3. 陶罐　4. 陶盉　5. 陶罐　6. 陶盉　7. 陶鬲　8. 陶鬲　9. 陶罐
10. 陶鬲　11. 陶豆　12. 陶鬲　13. 陶豆　14. 陶盉

平底；沿面饰有数道极细的凹弦纹，腹部有刀削痕迹。口径12.6、腹径17.0、底径8.6、高14.8厘米。（图五，1）

M285：6，陶盂。泥质灰陶。折沿上仰，方唇，上腹斜直，下腹弧收，上有刮削痕，平底。口径13.8、腹径15.6、底径8.4、高9.0厘米。（图五，3；彩版五二，5）

M285：7，陶鬲。夹细砂灰陶。折沿较平，斜方唇，溜肩，弧腹，分裆近平，三袋足内敛较甚，尖足跟；肩部抹平，隐约可见绳纹痕迹，上有六道凹槽，腹以下饰交错绳纹。口径16.0、腹径16.2、高11.7厘米。（图五，7）

M285：8，陶鬲。夹细砂灰陶。折沿较平，斜方唇，溜肩，弧腹，分裆近平，三袋足内敛较甚，尖

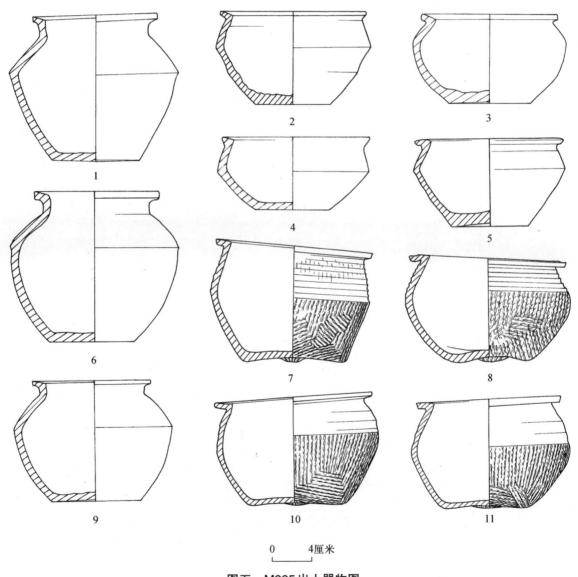

0   4厘米

图五　M285出土器物图

1. 陶罐（M285：5）　2. 陶盂（M285：14）　3. 陶盂（M285：6）　4. 陶盂（M285：4）　5. 陶盂（M285：1）　6. 陶罐（M285：9）
7. 陶鬲（M285：7）　8. 陶鬲（M285：8）　9. 陶罐（M285：3）　10. 陶鬲（M285：10）　11. 陶鬲（M285：12）

足跟；沿面有一道凹槽，肩部抹平，隐约可见绳纹痕迹，上有数道凹槽，腹以下饰交错绳纹。口径15.8、腹径16.8、高10.4厘米。(图五,8；彩版三七,6)

M285:9,陶罐。泥质灰陶。平折沿略仰，方唇，束颈较高，溜肩，弧腹内收，平底；沿面饰有数圈凹弦纹，腹部有刀削的痕迹。口径12.6、腹径17.1、底径8.6、高15.2厘米。(图五,6)

M285:10,陶鬲。夹细砂灰陶。折沿较平，沿面下凹，圆唇，溜肩，弧腹，分裆近平，三袋足内敛较甚，尖足跟；肩部抹平，隐约可见绳纹痕迹，上有四道宽凹槽，腹以下饰交错绳纹。口径16.0、腹径16.6、高11.3厘米。(图五,10)

M285:11,陶豆。泥质灰陶。敞口，圆唇，外壁上半部微鼓，下半部略内凹，豆盘较浅，折壁，腹部斜收，近直柄较细长，圈足状矮座外撇；豆盘内饰有密而细的螺旋状暗纹，盘内有刻划符号。口径14.1、高11.9厘米。(图六,2、4)

M285:12,陶鬲。夹细砂灰陶。折沿较平，斜方唇，溜肩，弧腹，分裆近平，三袋足内敛较甚，尖足跟；肩部抹平，隐约可见绳纹痕迹，上有二道宽凹槽，腹以下饰交错绳纹。口径14.8、腹径16.1、高11.2厘米。(图五,11)

M285:13,陶豆。泥质灰陶。敞口，圆唇，外壁上半部微鼓，下半部略内凹，豆盘较浅，折壁，腹部斜收，近直柄较细长，圈足状矮座外撇；豆盘内饰有密而细的螺旋状暗纹，盘内有刻划符号。口径13.6、高11.4厘米。(图六,3、5；彩版六二,7)

M285:14,陶盂。泥质灰陶。折沿上仰，方唇，上腹斜直，下腹斜收，上有刮削痕，平底。口径14.8、腹径15.6、底径7.6、高9.4厘米。(图五,2)

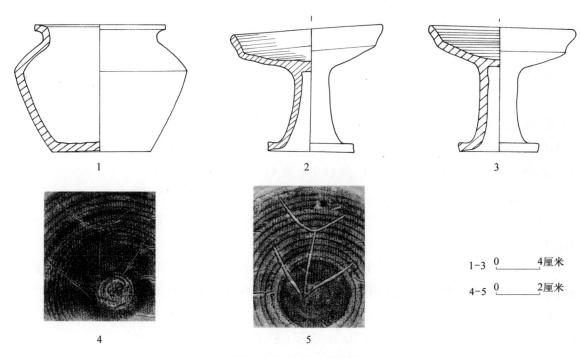

图六 M285出土器物图

1. 陶罐（M285:2） 2. 陶豆（M285:11） 3. 陶豆（M285:13） 4. 陶豆刻符（M285:11） 5. 陶豆刻符（M285:13）

二、B型 一椁一棺

一椁一棺的墓葬共计160座,近墓葬总数的一半。

1. M10

开口平面呈长方形,直壁,壁面平整,平底。填土为五花土,土质疏松。墓向280°。墓葬开口距地表100厘米,开口长290、宽150厘米,墓深360厘米。葬具为木质一椁一棺,仅存朽痕,均为长方形。椁长264、宽118-128、高50、厚7厘米,棺长190、宽76-80、高8、厚6厘米。人骨保存较差,仰身直肢,面朝上,双手置于腹部,双脚并拢。(图七;彩版二,1)

随葬品17件(套)(彩版二八,1),16件陶器出土于墓葬西端的椁与棺之间,14枚贝置于人口内:

M10:1,陶罐。泥质灰褐陶,器表打磨平整。平折沿,斜方唇,高束颈,溜肩弧鼓,折腹,凸棱明显,斜腹内收,平底;肩部近折处饰有两道凹弦纹。口径12.2、腹径18.6、底径11.6、高15.0厘米。(图八,1)

M10:2,陶盂。泥质灰陶,器表打磨光滑。折沿较平,圆唇,上腹微弧,下腹斜收,平底微凹;折棱处有一道凹弦纹。口径18.8、腹径17.8、底径8.6、高11.6厘米。(图八,2)

M10:3,陶罐。泥质灰褐陶,器表打磨平整。折沿,斜方唇,高束颈,溜肩弧鼓,折腹,斜腹内收,平底;肩部近折处饰有两道凹弦纹。口径12.0、腹径18.7、底径11.8、高15.1厘米。(图八,3)

M10:4,陶鬲,残。泥质灰陶。折沿较平,折处凸起成折棱,使口沿呈"铁轨式",方唇,溜肩,弧腹,腹以下均残。肩部抹平,隐约可见绳纹痕迹,上腹部饰抹断绳纹,腹以下饰绳纹。(图八,4)

M10:5,陶罐。泥质灰陶,器表打磨平整。平折沿,方唇,束颈较短,溜肩弧鼓,折腹,凸棱明显,弧腹内收,平底;沿面饰有两道凹弦纹,肩部近折处饰有一道凹弦纹。口径11.0、腹径17.4、底径11.4、高11.2厘米。(图八,5)

M10:6,陶盂。泥质灰陶,器表打磨光滑。折沿较平,圆唇,上腹微弧,下腹斜收,平底;上腹部有一道凹槽和一道凹弦纹,折棱处有一道凹弦纹,下腹部有一道凹槽。口径17.4、腹径16.9、底径8.9、高11.8厘米。(图八,6)

M10:7,陶盂。泥质灰陶,器表打磨光滑。折沿微仰,圆唇,上腹微弧,下腹斜收,平底;折棱处有一道凹弦纹。口径17.8、腹径16.6、底径9.0、高11.0厘米。(图八,7)

M10:8,陶豆。泥质灰陶。敞口,口部外撇,圆唇,折壁,折处凸棱不明显,豆盘深,喇叭状柄较粗大,圈足状底座外撇,座底和座沿略内凹;豆盘内饰有螺旋状暗纹,间距较大。口径18.4、高14.8厘米。(图九,1)

M10:9,陶罐。泥质灰褐陶,器表打磨平整。平折沿,斜方唇,高束颈,溜肩弧鼓,折腹,凸棱明显,斜腹内收,平底;肩部近折处饰有两道凹弦纹。口径12.3、腹径18.4、底径11.4、高15.2厘米。(图九,3)

M10:10,陶盂。泥质灰陶,器表打磨光滑。平折沿,圆唇,上腹微弧,下腹斜收,平底微凹;折棱处有一道凹弦纹。口径19.0、腹径18.0、底径8.8、高11.2厘米。(图八,9)

M10:11,陶鬲,残。夹砂褐陶。平折沿,方唇,直颈较高,弧腹,下腹及以下残,沿面饰有一道凹弦纹,腹部饰有绳纹。(图九,5)

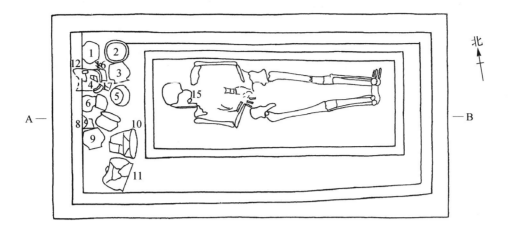

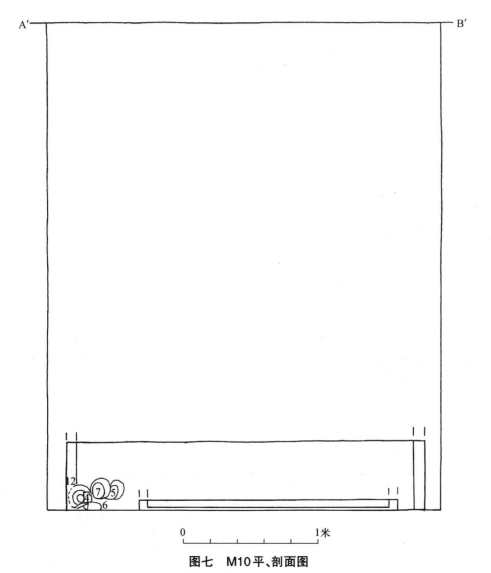

图七　M10平、剖面图

1.陶罐　2.陶盉　3.陶罐　4.陶鬲　5.陶罐　6.陶盉　7.陶盉　8.陶豆　9.陶罐　10.陶盉
11.陶鬲　12.陶豆　13.陶豆　14.陶豆　15.贝　16.陶鬲　17.陶鬲

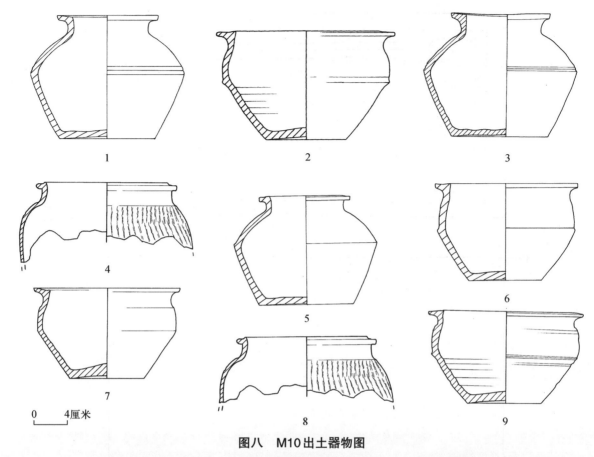

0　4厘米

图八　M10出土器物图

1. 陶罐（M10：1）　2. 陶盂（M10：2）　3. 陶罐（M10：3）　4. 陶鬲（M10：4）　5. 陶罐（M10：5）
6. 陶盂（M10：6）　7. 陶盂（M10：7）　8. 陶鬲（M10：17）　9. 陶盂（M10：10）

M10：12，陶豆。泥质灰陶。敞口，口部外撇，圆唇，下壁内凹，折壁，折处凸棱不明显，豆盘深，喇叭状柄较粗大，圈足状底座外撇，座面略上翘，座沿斜方唇；豆盘内饰有螺旋状暗纹，暗纹较细而密，外腹部饰有螺旋状暗纹，较粗而疏。口径19.8、高16.6厘米。（图九，7；彩版五八，9）

M10：13，陶豆。泥质灰褐陶。敞口，口部外撇，圆唇，折壁，折处凸棱明显，豆盘深，喇叭状柄较粗大，圈足状底座外撇，座底略内凹；豆盘内饰有螺旋状暗纹。口径18.6、高15.0厘米。（图九，2）

M10：14，陶豆。泥质灰褐陶。敞口，口部外撇，圆唇，下壁内凹，折壁，折处凸棱不明显，豆盘深，喇叭状柄较粗大，圈足状底座外撇，座面上翘，座沿斜方唇；豆盘内和盘外饰有螺旋状暗纹，盘内暗纹密而细，盘外粗而疏。口径1.6、高16.2厘米。（图九，6）

M10：15，贝。14枚，部分已残，部分保存较好，其中11枚背部有一个穿孔，3枚未穿孔者是最小的。大小不一，长度从1.6-2.2厘米不等。（图九，4；彩版八四，2）

M10：16，陶鬲，残。泥质灰陶。折沿微下斜，折处凸起，沿面下凹，圆唇，溜肩，弧腹，腹以下均残。肩部抹平，隐约可见绳纹痕迹，上腹部饰抹断绳纹，腹以下饰交错绳纹。（图九，8）

M10：17，陶鬲，残。夹砂褐陶。平折沿，方唇，直颈较高，弧腹，下腹及以下残，沿面饰有一道凹弦纹，腹部饰有绳纹。（图八，8）

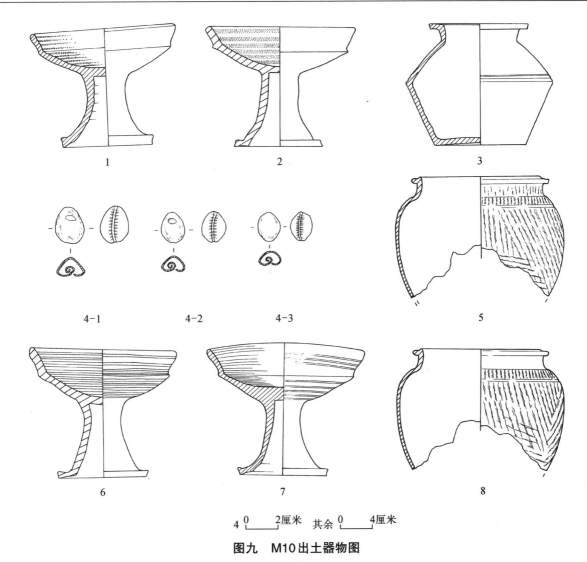

4 <u>0　　2厘米</u>　其余 <u>0　　4厘米</u>

图九　M10出土器物图

1. 陶豆（M10：8）　2. 陶豆（M10：13）　3. 陶罐（M10：9）　4. 贝（M10：15）　5. 陶鬲（M10：11）
6. 陶豆（M10：14）　7. 陶豆（M10：12）　8. 陶鬲（M10：16）

2. M23

开口平面呈长方形，直壁，壁面平整，平底。填土为五花土，土质疏松。墓向280°。墓葬开口距地表100厘米，开口长320、宽180厘米，墓深260厘米。葬具为木质一椁一棺，仅存朽痕，均为长方形。椁长284、宽155、高58、厚8厘米，棺长218、宽80-92、高6、厚6厘米。人骨保存较差，仅存主要肢骨及部分骨头朽痕，仰身直肢。（图一○；彩版二，2）

随葬品共8件，出土于墓葬西南角的椁与棺之间，均为陶器：

M23：1，陶盂。泥质灰陶，器表打磨光滑。折沿微仰，方唇，上腹斜弧，下腹斜收，平底。口径18.8、腹径17.2、底径8.4、高10.9厘米。（图一一，2）

M23：2，陶罐。泥质灰陶，器表打磨平整。平折沿，方唇，短颈，溜肩弧鼓，折腹，斜腹内收，平

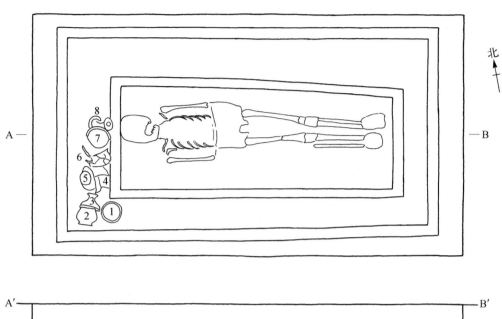

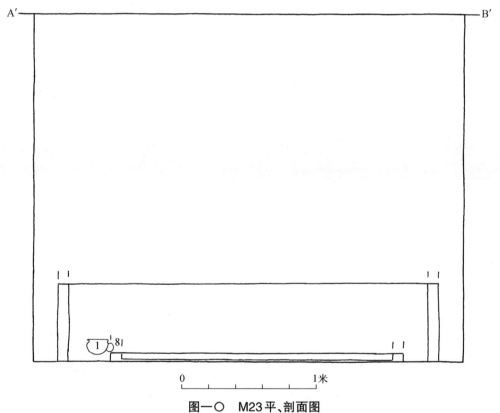

图一〇　M23平、剖面图

1. 陶盂　2. 陶罐　3. 陶豆　4. 陶鬲　5. 陶罐　6. 陶鬲　7. 陶盂　8. 陶豆

底；素面。口径10.2、腹径16.0、底径9.6、高11.0厘米。(图一一,1;彩版七四,1)

　　M23:3,陶豆。泥质灰陶。敞口,圆唇,唇外缘略弧鼓,渐收至折处又凸起,上半部弧鼓,下半部弧收形成凹槽,外壁呈"S"形,豆盘较浅,折壁,凸棱不明显,下腹部弧收,近直柄较细长,圈足状矮座外撇,座沿略内凹;豆盘内饰有密而细的螺旋状暗纹,盘内有刻划符号。口径15.2、高12.8

厘米。(图一一,7、10)

　　M23:4,陶鬲。泥质灰陶。折沿微仰,方唇,溜肩,弧腹,裆近平,内壁不规整,乳足较内聚;沿面有一道凹槽,肩部和腹抹平,足和裆饰绳纹。口径16.1、腹径16.4、高9.6厘米。(图一一,3)

　　M23:5,陶罐。泥质灰陶,器表打磨平整。平折沿,方唇,短颈,溜肩弧鼓,折腹,斜腹内收,平底;素面。口径10.0、腹径15.6、底径9.6、高11.6厘米。(图一一,6)

　　M23:6,陶鬲。泥质灰陶。折沿微仰,方唇,溜肩,弧腹,裆近平,内壁不规整,乳足较内聚;肩部和腹抹平,足和裆饰绳纹。口径16.4、腹径16.6、高9.4厘米。(图一一,4)

　　M23:7,陶盂。泥质灰陶,器表打磨光滑。折沿微仰,方唇,上腹斜弧,下腹斜收,平底;沿面有四道凹弦纹,唇面有一道凹弦纹。口径18.2、腹径17.0、底径9.0、高10.5厘米。(图一一,5)

　　M23:8,陶豆。泥质灰陶。敞口,圆唇,唇外缘弧鼓,豆盘较浅,折壁,凸棱不明显,下腹部弧收,近直柄细长,圈足状矮座外撇;豆盘内饰有密而细的螺旋状暗纹,盘内有刻划符号。口径14.8、高12.8厘米。(图一一,8、9)

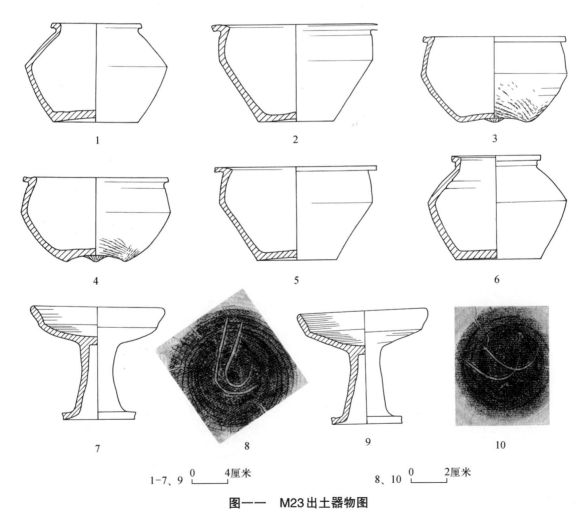

1　　　　　　　　2　　　　　　　　3

4　　　　　　　　5　　　　　　　　6

7　　　　　8　　　　　9　　　　　10

1-7、9 0 ⌞___⌟ 4厘米　　　　8、10 0 ⌞___⌟ 2厘米

图一一　M23出土器物图

1.陶罐(M23:2)　2.陶盂(M23:1)　3.陶鬲(M23:4)　4.陶鬲(M23:6)　5.陶盂(M23:7)　6.陶罐(M23:5)
7.陶豆(M23:3)　8.陶豆刻符(M23:8)　9.陶豆(M23:8)　10.陶豆刻符(M23:3)

3. M24

开口平面呈长方形,斜壁,壁面平整,口大底小,平底。填土为五花土,土质疏松。墓向280°。墓葬开口距地表100厘米,开口长350、宽250厘米,墓深330厘米,底长330、宽230厘米。葬具为

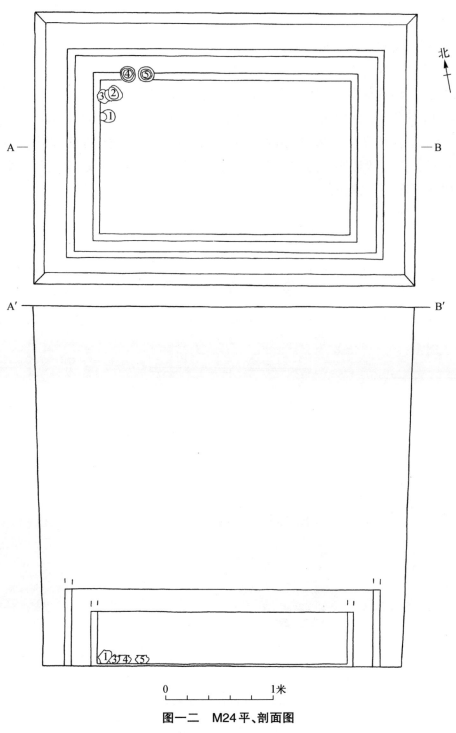

0　　　　　　　1米

图一二　M24平、剖面图

1.陶罐　2.陶鬲　3.陶鬲　4.陶盂　5.陶盂

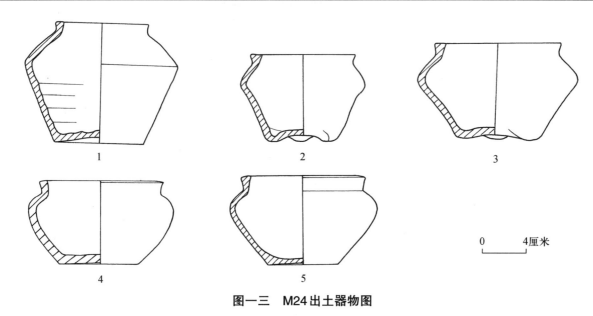

图一三　M24出土器物图

1. 陶罐（M24：1）　2. 陶鬲（M24：2）　3. 陶鬲（M24：3）　4. 陶盂（M24：4）　5. 陶盂（M24：5）

木质一椁一棺，仅存朽痕，均为长方形。椁长290、宽192、高70、厚6厘米，棺长232、宽154、高50、厚6厘米。人骨朽坏不存。（图一二）

随葬品共5件，出土于棺内西北角，均为陶器：

M24：1，陶罐。泥质灰陶。折沿消失，直领较短，溜肩弧鼓，折腹，斜腹内收，平底；素面。口径8.3、腹径13.6、底径8.0、高10.7厘米。（图一三，1）

M24：2，陶鬲。泥质灰陶。近直口，方唇，折腹，裆近平，三乳足聚于器底。口径9.3、腹径11.1、高7.8厘米。（图一三，2；彩版四六，5）

M24：3，陶鬲。泥质灰陶。近直口，方唇，折腹，裆近平，三乳足聚于器底。口径11.3、腹径14.3、高8.8厘米。（图一三，3）

M24：4，陶盂。泥质灰陶。直口，方唇，领较矮，弧腹，平底。口径11.0、腹径13.0、底径7.0、高7.4厘米。（图一三，4）

M24：5，陶盂。泥质灰陶。直口，方唇，领较矮，弧腹，平底。口径11.1、腹径13.2、底径5.9、高7.9厘米。（图一三，5）

4. M25

开口平面呈长方形，直壁，壁面平整，平底。填土为五花土，土质较硬。墓向280°，墓葬开口距地表100厘米，开口长30、宽200厘米，墓深340厘米。葬具为木质一椁一棺，仅存朽痕，均为长方形。椁长240、宽158、高44、厚8厘米，棺长160、宽68、高8、厚6厘米。人骨保存差，仅余头和下肢的朽灰。（图一四）

随葬品共6件，出土于墓葬西端的椁与棺之间，均为陶器：

M25：1，陶鬲。夹砂红陶。折沿下斜，尖唇，圆肩，腹微弧，分裆较矮，三袋足内敛较甚，尖足

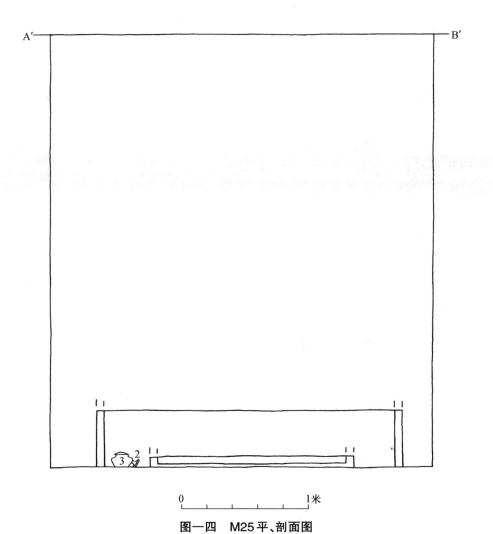

图一四　M25平、剖面图

1. 陶鬲　2. 陶豆　3. 陶罐　4. 陶盂　5. 陶豆　6. 陶罐

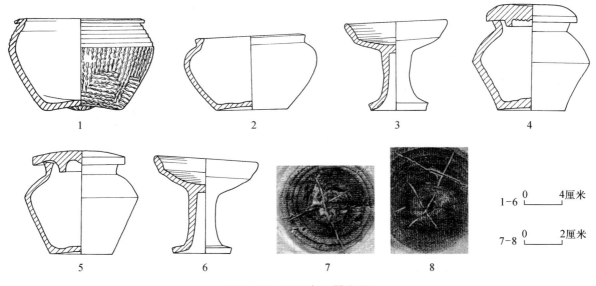

图一五 M25出土器物图

1. 陶鬲（M25：1） 2. 陶盂（M25：3） 3. 陶豆（M25：2） 4. 陶罐（M25：4） 5. 陶罐（M25：6）
6. 陶豆（M25：5） 7. 陶豆刻符（M25：5） 8. 陶豆刻符（M25：3）

跟；肩部抹平，隐约可见绳纹痕迹，上有五道凹弦纹，腹以下饰交错绳纹。口径14.0、腹径15、高9.8厘米。（图一五，1）

M25：2，陶豆。泥质灰陶。敞口，圆唇，口沿外撇，豆盘浅，弧折壁，凸棱不明显，腹部弧收，近直柄，圈足状矮座外撇，座沿斜方唇；豆盘内饰有螺旋状暗纹，有刻划符号。口径11.1、高9.6厘米。（图一五，3）

M25：3，陶盂。泥质灰陶，器表有多道刮削痕。直口，方唇，领较矮，弧腹，平底微凹。口径11、腹径14.1、底径7.4、高7.9厘米。（图一五，2、8；彩版五五，5）

M25：4，陶罐。泥质灰褐陶，器表打磨平整。有盖，盖面方唇，弧壁，平顶，短舌，器身折沿消失，斜领较短，溜肩弧鼓，折腹，斜腹内收，平底；器盖舌内饰有螺旋状凹弦纹，器身素面。盖径9.6、口径9.2、腹径12、底径7.1、通高11.2厘米。（图一五，4；彩版七四，2）

M25：5，陶豆。泥质褐陶。敞口，圆唇，口沿外撇，豆盘浅，弧折壁，凸棱不明显，腹部弧收，近直柄，圈足状矮座外撇，座沿斜方唇；豆盘内饰有螺旋状暗纹，有刻划符号。口径11.2、高10.1厘米。（图一五，6、7）

M25：6，陶罐。泥质灰褐陶，器表打磨平整。有盖，盖面方唇，弧壁，平顶，短舌，器身折沿消失，斜领较短，溜肩弧鼓，折腹，斜腹内收，平底；器盖舌内有一乳钉，器身素面。盖径9.8、口径8.0、腹径12.1、底径6.5、通高11.1厘米。（图一五，5）

5. M26

开口平面呈长方形，斜壁，壁面平整，口大底小，平底。填土为五花土，土质疏松。墓向280°。墓葬开口距地表100厘米，开口长405、宽280厘米，墓深320厘米，墓底长345、宽238厘米。葬具

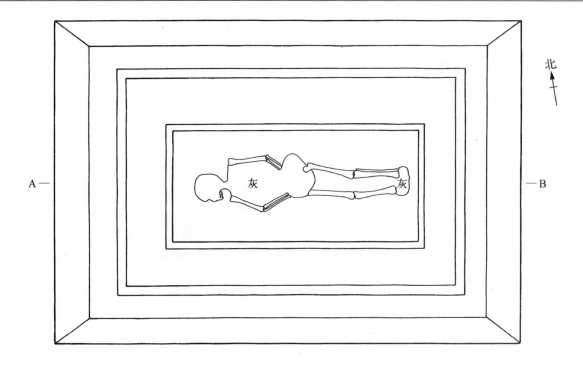

北

A —　　　　　　　　　　　　　　　　— B

灰　　　　　　　灰

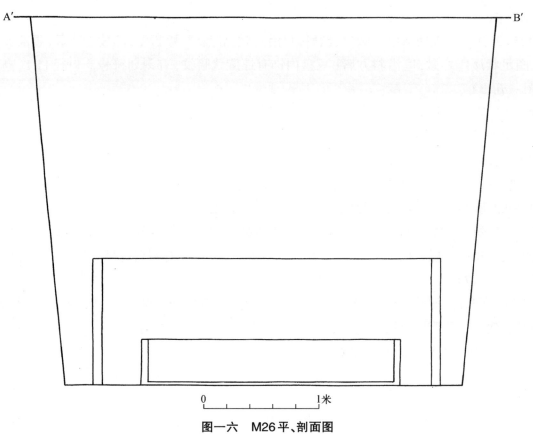

A′　　　　　　　　　　　　　　　　　　　B′

0　　　　　　　　1米

图一六　M26平、剖面图

1.陶罍　2.陶罍　3.陶豆　4.陶豆　5.陶鼎　6.陶敦

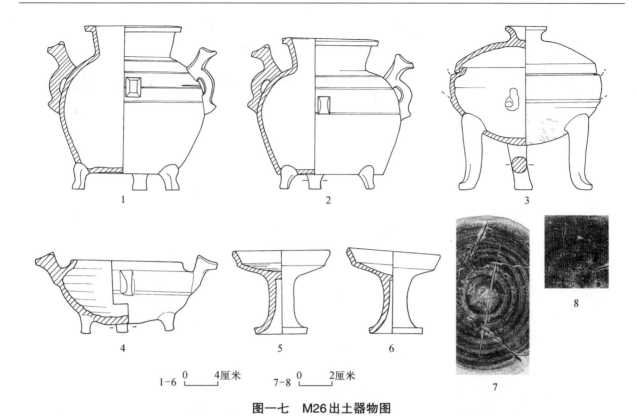

图一七　M26 出土器物图

1. 陶罍（M26:1）　2. 陶罍（M26:2）　3. 陶鼎（M26:5）　4. 陶敦（M26:6）　5. 陶豆（M26:4）
6. 陶豆（M26:3）　7. 陶豆刻符（M26:4）　8. 陶豆刻符（M26:3）

为木质一椁一棺，仅存朽痕，均为长方形。椁长302、宽196、高110、厚8厘米，棺长225、宽108、高40、厚5厘米。人骨保存较差，仅余主要肢骨及头骨朽痕，仰身直肢。（图一六）

随葬品共6件，均为陶器（彩版二八，2）：

M26:1，陶罍。泥质灰陶。平折沿，方唇，唇面下凹，斜颈，圆肩，上有一对爬兽和实心钮。爬兽呈躬身回首状，斜腹，平底，三足矮小。肩部有三道凹弦纹。口径11.8、腹径17.6、底径13.1、高18.3厘米。（图一七，1）

M26:2，陶罍。泥质灰陶。平折沿，方唇，唇面下凹，斜颈，圆肩，上有一对爬兽和实心钮。爬兽呈躬身回首状，斜腹，平底微凹，三足矮小。肩部有三道凹弦纹。口径11.9、腹径17.8、底径13.0、高19.8厘米。（图一七，2；彩版七七，5）

M26:3，陶豆。泥质灰陶。敞口，尖圆唇，外壁上半部微鼓，下半部略内凹，豆盘浅，弧折壁，凸棱不明显，腹部弧收，近直柄，圈足状矮座外撇，座沿斜方唇；豆盘内饰有密而细的螺旋状暗纹，有刻划符号。口径11.3、高10.1厘米。（图一七，6、8；彩版六二，8）

M26:4，陶豆。泥质灰陶。敞口，尖圆唇，外壁上半部微鼓，下半部略内凹，豆盘浅，弧折壁，凸棱不明显，腹部弧收，近直柄，圈足状矮座外撇，座沿斜方唇略内凹；豆盘内饰有密而细的螺旋状暗纹，有刻划符号。口径12.0、高10.1厘米。（图一七，5、7）

M26:5，陶鼎。泥质褐陶。盖弧顶折壁方唇，饼状抓手，斜面，大孔；子口承盖，方唇，附耳残，弧腹,圜底,条状足较高;腹部有一道折棱,底部有明显的刮痕。盖径17.4、口径15.6、通高19.8厘米。(图一七,3;彩版七七,1)

M26:6,陶敦。泥质灰陶。子口方唇,上腹部有一对兽首钮和一对半圆形实心钮,直腹,圜底,三足较矮小;腹与底结合处有一道折棱。口径13.8、高8.9厘米。(图一七,4;彩版七七,6)

6. M29

开口平面呈长方形,直壁,壁面平整,平底。填土为五花土,土质疏松。墓向285°。墓葬开口距地表100厘米,开口长310、宽200厘米,墓深260厘米。葬具为木质一椁一棺,仅存朽痕,椁平面呈梯形,棺平面呈长方形。椁长260、宽148-178、高45、厚8厘米,棺长180、宽94、高14、厚6厘米。人骨保存较差,头骨朽痕。(图一八)

随葬品共18件(套),其中16件陶器出土于墓葬西端的椁与棺之间:

M29:1,陶豆。泥质灰褐陶。敞口,尖圆唇,唇外缘弧鼓,渐收至折处又凸起,上半部外弧,下半部内收成凹槽,外壁呈"S"形,豆盘较浅,折壁,凸棱明显,下腹部弧收,近直柄细长,圈足状矮座外撇,座沿略内凹;豆盘内饰有密而细的螺旋状暗纹。口径13.7、高12.5厘米。(图一九,1)

M29:2,陶盂。泥质灰陶。平折沿,圆唇,上腹较斜,下腹弧收,上有刮削痕,平底微凹;折棱处有一道凹弦纹。口径11、腹径11.6、底径6.8、高7.7厘米。(图一九,4)

M29:3,陶罐。泥质灰褐陶,器表打磨平整。平折沿,方唇,束颈较短,溜肩弧鼓,折腹,弧腹内收,平底;腹部近折处饰有一道凹弦纹。口径9.0、腹径13.0、底径7.6、高10.6厘米。(图一九,8)

M29:4,陶盂。泥质灰陶。平折沿,斜方唇,上腹较直,下腹斜收,上有刮削痕,平底微凹;折棱处有一道凹弦纹。口径13.4、腹径12.6、底径6.2、高7.1厘米。(图一九,11)

M29:5,陶豆。泥质灰褐陶。敞口,尖圆唇,唇外缘弧鼓,渐收至折处又凸起,上半部外弧,下半部内收成凹槽,外壁略呈"S"形,豆盘较浅,折壁,凸棱不明显,下腹部弧收,近直柄细长,圈足状矮座外撇,座沿内凹;豆盘内饰有密而细的螺旋状暗纹。口径14.1、高13.0厘米。(图一九,9)

M29:6,陶鬲。夹细砂灰陶。平折沿,方唇,圆肩,弧腹,分裆较矮,三袋足内聚,尖足跟;肩部抹平,上有四道凹槽,腹以下饰交错绳纹。口径11.2、腹径13.5、高9.4厘米。(图一九,7)

M29:7,陶鬲。夹细砂灰陶。平折沿,圆唇,圆肩,弧腹,分裆较矮,三袋足内聚,尖足跟;肩部抹平,上有四道凹槽,腹以下饰交错绳纹。口径11.6、腹径14.0、高9.3厘米。内有少量兽骨。(图一九,10)

M29:8,陶豆。泥质灰陶。敞口,尖圆唇,唇外缘弧鼓,渐收至折处又凸起,上半部外弧,下半部内收成凹槽,外壁略呈"S"形,豆盘较浅,折壁,凸棱不明显,下腹部弧收,近直柄细长,圈足状矮座外撇,座沿内凹;豆盘内饰有密而细的螺旋状暗纹。口径14.2、高12.6厘米。(图一九,3)

M29:9,陶鬲。夹细砂灰陶。平折沿,圆唇,圆肩,弧腹,分裆较矮,三袋足内聚,尖足跟;肩部抹平,上有四道凹槽,腹以下饰交错绳纹。口径12.0、腹径14.0、高9.3厘米。(图一九,5;彩版三八,1)

M29:10,陶豆。器形较小。泥质灰陶,敞口,尖圆唇,唇外缘弧鼓,渐收至折处又凸起,上半

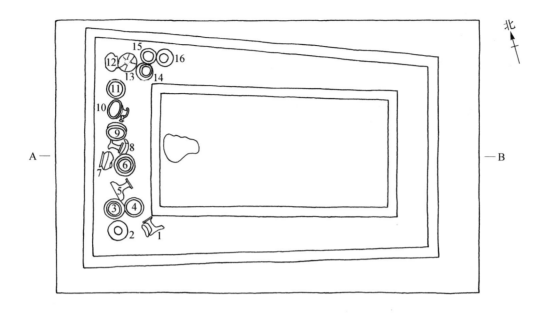

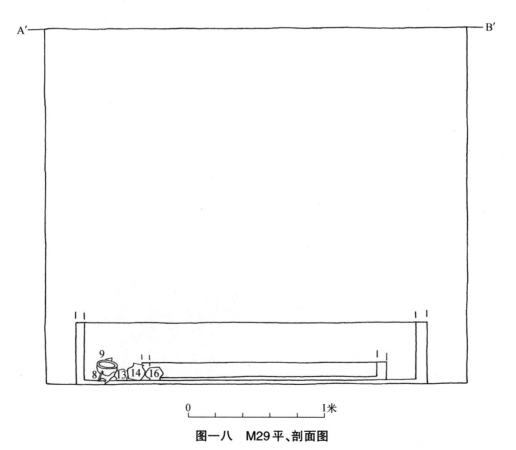

图一八 M29平、剖面图

1.陶豆 2.陶盂 3.陶罐 4.陶盂 5.陶豆 6.陶鬲 7.陶鬲 8.陶豆 9.陶鬲
10.陶豆 11.陶盂 12.陶罐 13.陶鬲 14.陶罐 15.陶盂 16.陶罐 17.陶模型明器 18.贝

部外弧，下半部内收成凹槽，外壁略呈"S"形，豆盘较浅，折壁，凸棱不明显，下腹部弧收，近直柄细长，圈足状矮座外撇；豆盘内饰有密而细的螺旋状暗纹，座沿处有一圈细凹弦纹，盘内有刻划符号。口径14.8、高11.9厘米。(图一九，2、19)

M29：11，陶盂。泥质灰陶。平折沿，方唇，上腹微斜，下腹斜收，上有刮削痕，平底微凹；折棱处有一道凹弦纹。口径13.4、腹径12.9、底径5.7、高8.4厘米。(图一九，14)

M29：12，陶罐。泥质灰陶，器表打磨平整。平折沿，方唇，束颈较短，溜肩弧鼓，折腹，凸棱较

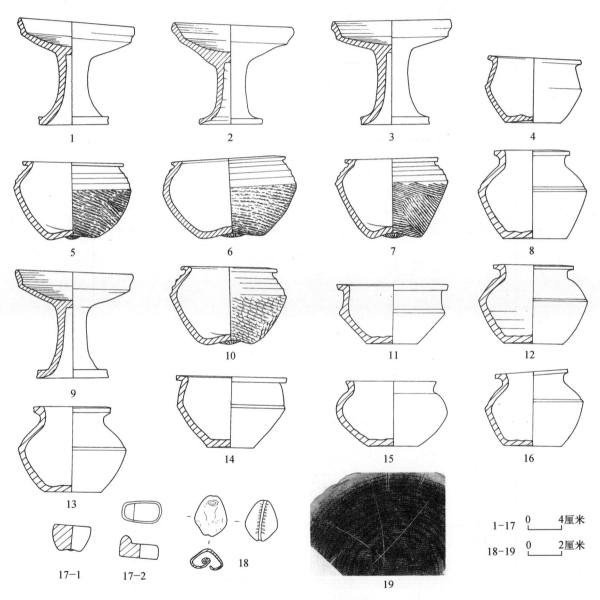

图一九　M29出土器物图

1.陶豆(M29：1)　2.陶豆(M29：10)　3.陶豆(M29：8)　4.陶盂(M29：2)　5.陶鬲(M29：9)　6.陶鬲(M29：13)
7.陶鬲(M29：6)　8.陶罐(M29：3)　9.陶豆(M29：5)　10.陶鬲(M29：7)　11.陶盂(M29：4)　12.陶罐(M29：14)
13.陶罐(M29：16)　14.陶盂(M29：11)　15.陶盂(M29：15)　16.陶罐(M29：12)
17.陶模型明器(M29：17)　18.贝(M29：18)　19.陶豆刻符(M29：10)

明显,弧腹内收,平底略内凹;肩部近折处饰有一道凹弦纹。口径8.6、腹径11.8、底径6.8、高8.9厘米。(图一九,16)

M29∶13,陶鬲。夹细砂灰陶。平折沿,圆唇,圆肩,弧腹,分裆较矮,三袋足内聚,尖足跟;肩部抹平,上有三道凹槽,腹以下饰交错绳纹。口径13.8、腹径16.0、高9.4厘米。(图一九,6)

M29∶14,陶罐。泥质灰褐陶,器表打磨平整。平折沿,方唇,束颈较短,溜肩弧鼓,折腹,弧腹内收,平底;腹部近折处饰有一道凹弦纹。口径9.6、腹径13.0、底径7.2、高9.4厘米。(图一九,12)

M29∶15,陶盂。泥质灰陶。折沿较平,尖圆唇,领较矮,扁鼓腹,平底微凹。口径1.8、腹径13.4、底径6.2、高7.7厘米。(图一九,15)

M29∶16,陶罐。泥质灰褐陶,器表打磨平整。平折沿,方唇,束颈较短,溜肩弧鼓,折腹,弧腹内收,平底;腹部近折处饰有一道凹弦纹,腹部刀削痕迹明显。口径9.2、腹径12.8、底径6.6、高10.2厘米。(图一九,13)

M29∶17,陶模型明器。2件,鬲、鞋形器各1件。泥质灰黄陶,疏松多孔。(图一九,17)

M29∶18,贝。2枚,保存较好,背部均有一个穿孔。长度均为2.3厘米。(图一九,18)

7. M30

开口平面呈长方形,斜壁,壁面平整,口大底小,平底。填土为五花土,土质硬。墓向280°。墓葬开口距地表100厘米,开口长402、宽248厘米,墓深340厘米,墓底长350、宽228厘米。葬具为木质一椁一棺,仅存朽痕,均为长方形。椁长280、宽166、高60、厚6厘米,棺长198、宽78、高8、厚6厘米。人骨保存较好,仰身直肢,面朝上,双手置于腹部,双脚并拢。(图二〇;彩版三,1)

随葬品共17件(套),16件陶器出土于墓葬西端的椁与棺之间,16枚贝置于人口中:

M30∶1,陶盂。泥质灰陶。折沿微仰,方唇,上腹微弧收,下腹斜收,上有刮削痕,平底微凹。口径17.2、腹径15.8、底径7.0、高11.0厘米。(图二一,9;彩版五二,6)

M30∶2,陶盂。泥质灰陶。折沿微仰,方唇,上腹微弧收,下腹斜收,上有刮削痕,平底。口径17.1、腹径15.4、底径7.2、高10.9厘米。(图二一,6)

M30∶3,陶盂。泥质灰陶。折沿微仰,方唇,上腹微弧收,下腹斜收,上有刮削痕,平底。口径15.5、腹径14.4、底径6.0、高9.8厘米。(图二一,1)

M30∶4,陶罐。泥质褐陶。平折沿,沿面极短,方唇,短颈,溜肩微弧,弧折腹,斜腹内收,平底;素面,腹部和底部有朱红痕迹。口径11.5、腹径17.4、底径11.4、高13.5厘米。(图二一,7)

M30∶5,陶罐。泥质灰陶。平折沿略仰,圆唇,短颈,溜肩微弧,弧折腹,斜腹内收,平底;素面。口径10.2、腹径12.8、底径6.4、高11.2厘米。(图二一,4)

M30∶6,陶豆。泥质灰陶。敞口,圆唇,外壁上半部微鼓,下半部略内凹,豆盘较浅,折壁,腹部斜收,近直柄较细长,圈足状矮座外撇;豆盘内饰有密而细的螺旋状暗纹,外腹部有朱红,盘内有刻划符号。口径13.8、高11.5厘米。(图二一,3;图二二,4)

M30∶7,陶鬲。泥质灰陶。折沿微仰,方唇,溜肩,弧腹,裆近平,内壁不规整,乳足较内聚;肩部和腹抹平,肩部有四道凹槽,足和裆饰绳纹。口径13.8、腹径15.0、高8.9厘米。(图二一,5)

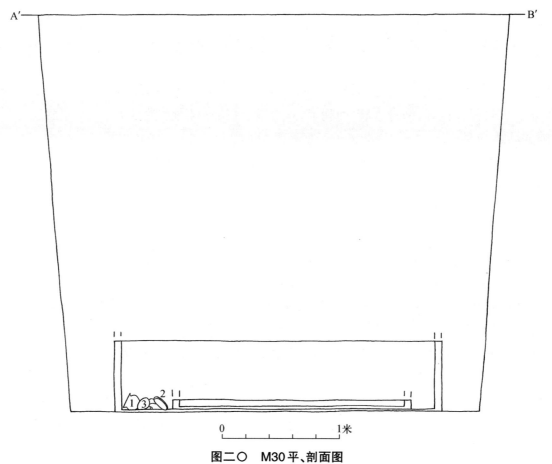

图二〇　M30平、剖面图

1.陶盉　2.陶盉　3.陶盉　4.陶罐　5.陶罐　6.陶豆　7.陶鬲　8.陶罐　9.陶豆
10.陶鬲　11.陶鬲　12.陶鬲　13.陶盉　14.陶豆　15.陶豆　16.陶罐　17.贝

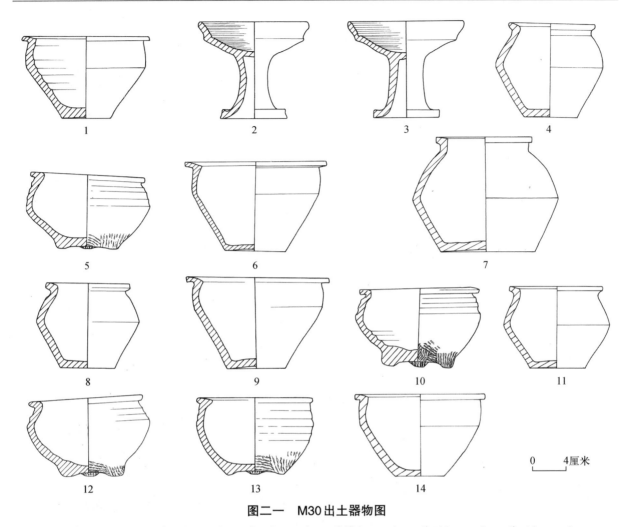

0   4厘米

图二一 M30出土器物图

1. 陶盂（M30∶3） 2. 陶豆（M30∶9） 3. 陶豆（M30∶6） 4. 陶罐（M30∶5） 5. 陶鬲（M30∶7） 6. 陶盂（M30∶2）
7. 陶罐（M30∶4） 8. 陶罐（M30∶8） 9. 陶盂（M30∶1） 10. 陶鬲（M30∶10） 11. 陶罐（M30∶16）
12. 陶鬲（M30∶11） 13. 陶鬲（M30∶12） 14. 陶盂（M30∶13）

M30∶8，陶罐。泥质灰陶。平折沿略仰，圆唇，短颈，溜肩微弧，弧折腹，斜腹内收，平底；沿面饰有数道极细的凹弦纹。口径10.3、腹径12.4、底径6.5、高10.1厘米。（图二一，8；彩版七四，3）

M30∶9，陶豆。泥质灰褐陶。敞口，圆唇，外壁上半部微鼓，下半部略内凹，豆盘较浅，折壁，腹部斜收，近直柄较细长，圈足状矮座外撇，座面上翘，沿斜方唇；豆盘内饰有密而细的螺旋状暗纹，盘内有刻划符号。口径13.7、高12.0厘米。（图二一，2；图二二，5）

M30∶10，陶鬲。泥质灰陶。平折沿，方唇，溜肩，弧腹，裆近平，内壁不规整，乳足较内聚；肩部和腹抹平，肩部有三道凹槽，足和裆饰绳纹。口径14.3、腹径15.0、高9.4厘米。（图二一，10）

M30∶11，陶鬲。泥质灰陶。折沿微仰，圆唇，溜肩，弧腹，裆近平，内壁不规整，乳足较内聚；肩部和腹抹平，肩部有数道凹槽，足和裆饰绳纹。口径13.8、腹径14.8、高9.4厘米。（图二一，12）

M30∶12，陶鬲。泥质灰陶。折沿微仰，圆唇，溜肩，弧腹，裆近平，内壁不规整，乳足较内聚；肩部和腹抹平，肩部有四道凹槽，足和裆饰绳纹。口径14.0、腹径14.0、高9.1厘米。（图二一，13；

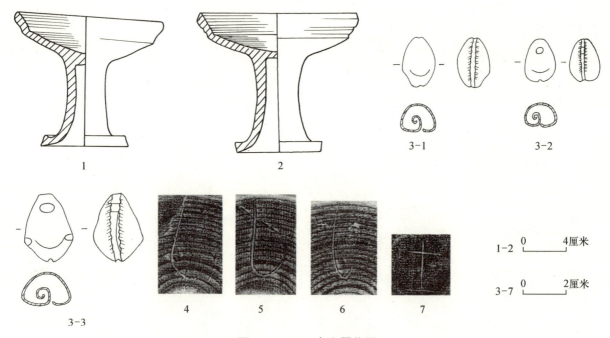

图二二　M30 出土器物图

1. 陶豆（M30：14）　2. 陶豆（M30：15）　3. 贝（M30：17）　4. 陶豆刻符（M30：6）
5. 陶豆刻符（M30：9）　6. 陶豆刻符（M30：14）　7. 陶豆刻符（M30：15）

彩版四四，2）

M30：13，陶盂。泥质灰陶。折沿微仰，圆唇，上腹微弧收，下腹斜收，上有刮削痕，平底。口径15.6、腹径14.6、底径5.9、高9.9厘米。（图二一，14）

M30：14，陶豆。泥质灰褐陶。敞口，圆唇，外壁上半部微鼓，下半部略内凹，豆盘较浅，折壁，腹部斜收，近直柄较细长，圈足状矮座外撇，座面内凹，沿斜方唇；豆盘内饰有密而细的螺旋状暗纹，盘内有刻划符号。口径13.8、高12.1厘米。（图二二，1、6；彩版六二，9）

M30：15，陶豆。泥质灰褐陶。敞口，圆唇，外壁上半部微鼓，下半部略内凹，豆盘较浅，折壁，腹部斜收，近直柄较细长，圈足状矮座外撇；豆盘内饰有密而细的螺旋状暗纹，盘内有刻划符号。口径14.6、高13.0厘米。（图二二，2、7）

M30：16，陶罐。泥质灰陶。平折沿略仰，圆唇，短颈，溜肩微弧，弧折腹，斜腹内收，平底；沿面饰有数圈极细的凹弦纹。口径11.2、腹径12.6、底径6.6、高9.8厘米。（图二一，11）

M30：17，贝。16枚，5枚已残，其余保存较好，保存较好者中的7枚背部有一个穿孔。大小不一，长度从1.7-3.1厘米不等。（图二二，3）

8. M33

开口平面呈长方形，直壁，壁面平整，平底。填土为五花土，土质疏较硬。墓向290°。墓葬开口距地表100厘米，开口长300、宽150厘米，墓深390厘米。葬具为木质一椁一棺，仅存朽痕，均为长方形。椁长278、宽136、高40、厚8厘米，棺长208、宽78、高8、厚6厘米。人骨保存较差，仰身

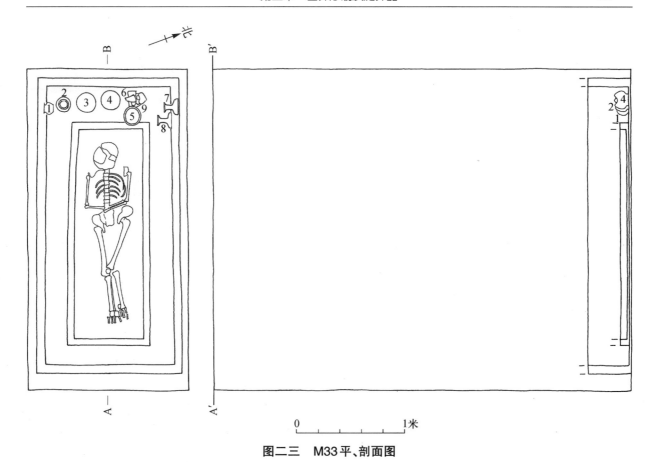

图二三　M33平、剖面图

1.陶罐　2.陶罐　3.陶鬲　4.陶鬲　5.陶盂　6.陶盂　7.陶豆　8.陶豆　9.陶模型明器

直肢,双手交叉放于腹部,双脚并拢。(图二三;彩版三,2)

随葬品共9件(套),出土于墓葬西端的椁与棺之间,均为陶器:

M33:1,陶罐。泥质灰陶。平折沿,圆唇,短颈,溜肩微弧,折腹,斜腹内收,平底;沿面饰有数圈极细的凹弦纹。口径9.2、腹径11.6、底径8.0厘米。(图二四,1)

M33:2,陶罐。泥质灰陶,器表打磨平整。平折沿,沿面极短,方唇,短颈,溜肩微弧,折腹,斜腹内收,平底;素面。口径8.9、腹径12.8、底径7.2、高11.1厘米。(图二四,3)

M33:3,陶鬲。夹细砂灰陶。折沿微仰,折处凸起成折棱,圆唇,圆肩,弧腹,分裆较矮,三袋足内敛较甚,尖足跟;肩部抹平,隐约可见绳纹痕迹,上有一道凹槽,腹以下饰交错绳纹。口径14.4、腹径17.1、高14.0厘米。(图二四,4)

M33:4,陶鬲。夹细砂灰陶。折沿微仰,折处凸起成折棱,圆唇,圆肩,弧腹,分裆较矮,三袋足内敛较甚,尖足跟;肩部抹平,隐约可见绳纹痕迹,腹以下饰交错绳纹。口径15.6、腹径17.4、高13.0厘米。(图二四,6)

M33:5,陶盂。泥质灰陶,器表打磨光滑。折沿微仰,方唇,上腹微弧,下腹斜收,平底;唇面有一道凹弦纹,上腹部有一道凹槽。口径17.0、腹径16.6、底径8.2、高9.6厘米。(图二四,5)

M33:6,陶盂。泥质灰陶,器表打磨光滑。平折沿,斜方唇,上腹斜弧,下腹斜收,平底。口径

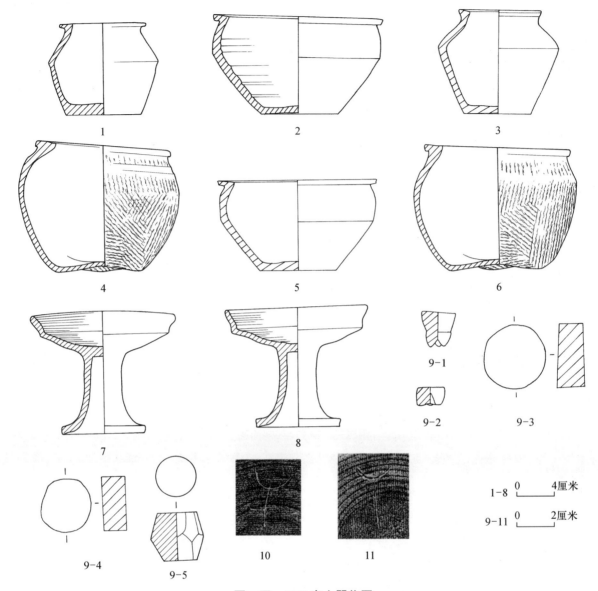

图二四　M33出土器物图

1.陶罐（M33:1）　2.陶盂（M33:6）　3.陶罐（M33:2）　4.陶鬲（M33:3）　5.陶盂（M33:5）
6.陶鬲（M33:4）　7.陶豆（M33:8）　8.陶豆（M33:7）　9.陶模型明器（M33:9）
10.陶豆刻符（M33:7）　11.陶豆刻符（M33:8）

18.0、腹径18.0、底径8.3、高10.3厘米。（图二四,2）

　　M33:7,陶豆。泥质褐陶。敞口,圆唇,唇外缘略弧鼓,渐收至折处又凸起,上半部弧鼓,下半部弧收形成凹槽,外壁呈"S"形,豆盘较浅,折壁,凸棱不明显,下腹部弧收,喇叭状柄细长,圈足状矮座外撇;豆盘内饰有密而细的螺旋状暗纹,盘内有刻划符号。口径15.2、高12.9厘米。（图二四,8、10）

　　M33:8,陶豆。泥质褐陶。敞口,尖圆唇,唇外缘略弧鼓,渐收至折处又凸起,上半部弧鼓,下半部弧收形成凹槽,外壁呈"S"形,豆盘较浅,折壁,凸棱不明显,下腹部弧收,喇叭状柄细长,圈足状矮座外撇;豆盘内饰有密而细的螺旋状暗纹,盘内有刻划符号。口径15.5、高13.0厘米。（图二四,7、11）

M33：9，陶模型明器。8件，甗、鬲各1件，方壶、罍、盘各2件；泥质灰陶，多孔隙。M33：9-1甗，口径1.8、高2.9厘米。M33：9-2鬲，口径1.5、高1.0厘米。M33：9-3盘，直径3.3、高1.5厘米。M33：9-4盘，直径2.9、高1.2厘米。M33：9-5罍，腹径2.8、高2.6厘米。（图二四，9；彩版七九，6）

9. M39

开口平面呈长方形，直壁，壁面平整，平底。填土为五花土，土质疏松。墓向270°。墓葬开口距地表100厘米，开口长296、宽150厘米，墓深180厘米。葬具为木质一椁一棺，仅存朽痕，均为长方形。椁长276、宽130、高36、厚8厘米，棺长209、宽74-78、高10、厚6厘米。人骨保存较差，仅余下肢骨和上身朽痕，仰身直肢。（图二五）

随葬品共14件（套），均出土于墓葬西端的椁与棺之间，其中陶器13件（套），蚌壳1个：

M39：1，陶盂。夹砂灰陶。折沿较平，方唇，上腹较直，下腹斜收，上有刮削痕，平底。口径

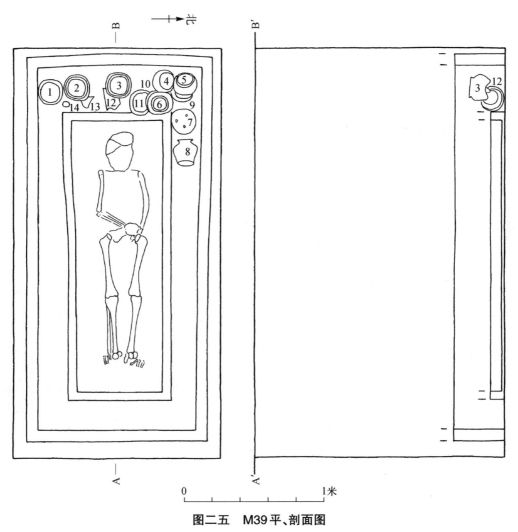

图二五　M39平、剖面图

1.陶盂　2.陶鬲　3.陶鬲　4.陶罐　5.陶罐　6.陶罐　7.陶鬲　8.陶罐　9.陶鬲　10.陶盂
11.陶盂　12.陶盂　13.蚌壳　14.陶模型明器

18.0、腹径16.4、底径9.4、高9.8厘米。(图二六,1)

　　M39:2,陶鬲。夹细砂灰陶。折沿微下斜,尖圆唇,溜肩,弧腹,裆较高,截锥足略敛,足和裆部有明显的刮削痕;肩部抹平,上有数道凹槽,腹部饰纵向绳纹。口径15.8、腹径16.8、高14.9厘米。(图二六,2;彩版四一,6)

　　M39:3,陶鬲。夹细砂灰陶。折沿较平,尖圆唇,溜肩,弧腹,裆较高,截锥足略敛,足和裆部有明显的刮削痕;肩部抹平,上有数道凹槽,腹部饰纵向绳纹。口径15.6、腹径16.9、高14.5厘米。内有少量兽骨与之同出。(图二六,3)

　　M39:4,陶罐。泥质灰陶。平折沿,方唇,束颈较高,颈肩处有一道折棱,溜肩微弧,折腹,弧腹内收,平底略内凹;沿面和唇面饰有一圈凹弦纹。口径12.4、腹径18.0、底径11.0、高16.1厘米。(图二六,4)

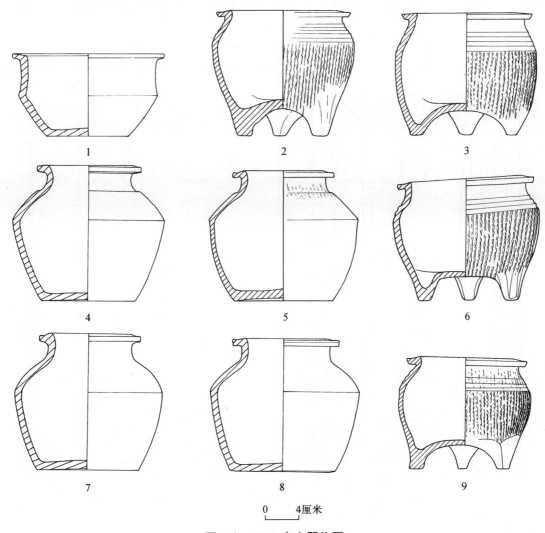

0　　4厘米

图二六　M39出土器物图

1.陶盂(M39:1)　2.陶鬲(M39:2)　3.陶鬲(M39:3)　4.陶罐(M39:4)　5.陶罐(M39:5)
6.陶鬲(M39:7)　7.陶罐(M39:6)　8.陶罐(M39:8)　9.陶鬲(M39:9)

M39：5，陶罐。泥质灰陶。平折沿，方唇，束颈较高，颈肩处有一道折棱，溜肩微弧，折腹，弧腹内收，平底略内凹；沿面饰有一圈凹弦纹。口径12.0、腹径17.6、底径11.6、高15.4厘米。(图二六，5)

M39：6，陶罐。泥质灰陶。平折沿，方唇，束颈较高，溜肩微弧，折腹，弧腹内收，平底略内凹；沿面饰有一圈凹弦纹。口径11.9、腹径17.6、底径12.0、高16.1厘米。(图二六，7；彩版六六，4)

M39：7，陶鬲。夹细砂灰陶。折沿微下斜，圆唇，溜肩，弧腹，裆较高，截锥足略敛，足和裆部有明显的刮削痕；肩部抹平，上有五道凹槽，腹部饰纵向绳纹。口径16.3、腹径17.4、高14.5厘米。(图二六，6)

M39：8，陶罐。泥质灰陶。平折沿，方唇，束颈较高，溜肩微弧，折腹，弧腹内收，平底；沿面和唇面各饰有一圈凹弦纹。口径12.6、腹径17.6、底径12.8、高15.8厘米。(图二六，8)

M39：9，陶鬲。夹细砂灰陶。折沿较平，斜方唇，溜肩，弧腹，裆较高，截锥足略敛，足和裆部有明显的刮削痕；肩部抹平，上有数道凹槽，腹部饰纵向绳纹。口径14.3、腹径15.8、高13.3厘米。(图二六，9)

M39：10，陶盂。夹砂灰陶。平折沿，沿面下凹，方唇，唇面下凹，上腹微弧，下腹斜收，上有刮削痕，平底微凹。口径18.0、腹径16.8、底径9.6厘米。(图二七，2)

M39：11，陶盂。夹砂灰陶，器表黑色。平折沿，方唇，唇面下凹，上腹较直，下腹斜收，上有刮削痕，平底微凹。口径18.4、腹径17.2、底径10.4、高10.8厘米。(图二七，1；彩版四八，5)

M39：12，陶盂。夹砂灰陶。平折沿，沿面下凹，方唇，上腹微弧，下腹斜收，上有刮削痕，平底。口径17.5、腹径15.9、底径8.6、高10.1厘米。(图二七，3)

M39：13，蚌壳。1个单壳。残。(图二七，5)

M39：14，陶模型明器。5件，盘、罍、鼎各1件，方壶2件。泥质红褐陶，疏松多孔。(图二七，4)

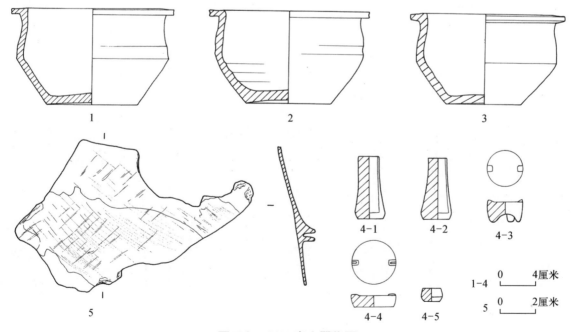

图二七　M39出土器物图

1. 陶盂(M39：11)　2. 陶盂(M39：10)　3. 陶盂(M39：12)　4. 陶模型明器(M39：14)　5. 蚌壳(M39：13)

图二八　M41平、剖面图

1. 贝　2.铜璜

10. M41

开口平面呈长方形，斜壁，壁面平整，口大底小，平底。填土为五花土，土质疏松。墓向280°。墓葬开口距地表100厘米，开口长332、宽220厘米，墓深500厘米，墓底长280、宽190厘米。葬具为木质一椁一棺，仅存朽痕，均为长方形。椁长252、宽148、高78、厚10厘米，棺长208、宽100、高48、厚6厘米。人骨保存较差，仅余下肢骨和上身朽痕，仰身直肢。（图二八）

随葬品共2件（套），26枚贝置于人口内，1件铜璜出土于墓主左侧：

M41：1，贝。26枚，均保存较好，其中3枚背部均有一个穿孔。大小较均匀，长度约2厘米。（图二九，2）

M41：2，铜璜。已残。仅能辨识上缘无郭。残长6.5厘米。（图二九，1）

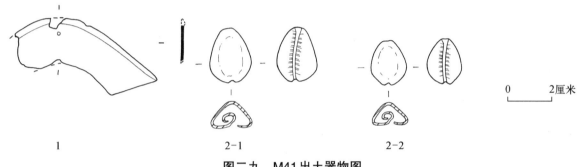

图二九 M41出土器物图

1. 铜璜（M41：2） 2. 贝（M41：1）

11. M47

开口平面呈长方形，直壁，壁面平整，平底。填土为五花土，土质疏松。墓向270°。墓葬开口距地表100厘米，开口长306、宽160厘米，墓深260厘米。葬具为木质一椁一棺，仅存朽痕，均为长方形。椁长270、宽136、高36、厚8厘米，棺长192、宽92-96、高18、厚6厘米。人骨保存较差，仅余头和足的朽痕。（图三〇；彩版四，1）

随葬品共17件（套），16件陶器出土于墓葬西北角的椁与棺之间，有少量兽骨与陶器同出，13枚贝置于人口中：

M47：1，陶豆。泥质灰陶。敞口，圆唇，唇外缘略弧鼓，渐收至折处又凸起，上半部外鼓，下半部弧收呈凹槽，外壁呈"S"形，豆盘较浅，折壁，凸棱明显，下腹部呈弓形弧收，喇叭状柄较细高，圈足状矮座外撇；豆盘内饰有螺旋状暗纹，暗纹较细而密。口径17.2、高14.8厘米。（图三一，1）

M47：2，陶鬲。泥质灰陶。平折沿，尖唇，腹微弧，裆近平，三乳足微敛，足和裆部有刮削痕。口径18.8、腹径18.2、高10.7厘米。（图三一，3；彩版四六，4）

M47：3，陶豆。泥质灰陶。敞口，圆唇，唇外缘略弧鼓，渐收至折处又凸起，上半部外鼓，下半部弧收呈凹槽，外壁呈"S"形，豆盘较浅，折壁，凸棱不明显，下腹部呈弓形弧收，喇叭状柄较细高，圈足状矮座外撇，座沿斜方唇；豆盘内饰有螺旋状暗纹，暗纹较细而密，盘外螺旋状暗纹较粗，间距较大，盘内有刻划符号。口径17.1、高14.2厘米。（图三一，2）

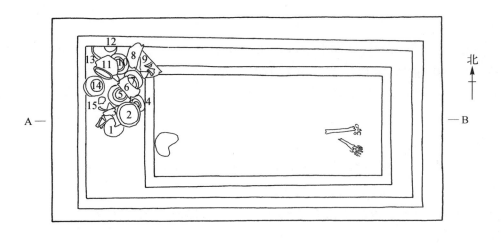

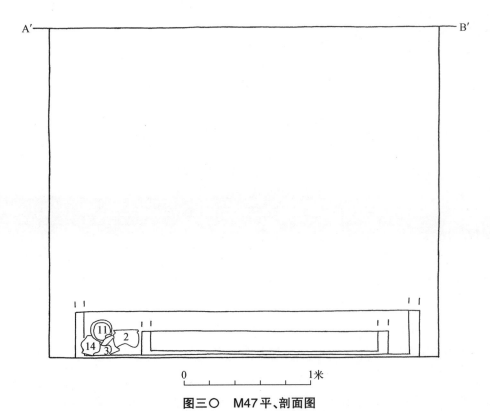

图三〇　M47平、剖面图

1. 陶豆　2. 陶鬲　3. 陶豆　4. 陶罐　5. 陶罐　6. 陶鬲　7. 陶罐　8. 陶盂　9. 陶鬲　10. 陶罐　11. 陶盂
12. 陶盂　13. 陶豆　14. 陶盂　15. 陶豆　16. 陶鬲　17. 贝

　　M47：4，陶罐。泥质灰褐陶。平折沿，方唇，短颈，溜肩微弧，弧折腹，弧腹内收，平底；沿面饰有三道凹弦纹。口径11.4、腹径16.4、底径9.0、高12.4厘米。(图三一，4)

　　M47：5，陶罐。泥质灰褐陶。平折沿，方唇，短颈，溜肩微弧，折腹，弧腹内收，平底；素面。口径9.8、腹径14.4、底径7.0、高11.6厘米。(图三一，7)

　　M47：6，陶鬲。泥质灰陶。平折沿，尖圆唇，腹微弧，裆近平，三乳足微敛，足和裆部有刮削

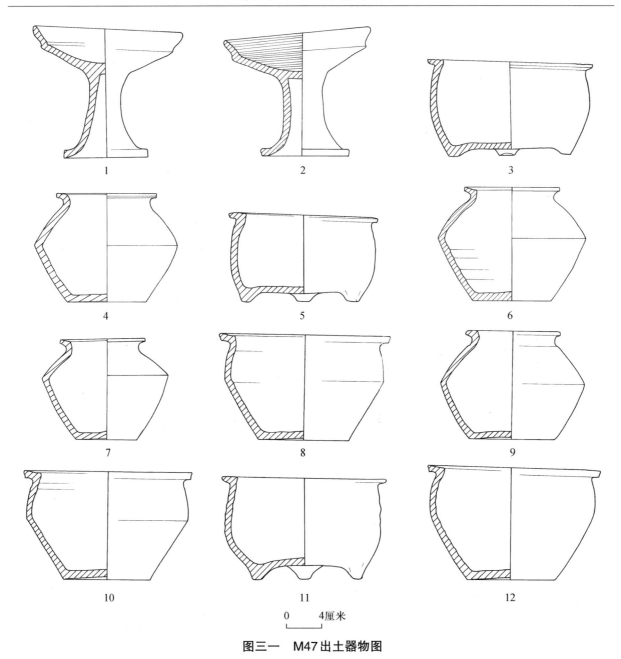

图三一　M47出土器物图

1. 陶豆（M47∶1）　2. 陶豆（M47∶3）　3. 陶鬲（M47∶2）　4. 陶罐（M47∶4）　5. 陶鬲（M47∶6）　6. 陶罐（M47∶7）
7. 陶罐（M47∶5）　8. 陶盂（M47∶8）　9. 陶罐（M47∶10）　10. 陶盂（M47∶14）　11. 陶鬲（M47∶9）　12. 陶盂（M47∶11）

痕。口径17.0、腹径16.5、高10.1厘米。（图三一,5）

　　M47∶7,陶罐。泥质灰陶。平折沿,方唇,短颈,溜肩弧鼓,弧折腹,斜腹内收,平底;沿面饰有两道凹弦纹。口径10.8、腹径16.8、底径8.8、高13.0厘米。（图三一,6;彩版七〇,3）

　　M47∶8,陶盂。泥质灰陶,器表打磨光滑。折沿微仰,斜方唇,上腹斜弧,下腹斜收,平底。口径19.6、腹径18.2、底径10.4、高12.0厘米。（图三一,8）

　　M47∶9,陶鬲。泥质灰陶。平折沿,尖唇,腹微弧,裆近平,三乳足微敛,足和裆部有刮削痕。

口径16、腹径15.9、高11.5厘米。(图三一,11)

　　M47:10,陶罐。泥质灰褐陶。平折沿,方唇,短颈,溜肩微弧,弧折腹,弧腹内收,平底;素面。口径10.8、腹径16.4、底径9.6、高12.4厘米。(图三一,9)

　　M47:11,陶盂。泥质灰陶,器表打磨光滑。折沿微仰,沿面下凹,斜方唇,上腹斜弧,下腹斜收,平底;唇面有一道凹弦纹。口径19.8、腹径18.9、底径10.0、高13.0厘米。(图三一,12)

　　M47:12,陶盂。泥质灰陶,器表打磨光滑。折沿微仰,尖圆唇,上腹斜弧,下腹斜收,平底。口径19.8、腹径18.9、底径9.6、高13.6厘米。(图三二,1;彩版五〇,7)

　　M47:13,陶豆。泥质灰陶。敞口,圆唇,唇外缘略弧鼓,渐收至折处又凸起,上半部外鼓,下半部弧收呈凹槽,外壁呈"S"形,豆盘较浅,折壁,凸棱不明显,下腹部呈弓形弧收,喇叭状柄较细高,圈足状矮座外撇;豆盘内饰有螺旋状暗纹,暗纹较细而密,外腹部有螺旋状暗纹,较粗且间距较大,豆盘内有刻划符号,座沿有一圈凹弦纹。口径17.4、高14.9厘米。(图三二,2、7;彩版六〇,6)

　　M47:14,陶盂。泥质灰陶,器表打磨光滑。折沿较平,斜方唇,唇面下凹,上腹斜弧,下腹斜收,平底。口径19.2、腹径18.4、底径10.0、高12.4厘米。(图三一,10)

　　M47:15,陶豆。泥质灰陶。敞口,尖圆唇,唇外缘略弧鼓,渐收至折处又凸起,上半部外鼓,下半部弧收呈凹槽,外壁呈"S"形,豆盘较浅,折壁,凸棱不明显,下腹部呈弓形弧收,喇叭状柄较

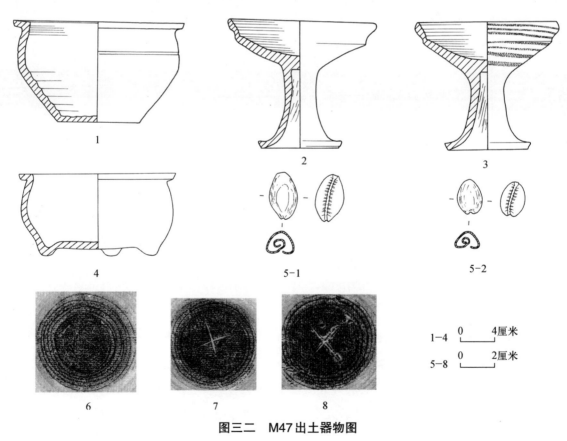

1　　2　　3

4　　5-1　　5-2

6　　7　　8

1-4　0　4厘米

5-8　0　2厘米

图三二　M47出土器物图

1.陶盂(M47:12)　2.陶豆(M47:13)　3.陶豆(M47:15)　4.陶鬲(M47:16)　5.贝(M47:17)
6.陶豆刻符(M47:3)　7.陶豆刻符(M47:13)　8.陶豆刻符(M47:15)

细高,圈足状矮座外撇;豆盘内饰有螺旋状暗纹,暗纹较细而密,盘外螺旋状暗纹较粗,间距较大,盘内有刻划符号。口径16.4、高14.7厘米。(图三二,3、8)

　　M47:16,陶鬲。泥质灰陶。平折沿,尖圆唇,腹微弧,裆近平,三乳足微敛,足和裆部有刮削痕。口径18.2、腹径17.7、高9.4厘米。(图三二,4)

　　M47:17,贝。13枚,部分已残,部分保存较好。大小不一,长度从1.7-2.6厘米不等。(图三二,5)

12. M49

开口平面呈长方形,直壁,壁面平整,平底。填土为五花土,土质疏松。墓向270°。墓葬开口距地表100厘米,开口长280、宽160厘米,墓深180厘米。葬具为木质一椁一棺,仅存朽痕,均为

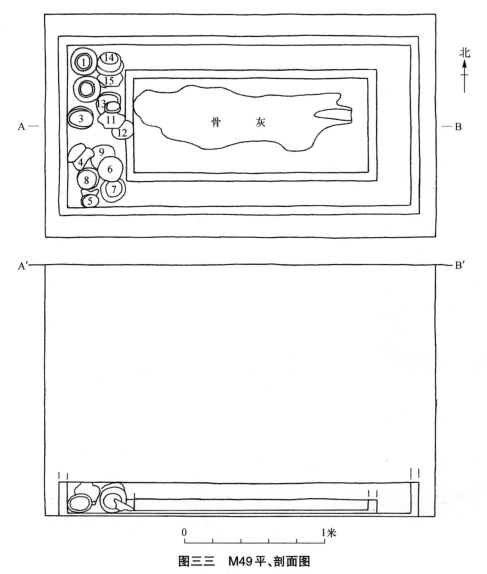

图三三　M49平、剖面图

1.陶罐　2.陶罐　3.陶盂　4.陶鬲　5.陶鬲　6.陶豆　7.陶鬲　8.陶鬲　9.陶豆　10.陶豆　11.陶罐
12.陶豆　13.陶盂　14.陶罐　15.陶盂　16.陶盂　17.贝

长方形。椁长258、宽128、高24、厚6厘米,棺长180、宽80、高10、厚6厘米。人骨保存差,仅余朽痕。(图三三)

随葬品共17件(套),16件陶器出土于墓葬西端的椁与棺之间:

M49:1,陶罐。泥质灰陶,器表打磨平整。平折沿略上仰,圆唇,束颈较短,斜肩,折腹,斜腹内收,平底;素面。口径12.0、腹径19.4、底径12.4、高14.8厘米。(图三四,3)

M49:2,陶罐。泥质灰陶,器表打磨平整。平折沿略上仰,圆唇,束颈较短,斜肩,折腹,斜腹内收,平底;素面。口径11.6、腹径17.2、底径11.6、高14.6厘米。(图三四,1)

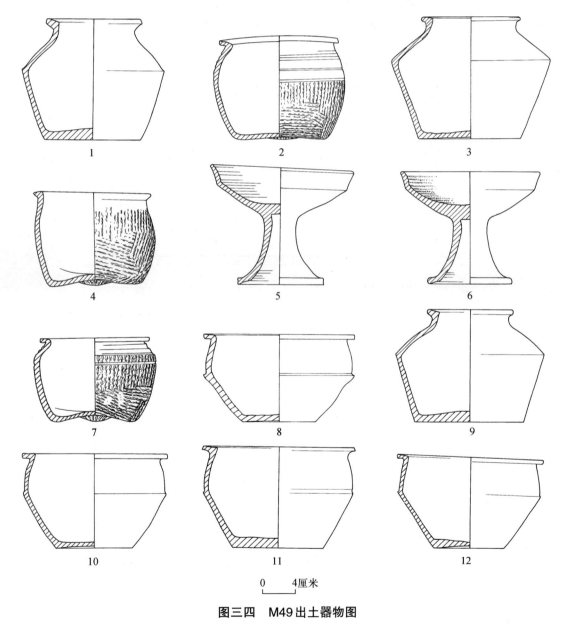

0　　4厘米

图三四　M49出土器物图

1. 陶罐(M49:2)　2. 陶鬲(M49:4)　3. 陶罐(M49:1)　4. 陶鬲(M49:7)　5. 陶豆(M49:6)　6. 陶豆(M49:9)　7. 陶鬲(M49:5)　8. 陶盂(M49:3)　9. 陶罐(M49:14)　10. 陶盂(M49:15)　11. 陶盂(M49:16)　12. 陶盂(M49:13)

M49：3，陶盂。泥质灰陶。平折沿，沿面下凹，方唇，上腹微弧，下腹斜收，平底微凹；上腹部有多道凹槽，折棱处有一道凹弦纹。口径18.4、腹径18.4、底径8.8、高10.6厘米。(图三四,8;彩版四九,4)

M49：4，陶鬲。夹砂红陶。折沿微仰，圆唇，溜肩，腹微弧，分裆矮，三袋足微内敛，尖足跟；沿面有二道凹弦纹，肩部抹平，上腹部饰抹断绳纹，下腹至足饰交错绳纹。口径14.4、腹径16.0、高12.7厘米。(图三四,2)

M49：5，陶鬲。夹粗砂红陶。折沿微仰，圆唇，溜肩，弧腹，分裆较矮，三袋足微内敛，尖足跟；肩部抹平，上有一个小圆饼，上腹饰抹断绳纹，下腹至足饰交错绳纹。口径13.4、腹径15.0、高10.2厘米。有少量兽骨与之同出。(图三四,7)

M49：6，陶豆。泥质灰褐陶。敞口，圆唇，豆盘较深，折壁，凸棱不明显，喇叭状柄较粗大，圈足状矮座外撇，座底略内凹；豆盘内饰有螺旋状暗纹，暗纹较细，间距较小。口径17.5、高14.5厘米。(图三四,5;彩版五九,2)

M49：7，陶鬲。夹细砂红陶。折沿较平，圆唇，腹微弧，分裆较矮，三袋足外张，尖足跟；腹以下饰交错绳纹。口径14.3、腹径14.7、高11.6厘米。(图三四,4;彩版三三,3)

M49：8，陶鬲。夹粗砂红陶。折沿微仰，方唇，溜肩，弧腹，分裆较矮，三袋足微内敛，尖足跟；沿面有二道凹弦纹，肩部抹平，上有数道凹弦纹，上腹饰抹断绳纹，下腹至足饰交错绳纹。口径13.6、腹径14.7、高10.6厘米。(图三五,2)

M49：9，陶豆。泥质灰褐陶。敞口，圆唇，豆盘较深，折壁，凸棱不明显，喇叭状柄较粗大，圈足状矮座外撇，座底内凹；豆盘内饰有螺旋状暗纹，暗纹较细，间距较小。口径17.0、高13.6厘米。

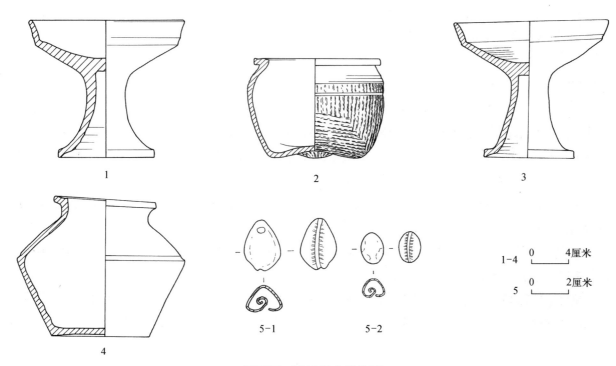

图三五　M49出土器物图

1.陶豆(M49：10)　2.陶鬲(M49：8)　3.陶豆(M49：12)　4.陶罐(M49：11)　5.贝(M49：17)

（图三四,6）

M49：10,陶豆。泥质灰陶。敞口,圆唇,豆盘较深,折壁,凸棱不明显,喇叭状柄较粗大,圈足状矮座外撇,座底略内凹;豆盘内饰有螺旋状暗纹,暗纹较细,间距较小。口径16.8、高14.7厘米。（图三五,1）

M49：11,陶罐。浅灰色泥质陶,器表打磨平整。平折沿,方唇,高束颈,溜肩微鼓,折腹,斜腹内收,平底;沿面饰有两道凹弦纹,肩部近折处饰有一道凹弦纹。口径11.1、腹径18.1、底径10、高14.6厘米。（图三五,4;彩版六八,2）

M49：12,陶豆。泥质灰陶。敞口,圆唇,豆盘较深,折壁,凸棱不明显,喇叭状柄较粗大,圈足状矮座外撇,座底内凹;豆盘内饰有螺旋状暗纹,暗纹较细,间距较小。口16.7、高14.9厘米。（图三五,3）

M49：13,陶盂。泥质灰陶,器表打磨光滑。平折沿,方唇,上腹微弧,下腹斜收,平底微凹;折棱处有一道凹弦纹。口径17.8、腹径17.2、底径8.4、高11.3厘米。（图三四,12）

M49：14,陶罐。泥质灰陶,器表打磨平整。平折沿略上仰,圆唇,束颈较短,斜肩,折腹,斜腹内收,平底;素面。口径10.4、腹径18.0、底径13.2、高13.6厘米。（图三四,9）

M49：15,陶盂。泥质灰陶。平折沿,沿面下凹,方唇,上腹微弧,下腹斜收,平底微凹;折棱处有一道凹弦纹。口径17.8、腹径17.4、底径9.2、高11.4厘米。（图三四,10）

M49：16,陶盂。泥质灰陶。平折沿,方唇,上腹微弧,下腹斜收,平底;折棱处有一道凹弦纹。口径18.6、腹径18.2、底径11.0、高12.2厘米。（图三四,11）

M49：17,贝。9枚,5枚已残,其余保存较好,其中较大者均有一个穿孔。大小不一,长度从1.6-2.6厘米不等。（图三五,5）

13. M55

开口平面呈长方形,直壁,壁面平整,平底。填土为五花土,土质疏松。墓向270°。墓葬开口距地表100厘米,开口长320、宽180厘米,墓深340厘米。葬具为木质一椁一棺,仅存朽痕,均为长方形。椁长288、宽148-152、高26、厚8厘米,棺长208、宽87、高8、厚6厘米。人骨保存较差,仅余下肢骨和上身朽痕。（图三六;彩版四,2）

随葬品共15件（套）,其中14件陶器出土于墓葬西端的椁与棺之间,与陶器同出的还有一堆兽骨,另有5枚贝:

M55：1,陶盂。泥质灰陶。平折沿,方唇,上腹斜直,下腹斜收,平底;上腹部有一道凹弦纹。口径17.2、腹径17.0、底径9.2、高10.7厘米。（图三七,1）

M55：2,陶鬲。夹细砂灰陶。折沿较平,圆唇,圆肩,弧腹,分裆较矮,三袋足内敛较甚,尖足跟;肩部抹平,上有四道凹槽和两条斜向划痕,上腹部饰抹断绳纹,下腹至足饰交错绳纹。口径16.2、腹径18.6、高13.0厘米。（图三七,2）

M55：3,陶鬲。夹细砂灰陶。折沿较平,圆唇,溜肩,弧腹,分裆较矮,三袋足内敛较甚,尖足跟;肩部抹平,上有数道凹槽,上腹部饰抹断绳纹,下腹至足饰交错绳纹。口径14.4、腹径17.6、高

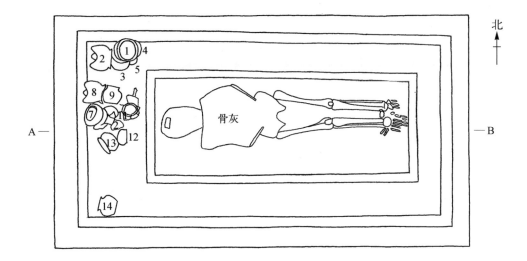

图三六　M55平、剖面图

1.陶盉　2.陶鬲　3.陶鬲　4.陶盉　5.陶豆　6.陶罐　7.陶罐　8.陶鬲　9.陶豆　10.陶罐
11.陶鬲　12.陶盉　13.陶盉　14.陶罐　15.贝

14.5厘米。(图三七,3)

　　M55:4,陶盂。泥质灰陶。平折沿,方唇,上腹斜直,下腹斜收,平底;上腹部有一道凹弦纹。口径17.3、腹径17.0、底径9.6、高10.2厘米。(图三七,5)

　　M55:5,陶豆。泥质灰陶。敞口,圆唇,唇外缘略弧鼓,渐收至折处又凸起,上半部外鼓,下半部弧收呈凹槽,外壁呈"S"形,豆盘较浅,折壁,凸棱不明显,下腹部弧收,喇叭状柄较细高,圈足状矮座外撇,座沿斜方唇;豆盘内饰有密而细的螺旋状暗纹,盘外饰有一圈螺旋状暗纹,盘内有刻

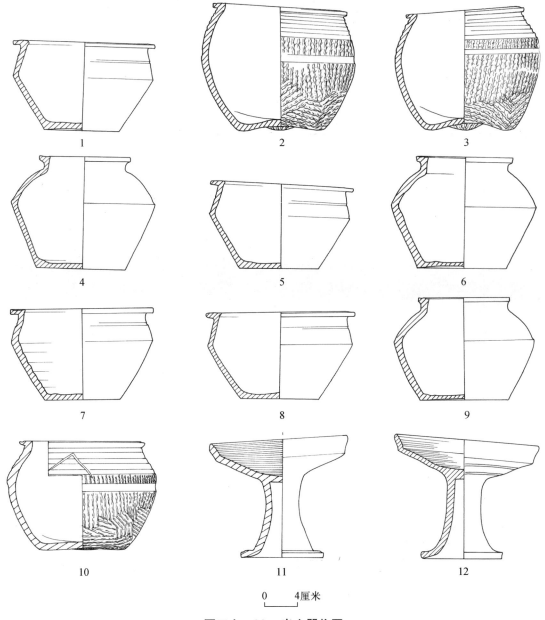

0　　　4厘米

图三七　M55出土器物图

1. 陶盂(M55:1)　2. 陶鬲(M55:2)　3. 陶鬲(M55:3)　4. 陶罐(M55:10)　5. 陶盂(M55:4)　6. 陶罐(M55:6)
7. 陶盂(M55:12)　8. 陶盂(M55:13)　9. 陶罐(M55:7)　10. 陶鬲(M55:8)　11. 陶豆(M55:5)　12. 陶豆(M55:9)

划符号。口径16.8、高14.2厘米。(图三七,11;图三八,4)

M55:6,陶罐。泥质灰陶,器表打磨平整。平折沿,斜方唇,溜肩弧鼓,弧折腹,斜腹内收,平底;沿面饰有两道较浅的凹弦纹。口径11.7、腹径17.6、底径10.8、高13.4厘米。(图三七,6)

M55:7,陶罐。泥质灰陶,器表打磨平整。平折沿,方唇,短束颈,溜肩弧鼓,折腹,斜腹内收,平底略内凹;沿面饰有一道凹弦纹,肩部近折处饰有一道凹弦纹。口径11.0、腹径17.0、底径10.8、高12.3厘米。(图三七,9)

M55:8,陶鬲。夹细砂灰陶。折沿较平,尖圆唇,溜肩,弧腹,分裆较矮,三袋足内敛较甚,尖足跟;沿面有一道凹弦纹,肩部抹平,上有数道凹槽,上腹部饰抹断绳纹,下腹至足饰交错绳纹,肩上有刻划符号。口径15.2、腹径18.1、高13.2厘米。(图三七,10)

M55:9,陶豆。泥质灰陶。敞口,圆唇,唇外缘略弧鼓,渐收至折处又凸起,上半部外鼓,下半部弧收呈凹槽,外壁呈"S"形,豆盘较浅,折壁,凸棱不明显,下腹部弧收,喇叭状柄较细高,圈足状矮座外撇,座沿斜方唇;豆盘内饰有密而细的螺旋状暗纹,盘外饰有两圈螺旋状暗纹,盘内有刻划符号。口径17.5、高15.0厘米。(图三七,12;图三八,3)

M55:10,陶罐。泥质灰陶,器表打磨平整。平折沿,方唇,短束颈,溜肩弧鼓,折腹,斜腹内收,平底略内凹;沿面饰有两道凹弦纹,肩部近折处饰有一道凹弦纹。口径11.0、腹径17.4、底径10.8、高13.5厘米。(图三七,4)

M55:11,陶鬲。夹细砂灰陶。折沿较平,圆唇,溜肩,弧腹,分裆较矮,三袋足内敛较甚,尖足跟;沿面有一道凹弦纹,肩部抹平,上有数道凹槽,上腹部饰抹断绳纹,下腹至足饰交错绳纹。口径14.5、腹径17.2、高13.3厘米。(图三八,1)

M55:12,陶盂。泥质灰陶,器表打磨光滑。平折沿,方唇,上腹斜直,下腹斜收,平底;上腹部有一道凹弦纹。口径17.4、腹径17.2、底径9.2、高11.0厘米。(图三七,7)

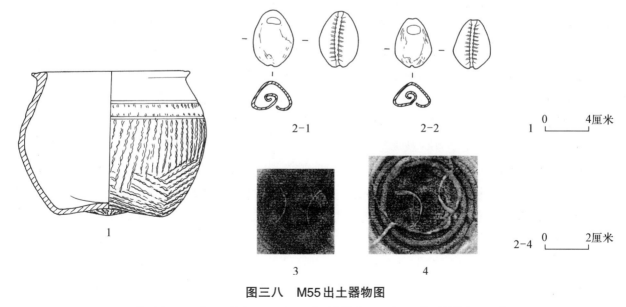

图三八 M55出土器物图

1.陶鬲(M55:11) 2.贝(M55:15) 3.陶豆刻符(M55:9) 4.陶豆刻符(M55:5)

M55：13，陶盂。泥质灰陶。平折沿，方唇，上腹斜直，下腹斜收，平底；上腹部有一道凹弦纹。口径18.0、腹径17.6、底径9.4、高10.5厘米。(图三七，8)

M55：14，陶罐。残，仅能辨别口部。泥质褐陶，平折沿，圆唇。

M55：15，贝。5枚，3枚已残，2枚保存较好，保存较好者背部均有一个穿孔。大小不一，长度从1.7-2.4厘米不等。(图三八，2)

14. M56

开口平面呈长方形，直壁，壁面平整，平底。填土为五花土，土质疏松。墓向290°。墓葬开口距地表100厘米，开口长310、宽170厘米，墓深242厘米。葬具为木质一椁一棺，仅存朽痕，均为长方形。椁长266、宽144、高22、厚6厘米，棺长206、宽98、高10、厚6厘米。人骨保存差，仅余朽痕，直肢葬。(图三九)

随葬品共16件，出土于墓葬西端的椁与棺之间，均为陶器：

M56：1，陶鬲。夹粗砂灰陶。折沿微下斜，圆唇，溜肩，弧腹，分裆较矮，三袋足内敛，尖足跟；沿面饰一道凹弦纹，肩部抹平，隐约可见绳纹痕迹，上有五道凹弦纹和一个小圆饼，上腹部饰抹断绳纹，下腹至足饰交错绳纹。口径16.8、腹径21.3、高16.8厘米。有少量兽骨与之同出。(图四○，8)

M56：2，陶鬲。夹粗砂灰陶。折沿较平，圆唇，圆肩，弧腹，分裆较矮，三袋足内敛，尖足跟；沿面饰一道凹弦纹，肩部抹平，隐约可见绳纹痕迹，上有二道凹槽，上腹部饰抹断绳纹，下腹至足饰交错绳纹。口径13.9、腹径17.4、高12.1厘米。(图四○，2)

M56：3，陶罐。泥质褐陶，器表打磨平整。平折沿，方唇，短颈，溜肩弧鼓，折腹，弧腹内收，平底；肩部饰有圈带状暗纹。口径8.9、腹径13.0、底径7.4、高9.0厘米。(图四○，3)

M56：4，陶盂。泥质灰陶，器表打磨光滑。折沿微仰，方唇，上腹微弧，下腹斜收，平底；沿面有一道凹槽。口径14.8、腹径14.3、底径7.2、高9.0厘米。(图四○，1；彩版五二，1)

M56：5，陶罐。泥质褐陶，器表打磨平整。平折沿，方唇，短颈，溜肩弧鼓，折腹，弧腹内收，平底；肩部饰有圈带状暗纹。口径9.0、腹径12.5、底径6.2、高9.2厘米。(图四○，9)

M56：6，陶罐。泥质灰陶，器表打磨平整。平折沿，方唇，短颈，溜肩弧鼓，折腹，弧腹内收，平底；肩部饰有圈带状暗纹。口径9.1、腹径12.8、底径7.0、高9.5厘米。(图四○，12)

M56：7，陶豆。器形较小。泥质灰陶；敞口，圆唇，唇外缘略弧鼓，渐收至折处又凸起，上半部外鼓，下半部弧收呈凹槽，外壁呈"S"形，豆盘较浅，折壁，凸棱不明显，下腹部弧收，喇叭状柄细高，圈足状矮座外撇，座沿斜方唇；豆盘内饰有密而细的螺旋状暗纹，盘外饰有两圈螺旋状暗纹，盘内有刻划符号。口径16.4、高14.5厘米。(图四○，4；图四一，5)

M56：8，陶豆。泥质灰陶。敞口，圆唇，唇外缘略弧鼓，渐收至折处又凸起，上半部外鼓，下半部弧收呈凹槽，外壁呈"S"形，豆盘较浅，折壁，凸棱不明显，下腹部弧收，喇叭状柄细高，圈足状矮座外撇，座沿斜方唇；豆盘内饰有密而细的螺旋状暗纹，盘外饰有一圈螺旋状暗纹，外腹部饰有两圈螺旋状暗纹，盘内有刻划符号。口径16.8、高14.8厘米。(图四一，2、6)

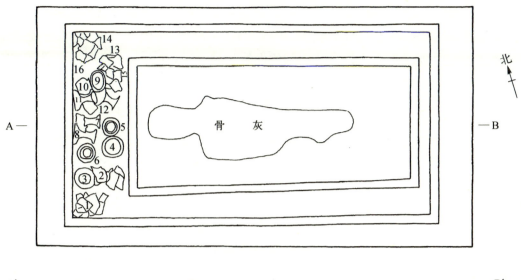

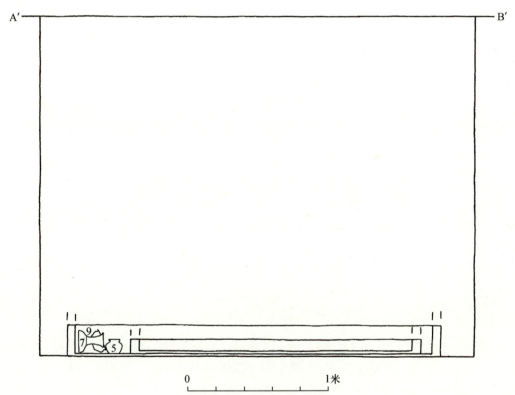

图三九　M56平、剖面图

1. 陶鬲　2. 陶鬲　3. 陶罐　4. 陶盂　5. 陶罐　6. 陶罐　7. 陶豆　8. 陶豆　9. 陶盂
10. 陶罐　11. 陶豆　12. 陶豆　13. 陶盂　14. 陶鬲　15. 陶鬲　16. 陶盂

　　M56：9，陶盂。泥质灰陶，器表打磨光滑。平折沿，圆唇，上腹微弧，下腹斜收，平底微凹，下腹部有一道凹槽。口径15.2、腹径14.4、底径8.4、高9.2厘米。(图四〇,5)

　　M56：10，陶罐。泥质褐陶，器表打磨平整。平折沿，方唇，短颈，溜肩弧鼓，折腹，弧腹内收，平底；肩部饰有圈带状暗纹。口径9.0、腹径13.2、底径7.2、高9.0厘米。(图四〇,11)

M56：11，陶豆。泥质灰陶。敞口，圆唇，唇外缘略弧鼓，渐收至折处又凸起，上半部外鼓，下半部弧收呈凹槽，外壁呈"S"形，豆盘较浅，折壁，凸棱不明显，下腹部弧收，喇叭状柄细高，圈足状矮座外撇，座沿斜方唇；豆盘内饰有密而细的螺旋状暗纹，盘外饰有一圈螺旋状暗纹，盘内有刻划符号。口径16.8、高15.2厘米。(图四〇,6；图四一,7)

M56：12，陶豆。泥质灰陶。敞口，圆唇，唇外缘略弧鼓，渐收至折处又凸起，上半部外

0   4厘米

图四〇 M56出土器物图

1. 陶盂（M56：4）   2. 陶鬲（M56：2）   3. 陶罐（M56：3）   4. 陶豆（M56：7）   5. 陶盂（M56：9）   6. 陶豆（M56：11）
7. 陶豆（M56：12）   8. 陶鬲（M56：1）   9. 陶罐（M56：5）   10. 陶鬲（M56：14）   11. 陶罐（M56：10）   12. 陶罐（M56：6）

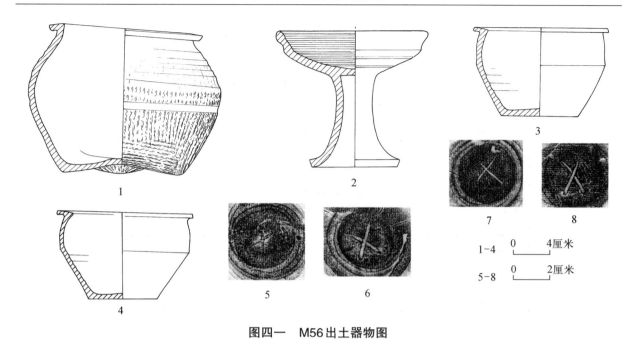

图四一　M56出土器物图

1. 陶鬲（M56：15）　2. 陶豆（M56：8）　3. 陶盂（M56：13）　4. 陶盂（M56：16）　5. 陶豆刻符（M56：7）

6. 陶豆刻符（M56：8）　7. 陶豆刻符（M56：11）　8. 陶豆刻符（M56：12）

鼓，下半部弧收呈凹槽，外壁呈"S"形，豆盘较浅，折壁，凸棱不明显，下腹部弧收，喇叭状柄细高，圈足状矮座外撇，座沿斜方唇；豆盘内饰有密而细的螺旋状暗纹，盘外饰有数圈螺旋状暗纹，暗纹较粗而疏，盘内有刻划符号。口径16.0、高15.2厘米。（图四○，7；图四一，8；彩版六一，9）

M56：13，陶盂。泥质灰陶，器表打磨光滑。折沿微仰，方唇，上腹微弧收，下腹斜收，平底。口径14.8、腹径14.1、底径8.4、高9.6厘米。（图四一，3）

M56：14，陶鬲。泥质灰陶。折沿微下斜，圆唇，溜肩，弧腹，分裆较矮，三袋足内敛，尖足跟；沿面饰一道凹弦纹，肩部抹平，隐约可见绳纹痕迹，上腹部饰抹断绳纹，下腹至足饰交错绳纹。口径15.6、腹径19.0、高15.2厘米。（图四○，10）

M56：15，陶鬲。泥质灰陶。折沿较平，斜方唇，溜肩，弧腹，分裆较矮，三袋足内敛，尖足跟；唇面饰一道凹弦纹，肩部抹平，隐约可见绳纹痕迹，上有四道凹槽，上腹部饰抹断绳纹，下腹至足饰交错绳纹。口径16.8、腹径21.2、高15.8厘米。（图四一，1；彩版三四，4）

M56：16，陶盂。泥质灰陶，器表打磨光滑。折沿微仰，方唇，上腹微弧，下腹斜收，平底。口径14.9、腹径15.4、底径7.8、高9.4厘米。有少量兽骨与之同出。（图四一，4）

15. M57

开口平面呈长方形，直壁，壁面平整，平底。填土为五花土，土质疏松。墓向280°。墓葬开口距地表100厘米，开口长260、宽144厘米，墓深200厘米。葬具为木质一椁一棺，仅存朽痕，均为长方形。椁长244、宽126、高26、厚8厘米，棺长188、宽90、高10、厚6厘米。人骨保存较差，仅余

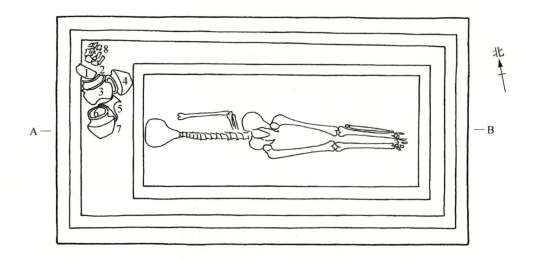

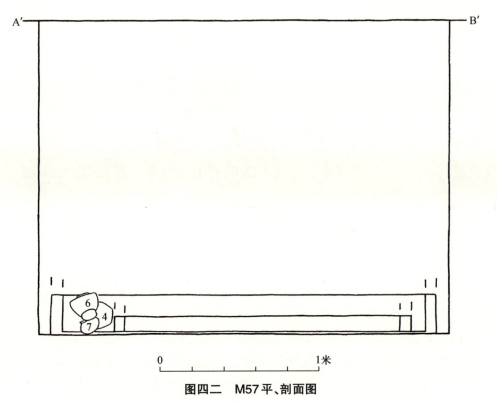

图四二　M57平、剖面图

1.陶盂　2.陶盂　3.陶鬲　4.陶罐　5.陶豆　6.陶罐　7.陶豆　8.陶鬲

下肢骨和上身部分骨骼,仰身直肢。(图四二)

随葬品共8件,出土于墓葬西北角的椁与棺之间,均为陶器:

M57:1,陶盂。泥质灰陶。折沿较平,尖圆唇,领较矮,扁鼓腹,平底。口径12.1、腹径13.7、底径5.8、高7.8厘米。(图四三,5)

M57:2,陶盂。泥质灰陶。折沿微下斜,尖唇,领较矮,扁鼓腹,平底。口径12.4、腹径13.6、底

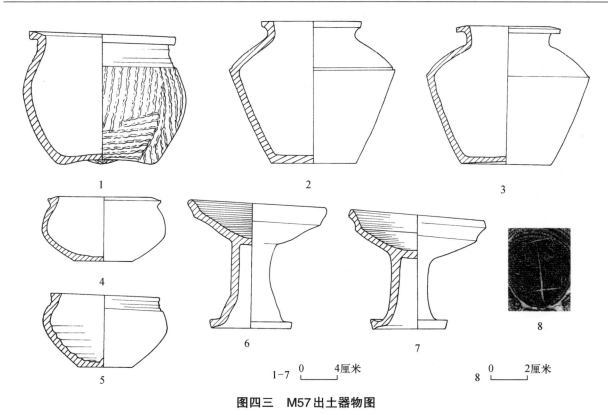

图四三 M57出土器物图

1. 陶鬲（M57∶3） 2. 陶罐（M57∶6） 3. 陶罐（M57∶4） 4. 陶盂（M57∶2） 5. 陶盂（M57∶1） 6. 陶豆（M57∶5）
7. 陶豆（M57∶7） 8. 陶豆刻符（M57∶5）

径6.4、高7.0厘米。（图四三,4）

M57∶3,陶鬲。夹粗砂红陶。折沿微仰,方唇,溜肩,弧腹,分裆近平,三袋足内敛较甚,尖足跟;肩部抹平,腹以下饰交错粗绳纹。口径16.1、腹径18.0、高14.1厘米。（图四三,1）

M57∶4,陶罐。泥质灰陶,器表打磨平整。平折沿,方唇,束颈较短,溜肩弧鼓,折腹,凸棱部明显,斜腹内收,平底;唇面饰有一道凹弦纹,肩部近折处饰有一道凹弦纹。口径11.4、腹径17.8、底径9.8、高15.0厘米。（图四三,3;彩版七三,1）

M57∶5,陶豆。泥质灰陶。敞口,圆唇,唇外缘略弧鼓,渐收至折处又凸起,上半部弧鼓,下半部弧收形成凹槽,外壁呈"S"形,豆盘较浅,折壁,凸棱不明显,下腹部弧收,近直柄较细长,圈足状矮座外撇;豆盘内饰有密而细的螺旋状暗纹,盘内有刻划符号。口径15.3、高13.6厘米。（图四三,6、8）

M57∶6,陶罐。泥质灰陶,器表打磨平整。平折沿,方唇,束颈较短,溜肩弧鼓,折腹,凸棱部明显,斜腹内收,平底;肩部近折处饰有一道凹弦纹。口径11.0、腹径18.0、底径9.4、高15.5厘米。（图四三,2）

M57∶7,陶豆。泥质褐陶。敞口,圆唇,唇外缘略弧鼓,渐收至折处又凸起,上半部弧鼓,下半部弧收形成凹槽,外壁呈"S"形,豆盘较浅,折壁,凸棱不明显,下腹部弧收,近直柄较细长,圈足状矮座外撇,座沿斜方唇;豆盘内饰有密而细的螺旋状暗纹。口径14.5、高12.3厘米。

（图四三,7）

M57：8,陶鬲。残,夹砂红陶。平折沿,圆唇,束颈较高,溜肩,腹部和底缺失,仅剩一个袋足,肩部饰有数道凹弦纹,腹部残片和袋足饰有绳纹。

16. M61

开口平面呈长方形,斜壁,壁面平整,口大底小,平底。填土为五花土,土质疏松。墓向280°。墓葬开口距地表100厘米,开口长320、宽232厘米,墓深360厘米,墓底长280、宽180厘米。葬具为木质一椁一棺,仅存朽痕,椁平面呈梯形,棺平面为长方形。椁长252、宽130-140、高30、厚6厘米,棺长190、宽80、高8、厚6厘米。人骨保存较差,仅余部分肢骨及朽痕,仰身直肢。(图四四;彩版五,1)

随葬品共16件,出土于墓葬西端的椁与棺之间,均为陶器:

M61：1,陶盂。泥质灰陶。折沿微仰,方唇,上腹微弧收,下腹斜收,上有刮削痕,平底。口径15.8、底径6.6、高9.5厘米。(图四五,2)

M61：2,陶盂。泥质灰陶。折沿微仰,方唇,上腹微弧收,下腹斜收,上有刮削痕,平底。口径16.2、腹径15.1、底径8.1、高9.6厘米。(图四五,1)

M61：3,陶鬲。泥质灰陶。仰折沿,方唇,唇缘上凸,溜肩,弧腹,裆近平,内壁不规整,乳足

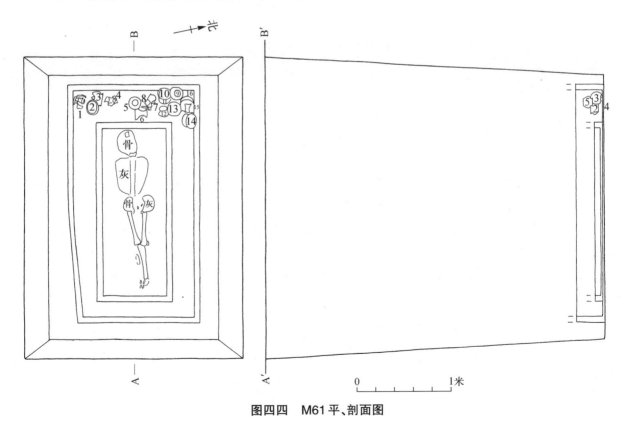

图四四　M61平、剖面图

1. 陶盂　2. 陶盂　3. 陶鬲　4. 陶鬲　5. 陶罐　6. 陶豆　7. 陶鬲　8. 陶豆　9. 陶罐　10. 陶盂
11. 陶罐　12. 陶罐　13. 陶豆　14. 陶盂　15. 陶豆　16. 陶鬲

内聚于底；唇面有一道凹弦纹，肩部和腹抹平，肩部有数道凹槽，足和裆饰绳纹。口径14.3、腹径13.7、高9.5厘米。(图四五，3；彩版四四，3)

M61：4，陶鬲。泥质灰陶。仰折沿，圆唇，溜肩，弧腹，裆近平，内壁不规整，乳足内聚于底；沿面有一道凹槽，肩部和腹抹平，肩部有三道凹槽，足和裆饰绳纹。口径14.4、腹径14.0、高9.5厘

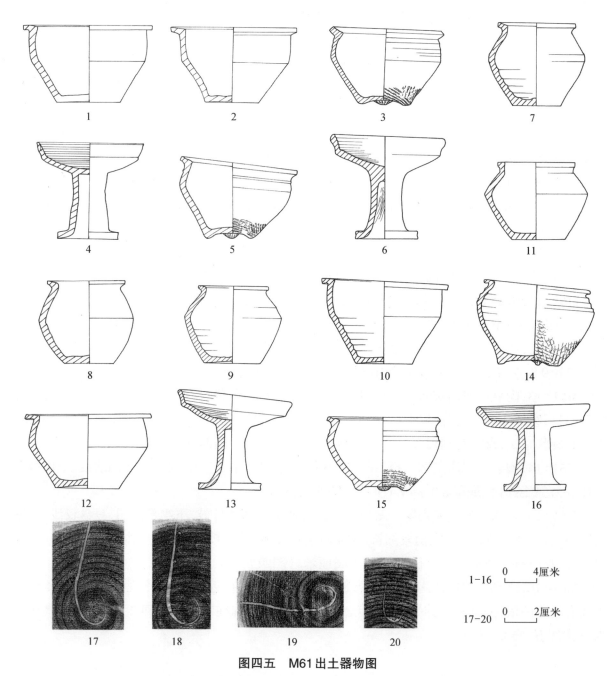

图四五　M61出土器物图

1. 陶盂(M61：2)　2. 陶盂(M61：1)　3. 陶鬲(M61：3)　4. 陶豆(M61：6)　5. 陶鬲(M61：4)　6. 陶豆(M61：8)
7. 陶罐(M61：9)　8. 陶罐(M61：12)　9. 陶罐(M61：11)　10. 陶盂(M61：10)　11. 陶罐(M61：5)　12. 陶盂(M61：14)
13. 陶豆(M61：13)　14. 陶鬲(M61：7)　15. 陶鬲(M61：16)　16. 陶豆(M61：15)　17. 陶豆刻符(M61：6)
18. 陶豆刻符(M61：13)　19. 陶豆刻符(M61：15)　20. 陶豆刻符(M61：8)

米。(图四五,5)

M61:5,陶罐。泥质褐陶。平折沿极短,方唇,短颈,溜肩弧鼓,弧折腹,斜腹内收,平底;素面。口径9.7、腹径13.0、底径6.6、高9.6厘米。(图四五,11)

M61:6,陶豆。泥质灰陶。敞口,圆唇,口沿外撇,豆盘较浅,折壁,凸棱不明显,腹部弧收,近直柄较细长,圈足状矮座外撇;豆盘内饰有密而细的螺旋状暗纹,盘内有刻划符号。口径13.4、高12.0厘米。(图四五,4、17)

M61:7,陶鬲。泥质灰陶。仰折沿,方唇,溜肩,弧腹,裆近平,内壁不规整,乳足内聚于底;肩部和腹抹平,肩部有三道凹槽,足和裆饰绳纹。口径13.4、腹径14.8、高10.1厘米。(图四五,14)

M61:8,陶豆。泥质灰褐陶。敞口,圆唇,外壁上半部微外鼓,下半部内凹,豆盘较浅,折壁,凸棱不明显,腹部弧收,近直柄较细长,圈足状矮座外撇,座面上翘;豆盘内饰有密而细的螺旋状暗纹,盘内有刻划符号。口径14.8、高12.8厘米。(图四五,6、20)

M61:9,陶罐。泥质灰陶。平折沿略仰,方唇,短颈,溜肩弧鼓,弧折腹,弧腹内收,平底;沿面饰有数道极细的凹弦纹,腹部有刀削痕迹。口径9.8、腹径12.1、底径6.0、高10.3厘米。(图四五,7;彩版七四,4)

M61:10,陶盂。泥质灰陶。折沿较平,方唇,上腹微弧收,下腹斜收,上有刮削痕,平底。口径15.8、腹径14.3、底径7.0、高10.3厘米。(图四五,10;彩版五二,7)

M61:11,陶罐。泥质灰陶。平折沿极短,方唇,颈部极短,溜肩弧鼓,弧折腹,弧腹内收,平底;沿面饰有数圈极细的凹弦纹。口径8.8、腹径12.0、底径6.8、高9.6厘米。(图四五,9)

M61:12,陶罐。泥质灰陶。平折沿略仰,方唇,短颈,溜肩弧鼓,弧折腹,弧腹内收,平底;素面。口径9.8、腹径11.8、底径6.0、高10.3厘米。(图四五,8)

M61:13,陶豆。泥质灰陶。敞口,圆唇,外壁上半部微外鼓,下半部内凹,豆盘较浅,折壁,凸棱不明显,腹部弧收,近直柄较细长,圈足状矮座外撇,座面略上翘,座沿略内凹;豆盘内饰有密而细的螺旋状暗纹,盘内有刻划符号。口径14.3、高12.3厘米。(图四五,13、18;彩版六三,1)

M61:14,陶盂。泥质灰陶。折沿较平,方唇,上腹微弧收,下腹斜收,上有刮削痕,平底微凹。口径16.0、腹径14.8、底径8.0、高9.4厘米。(图四五,12)

M61:15,陶豆。泥质灰褐陶。敞口,圆唇,外壁上半部微外鼓,下半部内凹,豆盘较浅,折壁,凸棱不明显,腹部弧收,近直柄较细长,圈足状矮座外撇,座面略上翘;豆盘内饰有密而细的螺旋状暗纹,盘内有刻划符号。口径14.3、高10.6厘米。(图四五,16、19)

M61:16,陶鬲。泥质灰陶。仰折沿,圆唇,溜肩,弧腹,裆近平,内壁不规整,乳足内聚于底;沿面有一道凹槽,肩部和腹抹平,肩部有三道凹槽,足和裆饰绳纹。口径14.2、腹径14.2、高9.1厘米。(图四五,15)

17. M63

开口平面呈长方形,斜壁,壁面平整,口大底小,平底。填土为五花土,土质疏松。墓向280°。墓葬开口距地表100厘米,开口长360、宽260厘米,墓深340厘米,墓底长320、宽220厘米。葬具

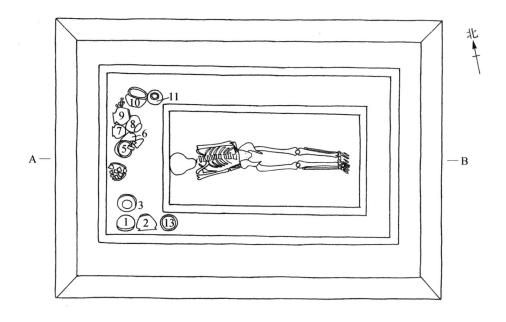

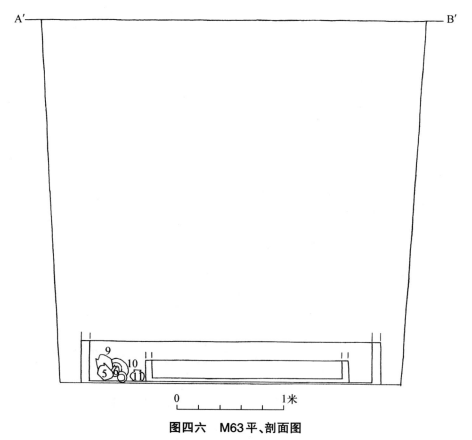

图四六　M63平、剖面图

1. 陶鬲　2. 陶盉　3. 陶盉　4. 陶盉　5. 陶鬲　6. 陶鬲　7. 陶罐　8. 陶罐　9. 陶罐　10. 陶盉　11. 陶罐　12. 陶模型明器　13. 陶鬲

为木质一椁一棺, 仅存朽痕, 均为长方形。椁长280、宽166、高40、厚8厘米, 棺长190、宽102、高20、厚6厘米。人骨保存较好, 仰身直肢, 面朝上, 双手置于腹部, 双脚并拢。(图四六; 彩版五, 2)

随葬品共13件(套), 出土于墓葬西端的椁与棺之间, 均为陶器:

M63:1, 陶鬲。泥质灰陶。仰折沿, 方唇, 溜肩, 弧腹, 裆近平, 乳足较内聚; 沿面有一道凹弦纹, 肩部和腹抹平, 肩部有四道凹槽, 足和裆饰绳纹。口径16.2、腹径16.1、高9.2厘米。(图四七, 4)

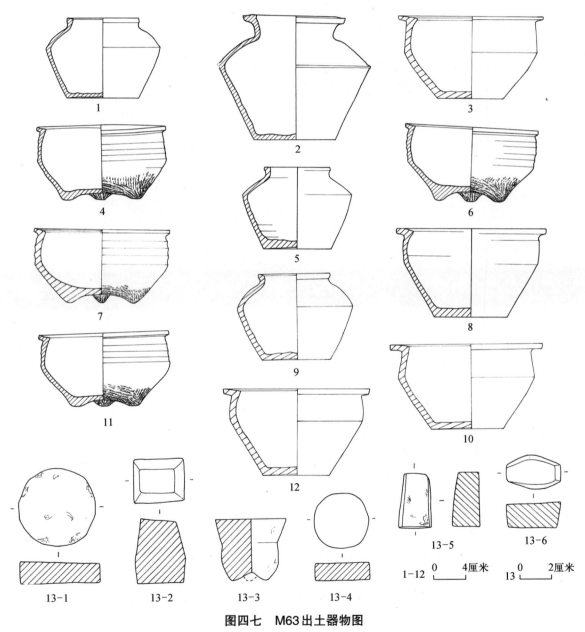

图四七　M63出土器物图

1. 陶罐(M63:8)　2. 陶罐(M63:9)　3. 陶盂(M63:2)　4. 陶鬲(M63:1)　5. 陶罐(M63:7)　6. 陶鬲(M63:5)
7. 陶鬲(M63:6)　8. 陶盂(M63:10)　9. 陶罐(M63:11)　10. 陶盂(M63:3)　11. 陶鬲(M63:13)
12. 陶盂(M63:4)　13. 陶模型明器(M63:12)

M63:2,陶盂。泥质灰陶。折沿微仰,斜方唇,上腹斜弧,下腹斜收,平底。口径18.2、腹径16.6、底径8.2、高10.3厘米。(图四七,3)

M63:3,陶盂。泥质灰陶。折沿微仰,方唇,上腹斜弧,下腹斜收,平底。口径19.1、腹径17.0、底径9.0、高10.6厘米。(图四七,10)

M63:4,陶盂。泥质灰陶。折沿微仰,方唇,上腹斜弧,下腹斜收,平底。口径18.4、腹径16.8、底径8.4、高10.8厘米。(图四七,12)

M63:5,陶鬲。泥质灰陶。仰折沿,方唇,溜肩,弧腹,裆近平,乳足较内聚;沿面有一道凹弦纹,肩部和腹抹平,肩部有四道凹槽,足和裆饰绳纹。口径16.6、腹径16.5、高9.5厘米。(图四七,6;彩版四三,3)

M63:6,陶鬲。泥质灰陶。仰折沿,方唇,溜肩,弧腹,裆近平,乳足较内聚;沿面有二道凹弦纹,肩部和腹抹平,肩部有四道凹槽,足和裆饰绳纹。口径17.0、腹径17.0、高9.2厘米。(图四七,7)

M63:7,陶罐。泥质灰陶。平折沿极短,接近消失,短颈,溜肩弧鼓,弧折腹,斜腹内收,平底;腹部刀削痕迹明显。口径8.2、腹径13.6、底径8.4、高10.2厘米。(图四七,5)

M63:8,陶罐。泥质灰陶。平折沿极短,接近消失,短颈,溜肩弧鼓,弧折腹,斜腹内收,平底;颈肩处有一道折棱,腹部刀削痕迹明显。口径9.0、腹径14.2、底径9.1、高10.0厘米。(图四七,1)

M63:9,陶罐。泥质灰陶,器表打磨平整。平折沿,斜方唇,高束颈,溜肩较平微鼓,折腹,凸棱明显,斜腹内收,小平底;折棱下部饰有一道凹弦纹。口径12.7、腹径19.2、底径10.2、高15.6厘米。(图四七,2)

M63:10,陶盂。泥质灰陶,器表打磨光滑。折沿微仰,斜方唇,上腹微弧,下腹斜收,平底。口径18.8、腹径17.0、底径9.2、高11.0厘米。(图四七,8)

M63:11,陶罐。泥质灰陶,器表打磨平整。平折沿极短,圆唇,短颈,溜肩弧鼓,弧折腹,斜腹内收,平底;素面。口径9.0、腹径14.4、底径8.4、高10.7厘米。(图四七,9)

M63:12,陶模型明器。6件,甑、匜各1件。盘、方壶各2件。泥质灰陶,疏松多孔。M63:12-1盘,直径4.8、高1.4厘米。M63:12-2方壶,横截面呈长方形,高4.0厘米。M63:12-3甑,口径4.4,高3.8厘米。M63:12-4盘,直径3.4、高1.1厘米。M3:12-5匜,长3.4、宽2.1、高1.6厘米。M63:12-6方壶,纵切面呈梯形,上小下大,高3.4厘米。(图四七,13;彩版七九,3)

M63:13,陶鬲。泥质灰陶。仰折沿,方唇,溜肩,弧腹,裆近平,乳足较内聚;沿面有一道凹弦纹,肩部和腹抹平,肩部有四道凹槽,足和裆饰绳纹。口径16.4、腹径16.4、高9.4厘米。(图四七,11)

18. M66

开口平面呈长方形,直壁,壁面平整,平底。填土为五花土,土质疏松。墓向290°。墓葬开口距地表100厘米,开口长355、宽225厘米,墓深420厘米。葬具为木质一椁一棺,仅存朽痕,均为长方形。椁长314、宽184、高90、厚8厘米,棺长226、宽106-114、高10、厚6厘米。人骨保存较差,仰身直肢,面朝上,双手交叉放于腹部,双脚并拢。(图四八)

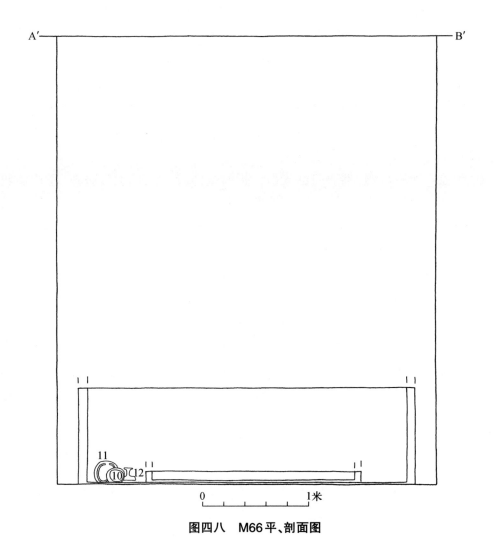

图四八　M66平、剖面图

1.陶罐　2.陶盂　3.陶罐　4.陶罐　5.陶鬲　6.陶豆　7.陶盂　8.陶鬲　9.陶盂　10.陶鬲
11.陶罐　12.陶豆　13.陶盂　14.陶模型明器　15.贝　16.陶鬲

随葬品共16件（套），15件（套）陶器出土于墓葬西端的椁与棺之间，16枚贝置于人口中：

M66：1，陶罐。泥质灰陶，器表打磨平整。平折沿，斜方唇，束颈较短，溜肩弧鼓，折腹，凸棱明显，斜腹内收，平底；素面。口径11.6、腹径17.4、底径9.6、高14.0厘米。（图四九，2；彩版七三，2）

M66：2，陶盂。泥质灰陶。折沿微下斜，尖唇，领较矮，弧腹，平底微凹；领与腹结合处有一道凹槽。口径11.0、腹径13.0、底径6.8、高7.0厘米。（图四九，4）

M66：3，陶罐。泥质灰褐陶，器表打磨平整。平折沿，方唇，高束颈，溜肩微弧，折腹，凸棱明显，斜腹内收，平底；唇面饰有一道凹弦纹，肩部近折处饰有一道凹弦纹。口径11.8、腹径18.1、底径10.2、高14.2厘米。（图四九，6）

M66：4，陶罐。泥质灰陶，器表打磨平整。平折沿，沿面略下凹，斜方唇，束颈较短，溜肩弧鼓，折腹，凸棱不明显，弧腹内收，平底略内凹；肩部近折处饰有一道宽凹弦纹。口径12.6、腹径

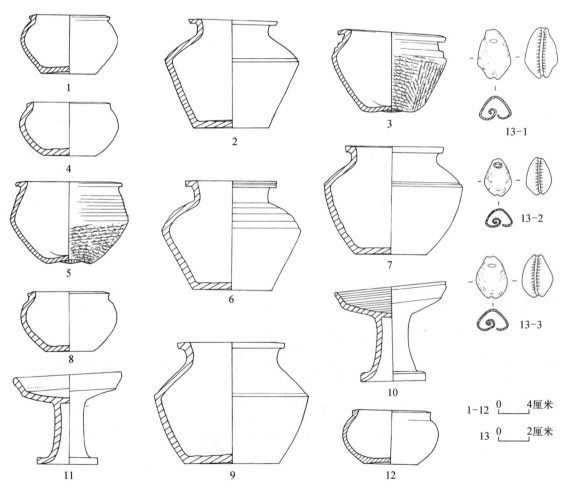

图四九　M66出土器物图

1. 陶盂（M66：7）　2. 陶罐（M66：1）　3. 陶鬲（M66：8）　4. 陶盂（M66：2）　5. 陶鬲（M66：5）　6. 陶罐（M66：3）　7. 陶罐（M66：4）　8. 陶盂（M66：9）　9. 陶罐（M66：11）　10. 陶豆（M66：6）　11. 陶豆（M66：12）　12. 陶盂（M66：13）　13. 贝（M66：15）

18.0、底径9.4、高14.0厘米。(图四九,7)

M66:5,陶鬲。夹砂灰陶。平折沿,圆唇,溜肩,斜腹,分裆近平,三袋足内聚于底部,足跟圆钝;肩部抹平,上有数道凹槽,腹以下饰交错绳纹。口径14.0、腹径15.4、高10.6厘米。(图四九,5;彩版三八,2)

M66:6,陶豆。泥质灰陶。敞口,圆唇,唇外缘弧鼓,豆盘较浅,折壁,凸棱不明显,下腹部弧收,近直柄细长,圈足状矮座外撇;豆盘内饰有密而细的螺旋状暗纹,盘内有刻划符号。口径14.6、高12.3厘米。(图四九,10;图五〇,2;彩版六三,2)

M66:7,陶盂。泥质灰陶。折沿微下斜,尖唇,领较矮,弧腹,平底微凹;领与腹结合处有一道凹槽。口径10.6、腹径12.8、底径7.3、高7.6厘米。(图四九,1;彩版五五,6)

M66:8,陶鬲。夹细砂红陶。平折沿,方唇,唇上缘凸起,使沿面形成一道凹槽,圆肩,弧腹,分裆较矮,三袋足内聚于底部,足跟较圆钝;肩部抹平,上有三道宽凹槽,腹以下饰交错绳纹。口径14.0、腹径14.8、高10.4厘米。(图四九,3)

M66:9,陶盂。泥质灰陶。折沿微下斜,尖唇,领较矮,弧腹,平底微凹;领与腹结合处有一道凹槽。口径10.6、腹径12.6、底径6.4、高7.8厘米。(图四九,8)

M66:10,陶鬲。残,夹砂红陶。平折沿,圆唇,溜肩,弧腹,腹部和底部缺失,肩部饰有数道凹

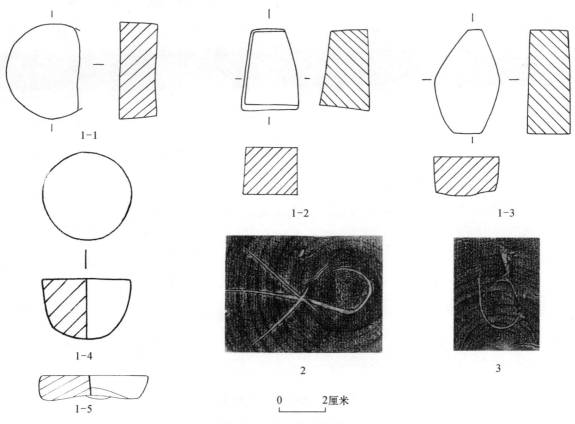

图五〇 M66出土器物图

1. 陶模型明器(M66:14) 2. 陶豆刻符(M66:6) 3. 陶豆刻符(M66:12)

弦纹,腹部饰有绳纹。

M66:11,陶罐。泥质灰陶,器表打磨平整。平折沿,方唇,高束颈,溜肩微弧,折腹,弧腹内收,平底;肩部近折处饰有一道凹弦纹。口径13.8、腹径20.0、底径12.2、高15.8厘米。(图四九,9)

M66:12,陶豆。泥质灰褐陶。敞口,圆唇,外壁上半部微鼓,下半部略内凹,豆盘较浅,折壁,腹部斜收,近直柄较细长,圈足状矮座外撇;豆盘内饰有密而细的螺旋状暗纹,盘内有刻划符号。口径14.2、高11.7厘米。(图四九,11;图五〇,3)

M66:13,陶盂。泥质灰陶。折沿微下斜,尖唇,领较矮,弧腹,平底微凹;领与腹结合处有一道凹槽。口径10.2、腹径12.4、底径7.0、高7.1厘米。(图四九,12)

M66:14,陶模型明器。5件,盘、方壶、圜底器、鬲各1件,另1件器形不明,泥质红褐陶。M66:14-1盘,残,直径4.0厘米。M66:14-2方壶,上小下大,纵切面呈梯形,高3.4厘米。M66:14-3,平面呈不规则椭圆形,长3.4、宽2.8、高1.7厘米。M66:14-4圜底器,口径1.0、高1.3厘米。M66:14-5鬲,口径2.2、高1.0厘米。(图五〇,1)

M66:15,贝。16枚,4枚已残,其余保存较好,保存较好者背部均有一个穿孔。大小不一,长度从2.3-3.3厘米不等。(图四九,13)

M66:16,陶鬲,残。夹砂红陶。极其残碎,仅能辨别出几片腹部残片,饰有绳纹。

19. M67

开口平面呈长方形,斜壁,壁面平整,口大底小,平底。填土为五花土,土质疏松。墓向295°。墓葬开口距地表100厘米,开口长420、宽300厘米,墓深670厘米,底长240、宽224厘米。葬具为木质一椁一棺,仅存朽痕,均为长方形。椁长304、宽178、高120、厚8厘米,棺长220、宽99、高30、厚6厘米。人骨保存较好,仰身直肢,面朝上,双手交叉放于腹部,双脚并拢。在人骨之上还有一段动物腿骨。(图五一;彩版六,1)

随葬品共7件(套),6件陶器(彩版二九,1),另有18枚贝置于人口中:

M67:1,陶罐。泥质灰陶。直领极短,溜肩,折腹,斜腹内弧,平底;素面。口径3.9、腹径6.7、底径4.7、高5.3厘米。(图五二,4)

M67:2,陶罐。泥质灰陶。直领极短,溜肩,折腹,斜腹内弧,平底;素面。口径3.5、腹径6.5、底径4.8、高5.4厘米。(图五二,3)

M67:3,陶罐。泥质灰陶。直领极短,溜肩,折腹,斜腹内弧,平底;素面。口径3.5、腹径6.6、底径4.2、高5.2厘米。(图五二,2;彩版七五,7)

M67:4,陶豆。泥质灰陶。敞口近直,尖唇,豆盘浅平,折壁,直柄细高,圈足状矮座外撇,底座较小;素面。口径10.4、高12.2厘米。(图五二,6;彩版六三,8)

M67:5,陶豆。泥质灰陶。敞口近直,尖唇,豆盘浅平,折壁,直柄细高,圈足状矮座外撇,底座较小;素面。口径9.2、高12.2厘米。(图五二,5)

M67:6,陶盂。泥质灰陶。折沿下斜,尖圆唇,上腹微斜,下腹斜收,平底;折棱处有一道凹

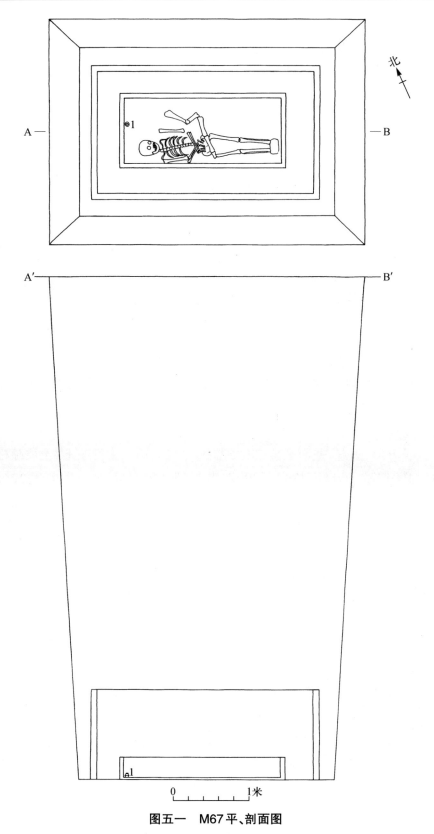

图五一　M67平、剖面图

1.陶罐　2.陶罐　3.陶罐　4.陶豆　5.陶豆　6.陶盂　7.贝

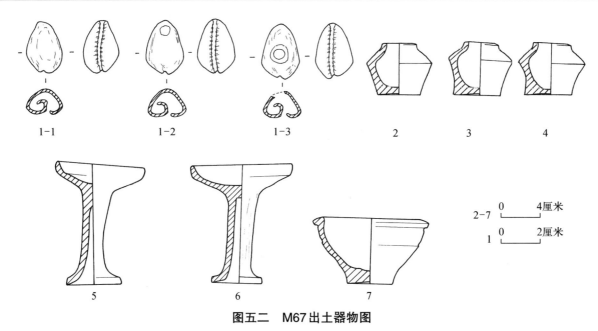

图五二　M67出土器物图

1.贝（M67∶7）　2.陶罐（M67∶3）　3.陶罐（M67∶2）　4.陶罐（M67∶1）　5.陶豆（M67∶5）　6.陶豆（M67∶4）　7.陶盂（M67∶6）

弦纹。口径11.8、底径6.6、高6.6厘米。（图五二,7;彩版五三,3）

M67∶7,贝。18枚,部分已残,部分保存较好。大小不一,长度从2.5－3.2厘米不等。（图五二,1）

20. M68

开口平面呈梯形,直壁,壁面平整,平底。填土为五花土,土质疏松。墓向290°。墓葬开口距地表100厘米,开口长280、宽140－160厘米,墓深165厘米。葬具为木质一椁一棺,仅存朽痕,平面均呈梯形。椁长260、宽116－126、高25、厚6厘米,棺长198、宽64－76、高15、厚6厘米。人骨保存差,仅余朽痕,直肢葬。（图五三）

随葬品共12件,出土于墓葬西端的椁与棺之间,均为陶器:

M68∶1,陶罐。泥质灰陶,器表打磨平整。平折沿较窄,方唇,短束颈,溜肩弧鼓,折腹,凸棱明显,弧腹内收,平底略内凹;肩部近折处饰有一道凹弦纹。口径9.6、腹径16.8、底径10.2、高13.4厘米。（图五四,10）

M68∶2,陶罐。泥质灰陶,器表打磨平整。平折沿较窄略仰,方唇,短束颈,溜肩弧鼓,折腹,凸棱明显,弧腹内收,平底略内凹;肩部近折处饰有一道凹弦纹,沿面饰有一道凹弦纹。口径11.2、腹径18.4、底径10.8、高14.4厘米。（图五四,11）

M68∶3,陶罐。泥质灰陶,器表打磨平整。平折沿,方唇,束颈较短,溜肩,折腹,凸棱较明显,弧腹内收,平底略内凹;肩部近折处饰有一道凹弦纹。口径11.0、腹径19.0、底径11.4、高14.8厘米。（图五四,1）

M68∶4,陶罐。泥质灰陶,器表打磨平整。平折沿较窄略仰,方唇,短束颈,溜肩弧鼓,折腹,

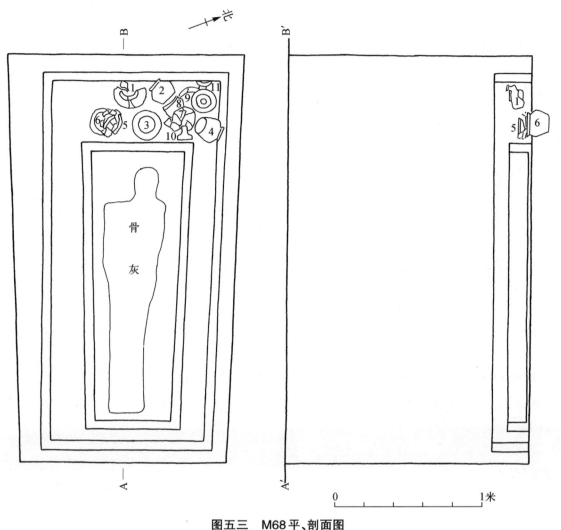

图五三　M68平、剖面图

1.陶罐　2.陶罐　3.陶罐　4.陶罐　5.陶盂　6.陶盂　7.陶盂　8.陶盂　9.陶豆　10.陶豆　11.陶豆　12.陶豆

凸棱明显,弧腹内收,平底略内凹;肩部近折处饰有一道凹弦纹。口径11.4、腹径18.8、底径11.0、高14.9厘米。(图五四,3;彩版六八,3)

M68:5,陶盂。泥质灰陶,器表打磨光滑。平折沿,圆唇,上腹斜直,下腹斜收,平底;上腹部有一道凹弦纹。口径18.4、腹径18.5、底径10.0、高12.0厘米。(图五四,2)

M68:6,陶盂。泥质灰陶,器表打磨光滑。折沿微仰,圆唇,上腹斜直,下腹斜收,平底;折棱处有一道凹弦纹。口径18.7、腹径18.8、底径10.4、高10.7厘米。(图五四,6;彩版四九,5)

M68:7,陶盂。泥质灰陶,器表打磨光滑。平折沿,圆唇,领较高,弧鼓腹,平底微凹;领和腹结合处有一道凹槽。口径18.0、腹径18.1、底径9.2、高10.3厘米。(图五四,5)

M68:8,陶盂。泥质灰陶,器表打磨光滑。平折沿,圆唇,上腹斜直,下腹斜收,平底微凹;折棱处有一道凹弦纹。口径16.8、腹径16.9、底径9.4、高11.8厘米。(图五四,4)

M68:9,陶豆。泥质褐陶。敞口,圆唇,唇外缘略弧鼓,渐收至折处又凸起,上半部外鼓,下

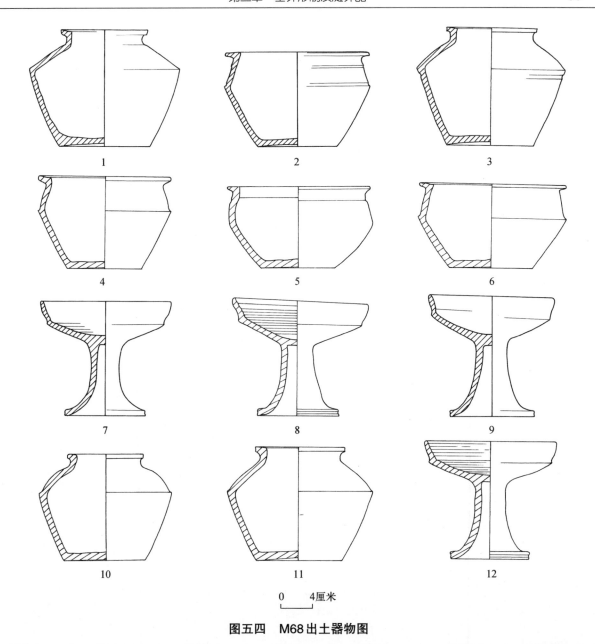

0 4厘米

图五四 M68出土器物图

1. 陶罐（M68：3） 2. 陶盂（M68：5） 3. 陶罐（M68：4） 4. 陶盂（M68：8） 5. 陶盂（M68：7） 6. 陶盂（M68：6） 7. 陶豆（M68：9）
8. 陶豆（M68：10） 9. 陶豆（M68：11） 10. 陶罐（M68：1） 11. 陶罐（M68：2） 12. 陶豆（M68：12）

半部弧收呈凹槽，外壁呈"S"形，豆盘较深，折壁，凸棱不明显，下腹部弧收，喇叭状柄较细高，圈足状矮座外撇，座沿内凹；豆盘内饰有螺旋状暗纹，暗纹较细而密。口径16.6、高14.5厘米。（图五四,7）

M68：10，陶豆。泥质褐陶。敞口，圆唇，唇外缘略弧鼓，渐收至折处又凸起，上半部外鼓，下半部弧收呈凹槽，外壁呈"S"形，豆盘较深，折壁，凸棱不明显，下腹部弧收，喇叭状柄较细高，圈足状矮座外撇；豆盘内饰有螺旋状暗纹，暗纹较细而密，座沿处饰有一圈凹弦纹。口径17.3、高14.7厘米。（图五四,8；彩版六〇,1）

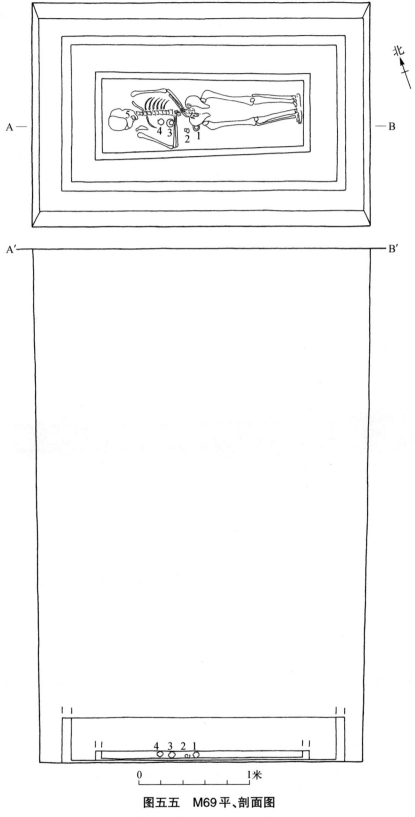

图五五　M69平、剖面图

1.陶罐　2.陶罐　3.陶罐　4.陶罐　5.贝

M68∶11，陶豆。泥质褐陶。敞口，圆唇，唇外缘略弧鼓，渐收至折处又凸起，上半部外鼓，下半部弧收呈凹槽，外壁呈"S"形，豆盘较深，折壁，凸棱不明显，下腹部呈弓形弧收，喇叭状柄较细高，圈足状矮座外撇，座沿内凹；豆盘内饰有螺旋状暗纹，暗纹较细而密，外腹部近柄处饰有数道凹弦纹。口径16.0、高15.2厘米。（图五四，9）

M68∶12，陶豆。泥质灰褐陶。敞口，圆唇，唇外缘略弧鼓，渐收至折处又凸起，上半部外鼓，下半部弧收呈凹槽，外壁呈"S"形，豆盘较深，折壁，凸棱不明显，下腹部弧收，喇叭状柄较细高，圈足状矮座外撇；豆盘内饰有螺旋状暗纹，暗纹较细而密，座沿处饰有一圈凹弦纹。口径16.8、高14.8厘米。（图五四，12）

21. M69

开口平面呈长方形，斜壁，壁面平整，口大底小，平底。填土为五花土，土质疏松。墓向290°。墓葬开口距地表100厘米，开口长302、宽200厘米，墓深460厘米，墓底长290、宽172厘米。葬具为木质一椁一棺，仅存朽痕，均为长方形。椁长254、宽138、高40、厚8厘米，棺长192、宽70-78、高8、厚6厘米。人骨保存较差，头骨仅余朽痕，双手置于腹部，双脚并拢。（图五五）

随葬品共5件（套），4件陶罐出土于人骨之下，11枚贝置于人口中：

M69∶1，陶罐。泥质灰陶。直领较短，溜肩，折腹，斜腹内弧，平底；素面。口径3.4、腹径6.4、底径3.8、高5.0厘米。（图五六，2；彩版七六，1）

M69∶2，陶罐。泥质灰陶。直领较短，溜肩，弧腹内收，平底；素面。口径2.1、腹径2.3、底径1.7、高2.5厘米。（图五六，1）

M69∶3，陶罐。泥质灰褐陶。直领较短，溜肩，折腹，斜腹内弧，平底；素面。口径3.1、腹径6.2、底径3.7、高5.0厘米。（图五六，4）

M69∶4，陶罐。泥质灰褐陶。直领较短，溜肩，折腹，斜腹内弧，平底；素面。口径2.6、腹径6.4、底径3.7、高4.9厘米。（图五六，3）

M69∶5，贝。11枚，2枚已残，其余保存较好。大小不一，长度从2.4-3.0厘米不等。（彩版八四，3）

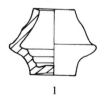 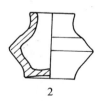 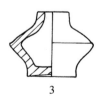 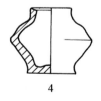

1　　　　　　2　　　　　　3　　　　　　4

图五六　M69出土器物图

1.陶罐（M69∶2）　2.陶罐（M69∶1）　3.陶罐（M69∶4）　4.陶罐（M69∶3）

22. M78

开口平面呈长方形，斜壁，壁面平整，口大底小，平底。填土为五花土，土质疏松。墓向280°。

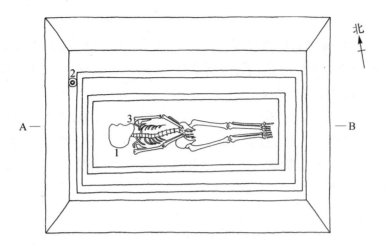

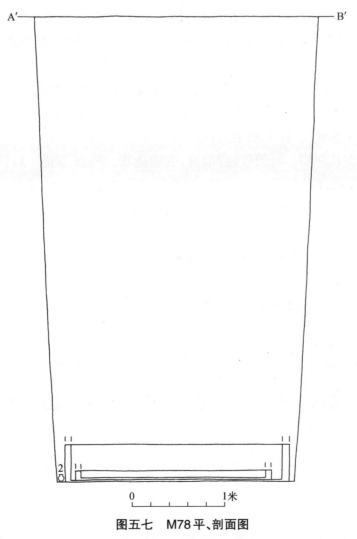

图五七　M78平、剖面图

1. 骨簪　2. 陶小壶　3. 贝

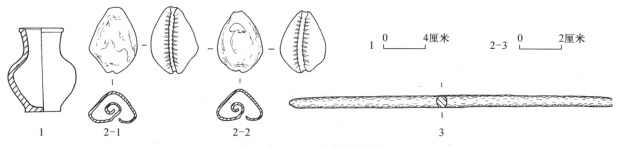

图五八　M78出土器物图

1. 陶小壶（M78:2）　2. 贝（M78:3）　3. 骨簪（M78:1）

墓葬开口距地表100厘米，开口长306、宽230厘米，墓深500厘米，墓底长255、宽160厘米。葬具为木质一椁一棺，仅存朽痕，均为长方形。椁长242、宽128、高40、厚7厘米，棺长211、宽82、高8、厚6厘米。人骨保存较好，仰身直肢，面朝北，双手置于腹部，双脚并拢。（图五七）

随葬品共3件，骨簪1件出土于墓主头部，陶壶1件出土于墓葬西北角的椁与墓壁之间，16枚贝置于人口中：

M78:1，骨簪。两端略尖，由一端到另一端渐次变小，通体磨制，长15.5、直径0.5-0.6厘米。（图五八,3；彩版八四,1）

M78:2，陶小壶。泥质灰陶。敞口方唇，长束颈，圆肩，弧鼓腹，假圈足较矮，平底。口径4.4、腹径6.6、底径3.4、高8.0厘米。（图五八,1；彩版七八,6）

M78:3，贝。16枚，部分已残，部分保存较好。大小不一，长度从2.5-3.2厘米不等。（图五八,2）

23. M89

开口平面呈长方形，斜壁，壁面平整，口大底小，平底。填土为五花土，土质疏松。墓向280°。墓葬开口距地表100厘米，开口长280、宽180厘米，墓深380厘米，墓底长260、宽160厘米。葬具为木质一椁一棺，仅存朽痕，均为长方形。椁长226、宽132-138、高56、厚8厘米，棺长186、宽104、高10、厚6厘米。人骨保存较差，头骨仅余朽痕，双手置于腹部，下肢微曲。（图五九）

随葬品共5件，出土于墓葬西端的椁与棺之间，均为陶器：

M89:1，陶鬲。泥质灰陶。折沿近平，圆唇，弧腹，裆近平，三乳足聚于器底，足和裆部有刮削痕；上腹部有三道凹槽。口径11.2、腹径12.3、高8.4厘米。有少量兽骨与之同出。（图六〇,1；彩版四六,6）

M89:2，陶鬲。泥质灰陶。近直口，方唇，斜肩，斜腹，裆近平，乳足较内聚；肩部抹平，上有三道凹槽，足和裆部饰绳纹。口径10.0、腹径12.5、高7.4厘米。（图六〇,2；彩版四四,5）

M89:3，陶盂。泥质灰陶，器表打磨光滑。折沿微仰，沿面弧凸，斜方唇，上腹微弧收，下腹斜收，平底。口径12.2、底径6.0、高5.9厘米。（图六〇,3；彩版五三,5）

M89:4，陶盂。泥质灰陶，器表打磨光滑。折沿微仰，沿面弧凸，方唇，上腹微弧收，下腹斜

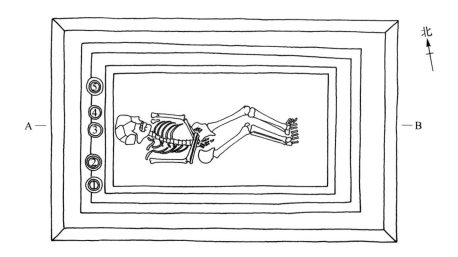

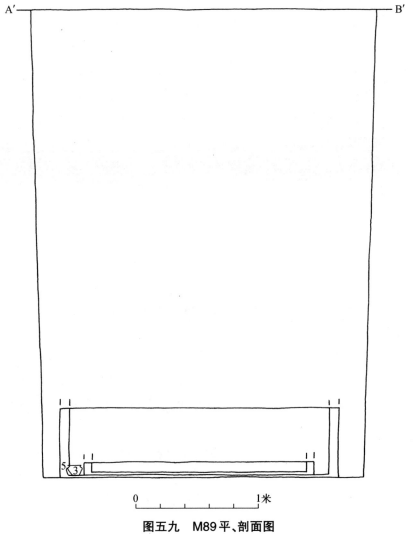

图五九　M89平、剖面图

1. 陶鬲　2. 陶鬲　3. 陶盂　4. 陶盂　5. 陶罐

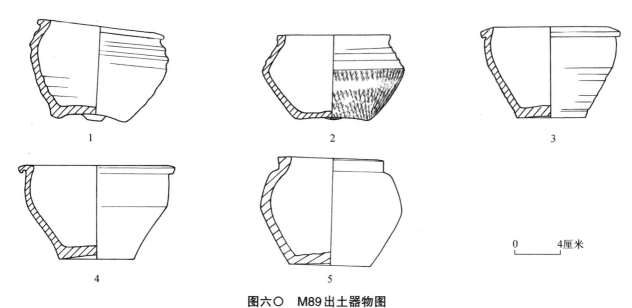

0   4厘米

图六〇　M89出土器物图

1.陶鬲（M89∶1）　2.陶鬲（M89∶2）　3.陶盂（M89∶3）　4.陶盂（M89∶4）　5.陶罐（M89∶5）

收,平底微凹。口径13.8、腹径12.6、底径6.6、高8.2厘米。(图六〇,4)

M89∶5,陶罐。泥质灰陶。直领较短,溜肩弧鼓,折腹,斜腹内收,平底,素面。口径9.2、腹径12.4、底径7.2、高9.4厘米。(图六〇,5)

24. M90

开口平面呈长方形,斜壁,壁面平整,口大底小,平底。填土为五花土,土质疏松。墓向280°。墓葬开口距地表100厘米,开口长340、宽240厘米,墓深580厘米,墓底长280、宽185厘米。葬具为木质一椁一棺,仅存朽痕,椁平面呈梯形,棺平面为长方形。椁长252、宽138-150、高50、厚8厘米,棺长200、宽94、高24、厚6厘米。人骨保存较好,面朝上,双手置于腹部,双脚并拢。(图六一)

随葬品共7件(套),5枚贝,6件陶器:

M90∶1,贝。5枚,2枚已残,3枚保存较好。大小较均匀,长度约3.0厘米。(图六二,7)

M90∶2,陶盂。泥质灰陶。折沿微仰,沿面弧凸,尖圆唇,上腹较弧,下腹斜收,平底;折棱处有一道凹弦纹。口径15.5、腹径14.6、底径6.4、高7.9厘米。(图六二,6)

M90∶3,陶鬲。泥质红陶。折沿近平,沿面极窄,尖唇,溜肩,弧腹,分档较矮,三袋足内聚,尖足跟;肩部抹平,上有七道凹弦纹,腹以下饰交错绳纹。口径8.1、腹径8.8、高6.2厘米。(图六二,4)

M90∶4,陶鬲。泥质红陶。折沿近平,沿面极窄,尖唇,溜肩,弧腹,分档较矮,三袋足内聚,尖足跟;肩部抹平,上有七道凹弦纹,腹以下饰交错绳纹。口径8.0、腹径8.7、高5.6厘米。(图六二,1)

M90∶5,陶鬲。泥质红陶。折沿近平,沿面极窄,尖唇,溜肩,弧腹,分档较矮,三袋足内聚,尖足跟;肩部抹平,上有六道凹弦纹,腹以下饰交错绳纹。口径8.0、腹径9.2、高6.2厘米。

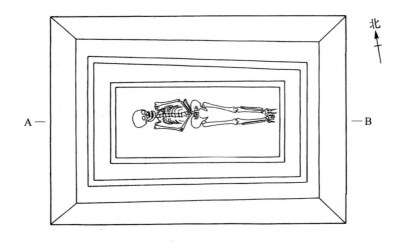

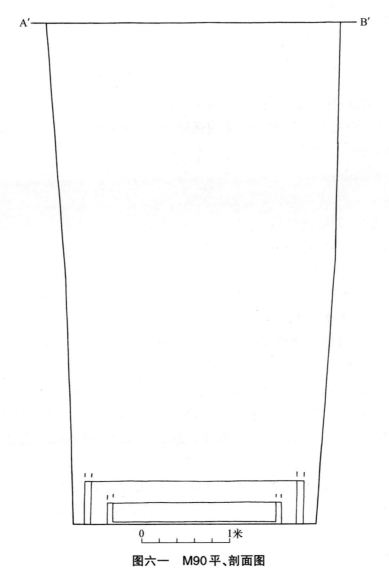

图六一　M90平、剖面图

1.贝　2.陶盂　3.陶鬲　4.陶鬲　5.陶鬲　6.陶鬲　7.陶罐

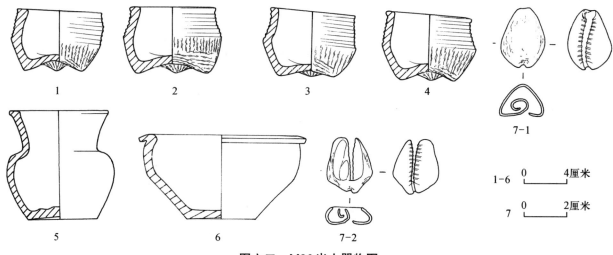

图六二　M90出土器物图

1. 陶鬲（M90∶4）　2. 陶鬲（M90∶5）　3. 陶鬲（M90∶6）　4. 陶鬲（M90∶3）　5. 陶罐（M90∶7）　6. 陶盂（M90∶2）　7. 贝（M90∶1）

（图六二，2；彩版三九，2）

　　M90∶6，陶鬲。泥质红陶。直口，方唇，溜肩，弧腹，分裆较矮，三袋足内聚，尖足跟；肩部抹平，上有六道凹弦纹，腹以下饰交错绳纹。口径8.1、腹径8.9、高6.3厘米。（图六二，3）

　　M90∶7，陶罐。泥质灰陶。领部较高外撇，占到整体的二分之一左右，溜肩，弧腹，平底；素面。口径9.4、腹径10.3、底径6.6、高10.2厘米。（图六二，5；彩版七六，4）

25. M92

　　开口平面呈长方形，斜壁，壁面平整，口大底小，平底。填土为五花土，土质疏松。墓向290°。墓葬开口距地表100厘米，开口长330、宽252厘米，墓深580厘米，墓底长270、宽172厘米。葬具为木质一椁一棺，仅存朽痕，均为长方形。椁长250、宽144、高52、厚8厘米，棺长190、宽84、高10、厚6厘米。人骨保存较差，仰身直肢。（图六三）

　　随葬品共3件，出土于棺内人骨左侧，均为陶罐：

　　M92∶1，陶罐。泥质灰陶。直领极短，溜肩弧鼓，折腹，斜腹内弧，平底；素面。口径3.1、腹径6.6、底径3.8、高4.9厘米。（图六四，1）

　　M92∶2，陶罐。泥质灰陶。直领极短，溜肩，折腹，斜腹内弧，平底；素面。口径2.8、腹径6.6、底径4.0、高5.0厘米。（图六四，2；彩版七六，2）

　　M92∶3，陶罐。泥质灰陶。直领极短，溜肩，折腹，斜腹内弧，平底；素面。口径2.6、腹径6.2、底径3.6、高5.1厘米。（图六四，3）

26. M96

　　开口平面呈长方形，斜壁，壁面平整，口大底小，平底。填土为五花土，土质疏松。墓向280°。墓葬开口距地表100厘米，开口长350、宽292厘米，墓深560厘米，墓底长290、宽216厘米。葬具

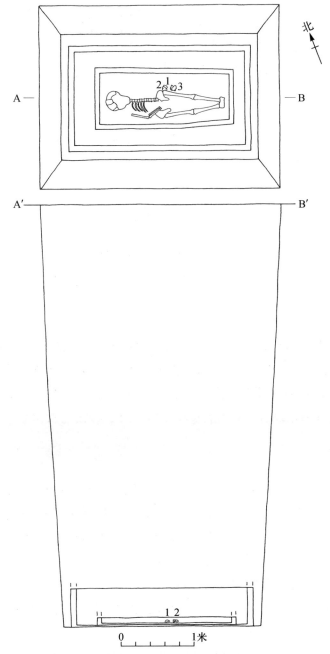

图六三　M92 平、剖面图

1. 陶罐　2. 陶罐　3. 陶罐

图六四　M92 出土器物图

1. 陶罐（M92∶1）　2. 陶罐（92∶2）　3. 陶罐（92∶3）

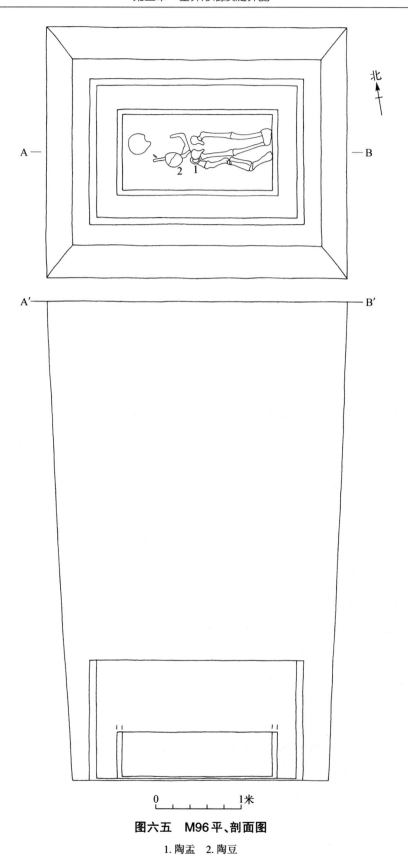

图六五　M96平、剖面图

1. 陶盂　2. 陶豆

图六六　M96出土器物图
1. 陶盂（M96：1）　2. 陶豆（M96：2）

为木质一椁一棺，仅存朽痕，均为长方形。椁长250、宽170、高140、厚8厘米，棺长188、宽100、高54、厚6厘米。人骨保存差，仅余朽痕，直肢葬。人骨右侧有一段动物腿骨。（图六五；彩版六，2）

随葬品共2件，出土于人骨下，均为陶器：

M96：1，陶盂。泥质灰陶。折沿较平，沿面弧凸，尖圆唇，上腹较弧，下腹斜收，平底微凹；折棱处有一道凹弦纹。口径14.0、腹径12.4、底径6.2、高6.8厘米。（图六六，1；彩版五三，6）

M96：2，陶豆。残，泥质灰陶。敞口，圆唇，豆盘浅平，折壁，柄残缺；素面。（图六六，2）

27. M104

开口平面呈长方形，斜壁，壁面平整，口大底小，平底。填土为五花土，土质疏松。墓向290°。墓葬开口距地表100厘米，开口长380、宽260厘米，墓深320厘米，墓底长340、宽220厘米。该墓被盗，中间偏西处有一个椭圆形盗洞。葬具为木质一椁一棺，仅存朽痕，椁平面呈长方形，棺平面为梯形。椁长280、宽160、高60、厚8厘米，棺长24、宽108－124、高12、厚6厘米。人骨被盗扰，仅存下肢，直肢葬。（图六七；彩版七，1）

随葬品共11件，出土于西端的棺内，均为陶器：

M104：1，陶罐。泥质灰陶，器表打磨平整。平折沿极短，方唇，短颈，溜肩弧鼓，折腹，斜腹内收略内弧，平底；肩部饰有圈带状暗纹。口径9.8、腹径14.2、底径7.4、高9.8厘米。（图六八，1；彩版七四，6）

M104：2，陶罐。泥质灰陶，器表打磨平整。平折沿极短，方唇，短颈，溜肩弧鼓，折腹，斜腹内收略内弧，平底；肩部饰有圈带状暗纹。口径9.6、腹径14.0、底径6.4、高10.1厘米。（图六八，2）

M104：3，陶罐。泥质灰陶，器表打磨平整。平折沿极短，方唇，短颈，溜肩弧鼓，折腹，斜腹内收略内弧，平底；肩部饰有圈带状暗纹。口径10.2、腹径14.5、底径7.1、高9.3厘米。（图六八，3）

M104：4，陶豆。泥质灰陶。敞口，尖圆唇，唇外缘弧鼓，渐收至折处又凸起，上半部外弧，下半部内收成凹槽，外壁略呈"S"形，豆盘较浅，折壁，凸棱不明显，下腹部弧收，近直柄细长，圈足状矮座外撇，座沿斜方唇；豆盘内饰有密而细的螺旋状暗纹，盘内有刻划符号。口径13.5、高11.7厘米。（图六八，4、12）

M104：5，陶罐。泥质灰陶，器表有多道刮削痕。口微敛，方唇，领较矮，弧腹，平底微凹。口径9.6、腹径15.0、底径7.9、高8.6厘米。（图六八，7）

M104：6，陶盂。泥质灰陶，器表打磨光滑。折沿微仰，斜方唇，唇面下凹，上腹斜弧，下腹斜

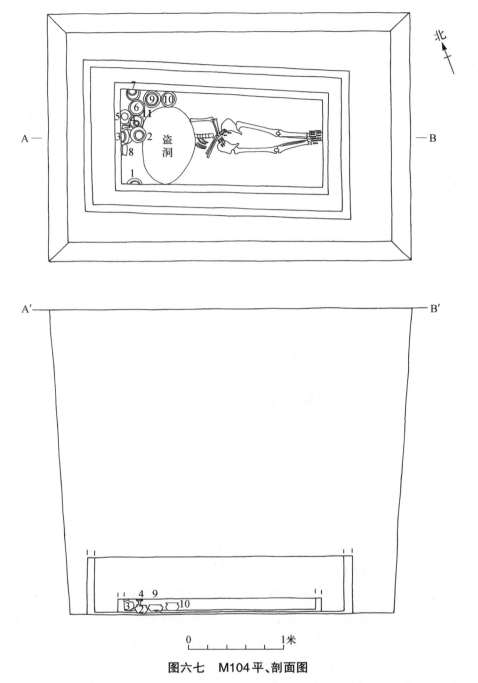

图六七 M104平、剖面图

1.陶罐 2.陶罐 3.陶罐 4.陶豆 5.陶罐 6.陶盂 7.陶豆 8.陶盂 9.陶鬲 10.陶盂 11.陶盂

收,平底微凹。口径16.8、腹径15.0、底径6.2、高8.3厘米。(图六八,5;彩版五三,1)

M104:7,陶豆。泥质灰陶。敞口,尖圆唇,唇外缘弧鼓,渐收至折处又凸起,上半部外弧,下半部内收成凹槽,外壁略呈"S"形,豆盘较浅,折壁,凸棱不明显,下腹部弧收,近直柄细长,圈足状矮座外撇,座沿斜方唇;豆盘内饰有密而细的螺旋状暗纹,盘内有刻划符号。口径13.1、高11.5厘米。(图六八,11、13;彩版六三,5)

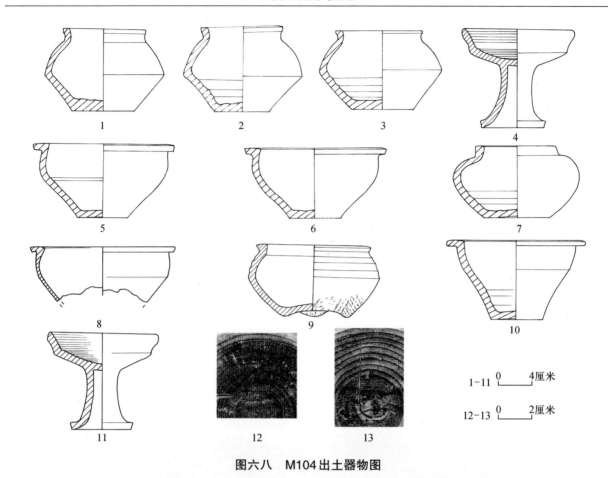

图六八　M104出土器物图

1. 陶罐（M104：1）　2. 陶罐（M104：2）　3. 陶罐（M104：3）　4. 陶豆（M104：4）　5 陶盂（M104：6）　6. 陶盂（104：10）
7. 陶罐（M104：5）　8. 陶盂（M104：11）　9. 陶鬲（M104：9）　10. 陶盂（M104：8）　11. 陶豆（M104：7）
12. 陶豆刻符（M104：4）　13. 陶豆刻符（M104：7）

　　M104：8，陶盂。泥质灰陶，器表打磨光滑。折沿微仰，斜方唇，唇面下凹，上腹斜弧，下腹斜收，平底微凹。口径16.8、腹径15.2、底径6.0、高8.8厘米。（图六八，10）

　　M104：9，陶鬲。泥质灰陶。折沿微下斜，尖唇，圆肩，弧腹，裆近平，乳足较内聚；肩部和腹抹平，肩部有四道凹槽，足和裆部饰绳纹。口径13.6、腹径15.6、高8.5厘米。（图六八，9；彩版四四，4）

　　M104：10，陶盂。泥质灰陶，器表打磨光滑。折沿微仰，尖圆唇，上腹微弧收，下腹斜收，平底。口径16.5、底径6.2、高9.3厘米。（图六八，6）

　　M104：11，陶盂，残。泥质灰陶；口微敛，方唇，领较矮，弧腹，平底，腹部缺失。B型Ⅵ式。（图六八，8）

28. M107

　　开口平面呈长方形，直壁，壁面平整，平底。填土为五花土，土质疏松。墓向280°。墓葬开口距地表100厘米，开口长300、宽160厘米，墓深140厘米。葬具为木质一椁一棺，仅存朽痕，均为长方形。椁长252、宽118、高56、厚8厘米，棺长180、宽80-84、高18、厚6厘米。人骨不存。（图六九；彩版七，2）

图六九 M107平、剖面图

1.陶罐 2.陶鬲 3.陶豆 4.陶盂 5.陶盂 6.陶罐 7.陶罐 8.陶盂 9.陶鬲 10.陶鬲
11.陶豆 12.陶豆 13.陶豆 14.陶盂 15.陶鬲 16.陶罐 17.蚌圭

随葬品共17件,16件陶器出土于墓葬西端的棺与椁之间,另有1件蚌圭:

M107:1,陶罐。泥质褐陶,器表粗糙。平折沿略仰,沿面略内凹,方唇,束颈较长,溜肩,弧折腹,弧腹内收,平底,最大径靠近中部;素面。口径9.6、腹径13.6、底径8.0、高9.8厘米。(图七〇,1)

M107:2,陶鬲,残。夹砂灰陶。折沿微仰,方唇,弧腹,下腹部和底缺失,仅剩一乳钉足,素面。

M107:3,陶豆,残碎。泥质灰陶。

M107:4,陶盂。泥质灰陶。折沿微仰,圆唇,上腹微斜,下腹斜收,平底微凹;折棱处有二道凹弦纹。口径14.0、腹径13.9、底径8.2、高8.6厘米。(图七〇,8)

M107:5,陶盂。泥质灰陶。折沿微仰,圆唇,上腹微斜,下腹斜收,平底;折棱处有二道凹弦纹。口径13.8、腹径13.2、底径6.4、高8.0厘米。(图七〇,9)

M107：6，陶罐。泥质褐陶，器表粗糙。平折沿略仰，方唇，束颈较长，溜肩，弧折腹，斜腹内收，平底，最大径靠近中部；素面。口径10.0、腹径13.8、底径7.6、高9.8厘米。(图七〇，3)

M107：7，陶罐。泥质褐陶，器表粗糙。平折沿略仰，方唇，束颈较长，溜肩，弧折腹，弧腹内收，平底，最大径靠近中部；沿面饰有数道极细凹弦纹，肩部近折处饰有一道较浅凸弦纹。口径9.6、腹径13.6、底径7.4、高9.6厘米。(图七〇，4；彩版六五，1)

M107：8，陶盂。泥质灰陶。折沿微仰，方唇，上腹微斜，下腹斜收，平底微凹；折棱处有二道凹弦纹。口径14.2、腹径13.6、底径7.4厘米、高7.6厘米。(图七〇，10)

M107：9，陶鬲。夹砂灰陶。折沿微仰，方唇，弧腹，裆近平，三乳足聚于器底，足和裆部有刮削痕。口径14.4、腹径13.4、高7.9厘米。(图七〇，5；彩版四五，6)

M107：10，陶鬲。夹砂灰陶。折沿微仰，方唇，弧腹，裆近平，三乳足聚于器底。口径14.0、腹径13.2、高8.2厘米。(图七〇，6)

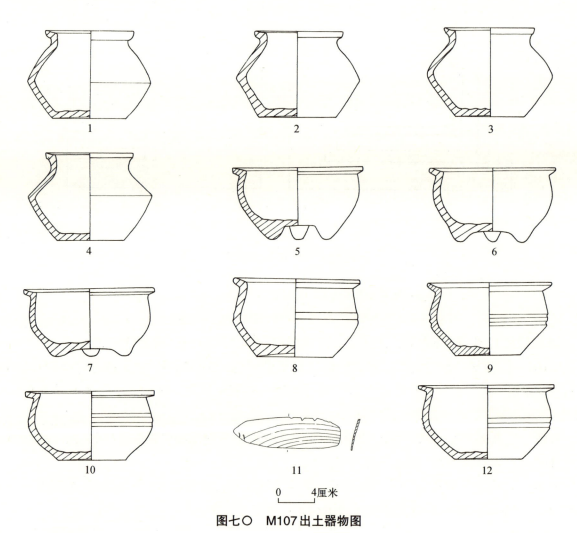

0   4厘米

图七〇　M107出土器物图

1. 陶罐（107：1）　2. 陶罐（107：16）　3. 陶罐（107：6）　4. 陶罐（107：7）　5. 陶鬲（107：9）　6. 陶鬲（107：10）
7. 陶鬲（107：15）　8. 陶盂（107：4）　9. 陶盂（107：5）　10. 陶盂（107：8）　11. 蚌圭（107：17）　12. 陶盂（107：14）

M107：11，陶豆，残碎。泥质灰陶。喇叭状豆柄极短，中部有箍。

M107：12，陶豆，残碎。泥质灰陶。喇叭状豆柄极短，中部有箍。

M107：13，陶豆，残碎。泥质灰陶。喇叭状豆柄极短，中部有箍。

M107：14，陶盂。泥质灰陶。折沿微仰，圆唇，上腹微斜，下腹斜收，平底；折棱处有二道凹弦纹。口径15.0、腹径14.2、底径7.4、高8.2厘米。(图七〇，12；彩版四七，7)

M107：15，陶鬲。夹砂灰陶。折沿微仰，圆唇，弧腹，裆近平，三乳足聚于器底，足和裆部有刮削痕。口径14.5、腹径13.2、高7.4厘米。(图七〇，7)

M107：16，陶罐。泥质褐陶，器表粗糙。平折沿略仰，沿面略内凹，方唇，束颈较长，溜肩，弧折腹，弧腹内收，平底略内凹，最大径靠近中部；素面。口径9.8、腹径13.6、底径8.4、高9.4厘米。(图七〇，2)

M107：17，蚌圭。蚌壳磨制而成，中间较宽，两端略窄，一边有三个缺口。长11.8、宽3.4、厚0.2厘米。(图七〇，11)

29. M108

开口平面呈长方形，直壁，壁面平整，平底。填土为五花土，土质疏松。墓向280°。墓葬开口距地表100厘米，开口长316、宽180厘米，墓深100厘米。葬具为木质一椁一棺，仅存朽痕，均为长方形。椁长258、宽134、高54、厚6厘米，棺长184、宽94、高18、厚6厘米。人骨保存较差，仰身直肢，面朝上。(图七一)

随葬品共17件(套)(彩版二九，2)，16件陶器出土于墓葬西端的棺与椁之间，15枚贝置于人口中：

M108：1，陶鬲。泥质灰陶。仰折沿，圆唇，折腹，裆较高，三截锥足较直，足和裆部有刮削痕。口径15.4、腹径15.2、高9.3厘米。(图七二，5)

M108：2，陶鬲。泥质灰陶。仰折沿，圆唇，折腹，裆较高，三截锥足较直，足和裆部有刮削痕。口径16.3、腹径16.0、高10.3厘米。(图七二，6)

M108：3，陶鬲。泥质灰陶。仰折沿，圆唇，折腹，裆较高，三截锥足较直，足和裆部有刮削痕。口径15.3、腹径14.6、高9.8厘米。(图七二，7；彩版四二，4)

M108：4，陶豆。器形较大。泥质灰陶。敞口，方唇，折壁，折处凸棱明显，豆盘较深，喇叭状豆柄较矮，矮座外撇，座底内凹，座沿斜方唇；豆盘内饰有螺旋状暗纹，暗纹较宽，间距略大。口径17.7、高12.3厘米。(图七三，1)

M108：5，陶盂。泥质灰陶。折沿微仰，圆唇，上腹较直，下腹弧收，上有刮削痕，平底。口径16.3、腹径14.9、底径7.2、高9.7厘米。(图七二，1)

M108：6，陶盂。泥质灰陶。折沿微仰，圆唇，上腹较直，下腹弧收，上有刮削痕，平底。口径14.8、腹径14.0、底径6.2、高10.3厘米。(图七二，2)

M108：7，陶盂。泥质灰陶。折沿微仰，圆唇，上腹较直，下腹弧收，上有刮削痕，平底。口径14.1、腹径13.4、底径7.1、高9.9厘米。(图七二，3)

图七一　M108平、剖面图

1. 陶鬲　2. 陶鬲　3. 陶鬲　4. 陶豆　5. 陶盂　6. 陶盂　7. 陶盂　8. 陶盂　9. 陶豆　10. 陶鬲
11. 陶豆　12. 陶罐　13. 陶罐　14. 陶豆　15. 陶罐　16. 陶罐　17. 贝

　　M108:8，陶盂。泥质灰陶。折沿微仰，圆唇，上腹较直，下腹弧收，上有刮削痕，平底。口径15.4、腹径13.6、底径7.0、高9.6厘米。(图七二,4；彩版四八,2)

　　M108:9，陶豆。器形略大。泥质褐陶。敞口，方唇折壁，折处凸棱明显，豆盘较深，矮喇叭状柄，豆柄上半部有一道箍，矮座，座面较宽，座底略内凹，座沿方唇；素面。口径17.8、高12.6厘米。(图七三,2；彩版八〇,2)

　　M108:10，陶鬲。泥质灰陶。仰折沿，圆唇，弧腹，裆较高，三截锥足较直，足和裆部有刮削痕。口径14.6、腹径13.3、高8.6厘米。(图七二,8)

　　M108:11，陶豆。泥质灰陶。敞口，方唇，折壁，折处凸棱明显，豆盘较深，喇叭状豆柄较矮，矮座外撇，座底略内凹；豆盘内饰有螺旋状暗纹。口径17.2、高13.7厘米。(图七三,3；彩版五七,9)

　　M108∶12,陶罐。泥质褐陶,器表粗糙。平折沿,尖唇,束颈较长,溜肩下斜,弧折腹,弧腹内收,平底;沿面饰有一道凹弦纹。口径10.8、腹径14.9、底径8.8、高13.5厘米。(图七二,9)

　　M108∶13,陶罐。泥质褐陶,器表粗糙。平折沿,方唇,束颈较长,溜肩,弧折腹,斜腹内收,平底,最大径靠近中部;沿面饰有一道凹弦纹。口径10.2、腹径13.8、底径8.8、高11.9厘米。(图七二,10)

　　M108∶14,陶豆。泥质灰陶。敞口,方唇,折壁,折处凸棱明显,豆盘较深,喇叭状豆柄较矮,

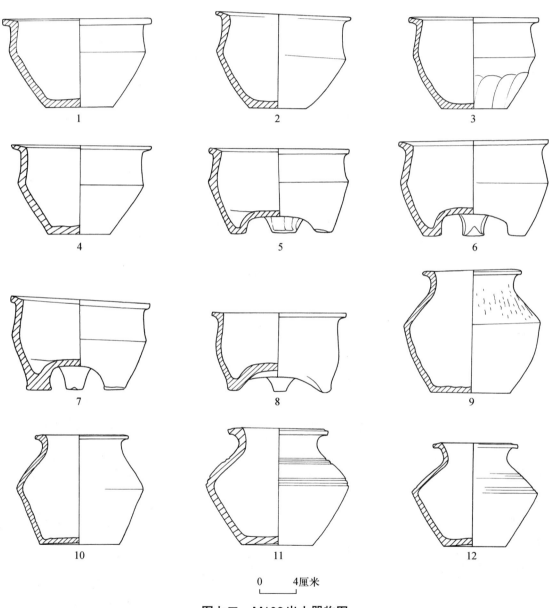

图七二　M108出土器物图

1.陶盂(M108∶5)　2.陶盂(M108∶6)　3.陶盂(M108∶7)　4.陶盂(M108∶8)　5.陶鬲(M108∶1)
6.陶鬲(M108∶2)　7.陶鬲(M108∶3)　8.陶鬲(M108∶10)　9.陶罐(M108∶12)
10.陶罐(M108∶13)　11.陶罐(M108∶15)　12.陶罐(M108∶16)

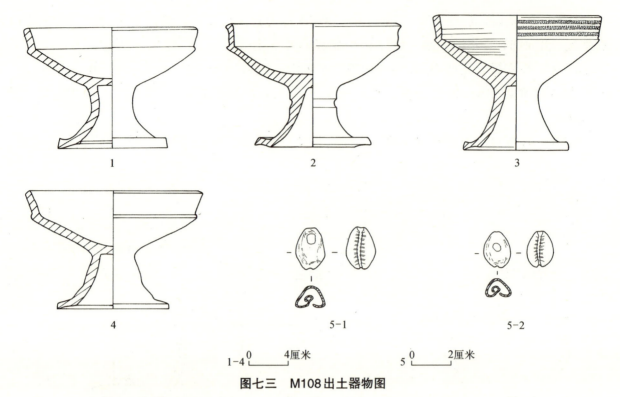

图七三　M108出土器物图

1. 陶豆（M108∶4）　2. 陶豆（M108∶9）　3. 陶豆（M108∶11）　4. 陶豆（M108∶14）　5. 贝（M108∶17）

矮座外撇,座底略内凹;外壁凸棱之上饰有一道凹弦纹,豆盘内饰有螺旋状暗纹。口径18.1、高12.0厘米。(图七三,4)

　　M108∶15,陶罐。泥质灰褐陶。平折沿,斜方唇,束颈较长,溜肩微鼓,折腹,凸棱明显,斜腹内收,平底;沿面饰有两圈凹弦纹,肩部饰有两组四道凹弦纹,分别位于近颈处和近折处。口径10.8、腹径15.6、底径7.8、高12.6厘米。(图七二,11)

　　M108∶16,陶罐。泥质灰陶。平折沿,方唇,束颈较长,溜肩微鼓,折腹,折棱凸出,斜腹内收,平底;肩部两组四道凹弦纹,分别位于近颈处和近折处。口径9.2、腹径13.6、底径6.8、高11.2厘米。(图七二,12;彩版六五,2)

　　M108∶17,贝。15枚,大小不一,保存较差。长度从2.2-3.5厘米不等。(图七三,5)

30. M111

　　开口平面呈长方形,直壁,壁面平整,平底。填土为五花土,土质疏松。墓向280°。墓葬开口距地表100厘米,开口长280、宽144厘米,墓深250厘米。葬具为木质一椁一棺,仅存朽痕,均为长方形。椁长251、宽104-109、高35、厚8厘米,棺长142、宽73、高10、厚6厘米。人骨保存较差,仰身直肢,面朝上,双脚并拢。(图七四;彩版八,1)

　　随葬品共14件,出土于墓葬西端的棺与椁之间,均为陶器:

　　M111∶1,陶罐。泥质灰陶,器表打磨平整。平折沿,方唇,短束颈,溜肩弧鼓,折腹,斜腹内

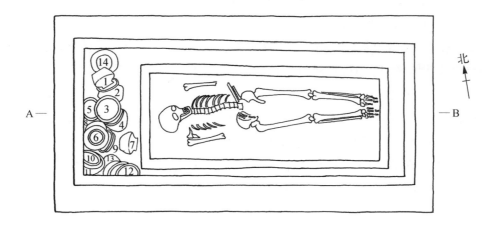

北

A —　　　　　　　　　　　　　　　— B

A′　　　　　　　　　　　　　　　B′

0　　　　　　　1米

图七四　M111平、剖面图

1.陶罐　2.陶鬲　3.陶盂　4.陶鬲　5.陶鬲　6.陶罐　7.陶罐　8.陶鬲　9.陶豆　10.陶盂
11.陶豆　12.陶盂　13.陶盂　14.陶罐

收,平底;素面。口径10.4、腹径17.0、底径11.4、高12.4厘米。(图七五,1)

M111:2,陶鬲。泥质灰陶。平折沿,圆唇,溜肩,弧腹,分裆较矮,三袋足内敛,尖足跟;沿面饰一道凹弦纹,肩部抹平,隐约可见绳纹痕迹,上有四道凹槽,上腹部饰抹断绳纹,下腹至足饰交错绳纹。口径17.6、腹径20.0、高15.9厘米。(图七六,1)

M111:3,陶盂。口部变形,泥质灰陶。折沿微仰,方唇,上腹斜直,下腹斜收,上有刮削痕,平底微凹。口径11.0-15.2、腹径16.2、底径9.8、高10.9厘米。(图七五,5)

M111:4,陶鬲。泥质红陶。平折沿,圆唇,溜肩,弧腹,分裆矮,三袋足较内敛,尖足跟;肩部有四道凹槽,腹以下饰交错绳纹。口径17.0、腹径18.0、高13.7厘米。(图七六,2;彩版三四,6)

M111:5,陶鬲。泥质红陶。折沿微下斜,尖唇,弧腹,分裆矮,三袋足较内敛,尖足跟;沿面有一道凹槽,腹以下饰交错绳纹。口径16.8、腹径17.4、高13.6厘米。(图七六,3)

M111:6,陶罐。泥质灰陶,器表打磨平整。平折沿,方唇,短束颈,溜肩较平,折腹,斜腹内收,平底略内凹,最大径靠上;沿面饰有一道凹弦纹。口径12.5、腹径20.8、底径10.6、高14.4厘米。(图七五,2;彩版七〇,5)

M111:7,陶罐。泥质灰陶,器表打磨平整。平折沿,方唇,短束颈,溜肩弧鼓,折腹,斜腹内收,平底;沿面饰有一道凹弦纹。口径11.2、腹径18.2、底径12.0、高14.0厘米。(图七五,3)

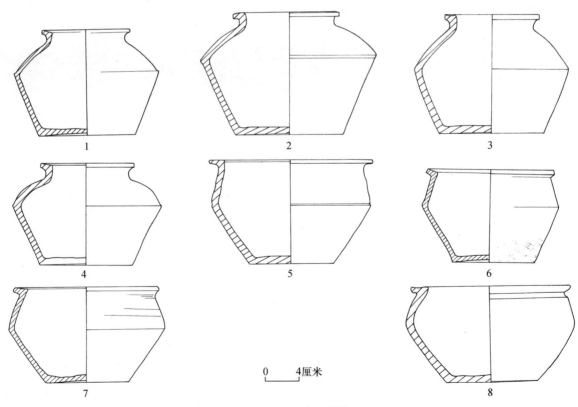

图七五　M111出土器物图

1. 陶罐(M111:1)　2. 陶罐(M111:6)　3. 陶罐(M111:7)　4. 陶罐(M111:14)　5. 陶盂(M111:3)
6. 陶盂(M111:10)　7. 陶盂(M111:12)　8. 陶盂(M111:13)

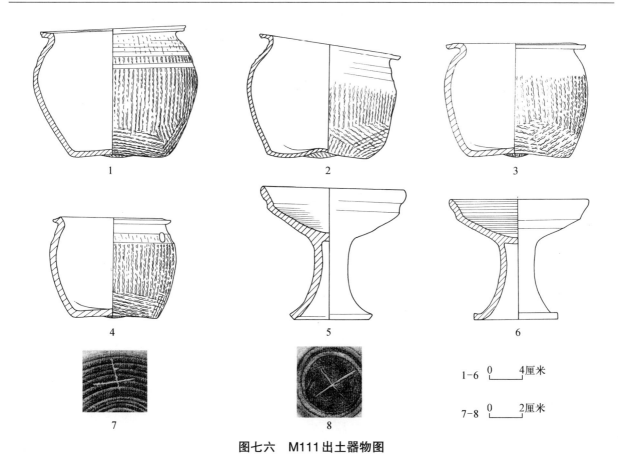

图七六 M111出土器物图

1.陶鬲(M111∶2) 2.陶鬲(M111∶4) 3.陶鬲(M111∶5) 4.陶鬲(M111∶8)
5.陶豆(M111∶9) 6.陶豆(M111∶11) 7、8.陶豆刻符(M111∶9)

M111∶8,陶鬲。泥质红陶。折沿较平,尖唇,溜肩,弧腹,分裆矮,三袋足较内敛,尖足跟;肩部抹平,腹以下饰交错绳纹。口径14.2、腹径15.4、高14.0厘米。(图七六,4)

M111∶9,陶豆。泥质灰陶。敞口,尖圆唇,唇外缘略弧鼓,渐收至折处又凸起,上半部外鼓,下半部弧收呈凹槽,外壁呈"S"形,豆盘较深,折壁,凸棱不明显,下腹部呈弓形弧收,喇叭状柄较高,圈足状矮座外撇,座沿斜方唇;豆盘内饰有螺旋状暗纹,暗纹较细而密,外腹部饰有螺旋状暗纹,暗纹较细而间距较大。口径17.6、高16.0厘米。(图七六,5、7、8)

M111∶10,陶盂。泥质灰陶,器表打磨光滑。平折沿,圆唇,上腹微斜,下腹斜收,平底;折棱处有一道凹弦纹。口径19.4、腹径18.8、底径9.8、高12.2厘米。(图七五,6)

M111∶11,陶豆。泥质灰陶。敞口,圆唇,唇外缘略弧鼓,渐收至折处又凸起,上半部外鼓,下半部弧收呈凹槽,外壁呈"S"形,豆盘较深,折壁,凸棱不明显,下腹部呈弓形弧收,喇叭状柄较高,圈足状矮座外撇,座沿斜方唇;豆盘内饰有螺旋状暗纹,暗纹较细而密,外腹部饰有螺旋状凹弦纹,盘内有刻划符号。口径16.9、高14.5厘米。(图七六,6;彩版八〇,3)

M111∶12,陶盂。口部变形,泥质灰陶,器表打磨光滑。平折沿,圆唇,上腹斜直,下腹斜收,平底。口径17.2、腹径18.4、底径9.7、高11.2厘米。(图七五,7)

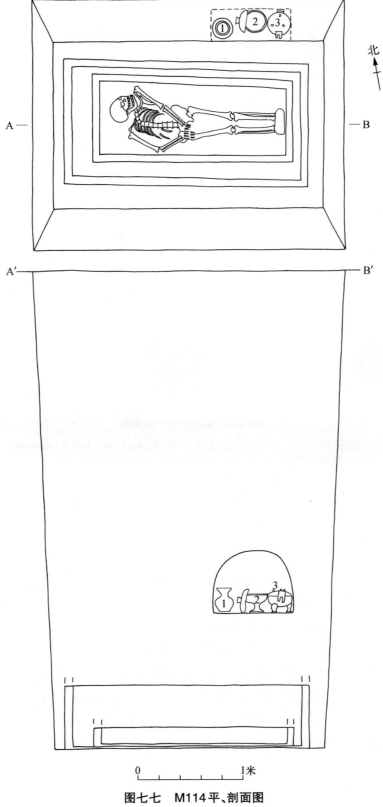

图七七　M114平、剖面图

1. 陶壶　2. 陶盖豆　3. 陶鼎

M111:13,陶盂。泥质灰陶,器表打磨光滑。平折沿,斜方唇,上腹斜直,下腹斜收,平底。口径18.9、腹径20.0、底径10.6、高11.3厘米。(图七五,8)

M111:14,陶罐。泥质灰黑陶,器表打磨平整。平折沿,口沿较窄,圆唇,短束颈,溜肩弧鼓,折腹,斜腹内收,平底;沿面饰有一道凹弦纹。口径11.0、腹径17.4、底径10.8、高12.0厘米。(图七五,4)

31. M114

开口平面呈长方形,斜壁,壁面平整,北壁略偏东有一壁龛,壁龛呈半圆形,口大底小,平底。填土为五花土,土质疏松。墓向280°。墓葬开口距地表100厘米,开口长300、宽240厘米,墓深460厘米,墓底长260、宽160厘米,壁龛底长74、高60厘米。葬具为木质一椁一棺,仅存朽痕,均为长方形。椁长235、宽120、高60、厚8厘米,棺长192、宽78-84、高18、厚6厘米。人骨保存较好,仰身直肢,面朝北,双手置于腹部,双脚并拢。(图七七;彩版八,2)

随葬品共3件,出土于壁龛中,均为陶器:

M114:1,陶壶。泥质灰陶。盖平顶方唇,盖舌较长,盖顶有二道折棱;敞口方唇,长颈微束,溜肩,弧腹,平底微凹;颈部有多道弦纹暗纹,颈肩结合处有一道折棱。盖径11.8、口径10.6、腹径

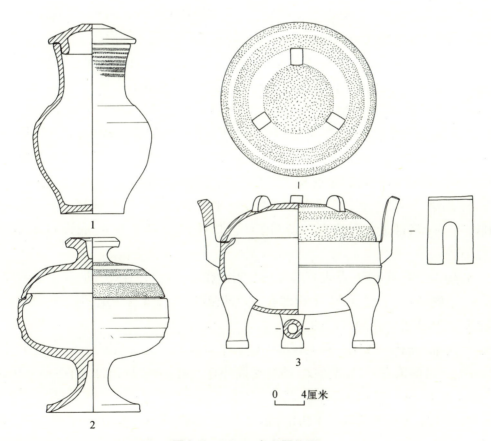

图七八　M114出土器物图

1.陶壶(M114:1)　2.陶盖豆(M114:2)　3.陶鼎(M114:3)

16.2、底径8.6、通高28.0厘米。(图七八,1;彩版七八,4)

M114:2,陶盖豆。泥质灰陶。盖弧顶斜方唇,圆饼状抓手,面上有二道折棱,孔较大,盖柱束腰,较矮;子口承盖,方唇,深腹较直,圜底,柄较粗较矮,喇叭状座较高;腹部有一道折棱和二道凹槽。盖径19.8、口径18.1、腹径20.8、通高23.8厘米。(图七八,2;彩版七八,1)

M114:3,陶鼎。泥质灰陶。盖弧顶斜方唇,上有三个半圆形钮;子口承盖,方唇,方附耳较大,弧腹,圜底,蹄足较矮,中空,足跟部内侧有一个孔,蹄不甚明显;腹部有一道折棱。盖径21.2、口径18.4、耳尖距27.5、通高20.1厘米。(图七八,3;彩版七七,3)

32. M115

开口平面呈长方形,直壁,壁面平整,平底。填土为五花土,土质疏松。墓向280°。墓葬开口距地表100厘米,开口长296、宽144厘米,墓深300厘米。葬具为木质一椁一棺,仅存朽痕,均为长方形。椁长266、宽128、高30、厚6厘米,棺长200、宽96、高8、厚6厘米。人骨保存极差,仅余部分朽痕。(图七九)

随葬品共12件,出土于墓葬西端的棺与椁之间,均为陶器:

M115:1,陶鬲。夹砂灰陶。平折沿,圆唇,溜肩,弧腹,分裆矮,三袋足微内敛,尖足跟;肩部抹平,隐约可见绳纹痕迹,上贴一个小圆饼,上腹部饰抹断绳纹,下腹至足饰交错绳纹。口径18.2、腹径21.1、高16.0厘米。(图八〇,3)

M115:2,陶盂。泥质灰陶,器表打磨光滑。折沿较平,圆唇,唇缘上翘,使沿面形成一道凹弦纹,上腹较斜,下腹斜收,平底微凹;上腹部有一道凹弦纹,折棱处有一道凹弦纹。口径16.8、腹径17.2、底径8.8、高10.8厘米。(图八〇,7)

M115:3,陶罐。泥质灰褐陶,器表打磨平整。平折沿,方唇,束颈较短,溜肩较平,折腹,斜腹较长内收,平底;沿面饰有一道凹弦纹,肩部近颈处饰有一道凹弦纹,近折处饰有两道凹弦纹。口径11.2、腹径16.8、底径10.8、高14.8厘米。(图八〇,1;彩版六八,4)

M115:4:陶罐。泥质灰褐陶,器表打磨平整。平折沿,方唇,束颈较短,溜肩较平,折腹,斜腹较长内收,平底;肩部近折处饰有一道凹弦纹。口径12.4、腹径18.4、底径11.6、高16.4厘米。(图八〇,2)

M115:5,陶盂。泥质灰陶,器表打磨光滑。折沿较平,方唇,唇缘上翘,使沿面形成一道凹弦纹,上腹较斜,下腹斜收,平底微凹;上腹部有一道凹弦纹,折棱处有一道凹弦纹。口径16.8、腹径17.0、底径8.8、高10.3厘米。(图八〇,8)

M115:6,陶罐。泥质灰褐陶,器表打磨平整。平折沿,方唇,束颈较短,溜肩较平,折腹,斜腹较长内收,平底;沿面饰有一道凹弦纹,颈肩交接处有一道折棱,近折处饰有一道凹弦纹。口径12.0、腹径18.0、底径10.8、高14.4厘米。(图八〇,4)

M115:7,陶鬲。夹粗砂灰陶。平折沿,折处凸起,圆唇,溜肩,弧腹,分裆矮,三袋足微内敛,尖足跟;肩部抹平,隐约可见绳纹痕迹,上贴一个小圆饼,上腹部饰抹断绳纹,下腹至足饰交错绳纹。口径19.6、腹径22.8、高16.1厘米。(图八〇,6)

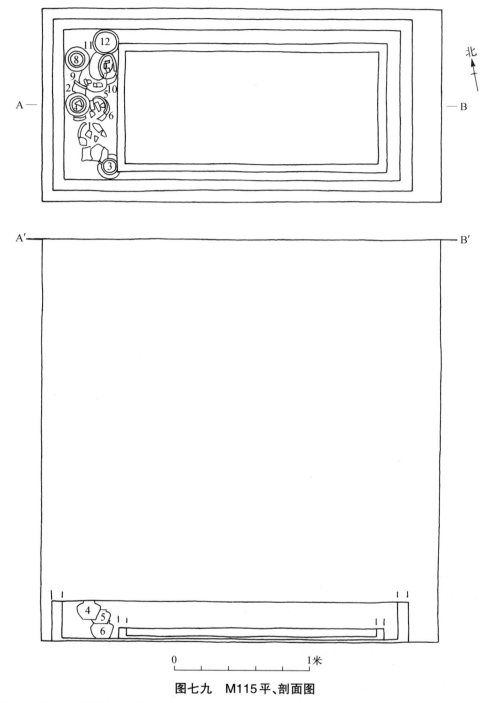

图七九　M115平、剖面图

1.陶鬲　2.陶盂　3.陶罐　4.陶罐　5.陶盂　6.陶罐　7.陶鬲　8.陶罐　9.陶鬲　10.陶盂　11.陶盂　12.陶鬲

　　M115：8,陶罐。泥质灰褐陶,器表打磨平整。平折沿,方唇,束颈较短,溜肩较平,折腹,折棱突出,斜腹较长内收,平底;素面。口径11.6、腹径18.4、底径11.6、高14.0厘米。(图八〇,5)

　　M115：9,陶鬲。夹粗砂灰陶。平折沿,折处凸起,尖唇,溜肩,弧腹,分裆矮,三袋足微内敛,尖足跟;肩部抹平,隐约可见绳纹痕迹,上腹部饰抹断绳纹,下腹至足饰交错绳纹。口径17.6、腹

径21.2、高15.2厘米。(图八〇,9)

M115∶10,陶盂。泥质灰陶,器表打磨光滑。折沿较平,圆唇,上腹较斜,下腹斜收,平底微凹;上腹部有一道凹弦纹,折棱处有一道凹弦纹。口径17.2、腹径16.9、底径8.0、高10.4厘米。(图八〇,10)

M115∶11,陶盂。泥质灰陶,器表打磨光滑。折沿较平,圆唇,唇缘上翘,使沿面形成一道凹

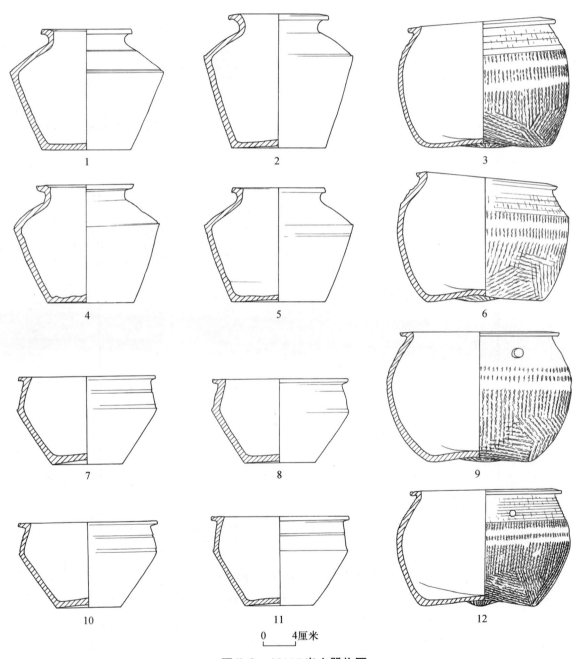

0   4厘米

图八〇　M115出土器物图

1. 陶罐(M115∶3)　2. 陶罐(M115∶4)　3. 陶鬲(M115∶1)　4. 陶罐(M115∶6)　5. 陶罐(M115∶8)
6. 陶鬲(M115∶7)　7. 陶盂(M115∶2)　8. 陶盂(M115∶5)　9. 陶鬲(M115∶9)
10. 陶盂(M115∶10)　11. 陶盂(M115∶11)　12. 陶鬲(M115∶12)

弦纹,上腹较斜,下腹斜收,平底微凹;上腹部有一道凹弦纹,折棱处有一道凹弦纹。口径17.1、腹径16.8、底径8.4、高10.8厘米。(图八〇,11)

M115:12,陶鬲。夹粗砂灰陶。平折沿,折处凸起,圆唇,溜肩,弧腹,分裆矮,三袋足微内敛,尖足跟;肩部抹平,隐约可见绳纹痕迹,上贴一个小圆饼,上腹部饰抹断绳纹,下腹至足饰交错绳纹。口径18.8、腹径21.6、高14.1厘米。(图八〇,12)

33. M119

开口平面呈长方形,直壁,壁面平整,平底。填土为五花土,土质疏松。墓向290°。墓葬开口距地表100厘米,开口长360、宽180厘米,墓深120厘米。葬具为木质一椁一棺,仅存朽痕,均为长方形。椁长300、宽132、高20、厚6厘米,棺长202、宽86、高8、厚6厘米。人骨保存较差,仰身直肢,面朝上。(图八一)

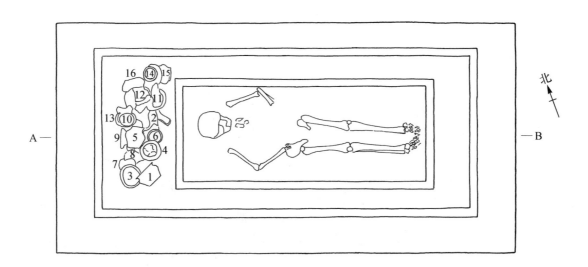

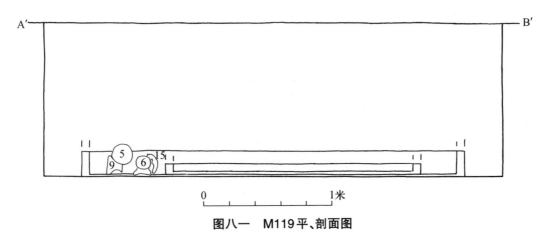

图八一　M119平、剖面图

1.陶盉　2.蚌壳　3.陶盉　4.陶罐　5.陶罐　6.陶鬲　7.陶豆　8.陶豆　9.陶豆　10.陶鬲　11.陶鬲　12.陶盉　13.陶豆　14.陶罐　15.陶盉　16.陶豆

随葬品共16件,出土于墓葬西端的棺与椁之间,15件为陶器(彩版三○,1):

M119：1,陶盂。泥质灰陶。宽仰折沿,圆唇,唇缘上翘,上腹微弧,下腹弧收,平底微凹;上腹部有二道宽凹槽。口径21.4、腹径18.4、底径9.6、高13.6厘米。(图八二,7)

M119：2,蚌壳。均已残碎,数量不清。

M119：3,陶盂。泥质灰陶。宽仰折沿,斜方唇,上腹微弧,下腹弧收,平底微凹;上腹部有三道宽凹槽。口径19.6、腹径16.7、底径9.1、高11.7厘米。(图八二,9)

M119：4,陶罐。泥质灰褐陶。仰折沿,尖圆唇,束颈较高,肩部下溜,折腹,弧腹内收,平底;素面。口径12.0、腹径16.8、底径10.4、高16.0厘米。(图八二,1;彩版六六,1)

M119：5,陶罐。泥质灰陶。卷沿,方唇,短颈,溜肩,弧腹,凹圜底;腹部和底部饰有绳纹。口径12.0、腹径16.4、高17.4厘米。(图八二,8;彩版七六,5)

M119：6,陶鬲。夹细砂灰陶。宽仰折沿,沿面下凹,方唇,弧腹,裆近平,三截锥足外张,足上

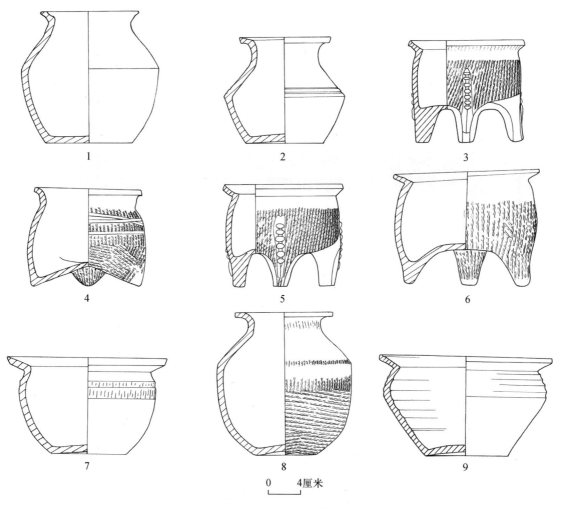

图八二　M119出土器物图

1. 陶罐(M119：4)　2. 陶罐(M119：14)　3. 陶鬲(M119：6)　4. 陶鬲(M119：8)　5. 陶鬲(M119：10)
6. 陶鬲(M119：11)　7. 陶盂(M119：1)　8. 陶罐(M119：5)　9. 陶盂(M119：3)

有刮削痕。下沿面和上腹部抹平，隐约可见绳纹痕迹，腹以下饰绳纹，三足上各有一道锯齿状的扉棱。口径14.2、腹径13.3、高12.4厘米。(图八二,3)

M119:7,陶豆。泥质灰褐陶。微敞口，方唇，折壁，豆盘较深，矮喇叭状柄，豆柄上半部有一道箍，矮座，座面较宽，座沿略内凹；外壁饰有两道凹弦纹。口径16.6、高11.8厘米。(图八三,1)

M119:8,陶鬲。夹砂灰褐陶。卷沿上仰，方唇，束颈，弧腹，分裆较高，微瘪，内壁亦有明显的裆线，三袋足外张，尖足跟；腹部饰抹断绳纹，三足及裆饰交错绳纹。口径13.2、腹径14.4、高11.9厘米。(图八二,4)

M119:9,陶豆。泥质灰褐陶。微敞口，方唇，折壁，豆盘较深，矮喇叭状柄，豆柄中部有一道箍，矮座，座底内凹；豆盘内饰有螺旋状暗纹，间距较大，外壁饰有两道凹弦纹。口径16.0、高11.7厘米。(图八三,2;彩版五七,1)

M119:10,陶鬲。夹细砂灰陶。宽仰折沿，沿面下凹，方唇，弧腹，裆近平，三截锥足外张，足上有刮削痕。下沿面和上腹部抹平，隐约可见绳纹痕迹，腹以下饰绳纹，三足上各有一道锯齿状的扉棱。口径14.8、腹径13.7、高12.4厘米。(图八二,5)

M119:11,陶鬲。夹细砂灰陶。宽仰折沿，圆唇，弧腹，裆较高，微瘪，截锥足外张；腹以下饰交错绳纹。口径17.8、腹径17.4、高13.8厘米。(图八二,6)

M119:12,陶盂。泥质灰陶。宽仰折沿，圆唇，唇缘上翘，使沿面形成一道凹弦纹，上腹微斜，下腹弧收，平底微凹；折棱上下各有一道凹弦纹。口径21.2、腹径19.9、底径10.0、高12.1厘米。(图八三,3)

M119:13,陶豆。泥质灰褐陶。微敞口，方唇，折壁，豆盘较深，矮喇叭状柄，豆柄中部有一道

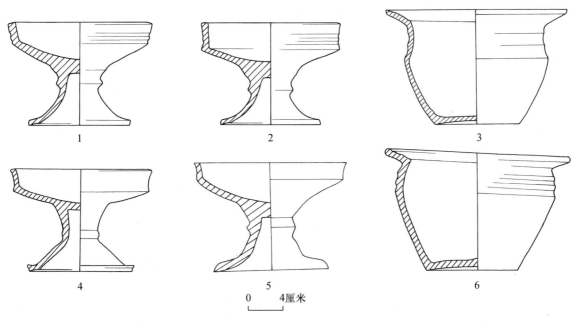

图八三　M119出土器物图
1.陶豆(M119:7)　2.陶豆(M119:9)　3.陶盂(M119:12)　4.陶豆(M119:13)　5.陶豆(M119:16)　6.陶盂(M119:15)

箍,矮座,座底内凹,座面略上翘;豆盘内饰有螺旋状暗纹,间距较大,座沿饰有一圈凹弦纹。口径16.4、高11.7厘米。(图八三,4)

M119:14,陶罐。泥质灰陶。宽仰折沿,沿面略内凹,斜方唇,长束颈,溜肩,略内弧,折腹,折棱略凸出,斜腹,小平底略内凹;肩部接近折棱处有两道凹弦纹。口径11.0、腹径14.8、底径9.4、高12.9厘米。(图八二,2;彩版六四,1)

M119:15,陶盂。泥质灰陶。宽仰折沿,斜方唇,唇缘上翘,上腹微弧,下腹弧收,平底微凹;上腹部有二道宽凹槽。口径20.9、腹径16.5、底径9.6、高13.2厘米。(图八三,6;彩版四七,1)

M119:16,陶豆。泥质灰褐陶。微敞口,方唇,折壁,豆盘较深,矮喇叭状柄,豆柄上半部有一道箍,矮座,座面较宽且下弧,沿面尖圆唇;素面。口径17.6、高12.3厘米。(图八三,5)

34. M128

开口平面呈长方形,直壁,壁面平整,平底。填土为五花土,土质疏松。墓向260°。墓葬开口距地表100厘米,开口长290、宽170厘米,墓深250厘米。葬具为木质一椁一棺,仅存朽痕,均为长方形。椁长262、宽126-134、高50、厚6厘米,棺长192、宽72、高10、厚6厘米。人骨保存极差,仅余朽灰,直肢葬。(图八四)

随葬品共14件(套),13件陶器出土于墓葬西端的棺与椁之间,与陶器同出的有一堆兽骨,11枚贝置于人口中:

M128:1,陶盂。泥质灰陶。平折沿,圆唇,上腹微弧,下腹斜收,平底;沿面有二道凹弦纹,折棱处有一道凹弦纹。口径18.4、腹径17.4、底径9.7、高10.6厘米。(图八五,1)

M128:2,陶盂。泥质灰陶。平折沿,圆唇,上腹微弧,下腹斜收,平底;沿面有一道凹弦纹,折棱处有一道凹弦纹。口径18.4、腹径17.8、底径10.4、高10.8厘米。(图八五,2)

M128:3,陶盂。泥质灰陶。平折沿,圆唇,上腹微弧,下腹斜收,平底微凹;沿面有二道凹弦纹,折棱处有一道凹弦纹。口径18.4、腹径17.3、底径9.8、高10.8厘米。(图八五,4)

M128:4,陶鬲。夹粗砂灰褐陶。平折沿,圆唇,斜肩,弧腹,分裆矮,三袋足微内敛,足跟较圆钝;肩以下饰交错绳纹。口径14.6、腹径18.2、高13.6厘米。(图八六,1)

M128:5,陶罐。泥质灰陶,器表打磨平整。平折沿,圆唇,短束颈,溜肩,折腹,斜腹内收,平底;素面。口径11.4、腹径18.6、底径11.4、高15.6厘米。(图八五,5;彩版六八,5)

M128:6,陶罐。泥质灰陶,器表打磨平整。仰折沿略内凹,斜方唇,短颈,溜肩微弧,折腹,斜腹内收,平底;肩部近折处饰有一道凹弦纹。口径11.4、腹径16.5、底径10.0、高12.1厘米。(图八五,6)

M128:7,陶罐。泥质灰陶,器表打磨平整。平折沿略仰,圆唇,短束颈,溜肩,折腹,斜腹内收,平底;沿面饰有一道凹弦纹。口径10.6、腹径17.9、底径11.0、高14.4厘米。(图八五,7)

M128:8,陶罐。泥质灰陶,器表打磨平整。仰折沿,斜方唇,短颈,溜肩微弧,折腹,斜腹内收,平底;肩部近折处饰有一道凹弦纹。口径11.4、腹径17.6、底径12.0、高13.5厘米。(图八五,8)

M128:9,陶鬲。夹粗砂灰褐陶。平折沿,方唇,溜肩,弧腹,分裆矮,三袋足微内敛,足跟较圆

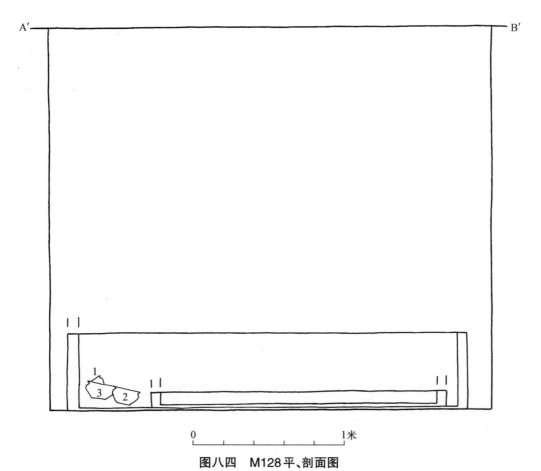

图八四 M128平、剖面图

1. 陶盂 2. 陶盂 3. 陶盂 4. 陶鬲 5. 陶罐 6. 陶罐 7. 陶罐 8. 陶罐 9. 陶鬲 10. 陶鬲
11. 陶盂 12. 陶模型明器 13. 贝 14. 陶鬲

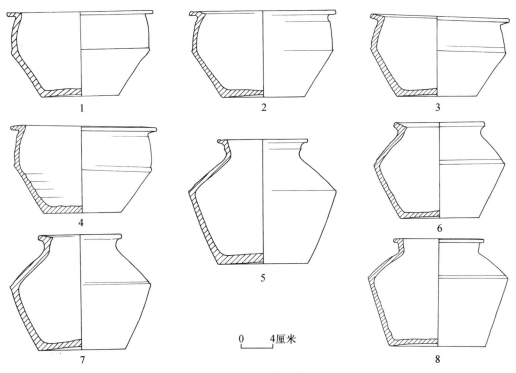

图八五　M128出土器物图

1.陶盂（M128:1）　2.陶盂（M128:2）　3.陶盂（M128:11）　4.陶盂（M128:3）　5.陶罐（M128:5）
6.陶罐（M128:6）　7.陶罐（M128:7）　8.陶罐（M128:8）

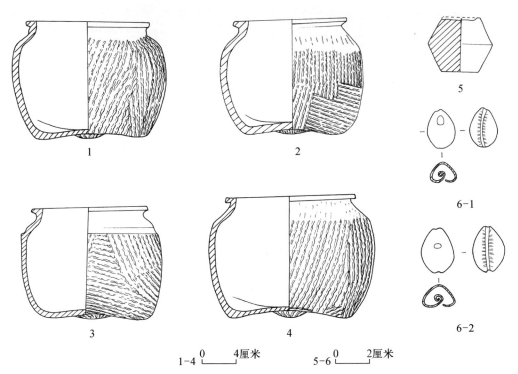

图八六　M128出土器物图

1.陶鬲（M128:4）　2.陶鬲（M128:9）　3.陶鬲（M128:10）　4.陶鬲（M128:14）　5.陶模型明器（M128:12）　6.贝（M128:13）

钝；唇面饰一道凹弦纹，肩部抹平，隐约可见绳纹痕迹，腹以下饰交错绳纹。口径13.4、腹径17.3、高13.4厘米。(图八六，2)

M128：10，陶鬲。夹粗砂灰褐陶。平折沿，方唇，溜肩，弧腹，分裆矮，三袋足微内敛，足跟较圆钝；唇面饰一道凹弦纹，肩部抹平，隐约可见绳纹痕迹，腹以下饰交错绳纹。口径13.8、腹径16.6、高13.1厘米。(图八六，3)

M128：11，陶盂。泥质灰陶。折沿微仰，方唇，唇缘上翘，上腹微弧，下腹斜收，平底；沿面有一道凹弦纹，上腹部有一道凹槽，折棱处有一道凹弦纹。口径17.6、腹径16.9、底径10.0、高10.1厘米。(图八五，3)

M128：12，陶模型明器。罍1件，泥质灰黄陶，疏松多孔。腹径3.8、高3.2厘米。(图八六，5)

M128：13，贝。11枚，部分已残，部分保存较好，保存较好者背部均有一个穿孔。大小不一，长度从2.1-2.8厘米不等。(图八六，6)

M128：14，陶鬲。夹粗砂灰褐陶。平折沿，方唇，溜肩，弧腹，分裆矮，三袋足微内敛，足跟较圆钝；肩部抹平，腹以下饰交错绳纹。口径15.4、腹径19.8、高14.3厘米。(图八六，4；彩版三三，4)

35. M130

开口平面呈梯形，东、南、北三面直壁，西壁折壁，平底，西端底部有器物坑。填土为五花土，土质疏松。墓向270°，墓葬开口距地表100厘米，开口长300、宽152-160厘米，墓深326厘米。葬具为木质一椁一棺，仅存朽痕，均为长方形。椁长260、宽128、高56、厚8厘米，棺长203、宽74-84、高36、厚6厘米。人骨仅存朽灰。(图八七)

随葬品共16件，出土于器物坑中，均为陶器(彩版三〇，2)：

M130：1，陶豆。泥质褐陶。敞口，斜方唇，外壁略外弧，豆盘较深，折壁，凸棱较明显，喇叭状柄较粗大，圈足状底座外撇，座底内凹；素面。口径18.0、高14.1厘米。(图八九，3)

M130：2，陶豆。泥质褐陶。敞口，圆唇，外壁略外弧，豆盘较深，折壁，凸棱较明显，喇叭状柄较粗大，圈足状底座外撇较甚，座底略内凹；素面。口径18.2、高14.1厘米。(图八九，4)

M130：3，陶罐。泥质灰陶。平折沿，方唇，束颈较高，溜肩微弧，弧折腹，弧腹内收，平底；沿面饰有一道凹弦纹，肩部饰有数圈极细的凹弦纹。口径10.6、腹径16.6、底径10.2、高13.7厘米。(图八八，4)

M130：4，陶罐。泥质灰陶。平折沿，斜方唇，束颈较高，溜肩微弧，弧折腹，弧腹内收，平底略内凹；肩部饰有数圈极细的凹弦纹。口径12.2、腹径17.4、底径10.9、高15.4厘米。(图八八，5)

M130：5，陶罐。泥质灰陶。平折沿，斜方唇，束颈较高，溜肩微弧，弧折腹，斜腹内收，平底；沿面饰有两圈凹弦纹，唇面饰有一圈凹弦纹，肩部饰有数圈暗纹。口径10.4、腹径16.6、底径10.5、高15.4厘米。(图八八，6；彩版六六，5)

M130：6，陶鬲。泥质灰陶。折沿较平，尖唇，腹微弧，裆较高，内壁粗糙，截锥足略敛，足和裆部有明显的刮削痕；腹部饰纵向绳纹。口径15.2、腹径16.0、高11.3厘米。(图八八，8)

M130：7，陶鬲。泥质灰陶。折沿较平，尖唇，腹微弧，裆较高，内壁粗糙，截锥足略敛，足和裆

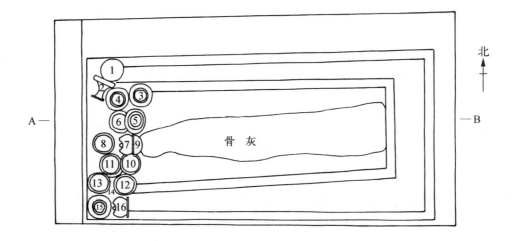

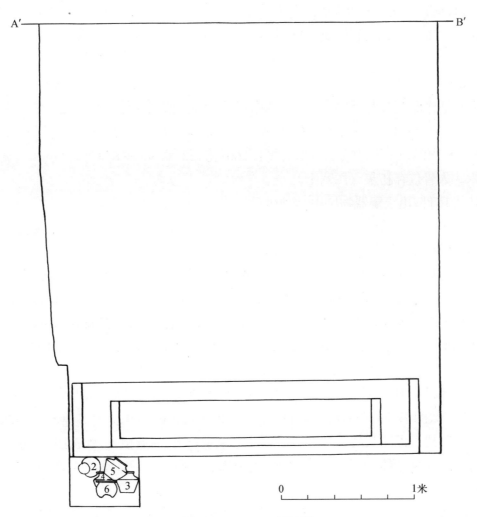

图八七　M130平、剖面图

1.陶豆　2.陶豆　3.陶罐　4.陶罐　5.陶罐　6.陶鬲　7.陶鬲　8.陶鬲　9.陶豆　10.陶盂
11.陶盂　12.陶盂　13.陶盂　14.陶豆　15.陶罐　16.陶鬲

部有明显的刮削痕；腹部饰纵向绳纹。口径16.0、腹径17.0、高11.4厘米。(图八九,1)

　　M130:8,陶鬲。泥质灰陶。折沿微下斜,沿面微弧凸,方唇,唇缘下垂,腹微弧,裆较高,内壁粗糙,截锥足略敛,足和裆部有明显的刮削痕；腹部饰纵向绳纹。口径15.6、腹径15.5、高12.8厘米。(图八八,9)

　　M130:9,陶豆。泥质褐陶。敞口,方唇,外壁略外弧,豆盘较深,折壁,凸棱较明显,喇叭状柄较粗大,圈足状底座外撇较甚,座底内凹；素面。口径18.0、高14.8厘米。(图八九,5)

　　M130:10,陶盂。泥质灰陶。折沿微仰,沿面下凹,斜方唇,上腹较斜,下腹斜收,上有刮削痕,平底。口径16.3、腹径15.6、底径9.8、高11.5厘米。(图八八,1;彩版四八,3)

　　M130:11,陶盂。泥质灰陶。折沿微仰,沿面下凹,方唇,上腹较斜,下腹斜收,上有刮削痕,平底。口径16.0、腹径15.6、底径9.8、高10.9厘米。(图八八,2)

　　M130:12,陶盂。泥质灰陶。仰折沿,沿面下凹,尖唇,上腹较斜,下腹斜收,上有刮削痕,平底。口径16.0、腹径15.2、底径9.8、高11.2厘米。(图八八,3)

　　M130:13,陶盂。泥质灰陶。仰折沿,沿面下凹,尖唇,上腹较斜,下腹斜收,上有刮削痕,平底；上腹部有二道凹槽。口径16.4、腹径15.6、底径9.6、高10.5厘米。(图八八,10)

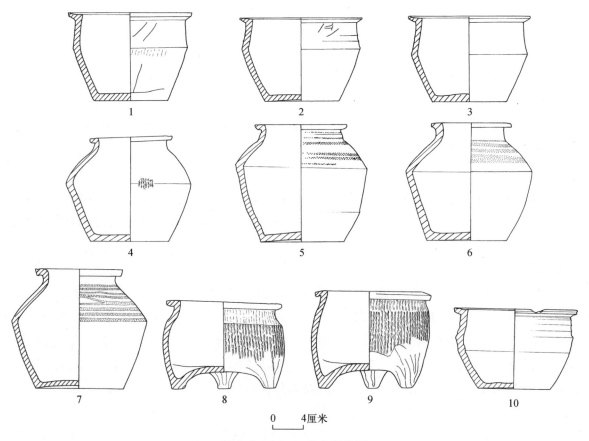

0　　4厘米

图八八　M130出土器物图

1.陶盂(M130:10)　2.陶盂(M130:11)　3.陶盂(M130:12)　4.陶罐(M130:3)　5.陶罐(M130:4)
6.陶罐(M130:5)　7.陶罐(M130:15)　8.陶鬲(M130:6)　9.陶鬲(M130:8)　10.陶盂(M130:13)

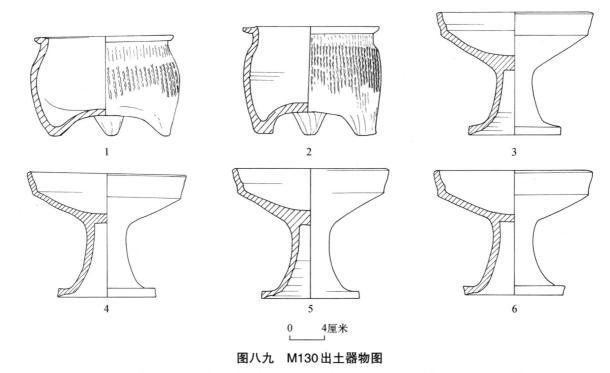

图八九　M130出土器物图

1. 陶鬲(M130∶7)　2. 陶鬲(M130∶16)　3. 陶豆(M130∶1)　4. 陶豆(M130∶2)　5. 陶豆(M130∶9)　6. 陶豆(M130∶14)

M130∶14，陶豆。泥质褐陶。敞口，斜方唇，外壁略外弧，豆盘较深，折壁，凸棱较明显，喇叭状柄较粗大，圈足状底座外撇，座底内凹；素面。口径18.1、高14.3厘米。(图八九，6；彩版五八，4)

M130∶15，陶罐。泥质灰陶。平折沿，下沿面内凹，斜方唇，束颈较高，溜肩微弧，弧折腹，弧腹内收，平底；沿面饰有一圈凹弦纹，肩部饰有数圈暗纹。口径11.6、腹径17.7、底径11.4、高15.6厘米。(图八八，7)

M130∶16，陶鬲。泥质灰陶。折沿较平，尖唇，腹微弧，裆较高，内壁粗糙，截锥足略敛，足和裆部有明显的刮削痕；腹部饰纵向绳纹。口径15.6、腹径15.8、高12.4厘米。(图八九，2；彩版四二，2)

36. M132

开口平面呈长方形，斜壁，壁面平整，北壁略偏西有一壁龛(彩版九，1)，近长方形，口大底小，平底。填土为五花土，土质疏松。墓向290°。墓葬开口距地表100厘米，开口长290、宽230厘米，墓深250厘米，墓底长260、宽20厘米，壁龛底长94、高40厘米。葬具为木质一椁一棺，仅存朽痕，平面均呈梯形。椁长236、宽154-170、高60、厚8厘米，棺长186、宽66-74、高10、厚6厘米。人骨保存较好，仰身直肢，面朝上，双手置于腹部，双脚并拢。(图九〇)

随葬品共3件，出土于壁龛中，均为陶器：

M132∶1，陶盖豆。泥质灰陶。盖弧顶尖圆唇，圆饼状抓手，弧面，孔较大，盖柱束腰，较高；子口承盖，方唇，深腹较直，圜底，柄较粗较矮，喇叭状座较高。盖面上有二组凹弦纹，腹部有二道折棱。盖径19.2、口径16.8、腹径20.8、通高24.8厘米。(图九一，3；彩版七七，7)

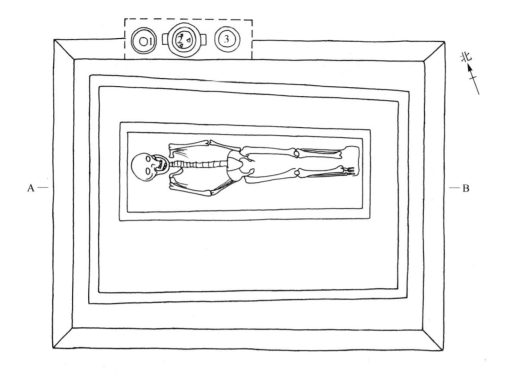

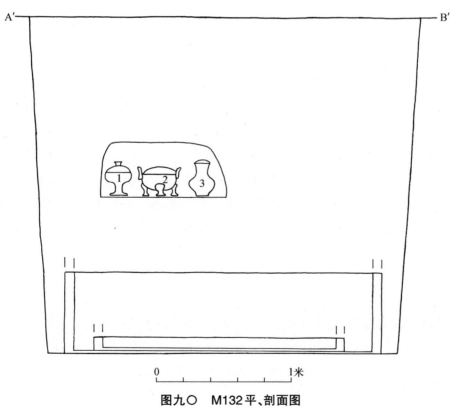

图九〇　M132平、剖面图

1.陶盖豆　2.陶鼎　3.陶壶

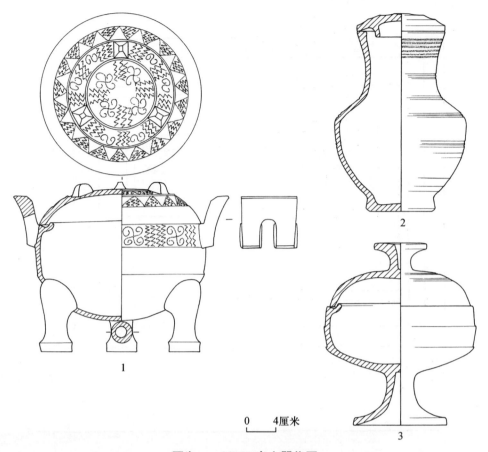

图九一　M132 出土器物图

1. 陶鼎（M132：2）　2. 陶壶（M132：3）　3. 陶盖豆（M132：1）

　　M132：2，陶鼎。泥质灰陶。盖平顶弧壁斜方唇，上有三个钮；子口承盖，方唇，方附耳较大，耳尖外撇，弧腹，圜底，蹄足较矮，中空，蹄十分明显；盖顶有二道凸棱和一道折棱，腹部有二道折棱。盖径22.1、口径19.6、耳尖距29.4、通高22.3厘米。（图九一，1；彩版七七，2）

　　M132：3，陶壶。泥质灰陶。盖平顶方唇，盖舌较长，盖顶有三道折棱；敞口方唇，长颈微束，圆肩，弧腹，假圈足较高，微外撇，平底；颈部有多道弦纹暗纹和一组凹弦纹，肩部有二组凹弦纹，腹部有一组凹弦纹。盖径12.0、口径12.0、腹径18.0、底径9.0、通高27.0厘米。（图九一，2；彩版七八，3）

37. M142

　　开口平面呈长方形，直壁，壁面平整，平底。填土为五花土，土质疏松。墓向270°。墓葬开口距地表100厘米，开口长260、宽140厘米，墓深310厘米。该墓东南角被M141打破。葬具为木质一椁一棺，仅存朽痕，均为长方形。椁长208、宽110-115、高30、厚8厘米，棺长176、宽76-82、高10、厚6厘米。人骨保存较差，仰身直肢，人骨上有朱砂痕。（图九二；彩版九，2）

　　随葬品共18件（套），出土于墓葬西端的棺与椁之间，17件（套）为陶器，与陶器同出的还有

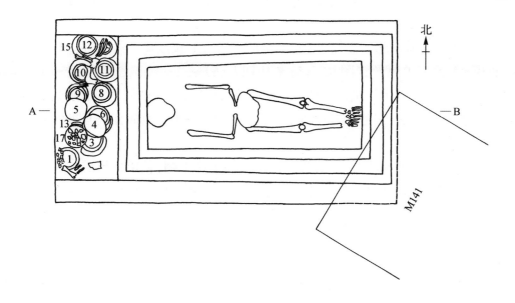

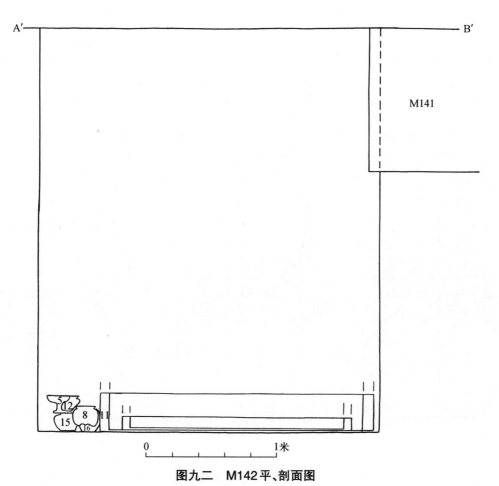

图九二 M142平、剖面图

1.陶盂 2.陶豆 3.陶鬲 4.陶豆 5.陶豆 6.陶盂 7.陶鬲 8.陶鬲 9.陶鬲 10.陶罐
11.陶罐 12.陶盂 13.陶豆 14.陶盂 15.陶罐 16.陶罐 17.陶模型明器 18.蚌壳

一堆兽骨,另有1个蚌壳:

　　M142:1,陶盂。泥质灰陶。胎极厚;折沿微仰,方唇,上腹微弧,下腹斜收,平底。口径18.0、腹径16.8、底径8.4、高12.0厘米。(图九三,5;彩版四九,6)

　　M142:2,陶豆。泥质灰陶。敞口,口部外撇,方唇,折壁,折处凸棱明显,喇叭状柄较粗大,圈足状矮座外撇,座沿斜方唇;外壁折棱处饰有一道凹弦纹,底座沿面饰有一道凹弦纹。口径17.8、高15.0厘米。(图九三,1)

　　M142:3,陶鬲。夹细砂红陶。折沿较平,方唇,唇上缘上翘,使沿面形成一道凹槽,弧腹,分裆近平,三袋足较肥大,内敛,足跟较圆钝;腹以下饰交错粗绳纹。口径15.4、腹径16.6、高13.8厘米。(图九四,3)

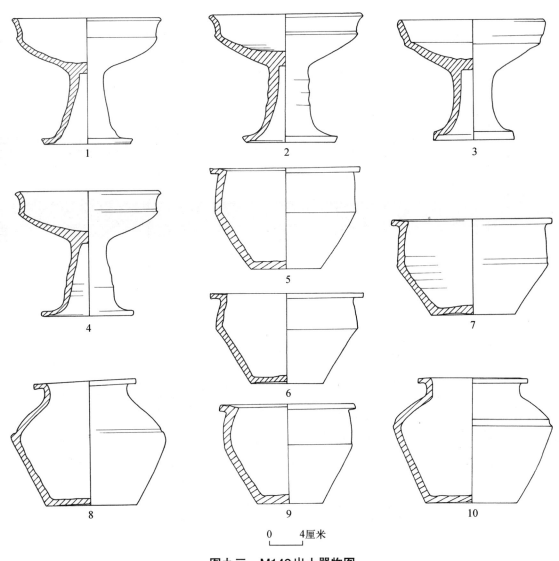

0　　　4厘米

图九三　M142出土器物图

1. 陶豆(M142:2)　2. 陶豆(M142:4)　3. 陶豆(M142:5)　4. 陶豆(M142:13)　5. 陶盂(M142:1)
6. 陶盂(M142:12)　7. 陶盂(M142:14)　8. 陶罐(M142:10)　9. 陶盂(M142:6)　10. 陶罐(M142:15)

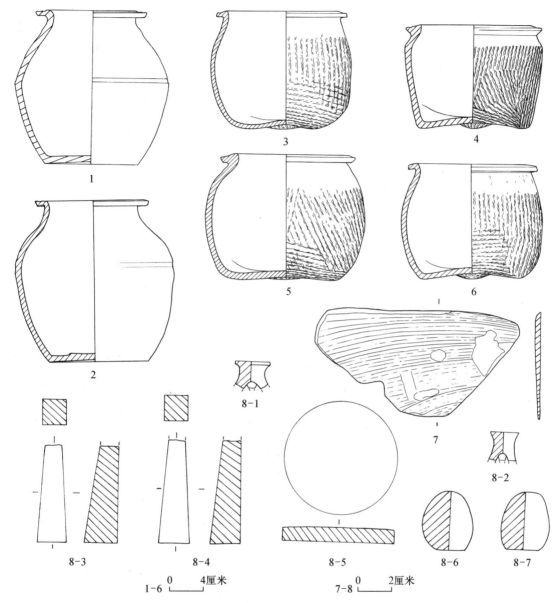

图九四 M142出土器物图

1.陶罐（M142：11） 2.陶罐（M142：16） 3.陶鬲（M142：3） 4.陶鬲（M142：7）
5.陶鬲（M142：8） 6.陶鬲（M142：9） 7.蚌壳（M142：18） 8.陶模型明器（M142：17）

M142：4，陶豆。泥质灰陶。敞口，口部外撇，斜方唇，折壁，折处凸棱明显，喇叭状柄较粗大，圈足状矮座外撇，座底内凹，座沿斜方唇；豆盘内饰有螺旋状暗纹，间距较宽。口径18.3、高15.3厘米。（图九三，2；彩版五九，3）

M142：5，陶豆。泥质灰陶。敞口，口部外撇，斜方唇，折壁，折处凸棱不明显，喇叭状柄较粗大，圈足状矮座外撇，座底内凹，座沿斜方唇；豆盘内饰有螺旋状暗纹，间距较宽，外壁折棱处饰有一道凹弦纹。口径17.7、高14.4厘米。（图九三，3）

M142：6，陶盂。泥质灰陶。折沿微仰，方唇，上腹微弧，下腹斜收，平底。口径16.4、腹径

15.4、底径7.8、高11.8厘米。(图九三,9)

M142:7,陶鬲。夹粗砂红陶。折沿较平,尖圆唇,束颈,腹近直,分裆较矮,三袋足外张,尖足跟;沿面有一道折棱,腹以下饰交错绳纹。口径16、腹径16.1、高12.2厘米。(图九四,4)

M142:8,陶鬲。夹细砂红陶。折沿下斜,方唇,唇上缘上翘,使沿面形成一道凹槽,弧腹,分裆近平,三袋足较肥大,内敛,足跟较圆钝;腹以下饰交错粗绳纹。口径15.9、腹径18.8、高14.7厘米。(图九四,5)

M142:9,陶鬲。夹细砂红陶。折沿微下斜,方唇,唇上缘上翘,使沿面形成一道凹槽,弧腹,分裆近平,三袋足较肥大,内敛,足跟较圆钝;腹以下饰交错粗绳纹。口径15.2、腹径16.7、高13.5厘米。(图九四,6;彩版四〇,1)

M142:10,陶罐。泥质灰陶,器表较粗糙。平折沿略内凹,方唇,高束颈,溜肩弧鼓,折腹,斜腹内收,平底;肩部近折处饰有一道凹弦纹。口径12.1、腹径18.6、底径10.8、高14.8厘米。(图九三,8;彩版六六,6)

M142:11,陶罐。泥质灰褐陶。平折沿,方唇较薄,颈部较短,溜肩,弧腹,平底略内凹;沿面饰有两道凹弦纹,肩腹部饰有一道凹弦纹。口径13.0、腹径18.2、底径11.0厘米。(图九四,1)

M142:12,陶盂。泥质灰陶,器表打磨光滑。折沿较平,方唇,上腹较斜,下腹斜收,平底;折棱处有一道凹弦纹。口径18.2、腹径16.9、底径8.6、高10.8厘米。(图九三,6)

M142:13,陶豆。泥质灰陶。敞口,口部外撇,方唇,折壁,折处凸棱明显,喇叭状柄较粗大,圈足状矮座外撇;豆盘内饰有螺旋状暗纹,间距较宽,外壁折棱处饰有一道凹弦纹,底座沿面饰有一道凹弦纹。口径17.4、高14.8厘米。(图九三,4)

M142:14,陶盂。泥质灰陶,器表打磨光滑。折沿较平,方唇,上腹较斜,下腹斜收,平底;折棱处有一道凹弦纹。口径19.2、腹径18.0、底径10.0、高11.4厘米。(图九三,7)

M142:15,陶罐。泥质灰陶,器表打磨平整。平折沿,方唇,高束颈,肩部较平,微鼓,折腹,斜腹内收,平底;沿面饰有两道凹弦纹,折处肩部饰有一道凹弦纹。口径12.8、腹径19.0、底径11.0、高14.9厘米。(图九三,10)

M142:16,陶罐。泥质灰褐陶。平折沿,方唇较薄,颈部较短,溜肩,弧腹,平底;沿面饰有两道凹弦纹。口径13.4、腹径19.0、底径11.8、高19.0厘米。(图九四,2;彩版七六,3)

M142:17,陶模型明器。7件,盘1件,方壶、圜底器、甗各2件;泥质灰褐陶,疏松多孔。M142:17-1甗,直径6.6、高0.8厘米。M142:17-2甗,残,上小下大,纵切面呈梯形,残高5.7厘米。M142:17-3方壶,残,上小下大,纵切面呈梯形,残高6.1厘米。M142:17-4方壶,口径1.5、高3.4厘米。M142:17-5盘,口径1.9、高3.4厘米。M142:17-6圜底器,足残,口径2.1、残高1.6厘米。M142:17-7圜底器,足残,口径1.7、残高1.7厘米。(图九四,8)

M142:18,蚌壳。1个单壳,已残,残长12.1、宽6.2、厚0.4厘米。(图九四,7)

38. M149

开口平面呈长方形,斜壁,壁面平整,口大底小,平底。填土为五花土,土质疏松。墓向285°。墓

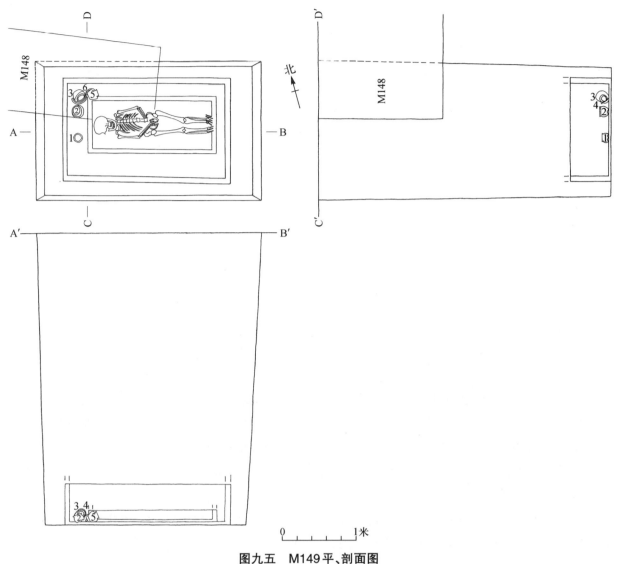

图九五　M149平、剖面图

1.陶鬲　2.陶盂　3.陶罐　4.陶罐　5.陶鬲　6.陶盂

葬开口距地表100厘米,开口长310、宽210厘米,墓深400厘米,墓底长286、宽176厘米。该墓西北角被M148打破。葬具为木质一椁一棺,仅存朽痕,均为长方形。椁长234、宽144、高56、厚8厘米,棺长176、宽78、高16、厚6厘米。人骨保存较好,仰身直肢,面朝上,双手置于腹部,双脚并拢。(图九五)

随葬品共6件,出土于墓葬西端的棺与椁之间,均为陶器:

M149:1,陶鬲。泥质灰陶。仰折沿,沿面弧凸,圆唇,圆肩,弧腹,裆近平,内壁不规整,乳足较内聚;肩部抹平,上有五道凹槽,腹以下饰交错绳纹。口径14.2、腹径14.4、高10.1厘米。(图九六,5)

M149:2,陶盂。泥质灰陶,器表打磨光滑。折沿微仰,方唇,上腹斜弧,下腹斜收,平底微凹。口径17.7、腹径16.8、底径8.2、高9.8厘米。(图九六,3)

M149:3,陶罐。泥质灰褐陶,器表打磨平整。平折沿略仰,斜方唇,短颈,溜肩弧鼓,弧折腹,斜腹内收,平底内凹;素面。口径11.0、腹径16.1、底径9.4、高12.8厘米。(图九六,1)

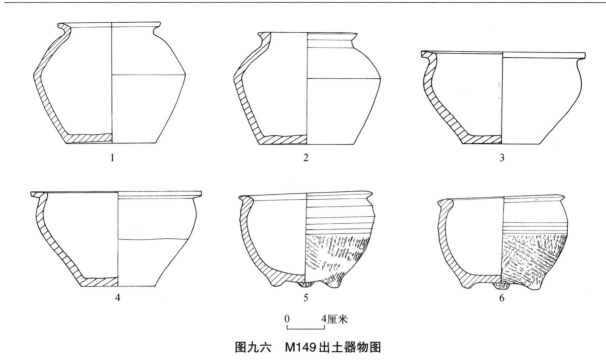

0　　　4厘米

图九六　M149出土器物图

1. 陶罐（M149：3）　2. 陶罐（M149：4）　3. 陶盂（M149：2）　4. 陶盂（M149：6）　5. 陶鬲（M149：1）　6. 陶鬲（M149：5）

M149：4，陶罐。泥质灰褐陶，器表打磨平整。平折沿略仰，斜方唇，短颈，溜肩弧鼓，弧折腹，斜腹内收，平底内凹；素面。口径10.0、腹径17.6、底径10.0、高11.9厘米。（图九六，2；彩版七二，2）

M149：5，陶鬲。泥质灰陶。平折沿，沿面弧凸，尖圆唇，圆肩，弧腹，裆近平，内壁不规整，乳足较内聚；肩部抹平，上有数道凹槽，腹以下饰交错绳纹。口径13.8、腹径13.7、高11.9厘米。（图九六，6；彩版四三，4）

M149：6，陶盂。泥质灰陶，器表打磨光滑。折沿微仰，方唇，上腹斜弧，下腹斜收，平底。口径18.2、腹径17.0、底径7.8、高10.2厘米。（图九六，4）

39. M152

开口平面呈长方形，斜壁，壁面平整，口大底小，平底。填土为五花土，土质疏松。墓向290°。墓葬开口距地表100厘米，开口长332、宽220厘米，墓深440厘米，底长300、宽180厘米。该墓东端被M151打破。葬具为木质一椁一棺，仅存朽痕，均为长方形。椁长276、宽140-144、高54、厚6厘米，棺长190、宽72-80、高10、厚6厘米。人骨保存较好，仰身直肢，面朝上，双手交叉放于腹部，双脚并拢。（图九七）

随葬品共17件（套），16件陶器出土于墓葬西端的棺与椁之间，与陶器同出的还有一堆兽骨，7枚贝置于人口中：

M152：1，陶盂。泥质灰陶。折沿较平，斜方唇，上腹微弧，下腹斜收，平底微凹；唇面有一道凹弦纹。口径17.2、腹径16.5、底径7.8、高9.5厘米。（图九八，9）

M152：2，陶盂。泥质灰陶。折沿较平，斜方唇，唇面下凹，上腹微弧，下腹斜收，平底微凹。

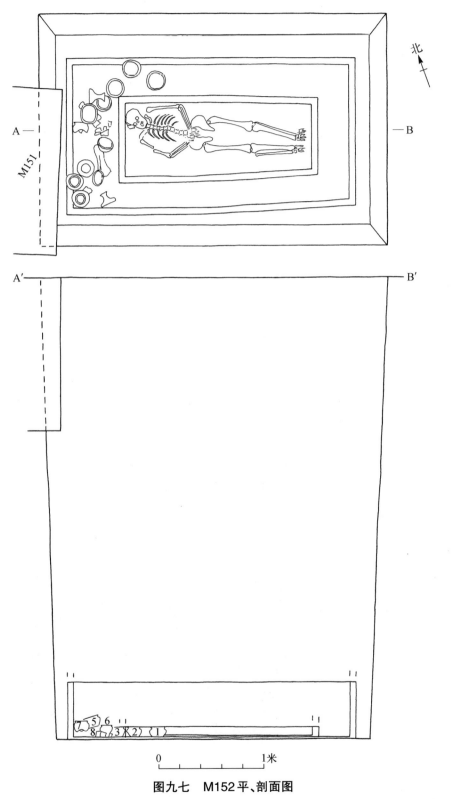

图九七 M152平、剖面图

1. 陶盂   2. 陶盂   3. 陶盂   4. 陶豆   5. 陶盂   6. 陶鬲   7. 陶鬲   8. 陶罐   9. 陶鬲   10. 陶罐
11. 陶鬲   12. 陶罐   13. 陶豆   14. 贝   15. 陶罐   16. 陶盂   17. 陶模型明器

口径17.4、腹径16.6、底径7.6、高8.9厘米。(图九八,10)

　　M152:3,陶盂。泥质灰陶,器表打磨光滑。折沿微仰,斜方唇,唇面下凹,上腹斜弧,下腹斜收,平底微凹。口径17.0、腹径16.2、底径8.0、高9.4厘米。(图九八,11)

　　M152:4,陶豆。泥质灰陶。敞口,圆唇,唇外缘略弧鼓,渐收至折处又凸起,上半部弧鼓,下半部弧收形成凹槽,外壁呈"S"形,豆盘较浅,折壁,凸棱不明显,下腹部弧收,近直柄较细长,圈足状矮座外撇,座沿斜方唇;豆盘内饰有密而细的螺旋状暗纹,盘内有刻划符号。口径15.2、高

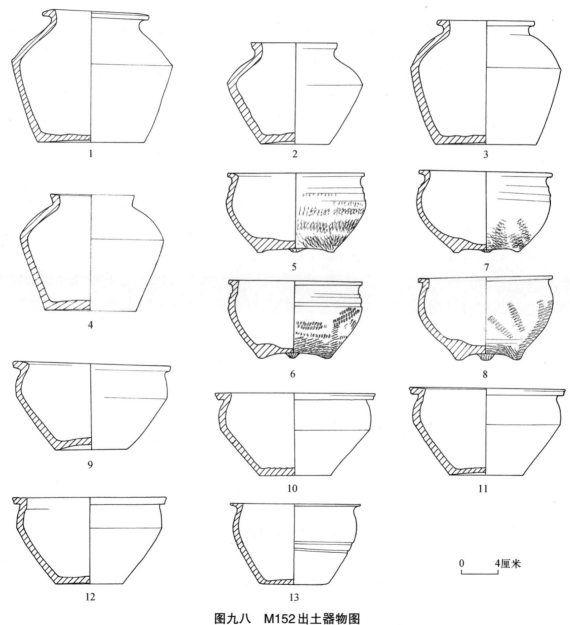

图九八　M152出土器物图

1. 陶罐(M152:8)　2. 陶罐(M152:10)　3. 陶罐(M152:12)　4. 陶罐(M152:15)　5. 陶鬲(M152:6)
6. 陶鬲(M152:7)　7. 陶鬲(M152:9)　8. 陶鬲(M152:11)　9. 陶盂(M152:1)　10. 陶盂(M152:2)
11. 陶盂(M152:3)　12. 陶盂(M152:5)　13. 陶盂(M152:16)

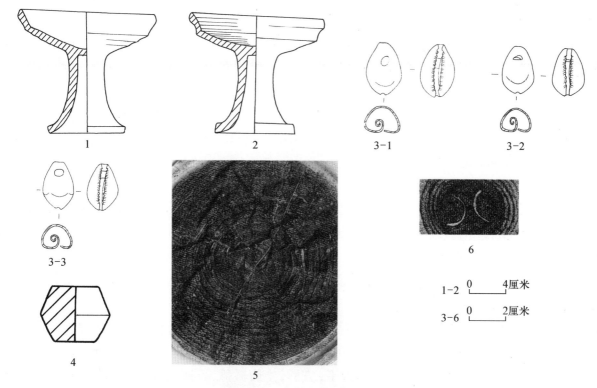

图九九　M152 出土器物图

1. 陶豆(M152:4)　2. 陶豆(M152:13)　3. 贝(M152:14)　4. 陶模型明器(M152:17)
5. 陶豆刻符(M152:4)　6. 陶豆刻符(M152:13)

13.2厘米。(图九九,1、5;彩版六二,1)

M152:5,陶盂。泥质灰陶,器表打磨光滑。折沿较平,方唇,唇面下凹,上腹斜弧,下腹斜收,平底。口径16.8、腹径15.8、底径7.4、高9.4厘米。(图九八,12)

M152:6,陶鬲。泥质灰陶。折沿较平,方唇,圆肩,弧腹,裆近平,内壁不规整,乳足较内聚;肩部和上腹抹平,仍可见绳纹痕迹,肩部有二道凹槽,足和裆饰绳纹。口径14.8、腹径15.2、高8.6厘米。(图九八,5)

M152:7,陶鬲。泥质灰陶。平折沿,圆唇,唇面下凹,圆肩,弧腹,裆近平,内壁不规整,乳足较内聚;肩部和上腹抹平,仍可见绳纹痕迹,肩部有二道凹槽,足和裆部饰绳纹。口径14.6、腹径14.6、高8.4厘米。(图九八,6;彩版四三,5)

M152:8,陶罐。泥质灰褐陶,器表打磨平整。平折沿,方唇,束颈较短,溜肩弧鼓,折腹,凸棱明显,弧腹内收,平底;肩部近折处饰有一道凹弦纹。口径11.6、腹径17.4、底径11.6、高14.2厘米。(图九八,1)

M152:9,陶鬲。泥质灰陶。平折沿,圆唇,圆肩,弧腹,裆近平,内壁不规整,乳足较内聚;肩部和上腹抹平,可见绳纹痕迹,肩部有二道凹槽,足和裆部饰绳纹。口径14.4、腹径14.6、高8.8厘米。(图九八,7)

M152:10,陶罐。泥质灰陶,器表打磨平整。平折沿,方唇,短颈,溜肩微弧,折腹,斜腹内收,

平底；素面。口径9.4、腹径14.8、底径7.4、高11.0厘米。(图九八,2)

M152:11,陶鬲。泥质灰陶。平折沿,方唇,圆肩,弧腹,裆近平,内壁不规整,乳足较内聚;肩部和上腹抹平,仍可见绳纹痕迹,足和裆部饰绳纹。口径14.6、腹径14.7、高9.0厘米。(图九八,8;彩版四三,6)

M152:12,陶罐。泥质褐陶,器表打磨平整。平折沿,方唇,束颈较短,溜肩弧鼓,折腹,凸棱较明显,斜腹内收,平底;肩部近折处饰有一道凹弦纹。口径10.6、腹径16.4、底径11.0、高13.5厘米。(图九八,3;彩版七三,3)

M152:13,陶豆。泥质灰褐陶。敞口,圆唇,唇外缘略弧鼓,渐收至折处又凸起,上半部弧鼓,下半部弧收形成凹槽,外壁呈"S"形,豆盘较浅,折壁,凸棱不明显,下腹部弧收,近直柄较细长,圈足状矮座外撇,座沿微鼓;豆盘内饰有密而细的螺旋状暗纹,盘内有刻划符号。口径14.5、高12.7厘米。(图九九,2、6)

M152:14,贝。7枚,1枚已残,其余保存较好,保存较好者背部均有一个穿孔。大小不一,长度从2.2-2.9厘米不等。(图九九,3)

M152:15,陶罐。泥质灰陶,器表打磨平整。口沿极短接近消失,短颈,溜肩弧鼓,折腹,斜腹内收,平底;肩部饰有圈带状暗纹。口径9.0、腹径15.6、底径9、高12.6厘米。(图九八,4)

M152:16,陶盂。泥质灰陶。折沿近平,方唇,上腹微弧,下腹斜收,平底;上腹部有二道宽凹槽。口径14.2、腹径13.7、底径7.8、高8.8厘米。(图九八,13)

M152:17,陶模型明器。罍1件,泥质灰黄陶。腹径1.9、高1.5厘米。(图九九,4)

40. M159

开口平面呈长方形,斜壁,壁面平整,口大底小,平底。填土为五花土,土质疏松。墓向290°。墓葬开口距地表100厘米,开口长324、宽200厘米,墓深414厘米,墓底长300、宽170厘米。葬具为木质一椁一棺,仅存朽痕,均为长方形。椁长276、宽152、高55、厚8厘米,棺长192、宽112-116、高10、厚6厘米。人骨保存较好,面朝北,双手置于腹部,双脚并拢。(图一○○)

随葬品共14件,出土于墓葬西端的棺与椁之间,均为陶器:

M159:1,陶罐。泥质灰褐陶,器表打磨平整。平折沿,方唇,短颈,溜肩弧鼓,折腹,斜腹内收,平底;素面。口径11.0、腹径18、底径10.5、高13.0厘米。(图一○一,1)

M159:2,陶罐。泥质灰陶,器表打磨平整。平折沿,圆唇,颈部极短,溜肩弧鼓,折腹,斜腹弧收,平底;素面。口径11.8、腹径16.6、底径9.4、高11.0厘米。(图一○一,2)

M159:3,陶鬲。泥质灰陶。折沿微仰,圆唇,圆肩,弧腹,裆近平,内壁不规整,乳足较内聚;肩部和上腹抹平,肩部有数道凹槽,足和裆部饰绳纹。口径14.0、腹径15.2、高9.1厘米。(图一○一,5)

M159:4,陶鬲。泥质灰陶。折沿微仰,圆唇,圆肩,弧腹,裆近平,内壁不规整,乳足较内聚;肩部和上腹抹平,肩部有数道凹槽,足和裆部饰绳纹。口径16.0、腹径16.0、高9.6厘米。(图一○一,6)

M159:5,陶盂。泥质灰陶,器表打磨光滑。口部变形,仰折沿,方唇,上腹斜弧,下腹斜收,平底;唇面有一道凹槽。口径18.1-19.7、腹径18.2、底径9.2、高10.4厘米。(图一○一,9)

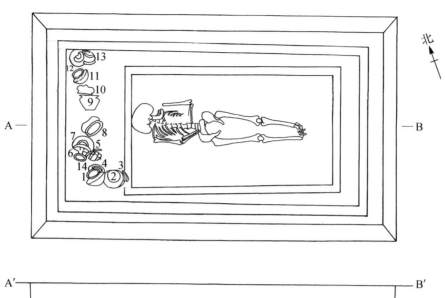

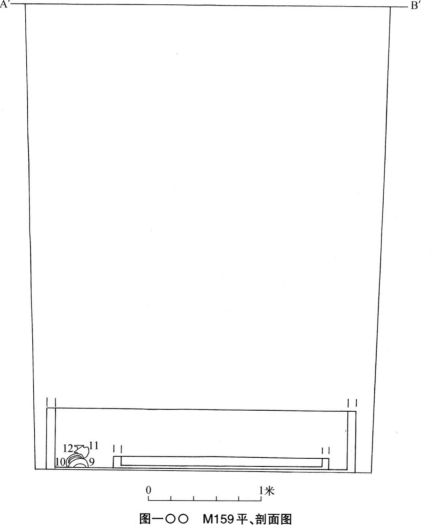

图一〇〇　M159平、剖面图

1.陶罐　2.陶罐　3.陶鬲　4.陶鬲　5.陶盂　6.陶豆　7.陶罐　8.陶鬲　9.陶盂
10.陶鬲　11.陶罐　12.陶豆　13.陶盂　14.陶盂

　　M159：6，陶豆。泥质灰陶。敞口，圆唇，唇外缘略弧鼓，渐收至折处又凸起，上半部弧鼓，下半部弧收形成凹槽，外壁呈"S"形，豆盘较浅，折壁，凸棱不明显，下腹部弧收，近直柄较细长，圈足状矮座外撇，座面略内凹；豆盘内饰有密而细的螺旋状暗纹。口径15.4、高13.0厘米。(图一〇二，1；彩版六二，2)

　　M159：7，陶罐。泥质灰陶，器表打磨平整。平折沿，方唇，短颈，溜肩弧鼓，弧折腹，斜腹内收，平底略内收；素面。口径11、腹径17.6、底径10.4、高13.4厘米。(图一〇一，3)

　　M159：8，陶鬲。泥质灰陶。折沿微仰，圆唇，圆肩，弧腹，裆近平，内壁不规整，乳足较内聚；肩部和上腹抹平，肩部有数道凹槽，足和裆部饰绳纹。口径15.0、腹径16.2、高10.3厘米。(图

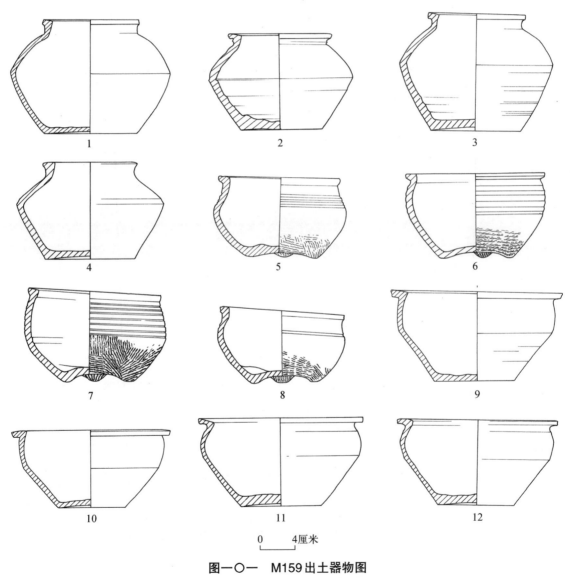

图一〇一　M159出土器物图

1. 陶罐(M159：1)　2. 陶罐(M159：2)　3. 陶罐(M159：7)　4. 陶罐(M159：11)
5. 陶鬲(M159：3)　6. 陶鬲(M159：4)　7. 陶鬲(M159：8)　8. 陶鬲(M159：10)
9. 陶盂(M159：5)　10. 陶盂(M159：9)　11. 陶盂(M159：13)　12. 陶盂(M159：14)

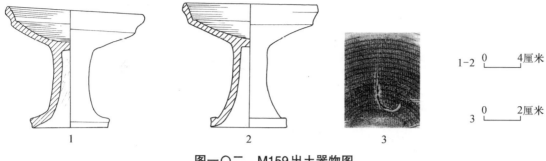

图一〇二　M159出土器物图
1.陶豆（M159：6）　2.陶豆（M159：12）　3.陶豆刻符（M159：12）

一〇一，7；彩版四四，1）

M159：9，陶盂。泥质灰陶，器表打磨光滑。折沿较平，斜方唇，上腹微弧，下腹斜收，平底微凹。口径18.2、腹径16.5、底径7.6、高8.8厘米。（图一〇一，10）

M159：10，陶鬲。泥质灰陶。折沿微仰，尖唇，溜肩，弧腹，裆近平，内壁不规整，乳足较内聚；肩部和上腹抹平，肩部有一道凹槽，足和裆部饰绳纹。口径14.2、腹径14.7、高8.3厘米。（图一〇一，8）

M159：11，陶罐。泥质灰陶，器表打磨平整。沿面极短接近消失，短颈，溜肩弧鼓，弧折腹，斜腹内收，平底；口沿和肩部饰有数圈极细的凹弦纹。口径10.8、腹径16.8、底径10.4、高13.0厘米。（图一〇一，4；彩版七二，3）

M159：12，陶豆。泥质灰陶。敞口，圆唇，唇外缘略弧鼓，渐收至折处又凸起，上半部弧鼓，下半部弧收形成凹槽，外壁呈"S"形，豆盘较浅，折壁，凸棱不明显，下腹部弧收，近直柄较细长，圈足状矮座外撇，座面略内凹；豆盘内饰有密而细的螺旋状暗纹，盘内有刻划符号。口径15.1、高13.5厘米。（图一〇二，2、3）

M159：13，陶盂。泥质灰陶，器表打磨光滑。口部变形，仰折沿，方唇，上腹斜弧，下腹斜收，平底。口径17.8-19.0、腹径17.4-18.0、底径8.6、高10.5厘米。（图一〇一，11）

M159：14，陶盂。泥质灰陶，器表打磨光滑。仰折沿，方唇，上腹斜弧，下腹斜收，平底；唇面有一道凹弦纹。口径18.4、腹径17.6、底径8.8、高9.7厘米。（图一〇一，12）

41. M163

开口平面呈长方形，斜壁，壁面平整，口大底小，平底。填土为五花土，土质疏松。墓向280°。墓葬开口距地表100厘米，开口长330、宽280厘米，墓深540厘米，墓底长290、宽200厘米。葬具为木质一椁一棺，仅存朽痕，均为长方形。椁长258、宽158-166、高90、厚8厘米，棺长190、宽98-106、高16、厚6厘米。人骨保存极差，仅存部分朽痕。（图一〇三）

随葬品共13件，出土于墓葬西端的棺与椁之间及椁与墓壁之间，均为陶器：

M163：1，陶盂。泥质灰陶，器表打磨光滑。折沿微仰，沿面弧凸，斜方唇，上腹弧收，下腹斜收，平底。口径14.4、底径5.8、高6.6厘米。（图一〇四，5）

M163：2，陶鬲。泥质灰陶。近直口，斜方唇，圆肩，斜腹，裆近平，乳足较内聚；肩和上腹部

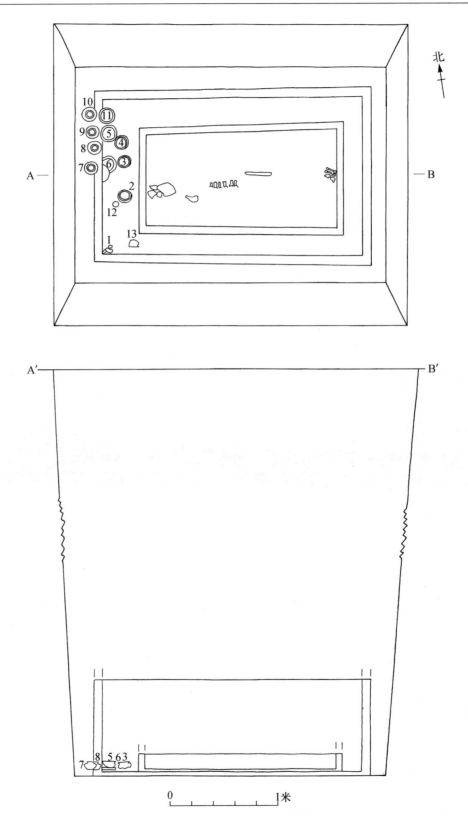

图一〇三　M163平、剖面图

1.陶盂　2.陶鬲　3.陶鬲　4.陶鬲　5.陶盂　6.陶盂　7.陶罐　8.陶罐　9.陶罐　10.陶罐　11.陶盂　12.陶模型明器　13.陶鬲

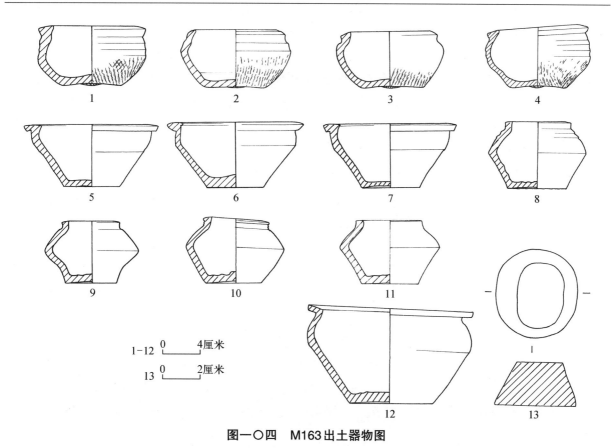

图一〇四　M163出土器物图

1. 陶鬲（M163：2）　2. 陶鬲（M163：3）　3. 陶鬲（M163：4）　4. 陶鬲（M163：13）　5. 陶盂（M163：1）　6. 陶盂（M163：6）
7. 陶盂（M163：11）　8. 陶罐（M163：7）　9. 陶罐（M163：8）　10. 陶罐（M163：9）　11. 陶罐（M163：10）
12. 陶盂（M163：5）　13. 陶模型明器（M163：12）

抹平，上有三道凹槽，足和裆部饰绳纹。口径11.5、腹径11.4、高6.3厘米。（图一〇四，1）

M163：3，陶鬲。泥质灰陶。近直口，斜方唇，圆肩，斜腹，裆近平，乳足较内聚；肩和上腹部抹平，上有五道凹槽，足和裆部饰绳纹。口径10.4、腹径11.6、高6.2厘米。（图一〇四，2；彩版四四，6）

M163：4，陶鬲。泥质灰陶。近直口，斜方唇，圆肩，斜腹，裆近平，乳足较内聚；肩和上腹部抹平，上有五道凹槽，足和裆部饰绳纹。口径10.1、腹径11.4、高6.0厘米。（图一〇四，3）

M163：5，陶盂。泥质灰陶。折沿微仰，沿面弧凸，尖唇，上腹微弧收，下腹斜收，平底微凹。口径17.7、腹径17.6、底径8.8、高10.1厘米。（图一〇四，12）

M163：6，陶盂。泥质灰陶，器表打磨光滑。折沿微仰，沿面弧凸，斜方唇，上腹弧收，下腹斜收，平底。口径14.4、腹径12.8、底径6.0、高6.9厘米。（图一〇四，6）

M163：7，陶罐。泥质灰陶。直领较短，溜肩弧鼓，折腹，斜腹内收内弧，平底；素面。口径7.0、腹径10.4、底径6.2、高5.1厘米。（图一〇四，8；彩版七五，3）

M163：8，陶罐。泥质灰陶。直领较短，溜肩弧鼓，折腹，斜腹内收内弧，平底；素面。口径6.2、腹径10.0、底径5.5、高6.6厘米。（图一〇四，9）

M163：9，陶罐。泥质灰陶。直领较短，溜肩弧鼓，折腹，斜腹内收内弧，平底略内凹，领部饰

有数道细凹弦纹。口径7.0、腹径10.3、底径5.8、高6.8厘米。(图一〇四,10)

M163：10,陶罐。泥质灰陶。直领较短,溜肩弧鼓,折腹,斜腹内收内弧,平底,肩部饰有两道凹弦纹。口径7.0、腹径10.6、底径6.0、高6.8厘米。(图一〇四,11)

M163：11,陶盂。泥质灰陶,器表打磨光滑。折沿微仰,斜方唇,上腹弧收,下腹斜收,平底。口径14.6、底径6.2、高6.8厘米。(图一〇四,7;彩版五三,7)

M163：12,陶模型明器。盂1件,泥质灰陶,多孔隙。(图一〇四,13)

M163：13,陶鬲。泥质灰陶。近直口,斜方唇,圆肩,斜腹,裆近平,乳足较内聚;肩和上腹部抹平,上有三道凹槽,足和裆部饰绳纹。口径10.7、腹径11.1、高6.8厘米。(图一〇四,4)

42. M165

开口平面呈长方形,直壁,壁面平整,平底。填土为五花土,土质疏松。墓向280°。墓葬开口距地表100厘米,开口长330、宽180厘米,墓深240厘米。葬具为木质一椁一棺,仅存朽痕,均为长方形。椁长264、宽146、高40、厚8厘米,棺长196、宽92-100、高16、厚6厘米。人骨保存较差,仅余朽痕,直肢葬。(图一〇五)

随葬品共15件(套),出土于墓葬西端的棺与椁之间,均为陶器,与陶器同出的还有一堆兽骨:

M165：1,陶鬲。夹细砂灰陶。折沿较平,圆唇,唇缘上翘,使沿面形成一道凹弦纹,溜肩,弧腹,分裆较矮,三袋足内敛较甚,尖足跟;肩部抹平,上有数道凹弦纹,腹部以下饰交错绳纹。口径15.7、腹径18.7、高15.6厘米。(图一〇七,1)

M165：2,陶盂。泥质灰陶,器表打磨光滑。折沿微仰,圆唇,上腹斜弧,下腹斜收,平底。口径18.0、腹径17.1、底径8.4、高9.7厘米。(图一〇六,9)

M165：3,陶豆。泥质灰陶。敞口,圆唇,唇外缘略弧鼓,渐收至折处又凸起,上半部弧鼓,下半部弧收形成凹槽,外壁呈“S”形,豆盘较浅,折壁,凸棱不明显,下腹部弧收,喇叭状柄近直较细长,圈足状矮座外撇;豆盘内饰有密而细的螺旋状暗纹,盘内有刻划符号。口径15.6、高13.5厘米。(图一〇六,8;图一〇七,6)

M165：4,陶罐。泥质灰褐陶。平折沿,方唇,短颈,溜肩微弧,折腹,弧腹内收,平底;素面。口径11.6、腹径17.0、底径10.2、高10.6厘米。(图一〇六,1)

M165：5,陶盂。泥质灰陶,器表打磨光滑。平折沿,方唇,上腹斜弧,下腹斜收,平底。口径17.0、腹径15.9、底径8.6、高10.0厘米。(图一〇六,5)

M165：6,陶豆。泥质灰陶。敞口,圆唇,唇外缘略弧鼓,渐收至折处又凸起,上半部弧鼓,下半部弧收形成凹槽,外壁呈“S”形,豆盘较浅,折壁,凸棱不明显,下腹部弧收,喇叭状柄近直较细长,圈足状矮座外撇,座沿斜方唇;豆盘内饰有密而细的螺旋状暗纹,盘内有刻划符号。口径15.6、高13.2厘米。(图一〇六,10;图一〇七,7)

M165：7,陶盂。泥质灰陶,器表打磨光滑。平折沿,方唇,上腹斜弧,下腹斜收,平底。口径18.0、腹径17.0、底径8.8、高9.8厘米。(图一〇六,6)

M165：8,陶罐。泥质灰褐陶。平折沿,方唇,短颈,溜肩微弧,折腹,弧腹内收,平底;素面。

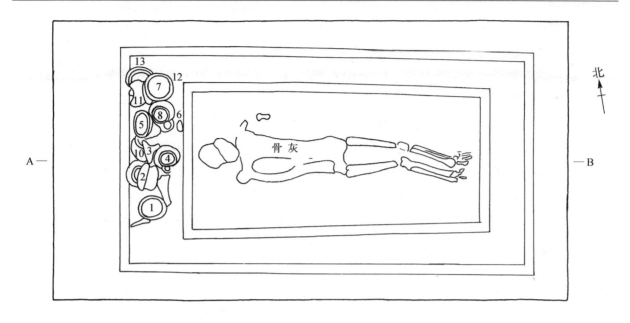

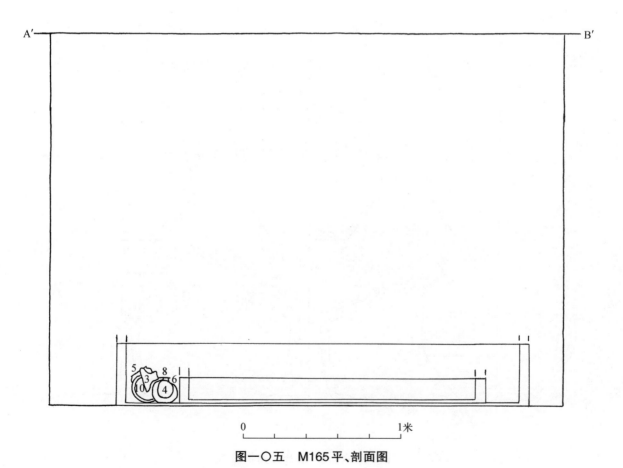

图一〇五　M165平、剖面图

1. 陶鬲　2. 陶盂　3. 陶豆　4. 陶罐　5. 陶盂　6. 陶豆　7. 陶盂　8. 陶罐　9. 陶罐　10. 陶罐
11. 陶鬲　12. 陶盂　13. 陶鬲　14. 陶模型明器　15. 陶鬲

口径11.8、腹径17.0、底径9.8厘米。(图一〇六,2)

M165:9,陶罐。泥质灰褐陶,器表打磨平整。平折沿,方唇,短颈,溜肩微弧,折腹,弧腹内收,平底;肩部饰有数道极细的凹弦纹。口径10.8、腹径16.4、底径9.6、高11.8厘米。(图一〇六,3)

M165:10,陶罐。泥质灰陶,器表打磨平整。平折沿,方唇,短颈,溜肩微弧,弧折腹,弧腹内收,平底;素面。口径9.5、腹径17.0、底径10.0、高11.3厘米。(图一〇六,4)

M165:11,陶鬲。夹细砂灰陶。折沿较平,圆唇,溜肩,弧腹,分裆较矮,三袋足内敛较甚,尖足跟;沿面有二道凹弦纹,肩部抹平,上有数道凹弦纹,腹部以下饰交错绳纹。口径16.0、腹径20.8、高16.1厘米。(图一〇七,2)

M165:12,陶盂。泥质灰陶,器表打磨光滑。平折沿,方唇,上腹斜弧,下腹斜收,平底。口径18.7、腹径17.4、底径8.0、高9.8厘米。(图一〇六,7)

M165:13,陶鬲。夹细砂灰陶。折沿较平,圆唇,唇缘上翘,使沿面形成一道凹弦纹,溜肩,弧腹,分裆较矮,三袋足内敛较甚,尖足跟;肩部抹平,隐约可见绳纹痕迹,上有数道凹弦纹和一个"X"形刻划符号,上腹饰抹断绳纹,下腹至足饰交错绳纹。口径15.1、腹径18.1、高14.1厘米。(图

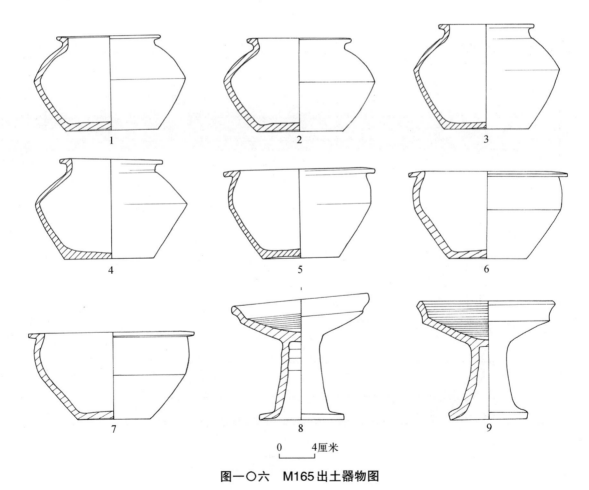

0   4厘米

图一〇六　M165出土器物图

1. 陶罐(M165:4)　2. 陶罐(M165:8)　3. 陶罐(M165:9)　4. 陶罐(M165:10)　5. 陶盂(M165:5)
6. 陶盂(M165:7)　7. 陶盂(M165:12)　8. 陶豆(M165:3)　9. 陶盂(M165:2)　10. 陶豆(M165:6)

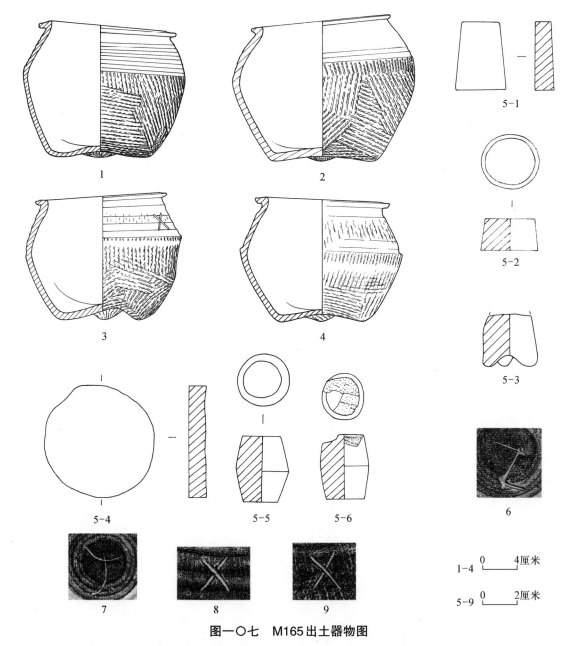

图一〇七　M165出土器物图

1. 陶鬲（M165∶1）　2. 陶鬲（M165∶11）　3. 陶鬲（M165∶13）　4. 陶鬲（M165∶15）　5. 陶模型明器（M165∶14）
6. 陶豆刻符（M165∶3）　7. 陶豆刻符（M165∶6）　8. 陶鬲刻符（M165∶13）　9. 陶鬲刻符（M165∶15）

一〇七,3、8）

M165∶14,陶模型明器。6件,楔形器、盘、盂、甗各1件,罍2件;泥质灰黄陶,疏松多孔。M165∶14-1楔形器,高3.9厘米。M165∶14-2盘,直径6.4、高1.0厘米。M165∶14-3盂,口径3.3、底径2.9、高1.8厘米。M165∶14-4罍,腹径3.0、高3.8厘米。M165∶14-5罍,残,腹径2.8、残高3.7厘米。M165∶14-6甗,残,腹高3.0厘米。（图一〇七,5;彩版七九,4）

M165∶15,陶鬲。夹细砂灰陶。折沿较平,圆唇,唇缘上翘,使沿面形成一道凹弦纹,溜肩,弧腹,分裆较矮,三袋足内敛较甚,尖足跟;肩部抹平,隐约可见绳纹痕迹,上有数道凹弦纹和一个"X"形刻划符号,上腹饰抹断绳纹,下腹至足饰交错绳纹。口径15.4、腹径18.6、高13.9厘米。(图一〇七,4、9)

43. M174

开口平面呈长方形,斜壁,壁面平整,口大底小,平底。填土为五花土,土质疏松。墓向290°。墓葬开口距地表100厘米,开口长320、宽208厘米,墓深370厘米,墓底长300、宽180厘米。葬具为木质一椁一棺,仅存朽痕,均为长方形。椁长268、宽140-150、高46、厚8厘米,棺长202、宽78-80、高10、厚6厘米。人骨不存。(图一〇八;彩版一〇,1)

随葬品共16件,出土于墓葬西端的棺与椁之间,均为陶器:

M174:1,陶罐。泥质灰陶。平折沿,方唇,短束颈,溜肩微弧,弧折腹,斜腹内收,平底略内凹;沿面饰有两道较浅凹弦纹,唇面饰有一道凹弦纹。口径11.8、腹径17.0、底径10.2、高14.5厘米。(图一〇九,9)

M174:2,陶罐。泥质灰陶,器表打磨平整。平折沿,方唇,束颈略长,溜肩弧鼓,折腹,斜腹内收,平底;唇面饰有一道凹弦纹,肩部有多道经加工形成的暗纹。口径11.4、腹径17.2、底径11.4、高13.4厘米。(图一〇九,2)

M174:3,陶罐。泥质灰陶。平折沿,方唇,短束颈,溜肩微弧,折腹,斜腹内收,平底内凹;沿面饰有一道较浅凹弦纹。口径11.0、腹径17.1、底径9.4、高15.1厘米。(图一〇九,3)

M174:4,陶鬲。夹细砂灰陶。折沿微下斜,方唇,溜肩,弧腹,分裆较矮,三袋足内敛较甚,尖足跟;沿面有一道凹弦纹,肩部抹平,隐约可见绳纹痕迹,上有六道凹槽,上腹部饰抹断绳纹,下腹至足饰交错绳纹。口径15.2、腹径19.8、高13.7厘米。(图一一〇,1)

M174:5,陶鬲。夹细砂灰陶。折沿微下斜,圆唇,溜肩,弧腹,分裆较矮,三袋足内敛较甚,尖足跟;沿面有一道凹弦纹,肩部抹平,仍可见绳纹痕迹,上有六道凹槽,上腹部饰抹断绳纹,下腹至足饰交错绳纹。口径15、腹径18.5、高13.5厘米。(图一一〇,2)

M174:6,陶盂。泥质灰陶。平折沿,方唇,领较矮,鼓腹,平底。口径16.2、腹径17.7、底径9.3、高10.5厘米。(图一〇九,4)

M174:7,陶盂。泥质灰陶,器表打磨光滑。平折沿,方唇,领较矮,鼓腹,平底微凹。口径15.5、腹径17.5、底径9.6、高9.1厘米。(图一〇九,7)

M174:8,陶盂,残。泥质灰陶,器表打磨光滑。平折沿,方唇,领较矮,鼓腹,底部缺失。(图一〇九,1)

M174:9,陶豆。泥质灰陶。敞口,圆唇,唇外缘略弧鼓,渐收至折处又凸起,上半部弧鼓,下半部弧收形成凹槽,外壁呈"S"形,豆盘较浅,折壁,凸棱不明显,下腹部弧收,近直柄较细长,圈足状矮座外撇,座沿斜方唇;豆盘内饰有密而细的螺旋状暗纹,盘内有刻划符号。口径15.4、高13.1厘米。(图一一〇,3、7)

M174:10,陶豆。泥质灰褐陶。敞口,圆唇,唇外缘略弧鼓,渐收至折处又凸起,上半部弧鼓,

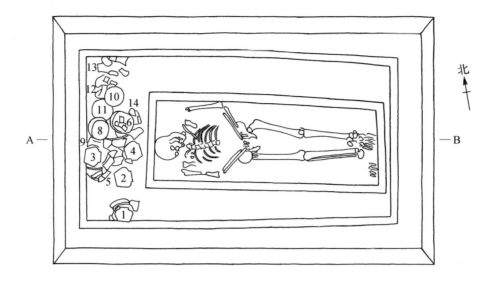

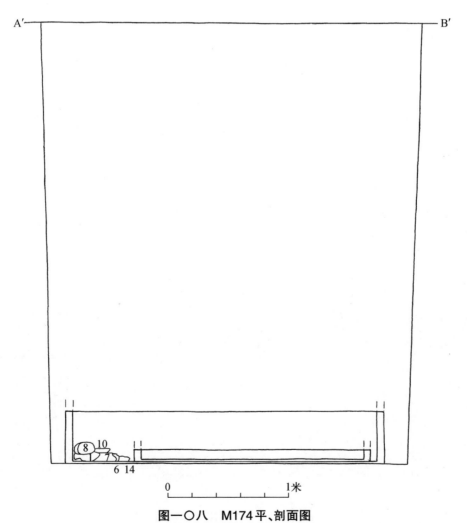

图一〇八　M174平、剖面图

1.陶罐　2.陶罐　3.陶罐　4.陶鬲　5.陶鬲　6.陶盂　7.陶盂　8.陶盂　9.陶豆　10.陶豆
11.陶鬲　12.陶豆　13.陶鬲　14.陶罐　15.陶盂　16.陶豆

下半部弧收形成凹槽,外壁呈"S"形,豆盘较浅,折壁,凸棱不明显,下腹部弧收,近直柄较细长,圈足状矮座外撇;豆盘内饰有密而细的螺旋状暗纹,盘内有刻划符号。口径15.2、高12.4厘米。(图一一○,6、8)

M174:11,陶鬲。夹细砂灰陶。折沿微下斜,方唇,溜肩,弧腹,分裆较矮,三袋足内敛较甚,尖足跟;沿面有一道凹弦纹,肩部抹平,隐约可见绳纹痕迹,上有六道凹槽,上腹部饰抹断绳纹,下腹至足饰交错绳纹。口径15.6、腹径19.6、高14.0厘米。(图一一○,4;彩版三五,2)

M174:12,陶豆。泥质灰陶。敞口,圆唇,唇外缘略弧鼓,渐收至折处又凸起,上半部弧鼓,下半部弧收形成凹槽,外壁呈"S"形,豆盘较浅,折壁,凸棱不明显,下腹部弧收,近直柄较细长,圈足状矮座外撇;豆盘内饰有密而细的螺旋状暗纹,外腹部和豆柄相接处有一圈凹弦纹,盘内有刻划符号。口径15.8、高13.2厘米。(图一○九,5;图一一○,9)

M174:13,陶鬲。夹细砂灰陶。折沿微下斜,尖唇,溜肩,弧腹,分裆较矮,三袋足内敛较甚,尖足跟;沿面有一道凹弦纹,肩部抹平,仍可见绳纹痕迹,上有六道凹槽,上腹部饰抹断绳纹,下腹

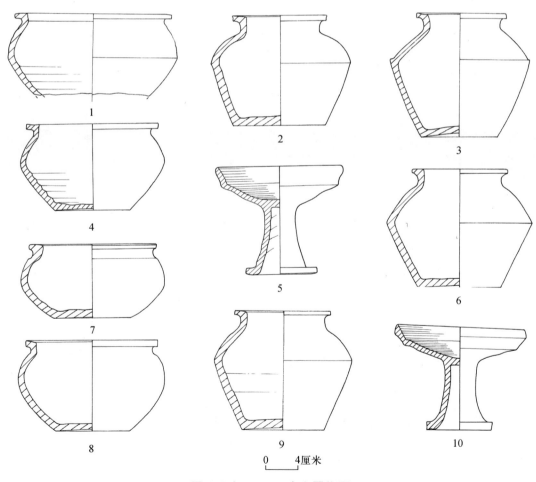

0 　　　4厘米

图一○九　M174出土器物图

1. 陶盂(M174:8)　2. 陶罐(M174:2)　3. 陶罐(M174:3)　4. 陶盂(M174:6)　5. 陶豆(M174:12)　6. 陶罐(M174:14)
7. 陶盂(M174:7)　8. 陶盂(M174:15)　9. 陶罐(M174:1)　10. 陶豆(M174:16)

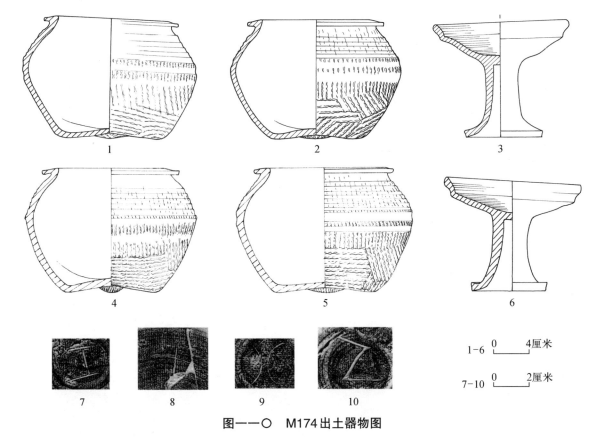

图一一〇　M174出土器物图

1. 陶鬲（M174：4）　2. 陶鬲（M174：5）　3. 陶豆（M174：9）　4. 陶鬲（M174：11）　5. 陶鬲（M174：13）　6. 陶豆（M174：10）
7. 陶豆刻符（M174：9）　8. 陶豆刻符（M174：10）　9. 陶豆刻符（M174：12）　10. 陶豆刻符（M174：16）

至足饰交错绳纹。口径15.8、腹径20.0、高14.0厘米。（图一一〇，5）

M174：14，陶罐。泥质灰陶。平折沿，方唇，短束颈，溜肩微弧，弧折腹，斜腹内收，平底内凹；沿面饰有一道较浅凹弦纹。口径11.8、腹径17.8、底径10.1、高14.5厘米。（图一〇九，6）

M174：15，陶盂。泥质灰陶。折沿微仰，方唇，领较矮，鼓腹，平底；沿面有二道凹槽。口径16.1、腹径17.9、底径9.1、高11.0厘米。（图一〇九，8）

M174：16，陶豆。泥质灰陶。敞口，圆唇，上壁外鼓，豆盘较浅，折壁，凸棱不明显，下腹部弧收，近直柄较细长，圈足状矮座外撇，座底内凹；豆盘内饰有密而细的螺旋状暗纹，外腹部和豆柄相接处有一圈凹弦纹，盘内有刻划符号。口径15.8、高12.5厘米。（图一〇九，10；图一一〇，10）

44. M175

开口平面呈长方形，直壁，壁面平整，平底。填土为五花土，土质疏松。墓向280°。墓葬开口距地表100厘米，开口长275、宽160厘米，墓深250厘米。葬具为木质一椁一棺，仅存朽痕，均为长方形。椁长246、宽132-136、高46、厚8厘米，棺长182、宽74、高12、厚6厘米。人骨保存较好，仰身直肢，面朝上，双手置于腹部，双脚并拢。（图一一一；彩版一〇，2）

随葬品共16件，出土于墓葬西端的棺与椁之间，均为陶器：

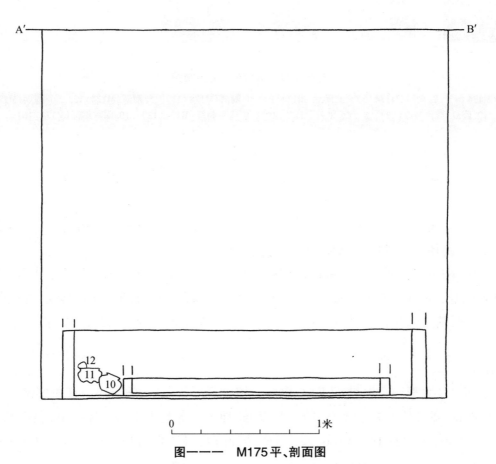

图一一一一 M175平、剖面图

1. 陶鬲 2. 陶盂 3. 陶盂 4. 陶豆 5. 陶鬲 6. 陶豆 7. 陶盂 8. 陶鬲 9. 陶豆 10. 陶罐
11. 陶鬲 12. 陶豆 13. 陶罐 14. 陶罐 15. 陶罐 16. 陶盂

M175:1，陶鬲。夹砂红陶。平折沿，尖唇，圆肩，弧腹，分裆较矮，三袋足内敛较甚，尖足跟；沿面有一道凹槽，肩部抹平，隐约可见绳纹痕迹，上有四道凹槽，腹以下饰交错绳纹。口径14.2、腹径17.2、高11.8厘米。（图一一二，9）

M175:2，陶盂。泥质灰陶，器表打磨光滑。折沿微仰，方唇，上腹微弧收，下腹斜收，平底。口径16.4、腹径14.7、底径7.2、高7.8厘米。（图一一二，5）

M175:3，陶盂。泥质灰陶，器表打磨光滑。折沿微仰，方唇，上腹微弧收，下腹斜收，平底。口径16.4、底径6.8、高8.1厘米。（图一一二，6）

M175:4，陶豆。泥质灰陶。敞口，圆唇，唇外缘略弧鼓，渐收至折处又凸起，上半部外鼓，下

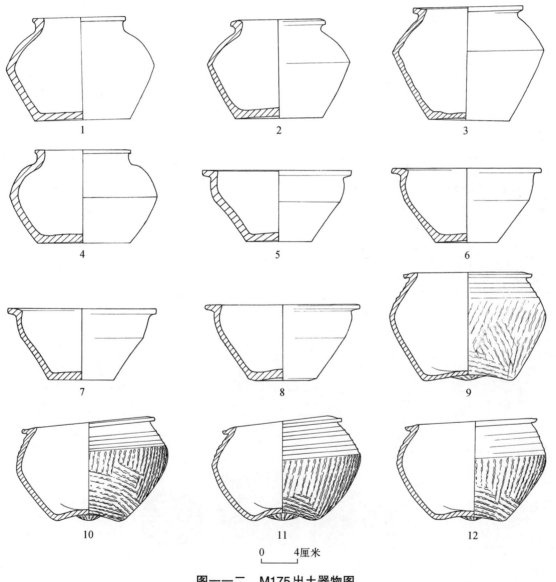

图一一二　M175出土器物图

1. 陶罐（M175:10）　2. 陶罐（M175:13）　3. 陶罐（M175:14）　4. 陶罐（M175:15）　5. 陶盂（M175:2）　6. 陶盂（M175:3）
7. 陶盂（M175:7）　8. 陶盂（M175:16）　9. 陶鬲（M175:1）　10. 陶鬲（M175:5）　11. 陶鬲（M175:8）　12. 陶鬲（M175:11）

半部弧收呈凹槽,外壁呈"S"形,豆盘较浅,折壁,凸棱不明显,下腹部弧收,喇叭状柄细高,圈足状矮座外撇;豆盘内饰有密而细的螺旋状暗纹,盘内有刻划符号。口径16.2、高13.8厘米。(图一一三,1、5;彩版六二,3)

M175:5,陶鬲。夹砂红陶。平折沿,尖唇,圆肩,弧腹,分裆较矮,三袋足内敛较甚,尖足跟;沿面有一道凹槽,肩部抹平,上有六道凹槽,腹以下饰交错绳纹。口径14.8、腹径16.8、高11.4厘米。(图一一二,10)

M175:6,陶豆。泥质灰陶。敞口,尖圆唇,唇外缘弧鼓,豆盘较浅,折壁,凸棱不明显,下腹部斜收,近直柄细长,圈足状矮座外撇;豆盘内饰有密而细的螺旋状暗纹,盘内有刻划符号。口径15.7、高13.3厘米。(图一一三,2、6)

M175:7,陶盂。泥质灰陶,器表打磨光滑。折沿微仰,方唇,上腹微弧收,下腹斜收,平底。口径16.4、底径7.2、高9.8厘米。(图一一二,7)

M175:8,陶鬲。夹砂红陶。折沿下斜,尖唇,圆肩,弧腹,分裆较矮,三袋足内敛较甚,尖足跟;沿面有一道凹槽,肩部抹平,隐约可见绳纹痕迹,上有六道凹槽,腹以下饰交错绳纹。口径13.0、腹径16.4、高11.4厘米。(图一一二,11)

M175:9,陶豆。泥质灰陶。敞口,尖圆唇,唇外缘弧鼓,豆盘较浅,折壁,凸棱不明显,下腹部斜收,近直柄细长,圈足状矮座外撇,座面下凹;豆盘内饰有密而细的螺旋状暗纹,盘内有刻划符号。口径14.8、高13.0厘米。(图一一三,3、7)

M175:10,陶罐。泥质灰陶,器表打磨平整。平折沿,沿面极短,方唇,短颈,溜肩弧鼓,弧折

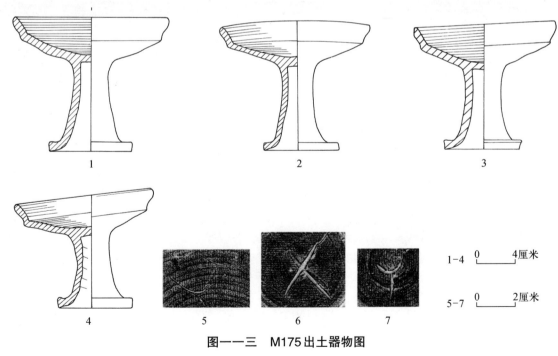

图一一三　M175出土器物图

1.陶豆(M175:4)　2.陶豆(M175:6)　3.陶豆(M175:9)　4.陶豆(M175:12)
5.陶豆刻符(M175:4)　6.陶豆刻符(M175:6)　7.陶豆刻符(M175:9)

腹,斜腹内收,平底,最大径位于中部,器形较扁;颈肩处饰有一道折棱,口沿和肩部饰有圈带状暗纹。口径10.2、腹径16.4、底径10.6、高11.2厘米。(图一一二,1)

M175：11,陶鬲。夹砂红陶。平折沿,尖唇,圆肩,弧腹,分裆较矮,三袋足内敛较甚,尖足跟;沿面有二道凹槽,肩部抹平,上有六道凹槽,腹以下饰交错绳纹。口径14.6、腹径16.4、高11.2厘米。(图一一二,12)

M175：12,陶豆。泥质灰陶。敞口,尖圆唇,唇外缘弧鼓,渐收至折处又凸起,上半部外弧,下半部内收成凹槽,外壁略呈"S"形,豆盘较浅,折壁,凸棱不明显,下腹部斜收,近直柄细长,圈足状矮座外撇;豆盘内饰有密而细的螺旋状暗纹。口径14.4、高12.3厘米。(图一一三,4)

M175：13,陶罐。泥质灰陶,器表打磨平整。平折沿,方唇,短颈,溜肩弧鼓,折腹,斜腹内收,平底;素面。口径10.4、腹径15.6、底径9.6、高10.8厘米。(图一一二,2;彩版七二,4)

M175：14,陶罐。泥质灰陶,器表打磨平整。平折沿,方唇,短颈,溜肩弧鼓,折腹,斜腹内收,平底;素面。口径12.0、腹径16.6、底径8.8、高12.7厘米。(图一一二,3)

M175：15,陶罐。泥质灰陶,器表打磨平整。平折沿,沿面极短,方唇,短颈,溜肩弧鼓,弧折腹,斜腹内收,平底,最大径位于中部,器形较扁;口沿和肩部饰有圈带状暗纹。口径10.6、腹径16.3、底径10.4、高10.2厘米。(图一一二,4)

M175：16,陶盂。泥质灰陶,器表打磨光滑。折沿微仰,方唇,上腹微弧收,下腹斜收,平底。口径17.0、底径7.4、高8.3厘米。(图一一二,8;彩版五二,2)

45. M179

开口平面呈长方形,直壁,壁面平整,平底。填土为五花土,土质疏松。墓向270°。墓葬开口距地表100厘米,开口长300、宽180厘米,墓深230厘米。葬具为木质一椁一棺,仅存朽痕,均为长方形。椁长274、宽118-126、高36、厚8厘米,棺长206、宽78、高10、厚6厘米。人骨保存较差,仅余朽痕。(图一一四;彩版一一,1)

随葬品共18件(套)(彩版三一,1),17件(套)陶器出土于墓葬西端的棺与椁之间,蚌壳出土于骨架胸部及东南角的棺与椁之间:

M179：1,陶鬲。泥质灰陶。折沿微仰,尖唇,溜肩,斜腹,裆较高,微瘪,三截锥足外张,足和裆部有刮削痕;肩上有二道凹槽。口径11.8、腹径11.7、高9.3厘米。(图一一五,1)

M179：2,陶鬲。泥质灰陶。折沿微仰,沿面下凹,尖唇,溜肩,斜腹,裆较高,微瘪,三截锥足外张,足和裆部有刮削痕;肩上有二道凹槽。口径11.6、高9.3厘米。(图一一五,2)

M179：3,陶豆。泥质灰陶。敞口近直,圆唇,弧折腹,豆盘较深,喇叭状柄,较短,外撇较甚,矮座较窄,底座内凹,截面呈三角形;素面。口径15.7、高11.1厘米。(图一一五,5)

M179：4,陶豆。泥质灰陶。敞口近直,圆唇,弧折腹,豆盘较深,喇叭状柄,较短,外撇较甚,矮座较窄,座沿斜方唇;素面。口径15.8、高11.5厘米。(图一一五,6)

M179：5,陶豆。泥质灰陶。敞口近直,斜方唇,弧折腹,豆盘较深,喇叭状柄,较短,外撇较甚,矮座较窄,底座内凹;素面。口径16.0、高10.4厘米。(图一一五,7)

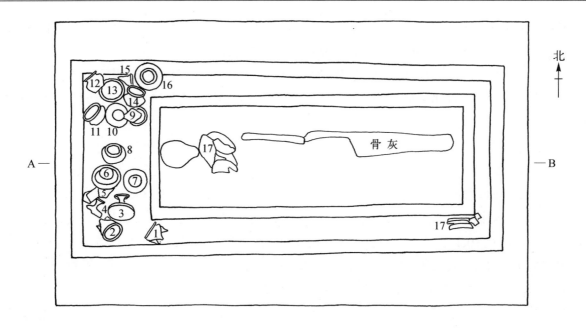

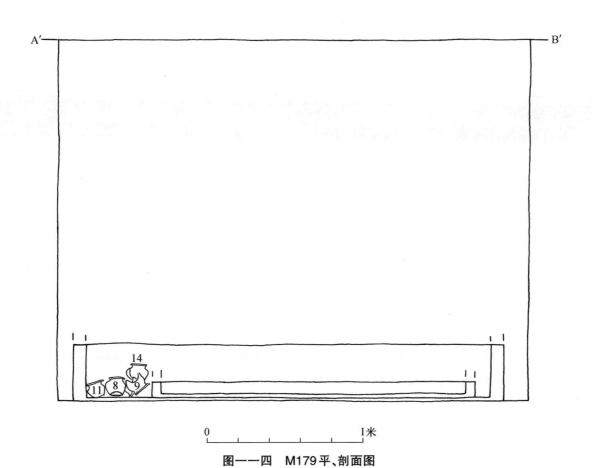

图一一四　M179平、剖面图

1. 陶鬲　2. 陶鬲　3. 陶豆　4. 陶豆　5. 陶豆　6. 陶盂　7. 陶盂　8. 陶罐　9. 陶鬲　10. 陶豆
11. 陶盂　12. 陶罐　13. 陶盂　14. 陶罐　15. 陶鬲　16. 陶罐　17. 蚌壳　18. 陶模型明器

M179：6，陶盂。泥质灰陶。平折沿，沿面下凹，尖唇，上腹较直，下腹斜收，平底。口径15.2、腹径14.0、底径7.2、高8.8厘米。(图一一五，9；彩版四二，6)

M179：7，陶盂。泥质灰陶。平折沿，沿面下凹，尖唇，上腹较直，下腹斜收，平底。口径13.8、腹径13.1、底径6.4、高6.9厘米。(图一一五，10)

M179：8，陶罐。泥质褐陶，器表粗糙。平折沿，方唇，束颈较长，溜肩下斜，弧折腹，斜腹内收，平底；素面。口径11.0、腹径14.2、底径8.0、高10.2厘米。(图一一六，1；彩版六五，6)

M179：9，陶鬲。泥质灰陶。折沿较平，沿面下凹，尖唇，溜肩，斜腹，裆较高，微瘪，三截锥足外张，足和裆部有刮削痕；肩上有二道宽凹槽。口径11.7、高9.6厘米。(图一一五，3)

M179：10，陶豆。泥质灰褐陶。敞口近直，圆唇，弧折腹，豆盘较深，喇叭状柄，较短，外撇较甚，矮座较窄，底座内凹，截面呈三角形；素面。口径15.2、高10.8厘米。(图一一五，8；彩版五八，8)

M179：11，陶盂。泥质灰陶。平折沿，沿面下凹，尖唇，上腹较直，下腹斜收，平底；下腹部有

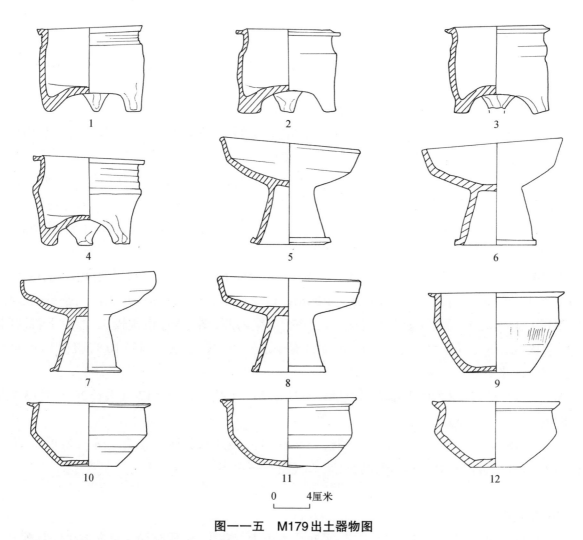

0　　　4厘米

图一一五　M179出土器物图

1. 陶鬲(M179：1)　2. 陶鬲(M179：2)　3. 陶鬲(M179：9)　4. 陶鬲(M179：15)　5. 陶豆(M179：3)　6. 陶豆(M179：4)
7. 陶豆(M179：5)　8. 陶豆(M179：10)　9. 陶盂(M179：6)　10. 陶盂(M179：7)　11. 陶盂(M179：11)　12. 陶盂(M179：13)

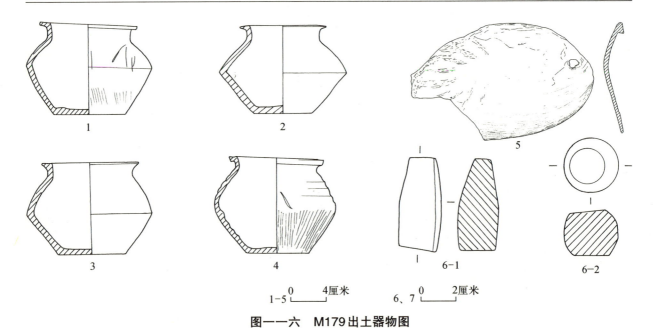

图一一六　M179出土器物图

1. 陶罐(M179:8)　2. 陶罐(M179:12)　3. 陶罐(M179:14)　4. 陶罐(M179:16)　5. 蚌壳(M179:17)　6. 陶模型明器(M179:18)

一道凹槽。口径15.2、腹径13.7、底径7.0、高7.9厘米。(图一一五,11;彩版四八,7)

　　M179:12,陶罐。泥质褐陶,器表粗糙。平折沿,尖唇,束颈较长,溜肩弧鼓,弧折腹,斜腹内收,平底;素面。口径9.6、腹径14.3、底径6.6、高10.0厘米。(图一一六,2)

　　M179:13,陶盂。泥质灰陶。平折沿,沿面下凹,尖唇,上腹较直,下腹斜收,平底。口径14.2、腹径13.5、底径5.8、高7.3厘米。(图一一五,12)

　　M179:14,陶罐。泥质褐陶,器表粗糙。平折沿略内凹,斜方唇,束颈较长,溜肩下斜,弧折腹,斜腹内收,平底;唇面饰有一道较浅的凹弦纹。口径11.0、腹径14.2、底径7.4、高12.4厘米。(图一一六,3)

　　M179:15,陶鬲。泥质灰陶,器表黑色。折沿微仰,沿面下凹,圆唇,溜肩,斜腹,裆较高,微瘪,三截锥足外张,足和裆部有刮削痕;肩上有三道凹槽。口径12.6、腹径12.3、高9.6厘米。(图一一五,4)

　　M179:16,陶罐。泥质褐陶,器表粗糙。平折沿略内凹,斜方唇,束颈较长,溜肩下斜,弧折腹,斜腹内收,平底,最大径靠近中部;唇面饰有一道较浅的凹弦纹。口径10.8、腹径13.8、底径7.0、高10.8厘米。(图一一六,4)

　　M179:17,蚌壳。8个以上单壳,均已残,在尾端有一个孔。M179:17-1残长20.9、宽13.3、厚0.5厘米。(图一一六,5)

　　M179:18,陶模型明器。2件,鼓形器、方壶各1件,泥质灰黄陶。M179:18-1鼓形器,腹径2.1、高2.5厘米。M179:18-2方壶,高5.2厘米。(图一一六,6)

46. M180

　　开口平面呈长方形,直壁,壁面平整,平底。填土为五花土,土质疏松。墓向260°。墓葬开口距地表100厘米,开口长270、宽140厘米,墓深340厘米。葬具为木质一椁一棺,仅存朽痕,均为

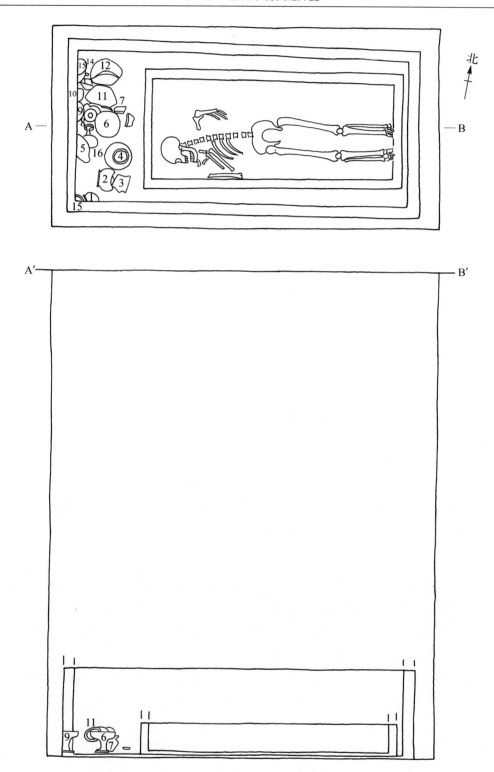

图一一七　M180平、剖面图

1. 陶盉　2. 陶鬲　3. 陶盉　4. 陶罐　5. 陶鬲　6. 陶豆　7. 陶盉　8. 陶豆　9. 陶豆　10. 陶罐
11. 陶罐　12. 陶鬲　13. 陶罐　14. 陶鬲　15. 陶盉　16. 陶豆　17. 贝　18. 蚌壳

长方形。椁长244、宽121、高62、厚8厘米,棺长180、宽83、高10、厚6厘米。人骨保存较差,仰身直肢,面朝南。(图一一七)

随葬品共18件(套),16件陶器出土于墓葬西端的棺与椁之间,另有贝15枚及蚌壳若干:

M180:1,陶盂。泥质灰陶,器表打磨光滑。平折沿,方唇,上腹微弧,下腹斜收,平底;折棱处有一道凹弦纹。口径20.0、腹径18.4、底径10.4、高12.5厘米。(图一一八,1;彩版五〇,1)

M180:2,陶鬲。泥质灰陶。折沿近平,斜方唇,唇上缘上翘,使沿面形成一道凹槽,弧腹,分裆近平,三袋足极肥,外张,足跟圆钝;腹以下饰交错粗绳纹。口径17.8、腹径20.0、高14.8厘米。(图一一九,1;彩版四〇,2)

M180:3,陶盂。泥质灰陶。平折沿,方唇,唇面下凹,上腹微弧,下腹斜收,上有刮削痕,平底微凹;折棱处有一道凹弦纹。口径19.4、腹径17.9、底径9.6、高10.9厘米。(图一一八,2;彩版五〇,2)

M180:4,陶罐。泥质灰陶,器表打磨平整。平折沿,方唇,束颈较短,溜肩微弧,折腹,凸棱明显,斜腹内收,平底内凹;沿面饰有一道凹弦纹,肩部近折处饰有两道凹弦纹。口径13.4、腹径18.2、底径11.4、高15.0厘米。(图一一八,5)

M180:5,陶鬲。夹砂灰陶。折沿微下斜,圆唇,腹微弧,分裆近平,三袋较肥大,内敛,足跟较圆钝;沿面有一道凹槽,腹以下饰交错粗绳纹。口径13.6、腹径14.6、高12.2厘米。(图一一九,3;彩版四〇,3)

M180:6,陶豆。泥质灰陶。敞口,圆唇,豆盘较深,折壁,凸棱不明显,喇叭状柄较粗大,圈足状底座外撇较甚,座沿略内凹;素面。口径17.2、高13.8厘米。(图一一八,9;彩版五九,5)

M180:7,陶盂。泥质灰陶,器表打磨光滑。平折沿,方唇,上腹微弧,下腹斜收,平底;折棱处有一道凹弦纹。口径18.2、腹径17.0、底径9.2、高11.8厘米。(图一一八,3;彩版五〇,3)

M180:8,陶豆。泥质灰陶。敞口,圆唇,豆盘较深,折壁,凸棱不明显,喇叭状柄较粗大,圈足状底座外撇较甚;素面。口径16.8、高14.0厘米。(图一一八,10;彩版五九,6)

M180:9,陶豆。泥质灰陶。敞口,圆唇,豆盘较深,折壁,凸棱不明显,喇叭状柄较粗大,圈足状底座外撇较甚,座沿略内凹;素面。口径17.8、高13.7厘米。(图一一八,11;彩版五九,7)

M180:10,陶罐。泥质灰陶,器表打磨平整。平折沿,方唇,束颈较短,溜肩微弧,折腹,凸棱明显,斜腹内收,平底;沿面饰有一道凹弦纹,肩部近折处饰有两道凹弦纹。口径11.6、腹径17.2、底径11.2、高13.5厘米。(图一一八,6;彩版六九,1)

M180:11,陶罐。泥质灰陶,器表打磨平整。平折沿,方唇,束颈较短,溜肩微弧,折腹,凸棱明显,斜腹内收,平底;沿面饰有一道凹弦纹,肩部近折处饰有两道凹弦纹。口径11.4、腹径17.8、底径11.8、高13.4厘米。(图一一八,7;彩版六九,2)

M180:12,陶鬲。泥质灰陶。折沿近平,圆唇,唇上缘上翘,使沿面形成一道凹槽,弧腹,分裆近平,三袋足极肥,外张,足跟圆钝;腹以下饰交错粗绳纹。口径18.2、腹径17.5、高15.4厘米。(图一一九,4;彩版四〇,4)

M180:13,陶罐。泥质灰陶,器表打磨平整。平折沿,方唇,束颈较短,溜肩微弧,折腹,凸棱明显,斜腹内收,平底;沿面饰有两道凹弦纹,肩部近折处饰有两道凹弦纹。口径11.0、腹径17.4、

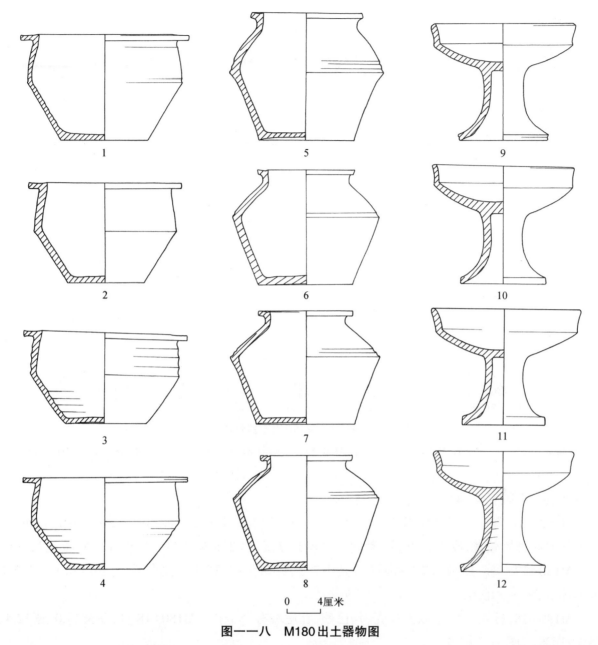

图一一八　M180出土器物图

1. 陶盂（M180:1）　2. 陶盂（M180:3）　3. 陶盂（M180:7）　4. 陶盂（M180:15）　5. 陶罐（M180:4）　6. 陶罐（M180:10）
7. 陶罐（M180:11）　8. 陶罐（M180:13）　9. 陶豆（M180:6）　10. 陶豆（M180:8）　11. 陶豆（M180:9）　12. 陶豆（M180:16）

底径11.4、高13.5厘米。（图一一八,8；彩版六九,3）

M180:14,陶鬲。夹砂红陶。折沿微下斜,尖唇,唇缘上翘,使沿面形成一道凹槽,弧腹,分裆近平,三袋较肥大,内敛,足跟较圆钝；腹以下饰交错粗绳纹。口径15.8、腹径16.1、高12.5厘米。（图一一九,2；彩版四〇,5）

M180:15,陶盂。泥质灰陶,器表打磨光滑。平折沿,方唇,上腹微弧,下腹斜收,平底；唇面有一道凹弦纹,折棱处有一道凹弦纹。口径19.6、腹径17.6、底径9.2、高10.6厘米。（图

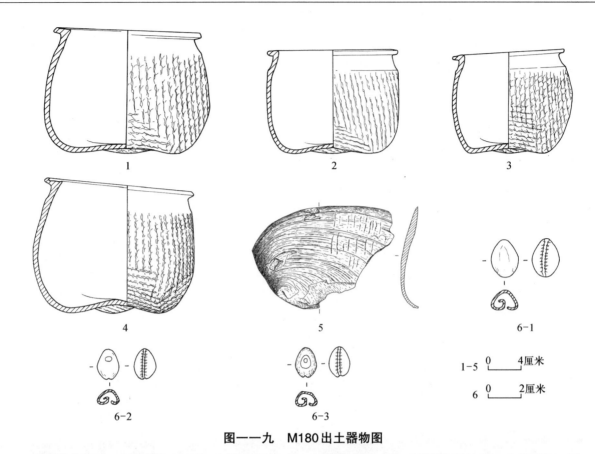

图一一九　M180出土器物图

1. 陶鬲(M180:2)　2. 陶鬲(M180:14)　3. 陶鬲(M180:5)　4. 陶鬲(M180:12)　5. 蚌壳(M180:18)　6. 贝(M180:17)

一一八,4;彩版五〇,4)

　　M180:16,陶豆。泥质灰褐陶。敞口,圆唇,豆盘较深,折壁,凸棱不明显,喇叭状柄较粗大,圈足状底座外撇较甚,座沿斜方唇;素面。口径16.7、高14.2厘米。(图一一八,12;彩版五九,8)

　　M180:17,贝。15枚,均保存较好,其中7枚背部有一个穿孔。大小不一,长度从1.7~2.9厘米不等。(图一一九,6)

　　M180:18,蚌壳。10个以上单壳,均已残,在尾端有一个孔。M180:18-1,残长17.0、宽12.4、厚0.9厘米。(图一一九,5)

47. M182

　　开口平面呈长方形,斜壁,壁面平整,口大底小,平底。填土为五花土,土质疏松。墓向280°。墓葬开口距地表100厘米,开口长324、宽248厘米,墓深500厘米,墓底长292、宽180厘米。葬具为木质一椁一棺,仅存朽痕,均为长方形。椁长248、宽144、高52、厚6厘米,棺长192、宽88、高10、厚6厘米。人骨保存较差,仰身直肢,面朝上,双手置于腹部,双脚并拢。(图一二〇;彩版一一,2)

　　随葬品共7件(套),6件陶器出土于墓葬西端的棺与椁之间,11枚贝置于人口中:

　　M182:1,陶罐。泥质褐陶。直领较短,溜肩弧鼓,折腹,斜腹内收,平底;素面。口径7.6、腹

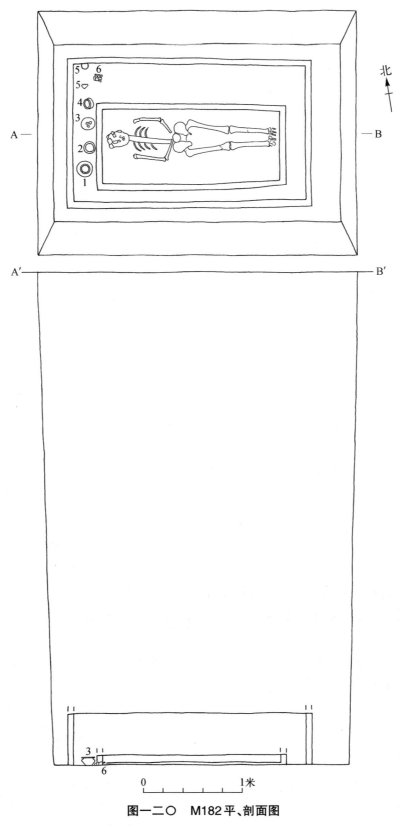

图一二〇　M182平、剖面图

1. 陶罐　2. 陶罐　3. 陶盂　4. 陶鬲　5. 陶鬲　6. 陶盂　7. 贝

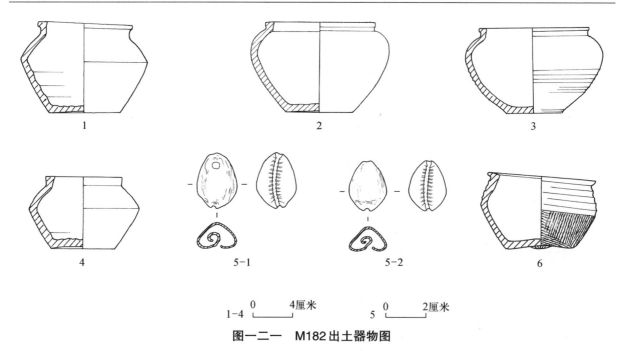

图一二一　M182 出土器物图

1. 陶罐（M182：2）　2. 陶盂（M182：3）　3. 陶盂（M182：6）　4. 陶罐（M182：1）　5. 贝（M182：7）　6. 陶鬲（M182：4）

径 11.1、底径 6.4、高 7.2 厘米。（图一二一，4）

M182：2，陶罐。泥质灰褐陶，器表打磨平整。平折沿极短，方唇，短颈，溜肩微弧，弧折腹，斜腹内收，平底；素面。口径 9.4、腹径 12.8、底径 7.2、高 9.0 厘米。（图一二一，1）

M182：3，陶盂。泥质灰陶。直口，方唇，领较矮，弧腹，平底微凹。口径 11.0、腹径 14.0、底径 6.6、高 9.0 厘米。（图一二一，2）

M182：4，陶鬲。泥质红陶。折沿微仰，尖圆唇，圆肩，斜弧腹，分裆较矮，三袋足内聚，尖足跟；肩部抹平，上有数道凹弦纹，腹以下饰交错绳纹。口径 11.0、腹径 13.7、高 7.3 厘米。（图一二一，6）

M182：5，陶鬲，残。夹砂红陶。较为残碎，仅能辨别几片腹部残片和两个袋足，饰有绳纹。

M182：6，陶盂。泥质灰陶。直口，方唇，领较矮，弧腹，平底微凹。口径 11.6、腹径 13.9、底径 5.8、高 8.5 厘米。（图一二一，3）

M182：7，贝。11 枚，2 枚已残，其余保存较好，保存较好者背部均有一个穿孔。大小不一，长度从 2.0-2.8 厘米不等。（图一二一，5）

48. M183

开口平面呈长方形，斜壁，壁面平整，口大底小，平底。填土为五花土，土质疏松。墓向 280°。墓葬开口距地表 100 厘米，开口长 320、宽 160 厘米，墓深 370 厘米，墓底长 300、宽 148 厘米。葬具为木质一椁一棺，仅存朽痕，均为长方形。椁长 270、宽 118、高 48、厚 6 厘米，棺长 192、宽 80、高 10、厚 6 厘米。人骨保存差，仅余朽痕，直肢葬。（图一二二；彩版一二，1）

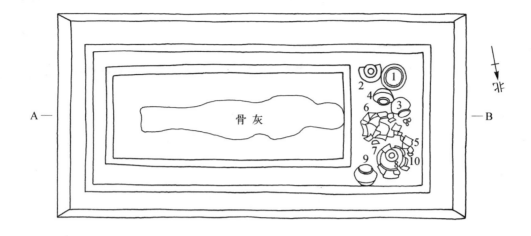

骨　灰

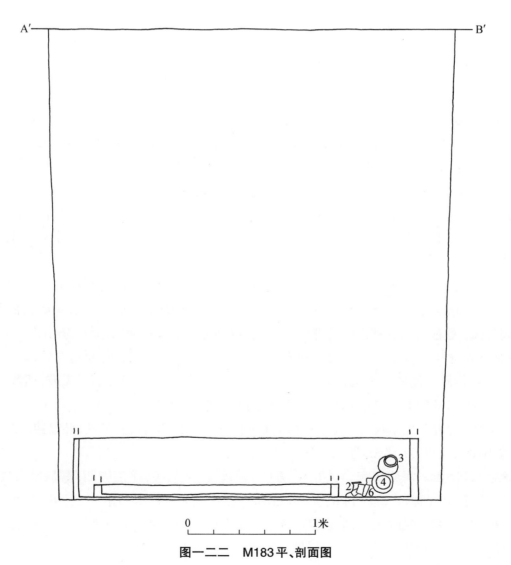

图一二二　M183平、剖面图

1. 陶鬲　2. 陶豆　3. 陶罐　4. 陶罐　5. 陶盂　6. 陶鬲　7. 陶鬲　8. 陶豆　9. 陶罐　10. 陶盂　11. 陶盂　12. 陶盂　13. 陶模型明器

随葬品共13件(套),出土于墓葬西端的棺与椁之间,均为陶器:

M183:1,陶鬲,残。夹砂褐陶。平折沿,方唇,溜肩,弧腹,肩部饰有数圈凹弦纹,腹部饰有绳纹。(图一二四,1)

M183:2,陶豆。泥质灰陶。敞口,圆唇,唇外缘略弧鼓,渐收至折处又凸起,上半部外鼓,下半部弧收呈凹槽,外壁呈"S"形,豆盘较浅,折壁,凸棱不明显,下腹部弧收,喇叭状柄细高,圈足状矮座外撇;豆盘内饰有密而细的螺旋状暗纹,盘外饰有两圈螺旋状暗纹,盘内有刻划符号。口径16.4、高13.9厘米。(图一二三,8;图一二四,4;彩版六一,1)

M183:3,陶罐。泥质灰褐陶,器表打磨平整。平折沿,圆唇,束颈较短,溜肩弧鼓,折腹,弧腹内收,平底;肩部近折处饰有一道较宽凹弦纹。口径9.8、腹径17.4、底径12.0、高13.0厘米。(图一二三,1)

M183:4,陶罐。泥质灰陶,器表打磨平整。平折沿,方唇,束颈较短,溜肩弧鼓,折腹,弧腹内收,平底;沿面饰有一道凹弦纹,肩部近折处饰有一道较宽凹弦纹。口径10.4、腹径17.8、底径11.6、高13.6厘米。(图一二三,2;彩版七一,1)

M183:5,陶盂。泥质灰陶。平折沿,方唇,领较矮,弧鼓腹,平底微凹;领腹结合处有二道凹弦纹。口径14.4、腹径16.0、底径8.6、高9.0厘米。(图一二三,4)

M183:6,陶鬲。夹细砂红陶。折沿较平,尖唇,唇缘上翘,使沿面形成一道凹弦纹,圆肩,弧腹,分裆较矮,三袋足内敛较甚,足跟圆钝;肩部抹平,隐约可见绳纹痕迹,上有四道凹槽,上腹部饰抹断绳纹,下腹至足饰交错绳纹。口径21.6、腹径25.0、高19.8厘米。(图一二四,3)

M183:7,陶鬲。夹细砂红陶。折沿较平,圆唇,唇缘上翘,使沿面形成一道凹弦纹,圆肩,弧腹,分裆较矮,三袋足内敛较甚,足跟圆钝;肩部抹平,隐约可见绳纹痕迹,上有三道凹槽,上腹部饰抹断绳纹,下腹至足饰交错绳纹。口径16.4、腹径19.8、高15.6厘米。(图一二四,2;彩版三五,3)

M183:8,陶豆。泥质灰褐陶。敞口,圆唇,唇外缘略弧鼓,渐收至折处又凸起,上半部外鼓,下半部弧收呈凹槽,外壁呈"S"形,豆盘较浅,折壁,凸棱不明显,下腹部弧收,喇叭状柄细高,圈足状矮座外撇;豆盘内饰有密而细的螺旋状暗纹,盘外饰有数圈螺旋状暗纹,座沿饰有一圈凹弦纹,盘内有刻划符号。口径17.4、高15.6厘米。(图一二三,9;图一二四,5;彩版八〇,4)

M183:9,陶罐。泥质灰褐陶,器表粗糙。平折沿,方唇,束颈较短,溜肩弧鼓,折腹,弧腹内收,平底;素面。口径11.4、腹径18.8、底径10.8、高12.8厘米。(图一二三,3)

M183:10,陶盂。泥质灰陶,器表有多道刮削痕。平折沿,方唇,领较矮,弧鼓腹,平底;口径15.3、腹径16.0、底径10.0、高8.8厘米。(图一二三,5;彩版五四,5)

M183:11,陶盂。泥质灰陶。平折沿,方唇,领较矮,弧鼓腹,平底微凹;领腹结合处有二道凹弦纹,腹部有一道凹槽。口径14.6、腹径15.6、底径8.6、高8.7厘米。(图一二三,6)

M183:12,陶盂。泥质灰陶,器表打磨光滑。折沿较平,圆唇,上腹微弧,下腹斜收,平底;口径14.8、腹径14.7、底径7.5、高8.9厘米。(图一二三,7;彩版五一,3)

M183:13,陶模型明器。6件,其中罍2件,其余4件残碎,不辨器形。

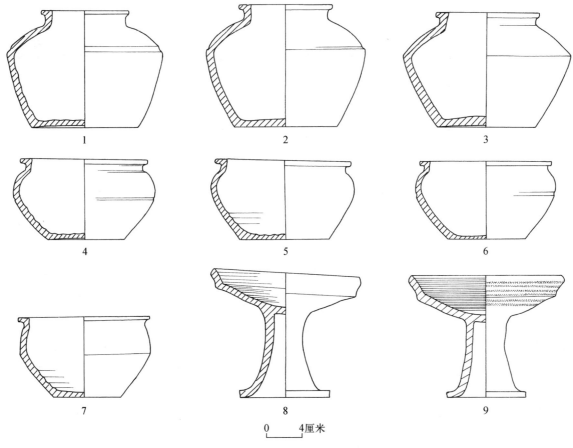

图一二三 M183出土器物图

1.陶罐（M183:3）　2.陶罐（M183:4）　3.陶罐（M183:9）　4.陶盂（M183:5）　5.陶盂（M183:10）
6.陶盂（M183:11）　7.陶盂（M183:12）　8.陶豆（M183:2）　9.陶豆（M183:8）

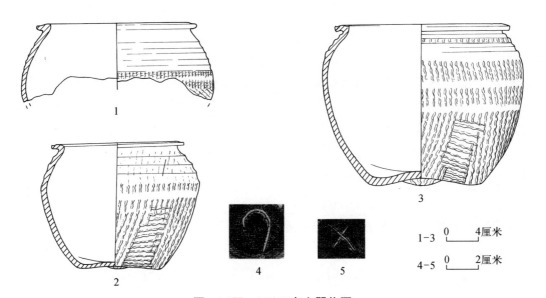

图一二四 M183出土器物图

1.陶鬲（M183:1）　2.陶鬲（M183:7）　3.陶鬲（M183:6）　4.陶豆刻符（M183:2）　5.陶豆刻符（M183:8）

49. M184

开口平面呈长方形,直壁,壁面平整,平底。填土为五花土,土质疏松。墓向280°。墓葬开口距地表100厘米,开口长300、宽164厘米,墓深320厘米。葬具为木质一椁一棺,仅存朽痕,均为长方形。椁长264、宽144-152、高44、厚6厘米,棺长202、宽74-84、高22、厚6厘米。人骨保存差,仅余朽痕。(图一二五)

随葬品共17件,16件陶器出土于墓葬西端的棺与椁之间,另有1个蚌壳:

M184:1,陶盂。泥质灰陶,器表打磨光滑。折沿较平,圆唇,唇缘上翘,上腹较斜,下腹斜收,平底微凹;折棱处有一道凹弦纹。口径16.4、腹径16.6、底径8.8、高10.0厘米。(图一二六,5;彩版五○,5)

M184:2,陶盂。泥质灰陶,器表打磨光滑。仰折沿,方唇,上腹较斜,下腹斜收,平底微凹;沿面有三道凹弦纹,折棱处有一道凹弦纹。口径17.6、腹径16.8、底径9.2、高10.4厘米。(图一二六,6)

M184:3,陶罐。泥质灰陶,器表打磨平整。平折沿,方唇,颈部极短,溜肩弧鼓,折腹,弧腹内收,平底;沿面饰有一道凹弦纹,肩部近折处饰有一道凹弦纹。口径10.5、腹径17.0、底径11.4、高13.3厘米。(图一二六,1;彩版六九,4)

M184:4,陶豆。泥质灰褐陶。敞口,圆唇,豆盘较深,折壁,凸棱不明显,喇叭状柄较细长,圈足状底座外撇较甚,座沿斜方唇;豆盘内饰有螺旋状暗纹,暗纹较粗间距较大。口径16.3、高14.2厘米。(图一二七,1)

M184:5,陶盂。泥质灰陶,器表打磨光滑。折沿较平,尖圆唇,上腹微弧,下腹斜收,平底。口径14.8、腹径14.7、底径7.4、高10.2厘米。(图一二六,7)

M184:6,陶罐。泥质灰陶,器表打磨平整。平折沿,圆唇,颈部极短,溜肩弧鼓,折腹,弧腹内收,平底;肩部近折处饰有一道凹弦纹。口径10.6、腹径17.0、底径11.0、高12.6厘米。(图一二六,2)

M184:7,陶豆。泥质灰褐陶。敞口,圆唇,豆盘较深,折壁,凸棱不明显,喇叭状柄较细长,圈足状底座外撇较甚,座沿略内凹;豆盘内饰有螺旋状暗纹,暗纹粗细不均,间距大小不一,豆柄饰有多道不明显的凹弦纹。口径16.6、高14.4厘米。(图一二七,2)

M184:8,陶盂。泥质灰陶,器表打磨光滑。折沿微仰,圆唇,上腹较斜,下腹斜收,平底微凹;折棱处有一道凹弦纹。口径17.2、腹径17.4、底径9.4、高9.6厘米。(图一二六,8)

M184:9,陶罐。泥质灰陶,器表打磨平整。平折沿,方唇,颈部极短,溜肩弧鼓,折腹,弧腹内收,平底;沿面饰有一道凹弦纹,肩部近折处饰有一道凹弦纹。口径10.6、腹径17.7、底径10.3、高14.3厘米。(图一二六,3)

M184:10,陶鬲。夹细砂灰陶。折沿较平,方唇,溜肩,弧腹,分裆较矮,三袋足较内敛,足跟较尖;沿面有二道凹槽,肩部抹平,隐约可见绳纹痕迹,上有二道凹槽,腹以下饰交错绳纹。口径16.5、腹径18.8、高13.4厘米。(图一二七,5;彩版三三,5)

M184:11,陶鬲。夹细砂灰陶。折沿较平,方唇,溜肩,弧腹,分裆较矮,三袋足较内敛,足跟较尖;沿面有二道凹槽,肩部抹平,上有三道凹槽,腹以下饰交错绳纹。口径14.2、腹径16.4、高12.2厘米。内有少量兽骨。(图一二七,6)

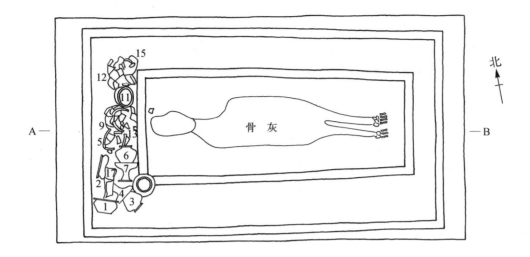

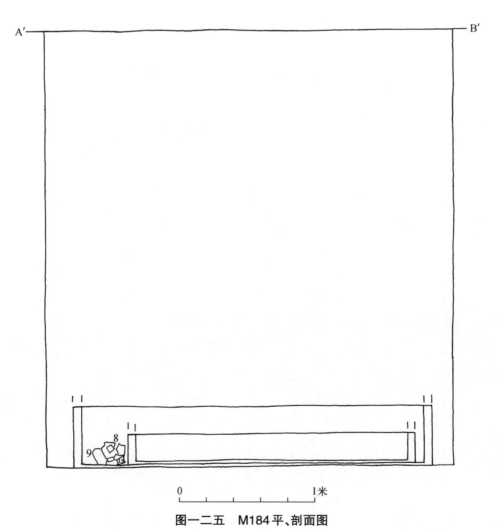

图一二五 M184平、剖面图

1.陶盂 2.陶盂 3.陶罐 4.陶豆 5.陶盂 6.陶罐 7.陶豆 8.陶盂 9.陶罐 10.陶鬲
11.陶鬲 12.陶鬲 13.陶豆 14.陶罐 15.陶鬲 16.陶豆 17.蚌壳

　　M184：12，陶鬲。夹细砂灰陶。折沿较平，方唇，溜肩，弧腹，分裆较矮，三袋足较内敛，足跟
较尖；沿面有二道凹槽，肩部抹平，隐约可见绳纹痕迹，上有二道凹槽，腹以下饰交错绳纹。口径
14.6、腹径17.7、高13.3厘米。(图一二七，7)

　　M184：13，陶豆。泥质灰陶。敞口，圆唇，豆盘较深，折壁，凸棱不明显，喇叭状柄较细长，圈
足状底座外撇较甚，座沿斜方唇；豆盘内饰有螺旋状暗纹，暗纹较细且密，外腹部饰有两圈螺旋状
暗纹，盘内有刻划符号。口径17.1、高15.1厘米。(图一二七，3、9；彩版六○，2；彩版八○，5)

　　M184：14，陶罐。器形较大。泥质灰陶，器表打磨平整；平折沿，方唇，束颈较短，溜肩弧鼓，
折腹，斜腹内收，平底；沿面饰有两道较浅凹弦纹，肩部近折处饰有一道凹弦纹。口径9.6、腹径
16.4、底径10.6、高13.6厘米。(图一二六，4)

　　M184：15，陶鬲。夹细砂灰褐陶。折沿微下斜，圆唇，溜肩，弧腹，分裆较矮，三袋足较内敛，
足跟较尖；沿面有二道凹槽，肩部抹平，上有四道凹槽，腹以下饰交错绳纹。口径15.8、腹径18.0、
高13.7厘米。(图一二七，8)

　　M184：16：陶豆。泥质灰褐陶。敞口，圆唇，豆盘较深，折壁，凸棱不明显，喇叭状柄较细长，

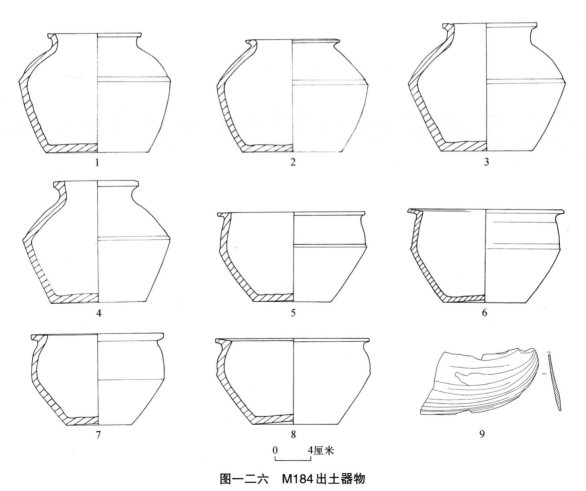

0　　　　4厘米

图一二六　M184出土器物

1. 陶罐(M184：3)　2. 陶罐(M184：6)　3. 陶罐(M184：9)　4. 陶罐(M184：14)　5. 陶盂(M184：1)　6. 陶盂(M184：2)
7. 陶盂(M184：5)　8. 陶盂(M184：8)　9. 蚌壳(M184：17)

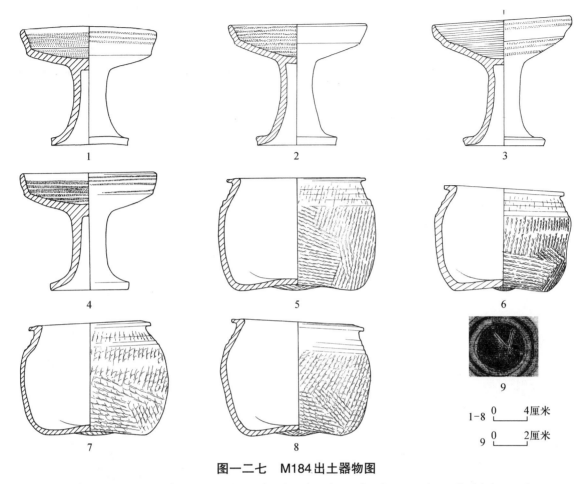

图一二七　M184出土器物图

1. 陶豆(M184:4)　2. 陶豆(M184:7)　3. 陶豆(M184:13)　4. 陶豆(M184:16)　5. 陶鬲(M184:10)
6. 陶鬲(M184:11)　7. 陶鬲(M184:12)　8. 陶鬲(M184:15)　9. 陶豆刻符(M184:13)

圈足状底座外撇较甚,座沿斜方唇;豆盘内饰有螺旋状暗纹,暗纹较粗间距较大。口径16.4、高14.1厘米。(图一二七,4)

M184:17,蚌壳。1个单壳,已残。残长28.8、宽14.1、厚0.9厘米。(图一二六,9)

50. M186

开口平面呈长方形,直壁,壁面平整,平底。填土为五花土,土质疏松。墓向290°,墓葬开口距地表100厘米,开口长295、宽170厘米,墓深290厘米。葬具为木质一椁一棺,仅存朽痕,椁平面呈长方形,棺平面为梯形。椁长256、宽110、高50、厚7厘米,棺长183、宽66-78、高9、厚6厘米。人骨保存较差,仰身直肢,面朝南,双脚并拢。(图一二八;彩版一二,2)

随葬品共8件(套),出土于墓葬西端的棺与椁之间,均为陶器:

M186:1,陶罐。泥质灰陶,器表打磨平整。平折沿略仰,沿面极短,方唇,短颈,溜肩微弧,折腹,斜腹内收,平底;肩部饰有暗纹。口径9.0、腹径15.2、底径8.2、高11.1厘米。(图一二九,1)

M186:2,陶鬲。泥质灰陶。折沿较平,方唇,圆肩,弧腹,裆近平,乳足较内聚;唇面有一道

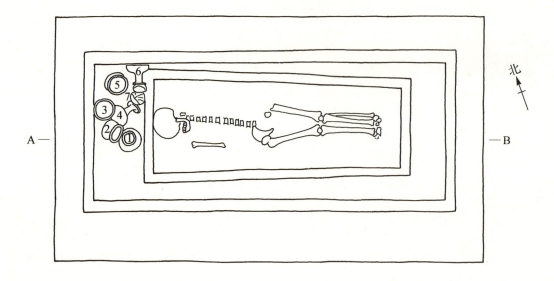

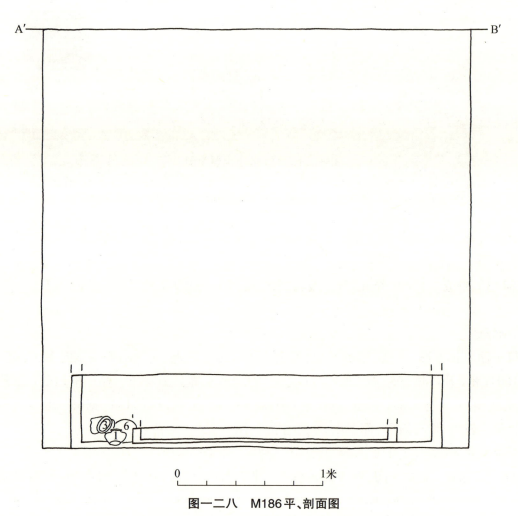

图一二八　M186平、剖面图

1.陶罐　2.陶鬲　3.陶盂　4.陶豆　5.陶鬲　6.陶豆　7.陶盂　8.陶模型明器

凹弦纹,肩以下饰绳纹。口径13.4、腹径14.4、高11.0厘米。(图一二九,2;彩版四三,2)

M186:3,陶盂。泥质灰陶。折沿微仰,斜方唇,上腹微弧,下腹斜收,平底微凹。口径14.4、腹径13.1、底径6.4、高8.4厘米。(图一二九,4)

M186:4,陶豆。泥质灰陶。敞口,圆唇,唇外缘略弧鼓,渐收至折处又凸起,上半部弧鼓,下半部弧收形成凹槽,外壁呈"S"形,豆盘较浅,折壁,凸棱不明显,下腹部弧收,近直柄较细长,圈足状矮座外撇;豆盘内饰有密而细的螺旋状暗纹,盘内有刻划符号。口径15.4、高12.9厘米。(图一二九,6、8;彩版六二,4)

M186:5,陶鬲。泥质灰陶。折沿较平,方唇,圆肩,弧腹,裆近平,乳足较内聚;唇面有一道凹弦纹,肩以下饰绳纹。口径12.7、腹径13.4、高10.1厘米。(图一二九,3)

M186:6,陶豆。泥质灰陶。敞口,圆唇,唇外缘略弧鼓,渐收至折处又凸起,上半部弧鼓,下半部弧收形成凹槽,外壁呈"S"形,豆盘较浅,折壁,凸棱不明显,下腹部弧收,近直柄较细长,圈足状矮座外撇;豆盘内饰有密而细的螺旋状暗纹,盘内有刻划符号。口径14.5、高12.5厘米。(图一二九,7、9)

M186:7,陶盂。泥质灰陶。折沿微仰,方唇,上腹微弧,下腹斜收,平底。口径15.0、腹径

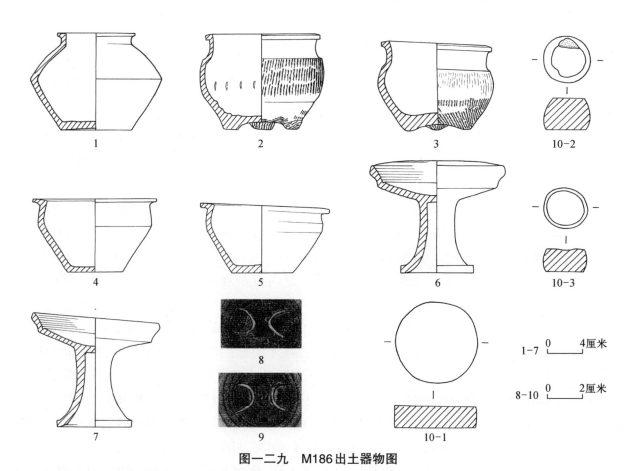

图一二九　M186出土器物图

1.陶罐(M186:1)　2.陶鬲(M186:2)　3.陶鬲(M186:5)　4.陶盂(M186:3)　5.陶盂(M186:7)　6.陶豆(M186:4)
7.陶豆(M186:6)　8.陶豆刻符(M186:4)　9.陶豆刻符(M186:6)　10.陶模型明器(M186:8)

13.4、底径7.0、高7.8厘米。(图一二九,5)

M186∶8,陶模型明器。3件,盘1件,鼓形器2件;泥质灰黄陶,疏松多孔。M186∶8-1盘,直径4.7、高1.3厘米。M186∶8-2鼓形器,腹径2.6、高1.8厘米。M186∶8-3鼓形器,残,腹径2.5、残高1.3厘米。(图一二九,10)

51. M190

开口平面呈长方形,斜壁,壁面平整,口大底小,平底。填土为五花土,土质疏松。墓向285°。墓葬开口距地表100厘米,开口长326、宽184厘米,墓深450厘米,墓底长298、宽164厘米。葬具为木质一椁一棺,仅存朽痕,均为长方形。椁长284、宽134、高60、厚8厘米,棺长206、宽84-90、高20、厚6厘米。人骨保存差,仅余朽痕,直肢葬。(图一三〇;彩版一三,1)

随葬品共16件,出土于墓葬西端的棺与椁之间,均为陶器:

M190∶1,陶豆。泥质灰褐陶。敞口,圆唇,唇外缘略弧鼓,渐收至折处又凸起,上半部外鼓,下半部弧收呈凹槽,外壁呈"S"形,豆盘较浅,折壁,凸棱不明显,下腹部弧收,喇叭状柄较细高,圈足状矮座外撇,座沿斜方唇,略往上翘;豆盘内饰有螺旋状暗纹,暗纹较细而密,盘外饰有数圈螺旋状暗纹,较粗且间距较大。口径16.8、高14.6厘米。(图一三二,5)

M190∶2,陶豆。泥质灰陶。敞口,圆唇,唇外缘略弧鼓,渐收至折处又凸起,上半部外鼓,下半部弧收呈凹槽,外壁呈"S"形,豆盘较浅,折壁,凸棱不明显,下腹部弧收,喇叭状柄较细高,圈足状矮座外撇,座沿斜方唇,略往上翘;豆盘内饰有螺旋状暗纹,暗纹较细而密,盘外饰有数圈螺旋状暗纹,较粗且间距较大。口径16.7、高15.2厘米。(图一三二,6;彩版六一,3)

M190∶3,陶鬲。泥质灰陶。折沿下斜,圆唇微上翘,使沿面形成一道凹弦纹,溜肩,弧腹,分裆较矮,三袋足较内敛,尖足跟;肩部抹平,隐约可见绳纹痕迹,上有数道凹槽和一个小圆饼,上腹部饰抹断绳纹,下腹至足饰交错绳纹。口径14.8、腹径19.1、高13.5厘米。(图一三二,1)

M190∶4,陶豆。泥质灰陶。敞口,圆唇,唇外缘略弧鼓,渐收至折处又凸起,上半部外鼓,下半部弧收呈凹槽,外壁呈"S"形,豆盘较浅,折壁,凸棱不明显,下腹部呈弧收,喇叭状柄较细高,圈足状矮座外撇,座沿斜方唇,座面内凹;豆盘内饰有螺旋状暗纹,暗纹较细而密,外腹部饰有螺旋状凹槽,较宽,间距较大,豆盘内有刻划符号。口径16.5、高15.0厘米。(图一三二,7、9)

M190∶5,陶豆。泥质灰陶。敞口,圆唇,唇外缘略弧鼓,渐收至折处又凸起,上半部外鼓,下半部弧收呈凹槽,外壁呈"S"形,豆盘较浅,折壁,凸棱不明显,下腹部呈弓形弧收,喇叭状柄较细高,圈足状矮座外撇,座沿斜方唇;豆盘内饰有螺旋状暗纹,暗纹较细而密,外腹部饰有螺旋状凹槽,较宽,间距较大,豆盘内有刻划符号。口径16.2、高14.7厘米。(图一三二,8、10)

M190∶6,陶罐。泥质灰褐陶。平折沿,圆唇,短颈,溜肩微弧,折腹,斜腹内收,平底;沿面饰有一道凹弦纹。口径11.4、腹径18.6、底径11.4、高14.2厘米。(图一三一,1)

M190∶7,陶鬲。泥质灰陶。折沿下斜,尖唇微上翘,使沿面形成一道凹弦纹,溜肩,弧腹,分裆较矮,三袋足较内敛,尖足跟;肩部抹平,上有一个小圆饼,上腹部饰抹断绳纹,下腹至足饰交错

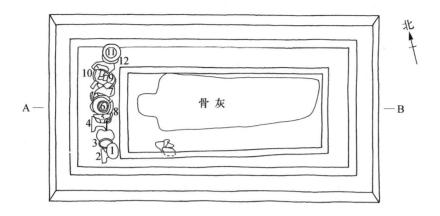

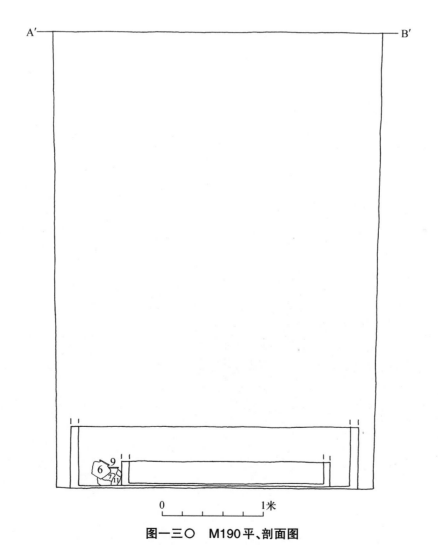

图一三〇 M190平、剖面图

1.陶豆 2.陶豆 3.陶鬲 4.陶豆 5.陶豆 6.陶罐 7.陶鬲 8.陶罐 9.陶鬲 10.陶罐
11.陶罐 12.陶盂 13.陶盂 14.陶盂 15.陶鬲 16.陶盂

绳纹。口径14.0、腹径18.1、高14.1厘米。(图一三二,2;彩版三五,5)

　　M190:8,陶罐。泥质灰陶。平折沿,方唇,短颈,溜肩微弧,折腹,斜腹内收,平底;沿面饰有三道凹弦纹,唇面饰有一道凹弦纹,腹部有刀削痕迹。口径11.0、腹径16.0、底径10.4、高12.6厘米。(图一三一,4;彩版七一,2)

　　M190:9,陶鬲。泥质灰陶。折沿微下斜,尖唇微上翘,使沿面形成一道凹弦纹,溜肩,弧腹,分裆较矮,三袋足较内敛,尖足跟;肩部抹平,上有四道宽凹槽,上腹部饰抹断绳纹,下腹至足饰交错绳纹。口径15.8、腹径19.2、高14.5厘米。(图一三二,3)

　　M190:10,陶罐。泥质灰陶。平折沿,圆唇,短束颈,溜肩弧鼓,弧折腹,弧腹内收,平底;沿面饰有一道凹弦纹。口径12.6、腹径18.6、底径12.4、高15.0厘米。(图一三一,3)

　　M190:11,陶罐。泥质灰褐陶。平折沿,方唇,短颈,溜肩微弧,折腹,斜腹内收,平底;素面。口径10.4、腹径16.8、底径10.6、高15.8厘米。(图一三一,2)

　　M190:12,陶盂。泥质灰陶。平仰折,圆唇,唇缘上翘,上腹斜直,下腹斜收,平底微凹;沿面有三道凹槽,折棱处有一道凹槽。口径16.2、腹径16.4、底径8.2、高10.4厘米。(图一三一,5;彩版五一,4)

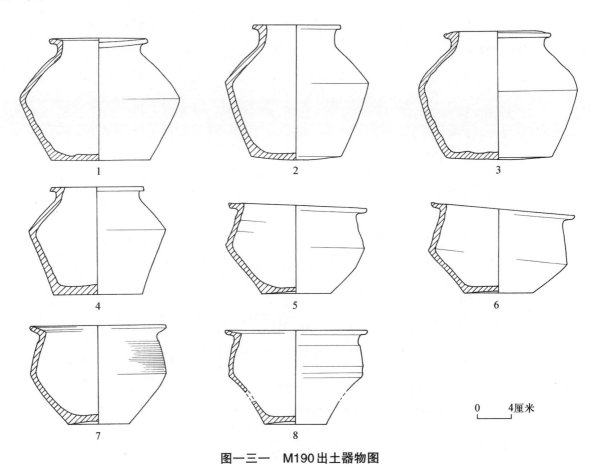

图一三一　M190出土器物图

1. 陶罐(M190:6)　2. 陶罐(M190:11)　3. 陶罐(M190:10)　4. 陶罐(M190:8)　5. 陶盂(M190:12)
6. 陶盂(M190:13)　7. 陶盂(M190:14)　8. 陶盂(M190:16)

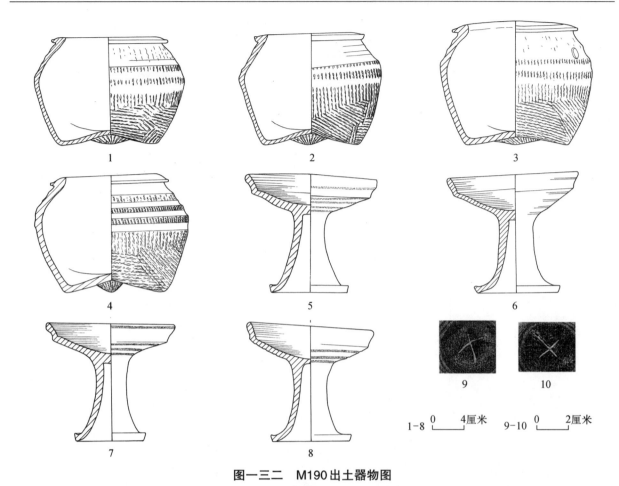

图一三二　M190出土器物图

1.陶鬲(M190:3)　2.陶鬲(M190:7)　3.陶鬲(M190:9)　4.陶鬲(M190:15)　5.陶豆(M190:1)

6.陶豆(M190:2)　7.陶豆(M190:4)　8.陶豆(M190:5)　9.陶豆刻符(M190:4)　10.陶豆刻符(M190:5)

M190:13,陶盂。泥质灰陶,器表打磨光滑。平折沿,尖圆唇,上腹斜直,下腹斜收,平底微凹。口径17.1、腹径16.5、高9.9厘米。(图一三一,6)

M190:14,陶盂。泥质灰陶。仰折沿,圆唇,上腹斜直,下腹斜收,平底微凹。口径16.0、腹径15.9、底径7.2、高11.5厘米。(图一三一,7)

M190:15,陶鬲。泥质灰陶。折沿下斜,尖唇微上翘,使沿面形成一道凹槽,溜肩,弧腹,分裆较矮,三袋足较内敛,尖足跟;肩部抹平,隐约可见绳纹痕迹,上腹部饰抹断绳纹,下腹至足饰交错绳纹。口径15.2、腹径19.6、高14.5厘米。(图一三二,4)

M190:16,陶盂,残。泥质灰陶。仰折沿,圆唇,上腹斜直,折处有一道凹槽,下腹残,平底微凹。口径16.8厘米。(图一三一,8)

52. M205

开口平面呈长方形,直壁,壁面平整,平底。填土为五花土,土质疏松。墓向280°。墓葬开口距地表100厘米,开口长282、宽156厘米,墓深600厘米。葬具为木质一椁一棺,仅存朽痕,均为

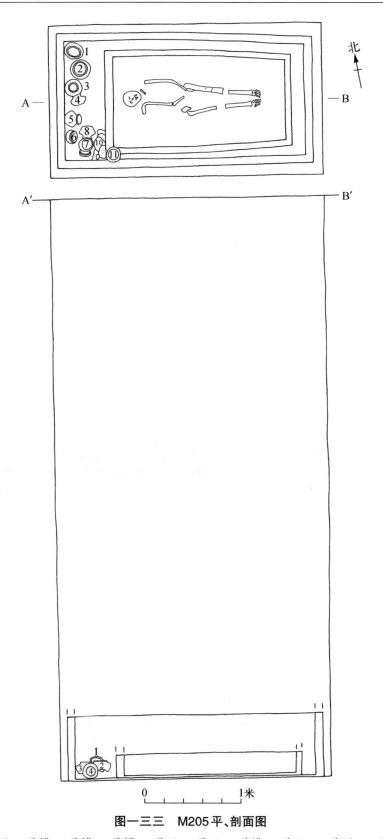

图一三三　M205平、剖面图

1.陶鬲　2.陶鬲　3.陶罐　4.陶罐　5.陶罐　6.陶盂　7.陶盂　8.陶罐　9.陶盂　10.陶鬲　11.陶盂　12.陶鬲

长方形。椁长264、宽130—138、高66、厚8厘米，棺长192、宽94—106、高24、厚6厘米。人骨保存差，仅余部分肢骨及朽痕，仰身直肢。(图一三三；彩版一三，2)

随葬品共12件，出土于墓葬西端的棺与椁之间，均为陶器：

M205：1，陶鬲。夹砂灰陶。折沿微下斜，尖唇，圆肩，弧腹，分裆较矮，三袋足内敛较甚，尖足跟；沿面有一道折棱，肩部抹平，隐约可见绳纹痕迹，上有数道凹槽，上腹部饰抹断绳纹，下腹至足饰交错绳纹。口径14.4、腹径18.3、高12.1厘米。(图一三四，5；彩版三七，1)

M205：2，陶鬲。夹砂灰陶。折沿下斜，尖唇，唇缘上翘，使沿面形成一道凹弦纹，圆肩，弧腹，分裆较矮，三袋足内敛较甚，尖足跟；肩部抹平，隐约可见绳纹痕迹，上有六道凹槽，上腹部饰抹断

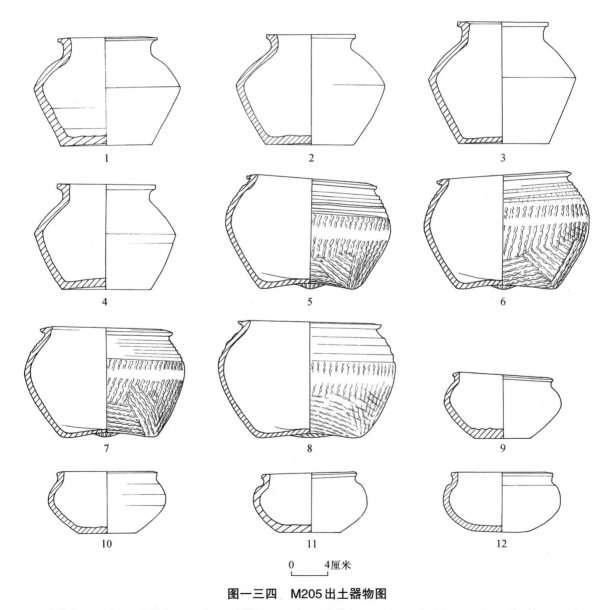

图一三四　M205出土器物图

1.陶罐(M205：3)　2.陶罐(M205：5)　3.陶罐(M205：4)　4.陶罐(M205：8)　5.陶鬲(M205：1)　6.陶鬲(M205：2)　7.陶鬲(M205：10)　8.陶鬲(M205：12)　9.陶盂(M205：6)　10.陶盂(M205：7)　11.陶盂(M205：9)　12.陶盂(M205：11)

绳纹,下腹至足饰交错绳纹。口径14.8、腹径18.2、高12.7厘米。(图一三四,6)

M205：3,陶罐。泥质灰陶,器表打磨平整。平折沿,方唇,短束颈,溜肩弧鼓,折腹,斜腹内收,平底;素面。口径11.1、腹径16.2、底径10.0、高11.9厘米。(图一三四,1)

M205：4,陶罐。泥质灰陶,器表打磨平整。平折沿,方唇,短束颈,溜肩弧鼓,折腹,斜腹内收,平底;素面。口径9.8、腹径16.4、底径9.8、高12.1厘米。(图一三四,3)

M205：5,陶罐。泥质灰陶,器表打磨平整。平折沿略仰,方唇,短束颈,溜肩弧鼓,折腹,斜腹内收,平底;素面。口径10.0、腹径16.2、底径10.0、高13.4厘米。(图一三四,2;彩版七二,5)

M205：6,陶盂。泥质灰陶。直口,方唇,领较矮,扁鼓腹,平底。口径11.1、腹径13.0、底径6.0、高7.0厘米。(图一三四,9)

M205：7,陶盂。泥质灰陶。直口,方唇,领较矮,扁鼓腹,平底;领和腹结合处有一道凹槽。口径11.1、腹径13.0、底径6.2、高6.8厘米。(图一三四,10)

M205：8,陶罐。泥质灰陶,器表打磨平整。平折沿略仰,方唇,短束颈,溜肩弧鼓,折腹,斜腹内收,平底;素面。口径10.9、腹径15.8、底径9.8、高11.6厘米。(图一三四,4)

M205：9,陶盂。泥质灰陶。直口,方唇,领较矮,扁鼓腹,平底;领和腹结合处有一道凹槽。口径10.4、腹径12.6、底径6.8、高6.6厘米。(图一三四,11)

M205：10,陶鬲。夹砂灰陶。折沿微下斜,尖唇,圆肩,弧腹,分裆较矮,三袋足内敛较甚,尖足跟;肩部抹平,隐约可见绳纹痕迹,上有数道凹槽,上腹部饰抹断绳纹,下腹至足饰交错绳纹。口径14.8、腹径17.8、高14.0厘米。(图一三四,7)

M205：11,陶盂。泥质灰陶。直口,方唇,领较矮,扁鼓腹,平底;领和腹结合处有一道凹槽。口径11.3、腹径13.0、底径5.6、高6.5厘米。(图一三四,12)

M205：12,陶鬲。夹砂灰陶。折沿微下斜,尖唇,圆肩,弧腹,分裆较矮,三袋足内敛较甚,尖足跟;沿面有一道凹槽,肩部抹平,隐约可见绳纹痕迹,上有数道凹槽,上腹部饰抹断绳纹,下腹至足饰交错绳纹。口径15.8、腹径19.6、高12.6厘米。(图一三四,8)

53. M207

开口平面呈长方形,直壁,壁面平整,平底。填土为五花土,土质疏松。墓向285°。墓葬开口距地表100厘米,开口长270、宽160厘米,墓深380厘米。该墓东南角被M206打破。葬具为木质一椁一棺,仅存朽痕,均为长方形。椁长243、宽123、高56、厚8厘米,棺长190、宽72、高18、厚6厘米。人骨保存较差,仰身直肢,面朝上,双手交叉置于胸部。(图一三五)

随葬品共11件,出土于墓葬西端的棺与椁之间,均为陶器:

M207：1,陶鬲。泥质灰陶。折沿较平,沿面下凹,方唇,圆肩,斜腹,分裆较矮,三袋足内敛,尖足跟;肩部抹平,隐约可见绳纹痕迹,上有四道凹弦纹,上腹部饰抹断绳纹,下腹至足饰交错绳纹。口径14.9、腹径17.1、高12.6厘米。(图一三六,6)

M207：2,陶盂。泥质灰陶,器表打磨光滑。折沿较平,方唇,上腹斜弧,下腹斜收,平底。口径17.6、腹径17.3、底径8.6、高11.3厘米。(图一三六,10)

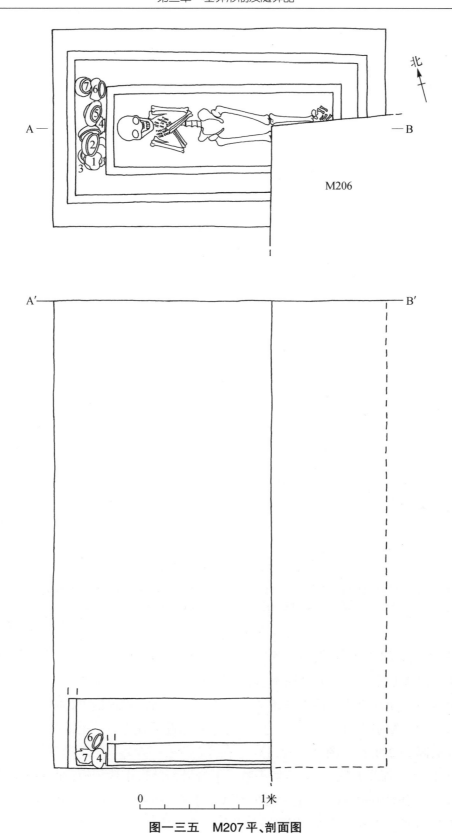

图一三五　M207平、剖面图

1. 陶鬲　2. 陶盂　3. 陶盂　4. 陶罐　5. 陶罐　6. 陶鬲　7. 陶罐　8. 陶盂　9. 陶盂　10. 陶罐　11. 陶鬲

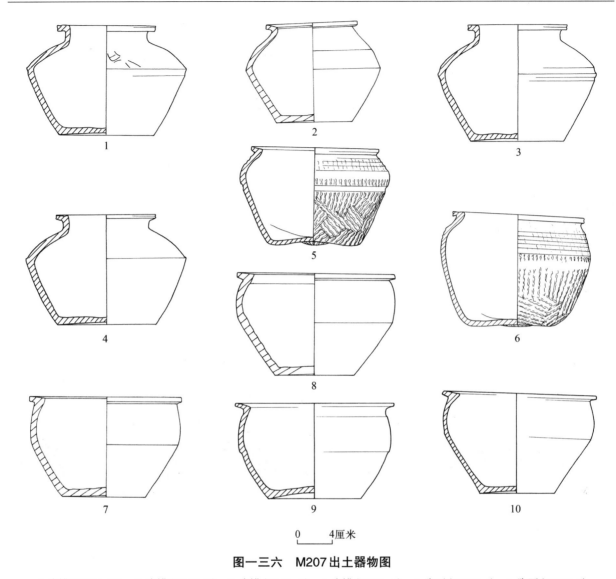

0   4厘米

图一三六　M207出土器物图

1. 陶罐（M207∶10）　2. 陶罐（M207∶7）　3. 陶罐（M207∶4）　4. 陶罐（M207∶5）　5. 陶鬲（M207∶6）　6. 陶鬲（M207∶1）
7. 陶盂（M207∶3）　8. 陶盂（M207∶9）　9. 陶盂（M207∶8）　10. 陶盂（M207∶2）

　　M207∶3，陶盂。泥质灰陶，器表打磨光滑。折沿较平，方唇，上腹斜弧，下腹斜收，平底微凹。口径17.3、腹径17.0、底径9.4、高11.4厘米。（图一三六，7）

　　M207∶4，陶罐。泥质灰陶，器表打磨平整。平折沿，方唇，束颈较短，溜肩弧鼓，折腹，凸棱明显，斜腹内收，平底略内凹；唇面饰有一道凹弦纹，肩部近折处饰有一道凹弦纹。口径11.4、腹径18.2、底径10.8、高13.2厘米。（图一三六，3）

　　M207∶5，陶罐。泥质灰陶，器表打磨平整。平折沿，方唇，束颈较短，溜肩弧鼓，折腹，凸棱明显，斜腹内收，平底略内凹；唇面饰有一道凹弦纹，肩部近折处饰有一道凹弦纹。口径11.2、腹径18.2、底径11.3、高12.4厘米。（图一三六，4）

　　M207∶6，陶鬲。泥质灰陶。折沿微仰，圆唇，圆肩，斜腹，分档较矮，三袋足内敛，尖足跟；肩部抹平,隐约可见绳纹痕迹,上腹部饰抹断绳纹,下腹至足饰交错绳纹。口径14.6、腹径17.2、高11.0厘米。(图一三六,5;彩版三五,6)

M207:7,陶罐。泥质灰褐陶,器表打磨平整。平折沿略仰,方唇,短颈,溜肩弧鼓,弧折腹,斜腹内收,平底;素面。口径10.4、腹径15.3、底径8.8、高11.2厘米。(图一三六,2)

M207:8,陶盂。泥质灰陶,器表打磨光滑。折沿微仰,圆唇,上腹斜弧,下腹斜收,平底微凹;上腹部和下腹部各有一道宽凹槽。口径18.2、腹径17.7、底径10.6、高10.8厘米。(图一三六,9)

M207:9,陶盂。泥质灰陶,器表打磨光滑。折沿较平,方唇,上腹斜弧,下腹斜收,平底;底部有一道凹弦纹。口径18.1、腹径18.1、底径9.2、高11.5厘米。(图一三六,8;彩版五一,5)

M207:10,陶罐。泥质灰陶,器表打磨平整。平折沿,方唇,束颈较短,溜肩弧鼓,折腹,凸棱明显,斜腹内收,平底略内凹;沿面和唇面各饰有一道凹弦纹,肩部近折处饰有一道凹弦纹。口径11.2、腹径18.2、底径10.7、高12.4厘米。(图一三六,1)

M207:11,陶鬲,残碎。泥质灰褐陶,平折沿,方唇。

54. M219

开口平面呈长方形,斜壁,壁面平整,口大底小,平底。填土为五花土,土质疏松。墓向280°。墓葬开口距地表100厘米,开口长300、宽160厘米,墓深450厘米,墓底长280、宽144厘米。葬具为木质一椁一棺,仅存朽痕,均为长方形。椁长264、宽124、高64、厚6厘米,棺长200、宽80、高20、厚6厘米。人骨保存较差,双手置于腹部,双脚并拢。(图一三七)

随葬品共6件,出土于墓葬西端的棺与椁之间,均为陶器:

M219:1,陶豆。泥质灰陶。敞口,圆唇,唇外缘略弧鼓,渐收至折处又凸起,上半部弧鼓,下半部弧收形成凹槽,外壁呈"S"形,豆盘较浅,折壁,凸棱不明显,下腹部弧收,近直柄较细长,圈足状矮座外撇;豆盘内饰有密而细的螺旋状暗纹,盘内有刻划符号。口径15.6、高12.6厘米。(图一三八,3、7)

M219:2,陶豆。泥质灰陶。敞口,圆唇,唇外缘略弧鼓,渐收至折处又凸起,上半部弧鼓,下半部弧收形成凹槽,外壁呈"S"形,豆盘较浅,折壁,凸棱不明显,下腹部弧收,近直柄较细长,圈足状矮座外撇;豆盘内饰有密而细的螺旋状暗纹,盘内有刻划符号。口径15.2、高13.1厘米。(图一三八,4、8;彩版六二,5)

M219:3,陶盂。泥质灰陶。直口,方唇,领较矮,弧腹,平底。口径11.2、腹径13.2、底径6.6、高8.0厘米。(图一三八,1)

M219:4,陶鬲。夹细砂红陶。折沿较平,方唇,唇上缘凸起,使沿面形成一道宽凹槽,溜肩,弧腹,分裆较矮,三袋足内敛较甚,尖足跟;肩部抹平,上有三道凹弦纹,上腹部饰抹断绳纹,下腹至足饰交错绳纹。口径17.2、腹径18.0、高12.4厘米。(图一三八,5;彩版三七,2)

M219:5,陶罐。泥质灰陶。平折沿,圆唇,短束颈,溜肩微弧,弧折腹,斜腹内收,平底略内凹;素面。口径10.6、腹径17.0、底径10.2、高13.2厘米。(图一三八,6;彩版七三,5)

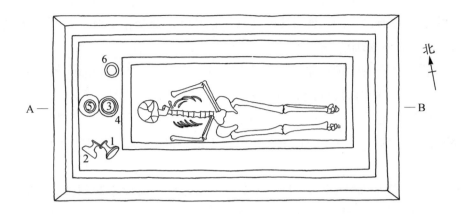

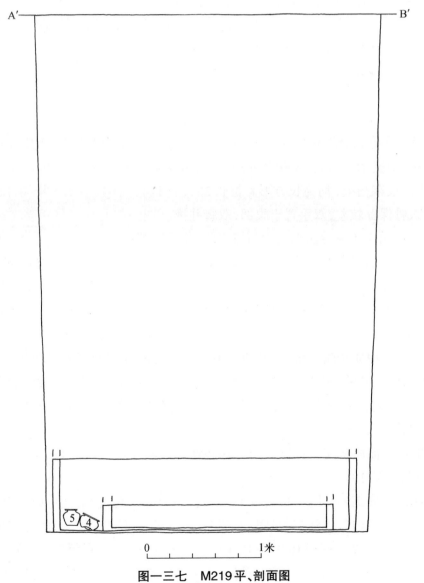

图一三七　M219平、剖面图

1. 陶豆　2. 陶豆　3. 陶盂　4. 陶鬲　5. 陶罐　6. 陶盂

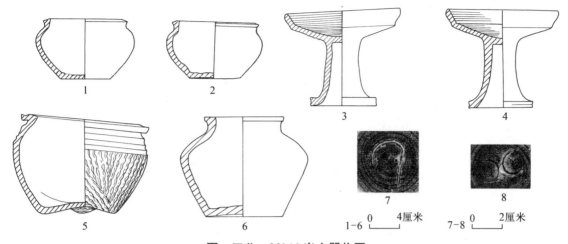

图一三八 M219出土器物图

1.陶盂(M219:3) 2.陶盂(M219:6) 3.陶豆(M219:1) 4.陶豆(M219:2) 5.陶鬲(M219:4)
6.陶罐(M219:5) 7.陶豆刻符(M219:1) 8.陶豆刻符(M219:2)

M219:6,陶盂。泥质灰陶。折沿微下斜,尖唇,领较矮,弧腹,平底。口径11.4、腹径12.8、底径6.5、高7.6厘米。(图一三八,2;彩版五五,3)

55. M223

开口平面呈长方形,直壁,壁面平整,平底。填土为五花土,土质疏松。墓向285°。墓葬开口距地表100厘米,开口长310、宽170厘米,墓深480厘米。葬具为木质一椁一棺,仅存朽痕,均为长方形。椁长278、宽136、高50、厚7厘米,棺长212、宽100、高16、厚6厘米。人骨保存较好,仰身直肢,面朝上,双手置于腹部,双脚并拢。(图一三九)

随葬品共10件(套),9件(套)陶器出土于墓葬西端的棺与椁之间,6枚贝置于人口中:

M223:1,陶鬲。夹砂灰陶。折沿较平,尖唇,圆肩,腹较斜,分裆较矮,三袋足内敛较甚,尖足跟;沿面有二道凹弦纹,肩部抹平,隐约可见绳纹痕迹,上有数道凹槽,上腹部饰抹断绳纹,下腹至足饰交错绳纹。口径14.6、腹径16.5、高12.6厘米。(图一四〇,2)

M223:2,陶鬲。夹砂灰陶。折沿下斜,圆唇,唇缘上翘,使沿面形成一道凹弦纹,圆肩,腹较斜,分裆较矮,三袋足内敛较甚,尖足跟;肩部抹平,隐约可见绳纹痕迹,上有五道凹槽,上腹部饰抹断绳纹,下腹至足饰交错绳纹。口径14.1、腹径16.3、高13.6厘米。(图一四〇,1;彩版三七,3)

M223:3陶鬲。夹砂灰陶。折沿下斜,圆唇,唇缘上翘,使沿面形成一道凹弦纹,圆肩,腹较斜,分裆较矮,三袋足内敛较甚,尖足跟;肩部抹平,隐约可见绳纹痕迹,上有五道凹槽,上腹部饰抹断绳纹,下腹至足饰交错绳纹。口径14.2、腹径16.2、高14.0厘米。(图一四〇,4)

M223:4,陶鬲。夹砂灰陶。折沿下斜,圆唇,圆肩,腹较斜,分裆较矮,三袋足内敛较甚,尖足跟;沿面有二道凹弦纹,肩部抹平,隐约可见绳纹痕迹,上有数道凹槽,上腹部饰抹断绳纹,下腹至足饰交错绳纹。口径15.0、腹径16.9、高13.1厘米。(图一四〇,3)

M223:5,陶罐,残。泥质灰褐陶。平折沿较窄,圆唇,溜肩,折腹,折处有凹弦纹,斜腹内收,

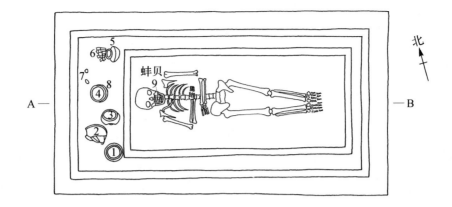

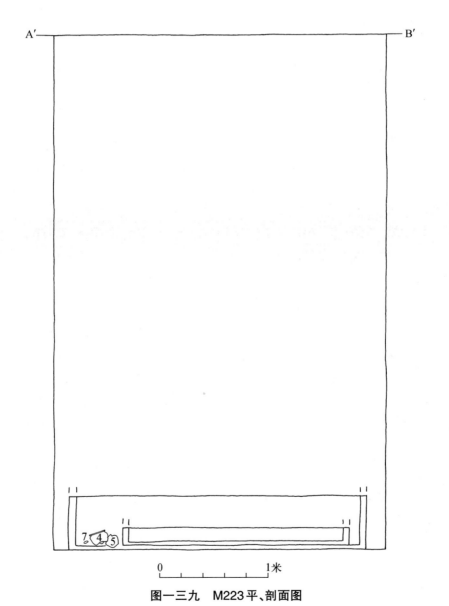

图一三九　M223平、剖面图

1.陶鬲　2.陶鬲　3.陶鬲　4.陶鬲　5.陶罐　6.陶盂　7.陶模型明器　8.陶罐　9.贝　10.陶罐

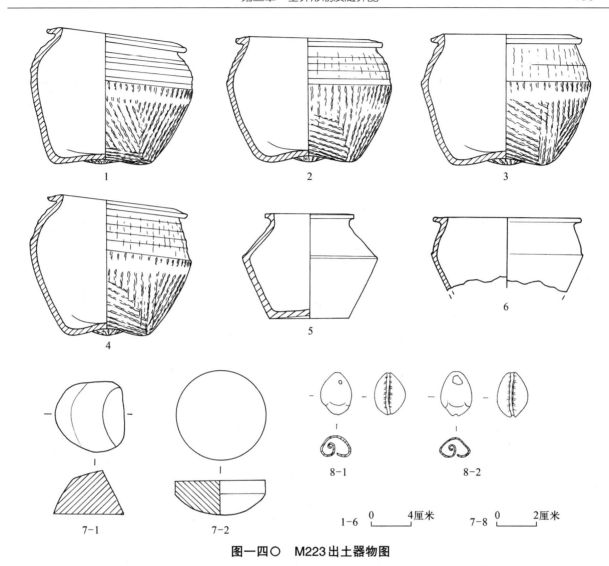

图一四〇 M223出土器物图

1. 陶鬲(M223:2) 2. 陶鬲(M223:1) 3. 陶鬲(M223:4) 4. 陶鬲(M223:3) 5. 陶罐(M223:8)
6. 陶盂(M223:6) 7. 陶模型明器(M223:7) 8. 贝(M223:9)

平底。Aa型。

M223:6,陶盂,残。泥质灰褐陶。平折沿,方唇,溜肩,折腹,折棱处有一道凹弦纹,底部缺失。Ab型。(图一四〇,6)

M223:7,陶模型明器。2件,盘1件,另1件残,器形不明。泥质灰黄陶,疏松多孔。M223:7-1陶盘,口径4.5、高1.7厘米。M223:7-2残高2.2厘米。(图一四〇,7)

M223:8,陶罐。泥质褐陶,器表打磨平整。平折沿,方唇,束颈较短,溜肩弧鼓,折腹,斜腹内收,平底;肩部近折处饰有一道凹弦纹。口径8.9、腹径13.6、底径7.9、高10.4厘米。(图一四〇,5)

M223:9,贝。6枚,1枚已残,其余保存较好,保存较好者背部均有一个穿孔。大小较均匀,长度约2.3厘米。(图一四〇,8)

M223:10,陶罐,残,仅剩下腹部和底。泥质灰褐陶。斜腹内收,平底。

56. M228

开口平面呈长方形,斜壁,壁面平整,口大底小,平底。填土为五花土,土质疏松。墓向280°。墓葬开口距地表100厘米,开口长342、宽212厘米,墓深460厘米,底长330、宽188厘米。葬具为木质一椁一棺,仅存朽痕,均为长方形。椁长270、宽158、高76、厚8厘米,棺长208、宽112、高30、厚6厘米。人骨保存差,面朝北,双脚并拢。(图一四一)

随葬品共11件,出土于墓葬西端的棺与椁之间,均为陶器:

M228:1,陶盂。泥质灰陶,器表打磨光滑。折沿较平,方唇,上腹斜弧,下腹斜收,平底。口径18.0、腹径17.1、底径8.4、高10.2厘米。(图一四二,10)

M228:2,陶盂。泥质灰陶,器表打磨光滑。折沿较平,斜方唇,上腹斜弧,下腹斜收,平底。口径18.2、腹径17.4、底径9.0、高9.6厘米。(图一四二,8)

M228:3,陶盂。泥质灰陶,器表打磨光滑。折沿微仰,方唇,上腹斜弧,下腹斜收,平底。口径17.0、腹径16.4、底径9.0、高10.1厘米。(图一四二,11)

M228:4,陶鬲。夹细砂灰陶。折沿较平,沿面弧凸,尖唇,圆肩,弧腹,分档较矮,三袋足内敛较甚,尖足跟;沿面有一道凹槽,肩部抹平,隐约可见绳纹痕迹,上有二道凹槽,上腹部饰抹断绳纹,下腹至足饰交错绳纹。口径15.4、腹径18.7、高13.5厘米。(图一四二,3)

M228:5,陶罐。泥质灰陶,器表打磨平整。平折沿,方唇,短颈,溜肩弧鼓,折腹,斜腹内收,平底;素面。口径10.0、腹径14.6、底径8.0、高11.9厘米。(图一四二,9)

M228:6,陶盂。泥质灰陶,器表打磨光滑。折沿较平,斜方唇,上腹斜弧,下腹斜收,平底。口径16.6、腹径16.5、底径8.6、高10.2厘米。(图一四二,7)

M228:7,陶鬲。夹细砂灰陶。折沿微下斜,尖唇,圆肩,弧腹,分档较矮,三袋足内敛较甚,尖足跟;沿面有一道凹槽,肩部抹平,隐约可见绳纹痕迹,上有二道凹槽,上腹部饰抹断绳纹,下腹至足饰交错绳纹。口径15.8、腹径18.0、高13.2厘米。(图一四二,6)

M228:8,陶豆。泥质灰陶。敞口,圆唇,唇外缘略弧鼓,渐收至折处又凸起,上半部弧鼓,下半部弧收形成凹槽,外壁呈"S"形,豆盘较浅,折壁,凸棱不明显,下腹部弧收,近直柄较细长,圈足状矮座外撇,座沿略内凹;豆盘内饰有密而细的螺旋状暗纹,盘外饰有一圈螺旋状暗纹。口径16.0、高13.0厘米。(图一四二,4)

M228:9,陶鬲。夹砂灰陶。折沿较平,方唇,圆肩,腹微斜,分档较矮,三袋足内敛较甚,尖足跟;唇面饰一道凹弦纹,肩部抹平,隐约可见绳纹痕迹,上有五道凹槽,腹以下饰交错绳纹。口径16.2、腹径18.1、高11.6厘米。(图一四二,2)

M228:10,陶豆。泥质灰褐陶。敞口,圆唇,唇外缘略弧鼓,渐收至折处又凸起,上半部弧鼓,下半部弧收形成凹槽,外壁呈"S"形,豆盘较浅,折壁,凸棱不明显,下腹部弧收,近直柄较细长,圈足状矮座外撇,座沿略内凹;豆盘内饰有密而细的螺旋状暗纹。口径14.6、高1.6厘米。(图一四二,5)

M228:11,陶鬲。夹细砂灰陶。折沿较平,尖唇,唇缘上翘,使沿面形成一道凹弦纹,圆肩,弧腹,分档较矮,三袋足内敛较甚,尖足跟;唇面有一道凹槽,肩部抹平,隐约可见绳纹痕迹,上

图一四一　M228平、剖面图

1.陶盂　2.陶盂　3.陶盂　4.陶鬲　5.陶罐　6.陶盂　7.陶鬲　8.陶豆　9.陶鬲　10.陶豆　11.陶鬲

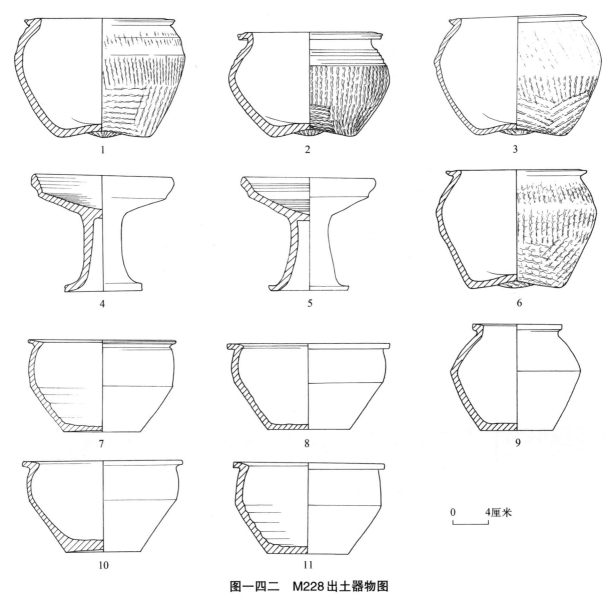

0   4厘米

图一四二　M228出土器物图

1. 陶鬲（M228：11）　2. 陶鬲（M228：9）　3. 陶鬲（M228：4）　4. 陶豆（M228：8）　5. 陶豆（M228：10）　6. 陶鬲（M228：7）
7. 陶盂（M228：6）　8. 陶盂（M228：2）　9. 陶罐（M228：5）　10. 陶盂（M228：1）　11. 陶盂（M228：3）

有二道凹槽，上腹部饰抹断绳纹，下腹至足饰交错绳纹。口径16.8、腹径19.0、高13.3厘米。（图一四二，1）

57. M229

开口平面呈长方形，斜壁，壁面平整，口大底小，平底。填土为五花土，土质疏松。墓向280°。墓葬开口距地表100厘米，开口长186、宽176厘米，墓深420厘米，墓底长266、宽148厘米。葬具为木质一椁一棺，仅存朽痕，均为长方形。椁长226、宽112、高58、厚6厘米，棺长178、宽70-74、高8、厚6厘米。人骨保存差，仅余部分肢骨及朽痕，仰身直肢。（图一四三）

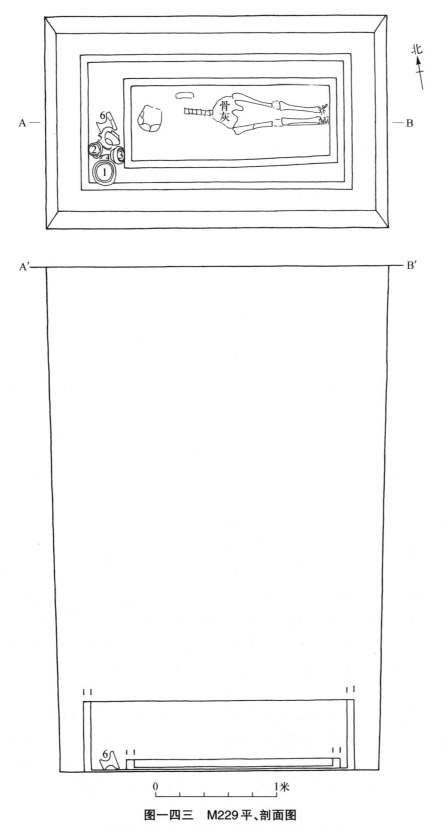

图一四三 M229平、剖面图

1.陶鬲 2.陶盂 3.陶罐 4.陶豆 5.陶罐 6.陶豆

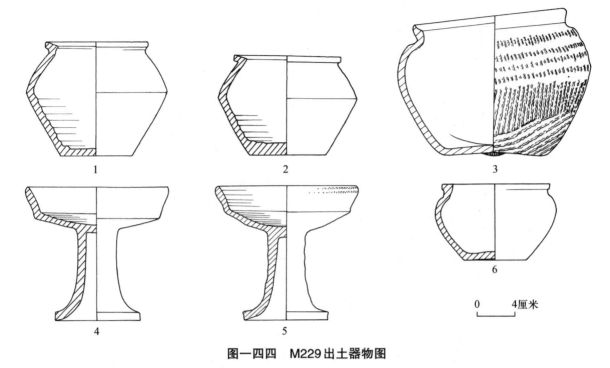

图一四四　M229出土器物图

1. 陶罐（M229：5）　2. 陶罐（M229：3）　3. 陶鬲（M229：1）　4. 陶豆（M229：4）　5. 陶豆（M229：6）　6. 陶盂（M229：2）

随葬品共6件，出土于墓葬西端的棺与椁之间，均为陶器：

M229：1，陶鬲。夹粗砂红陶。折沿上仰，折处凸起，圆唇内敛，使沿面呈凹槽，圆肩，腹微斜，分裆较矮，三袋足内敛，尖足跟；肩部和上腹部饰抹断绳纹，下腹至足饰交错绳纹。口径16.5、腹径20.5、高14.7厘米。（图一四四，3；彩版三七，4）

M229：2，陶盂。泥质灰陶，器表有多道刮削痕。折沿较平，尖圆唇，领较矮，弧腹，平底。口径11.5、腹径13.0、底径6.9、高8.0厘米。（图一四四，6；彩版五五，4）

M229：3，陶罐。泥质灰褐陶，器表打磨平整。平折沿略仰，方唇，短颈，溜肩微弧，折腹，斜腹内收，平底；素面。口径11.2、腹径14.6、底径8.0、高10.4厘米。（图一四四，2；彩版七二，6）

M229：4，陶豆。泥质灰陶。敞口，圆唇，唇外缘略弧鼓，渐收至折处又凸起，上半部弧鼓，下半部弧收呈凹槽，外壁呈"S"形，豆盘较深，折壁，凸棱不明显，下腹部弧收，喇叭状豆柄较细高，圈足状矮座外撇；豆盘内饰有密而细的螺旋状暗纹。口径15.2、高14.1厘米。（图一四四，4）

M229：5，陶罐。泥质灰褐陶，器表打磨平整。平折沿略仰，下沿面极短，方唇，短颈，溜肩微弧，折腹，斜腹内收，平底；素面。口径10.8、腹径14.8、底径7.5、高12.0厘米。（图一四四，1）

M229：6，陶豆。泥质灰陶。敞口，尖圆唇，唇外缘略弧鼓，渐收至折处又凸起，上半部弧鼓，下半部弧收呈凹槽，外壁呈"S"形，豆盘较深，折壁，凸棱不明显，下腹部弧收，喇叭状豆柄较细高，圈足状矮座外撇，座沿略内凹；豆盘内饰有密而细的螺旋状暗纹。口径15.2、高14.1厘米。（图一四四，5；彩版六二，6）

58. M231

开口平面呈长方形,直壁,壁面平整,平底。填土为五花土,土质疏松。墓向310°。墓葬开口距地表100厘米,开口长270、宽140厘米,墓深320厘米。葬具为木质一椁一棺,仅存朽痕,均为

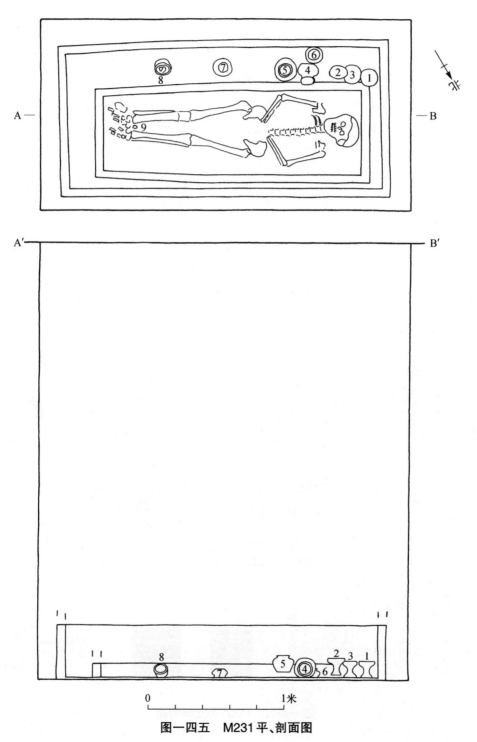

图一四五 M231平、剖面图

1.陶豆 2.陶豆 3.陶豆 4.陶罐 5.陶罐 6.陶盂 7.陶盂 8.陶鬲 9.贝

长方形。椁长240、宽110-115、高40、厚6厘米，棺长200、宽64-74、高12、厚6厘米。人骨保存差，仰身直肢，面朝上，双手置于腹部，双脚并拢。(图一四五；彩版一四,1)

随葬品共9件(套)，8件陶器出土于墓葬南侧的棺与椁之间，15枚贝置于人口中，1枚置于人骨足部：

M231:1，陶豆。泥质灰陶。敞口，圆唇，外壁上半部微鼓，下半部略内凹，豆盘较浅，折壁，腹部斜收，近直柄较细长，圈足状矮座外撇；豆盘内饰有密而细的螺旋状暗纹，盘内有刻划符号。口径13.0、高11.6厘米。(图一四六,6；彩版六三,6)

M231:2，陶豆。泥质灰陶。敞口，圆唇，外壁上半部微鼓，下半部略内凹，豆盘较浅，折壁，腹部斜收，近直柄较细长，圈足状矮座外撇；豆盘内饰有密而细的螺旋状暗纹，盘内有刻划符号。口径13.2、高11.7厘米。(图一四六,7、10)

M231:3，陶豆。泥质灰陶。敞口，圆唇，外壁上半部微鼓，下半部略内凹，豆盘较浅，折壁，腹部斜收，近直柄较细长，圈足状矮座外撇；豆盘内饰有密而细的螺旋状暗纹，盘内有刻划符号。口径13.4、高11.6厘米。(图一四六,5、11)

M231:4，陶罐。泥质灰陶，器表打磨平整。仰折沿，方唇，短颈，溜肩弧鼓，折腹，弧腹内收，平底略内凹；素面。口径9.8、腹径15.6、底径8.2、高13.4厘米。(图一四六,2)

M231:5，陶罐。泥质灰陶，器表打磨平整。仰折沿，方唇，短颈，溜肩弧鼓，折腹，弧腹内收，平

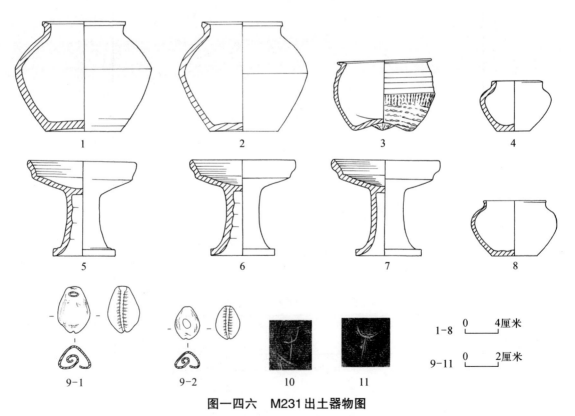

图一四六　M231出土器物图

1. 陶罐(M231:5)　2. 陶罐(M231:4)　3. 陶鬲(M231:8)　4. 陶盂(M231:6)　5. 陶豆(M231:3)　6. 陶豆(M231:1)
7. 陶豆(M231:2)　8. 陶盂(M231:7)　9. 贝(M231:9)　10. 陶豆刻符(M231:2)　11. 陶豆刻符(M231:3)

底略内凹；肩部饰有暗纹。口径10.1、腹径16.4、底径9.0、高13.4厘米。(图一四六,1；彩版七四,7)

M231:6,陶盂。泥质灰陶。直口,方唇,领较矮,弧腹,平底。口径6.3、腹径8.8、底径4.0、高6.2厘米。(图一四六,4)

M231:7,陶盂。泥质灰陶。直口,圆唇,领较矮,弧腹,平底。口径7.6、腹径10.6、底径5.6、高6.7厘米。(图一四六,8；彩版五六,3)

M231:8,陶鬲。夹细砂红陶。折沿近平,圆唇,圆肩,弧腹,分裆较矮,三袋足内聚,尖足跟；肩部抹平,上有六道凹弦纹,腹以下饰交错绳纹。口径11.5、腹径12.4、高8.5厘米。(图一四六,3；彩版三八,6)

M231:9,贝。16枚,部分已残,部分保存较好,保存较好者背部均有一个穿孔。大小不一,长度从1.8-2.7厘米不等。(图一四六,9)

59. M232

开口平面呈长方形,直壁,壁面平整,平底。填土为五花土,土质疏松。墓向270°。墓葬开口距地表100厘米,开口长280、宽124厘米,墓深240厘米。该墓东北角被M231打破。葬具为木质一椁一棺,仅存朽痕,均为长方形。椁长264、宽110、高36、厚6厘米,棺长208、宽72、高16、厚6厘米。人骨保存差,仅余部分肢骨及朽痕,仰身直肢。(图一四七)

随葬品共8件,出土于墓葬西端的棺与椁之间,均为陶器：

M232:1,陶盂。泥质灰陶,器表打磨光滑。折沿微仰,圆唇,上腹微弧,下腹斜收,平底微凹；折棱处有一道凹弦纹。口径20.5、腹径18.8、底径10.8、高12.厘米。(图一四八,8；彩版四九,1)

M232:2,陶盂。泥质灰陶,器表打磨光滑。折沿微仰,方唇,上腹微弧,下腹斜收,平底微凹；折棱处有一道凹弦纹。口径19.8、腹径18.1、底径10.4、高12.0厘米。(图一四八,7)

M232:3,陶豆。泥质灰褐陶。敞口,口部外撇,斜方唇,外壁略外弧,豆盘较深,折壁,凸棱不是很明显,喇叭状柄较粗大,圈足状矮座外撇,座沿面略内凹；素面。口径18.2、高14.0厘米。(图一四八,5；彩版五八,5)

M232:4,陶鬲。泥质红陶。折沿近平,方唇,唇上缘上翘,使沿面形成一道宽凹槽,弧腹,分裆近平,三袋足极肥,外张,足跟圆钝；腹以下饰交错粗绳纹。口径14.6、腹径14.8、高11.8厘米。(图一四八,3)

M232:5,陶鬲。泥质灰褐陶。折沿近平,折处凸起,斜方唇,唇上缘上翘,使沿面形成一道宽凹槽,弧腹,分裆近平,三袋足极肥,外张,足跟圆钝；腹以下饰交错粗绳纹。口径15.2、腹径15.3、高12.4厘米。(图一四八,4；彩版四〇,6)

M232:6,陶罐。泥质灰褐陶,器表打磨平整。平折沿略仰,方唇,高束颈,溜肩微鼓,折腹,凸棱明显,斜腹内收,平底略内凹；沿面和唇面各饰有一道凹弦纹,肩部近折棱处和腹部近折棱处各饰有一道凹弦纹。口径11.2、腹径17.0、底径10.6、高16.0厘米。(图一四八,2；彩版六七,2)

M232:7,陶豆。泥质灰褐陶。敞口,口部外撇,斜方唇,豆盘较深,折壁,凸棱不是很明显,喇叭状柄较粗大,圈足状矮座外撇；素面。口径18.0、高13.9厘米。(图一四八,6)

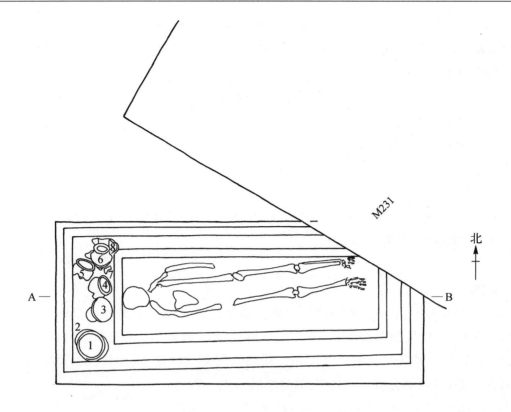

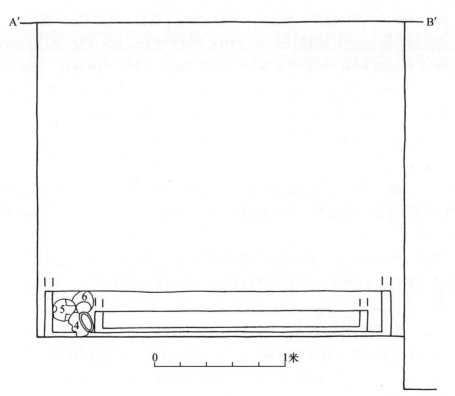

图一四七 M232平、剖面图

1.陶盉 2.陶盉 3.陶豆 4.陶鬲 5.陶鬲 6.陶罐 7.陶豆 8.陶罐

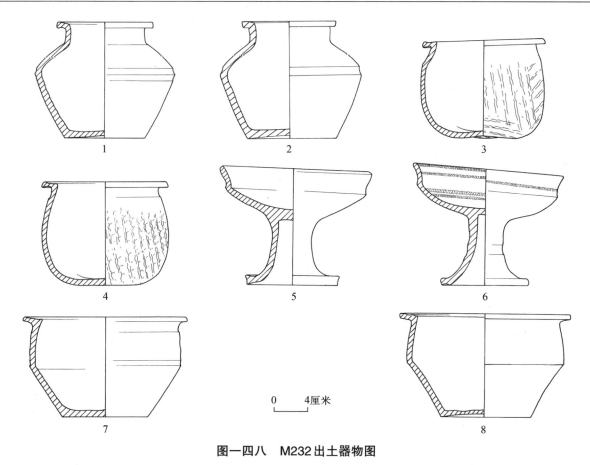

图一四八　M232出土器物图

1. 陶罐（M232：8）　2. 陶罐（M232：6）　3. 陶鬲（M232：4）　4. 陶鬲（M232：5）
5. 陶豆（M232：3）　6. 陶豆（M232：7）　7. 陶盂（M232：2）　8. 陶盂（M232：1）

M232：8，陶罐。泥质红褐陶，器表打磨平整。平折沿略仰，方唇，高束颈，溜肩微鼓，折腹，斜腹内收，平底略内凹；沿面饰有三道凹弦纹，折棱上下各有一道较宽的凹槽。口径11.6、腹径16.8、底径9.6、高13.9厘米。（图一四八，1）

60. M237

开口平面呈长方形，直壁，壁面平整，平底。填土为五花土，土质疏松。墓向285°。墓葬开口距地表100厘米，开口长290、宽172厘米，墓深460厘米。葬具为木质一椁一棺，仅存朽痕，均为长方形。椁长266、宽148、高46、厚8厘米，棺长186、宽100、高15、厚6厘米。人骨保存差，仅余部分肢骨及朽痕，仰身直肢。（图一四九）

随葬品共15件（套），14件陶器出土于墓葬西端的棺与椁之间，10枚贝置于人口中：

M237：1，陶盂。泥质灰陶，器表打磨光滑。平折沿，圆唇，上腹斜直，下腹斜收，平底。口径16.6、腹径16.8、底径8.8、高9.8厘米。（图一五〇，6）

M237：2，陶盂。泥质灰陶，器表打磨光滑。平折沿，圆唇，领较高，微束，鼓腹，平底微凹；领和腹结合处有一道凹槽。口径17.0、腹径18.0、底径9.8、高9.5厘米。（图一五〇，8）

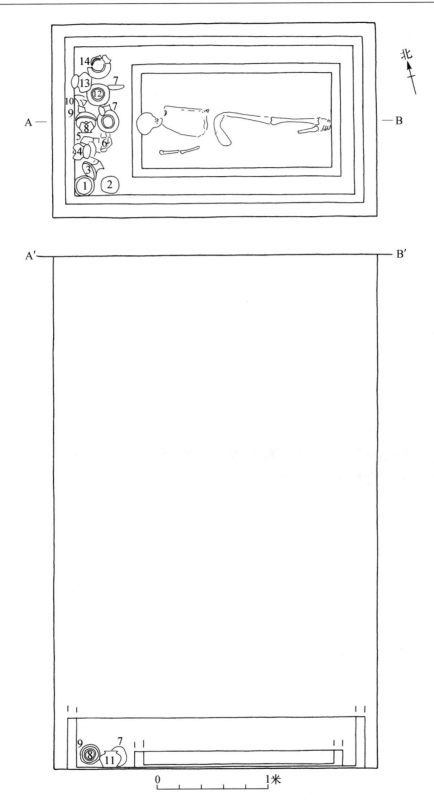

图一四九　　M237平、剖面图

1. 陶盂　2. 陶盂　3. 陶豆　4. 陶鬲　5. 陶盂　6. 陶鬲　7. 陶豆　8. 陶鬲
9. 陶盂　10. 陶鬲　11. 陶罐　12. 陶罐　13. 陶罐　14. 陶罐　15. 贝

M237：3，陶豆。泥质灰陶。敞口，圆唇，唇外缘略弧鼓，渐收至折处又凸起，上半部外鼓，下半部弧收呈凹槽，外壁呈"S"形，豆盘较浅，折壁，凸棱不明显，下腹部弧收，喇叭状柄较细高，圈足状矮座外撇；豆盘内饰有螺旋状暗纹，暗纹较细而密，盘外也饰有螺旋状暗纹，较粗而间距较大，盘内有刻划符号。口径16.2、高14.8厘米。(图一五〇,10)

M237：4，陶鬲。泥质灰陶。短折沿微仰，圆唇，弧腹，分裆较矮，三袋足外张，尖足跟；腹以下饰交错绳纹。口径11.0、腹径14.2、高10.5厘米。(图一五〇,2)

M237：5，陶盂。泥质灰陶，器表打磨光滑。折沿微仰，圆唇，上腹较斜，下腹斜收，平底微凹；上腹部有一道凹弦纹，折棱处有一道凹弦纹。口径17.9、腹径17.8、底径9.5、高10.9厘米。(图

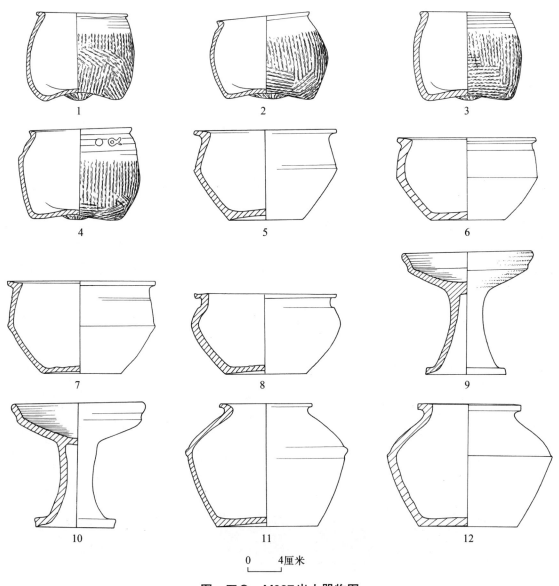

0   4厘米

图一五〇　M237出土器物图

1.陶鬲(M237：6)　2.陶鬲(M237：4)　3.陶鬲(M237：10)　4.陶鬲(M237：8)　5.陶盂(M237：9)　6.陶盂(M237：1)　7.陶盂(M237：5)　8.陶盂(M237：2)　9.陶豆(M237：7)　10.陶豆(M237：3)　11.陶罐(M237：11)　12.陶罐(M237：13)

一五〇,7)

M237:6,陶鬲。泥质灰陶。短折沿微仰,圆唇,弧腹,分裆较矮,三袋足外张,尖足跟;腹以下饰交错绳纹。口径10.9、腹径12.9、高10.5厘米。(图一五〇,1;彩版三六,1)

M237:7,陶豆。泥质灰陶。敞口,圆唇,唇外缘略弧鼓,渐收至折处又凸起,上半部外鼓,下半部弧收呈凹槽,外壁呈"S"形,豆盘较浅,折壁,凸棱不明显,下腹部弧收,喇叭状柄较细高,圈足状矮座外撇;豆盘内饰有螺旋状暗纹,暗纹较细而密,盘外也饰有螺旋状暗纹,较粗而间距较大,盘内有刻划符号。口径15.8、高14.6厘米。(图一五〇,9;图一五一,4)

M237:8,陶鬲。泥质灰陶。短折沿微仰,圆唇,弧腹,分裆较矮,三袋足外张,尖足跟;腹以下饰交错绳纹。肩上贴有对称的泥饼和"∝"形泥条。口径12.4、腹径14、高11.0厘米。(图一五〇,4)

M237:9,陶盂。泥质灰陶,器表打磨光滑。折沿较平,圆唇,上腹较斜,下腹斜收,平底微凹;上腹部有一道凹弦纹,折棱处有一道凹弦纹。口径17.2、腹径17.1、底径8.9、高10.7厘米。(图一五〇,5;彩版五一,6)

M237:10,陶鬲。泥质灰陶。短折沿微仰,圆唇,弧腹,分裆较矮,三袋足外张,尖足跟;腹以下饰交错绳纹。口径10.8、腹径12.5、高10.6厘米。(图一五〇,3)

M237:11,陶罐。泥质灰陶,器表打磨平整。平折沿略上仰,方唇,短束颈,溜肩弧鼓,折腹,凸棱明显,弧腹内收,平底略内凹;沿面饰有数道极细的凹弦纹,肩部近折处饰有一道凹弦纹。口径11.2、腹径19.4、底径12.2、高14.6厘米。(图一五〇,11)

M237:12,陶罐。泥质灰陶,器表打磨平整。平折沿略上仰,圆唇,短束颈,溜肩弧鼓,折腹,凸棱明显,弧腹内收,平底略内凹;肩部近折处饰有一道凹弦纹。口径11.2、腹径19.0、底径11.4、高13.6厘米。(图一五一,2)

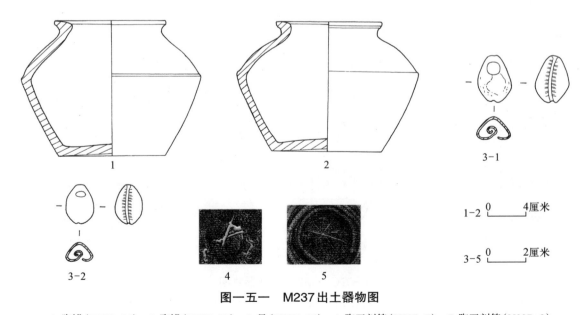

图一五一　M237出土器物图

1.陶罐(M237:14)　2.陶罐(M237:12)　3.贝(M237:15)　4.陶豆刻符(M237:7)　5.陶豆刻符(M237:3)

M237∶13,陶罐。泥质灰陶,器表打磨平整。平折沿略上仰,方唇,短束颈,溜肩弧鼓,折腹,凸棱明显,弧腹内收,平底略内凹;沿面饰有一道凹弦纹,肩部近折处饰有一道凹弦纹。口径12.4、腹径19.8、底径11.9、高14.6厘米。(图一五〇,12)

M237∶14,陶罐。泥质灰陶,器表打磨平整。平折沿略上仰,方唇,短束颈,溜肩弧鼓,折腹,弧腹内收,平底略内凹;肩部近折处饰有两道凹弦纹。口径11.6、腹径18.8、底径11.2、高14.2厘米。(图一五一,1)

M237∶15,贝。10枚,均残,部分背部有穿孔。大小不一,长度从1.8-2.5厘米不等。(图一五一,3;彩版八四,6)

61. M240

开口平面呈长方形,斜壁,壁面平整,口大底小,平底。填土为五花土,土质疏松。墓向295°。墓葬开口距地表100厘米,开口长340、宽200厘米,墓深350厘米。葬具为木质一椁一棺,仅存朽痕,均为长方形。椁长276、宽132-140、高50、厚8厘米,棺长202、宽88、高16、厚6厘米。人骨保存差,仅余部分肢骨及朽痕,仰身直肢。(图一五二)

随葬品共12件,出土于墓葬西端的棺与椁之间,均为陶器:

M240∶1,陶鬲。夹细砂灰陶。折沿较平,尖唇,圆肩,弧腹,分裆较矮,三袋足内敛较甚,尖足跟;沿面有一道凹槽,肩部抹平,隐约可见绳纹痕迹,上腹部饰抹断绳纹,下腹至足饰交错绳纹。口径11.6、腹径13.8、高9.7厘米。(图一五三,12)

M240∶2,陶鬲。夹细砂灰陶。折沿下斜,圆唇,唇缘上翘,使沿面形成一道凹弦纹,圆肩,弧腹,分裆较矮,三袋足内敛较甚,尖足跟;肩部抹平,隐约可见绳纹痕迹,上有数道凹槽,腹部饰纵向细绳纹,三足饰交错粗绳纹。口径12.2、腹径15.2、高11.6厘米。(图一五三,1;彩版三七,5)

M240∶3,陶罐。泥质黑陶,器表打磨平整。平折沿,斜方唇,短束颈,溜肩微弧,折腹,斜腹内收,平底;沿面饰有两道凹弦纹,颈肩交接处有一道折棱。口径11.4、腹径18.0、底径10.5、高14.3厘米。(图一五三,3)

M240∶4,陶盂。泥质灰陶,器表打磨光滑。折沿微仰,斜方唇,上腹微弧,下腹斜收,平底。口径18.4、底径6.6、高10.8厘米。(图一五三,9)

M240∶5,陶罐。泥质黑陶,器表打磨平整。平折沿,斜方唇,短束颈,溜肩微弧,折腹,斜腹内收,平底;沿面饰有两道凹弦纹。口径11.6、腹径17.6、底径10.6、高14.0厘米。(图一五三,5)

M240∶6,陶罐。泥质黑陶,器表打磨平整。平折沿,斜方唇,短束颈,溜肩微弧,折腹,斜腹内收,平底内凹;素面。口径11.4、腹径17.8、底径11.8、高14.2厘米。(图一五三,10;彩版七三,6)

M240∶7,陶鬲。夹细砂灰陶。折沿下斜,圆唇,唇缘上翘,使沿面形成一道凹弦纹,圆肩,弧腹,分裆较矮,三袋足内敛较甚,尖足跟;肩部抹平,隐约可见绳纹痕迹,上有四道凹槽,腹部饰纵向细绳纹,三足饰交错粗绳纹。口径11.2、腹径13.3、高10.6厘米。(图一五三,7)

M240∶8,陶罐。泥质灰褐陶,器表打磨平整。平折沿,方唇,束颈较短,溜肩微弧,折腹,弧腹

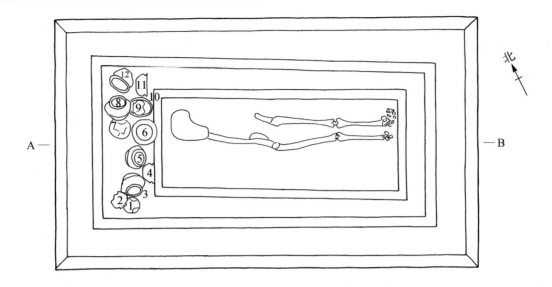

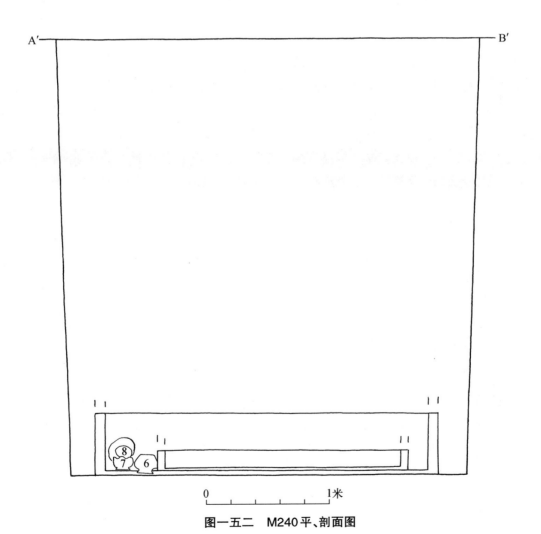

图一五二　M240平、剖面图

1.陶鬲　2.陶鬲　3.陶罐　4.陶盂　5.陶罐　6.陶罐　7.陶鬲　8.陶罐　9.陶鬲　10.陶盂　11.陶盂　12.陶盂

内收，平底；沿面饰有一道凹弦纹，肩部近折处饰有一道凹弦纹。口径12.0、腹径18.6、底径10.2、高14.2厘米。(图一五三，2)

M240：9，陶鬲。夹细砂灰陶。折沿下斜，尖唇，圆肩，弧腹，分裆较矮，三袋足内敛较甚，尖足跟；沿面有一道凹弦纹，肩部抹平，隐约可见绳纹痕迹，上有多道凹槽，腹部饰纵向细绳纹，三足饰交错粗绳纹。口径11.4、腹径13.2、高9.2厘米。(图一五三，11)

M240：10，陶盂。泥质灰陶，器表打磨光滑。折沿微仰，斜方唇，上腹微弧，下腹斜收，平底微凹。口径18.8、底径7.6、高10.4厘米。(图一五三，4)

M240：11，陶盂。泥质灰陶，器表打磨光滑。折沿微仰，斜方唇，上腹微弧，下腹斜收，平底微

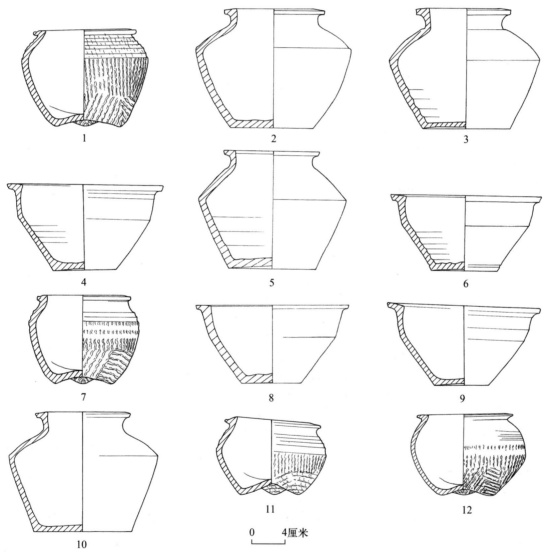

0　　4厘米

图一五三　M240出土器物图

1. 陶鬲(M240：2)　2. 陶罐(M240：8)　3. 陶罐(M240：3)　4. 陶盂(M240：10)　5. 陶罐(M240：5)
6. 陶盂(M240：11)　7. 陶鬲(M240：7)　8. 陶盂(M240：12)　9. 陶盂(M240：4)
10. 陶罐(M240：6)　11. 陶鬲(M240：9)　12. 陶鬲(M240：1)

凹；下腹近底处有一道凹槽。口径18.2、底径7.8、高8.9厘米。(图一五三,6)

M240:12,陶盂。泥质灰陶,器表打磨光滑。折沿较平,斜方唇,上腹微斜,下腹斜收,平底。口径18.4、底径7.4、高9.4厘米。(图一五三,8;彩版五二,3)

62. M241

开口平面呈长方形,斜壁,壁面平整,口大底小,平底。填土为五花土,土质疏松。墓向280°。墓葬开口距地表100厘米,开口长340、宽228厘米,墓深500厘米,墓底长300、宽180厘米。葬具为木质一椁一棺,仅存朽痕,均为长方形。椁长280、宽152、高86、厚8厘米,棺长198、宽100-104、高8、厚6厘米。人骨保存差,仅余肢骨及部分朽痕,仰身直肢。(图一五四)

随葬品共12件,出土于墓葬西端的棺与椁之间,均为陶器:

M241:1,陶盂。泥质灰陶,器表打磨光滑。平折沿,方唇,领较矮,鼓腹,平底;领和肩结合处有一道凹弦纹。口径15.8、腹径16.4、底径8.0、高10.3厘米。(图一五五,7)

M241:2,陶罐。泥质灰陶,器表打磨平整。平折沿,方唇,短束颈,溜肩弧鼓,弧折腹,弧腹内收,平底略内凹;沿面饰有两道凹弦纹,肩部饰有多道经加工形成的暗纹。口径10.6、腹径18.0、底径10.4、高14.0厘米。(图一五五,4)

M241:3,陶鬲。夹砂灰陶。折沿较平,尖唇,溜肩,弧腹,分裆矮,三袋足内敛较甚,尖足跟;肩部抹平,隐约可见绳纹痕迹,上腹部饰抹断绳纹,下腹至足饰交错绳纹。口径14.8、腹径17.0、高13.7厘米。(图一五五,6;彩版三六,2)

M241:4,陶盂。泥质灰陶,器表打磨光滑。折沿微仰,方唇,领较矮,弧鼓腹,平底微凹;领腹结合处有一道凹弦纹。口径14.4、腹径15.8、底径8.4、高8.2厘米。(图一五五,2)

M241:5,陶罐。泥质灰褐陶。卷沿,斜方唇,短颈,溜肩弧鼓,折腹,斜腹内收,凹圜底;器表素面,局部隐约可见绳纹痕迹,应为用绳纹工具拍制而成后抹平。口径10.8、腹径15.1、高12.4厘米。(图一五五,9;彩版七六,6)

M241:6,陶鬲。夹砂灰陶。折沿较平,尖唇,溜肩,弧腹,分裆矮,三袋足内敛较甚,尖足跟;肩部抹平,隐约可见绳纹痕迹,上腹部饰抹断绳纹,下腹至足饰交错绳纹。肩上有三道刻划斜线。口径14.6、腹径17.6、高13.8厘米。(图一五五,10;彩版三六,3)

M241:7,陶盂。泥质灰陶,器表打磨光滑。折沿微仰,圆唇,领较矮,弧鼓腹,平底微凹。口径16.8、腹径19.2、底径9.5、高10.5厘米。(图一五五,8;彩版五四,7)

M241:8,陶罐。泥质灰陶,器表打磨平整。平折沿,方唇,短束颈,溜肩弧鼓,折腹,斜腹内收,平底;肩部饰有较宽的圈带状暗纹。口径10.4、腹径18.2、底径11.4、高13.4厘米。(图一五五,3)

M241:9,陶盂。泥质灰陶。折沿微仰,斜方唇,上腹较直,下腹斜收,平底微凹。口径15.2、腹径14.1、底径9.6、高8.0厘米。(图一五五,11;彩版五一,7)

M241:10,陶鬲。夹砂灰陶。折沿较平,尖唇,溜肩,弧腹,分裆矮,三袋足内敛较甚,尖足跟;沿面饰一道凹弦纹,肩部抹平,隐约可见绳纹痕迹,上腹部饰抹断绳纹,下腹至足饰交错绳纹。口径14.6、腹径17.9、高12.9厘米。(图一五五,5)

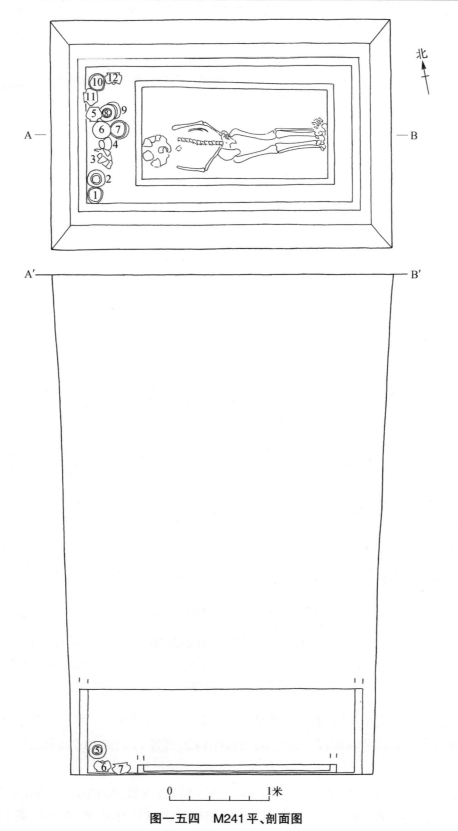

图一五四　M241平、剖面图

1.陶盂　2.陶罐　3.陶鬲　4.陶盂　5.陶罐　6.陶鬲　7.陶盂　8.陶罐　9.陶盂　10.陶鬲　11.陶罐　12.陶鬲

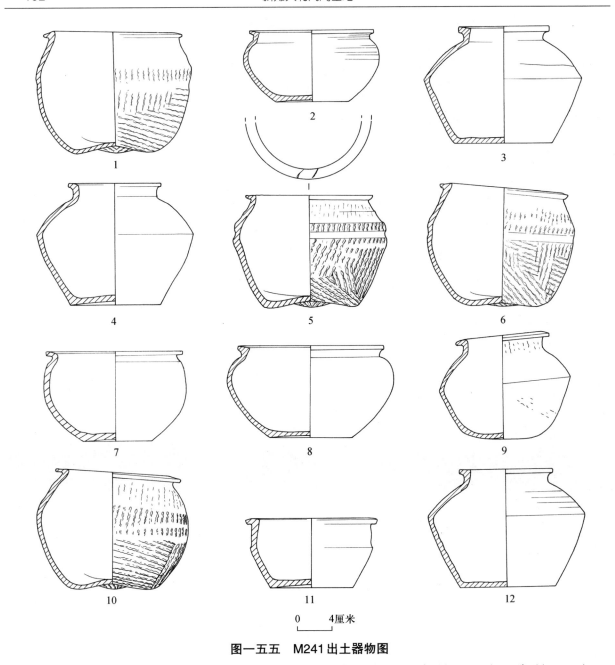

图一五五　M241出土器物图

1. 陶鬲（M241：12）　2. 陶盂（M241：4）　3. 陶罐（M241：8）　4. 陶罐（M241：2）　5. 陶鬲（M241：10）　6. 陶鬲（M241：3）
7. 陶盂（M241：1）　8. 陶盂（M241：7）　9. 陶罐（M241：5）　10. 陶鬲（M241：6）　11. 陶盂（M241：9）　12. 陶罐（M241：11）

　　M241：11，陶罐。泥质灰陶，器表打磨平整。平折沿，方唇，短束颈，溜肩弧鼓，折腹，斜腹内收，平底；肩部饰有较宽的圈带状暗纹。口径10.9、腹径18.2、底径11.1、高13.5厘米。（图一五五，12；彩版七一，3）

　　M241：12，陶鬲。夹砂灰陶。折沿较下斜，尖唇，溜肩，弧腹，分裆矮，三袋足内敛较甚，尖足跟；肩部抹平，上腹部饰抹断绳纹，下腹至足饰交错绳纹。口径16.0、腹径18.0、高13.9厘米。（图一五五，1）

63. M242

开口平面呈长方形,直壁,壁面平整,平底。填土为五花土,土质疏松。墓向287°。墓葬开口距地表100厘米,开口长280、宽140厘米,墓深140厘米。葬具为木质一椁一棺,仅存朽痕,均为长方形。椁长262、宽112、高26、厚6厘米,棺长192、宽66-72、高20、厚6厘米。人骨保存差,仅余部分朽痕。(图一五六)

随葬品共12件,出土于墓葬西端的棺与椁之间,均为陶器:

M242:1,陶盂。泥质灰陶。折沿微仰,方唇,上腹微斜,下腹弧收,平底微凹;上腹部有刻划符号,折棱处有二道凹弦纹。口径16.8、腹径15.0、底径7.8、高8.8厘米。(图一五七,3)

M242:2,陶盂。泥质灰陶。折沿较平,沿面下凹,方唇,上腹微斜,下腹弧收,平底;折棱处有二道凹弦纹。口径17.2、腹径15.2、底径7.9、高7.8厘米。(图一五七,9;彩版四八,1)

M242:3,陶盂。泥质灰陶。折沿微仰,圆唇,上腹微斜,下腹弧收,平底;沿面有二道凹槽,折棱处有二道凹弦纹。口径16.2、腹径13.9、底径6.4、高9.3厘米。(图一五七,7)

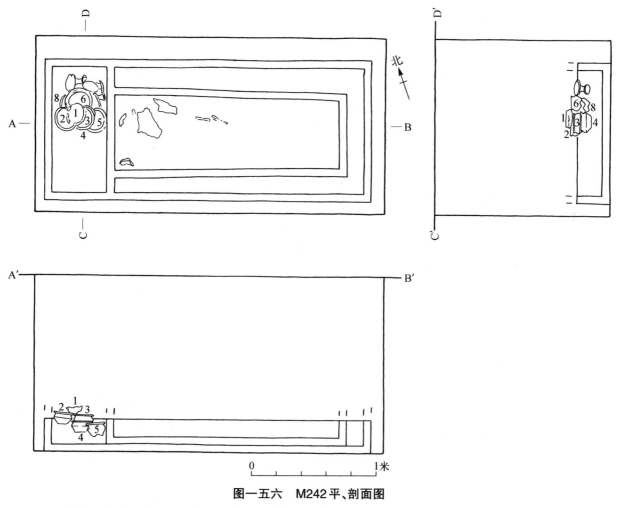

图一五六　M242平、剖面图

1.陶盂　2.陶盂　3.陶盂　4.陶盂　5.陶鬲　6.陶鬲　7.陶鬲　8.陶鬲　9.陶豆　10.陶豆　11.陶豆　12.陶豆

　　M242：6，陶鬲。泥质灰陶。折沿较平，圆唇，腹较直，裆较高，微瘪，三截锥足外张，足和裆部有刮削痕；腹上有二道凹槽。口径16.8、腹径15.4、高11.7厘米。(图一五七，4)

　　M242：5，陶鬲。泥质灰陶。折沿较平，圆唇，腹较直，裆较高，微瘪，三截锥足外张；腹上有二道凹槽。口径16.1、腹径14.4、高10.9厘米。(图一五七，11；彩版四六，2)

　　M242：4，陶盂。泥质灰陶。折沿微仰，沿面下凹，方唇，上腹微斜，下腹弧收，平底微凹；折棱处有二道凹弦纹。口径16.0、腹径14.4、底径7.6、高8.0厘米。(图一五七，8)

　　M242：7，陶鬲。泥质灰陶。折沿较平，方唇，腹较直，裆较高，微瘪，三截锥足外张；腹上有二道凹槽。口径17.5、腹径15.5、高10.8厘米。(图一五七，6)

　　M242：8，陶鬲。泥质灰陶。折沿较平，方唇，腹较直，裆较高，微瘪，三截锥足外张；腹上有

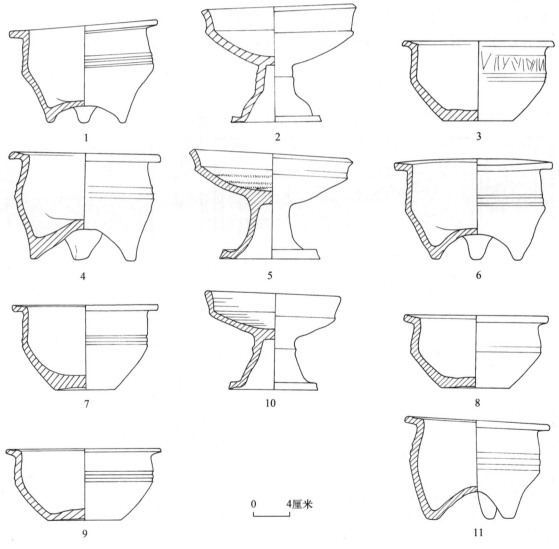

图一五七　M242出土器物图

1. 陶鬲(M242：8)　2. 陶豆(M242：11)　3. 陶盂(M242：1)　4. 陶鬲(M242：6)　5. 陶豆(M242：10)　6. 陶鬲(M242：7)
7. 陶盂(M242：3)　8. 陶盂(M242：4)　9. 陶盂(M242：2)　10. 陶豆(M242：9)　11. 陶鬲(M242：5)

二道凹槽。口径16.3、腹径14.6、高11.4厘米。(图一五七,1)

　　M242:9,陶豆。泥质灰褐陶。微敞口,方唇,折壁,折处凸棱明显,豆盘较深,矮喇叭状柄,豆柄上半部有一道箍,矮座,座面较宽,座底略内凹;豆盘内饰有螺旋状暗纹,暗纹间距较大。口径15、高10.8厘米。(图一五七,10;彩版五七,2)

　　M242:10,陶豆。泥质褐陶。敞口,方唇,折壁,折处凸棱明显,豆盘较深,喇叭状豆柄较矮,矮座外撇,座底略内凹,座沿斜方唇;外壁凸棱之上饰有一道凹弦纹,豆盘内饰有螺旋状暗纹,暗纹较粗间距较大。口径18.0、高11.6厘米。(图一五七,5)

　　M242:11,陶豆。泥质灰陶。微敞口,方唇,折壁,折处凸棱明显,豆盘较深,矮喇叭状柄,豆柄上半部有一道箍,矮座,座面较宽,座沿略内凹;素面。口径17.0、高12.7厘米。(图一五七,2)

　　M242:12,陶豆,残。泥质灰褐陶。微敞口,方唇,折壁,折处凸棱明显,豆盘较深,矮喇叭状柄,豆柄上半部有一道箍,矮座,斜方唇,座沿略内凹;素面。

64. M245

　　开口平面呈长方形,直壁,壁面平整,平底。填土为五花土,土质疏松。墓向290°。墓葬开口距地表100厘米,开口长280、宽160厘米,墓深340厘米。葬具为木质一椁一棺,仅存朽痕,均为长方形。椁长252、宽120、高50、厚8厘米,棺长182、宽78、高16、厚6厘米。人骨保存差,仅余朽痕。(图一五八;彩版一四,2)

　　随葬品共9件,出土于墓葬西端的棺与椁之间,均为陶器:

　　M245:1,陶罐。泥质灰陶,器表打磨平整。平折沿,方唇,短束颈,溜肩弧鼓,折腹,斜腹内收,平底略内凹;沿面饰有一道凹弦纹,唇面饰有一道凹弦纹。口径10.6、腹径16.6、底径10.6、高13.0厘米。(图一五九,2)

　　M245:2,陶盂。泥质灰陶,器表打磨光滑。平折沿,方唇,领较高,鼓腹,平底微凹;领和腹结合处有一道凹槽。口径16.0、腹径18.0、底径8.8厘米。(图一五九,7)

　　M245:3,陶豆。泥质灰陶。敞口,圆唇,唇外缘略弧鼓,渐收至折处又凸起,上半部外鼓,下半部弧收呈凹槽,外壁呈"S"形,豆盘较浅,折壁,凸棱不明显,下腹部弧收,喇叭状柄细高,圈足状矮座外撇,座沿斜方唇;豆盘内饰有密而细的螺旋状暗纹,盘外饰有一圈螺旋状暗纹,盘内有刻划符号。口径16.7、高14.5厘米。(图一五九,6、10;彩版六一,4;彩版八一,1)

　　M245:4,陶罐。泥质灰陶,器表打磨平整。平折沿略仰,斜方唇,短束颈,溜肩弧鼓,折腹,弧腹内收,平底略内凹;沿面饰有一道凹弦纹,器底饰有一道凹弦纹。口径11.2、腹径16.6、底径10.3、高13.5厘米。(图一五九,3;彩版七一,4)

　　M245:5,陶鬲。夹砂红陶。平折沿,尖圆唇,弧腹,分裆较矮,三袋足较内敛,尖足跟;肩部极不规整,凹弦纹较浅且断断续续,腹以下饰交错绳纹。口径18.8、腹径20.5、高16.8厘米。(图一五九,1)

　　M245:6,陶盂。泥质灰陶,器表打磨光滑。折沿较平,方唇,唇面下凹,上腹斜弧,下腹斜收,平底;上腹部有一道凹槽。口径18.3、腹径18.5、底径10.2、高11.4厘米。(图一五九,5)

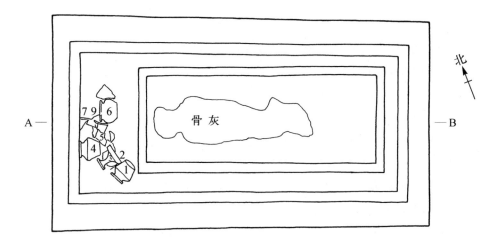

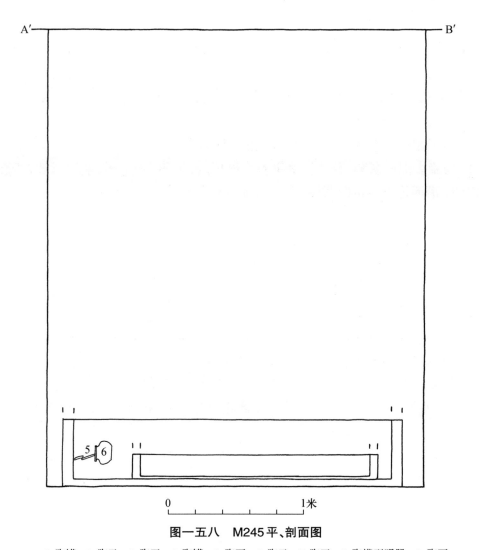

图一五八　M245平、剖面图

1.陶罐　2.陶盂　3.陶豆　4.陶罐　5.陶鬲　6.陶盂　7.陶豆　8.陶模型明器　9.陶鬲

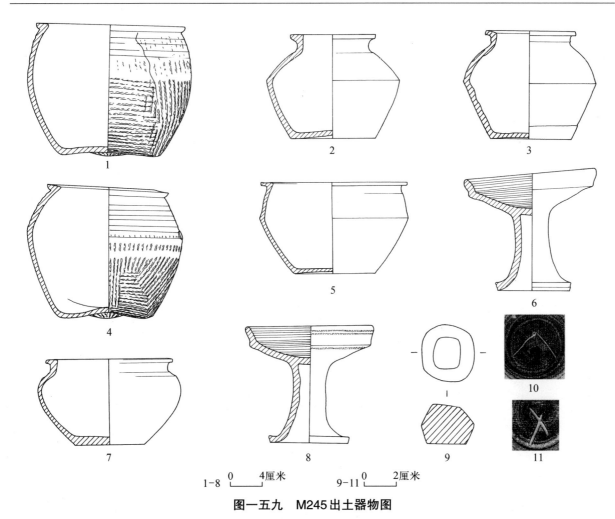

1-8 0 4厘米   9-11 0 2厘米

图一五九　M245出土器物图

1. 陶鬲（M245：5）　2. 陶罐（M245：1）　3. 陶罐（M245：4）　4. 陶鬲（M245：9）　5. 陶盂（M245：6）　6. 陶豆（M245：3）
7. 陶盂（M245：2）　8. 陶豆（M245：7）　9. 陶模型明器（M245：8）　10. 陶豆刻符（M245：3）　11. 陶豆刻符（M245：7）

M245：7，陶豆。泥质灰陶。敞口，圆唇，唇外缘略弧鼓，渐收至折处又凸起，上半部外鼓，下半部弧收呈凹槽，外壁呈"S"形，豆盘较浅，折壁，凸棱明显，下腹部弧收，喇叭状柄细高，圈足状矮座外撇，座沿斜方唇；豆盘内饰有密而细的螺旋状暗纹，盘外饰有一圈螺旋状暗纹，盘内有刻划符号。口径16.3、高14.6厘米。（图一五九，8、11）

M245：8，陶模型明器。罍1件，已残，泥质灰黄陶，疏松多孔。腹径3.3、残高2.5厘米。（图一五九，9）

M245：9，陶鬲。夹细砂红陶。平折沿，尖唇，圆肩，弧腹，分裆较矮，三袋足内敛较甚，尖足跟；肩部抹平，上有数道凹槽，对应三足的部位各有一个小圆饼，上腹部饰抹断绳纹，下腹至足饰交错绳纹。口径15.2、腹径19.4、高16.3厘米。（图一五九，4）

65. M252

开口平面呈长方形，直壁，壁面平整，平底。填土为五花土，土质疏松。墓向290°。墓葬开口

距地表90厘米，开口长350、宽185厘米，墓深260厘米。葬具为木质一椁一棺，仅存朽痕，均为长
方形。椁长290、宽144-150、高60、厚7厘米，棺长230、宽9、高16、厚6厘米。人骨保存较好，仰
身直肢，面朝上，双手置于腹部，双脚微张。（图一六〇）

随葬品共11件（套），10件陶器出土于墓葬西端的棺与椁之间，12枚贝置于人口中：

M252：1，陶豆。泥质灰陶。微敞口，方唇，折壁，折处凸棱明显，豆盘较深，矮喇叭状柄，豆柄
上半部有一道箍，矮座，座面较宽，座底略内凹，座沿斜方唇；素面。口径15.7、高11.7厘米。（图
一六一，1；彩版五七，7）

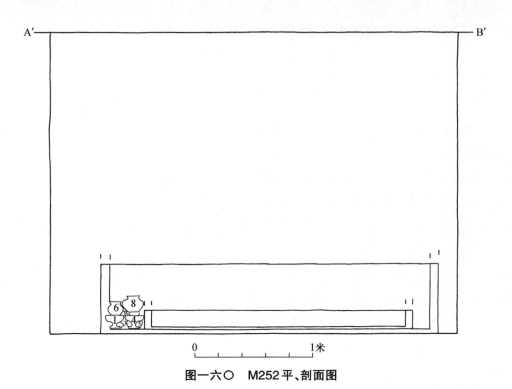

图一六〇　M252平、剖面图

1.陶豆　2.陶豆　3.陶豆　4.陶豆　5.陶罐　6.陶罐　7.陶鬲　8.陶罐　9.陶罐　10.陶鬲　11.贝

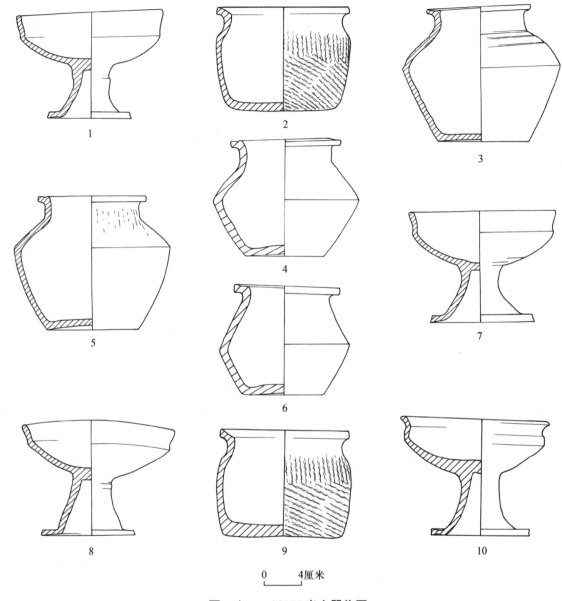

0　　4厘米

图一六一　M252出土器物图

1.陶豆（M252：1）　2.陶鬲（M252：7）　3.陶罐（M252：5）　4.陶罐（M252：8）　5.陶罐（M252：9）
6.陶罐（M252：6）　7.陶豆（M252：4）　8.陶豆（M252：2）　9.陶鬲（M252：10）　10.陶豆（M252：3）

M252：2，陶豆。泥质灰陶。微敞口，方唇，折壁，折处凸棱明显，豆盘较深，矮喇叭状柄，豆柄上半部有一道箍，箍不明显，矮座，座面较宽，座底内凹，座沿斜方唇；素面。口径16.4、高12.3厘米。（图一六一，8）

M252：3，陶豆。泥质灰陶。豆盘形制近似于盂，敛口，仰折沿，圆唇，弧腹，下腹部弧收，喇叭状柄较粗短，圈足状矮座外撇，座沿内凹；素面。口径15.8、高12.4厘米。（图一六一，10；彩版五八，2）

M252：4，陶豆。泥质灰陶。敞口，方唇，折壁，折处凸棱明显，豆盘较深，喇叭状豆柄较矮，矮

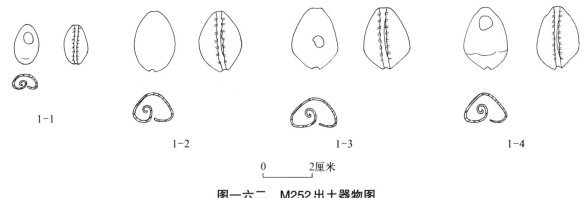

1-1　　　　　　1-2　　　　　　1-3　　　　　　1-4

0 ⊢——⊣ 2厘米

图一六二　M252出土器物图

1. 贝（M242：11）

座外撇,座底内凹,座沿斜方唇;素面。口径15.6、高11.8厘米。(图一六一,7)

M252：5,陶罐。泥质灰陶。宽折沿略仰,沿面略内凹,方唇,束颈较长,溜肩微鼓,折腹,凸棱不明显,斜腹内收,平底;肩部饰有四道凹弦纹。口径11.0、腹径16.7、底径9.7、高14.6厘米。(图一六一,3;彩版六七,3)

M252：6,陶罐。泥质褐陶,器表粗糙。平折沿略仰,方唇,束颈较长,溜肩下斜,弧折腹,斜弧腹内收,平底内凹;素面。口径11.2、腹径13.8、底径8.5、高11.5厘米。(图一六一,6;彩版六五,3)

M252：7,陶鬲。夹砂灰褐陶。宽仰折沿,斜方唇,束颈,腹微弧,分裆较平,三袋足外张,尖足跟;通体饰交错绳纹。口径14.2、腹径14.4、高11.0厘米。(图一六一,2;彩版三九,6)

M252：8,陶罐。泥质褐陶,器表粗糙。平折沿,方唇,束颈较长,溜肩下斜,弧折腹,斜弧腹内收,平底;沿面饰有一道较浅的凹弦纹,颈部似有一道较浅的箍。口径11、腹径15.6、底径8.2、高12.4厘米。(图一六一,4;彩版六五,4)

M252：9,陶罐。泥质褐陶,器表粗糙。平折沿,方唇,束颈较长,溜肩下斜,弧折腹,斜弧腹内收,平底内凹;沿面饰有一道较浅的凹弦纹。口径11.6、腹径16.7、底径9、高14.2厘米。(图一六一,5)

M252：10,陶鬲。夹砂灰褐陶。宽仰折沿,方唇,束颈,腹微弧,分裆较平,三袋足外张,尖足跟;腹以下饰交错绳纹。口径13.8、腹径14.4、高11.4厘米。(图一六一,9)

M252：11,贝。12枚,2枚已残,其余保存较好,保存较好者背部均有一个穿孔。大小不一,长度从1.5-2.5厘米不等。(图一六二,1)

66. M264

开口平面呈长方形,直壁,壁面平整,平底。填土为五花土,土质疏松。墓向275°。墓葬开口距地表100厘米,开口长310、宽180厘米,墓深420厘米。葬具为木质一椁一棺,仅存朽痕,均为长方形。椁长280、宽148、高36、厚6厘米,棺长194、宽74-82、高8、厚6厘米。人骨保存差,仅余朽痕,直肢葬。(图一六三;彩版一五,1)

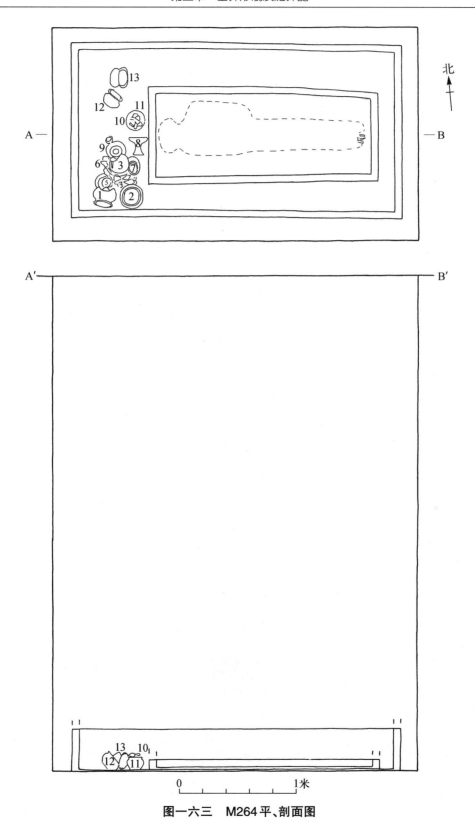

图一六三　M264平、剖面图

1.陶鬲　2.陶鬲　3.陶鬲　4.陶鬲　5.陶罐　6.陶罐　7.陶罐　8.陶豆
9.陶豆　10.陶盂　11.陶盂　12.陶盂　13.陶盂　14.陶罐

随葬品共14件,出土于墓葬西端的棺与椁之间,均为陶器,与陶器同出的还有少量兽骨:

M264:1,陶鬲。夹砂灰陶。折沿较平,圆唇,圆肩,弧腹,分裆较矮,三袋足内敛较甚,尖足跟;肩部抹平,隐约可见绳纹痕迹,上有六道凹槽,上腹部饰抹断绳纹,下腹至足饰交错绳纹。口径15.7、腹径19.6、高14.2厘米。(图一六五,6;彩版三六,4)

M264:2,陶鬲。夹砂灰陶。折沿较平,沿面下凹,尖圆唇,圆肩,弧腹,分裆较矮,三袋足内敛较甚,尖足跟;唇面有一道凹弦纹,肩部抹平,隐约可见绳纹痕迹,上有六道凹槽,上腹部饰抹断绳纹,下腹至足饰交错绳纹。口径18.6、腹径19.6、高13.4厘米。(图一六五,3)

M264:3,陶鬲。夹砂灰陶。折沿较平,沿面下凹,尖圆唇,圆肩,弧腹,分裆较矮,三袋足内敛较甚,尖足跟;唇面有一道凹槽,肩部抹平,隐约可见绳纹痕迹,上有六道凹槽,上腹部饰抹断绳纹,下腹至足饰交错绳纹。口径16.0、腹径18.6、高13.1厘米。(图一六五,2)

M264:4,陶鬲。泥质灰陶。平折沿,斜方唇,溜肩,腹微弧,分裆较矮,三袋足较内敛,尖足跟;沿面有二道凹弦纹,肩部抹平,隐约可见绳纹痕迹,上有数道凹槽,上腹部饰抹断绳纹,下腹至足饰交错绳纹。口径17.7、腹径21.1、高16.3厘米。(图一六五,5)

M264:5,陶罐。泥质灰陶,器表打磨平整。平折沿,方唇,束颈较短,溜肩弧鼓,折腹,斜腹内

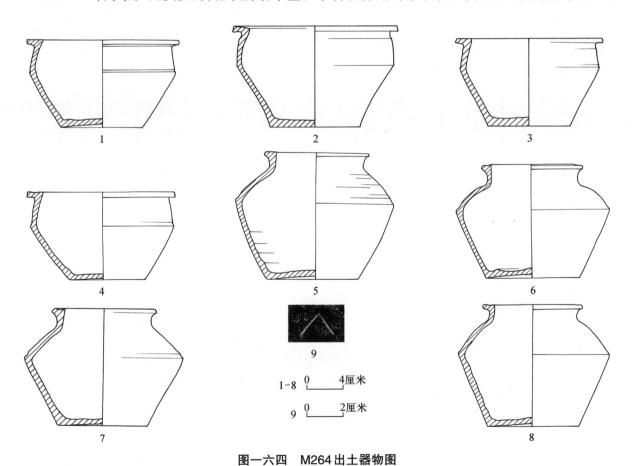

图一六四　M264出土器物图

1. 陶盂(M264:10)　2. 陶盂(M264:13)　3. 陶盂(M264:11)　4. 陶盂(M264:12)　5. 陶罐(M264:7)
6. 陶罐(M264:14)　7. 陶罐(M264:6)　8. 陶罐(M264:5)　9. 陶豆刻符(M264:8)

收，平底；沿面饰有一道凹弦纹，肩部近折处饰有一道凹弦纹。口径11、腹径16.8、底径10.2、高13.5厘米。(图一六四，8)

M264:6，陶罐。泥质灰褐陶，器表打磨平整。平折沿，沿面极短，斜方唇，短颈，溜肩微弧，折腹，斜腹内收，平底；沿面饰有一道凹弦纹。口径11.6、腹径17.6、底径10.0、高13.0厘米。(图一六四，7；彩版七一，5)

M264:7，陶罐。泥质褐陶，器表打磨平整。平折沿，方唇，束颈较短，溜肩弧鼓，折腹，斜腹内收，平底略内凹；沿面饰有两道凹弦纹，肩部近折处饰有一道凹弦纹。口径11.6、腹径17.6、底径10.1、高14.2厘米。(图一六四，5)

M264:8，陶豆。泥质灰陶。敞口，圆唇，上壁外鼓，豆盘较浅，折壁，凸棱不明显，下腹部弧收，喇叭状柄较细高，圈足状矮座外撇；豆盘内饰有螺旋状暗纹，暗纹较细而密，盘内有刻划符号。口径16.6、高14.8厘米。(图一六四，9；图一六五，1；彩版八〇，6)

M264:9，陶豆。泥质褐陶。敞口，圆唇，唇外缘略弧鼓，渐收至折处又凸起，上半部外鼓，下半部弧收呈凹槽，外壁呈"S"形，豆盘较浅，折壁，凸棱不明显，下腹部弧收，喇叭状柄较细高，圈足状矮座外撇；豆盘内饰有螺旋状暗纹，暗纹较细而密，盘外饰有两圈螺旋状暗纹，较粗，外腹部还有朱红的痕迹。口径16.0、高15.0厘米。(图一六五，4；彩版六一，5)

M264:10，陶盂。泥质灰陶，器表打磨光滑。折沿较平，圆唇，上腹较斜，下腹斜收，平底微凹；沿面有二道凹槽，上腹部有一道凹弦纹，折棱处有一道凹弦纹。口径16.8、腹径16.1、底径

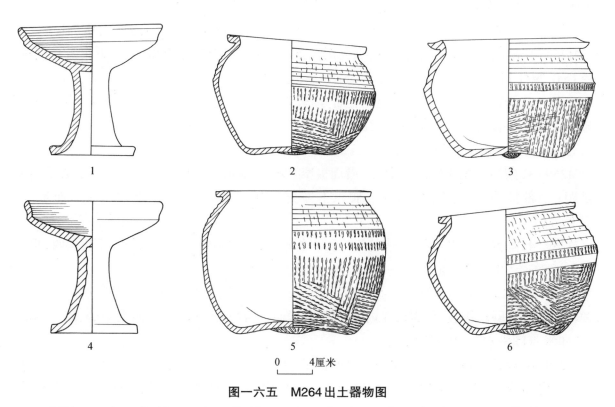

0 4厘米

图一六五 M264出土器物图

1.陶豆(M264:8) 2.陶盂(M264:3) 3.陶盂(M264:2) 4.陶豆(M264:9) 5.陶盂(M264:4) 6.陶盂(M264:1)

9.0、高9.7厘米。(图一六四,1)

　　M264:11,陶盂。泥质灰陶,器表打磨光滑。折沿较平,方唇,上腹较斜,下腹斜收,平底微凹;沿面有一道凹槽,折棱处有一道凹弦纹。口径16.4、腹径15.6、底径9.2厘米。(图一六四,3)

　　M264:12,陶盂。泥质灰陶,器表打磨光滑。折沿较平,方唇,上腹较斜,下腹斜收,平底微凹;沿面有二道凹槽,唇面有一道凹弦纹,折棱处有一道凹弦纹。口径16.4、腹径15.8、底径92、高9.8厘米。(图一六四,4)

　　M264:13,陶盂。泥质灰陶,器表打磨光滑。平折沿,方唇,上腹斜弧,下腹斜收,平底。口径18.4、腹径17.4、底径10.0、高11.2厘米。(图一六四,2)

　　M264:14,陶罐。泥质灰陶,器表打磨平整。平折沿,圆唇,束颈较短,溜肩弧鼓,折腹,斜腹内收,平底;沿面饰有一道凹弦纹,肩部近折处饰有一道凹弦纹。口径11、腹径17.0、底径10.4、高12.6厘米。(图一六四,6)

67. M269

　　开口平面呈长方形,斜壁,壁面平整,口大底小,平底。填土为五花土,土质疏松。墓向290°。墓葬开口距地表90厘米,开口长332、宽220厘米,墓深480厘米,墓底长300、宽186厘米。葬具为木质一椁一棺,仅存朽痕,均为长方形。椁长268、宽163、高66、厚8厘米,棺长202、宽100、高24、厚6厘米。人骨保存差,仅余朽痕,仰身直肢。(图一六六;彩版一五,2)

　　随葬品共9件,8件陶器出土于墓葬西端的棺与椁之间,1件铜带钩出土于人骨腹部:

　　M269:1,陶盂。泥质灰陶,器表打磨光滑。折沿微仰,尖圆唇,上腹微弧收,下腹斜收,平底。口径15.0、腹径14.2、底径6.2、高7.7厘米。(图一六七,2)

　　M269:2,陶罐。泥质灰陶。有盖,盖面方唇,弧壁,尖顶呈斗笠状,短舌,器身直领较短,溜肩弧鼓,折腹,斜腹内收内弧,平底;素面。盖径8.2、口径7.8、腹径11.2、底径5.0、高9.5厘米。(图一六七,6)

　　M269:3,陶鬲。泥质红陶。折沿,沿面极窄,圆唇,溜肩,斜弧腹,分裆较矮,三袋足内聚,尖足跟;肩部抹平,上有数道凹弦纹,腹以下饰交错绳纹。口径9.2、腹径9.6、高6.9厘米。(图一六七,4)

　　M269:4,陶盂。泥质灰陶,器表打磨光滑。折沿微仰,尖圆唇,上腹微弧收,下腹斜收,平底。口径14.6、底径5.9、高7.4厘米。(图一六七,1;彩版五四,1)

　　M269:5,陶罐。泥质灰陶。有盖,盖面圆唇,弧壁,尖顶呈斗笠状,表面有刮削痕,短舌,器身直领较短,溜肩弧鼓,折腹,斜腹内收内弧,平底;素面。盖径8.5、口径7.2、腹径10.0、底径5.0、通高9.6厘米。(图一六七,3;彩版七五,4)

　　M269:6,陶鬲。泥质红陶。折沿,沿面极窄,圆唇,溜肩,斜弧腹,分裆较矮,三袋足内聚,尖足跟;肩部抹平,上有数道凹弦纹,腹以下饰交错绳纹。口径9.5、腹径10.3、高6.3厘米。(图一六七,5;彩版三九,4)

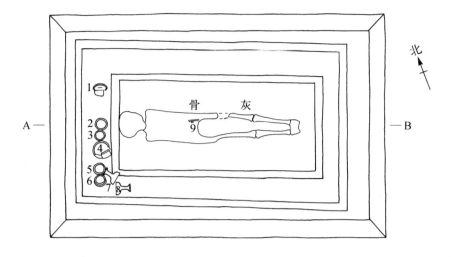

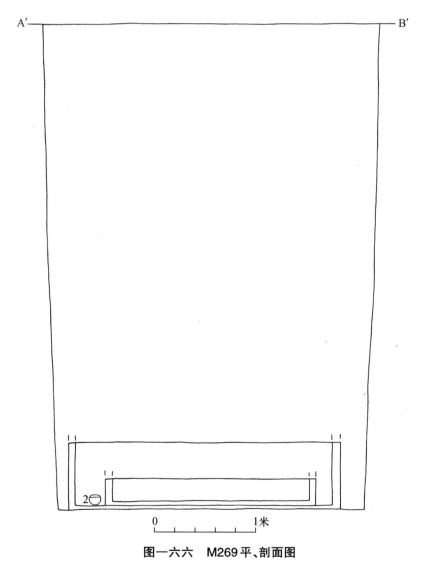

图一六六　M269平、剖面图

1.陶盂　2.陶罐　3.陶鬲　4.陶盂　5.陶罐　6.陶鬲　7.陶豆　8.陶豆　9.铜带钩

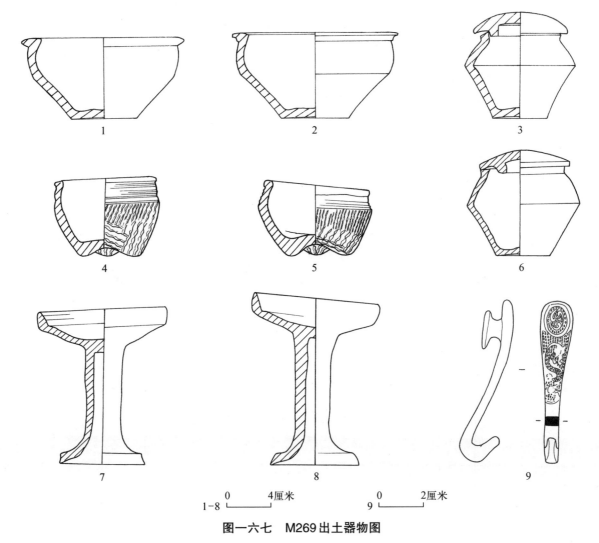

图一六七　M269 出土器物图

1.陶盂（M269∶4）　2.陶盂（M269∶1）　3.陶罐（M269∶5）　4.陶鬲（M269∶3）　5.陶鬲（M269∶6）
6.陶罐（M269∶2）　7.陶豆（M269∶8）　8.陶豆（M269∶7）　9.铜带钩（M269∶9）

　　M269∶7，陶豆。泥质灰褐陶。敞口近直，尖唇，豆盘较浅，折壁，直柄细高，圈足状矮座外撇；豆盘内略能看到几圈螺旋状暗纹。口径11.2、高15.1厘米。（图一六七，8；彩版六三，7）

　　M269∶8，陶豆。泥质灰褐陶。敞口近直，尖唇，豆盘较浅，折壁，直柄细高，圈足状矮座外撇；豆盘内略能看到几圈螺旋状暗纹。口径11.7、高14.2厘米。（图一六七，7）

　　M269∶9，铜带钩。整体呈琵琶形，钩身修长，截面近方形，扣椭圆形，钩尾较长，上翘；背面有范缝痕迹，钩身和扣面均饰有涡云纹。长7.4、宽1.5厘米。（图一六七，9；彩版八一，5）

68. M275

　　开口平面呈长方形，直壁，壁面平整，平底。填土为五花土，土质疏松。墓向290°。墓葬开口距地表100厘米，开口长320、宽172厘米，墓深184厘米。葬具为木质一椁一棺，仅存朽痕，均为

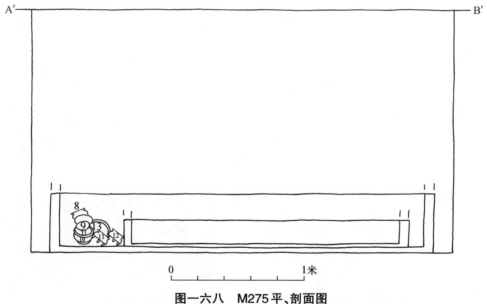

图一六八　M275平、剖面图

1. 陶豆　2. 陶罐　3. 陶罐　4. 陶罐　5. 陶豆　6. 陶罐　7. 陶鬲
8. 陶鬲　9. 陶鬲　10. 陶盂　11. 陶鬲　12. 陶盂　13. 陶盂　14. 陶盂

长方形。椁长290、宽130-140、高44、厚8厘米,棺长216、宽86-90、高20、厚7厘米。人骨保存差,仅余朽痕。(图一六八)

随葬品共14件,出土于墓葬西端的棺与椁之间,均为陶器(彩版三一,2):

M275:1,陶豆。泥质灰陶。微敞口,方唇,折壁,折棱突出,豆盘较深,矮喇叭状柄,豆柄上半部有一道箍,矮座,座面较宽;豆盘内饰有螺旋状暗纹,暗纹粗而间距较大,豆盘外多道较细的凹弦纹,腹部凸棱上部饰有一道较深的凹弦纹。口径17.3、高12.4厘米。(图一六九,13;彩版五七,8)

M275:2,陶罐。泥质褐陶,器表未经打磨,较粗糙。折沿略仰,厚方唇,唇面略内凹,口部较大,束颈较长,溜肩较下倾,折腹,凸棱不明显,斜腹内收,平底;腹部刀削痕迹明显。口径10.8、腹径11.4、底径7.1、高9.8厘米。(图一六九,1;彩版六四,6)

M275:3,陶罐。泥质灰陶,器表未经打磨,较粗糙。宽折沿略仰,沿面内凹,方唇,束颈较长,溜肩微鼓,折腹,凸棱不明显,斜腹内收,平底;肩部饰有八道凹弦纹。口径10.3、腹径14.4、底径9.1、高12.6厘米。(图一六九,12)

M275:4,陶罐。泥质褐陶,器表未经打磨,较粗糙。折沿略仰,厚方唇,唇面略内凹,口部较大,束颈较长,溜肩较下倾,折腹,凸棱不明显,斜腹内收,平底;肩部近折处饰有两道凹弦纹。口

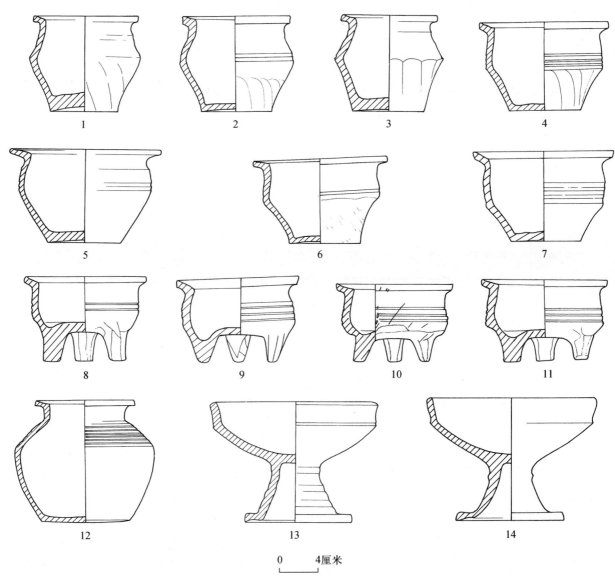

0　　　4厘米

图一六九　M275出土器物图

1.陶罐(M275:2)　2.陶罐(M275:4)　3.陶罐(M275:6)　4.陶盂(M275:13)　5.陶盂(M275:10)　6.陶盂(M275:14)
7.陶盂(M275:12)　8.陶鬲(M275:11)　9.陶鬲(M275:7)　10.陶鬲(M275:8)　11.陶鬲(M275:9)
12.陶罐(M275:3)　13.陶豆(M275:1)　14.陶豆(M275:5)

径11.2、腹径11.8、底径7.6、高9.8厘米。(图一六九,2)

M275:5,陶豆。泥质灰陶。微敞口,方唇,折壁,折棱突出,豆盘较深,矮喇叭状柄,豆柄上半部有一道箍,矮座,座面较宽,座沿斜方唇;豆盘内饰有螺旋状暗纹,暗纹粗而间距较大。口径17.6、高12.6厘米。(图一六九,14)

M275:6,陶罐。泥质褐陶,器表未经打磨,较粗糙。折沿略仰,厚方唇,唇面略内凹,口部较大,束颈较长,溜肩较下倾,折腹,凸棱明显,斜腹内收,平底;腹部刀削痕迹明显。口径1.0、腹径11.2、底径7.4、高9.9厘米。(图一六九,3)

M275:7,陶鬲。泥质灰陶。仰折沿,尖唇,唇缘上翘,腹微弧,裆较高,三截锥足较直,足和裆部有刮削痕;腹上有三道凹槽。口径12.8、腹径11.8、高8.9厘米。(图一六九,9)

M275:8,陶鬲。泥质灰陶。仰折沿,尖唇,唇缘上翘,腹微弧,裆较高,三截锥足较直,足和裆部有刮削痕;腹上有三道凹槽。口径12、腹径11.1、高8.0厘米。(图一六九,10)

M275:9,陶鬲。泥质灰陶。仰折沿,尖唇,唇缘上翘,腹微弧,裆较高,三柱足较直,足和裆部有刮削痕;腹上有三道凹槽。口径13.0、腹径12.0、高8.6厘米。(图一六九,11)

M275:10,陶盂。泥质灰陶。宽仰折沿,圆唇,唇缘上翘,使沿面形成一道凹弦纹,上腹微弧,下腹斜收,上有刮削痕,平底微凹;折棱上有二道凹弦纹。口径15.6、腹径13.6、底径7.6、高9.6厘米。(图一六九,5)

M275:11,陶鬲。泥质灰陶,器表黑色。仰折沿,沿面下凹,方唇,腹微弧,裆较高,三柱足较直,足和裆部有刮削痕;腹上有二道凹槽。口径12.6、腹径11.0、高8.7厘米。(图一六九,8;彩版四一,4)

M275:12,陶盂。泥质灰陶。宽仰折沿,沿面下凹,斜方唇,唇缘上翘,上腹微斜,下腹斜收,上有明显刮削痕,平底;折棱上部有三道凹弦纹。口径14.6、腹径12.6、底径7.1、高9.3厘米。(图一六九,7;彩版四七,6)

M275:13,陶盂。泥质灰陶。宽仰折沿,斜方唇,唇缘上翘,上腹微斜,下腹斜收,上有明显刮削痕,平底;折棱上部有一道凹弦纹。口径13.3、腹径12.1、底径7.2、高9.1厘米。(图一六九,4)

M275:14,陶盂。泥质灰陶。宽仰折沿,方唇,唇缘上翘,上腹微斜,下腹斜收,上有明显刮削痕,平底微凹;沿面有二道凹槽,折棱上部有三道凹弦纹。口径13.8、腹径12.1、底径7.1、高9.0厘米。(图一六九,6)

69. M277

开口平面呈长方形,斜壁,壁面平整,口大底小,平底。填土为五花土,土质疏松。墓向280°。墓葬开口距地表100厘米,开口长316、宽228厘米,墓深470厘米,墓底长260、宽172厘米。葬具为木质一椁一棺,仅存朽痕,均为长方形。椁长232、宽142、高50、厚8厘米,棺长204、宽102、高10、厚6厘米。人骨保存差,仅余部分肢骨及朽痕,直肢葬。(图一七〇)

随葬品共1件,出土于棺内人骨右侧,为玉圭:

M277:1,玉圭。残,白色,两面均平,素面。残长24.4、宽2.4、厚0.3厘米。(图一七一,1;彩版八二,5)

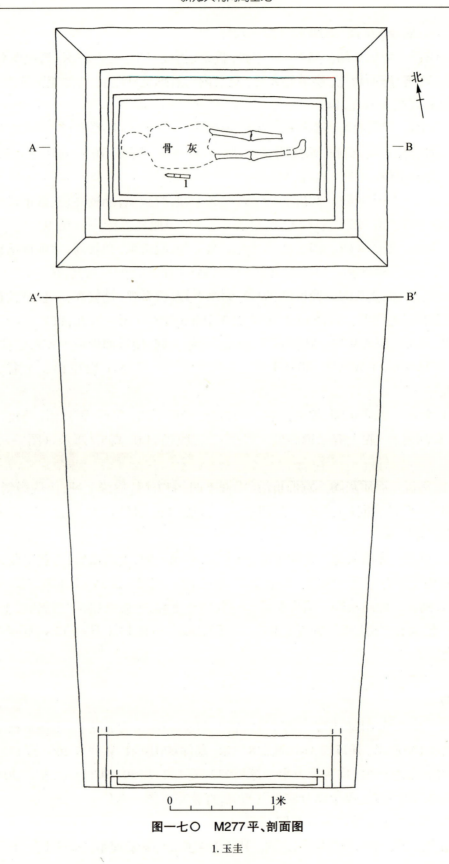

图一七〇　M277平、剖面图

1. 玉圭

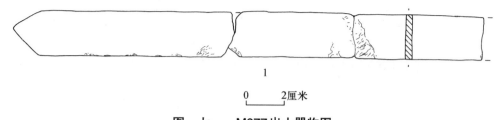

1

0   2厘米

图一七一　M277出土器物图

1. 玉圭（M277：1）

70. M279

开口平面呈长方形，斜壁，壁面平整，口大底小，平底。填土为五花土，土质疏松。墓向280°。墓葬开口距地表100厘米，开口长300、宽180厘米，墓深480厘米，墓底长280、宽152厘米。葬具为木质一椁一棺，仅存朽痕，均为长方形。椁长252、宽128、高50、厚8厘米，棺长188、宽88、高8、厚6厘米。人骨保存差，仅余部分朽痕。（图一七二；彩版一六，1）

随葬品共14件，出土于墓葬西端的棺与椁之间，均为陶器：

M279：1，陶鬲。夹细砂灰陶。折沿较平，方唇，圆肩，弧腹，分裆较矮，三袋足内敛较甚，尖足跟；沿面有二道凹弦纹，肩部抹平，上有数道凹槽和一个刻划符号，上腹部饰抹断绳纹，下腹至足饰交错绳纹。口径18.8、腹径22.1、高16.3厘米。（图一七四，3）

M279：2，陶豆。泥质灰陶。敞口，圆唇，唇外缘略弧鼓，渐收至折处又凸起，上半部外鼓，下半部弧收呈凹槽，外壁呈"S"形，豆盘较浅，折壁，凸棱明显，下腹部呈弓形弧收，喇叭状柄较细高，圈足状矮座外撇，座沿斜方唇；豆盘内饰有螺旋状暗纹，暗纹较细而密，外腹部饰有螺旋状暗纹，暗纹粗而间距大，豆盘内有刻划符号。口径17.2、高14.6厘米。（图一七四，9）

M279：3，陶鬲。夹细砂灰陶。折沿较平，圆唇，圆肩，弧腹，分裆较矮，三袋足内敛较甚，尖足跟；沿面有二道凹槽，肩部抹平，上有数道凹槽和一个"个"字形刻划符号，上腹部饰抹断绳纹，下腹至足饰交错绳纹。口径17.8、腹径22.0、高17.4厘米。（图一七三，4；彩版八一，2）

M279：4，陶豆。泥质灰褐陶。敞口，圆唇，唇外缘略弧鼓，渐收至折处又凸起，上半部外鼓，下半部弧收呈凹槽，外壁呈"S"形，豆盘较浅，折壁，凸棱不明显，下腹部呈弧收，喇叭状柄较高，圈足状矮座外撇；豆盘内饰有螺旋状暗纹，暗纹较细而密，外腹部饰有一圈螺旋状暗纹，豆盘内有刻划符号。口径18.9、高15.4厘米。（图一七三，7；图一七四，10）

M279：5，陶罐。泥质褐陶，器表打磨平整，有光泽。平折沿，方唇，束颈较短，溜肩弧鼓，折腹，凸棱明显，斜腹内收，平底；沿面饰有一道凹弦纹。口径12.4、腹径18.0、底径10.4、高13.0厘米。（图一七四，8）

M279：6，陶罐。泥质黑陶，器表打磨平整，有光泽。平折沿，方唇，束颈较高，溜肩微弧，折腹，斜腹内收，平底，最大径位于腹部上半部；素面。口径13.2、腹径19.6、底径11.2、高14.7厘米。（图一七三，3）

M279：7，陶罐。泥质褐陶，器表打磨平整，有光泽。平折沿，方唇，束颈较短，溜肩弧鼓，折

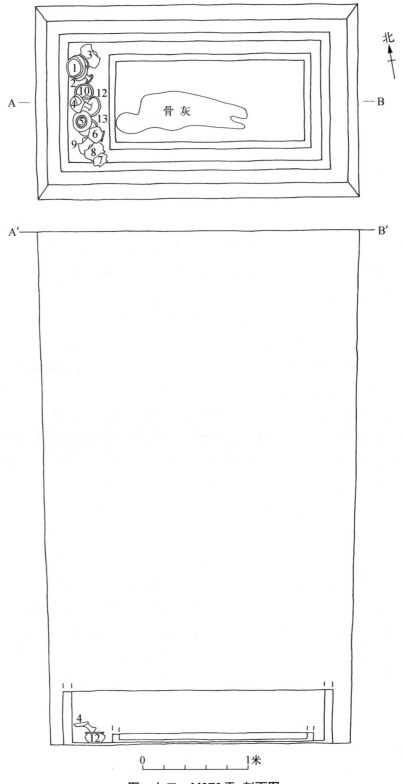

图一七二　M279平、剖面图

1. 陶鬲　2. 陶豆　3. 陶鬲　4. 陶豆　5. 陶罐　6. 陶罐　7. 陶罐　8. 陶鬲

9. 陶鬲　10. 陶盂　11. 陶盂　12. 陶盂　13. 陶盂　14. 陶罐

腹,凸棱明显,斜腹内收,平底;沿面和唇面各饰有一道凹弦纹。口径12.2、腹径18.2、底径10.6、高14.0厘米。(图一七三,1)

M279:8,陶鬲。夹细砂灰陶。折沿较平,斜方唇,圆肩,弧腹,分裆较矮,三袋足内敛较甚,尖足跟;沿面有一道凹弦纹,肩部抹平,上有数道凹槽和一个"个"字形刻划符号,上腹部饰抹断绳纹,下腹至足饰交错绳纹。口径17.4、腹径20.6、高15.8厘米。(图一七三,8;图一七四,1)

M279:9,陶鬲。夹细砂灰陶。折沿较平,斜方唇,圆肩,弧腹,分裆较矮,三袋足内敛较甚,尖足跟;肩部抹平,上有数道凹槽和一个"个"字形刻划符号,上腹部饰抹断绳纹,下腹至足饰交错绳纹。口径17.9、腹径21.6、高15.7厘米。(图一七三,9;图一七四,2)

M279:10,陶盂。泥质灰陶,器表打磨光滑。平折沿,方唇,唇面下凹,上腹斜直,下腹斜收,平底;上腹部有一道凹弦纹。口径17.4、腹径18.0、底径9.0、高11.3厘米。(图一七四,5)

M279:11,陶盂。泥质灰陶,器表打磨光滑。平折沿,方唇,领较高,鼓腹,平底;领和腹结合处有一道凹槽。口径16.5、腹径18.4、底径8.6、高10.6厘米。(图一七四,7)

M279:12,陶盂。泥质灰陶,器表打磨光滑。平折沿,方唇,领较高,鼓腹,平底;领和腹结合处有一道凹槽。口径16.6、腹径18.4、底径9.0、高10.6厘米。(图一七四,4)

M279:13,陶盂。泥质灰陶,器表打磨光滑。平折沿,方唇,领较高,鼓腹,平底;领和腹结合处有一道凹槽。口径16.3、腹径17.8、底径8.4、高10.0厘米。(图一七四,6;彩版五五,1)

M279:14,陶罐。泥质褐陶,器表打磨平整,有光泽。平折沿,方唇,束颈较短,溜肩弧鼓,折腹,凸棱明显,斜腹内收,平底;沿面和唇面各饰有一道凹弦纹。口径11.9、腹径17.8、底径10.3、高13.4厘米。(图一七三,2)

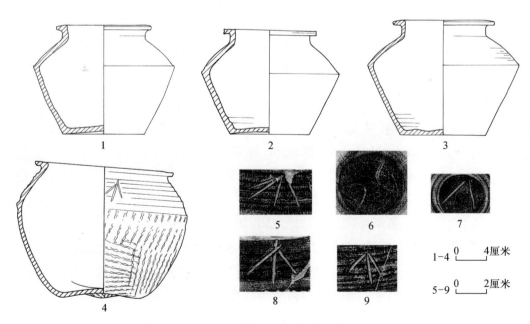

图一七三　M279出土器物图

1. 陶罐(M279:7)　2. 陶罐(M279:14)　3. 陶罐(M279:6)　4. 陶鬲(M279:3)　5. 陶鬲刻符(M279:1)
6. 陶豆刻符(M279:2)　7. 陶豆刻符(M279:4)　8. 陶鬲刻符(M279:8)　9. 陶鬲刻符(M279:9)

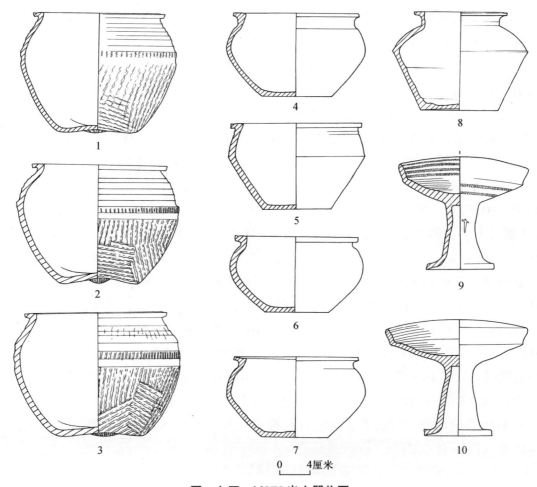

0   4厘米

图一七四　M279出土器物图

1. 陶鬲（M279∶8）　2. 陶鬲（M279∶9）　3. 陶鬲（M279∶1）　4. 陶盂（M279∶12）　5. 陶盂（M279∶10）
6. 陶盂（M279∶13）　7. 陶盂（M279∶11）　8. 陶罐（M279∶5）　9. 陶豆（M279∶2）　10. 陶豆（M279∶4）

71. M280

开口平面呈长方形，直壁，壁面平整，平底。填土为五花土，土质疏松。墓向270°。墓葬开口距地表90厘米，开口长265、宽124厘米，墓深240厘米。葬具为木质一椁一棺，仅存朽痕，均为长方形。椁长255、宽106、高34、厚7厘米，棺长193、宽76、高10、厚6厘米。人骨保存较差，仰身直肢，面朝上，双手置于腹部，双脚并拢。（图一七五；彩版一六，2）

随葬品共8件，出土于墓葬西端的棺与椁之间，均为陶器：

M280∶1，陶罐。泥质灰褐陶，器表打磨平整。平折沿，方唇，溜肩，折腹，弧腹内收，平底；肩部近折处饰有一道凹弦纹。口径11.0、腹径18.0、底径10.6、高13.7厘米。（图一七六，1）

M280∶2，陶豆。泥质灰陶。敞口，圆唇，唇外缘弧鼓，渐收至折处又凸起，上半部外鼓，下半部弧收呈凹槽，外壁呈"S"形，豆盘较深，折壁，凸棱明显，下腹部弧收，喇叭状柄较高，圈足状矮座外撇；豆盘内饰有螺旋状暗纹，暗纹较细，间距较小，外腹部饰有螺旋状暗纹，暗纹较粗，间距较大，盘内有刻划符号。口径16.6、高15.6厘米。（图一七六，8、9；彩版八一，3）

图一七五　M280 平、剖面图

1. 陶罐　2. 陶豆　3. 陶鬲　4. 陶鬲　5. 陶豆　6. 陶盂　7. 陶盂　8. 陶罐

　　M280：3，陶鬲。夹砂红陶。平折沿，圆唇，溜肩，腹微弧，分裆矮，三袋足微内敛，尖足跟；肩部抹平，隐约可见绳纹痕迹，腹以下饰交错绳纹。口径15.7、腹径18.6、高13.5厘米。(图一七六，4；彩版三四，1)

　　M280：4，陶鬲。夹砂红陶。平折沿，圆唇，唇缘上翘，使沿面形成一道凹槽，溜肩，腹微弧，分裆矮，三袋足微内敛，尖足跟；肩部抹平，隐约可见绳纹痕迹，上腹饰抹断绳纹，下腹至足饰交错绳纹。口径16.6、腹径19.4、高14.9厘米。(图一七六，2)

　　M280：5，陶豆。泥质灰陶。敞口，圆唇，唇外缘弧鼓，渐收至折处又凸起，上半部外鼓，下半

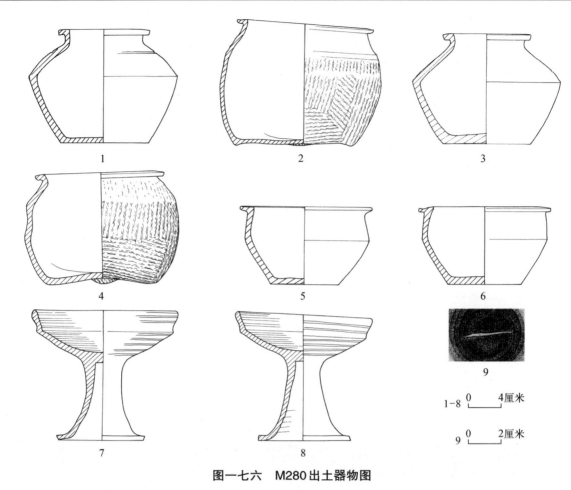

图一七六　M280出土器物图

1. 陶罐（M280:1）　2. 陶鬲（M280:4）　3. 陶罐（M280:8）　4. 陶鬲（M280:3）　5. 陶盂（M280:7）
6. 陶盂（M280:6）　7. 陶豆（M280:5）　8. 陶豆（M280:2）　9. 陶豆刻符（M280:2）

部弧收呈凹槽，外壁呈"S"形，豆盘较深，折壁，凸棱明显，下腹部呈弓形弧收，喇叭状柄较高，圈足状矮座外撇，座沿斜方唇；豆盘内饰有螺旋状暗纹，暗纹较细，间距较小，外腹部饰有螺旋状暗纹，暗纹较粗，间距较大。口径17.6、高15.8厘米。（图一七六，7；彩版六〇，4）

M280:6，陶盂。泥质灰陶，器表打磨光滑。折沿较平，沿面下凹，圆唇，上腹微较直，下腹斜收，平底；沿面有三道凹弦纹。口径16.2、腹径15.4、底径9.0、高9.4厘米。（图一七六，6）

M280:7，陶盂。泥质灰陶，器表打磨光滑。折沿较平，圆唇，上腹较直，下腹斜收，平底；沿面有三道凹弦纹。口径16.0、腹径15.0、底径8.2、高9.4厘米。（图一七六，5）

M280:8，陶罐。泥质灰褐陶，器表打磨平整。平折沿，方唇，溜肩，折腹，弧腹内收，平底；沿面饰有两道凹弦纹，肩部近折处饰有一道凹弦纹。口径10.8、腹径18.0、底径10.6、高13.3厘米。（图一七六，3；彩版六九，6）

72. M281

开口平面呈长方形，斜壁，壁面平整，口大底小，平底。填土为五花土，土质疏松。墓向280°。

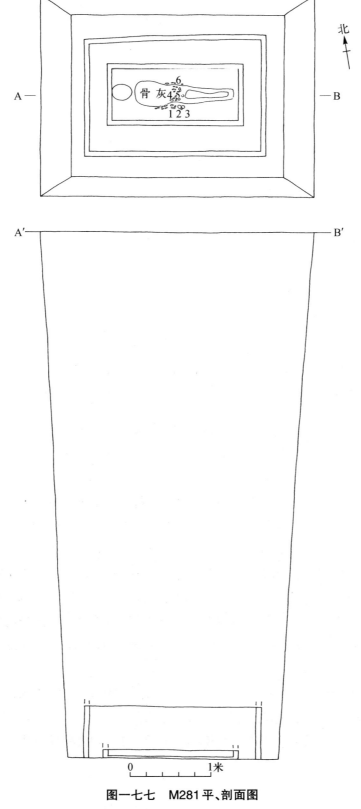

图一七七 M281平、剖面图

1. 玉觿 2. 玉环 3. 玉环 4. 铜璜 5. 废玉料 6. 废玉料

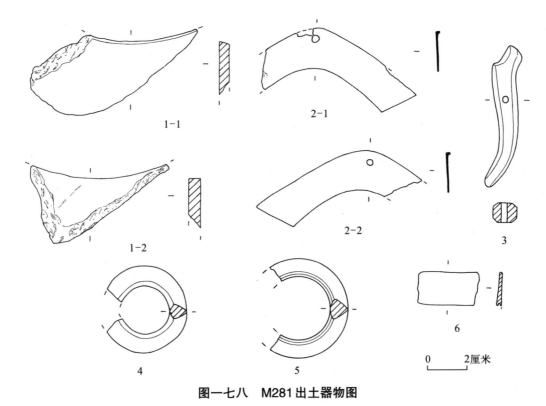

图一七八　M281出土器物图

1. 废玉料(M281:5)　2. 铜璜(M281:4)　3. 玉觿(M281:1)　4. 玉环(281:2)　5. 玉环(M281:3)　6. 废玉料(M281:6)

墓葬开口距地表100厘米,开口长338、宽248厘米,墓深650厘米,底长162、宽200厘米。葬具为木质一椁一棺,仅存朽痕,均为长方形。椁长224、宽134、高66、厚6厘米,棺长168、宽68、高8、厚6厘米。人骨保存差,仅余朽痕,直肢葬。(图一七七)

随葬品共6件(套),均出土于人骨腹部及左右,玉器3件,铜璜8件,废玉料若干:

M281:1,玉觿。白色半透明状,截面呈截角方形。整体呈"S"形,伏身昂首垂尾,有前足,头尾皆残,中部有一个小孔。长7.3、宽1.2厘米。(图一七八,3;彩版八二,6)

M281:2,玉环。残,白色半透明状。断面呈四边形。直径4.4、穿径2.5、肉厚0.7厘米。(图一七八,4)

M281:3,玉环。残,白色半透明状。断面呈四边形。直径5.0、穿径3.2、肉厚1.0厘米。(图一七八,5)

M281:4,铜璜。8件,形制一样,中间有一个小孔,背面上缘有郭,部分已残,部分器表保存较好,仍然保留有铜的金属光泽。M281:4-1残长7.8厘米。M281:4-2残长8.5厘米。(图一七八,2;彩版八一,6)

M281:5,废玉料。大约有三种原料,分别偏紫、偏青、偏绿。M281:5-1长9.0、宽4.0、厚0.5厘米。M281:5-2长6.8、宽4.2、厚0.6厘米。(图一七八,1)

M281:6,废玉料。残,无法分辨形状。残长3.1、宽1.7、厚0.2厘米。(图一七八,6)

73. M283

开口平面呈长方形,斜壁,壁面平整,口大底小,平底。填土为五花土,土质疏松。墓向280°。

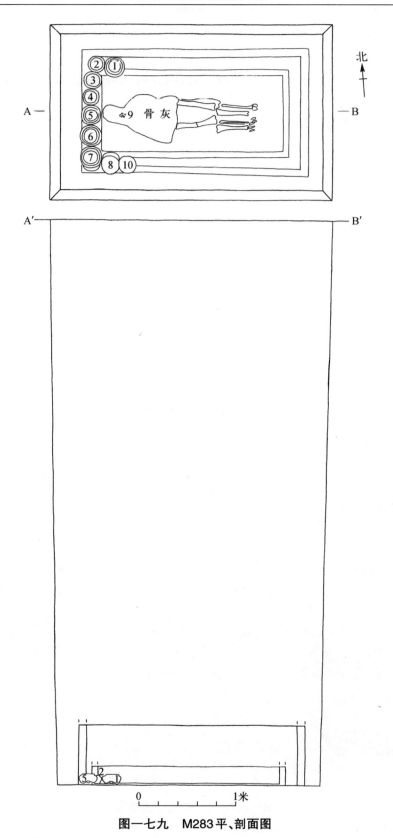

图一七九　M283平、剖面图

1.陶鬲　2.陶盂　3.陶盂　4.陶盂　5.陶鬲　6.陶盂　7.陶鬲　8.陶豆　9.贝　10.陶豆　11.陶罐　12.陶罐　13.陶罐　14.陶罐

墓葬开口距地表100厘米,开口长290、宽180厘米,墓深580厘米,墓底长270、宽160厘米。葬具为木质一椁一棺,仅存朽痕,均为长方形。椁长232、宽126、高62、厚8厘米,棺长198、宽90、高20、厚6厘米。人骨保存差,仅余部分肢骨及朽痕,直肢葬,双脚并拢。(图一七九)

随葬品共14件(套),13件陶器出土于墓葬西端的棺与椁之间,17枚贝置于人口中:

M283:1,陶鬲。夹细砂灰陶。折沿较平,圆唇,溜肩,弧腹,分裆近平,三袋足内敛较甚,尖足跟;沿面有一道凹弦纹,肩部抹平,隐约可见绳纹痕迹,上有多道凹槽和一个"八"字形刻划符号,上腹部饰抹断绳纹,下腹至足饰交错绳纹。口径17.0、腹径20.6、高14.7厘米。(图一八〇,1;图一八一,4;彩版三六,5)

M283:2,陶盂。泥质灰陶,器表打磨光滑。平折沿,方唇,领较高,弧鼓腹,平底微凹;

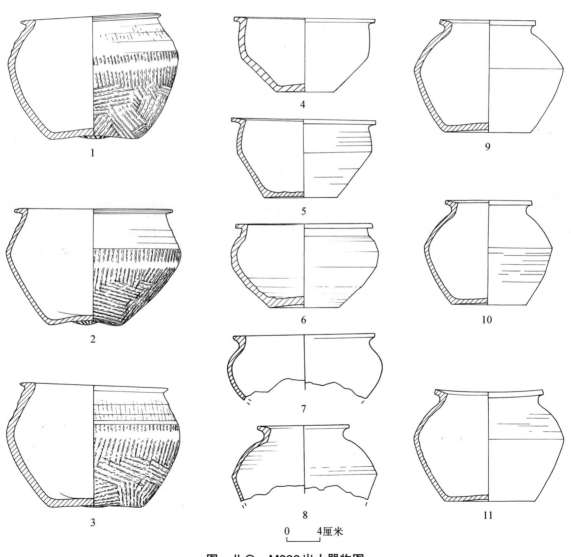

图一八〇　M283出土器物图

1. 陶鬲(M283:1)　2. 陶鬲(M283:5)　3. 陶鬲(M283:7)　4. 陶盂(M283:4)　5. 陶盂(M283:3)　6. 陶盂(M283:2)
7. 陶盂(M283:6)　8. 陶罐(M283:14)　9. 陶罐(M283:12)　10. 陶罐(M283:11)　11. 陶罐(M283:13)

领和腹结合处有一道凹槽。口径16.6、腹径18.0、底径8.4、高10.1厘米。(图一八〇,6;彩版五五,2)

M283:3,陶盂。泥质灰陶。折沿微仰,斜方唇,上腹微弧,下腹斜收,平底微凹。口径17.5、腹径16.4、底径8.8、高9.7厘米。(图一八〇,5)

M283:4,陶盂。泥质灰陶。折沿微仰,斜方唇,上腹微弧,下腹斜收,平底微凹。口径17.0、腹径15.9、底径7.0、高9.1厘米。(图一八〇,4)

M283:5,陶鬲。夹细砂灰陶。折沿较平,圆唇,溜肩,弧腹,分裆近平,三袋足内敛较甚,尖足跟;沿面有一道凹弦纹,肩部抹平,隐约可见绳纹痕迹,上有多道凹槽,上腹部饰抹断绳纹,下腹至足饰交错绳纹。口径19.2、腹径21.2、高14.0厘米。(图一八〇,2)

M283:6,陶盂,残。泥质灰陶,器表打磨光滑。平折沿,方唇,领较高,弧鼓腹,平底微凹;领和腹结合处有一道凹槽,残缺,无法复原。B型Ⅱ式。(图一八〇,7)

M283:7,陶鬲。夹细砂灰陶。折沿较平,圆唇,溜肩,弧腹,分裆近平,三袋足内敛较甚,尖足跟;沿面有一道凹弦纹,肩部抹平,隐约可见绳纹痕迹,上有三道凹槽,上腹部饰抹断绳纹,下腹至足饰交错绳纹。口径17.9、腹径21.1、高14.9厘米。(图一八〇,3)

M283:8,陶豆。泥质灰褐陶。敞口,圆唇,唇外缘略弧鼓,渐收至折处又凸起,上半部外鼓,下半部弧收呈凹槽,外壁呈"S"形,豆盘较浅,折壁,凸棱明显,下腹部弧收,喇叭状柄较细高,圈足状矮座外撇,座底略内凹,座沿斜方唇;豆盘内饰有螺旋状暗纹,暗纹较细而密,盘外饰有一圈螺旋状暗纹,盘内有刻划符号。口径17.0、高14.2厘米。(图一八一,1、5)

M283:9,贝。17枚,均保存较好,背部均有一个穿孔。大小不一,长度从1.8-3.1厘米不等。(图一八一,3;彩版八四,7)

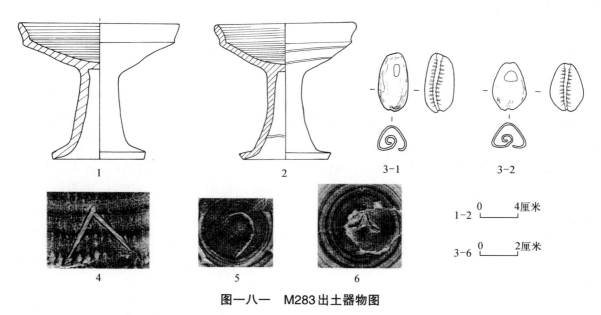

图一八一 M283出土器物图

1.陶豆(M283:8) 2.陶豆(M283:10) 3.贝(M283:9) 4.陶鬲刻符(M283:1)
5.陶豆刻符(M283:8) 6.陶豆刻符(M283:10)

M283：10，陶豆。泥质灰陶。敞口，圆唇，唇外缘略弧鼓，渐收至折处又凸起，上半部外鼓，下半部弧收呈凹槽，外壁呈"S"形，豆盘较浅，折壁，凸棱明显，下腹部弧收，喇叭状柄较细高，圈足状矮座外撇，座底略内凹，座沿斜方唇；豆盘内饰有螺旋状暗纹，暗纹较细而密，盘外饰有数圈螺旋状暗纹，盘内有刻划符号。口径15.0、高14.3厘米。(图一八一，2、6；彩版六一，6)

M283：11，陶罐。泥质灰褐陶，器表打磨平整。平折沿略仰，方唇，短颈，溜肩弧鼓，弧折腹，斜腹内收，平底；腹部饰有圈带状暗纹。口径10.7、腹径15.6、底径9.1、高12.5厘米。(图一八〇，10)

M283：12，陶罐。泥质灰褐陶，器表打磨平整。平折沿略仰，方唇，短颈，溜肩弧鼓，弧折腹，斜腹内收，平底；素面。口径11.7、腹径18.2、底径10.7、高13.5厘米。(图一八〇，9)

M283：13，陶罐。泥质灰褐陶，器表打磨平整。平折沿略仰，方唇，短颈，溜肩弧鼓，弧折腹，斜腹内收，平底；素面。口径13.2、腹径18.2、底径10.8、高13.4厘米。(图一八〇，11)

M283：14，陶罐，残。器形残碎，无法复原；从残片来看，泥质灰陶，器表打磨平整；平折沿，方唇，溜肩，折腹，斜弧腹。(图一八〇，8)

74. M286

开口平面呈长方形，直壁，壁面平整，平底。填土为五花土，土质疏松。墓向290°。墓葬开口距地表90厘米，开口长55、宽136厘米，墓深300厘米。葬具为木质一椁一棺，仅存朽痕，均为长方形。椁长242、宽121、高46、厚8厘米，棺长182、宽88、高12、厚6厘米。人骨保存差，仅余部分肢骨及朽痕，仰身直肢。(图一八二)

随葬品共5件，出土于墓葬西端的棺与椁之间，均为陶器：

M286：1，陶豆。泥质褐陶。敞口，圆唇，唇外缘略弧鼓，渐收至折处又凸起，上半部弧鼓，下半部弧收形成凹槽，外壁呈"S"形，豆盘较浅，折壁，凸棱明显，下腹部弧收，近直柄较细长，圈足状矮座外撇，座沿斜方唇；豆盘内饰有密而细的螺旋状暗纹。口径15.6、高13.6厘米。(图一八三，4)

M286：2，陶鬲。夹细砂灰陶。折沿较平，圆唇，圆肩，弧腹，分裆较矮，三袋足内敛较甚，尖足跟；肩部抹平，隐约可见绳纹痕迹，上有数道凹弦纹，腹以下饰交错绳纹。口径13.3、腹径15.5、高11.1厘米。有少量兽骨与之同出。(图一八三，3)

M286：3，陶豆。泥质褐陶。敞口，圆唇，唇外缘略弧鼓，渐收至折处又凸起，上半部弧鼓，下半部弧收形成凹槽，外壁呈"S"形，豆盘较浅，折壁，凸棱明显，下腹部弧收，近直柄较细长，圈足状矮座外撇，座沿斜方唇；豆盘内饰有密而细的螺旋状暗纹。口径15.8、高13.7厘米。(图一八三，5)

M286：4，陶盂。泥质灰陶，器表打磨光滑。折沿微仰，方唇，上腹斜弧，下腹斜收，平底微凹。口径17.6、腹径17.3、底径8.6、高10.3厘米。(图一八三，2)

M286：5，陶罐。泥质灰褐陶，器表打磨平整。平折沿，方唇，短束颈，溜肩微弧，折腹，斜腹内收，平底；沿面和唇面各有一道凹弦纹。口径11.6、腹径17.5、底径10.0、高14.0厘米。(图一八三，1)

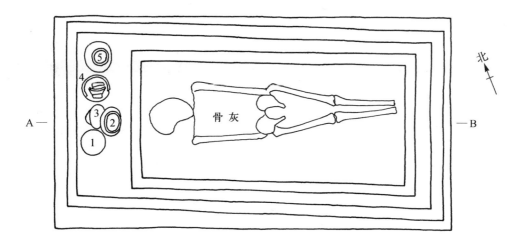

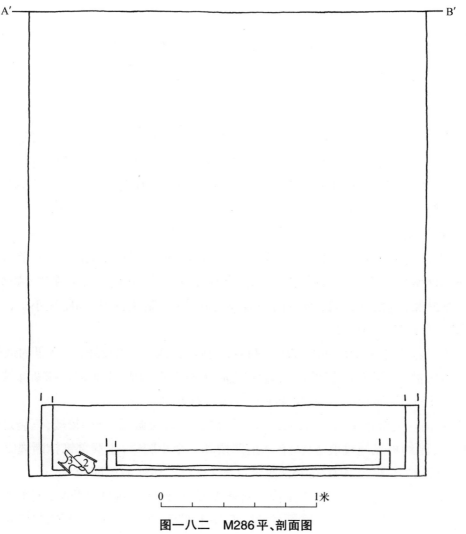

图一八二　M286平、剖面图

1.陶豆　2.陶鬲　3.陶豆　4.陶盂　5.陶罐

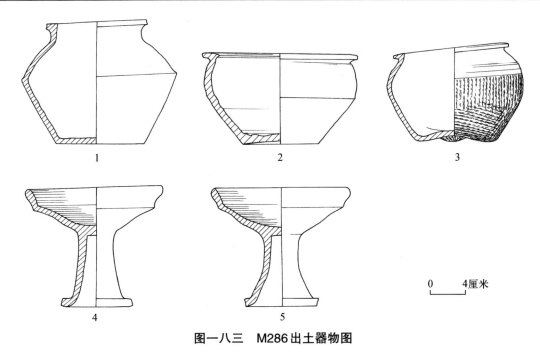

图一八三　M286出土器物图

1. 陶罐（M286：5）　2. 陶盂（M286：4）　3. 陶鬲（M286：2）　4. 陶豆（M286：1）　5. 陶豆（M286：3）

75. M287

开口平面呈长方形，直壁，壁面平整，平底。填土为五花土，土质疏松。墓向280°。墓葬开口距地表90厘米，开口长260、宽110厘米，墓深260厘米。葬具为木质一椁一棺，仅存朽痕，均为长方形。椁长242、宽90、高26、厚8厘米，棺长194、宽60—68、高10、厚6厘米。人骨保存较好，仰身直肢，面朝南，双手置于腹部，双脚并拢。（图一八四；彩版一七，1）

随葬品共8件，出土于墓葬西端的棺与椁之间，均为陶器：

M287：1，陶豆。泥质灰陶。敞口，圆唇，唇外缘弧鼓，渐收至折处又凸起，上半部外鼓，下半部弧收呈凹槽，外壁呈"S"形，豆盘较深，折壁，凸棱不明显，下腹部呈弓形弧收，喇叭状柄较细高，圈足状矮座外撇，座沿斜方唇；豆盘内饰有螺旋状暗纹，暗纹较细，间距较小。口径18.6、高15.8厘米。（图一八五，5；彩版六〇，5）

M287：2，陶鬲。夹砂红陶。折沿微仰，圆唇，圆肩，弧腹，分裆较矮，三袋足内敛较甚，尖足跟；沿面有一道凹槽，肩部抹平，隐约可见绳纹痕迹，上有三道凹槽，上腹部饰抹断绳纹，下腹至足饰交错绳纹。口径14.2、腹径17.6、高14.4厘米。（图一八五，1）

M287：3，陶鬲。夹细砂灰陶。折沿微下斜，圆唇，溜肩，腹微弧，分裆较矮，三袋足较内敛，尖足跟；肩部抹平，隐约可见绳纹痕迹，上有八道凹槽和一个小圆饼，上腹部饰抹断绳纹，下腹至足饰交错绳纹。口径17.4、腹径19.0、高15.7厘米。（图一八五，2；彩版三四，2）

M287：4，陶豆。泥质灰陶。敞口，圆唇，唇外缘弧鼓，渐收至折处又凸起，上半部外鼓，下半部弧收呈凹槽，外壁呈"S"形，豆盘较深，折壁，凸棱不明显，下腹部弧收，喇叭状柄较细高，圈足状矮座外撇，座沿斜方唇；豆盘内饰有螺旋状暗纹，暗纹较细，间距较小，盘外饰有数圈螺旋状暗

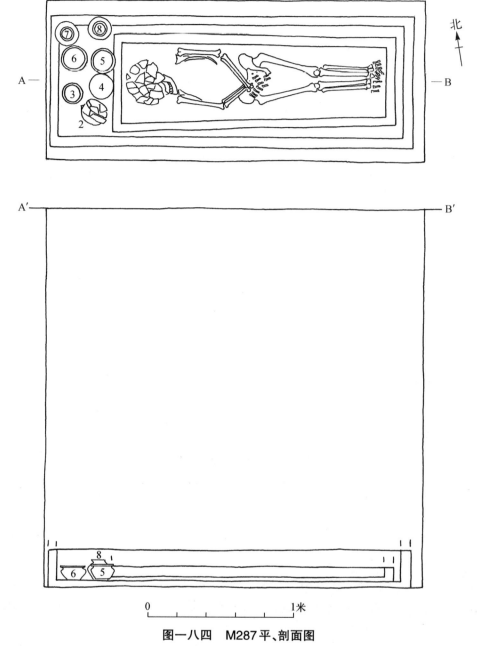

图一八四 M287平、剖面图
1.陶豆 2.陶鬲 3.陶鬲 4.陶豆 5.陶盂 6.陶盂 7.陶罐 8.陶罐

纹。口径17.6、高16.5厘米。(图一八五,4)

　　M287:5,陶盂。泥质灰陶,器表打磨光滑。平折沿,方唇,上腹较斜,下腹斜收,平底;上腹部有一道凸弦纹,折棱处有一道凹弦纹。口径17.5、腹径17.8、底径9.4、高10.0厘米。(图一八五,7)

　　M287:6,陶盂。泥质灰陶,器表打磨光滑。平折沿,方唇,上腹较斜,下腹斜收,平底;折棱处有一道凹弦纹。口径16.7、腹径16.8、底径9.1、高10.5厘米。(图一八五,8;彩版五〇,6)

　　M287:7,陶罐。泥质灰陶,器表打磨平整。平折沿,方唇,束颈较短,溜肩微弧,折腹,凸棱

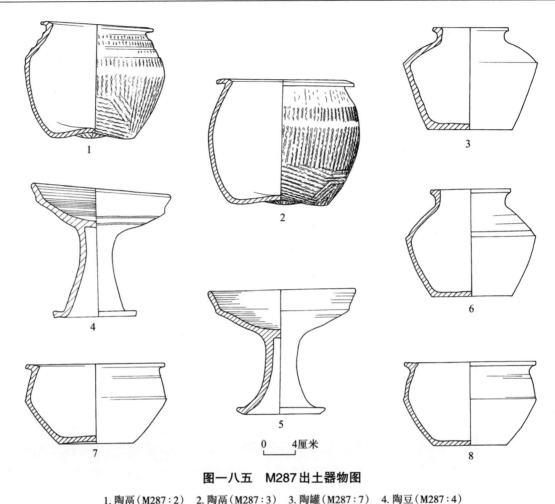

图一八五　M287 出土器物图

1. 陶鬲（M287：2）　2. 陶鬲（M287：3）　3. 陶罐（M287：7）　4. 陶豆（M287：4）
5. 陶豆（M287：1）　6. 陶罐（M287：8）　7. 陶盂（M287：5）　8. 陶盂（M287：6）

明显，斜腹内收，平底；肩部近折处饰有一道凹弦纹。口径 9.6、腹径 17.0、底径 10.8、高 12.6 厘米。
（图一八五，3；彩版七〇，1）

　　M287：8，陶罐。泥质灰陶，器表打磨平整。平折沿，圆唇，束颈较短，溜肩弧鼓，折腹，凸棱明
显，弧腹内收，平底；沿面饰有两道凹弦纹，肩部近折处饰有两道凹弦纹。口径 10.1、腹径 16.4、底
径 10.0、高 13.5 厘米。（图一八五，6）

76. M289

　　开口平面呈长方形，直壁，壁面平整，平底。填土为五花土，土质疏松。墓向 280°。墓葬开口
距地表 90 厘米，开口长 300、宽 160 厘米，墓深 260 厘米。葬具为木质一椁一棺，仅存朽痕，均为长
方形。椁长 254、宽 114、高 40、厚 6 厘米，棺长 200、宽 80、高 10、厚 6 厘米。人骨保存较差，仅余部
分肢骨及朽痕，仰身直肢，双脚并拢。（彩版一七，2）

　　随葬品共 8 件，出土于墓葬西端的棺与椁之间，均为陶器：

　　M289：1，陶豆。泥质灰褐陶。敞口，尖圆唇，唇外缘略弧鼓，渐收至折处又凸起，上半部弧

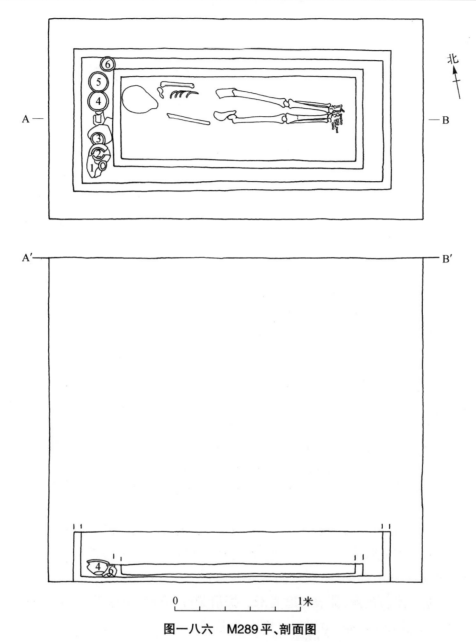

图一八六　M289平、剖面图

1. 陶豆　2. 陶罐　3. 陶罐　4. 陶盂　5. 陶盂　6. 陶鬲　7. 陶豆　8. 陶鬲

鼓，下半部弧收形成凹槽，外壁呈"S"形，豆盘较浅，折壁，凸棱不明显，下腹部弧收，近直柄较细长，圈足状矮座外撇；豆盘内饰有密而细的螺旋状暗纹，盘内有刻划符号。口径15.1、高12.4厘米。（图一八六；图一八七，7、8）

M289：2，陶罐。泥质灰褐陶，器表打磨平整。沿面接近消失，短颈，溜肩略内弧，弧折腹，弧腹内收，平底；沿面饰有两道凹弦纹。口径10.0、腹径16.8、底径9.8、高11.2厘米。（图一八七，1；彩版七五，1）

M289：3，陶罐。泥质灰褐陶，器表打磨平整。平折沿较窄，短颈，溜肩略内弧，弧折腹，弧腹

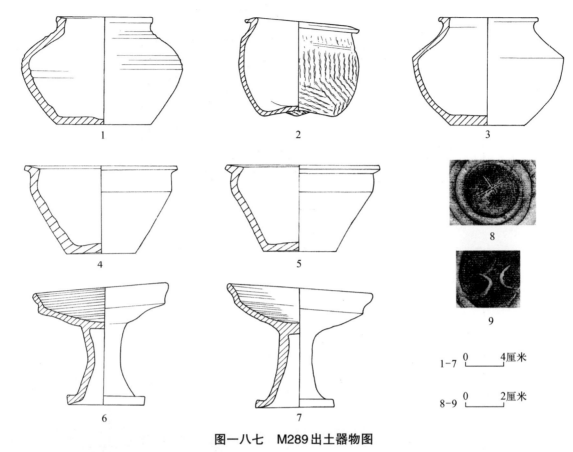

图一八七　M289出土器物图

1. 陶罐（M289：2）　2. 陶鬲（M289：6）　3. 陶罐（M289：3）　4. 陶盂（M289：4）　5. 陶盂（M289：5）
6. 陶豆（M289：7）　7. 陶豆（M289：1）　8. 陶豆刻符（M289：1）　9. 陶豆刻符（M289：7）

内收,平底；素面。口径10.3、腹径13.8、底径7.8、高11.2厘米。（图一八七,3）

　　M289：4,陶盂。泥质灰陶,器表打磨光滑。折沿微仰,圆唇,上腹近直,下腹斜收,平底。口径16.0、腹径14.8、底径7.0、高9.2厘米。（图一八七,4）

　　M289：5,陶盂。泥质灰陶,器表打磨光滑。折沿微仰,方唇,上腹近直,下腹斜收,平底微凹。口径16.2、腹径15.2、底径7.6、高9.0厘米。（图一八七,5）

　　M289：6,陶鬲。夹砂红陶。折沿微下斜,圆唇,溜肩,弧腹,分裆较矮,三袋足内敛较甚,尖足跟；肩部抹平,上有二道宽凹槽,腹以下饰交错绳纹。口径12.0、腹径12.6、高9.9厘米。（图一八七,2）

　　M289：7,陶豆。泥质灰褐陶。敞口,尖圆唇,唇外缘略弧鼓,渐收至折处又凸起,上半部弧鼓,下半部弧收形成凹槽,外壁呈“S”形,豆盘较浅,折壁,凸棱不明显,下腹部弧收,近直柄较细长,圈足状矮座外撇；豆盘内饰有密而细的螺旋状暗纹,盘内有刻划符号。口径14.5、高12.4厘米。（图一八七,6、9）

　　M289：8,陶鬲,残。夹砂褐陶。仅存几片口沿,平折沿,略仰,束颈较短,溜肩,素面。

77. M290

开口平面呈长方形,斜壁,壁面平整,口大底小,平底。填土为五花土,土质疏松。墓向280°。

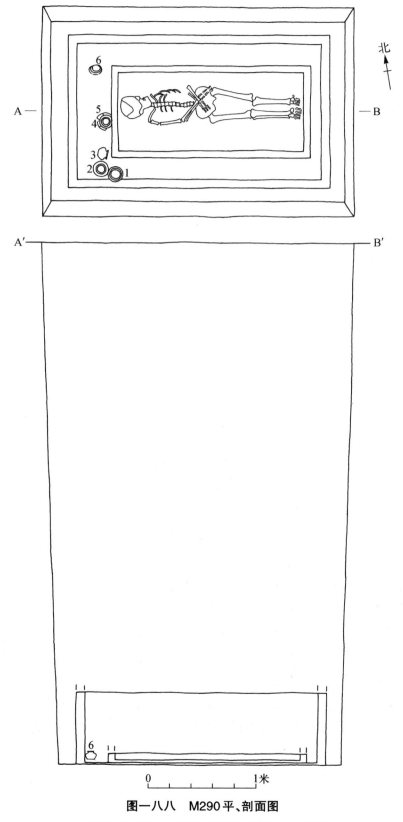

图一八八 M290平、剖面图

1.陶鬲 2.陶盂 3.陶罐 4.陶罐 5.陶鬲 6.陶盂

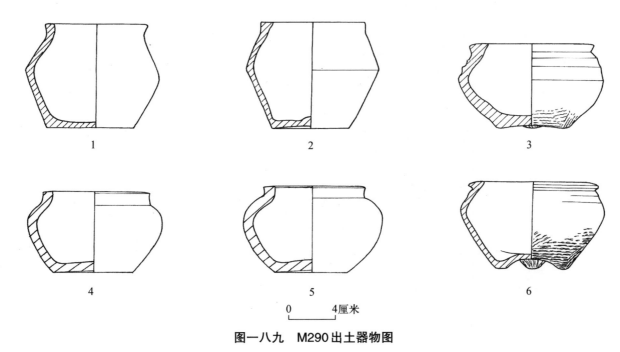

图一八九　M290出土器物图

1. 陶罐(M290：4)　2. 陶罐(M290：3)　3. 陶鬲(M290：1)　4. 陶盂(M290：6)　5. 陶盂(M290：2)　6. 陶鬲(M290：5)

墓葬开口距地表100厘米,开口长286、宽192厘米,墓深480厘米,墓底长270、宽164厘米。葬具为木质一椁一棺,仅存朽痕,均为长方形。椁长240、宽140、高66、厚8厘米,棺长182、宽84、高8、厚6厘米。人骨保存较差,仰身直肢,面朝北,双手置于腹部,双脚并拢。(图一八八;彩版一八,1)

随葬品共6件,出土于墓葬西端的棺与椁之间,均为陶器:

M290：1,陶鬲。泥质灰陶。折沿较平,圆唇,溜肩,弧腹,裆近平,乳足内聚于底;肩部和腹抹平,足和裆饰绳纹。口径10.5、腹径12.6、底径6.1、高7.3厘米。(图一八九,3;彩版四五,1)

M290：2,陶盂。泥质灰陶,器表有多道刮削痕。直口,方唇,领较矮,弧腹,平底微凹。口径8.6、腹径12.0、底径6.2、高7.5厘米。(图一八九,5;彩版五六,5)

M290：3,陶罐。泥质灰褐陶。直领较短,溜肩微弧,折腹,斜腹内收,平底;素面。口径9.0、腹径11.4、底径6.6、高9.1厘米。(图一八九,2;彩版七五,5)

M290：4,陶罐。泥质灰褐陶。直领较短,溜肩微弧,折腹,斜腹内收,平底;腹部刀削痕迹。口径8.8、腹径11.4、底径7.4、高8.9厘米。(图一八九,1;彩版七五,6)

M290：5,陶鬲。泥质灰陶。折沿微下斜,圆唇,溜肩,弧腹,裆近平,乳足内聚于底;肩部和腹抹平,足和裆饰绳纹。口径11.2、腹径12.4、高7.5厘米。(图一八九,6;彩版四五,2)

M290：6,陶盂。泥质灰陶,器表有多道刮削痕。直口,方唇,领较矮,微束,弧腹,平底微凹。口径9.1、腹径11.6、底径7.0、高7.0厘米。(图一八九,4;彩版五六,6)

78. M292

开口平面呈长方形,直壁,壁面平整,平底。填土为五花土,土质疏松。墓向110°。墓葬开口

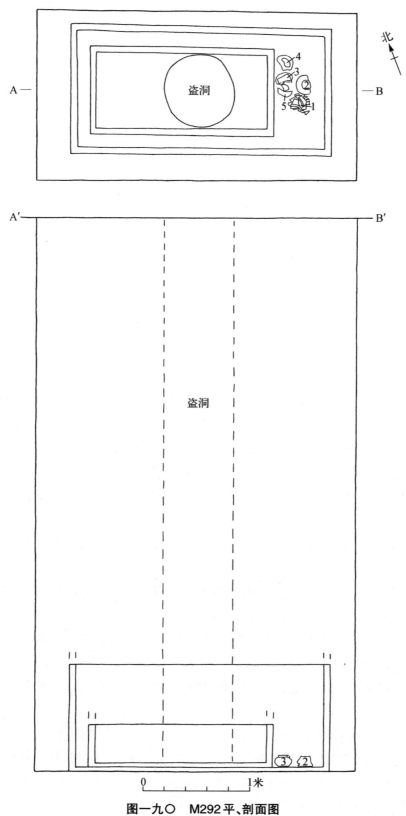

图一九〇　M292平、剖面图

1.陶鬲　2.陶盂　3.陶罐　4.陶盂　5.陶鬲

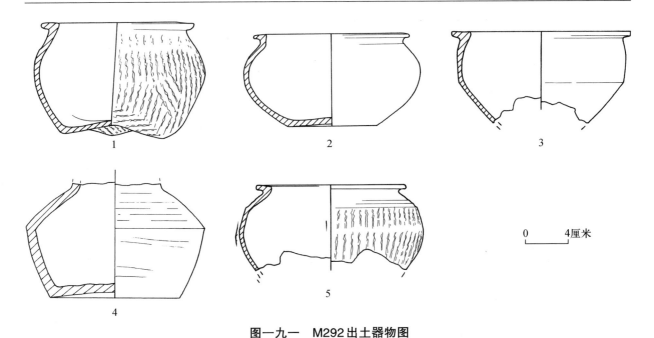

图一九一　M292出土器物图

1. 陶鬲（M292∶1）　2. 陶盂（M292∶2）　3. 陶盂（M292∶4）　4. 陶罐（M292∶3）　5. 陶鬲（M292∶5）

距地表90厘米，开口长300、宽160厘米，墓深520厘米。该墓中央有一个圆形盗洞直通棺内。葬具为木质一椁一棺，仅存朽痕，均为长方形。椁长244、宽122、高100、厚6厘米，棺长172、宽83、高40、厚6厘米。人骨不存。（图一九〇）

随葬品共5件，出土于墓葬东端的棺与椁之间，均为陶器：

M292∶1，陶鬲。泥质灰陶。平折沿，圆唇，溜肩，鼓腹，分裆较矮，三袋足较内敛，尖足跟；腹以下饰交错绳纹。口径14.2、腹径16.0、高10.5厘米。（图一九一，1）

M292∶2，陶盂。泥质灰陶，器表有多道刮削痕。平折沿，方唇，领较矮，鼓腹，平底。口径14.4、腹径16.4、底径8.4、高8.6厘米。（图一九一，2）

M292∶3，陶罐，残。泥质灰陶，器表打磨平整。口部残缺，溜肩弧鼓，折腹，斜腹内收，平底略内凹；肩部饰有较密的圈状暗纹。（图一九一，4）

M292∶4，陶盂，残。泥质灰陶，器表有多道刮削痕。平折沿，方唇，领较矮，鼓腹，平底略内凹。残碎无法复原。（图一九一，3）

M292∶5，陶鬲，残碎。泥质灰陶。平折沿，圆唇，小袋足。（图一九一，5）

79. M297

开口平面呈长方形，直壁，壁面平整，平底。填土为五花土，土质疏松。墓向300°。墓葬开口距地表90厘米，开口长235、宽96厘米，墓深240厘米。葬具为木质一椁一棺，仅存朽痕，均为长方形。椁长218、宽84、高30、厚6厘米，棺长184、宽64、高8、厚6厘米。人骨保存较好，仰身直肢，面朝上，双手置于腹部，双脚并拢。（图一九二）

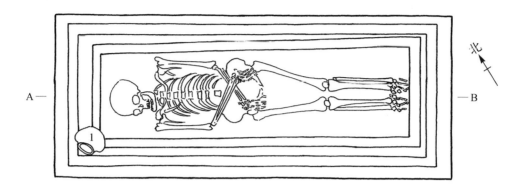

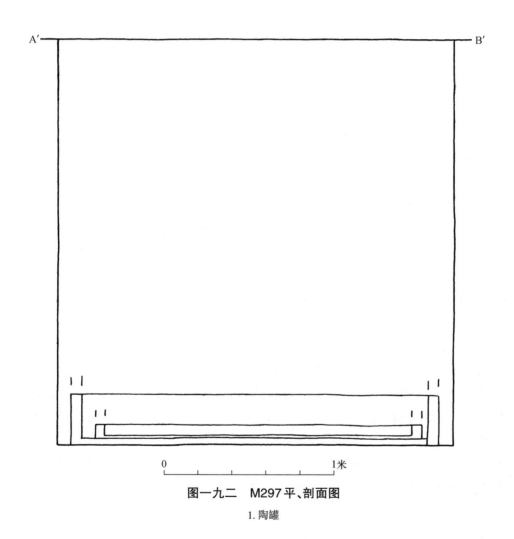

图一九二 M297平、剖面图

1. 陶罐

随葬品仅1件,出土于墓葬西南角的棺与椁之间,为陶罐:

M297:1,陶罐。泥质灰陶,器表打磨平整。平折沿,方唇,下沿极短,短颈,溜肩弧鼓,折腹,斜腹内收,平底;肩部饰有暗纹。口径11.1、腹径16.2、底径8.8、高13.4厘米。(图一九三,1)

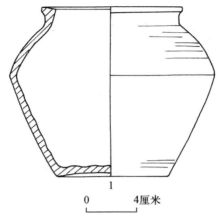

图一九三　M297 出土器物图

1. 陶罐（M297：1）

80. M300

开口平面呈长方形,直壁,壁面平整,平底。填土为五花土,土质疏松。墓向300°。墓葬开口距地表100厘米,开口长270、宽140厘米,墓深410厘米。葬具为木质一椁一棺,仅存朽痕,均为长方形。椁长244、宽118、高40、厚6厘米,棺长185、宽79、高16、厚6厘米。人骨保存较差,仰身直肢,面朝上,双手置于腹部,双脚并拢。(图一九四;彩版一八,2)

随葬品共4件,出土于墓葬西端的棺与椁之间,均为陶器:

M300：1,陶鬲。夹砂红陶。折沿较平,圆唇,圆肩,弧腹,分裆较矮,三袋足内敛较甚,尖足跟;肩部抹平,隐约可见绳纹痕迹,上有四道凹槽,上腹部饰抹断绳纹,下腹至足饰交错绳纹。口径14.4、腹径17.4、高13.0厘米。(图一九五,1)

M300：2,陶盂。泥质灰陶,器表打磨光滑。平折沿,方唇,领较高,鼓腹,平底;领和腹结合处有一道凹槽。口径16.9、腹径17.8、底径9.4、高11.9厘米。(图一九五,4)

M300：3,陶豆。泥质灰陶。敞口,圆唇,唇外缘略弧鼓,渐收至折处又凸起,上半部弧鼓,下半部弧收形成凹槽,外壁呈"S"形,豆盘较浅,折壁,凸棱不明显,下腹部弧收,近直柄较细长,圈足状矮座外撇,座沿斜方唇;豆盘内饰有密而细的螺旋状暗纹,盘内有刻划符号。口径15.0、高13.3厘米。(图一九五,3、5)

M300：4,陶罐。泥质褐陶,器表打磨平整。平折沿,方唇,束颈较短,溜肩弧鼓,折腹,斜腹内收,平底;肩部近折处饰有一道凹弦纹。口径11.2、腹径17.8、底径10.4、高13.6厘米。(图一九五,2)

81. M301

开口平面呈长方形,直壁,壁面平整,平底。填土为五花土,土质疏松。墓向290°。墓葬开口距地表100厘米,开口长296、宽156厘米,墓深420厘米。葬具为木质一椁一棺,仅存朽痕,均为长方形。椁长268、宽130、高56、厚8厘米,棺长184、宽76、高8、厚6厘米。人骨保存较差,仰身直肢,仰身直肢,面朝南,双手置于腹部,双脚并拢。(图一九六;图版一九,1)

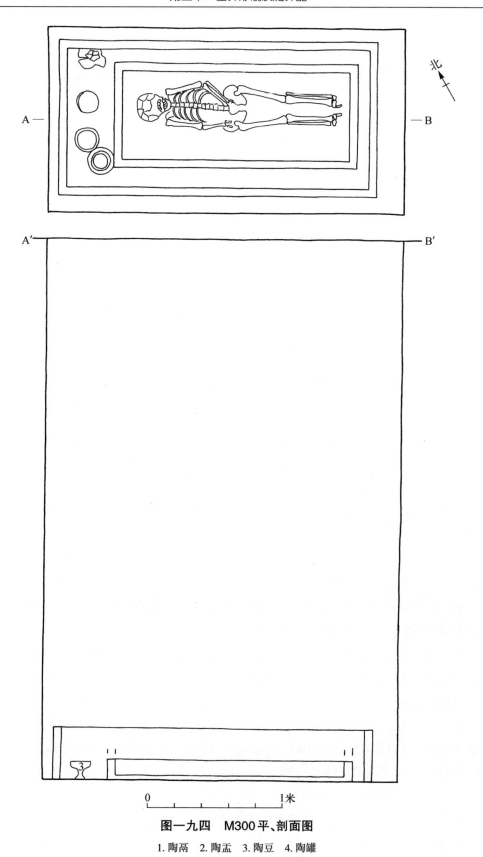

图一九四 M300平、剖面图

1.陶鬲 2.陶盂 3.陶豆 4.陶罐

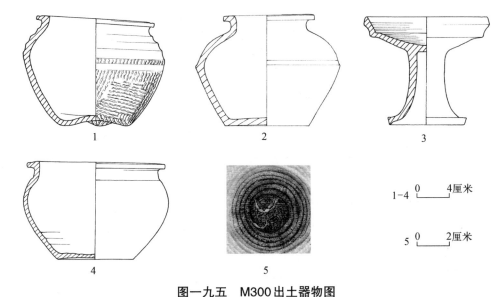

图一九五　M300出土器物图

1.陶鬲(M300:1)　2.陶罐(M300:4)　3.陶豆(M300:3)　4.陶盂(M300:2)　5.陶豆刻符(M300:3)

随葬品共16件,出土于墓葬西端的棺与椁之间,均为陶器:

M301:1,陶豆。泥质灰陶。敞口,圆唇,唇外缘略弧鼓,渐收至折处又凸起,上半部外鼓,下半部弧收呈凹槽,外壁呈"S"形,豆盘较浅,折壁,凸棱不明显,下腹部弧收,喇叭状柄较细高,圈足状矮座外撇,座沿斜方唇;豆盘内饰有螺旋状暗纹,暗纹较细而密,外腹部饰有一圈螺旋状暗纹,豆盘内有刻划符号。口径17.0、高14.5厘米。(图一九七,10;图一九八,5;彩版六一,7)

M301:2,陶罐。泥质灰陶。器表打磨平整。平折沿,圆唇,束颈较短,溜肩弧鼓,折腹,斜腹内收,平底;沿面饰有三道凹弦纹,肩部近折处饰有一道凹弦纹。口径12.0、腹径17.8、底径11.4、高14.2厘米。(图一九七,1;彩版七一,6)

M301:3,陶豆。泥质灰陶。敞口,圆唇,唇外缘略弧鼓,渐收至折处又凸起,上半部外鼓,下半部弧收呈凹槽,外壁呈"S"形,豆盘较浅,折壁,凸棱不明显,下腹部弧收,喇叭状柄较细高,圈足状矮座外撇,座沿略内凹;豆盘内饰有螺旋状暗纹,暗纹较细而密,豆盘内有刻划符号。口径17.0、高16.1厘米。(图一九七,9;图一九八,6)

M301:4,陶罐。泥质灰陶。器表打磨平整。平折沿,方唇,束颈较短,溜肩弧鼓,折腹,斜腹内收,平底;沿面饰有多道极细凹弦纹,底部饰有一道细凹弦纹。口径11.0、腹径17.4、底径9.6、高12.3厘米。(图一九七,11)

M301:5,陶盂。泥质灰陶,器表打磨光滑。折沿微仰,方唇,上腹斜直,下腹斜收,平底;上腹部有一道凹弦纹。口径18.5、腹径19.7、底径10.1、高12.2厘米。(图一九七,6)

M301:6,陶盂。泥质灰陶,器表打磨光滑。折沿微仰,方唇,上腹斜直,下腹斜收,平底。口径18.2、腹径18.8、底径9.6、高11.8厘米。(图一九七,8)

M301:7,陶豆。泥质灰陶。敞口,圆唇,唇外缘略弧鼓,渐收至折处又凸起,上半部外鼓,下半部弧收呈凹槽,外壁呈"S"形,豆盘较浅,折壁,凸棱不明显,下腹部弧收,喇叭状柄较细高,圈

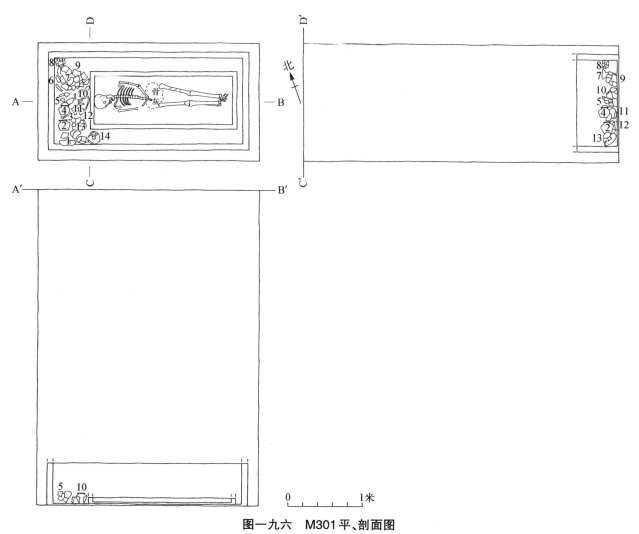

图一九六　M301平、剖面图

1.陶豆　2.陶罐　3.陶豆　4.陶罐　5.陶盂　6.陶盂　7.陶豆　8.陶鬲　9.陶鬲
10.陶罐　11.陶鬲　12.陶盂　13.陶鬲　14.陶豆　15.陶罐　16.陶盂

足状矮座外撇,座沿斜方唇略内凹;豆盘内饰有螺旋状暗纹,暗纹较细而密,外腹部有一圈螺旋状凹槽,豆盘内有刻划符号。口径16.4、高14.5厘米。(图一九七,4;图一九八,7)

M301:8,陶鬲。泥质灰陶。折沿较平,圆唇,溜肩,腹微弧,分裆较矮,三袋足内敛,尖足跟;沿面饰一道凹弦纹,肩部抹平,仍可见绳纹痕迹,上腹部饰抹断绳纹,下腹至足饰交错绳纹。口径17.2、腹径19.2、高15.6厘米。(图一九八,2)

M301:9,陶鬲。泥质灰陶。折沿较平,圆唇,溜肩,腹微弧,分裆较矮,三袋足内敛,尖足跟;沿面饰一道凹弦纹,肩部抹平,仍可见绳纹痕迹,上腹部饰抹断绳纹,下腹至足饰交错绳纹。口径16.8、腹径19.2、高15.7厘米。(图一九八,3)

M301:10,陶罐。泥质灰陶。器表打磨平整。平折沿,方唇,束颈较短,溜肩弧鼓,折腹,斜腹内收,平底;沿面饰有两道较浅凹弦纹,肩部近折处饰有一道凹弦纹。口径11.6、腹径16.6、底径

10.2、高11.0厘米。(图一九七,5)

　　M301:11,陶鬲。泥质灰陶。折沿较平,圆唇,溜肩,腹微弧,分裆较矮,三袋足内敛,尖足跟;沿面饰一道凹弦纹,肩部抹平,仍可见绳纹痕迹,上腹部饰抹断绳纹,下腹至足饰交错绳纹。口径15.9、腹径18.8、高16.1厘米。(图一九八,1)

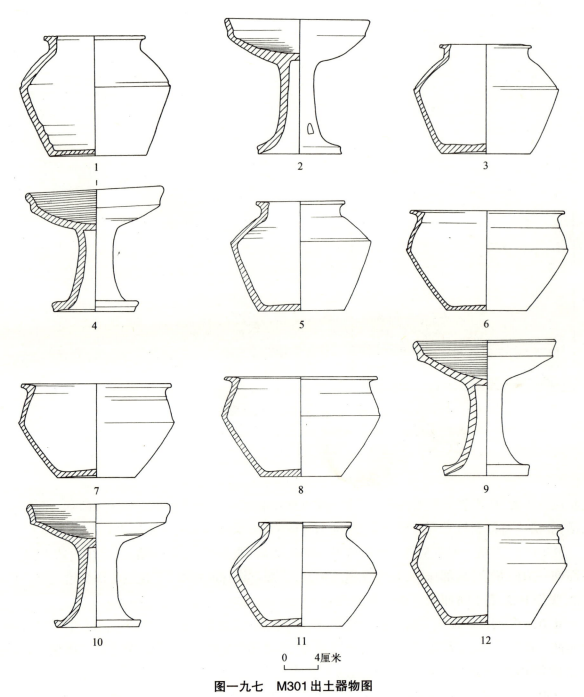

0 ——— 4厘米

图一九七　M301出土器物图

1. 陶罐(M301:2)　2. 陶豆(M301:14)　3. 陶罐(M301:15)　4. 陶豆(M301:7)　5. 陶罐(M301:10)　6. 陶盂(M301:5)
7. 陶盂(M301:12)　8. 陶盂(M301:6)　9. 陶豆(M301:3)　10. 陶豆(M301:1)　11. 陶罐(M301:4)　12. 陶盂(M301:16)

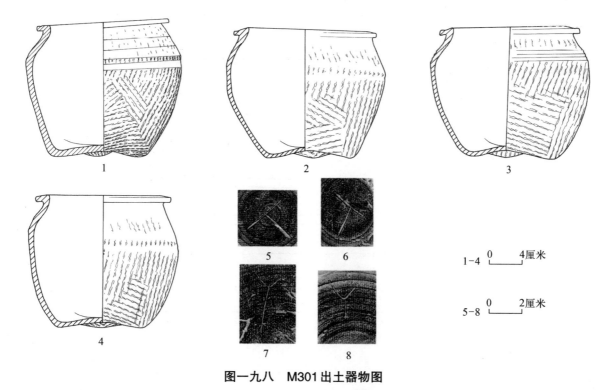

图一九八　M301出土器物图

1.陶鬲（M301∶11）　2.陶鬲（M301∶8）　3.陶鬲（M301∶9）　4.陶鬲（M301∶13）　5.陶豆刻符（M301∶1）
6.陶豆刻符（M301∶3）　7.陶豆刻符（M301∶7）　8.陶豆刻符（M301∶14）

　　M301∶12，陶盂。泥质灰陶，器表打磨光滑。折沿微仰，圆唇，上腹斜直，下腹斜收，平底微凹；上腹部有一道凹弦纹。口径17.8、腹径18.4、底径9.2、高11.1厘米。（图一九七，7）

　　M301∶13，陶鬲。泥质灰陶。折沿下斜，圆唇，溜肩，腹微弧，分裆较矮，三袋足内敛，尖足跟；沿面饰一道凹弦纹，肩部抹平，上有五道凹弦纹，上腹部饰抹断绳纹，下腹至足饰交错绳纹。口径16.4、腹径18.2、高15.8厘米。（图一九八，4）

　　M301∶14，陶豆。泥质灰陶。敞口，圆唇，唇外缘略弧鼓，渐收至折处又凸起，上半部外鼓，下半部弧收呈凹槽，外壁呈"S"形，豆盘较深，折壁，凸棱不明显，下腹部呈弓形弧收，喇叭状柄较细高，圈足状矮座外撇，座沿略内凹；豆盘内饰有螺旋状暗纹，暗纹较细，间距较小，豆盘内有刻划符号。口径17.2、高16.0厘米。（图一九七，2；图一九八，8）

　　M301∶15，陶罐。泥质灰陶，器表打磨平整。平折沿，圆唇，束颈较短，溜肩弧鼓，折腹，斜腹内收，平底；肩部近折处饰有一道凹弦纹。口径10.8、腹径17.2、底径10.4、高13.0厘米。（图一九七，3）

　　M301∶16，陶盂。泥质灰陶，器表打磨光滑。折沿较平，斜方唇，上腹斜直，下腹斜收，平底；上腹部有一道凹弦纹，折棱处有一道凹弦纹。口径17.4、腹径18.6、底径10.2、高11.8厘米。（图一九七，12）

82. M302

　　开口平面呈长方形，直壁，壁面平整，平底。填土为五花土，土质疏松。墓向290°。墓葬开口距地表100厘米，开口长300、宽180厘米，墓深300厘米。葬具为木质一椁一棺，仅存朽痕，均为

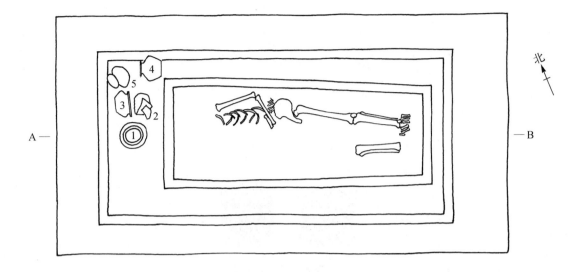

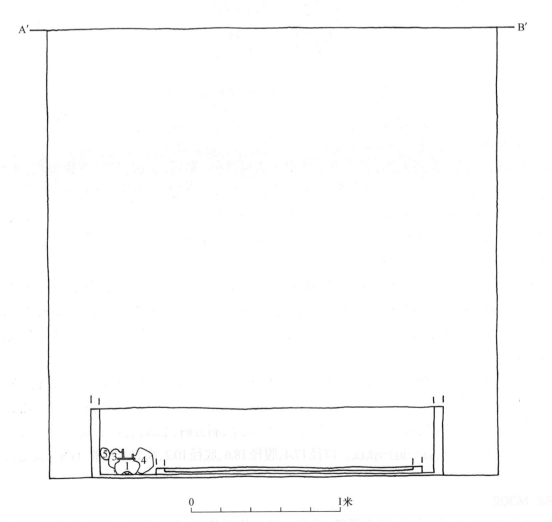

图一九九　M302平、剖面图

1.陶鬲　2.陶盂　3.陶盂　4.陶罐　5.陶罐

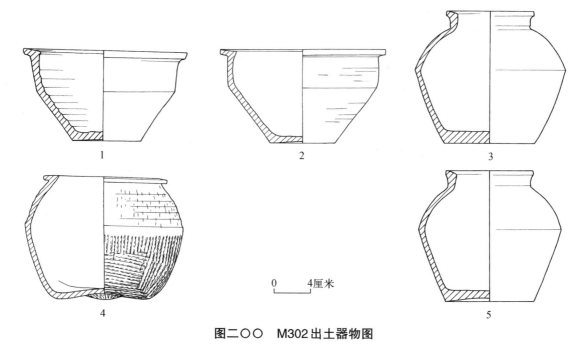

图二○○　M302出土器物图

1. 陶盂（M302：3）　2. 陶盂（M302：2）　3. 陶罐（M302：5）　4. 陶鬲（M302：1）　5. 陶罐（M302：4）

长方形。椁长236、宽116、高46、厚6厘米，棺长178、宽66-74、高4、厚6厘米。人骨保存差，仅余部分肢骨，仰身直肢。（图一九九）

随葬品共5件，出土于墓葬西端的棺与椁之间，均为陶器：

M302：1，陶鬲。夹细砂灰陶。平折沿，折处凸起，使沿面形成一道凹槽，圆唇，圆肩，弧腹，分裆较矮，三袋足内敛较甚，尖足跟；肩部抹平，隐约可见绳纹痕迹，上有六道凹槽，腹以下饰交错绳纹。口径13.4、腹径17.2、高13.5厘米。（图二○○，4）

M302：2，陶盂。泥质灰陶，器表打磨光滑。折沿微仰，方唇，上腹斜弧，下腹斜收，平底。口径18.0、腹径16.1、底径6.9、高10.2厘米。（图二○○，2）

M302：3，陶盂。泥质灰陶，器表打磨光滑。折沿微仰，方唇，上腹斜弧，下腹斜收，平底。口径17.9、底径7.4、高10.0厘米。（图二○○，1）

M302：4，陶罐。泥质灰褐色陶，器表打磨平整。平折沿略仰，沿面极短，方唇，短颈，溜肩微弧，弧折腹，斜腹内收，平底；素面。口径9.9、腹径15.5、底径9.5、高14.2厘米。（图二○○，5）

M302：5，陶罐。泥质灰陶，器表打磨平整。平折沿略仰，沿面极短，方唇，短颈，溜肩微弧，弧折腹，斜腹内收，平底；素面。口径10.0、腹径16.7、底径9.5、高14.4厘米。（图二○○，3）

83. M304

开口平面呈长方形，直壁，壁面平整，平底。填土为五花土，土质疏松。墓向285°。墓葬开口距地表100厘米，开口长310、宽168厘米，墓深480厘米。葬具为木质一椁一棺，仅存朽痕，均为长方形。椁长270、宽120、高48、厚6厘米，棺长210、宽82、高20、厚6厘米。人骨保存较差，仰身

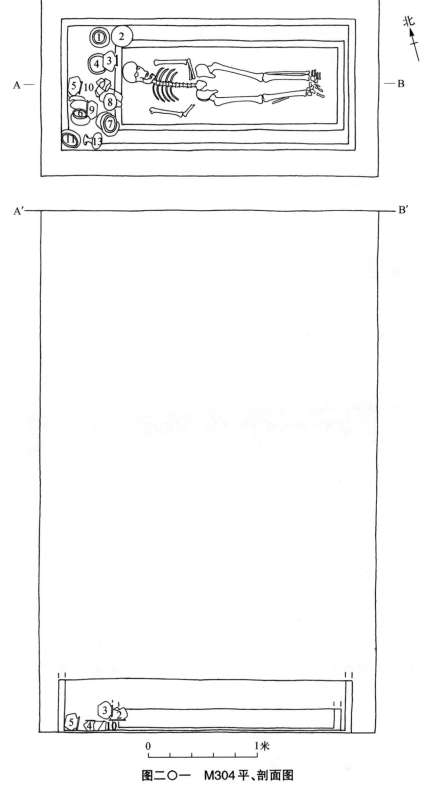

图二〇一　M304平、剖面图

1. 陶罐　2. 陶鬲　3. 陶罐　4. 陶盂　5. 陶罐　6. 陶罐　7. 陶鬲　8. 陶鬲　9. 陶盂
10. 陶盂　11. 陶鬲　12. 陶盂　13. 陶豆　14. 陶豆　15. 陶豆　16. 陶豆

直肢,面朝北,双手置于腹部,双脚并拢。(图二〇一;彩版一九,2)

随葬品共16件,出土于墓葬西端的棺与椁之间,均为陶器:

M304:1,陶罐。泥质灰陶,器表打磨平整。平折沿,方唇,高束颈,溜肩弧鼓,折腹,凸棱明显,斜腹内收,平底略内凹;唇面饰有一道凹弦纹,颈和肩交接处有一道折棱,肩腹交接处饰有一道凹弦纹。口径11.7、腹径18.0、底径10.8、高14.0厘米。(图二〇二,10)

M304:2,陶鬲。夹细砂灰陶。平折沿,圆唇,圆肩,弧腹,分档较矮,三袋足内敛较甚,尖足

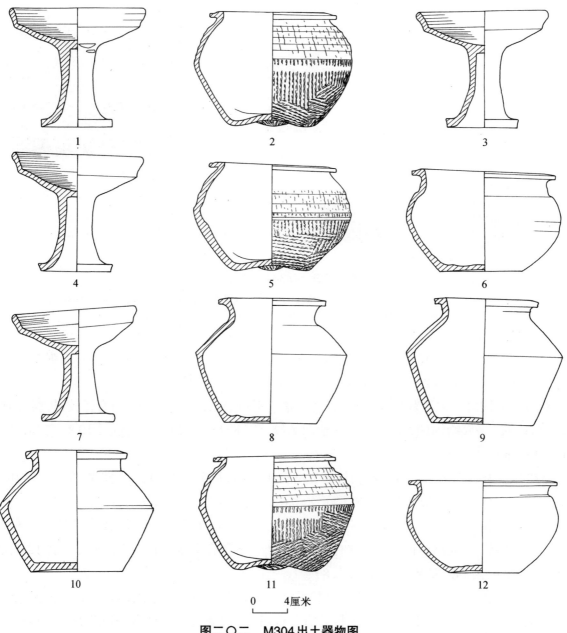

0　　　4厘米

图二〇二　M304出土器物图

1. 陶豆(M304:16)　2. 陶鬲(M304:8)　3. 陶豆(M304:15)　4. 陶豆(M304:14)　5. 陶鬲(M304:11)　6. 陶盂(M304:12)
7. 陶豆(M304:13)　8. 陶罐(M304:5)　9. 陶罐(M304:3)　10. 陶罐(M304:1)　11. 陶鬲(M304:7)　12. 陶盂(M304:10)

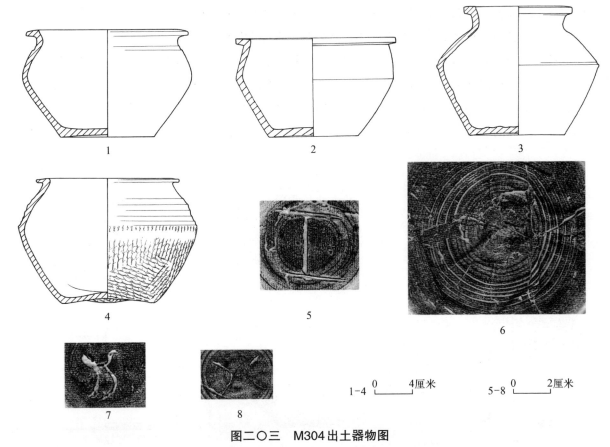

图二○三　M304出土器物图

1. 陶盂（M304∶4）　2. 陶盂（M304∶9）　3. 陶罐（M304∶6）　4. 陶鬲（M304∶2）　5. 陶豆刻符（M304∶15）
6. 陶豆刻符（M304∶16）　7. 陶豆刻符（M304∶13）　8. 陶豆刻符（M304∶14）

跟；沿面有一道凹弦纹，肩部抹平，隐约可见绳纹痕迹，上有六道凹槽，上腹部饰抹断绳纹，下腹至
足饰交错绳纹。口径15.2、腹径19.0、高13.2厘米。（图二○三，4）

　　M304∶3，陶罐。泥质灰褐陶，器表打磨平整。平折沿，方唇，高束颈，溜肩弧鼓，折腹，凸棱明
显，斜腹内收，平底略内凹；唇面饰有一道凹弦纹。口径11.0、腹径18.0、底径10.8、高14.3厘米。
（图二○二，9）

　　M304∶4，陶盂。泥质灰陶，器表打磨光滑。平折沿，圆唇，高领微束，鼓腹，平底；领和肩结
合处有一道凹槽。口径17.2、腹径18.0、底径10.0厘米。（图二○三，1；彩版五四，3）

　　M304∶5，陶罐。泥质灰褐陶，器表打磨平整。平折沿，方唇，高束颈，溜肩弧鼓，折腹，凸棱
明显，斜腹内收，平底略内凹；唇面饰有一道凹弦纹，颈和肩交接处有一道折棱。口径12.4、腹径
17.4、底径10.6、高14.4厘米。（图二○二，8）

　　M304∶6，陶罐。泥质灰褐陶，器表打磨平整。平折沿，方唇，高束颈，溜肩弧鼓，折腹，凸棱明
显，斜腹内收，平底略内凹；颈和肩交接处有一道折棱，肩腹交接处饰有一道凹弦纹。口径11.7、
腹径17.5、底径10.1、高13.7厘米。（图二○三，3；彩版七二，1）

　　M304∶7，陶鬲。夹细砂灰陶。折沿微下斜，圆唇，唇缘上翘，使沿面形成一道凹槽，

圆肩,弧腹,分裆较矮,三袋足内敛较甚,尖足跟;肩部抹平,隐约可见绳纹痕迹,上有六道凹槽,上腹部饰抹断绳纹,下腹至足饰交错绳纹。口径14.2、腹径17.9、高13.1厘米。(图二〇二,11;彩版三六,6)

M304:8,陶鬲。夹细砂灰陶。折沿微下斜,圆唇,唇缘上翘,使沿面形成一道凹槽,圆肩,弧腹,分裆较矮,三袋足内敛较甚,尖足跟;肩部抹平,隐约可见绳纹痕迹,上有六道凹槽,上腹部饰抹断绳纹,下腹至足饰交错绳纹。口径14.5、腹径18.2、高13.2厘米。(图二〇二,2)

M304:9,陶盂。泥质灰陶,器表打磨光滑。平折沿,方唇,上腹斜弧,下腹斜收,平底;下腹部有一道宽凹槽。口径17.0、腹径16.7、底径9.4、高10.4厘米。(图二〇三,2)

M304:10,陶盂。泥质灰陶,器表打磨光滑。平折沿,方唇,领较高,鼓腹,平底;领和肩结合处有一道凹槽。口径10.6、腹径17.4、底径8.0、高10.6厘米。(图二〇二,12)

M304:11,陶鬲。夹细砂灰陶。平折沿,圆唇,唇缘上翘,使沿面形成一道凹槽,圆肩,弧腹,分裆较矮,三袋足内敛较甚,尖足跟;肩部抹平,隐约可见绳纹痕迹,上有六道凹槽,上腹部饰抹断绳纹,下腹至足饰交错绳纹。口径14.7、腹径18.2、高12.2厘米。(图二〇二,5)

M304:12,陶盂。泥质灰陶,器表打磨光滑。平折沿,方唇,高领微束,鼓腹,平底;领和肩结合处有一道凹槽。口径16.5、腹径17.8、底径9.4、高11.5厘米。(图二〇二,6)

M304:13,陶豆。泥质灰陶。敞口,圆唇,唇外缘略弧鼓,渐收至折处又凸起,上半部外鼓,下半部弧收呈凹槽,外壁呈"S"形,豆盘较浅,折壁,凸棱不明显,下腹部呈弓形弧收,喇叭状柄较细高,圈足状矮座外撇;豆盘内饰有螺旋状暗纹,暗纹较细而密,豆盘内有刻划符号。口径14.5、高13.3厘米。(图二〇二,7;图二〇三,7)

M304:14,陶豆。泥质灰陶。敞口,圆唇,唇外缘略弧鼓,渐收至折处又凸起,上半部外鼓,下半部弧收呈凹槽,外壁呈"S"形,豆盘较浅,折壁,凸棱不明显,下腹部呈弓形弧收,喇叭状柄较细高,圈足状矮座外撇,座沿斜方唇;豆盘内饰有螺旋状暗纹,暗纹较细而密,座沿饰有一道凹弦纹,豆盘内有刻划符号。口径15.2、高13.6厘米。(图二〇二,4;图二〇三,8)

M304:15,陶豆。泥质灰陶。敞口,圆唇,唇外缘略弧鼓,渐收至折处又凸起,上半部外鼓,下半部弧收呈凹槽,外壁呈"S"形,豆盘较浅,折壁,凸棱不明显,下腹部呈弓形弧收,喇叭状柄较细高,圈足状矮座外撇;豆盘内饰有螺旋状暗纹,暗纹较细而密,外腹部饰有数道较细的凹弦纹,豆盘内有刻划符号。口径15.2、高13.6厘米。(图二〇二,3;图二〇三,5)

M304:16,陶豆。泥质灰陶。敞口,圆唇,唇外缘略弧鼓,渐收至折处又凸起,上半部外鼓,下半部弧收呈凹槽,外壁呈"S"形,豆盘较浅,折壁,凸棱不明显,下腹部弧收,喇叭状柄较细高,圈足状矮座外撇;豆盘内饰有螺旋状暗纹,暗纹较细而密,豆盘内有刻划符号。口径15.7、高13.7厘米。(图二〇二,1;图二〇三,6)

84. M305

开口平面呈长方形,直壁,壁面平整,平底。填土为五花土,土质疏松。墓向280°。墓葬开口距地表100厘米,开口长266、宽136厘米,墓深280厘米。葬具为木质一椁一棺,仅存朽痕,均为

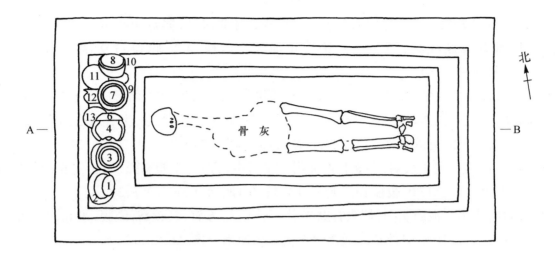

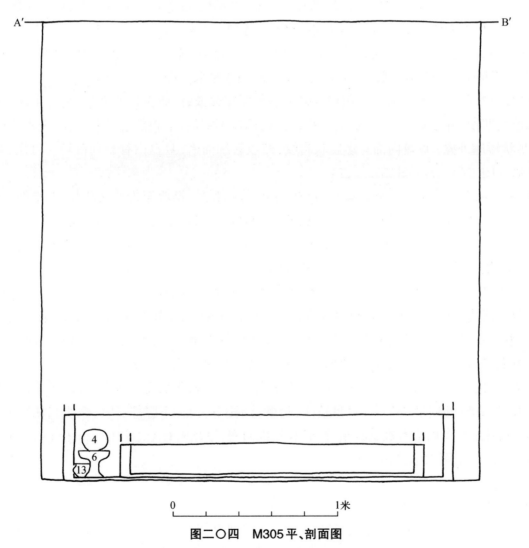

图二〇四　M305平、剖面图

1.陶罐　2.陶豆　3.陶罐　4.陶鬲　5.陶鬲　6.陶豆　7.陶鬲　8.陶罐　9.陶豆　10.陶豆　11.陶鬲　12.陶盂　13.陶盂

长方形。椁长236、宽100-106、高40、厚6厘米,棺长184、宽72、高20、厚6厘米。人骨保存差,仅余下肢骨及上身朽痕,仰身直肢。(图二〇四;彩版二〇,1)

随葬品共13件,出土于墓葬西端的棺与椁之间,均为陶器:

M305:1,陶罐。泥质褐陶。平折沿,略内凹,方唇,短颈,溜肩,弧折腹,弧腹内收,凹圜底;腹部饰有绳纹。口径13.2、腹径15.4、高11.3厘米。(图二〇五,9)

M305:2,陶豆。泥质灰陶。敞口,圆唇,折壁,折棱明显,喇叭状柄较粗大,圈足状矮座外

```
0        4厘米
```

图二〇五　M305出土器物图

1.陶豆(M305:6)　2.陶豆(M305:2)　3.陶鬲(305:5)　4.陶鬲(M305:4)　5.陶鬲(M305:11)　6.陶豆(M305:10)
7.陶鬲(M305:7)　8.陶罐(M305:3)　9.陶罐(M305:1)　10.陶豆(M305:9)　11.陶盂(M305:12)　12.陶盂(M305:13)

撇,座底略内凹;豆盘内饰有螺旋状暗纹,暗纹较细,间距较小。口径18.4、高15.5厘米。(图二〇五,2)

M305:3,陶罐。泥质褐陶。平折沿,方唇,短颈,溜肩,弧折腹,弧腹内收,凹圜底;沿面饰有一道凹弦纹,腹部饰有绳纹。口径14.2、腹径15.6、高12.3厘米。(图二〇五,8;彩版七六,7)

M305:4,陶鬲。泥质褐陶。折沿微下斜,方唇,弧腹,分裆较矮,三袋足肥大,微敛,足跟圆钝;沿面饰二道凹弦纹,腹以下饰交错粗绳纹。口径15.9、腹径16.1、高14.0厘米。(图二〇五,4)

M305:5,陶鬲。泥质褐陶。折沿微下斜,方唇,弧腹,分裆较矮,三袋足肥大,微敛,足跟圆钝;沿面饰二道凹弦纹,腹以下饰交错粗绳纹。口径15.1、腹径1.8、高13.5厘米。(图二〇五,3)

M305:6,陶豆。泥质灰陶。敞口,圆唇,折壁,折处凸棱明显,喇叭状柄较粗大,圈足状矮座外撇,底座沿面略内凹;豆盘内饰有螺旋状暗纹,暗纹较细,间距较小。口径18.1、高15.4厘米。(图二〇五,1)

M305:7,陶鬲。泥质褐陶。折沿微下斜,方唇,弧腹,分裆较矮,三袋足肥大,微敛,足跟圆钝;沿面饰二道凹弦纹,唇面下凹,腹以下饰交错粗绳纹。口径15.0、腹径15.1、高13.0厘米。(图二〇五,7;彩版四一,2)

M305:8,陶罐,残,仅存口沿和几片腹部残片。泥质灰褐陶。平折沿,方唇,溜肩,口沿素面,腹部残片饰有绳纹。

M305:9,陶豆。泥质灰陶。敞口,圆唇,折壁,折处凸棱不明显,喇叭状柄较粗大,圈足状矮座外撇,底座沿面略内凹;豆盘内饰有螺旋状暗纹,暗纹较细,间距较小。口径19.2、高15.4厘米。(图二〇五,10;彩版五八,6)

M305:10,陶豆。泥质灰陶。敞口,圆唇,折壁,折棱明显,喇叭状柄较粗大,圈足状矮座外撇,座底略内凹,座沿略内凹;豆盘内饰有螺旋状暗纹,暗纹较细,间距较小,外腹部饰有螺旋状暗纹,间距略宽。口径18.2、高14.2厘米。(图二〇五,6)

M305:11,陶鬲。泥质褐陶。折沿微下斜,方唇,弧腹,分裆较矮,三袋足肥大,微敛,足跟圆钝;沿面饰二道凹弦纹,腹以下饰交错粗绳纹。口径15.6、腹径15.4、高13.1厘米。(图二〇五,5)

M305:12,陶盂。泥质褐陶,器表黑色。折沿微下斜,方唇,上腹微斜,下腹弧收,上有明显刮削痕,凹圜底;沿面有一道凹槽。口径17.1、腹径16.8、高10.2厘米。(图二〇五,11)

M305:13,陶盂。泥质褐陶,器表黑色。折沿微下斜,方唇,上腹微斜,下腹弧收,上有明显刮削痕,凹圜底;沿面有三道凹槽,唇面有一道凹弦纹。口径14.6、腹径13.5、高8.4厘米。(图二〇五,12;彩版五六,7)

一椁一棺的墓葬还有M2、M3、M5、M6、M7、M16、M17、M28、M32、M35、M48、M54、M59、M65、M75、M76、M82、M83、M85、M91、M93、M94、M95、M97、M98、M99、M100、M101、M102、M105、M106、M123、M124、M133、M140、M157、M167、M169、M181、M189、M192、M193、M194、M196、M199、M200、M208、M209、M210、M211、M218、M220、M222、M224、M227、M238、M243、M246、M253、M254、M256、M257、M261、M263、M266、M267、M268、M273、M278、M282、M284、M288、M299、M303、M307、M308。其中M5出土蚌壳1个;M6、M48、M59、M76、M93、M94、M95、M97、M98、M99、

M100、M105、M123、M199、M211、M224、M227、M253、M256、M267、M268、M288出土贝若干,均置于人口中;其余墓葬无随葬品。

三、C型　单棺墓

单棺墓葬共计141座,数量仅次于一棺一椁墓葬。

1. M4

开口平面呈长方形,直壁,壁面平整,平底。填土为五花土,土质疏松。墓向290°。墓葬开口距地表100厘米,开口长270、宽130厘米,墓深300厘米。葬具为木质单棺,仅存朽痕,为长方形,长248、宽108、高30、厚6厘米。人骨保存差,仰身直肢,双手置于腹部,双脚平行。(图二〇六)

随葬品共15件(套)(彩版三二,1),14件陶器出土于棺内西端,另有蚌壳若干:

M4:1,陶豆。泥质灰褐陶。敞口,圆唇,唇外缘弧鼓,渐收至折处又凸起,上半部外鼓,下半部弧收呈凹槽,外壁呈"S"形,豆盘较深,折壁,凸棱明显,下腹部呈弓形弧收,喇叭状柄较细高,圈足状矮座外撇,座沿斜方唇;豆盘内饰有螺旋状暗纹,暗纹较细,间距较小,外腹部接近豆柄处饰有数道凹弦纹。口径19.8、高16.7厘米。(图二〇七,1)

M4:2,陶豆。泥质灰褐陶。敞口,圆唇,唇外缘弧鼓,渐收至折处又凸起,上半部外鼓,下半部弧收呈凹槽,外壁呈"S"形,豆盘较深,折壁,凸棱明显,下腹部呈弓形弧收,喇叭状柄较细高,圈足状矮座外撇,座沿斜方唇;豆盘内饰有螺旋状暗纹,暗纹较细,间距较小,外腹部接近豆柄处饰有数道凹弦纹。口径19.0、高16.2厘米。(图二〇七,2)

M4:3,陶鬲。泥质红陶。卷沿圆唇,弧腹,分裆近平,三袋足微内敛,尖足跟;腹以下饰交错绳纹。口径15.6、腹径18.8、高13.4厘米。内有少量兽骨与之同出。(图二〇七,3)

M4:4,陶鬲。夹细砂红陶。折沿微下斜,尖圆唇,溜肩,腹微弧,分裆较矮,三袋足微内敛,尖足跟;沿面有一道凹槽,肩部饰数道凹弦纹,腹以下饰交错绳纹。口径15.1、腹径19.5、高14.1厘米。(图二〇七,8)

M4:5,陶鬲。夹细砂红陶。折沿较平,圆唇,溜肩,腹微弧,分裆较矮,三袋足微内敛,尖足跟;肩部抹平,隐约可见绳纹痕迹,上腹部饰抹断绳纹,下腹至足饰交错绳纹。口径17.0、腹径19.4、高15.3厘米。(图二〇七,7)

M4:6,陶鬲。夹细砂红陶。折沿较平,尖圆唇,溜肩,腹微弧,分裆较矮,三袋足微内敛,尖足跟;肩部抹平,隐约可见绳纹痕迹,上腹部饰抹断绳纹,下腹至足饰交错绳纹。口径15.8、腹径19.0、高14.8厘米。(图二〇八,1)

M4:7,陶盂。泥质灰陶,器表打磨光滑。折沿较平,圆唇,上腹微弧,下腹斜收,平底;沿面有一道凹弦纹,折棱处有一道凹弦纹。口径17.8、腹径17.6、底径10.0、高12.0厘米。(图二〇七,6)

M4:8,陶盂。泥质灰陶,器表打磨光滑。折沿微仰,圆唇,上腹微弧,下腹斜收,平底;沿面有二道凹弦纹,折棱处有一道凹弦纹。口径16.1、腹径16.0、底径7.6、高9.9厘米。(图二〇七,4)

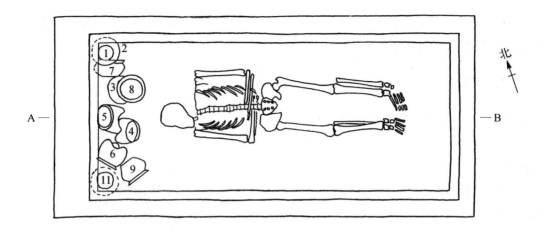

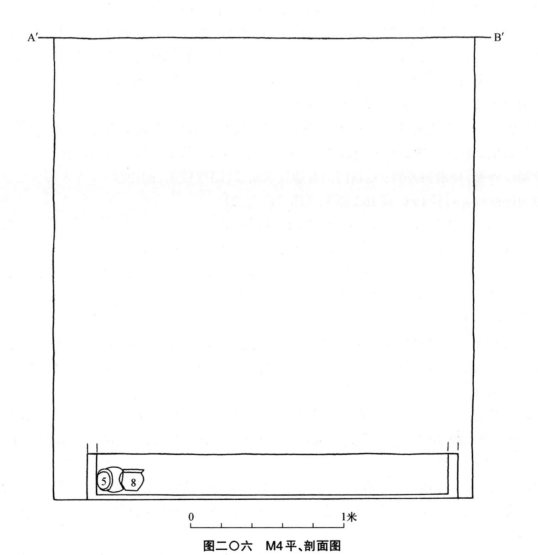

图二〇六　M4平、剖面图

1. 陶豆　2. 陶豆　3. 陶鬲　4. 陶鬲　5. 陶鬲　6. 陶鬲　7. 陶盂　8. 陶盂
9. 陶盂　10. 陶盂　11. 陶罐　12. 陶罐　13. 陶罐　14. 陶罐　15. 蚌壳

M4∶9,陶盂。泥质灰陶,器表打磨光滑。折沿较平,圆唇,上腹微弧,下腹斜收,平底;沿面有三道凹弦纹,折棱处有一道凹弦纹。口径16.9、腹径15.4、底径9.1、高10.3厘米。(图二〇七,5)

M4∶10,陶盂。泥质灰陶,器表打磨光滑。折沿较平,圆唇,上腹斜直,下腹斜收,平底;上腹部有一道凹弦纹。口径18.4、腹径18.3、底径9.6、高11.1厘米。(图二〇八,5)

M4∶11,陶罐。泥质灰褐陶,器表打磨平整。平折沿略内凹,圆唇,短颈,溜肩弧鼓,折腹,斜腹内收,平底;素面。口径10.8、腹径17.0、底径11.0、高13.3厘米。(图二〇八,2)

M4∶12,陶罐。泥质灰褐陶,器表打磨平整。平折沿,圆唇,颈部较短,溜肩弧鼓,折腹,斜腹内收,平底;素面。口径11.4、腹径17.4、底径11.0、高13.6厘米。(图二〇八,4)

M4∶13,陶罐。泥质灰褐陶,器表打磨平整。平折沿,方唇,短颈,溜肩弧鼓,折腹,斜腹内收,平底;素面。口径11.0、腹径17.4、底径11.4、高13.8厘米。(图二〇八,6)

M4∶14,陶罐。泥质灰褐陶,器表打磨平整。平折沿略仰,圆唇,颈部较短,溜肩弧鼓,折腹,斜腹内收,平底;沿面饰有数道极细凹弦纹。口径11.4、腹径17.2、底径11.0、高12.8厘米。(图二〇八,3)

M4∶15,蚌壳。4个以上单壳,已残。M4∶15-1残长13.4、宽7.7、厚0.2厘米。(图二〇八,7)

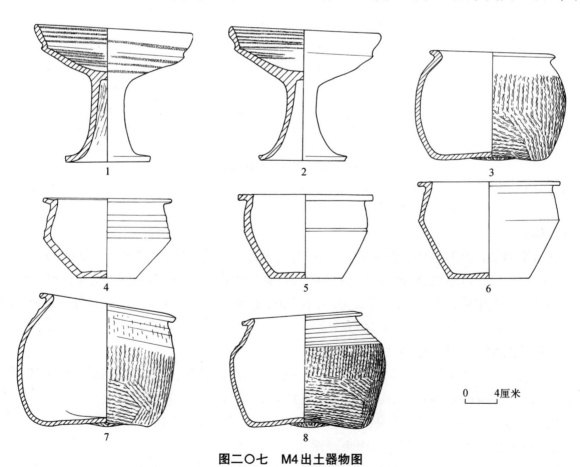

图二〇七 M4出土器物图

1.陶豆(M4∶1) 2.陶豆(M4∶2) 3.陶鬲(M4∶3) 4.陶盂(M4∶8)
5.陶盂(M4∶9) 6.陶盂(M4∶7) 7.陶鬲(M4∶5) 8.陶鬲(M4∶4)

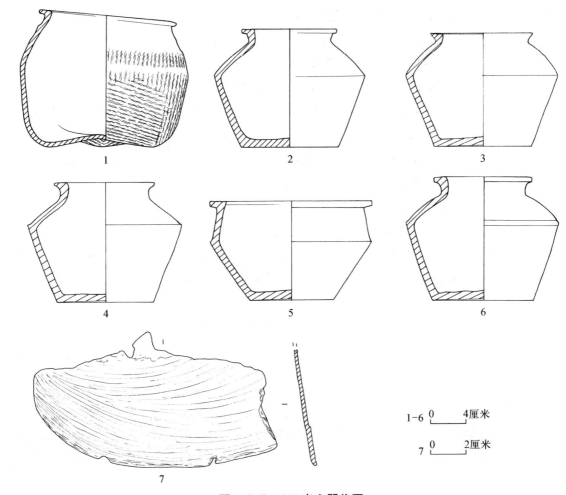

图二〇八　M4出土器物图

1. 陶鬲(M4:6)　2. 陶罐(M4:11)　3. 陶罐(M4:14)　4. 陶罐(M4:12)　5. 陶盂(M4:10)　6. 陶罐(M4:13)　7. 蚌壳(M4:15)

2. M8

开口平面呈长方形,直壁,壁面平整,西壁有一个方形壁龛,平底。填土为五花土,土质疏松。墓向280°。墓葬开口距地表100厘米,开口长265、宽130厘米,墓深220厘米,壁龛长81、高26厘米。葬具为木质单棺,仅存朽痕,为长方形,长210、宽96、高35、厚6厘米。人骨保存较好,面朝北,双手置于腹部,双脚微曲。(图二〇九)

随葬品共5件,出土于壁龛中,均为陶器:

M8:1,陶罐。泥质灰陶,器表打磨平整。平折沿,方唇,短颈,溜肩弧鼓,弧折腹,斜腹内收,平底;素面。口径11.8、腹径17.2、底径11.4、高13.8厘米。(图二一〇,1)

M8:2,陶盂。泥质灰陶,器表打磨光滑。折沿微仰,斜方唇,上腹斜弧,下腹斜收,平底。口径20.0、腹径18.8、底径10.1、高11.6厘米。(图二一〇,5)

M8:3,陶豆。泥质灰陶。敞口,圆唇,唇外缘略弧鼓,渐收至折处又凸起,上半部弧鼓,下半部弧收形成凹槽,外壁呈"S"形,豆盘较浅,折壁,凸棱不明显,下腹部弧收,近直柄较细长,圈足

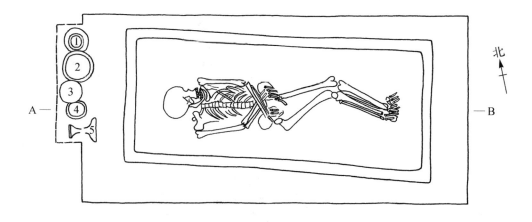

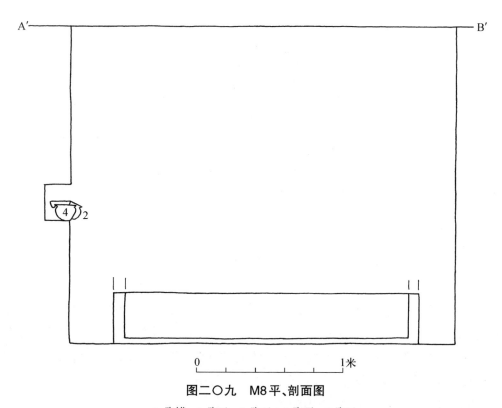

图二○九 M8平、剖面图

1.陶罐 2.陶盂 3.陶豆 4.陶鬲 5.陶豆

状矮座外撇；豆盘内饰有密而细的螺旋状暗纹，座沿饰有一圈凹弦纹，盘内有刻划符号。口径15.9、高13.0厘米。(图二一○,3、7；彩版六一,8)

M8：4,陶鬲。夹砂红褐陶。折沿上仰，圆唇，圆肩，弧腹，分裆较矮，三袋足内敛较甚，尖足跟；腹以下饰交错绳纹。口径14、腹径15.5、高10.6厘米。内有少量兽骨与之同出。(图二一○,2)

M8：5,陶豆。泥质灰陶。敞口，圆唇，唇外缘略弧鼓，渐收至折处又凸起，上半部弧鼓，下半部弧收形成凹槽，外壁呈"S"形，豆盘较浅，折壁，凸棱不明显，下腹部弧收，近直柄较细长，圈足状矮座外撇，座沿内凹；豆盘内饰有密而细的螺旋状暗纹，盘内有刻划符号。口径16.1、高13.4厘

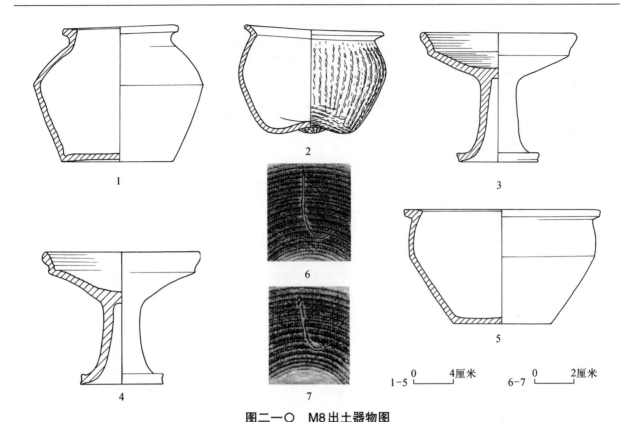

图二一○　M8出土器物图

1. 陶罐（M8∶1）　2. 陶鬲（M8∶4）　3. 陶豆（M8∶3）　4. 陶豆（M8∶5）　5. 陶盂（M8∶2）　6. 陶豆刻符（M8∶5）　7. 陶豆刻符（M8∶3）

米。(图二一○，4、6)

3. M9

开口平面呈长方形，直壁，壁面平整，平底。填土为五花土，土质疏松。墓向290°。墓葬开口距地表100厘米，开口长270、宽166厘米，墓深320厘米。葬具为木质单棺，仅存朽痕，为长方形，棺西端有一挡板将放置随葬品的区域与放置尸体的空间隔开，形成头箱。棺长222、宽128－134、高16、厚6厘米。人骨保存差，仅余朽灰。(图二一一；彩版二○，2)

随葬品共10件，出土于头箱中，均为陶器：

M9∶1，陶盂。泥质灰陶，器表有多道刮削痕。平折沿，尖唇，领较矮，弧腹，上有刮削痕，平底微凹。口径11.6、腹径13.8、底径7.4、高7.2厘米。(图二一二，1)

M9∶2，陶罐。泥质灰陶，器表磨制平整，有光泽。直领较短，圆肩，弧腹，小平底；器身饰有圈带状暗纹。口径8.2、腹径14.6、底径7.4、高10.7厘米。(图二一二，2)

M9∶3，陶盂。泥质灰陶，器表有多道刮削痕。直口，方唇，领较矮，弧腹，平底微凹。口径11.0、腹径13.6、底径7.6厘米。(图二一二，7)

M9∶4，陶鬲。夹砂红陶。折沿较平，圆唇，圆肩，弧腹，分档较矮，三袋足内聚，尖足跟；肩部抹平，腹以下饰交错绳纹。口径9.1、腹径11.6、高7.6厘米。内有少量兽骨与之同出。(图二一二，3)

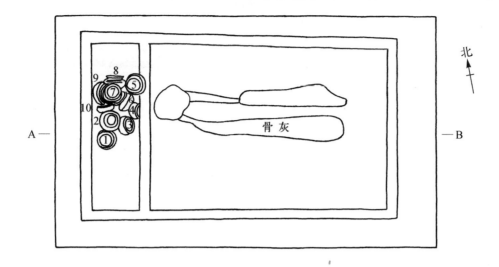

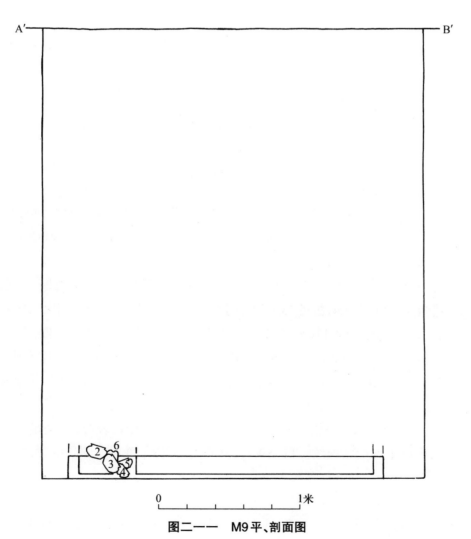

图二一一　M9平、剖面图

1. 陶盂　2. 陶罐　3. 陶盂　4. 陶鬲　5. 陶盂　6. 陶罐　7. 陶鬲　8. 陶鬲　9. 陶盂　10. 陶鬲

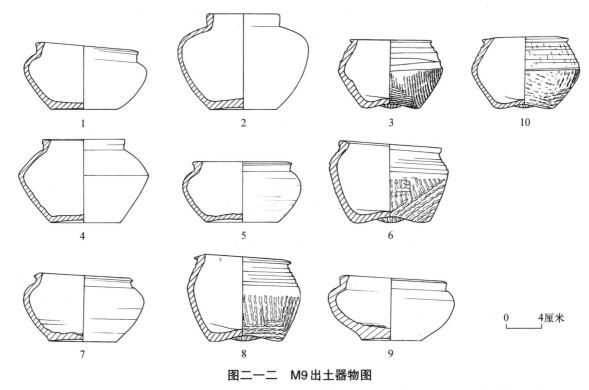

图二一二　M9出土器物图

1. 陶盂（M9：1）　2. 陶罐（M9：2）　3. 陶鬲（M9：4）　4. 陶罐（M9：6）　5. 陶盂（M9：5）　6. 陶鬲（M9：7）
7. 陶盂（M9：3）　8. 陶鬲（M9：8）　9. 陶盂（M9：9）　10. 陶鬲（M9：10）

　　M9：5，陶盂。泥质灰陶，器表有多道刮削痕。平折沿，尖唇，领较矮，弧腹，平底微凹。口径11.2、腹径13.2、底径7.9、高6.5厘米。（图二一二，5）

　　M9：6，陶罐。泥质灰褐陶，器表打磨平整，有光泽。平折沿极短接近消失，短颈，溜肩弧鼓，折腹，斜腹内收，平底；肩部饰有数圈极细的凹弦纹，腹部饰有圈带状暗纹。口径9.2、腹径14.6、底径7.9、高9.4厘米。（图二一二，4）

　　M9：7，陶鬲。夹砂红陶。折沿较平，圆唇，圆肩，弧腹，分裆较矮，三袋足内聚，尖足跟；肩部抹平，腹以下饰交错绳纹。口径11.4、腹径13.5、高8.9厘米。内有少量兽骨与之同出。（图二一二，6）

　　M9：8，陶鬲。夹砂红陶。折沿较平，尖唇，圆肩，弧腹，分裆较矮，三袋足内聚，尖足跟；肩部抹平，腹以下饰交错绳纹。口径10.9、腹径12.8、高9.4厘米。内有少量兽骨与之同出。（图二一二，8）

　　M9：9，陶盂。泥质灰陶，器表有多道刮削痕。直口，方唇，领较矮，弧腹，平底微凹。口径11.8、腹径14.2、底径6.6、高7.1厘米。（图二一二，9）

　　M9：10，陶鬲。夹砂红陶。折沿较平，圆唇，斜肩，腹微弧，分裆较矮，三袋足内聚，尖足跟；肩部有多道凹槽，腹以下饰交错绳纹。口径9.7、腹径12.2、高8.1厘米。（图二一二，10）

4. M12

　　开口平面呈长方形，斜壁，壁面平整，西壁有一个近方形的壁龛，口大底小，平底。填土为五花土，土质疏松。墓向280°。墓葬开口距地表100厘米，开口长290、宽210厘米，墓深490厘米，

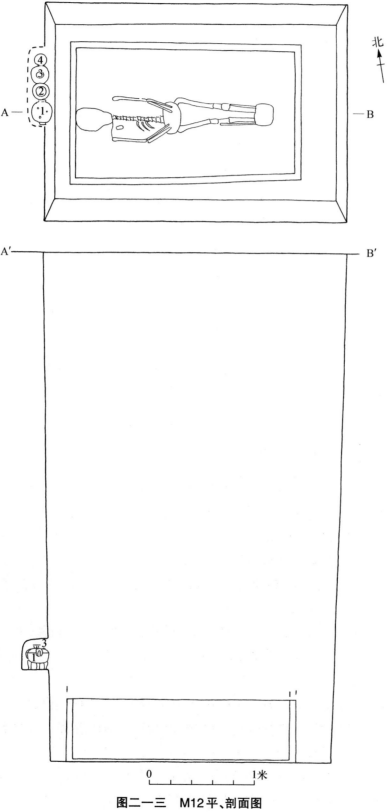

北

A— —B

A'— —B'

0　　　　　　　　1米

图二一三　M12平、剖面图

1.陶鼎　2.陶壶　3.陶盖豆　4.陶豆

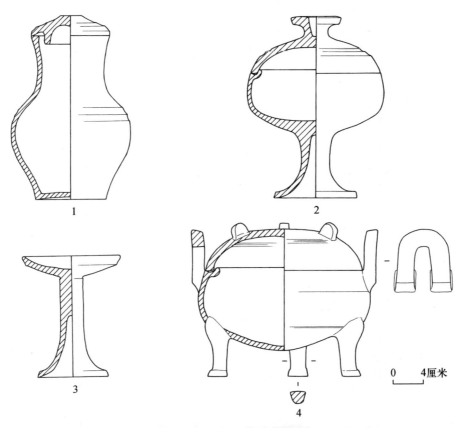

图二一四　M12 出土器物图

1. 陶壶(M12：2)　2. 陶盖豆(M12：3)　3. 陶豆(M12：4)　4. 陶鼎(M12：1)

墓底长 270、宽 168 厘米，壁龛长 76、高 30 厘米。葬具为木质单棺，仅存朽痕，为长方形，长 222、宽 130-138、高 60、厚 6 厘米。人骨保存较差，仰身直肢。(图二一三；彩版二一，1)

随葬品共 4 件，出土于壁龛中，均为陶器(彩版三二，2)：

M12：1，陶鼎。泥质灰陶。盖弧顶斜方唇，上有三个半圆形钮；子口承盖，方唇，附耳较大，耳尖圆弧形，弧腹，圜底，蹄足较矮；腹部有一道折棱。盖径 20.4、口径 17.2、腹径 22.4、通高 20.0 厘米。(图二一四，4；彩版七七，4)

M12：2，陶壶。泥质灰陶。盖平顶方唇，盖舌较长，盖顶有三道折棱；敞口方唇，长颈微束，溜肩，弧腹，平底；肩腹结合处有二道凹槽。盖径 10.2、口径 10.2、腹径 15.6、底径 9.2、通高 24.0 厘米。(图二一四，1；彩版七八，5)

M12：3，陶盖豆。泥质灰陶。盖弧顶斜方唇，圆饼状抓手，弧面，孔较大，盖柱束腰，较矮；子口承盖，圆唇，浅弧较腹，圜底，细柄较高，喇叭状座较矮。盖面上有二道凹槽。盖径 16.8、口径 14.8、腹径 17.8、通高 23.6 厘米。(图二一四，2；彩版七八，2)

M12：4，陶豆。泥质灰陶，器表灰褐色。敞口，圆唇，盘外折壁，内壁弧收，浅盘，厚胎，直柄细高，圈足状矮座外撇；盘内饰有密而细的螺旋状暗纹。口径 12.8、高 15.8 厘米。(图二一四，3；彩版六三，9)

5. M19

开口平面呈长方形,直壁,壁面平整,平底。填土为五花土,土质疏松。墓向280°。墓葬开口距地表100厘米,开口长245、宽160厘米,墓深290厘米。葬具为木质单棺,仅存朽痕,为梯形,长232、宽80~92、高36、厚7厘米。人骨保存较差,仰身直肢。(图二一五)

随葬品共1件,置于人骨背部之下,为铁器:

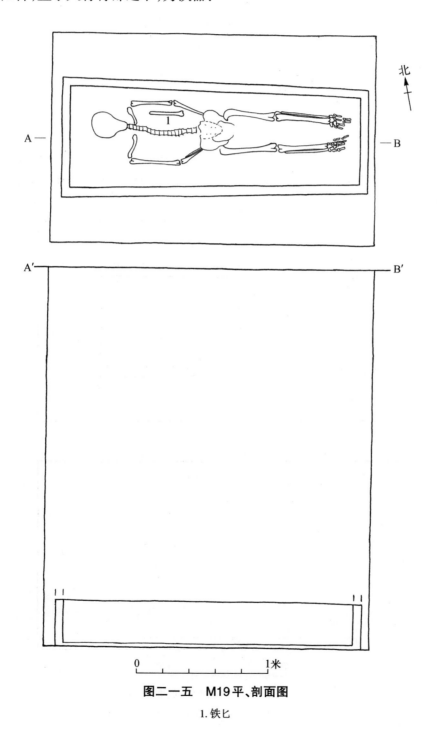

图二一五　M19平、剖面图

1.铁匕

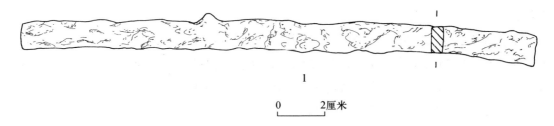

1

0　　　2厘米

图二一六　M19出土器物图

1.铁匕（M19：1）

M19：1，铁匕，残。平底，直柄。柄残长21.7厘米。（图二一六，1）

6. M22

开口平面呈长方形，直壁，壁面平整，平底。填土为五花土，土质疏松。墓向280°。墓葬开口
距地表100厘米，开口长310、宽170厘米，墓深160厘米。葬具为木质单棺，仅存朽痕，长方形平

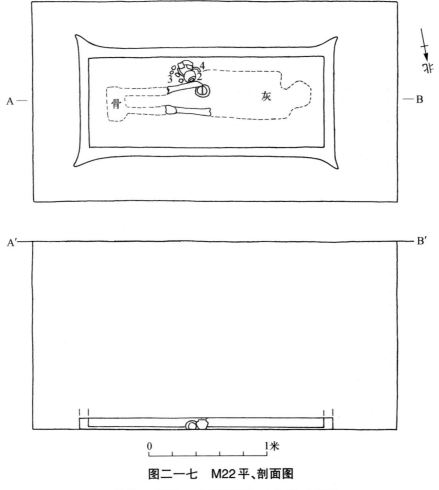

0　　　　　　　1米

图二一七　M22平、剖面图

1.陶盂　2.陶罐　3.陶模型明器　4.陶罐　5.陶盂

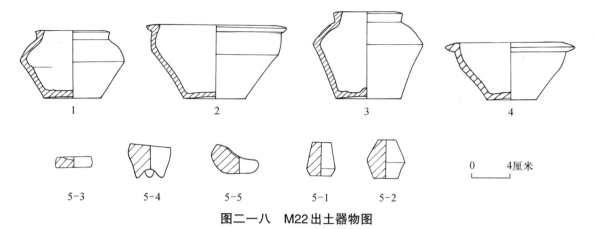

图二一八 M22出土器物图

1.陶罐（M22：4） 2.陶盂（M22：1） 3.陶罐（M22：2） 4.陶盂（M22：5） 5.陶模型明器（M22：3）

面，四角突出，长216、宽94－112、高10、厚7厘米。人骨保存较差，仰身直肢。（图二一七）

随葬品共5件（套），置于棺内人骨下及人骨南侧，均为陶器：

M22：1，陶盂。泥质灰陶，器表打磨光滑。折沿较平，尖圆唇，上腹微弧收，下腹斜收，平底。口径14.6、腹径13.4、底径6.4、高7.6厘米。（图二一八，2）

M22：2，陶罐。泥质灰陶。直领较短，溜肩弧鼓，折腹，斜腹内弧，平底；素面。口径7.2、腹径11.4、底径6.8、高9.0厘米。（图二一八，3）

M22：3，陶模型明器。6件，鬲、罍、盘、匜、方壶各1件，另1件残，无法分辨器形，泥质灰黄陶。（图二一八，5；彩版七九，1）

M22：4，陶罐。泥质灰陶。直领较短，溜肩弧鼓，折腹，斜腹内收内弧，平底；肩部饰有圈带状暗纹。口径7.8、腹径10.8、底径6.0、高7.1厘米。（图二一八，1）

M22：5，陶盂。泥质灰陶，器表打磨光滑。折沿下斜，尖唇，上腹微斜，下腹斜收，平底微凹。口径13.5、底径5.2、高6.0厘米。（图二一八，4；彩版五三，2）

7. M27

开口平面呈长方形，直壁，壁面平整，平底。填土为五花土，土质较硬。墓向280°。墓葬开口距地表100厘米，开口长310、宽180厘米，墓深180厘米。葬具为木质单棺，仅存朽痕，长方形，长270、宽112－120、高60、厚8厘米。人骨保存较差，仅存朽痕。（图二一九；彩版二一，2）

随葬品共18件（套），17件（套）陶器出土于棺内西端，与陶器同出的还有一堆兽骨，20枚贝置于人口中：

M27：1，陶鬲。泥质灰陶。折沿较平，尖唇，唇缘上翘，使沿面形成一道凹槽，斜肩，弧腹，裆较高，微瘪，三截锥足外张，足和裆部有刮削痕。口径12.6、腹径9.6、高8.2厘米。（图二二〇，1）

M27：2，陶模型明器。鼓形器、鬲各1件，泥质灰黄陶和泥质褐陶，疏松多孔。M27：2-1鼓形器，腹径1.8、高1.6厘米。M27：2-2鬲，口径5.8、高4.8厘米。（图二二〇，13）

M27：3，陶鬲。泥质灰陶。折沿较平，尖唇，斜肩，弧腹，裆较高，微瘪，三截锥足外张，足和裆

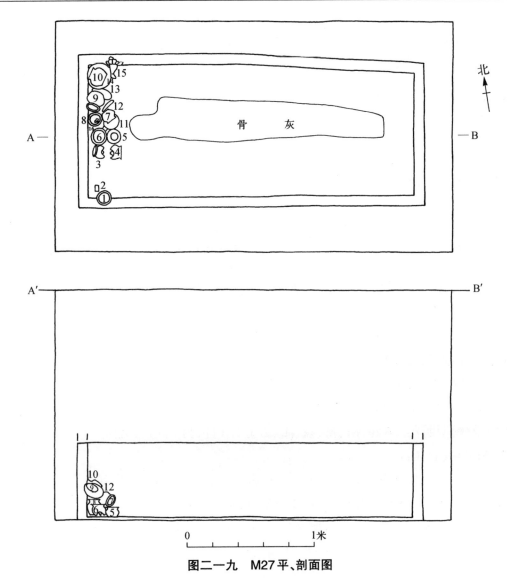

图二一九　M27平、剖面图

1. 陶鬲　2. 陶模型明器　3. 陶鬲　4. 陶鬲　5. 陶盂　6. 陶鬲　7. 陶罐　8. 陶罐　9. 陶罐　10. 陶罐
11. 陶盂　12. 陶豆　13. 陶豆　14. 陶豆　15. 陶豆　16. 陶盂　17. 陶盂　18. 贝

部有刮削痕；腹上有数道凹槽。口径11.4、腹径11.5、高9.4厘米。(图二二〇,2)

M27：4，陶鬲。泥质灰陶。折沿下斜，沿面弧凸，尖唇，唇缘上翘，斜肩，弧腹，裆较高，微瘪，三截锥足外张，足和裆部有刮削痕；腹上有二道凹槽。口径10.8、腹径12.0、高7.7厘米。(图二二〇,3)

M27：5，陶盂。夹细砂灰陶，胎极厚。折沿较平，尖唇，上腹微斜，下腹弧收，上有刮削痕，近平底；沿面有一道凹弦纹。口径12.9、腹径12.1、底径5.0、高6.4厘米。(图二二〇,11)

M27：6，陶鬲。泥质灰陶。折沿较平，尖唇，唇缘上翘，使沿面形成一道凹槽，斜肩，弧腹，裆较高，微瘪，三截锥足外张，足和裆部有刮削痕；腹上有三道凹槽。口径11.6、腹径12.2、高8.8厘米。(图二二〇,8；彩版四二,5)

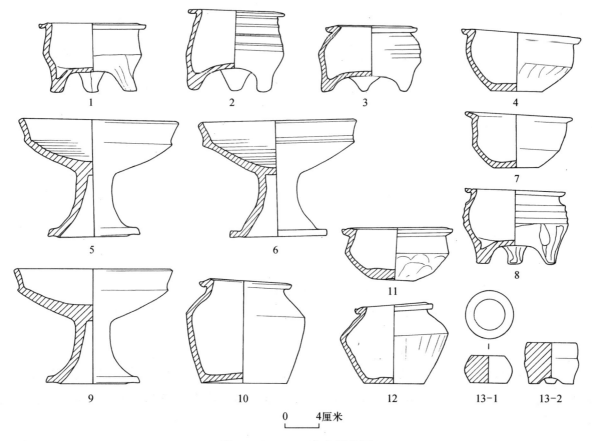

0　　4厘米

图二二〇　M27出土器物图

1. 陶鬲（M27:1）　2. 陶鬲（M27:3）　3. 陶鬲（M27:4）　4. 陶盂（M27:16）　5. 陶豆（M27:12）
6. 陶豆（M27:13）　7. 陶盂（M27:17）　8. 陶鬲（M27:6）　9. 陶豆（M27:15）　10. 陶罐（M27:9）
11. 陶盂（M27:5）　12. 陶罐（M27:10）　13. 陶模型明器（M27:2）

　　M27:7，陶罐。泥质灰陶。平折沿，方唇，短颈，溜肩微弧，弧折腹，斜腹内收，平底；沿面和唇面各饰有一道凹弦纹，腹部刀削痕迹明显。口径11.5、腹径14.4、底径10.0、高12.2厘米。（图二二一,2；彩版六六,3）

　　M27:8，陶罐。泥质灰陶。平折沿，圆唇，短颈，溜肩微弧，弧折腹，斜腹内收，平底；沿面饰有一道凹弦纹，腹部刀削痕迹明显。口径11.0、腹径14.1、底径9.8、高11.7厘米。（图二二一,3）

　　M27:9，陶罐。泥质灰陶。平折沿，斜方唇，短颈，溜肩微弧，弧折腹，斜腹内收，平底；沿面饰有一道凹弦纹。口径10.8、腹径14.0、底径10.0、高12.2厘米。（图二二〇,10）

　　M27:10，陶罐。泥质灰陶。平折沿，圆唇，短颈，溜肩微弧，弧折腹，斜腹内收，平底；沿面饰有一道凹弦纹，腹部刀削痕迹明显。口径9.2、腹径12.7、底径7.4、高9.4厘米。（图二二〇,12）

　　M27:11，陶盂。夹细砂灰陶。折沿较平，尖唇，上腹微斜，下腹弧收，上有刮削痕，近平底；沿面有一道凹弦纹。口径13.6、腹径11.4、底径5.2、高6.4厘米。（图二二一,4）

　　M27:12，陶豆。泥质灰褐陶。敞口，口部外撇，方唇，折壁，折棱明显，豆盘较深，喇叭状柄较粗大，圈足状矮座外撇，座底内凹；豆盘内饰有螺旋状暗纹，暗纹较粗，间距较大。口径18.8、高

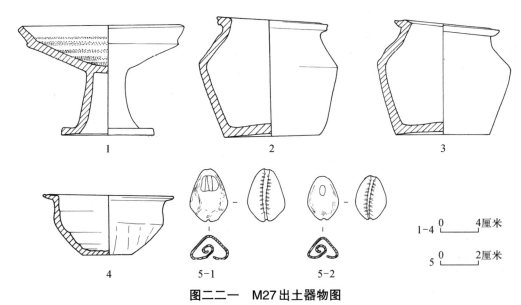

图二二一　M27出土器物图

1. 陶豆(M27:14)　2. 陶罐(M27:7)　3. 陶罐(M27:8)　4. 陶盂(M27:11)　5. 贝(M27:18)

13.7厘米。(图二二〇,5;彩版五八,3)

　　M27:13,陶豆。泥质灰褐陶。敞口,口部外撇,方唇,折壁,折棱明显,豆盘较深,喇叭状柄较粗大,圈足状矮座外撇;豆盘内饰有螺旋状暗纹,外壁折棱处饰有一道凹弦纹。口径18.6、高13.6厘米。(图二二〇,6)

　　M27:14,陶豆。泥质褐陶。敞口,方唇,折壁,折处凸棱明显,豆盘较深,喇叭状豆柄较矮,矮座外撇,座底略内凹;豆盘内外饰有螺旋状暗纹,暗纹较粗,间距较大。口径17.4、高11.4厘米。(图二二一,1)

　　M27:15,陶豆。泥质灰褐陶。敞口,口部外撇,方唇,折壁,折棱明显,豆盘较深,喇叭状柄较粗大,圈足状矮座外撇,座底略内凹;豆盘内饰有螺旋状暗纹,暗纹较粗,间距较大。口径18.6、高13.5厘米。(图二二〇,9)

　　M27:16,陶盂。夹细砂灰陶。折沿较平,尖唇,上腹微斜,下腹弧收,上有刮削痕,近平底;沿面有一道凹槽。口径14.0、腹径12.6、底径6.0、高7.0厘米。(图二二〇,4;彩版四八,4)

　　M27:17,陶盂。夹细砂灰陶。折沿微仰,尖唇,上腹较直,下腹斜收,上有刮削痕,平底;沿面有一道凹弦纹。口径10.6、腹径11.2、底径5.2、高6.2厘米。(图二二〇,7)

　　M27:18,贝。20枚,部分已残,部分保存较好,保存较好者背部均有一个穿孔。大小不一,长度从1.7-2.7厘米不等。(图二二一,5)

8. M34

　　开口平面呈长方形,直壁,壁面平整,平底。填土为五花土,土质疏松。墓向295°。墓葬开口距地表100厘米,开口长24、宽160厘米,墓深172厘米。葬具为木质单棺,仅存朽痕,长方形,长256、宽128-134、高34、厚6厘米。人骨保存较差,仰身直肢,面朝上,双手置于腹部,双脚并拢。

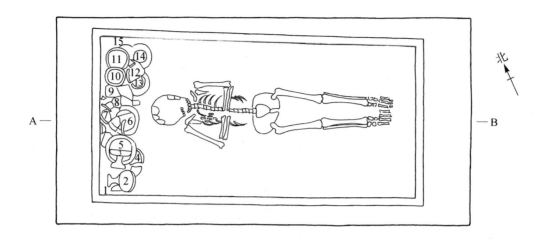

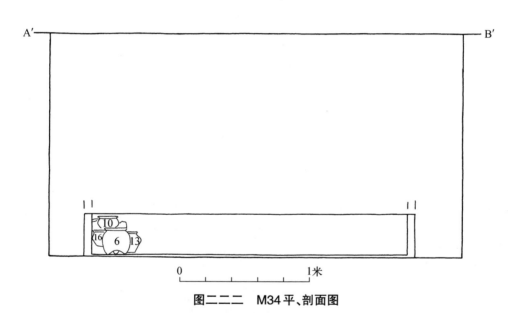

图二二二　M34平、剖面图

1. 陶豆　2. 陶豆　3. 陶豆　4. 陶豆　5. 陶鬲　6. 陶鬲　7. 陶鬲　8. 陶鬲　9. 陶盂
10. 陶盂　11. 陶盂　12. 陶盂　13. 陶罐　14. 陶罐　15. 陶罐　16. 陶罐

（图二二二；彩版二二,1）

随葬品共16件,出土于棺内西端,均为陶器:

M34:1,陶豆。泥质灰陶。敞口,尖圆唇,豆盘较深,折壁,凸棱不明显,喇叭状柄较高,圈足状矮座外撇,座沿斜方唇;豆盘内饰有螺旋状暗纹,暗纹较细,间距较小,盘外有数圈螺旋状凹弦纹,豆盘中部有十字形刻划符号。口径17.4、高15.2厘米。(图二二三,3;图二二四,8)

M34:2,陶豆。泥质灰褐陶。敞口,尖圆唇,豆盘较深,折壁,凸棱不明显,喇叭状柄较高,圈足状矮座外撇,座沿斜方唇;豆盘内和盘外饰有螺旋状暗纹,盘内暗纹较细,间距较小,盘外暗纹较宽间距较大,豆盘中部有十字形刻划符号。口径16.6、高15.0厘米。(图二二三,2;图二二四,

9；彩版五九，1）

M34：3，陶豆。泥质灰陶。敞口，尖圆唇，豆盘较深，折壁，凸棱不明显，喇叭状柄较高，圈足状矮座外撇；豆盘内和盘外饰有螺旋状暗纹，盘内暗纹较细，间距较小，盘外暗纹较粗间距较大，豆盘中部有十字形刻划符号。口径17.0、高15.6厘米。（图二二三，1；图二二四，10）

M34：4，陶豆。泥质灰陶。敞口，尖圆唇，豆盘较深，折壁，凸棱不明显，喇叭状柄较高，圈足状矮座外撇；豆盘内饰有螺旋状暗纹，暗纹较细，间距较小，豆盘中部有十字形刻划符号。口径17.2、高15.4厘米。（图二二三，4；图二二四，11）

M34：5，陶鬲。泥质灰陶。平折沿，折处凸起，圆唇，唇缘微上翘，使沿面有二道凹弦纹，溜肩，鼓腹，分裆较矮，三袋足较内敛，尖足跟；肩部抹平，隐约可见绳纹痕迹，肩部有数道凹弦纹，上腹部饰抹断绳纹，下腹至足饰交错绳纹。口径17.6、腹径21.6、高17.5厘米。（图二二三，5；彩版三三，2）

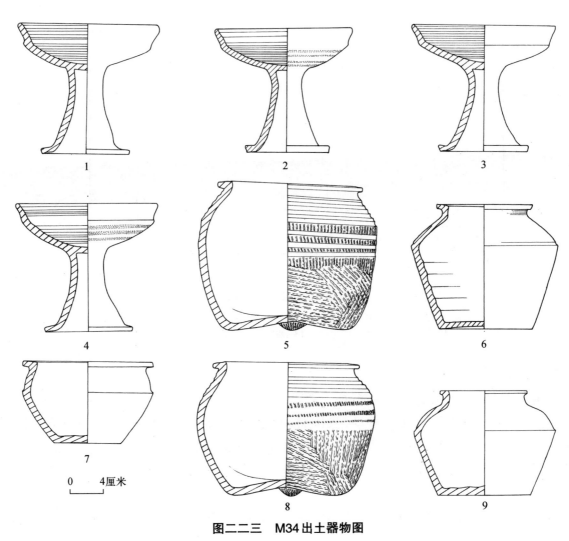

图二二三　M34出土器物图

1. 陶豆（M34：3）　2. 陶豆（M34：2）　3. 陶豆（M34：1）　4. 陶豆（M34：4）　5. 陶鬲（M34：5）
6. 陶罐（M34：13）　7. 陶盂（M34：10）　8. 陶鬲（M34：6）　9. 陶罐（M34：16）

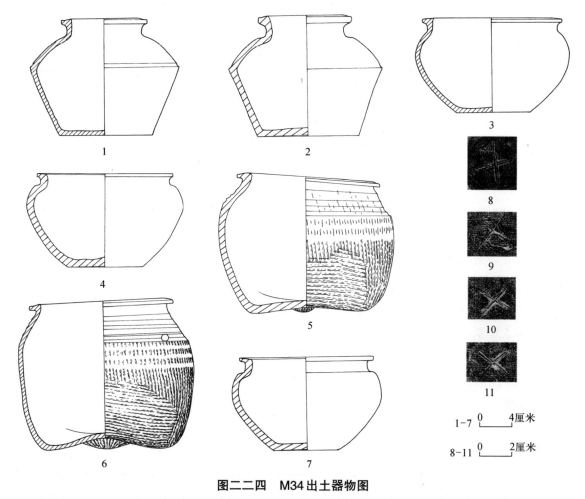

图二二四　M34 出土器物图

1. 陶罐（M34∶15）　2. 陶罐（M34∶14）　3. 陶盂（M34∶12）　4. 陶盂（M34∶11）　5. 陶鬲（M34∶7）　6. 陶鬲（M34∶8）
7. 陶盂（M34∶9）　8. 陶豆刻符（M34∶1）　9. 陶豆刻符（M34∶2）　10. 陶豆刻符（M34∶3）　11. 陶豆刻符（M34∶4）

M34∶6，陶鬲。泥质灰陶。平折沿，折处凸起，使沿面形成一道凹弦纹，圆唇，溜肩，鼓腹，分裆较矮，三袋足较内敛，尖足跟；肩部抹平，隐约可见绳纹痕迹，肩部有数道凹弦纹和一个小圆饼，上腹部饰抹断绳纹，下腹至足饰交错绳纹。口径 17.7、腹径 21.5、高 16.1 厘米。(图二二三，8)

M34∶7，陶鬲。泥质灰陶。平折沿，沿面弧凸，圆唇，溜肩，鼓腹，分裆较矮，三袋足较内敛，尖足跟；沿面有二道凹弦纹，肩部抹平，隐约可见绳纹痕迹，肩部有七道凹弦纹，上腹部饰抹断绳纹，下腹至足饰交错绳纹。口径 17.8、腹径 21.7、高 16.7 厘米。(图二二四，5)

M34∶8，陶鬲。泥质灰陶。平折沿，圆唇，溜肩，鼓腹，分裆较矮，三袋足较内敛，尖足跟；沿面有一道凹弦纹，肩部抹平，隐约可见绳纹痕迹，肩部有数道凹弦纹和一个小圆饼，上腹部饰抹断绳纹，下腹至足饰交错绳纹。口径 17.9、腹径 21.7、高 18.5 厘米。(图二二四，6)

M34∶9，陶盂。泥质灰陶，器表打磨光滑。平折沿，方唇，领较高，微束，鼓腹，平底；领和腹结合处有一道凹槽。口径 16.6、腹径 18.5、底径 7.9、高 11.4 厘米。(图二二四，7)

M34∶10，陶盂。泥质灰陶，器表打磨光滑。平折沿，方唇，上腹较斜，下腹斜收，平底；折棱

处有一道凹弦纹。口径15.8、腹径15.7、底径8.1、高9.8厘米。(图二二三,7)

M34：11,陶盂。泥质灰陶,器表打磨光滑。平折沿,方唇,领较高,微束,鼓腹,平底;领和腹结合处有一道凹槽。口径16.9、腹径19.4、底径9.4、高11.5厘米。(图二二四,4)

M34：12,陶盂。泥质灰陶,器表打磨光滑。平折沿,方唇,领较高,微束,鼓腹,平底;领和腹结合处有一道凹槽。口径17.2、腹径19.0、底径9.1、高11.7厘米。(图二二四,3;彩版五四,2)

M34：13,陶罐。泥质灰褐陶,器表打磨平整。平折沿,方唇,短束颈,溜肩微弧,折腹,凸棱明显,弧腹内收,平底;肩部近折处饰有一道凹弦纹。口径11.6、腹径17.8、底径11.4、高14.9厘米。(图二二三,6)

M34：14,陶罐。泥质灰褐陶,器表打磨平整。平折沿,圆唇,短束颈,溜肩微弧,折腹,凸棱明显,斜腹内收,平底;沿面饰有一道凹弦纹,肩部近折处饰有一道凹弦纹。口径11.6、腹径19.0、底径12.5、高14.9厘米。(图二二四,2)

M34：15,陶罐。泥质灰褐陶,器表打磨平整。平折沿,圆唇,短束颈,溜肩微弧,折腹,凸棱明显,斜腹内收,平底;沿面饰有一道凹弦纹,肩部近折处饰有一道凹弦纹。口径10.6、腹径18.4、底径11.5、高14.5厘米。(图二二四,1;彩版六七,6)

M34：16,陶罐。泥质灰褐陶,器表打磨平整。平折沿,沿面略内凹,方唇,束颈较短,溜肩弧鼓,折腹,凸棱明显,斜腹内收,平底;肩部近折处饰有一道凹弦纹。口径10.6、腹径17.2、底径11.2、高12.6厘米。(图二二三,9)

9. M43

开口平面呈长方形,直壁,壁面平整,平底。填土为五花土,土质疏松。墓向280°。墓葬开口距地表100厘米,开口长290、宽160厘米,墓深205厘米。葬具为木质单棺,仅存朽痕,长方形,长236、宽102、高34、厚8厘米。人骨保存较差,仰身直肢,双手置于腹部,双脚并拢。(图二二五;彩版二二,2)

随葬品共8件,出土于墓葬西北角的棺内和棺外,均为陶器:

M43：1,陶罐。泥质灰陶,器表打磨平整。平折沿,方唇,短颈,溜肩弧鼓,折腹,弧腹内收,平底;沿面和肩部饰有暗纹。口径10.9、腹径17.2、底径12.1、高13.7厘米。(图二二六,5;彩版七〇,2)

M43：2,陶罐。泥质灰陶,器表打磨平整。平折沿,方唇,短颈,溜肩弧鼓,弧折腹,弧腹内收,平底略内凹;颈部和肩部交接处有一道凹弦纹。口径10.8、腹径16.4、底径10.6、高13.1厘米。(图二二六,4)

M43：3,陶鬲。泥质灰陶。平折沿,尖圆唇,圆肩,弧鼓腹,分裆较矮,三袋足内敛,尖足跟;肩部抹平,隐约可见绳纹痕迹,上有五道凹槽,上腹部饰抹断绳纹,下腹至足饰交错绳纹。口径15.7、腹径18.5、高13.8厘米。(图二二六,3)

M43：4,陶鬲。泥质灰陶。平折沿,圆唇,圆肩,弧鼓腹,分裆较矮,三袋足内敛,尖足跟;沿面饰二道凹弦纹,肩部抹平,上有五道凹槽,上腹部饰抹断绳纹,下腹至足饰交错绳纹。口径14.7、

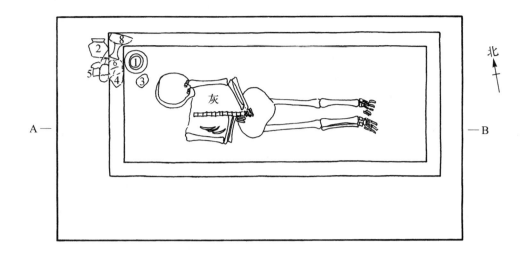

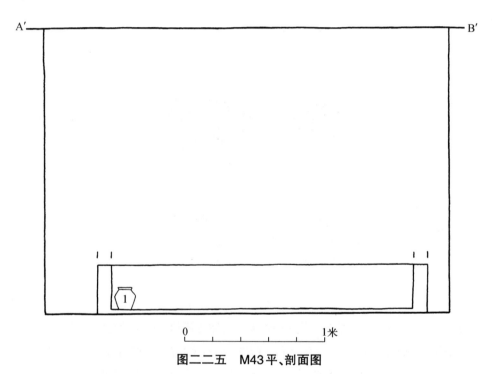

图二二五　M43平、剖面图

1.陶罐　2.陶罐　3.陶鬲　4.陶鬲　5.陶盂　6.陶盂　7.陶豆　8.陶豆

腹径18.6、高13.3厘米。(图二二六,1)

　　M43:5,陶盂。残碎,泥质灰陶。

　　M43:6,陶盂。泥质灰陶,器表打磨光滑。平折沿,方唇,领较高,弧腹,平底;领和腹结合处有一道凹槽。口径16.4、腹径17.2、底径8.0、高11.4厘米。(图二二六,2)

　　M43:7,陶豆。泥质灰陶。敞口,圆唇,唇外缘略弧鼓,渐收至折处又凸起,上半部外鼓,下半部弧收呈凹槽,外壁呈"S"形,豆盘较浅,折壁,凸棱明显,下腹部呈弓形弧收,喇叭状柄较细高,圈足状矮座外撇;豆盘内饰有螺旋状暗纹,暗纹较细而密,内有刻划符号。口径16.1、高13.6厘

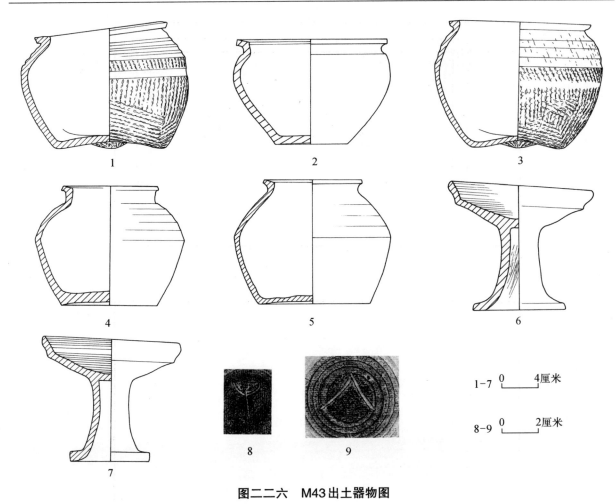

图二二六　M43出土器物图

1. 陶鬲（M43:4）　2. 陶盂（M43:6）　3. 陶鬲（M43:3）　4. 陶罐（M43:2）　5. 陶罐（M43:1）
6. 陶豆（M43:7）　7. 陶豆（M43:8）　8. 陶豆刻符（M43:7）　9. 陶豆刻符（M43:8）

米。（图二二六，6、8）

M43:8，陶豆。泥质灰陶。敞口，尖圆唇，唇外缘略弧鼓，渐收至折处又凸起，上半部外鼓，下半部弧收呈凹槽，外壁呈"S"形，豆盘较浅，折壁，凸棱明显，下腹部呈弓形弧收，喇叭状柄较细高，圈足状矮座外撇；豆盘内饰有螺旋状暗纹，暗纹较细而密，内有刻划符号。口径15.3、高13.5厘米。（图二二六，7、9；彩版八〇，1）

10. M44

开口平面呈长方形，直壁，壁面平整，平底。填土为五花土，土质疏松。墓向280°。墓葬开口距地表100厘米，开口长280、宽180厘米，墓深170厘米。西端被M90打破。葬具为木质单棺，仅存朽痕，长方形，长232、宽120-128、高50、厚6厘米。人骨保存较好，仰身直肢，面朝南，双手置于腹部，双脚并拢。（图二二七；彩版二三，1）

随葬品共2件，出土于棺内西端，均为陶器：

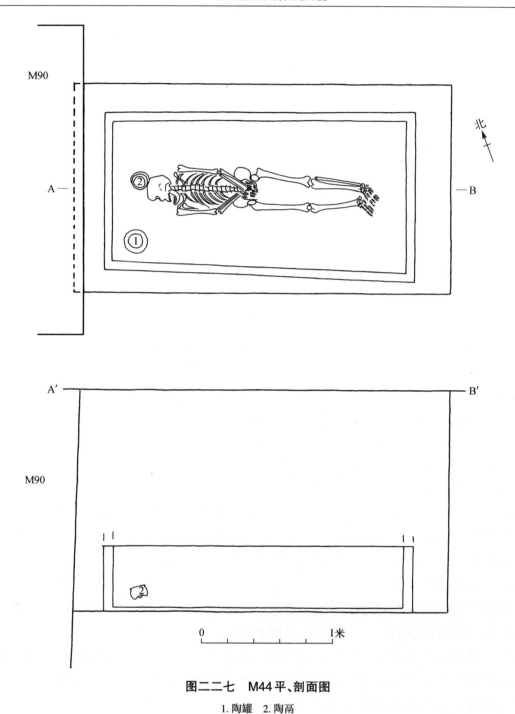

图二二七　M44平、剖面图

1. 陶罐　2. 陶鬲

　　M44：1，陶罐。泥质灰陶，器表打磨平整。有盖，盖面弧壁，平顶，短舌，器身平折沿略仰，沿面极短，圆唇，短颈，溜肩弧鼓，折腹，斜腹内收，平底，素面。盖径10.6、口径10.7、腹径17.9、底径11.0、通高14.1厘米。（图二二八，1）

　　M44：2，陶鬲。夹砂红陶。口部变形，平折沿，尖唇，弧腹，分裆近平，三袋足内敛较甚，尖足跟；腹以下饰绳纹。口径12.2-13.6、高8.0厘米。（图二二八，2）

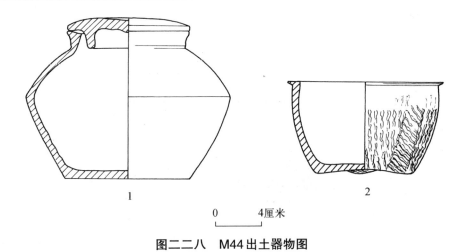

图二二八　M44 出土器物图

1. 陶罐（M44：1）　2. 陶鬲（M44：2）

11. M45

开口平面呈长方形，直壁，壁面平整，平底。填土为五花土，土质疏松。墓向270°。墓葬开口距地表100厘米，开口长280、宽152厘米，墓深250厘米。葬具为木质单棺，仅存朽痕，长方形，长262、宽126-130、高36、厚7厘米。人骨不存。（图二二九；彩版二三，2）

随葬品共9件（套），出土于棺内西端，均为陶器：

M45：1，陶鬲。夹砂灰陶。平折沿，圆唇，溜肩，弧腹，分裆较矮，三袋足内敛，尖足跟；沿面饰一道凹弦纹，肩部抹平，隐约可见绳纹痕迹，上有四道凹槽，上腹部饰抹断绳纹，下腹至足饰交错绳纹。口径17.8、腹径20.0、高12.3厘米。（图二三〇，1）

M45：2，陶豆。泥质灰陶。敞口，圆唇，唇外缘略弧鼓，渐收至折处又凸起，上半部外鼓，下半部弧收呈凹槽，外壁呈"S"形，豆盘较浅，折壁，凸棱明显，下腹部呈弓形弧收，喇叭状柄较细高，圈足状矮座外撇，座沿略内凹；豆盘内饰有螺旋状暗纹，暗纹较细而密，豆盘内有刻划符号。口径15.6、高13.8厘米。（图二三〇，7、11）

M45：3，陶罐。泥质灰褐陶，器表打磨平整。平折沿，方唇，短颈，溜肩弧鼓，折腹，弧腹内收，平底；素面。口径11.2、腹径16.8、底径11.3、高13.9厘米。（图二三〇，4）

M45：4，陶鬲。夹砂灰陶。平折沿，沿面微凹，尖圆唇，溜肩，弧腹，分裆较矮，三袋足内敛，尖足跟；肩部抹平，隐约可见绳纹痕迹，上有三道凹槽，上腹部饰抹断绳纹，下腹至足饰交错绳纹。口径15.7、腹径17.9、高13.3厘米。（图二三〇，3）

M45：5，陶罐。泥质灰褐陶，器表打磨平整。平折沿，方唇，短颈，溜肩弧鼓，弧折腹，弧腹内收，平底；素面。口径12.4、腹径17.8、底径11.2、高13.7厘米。（图二三〇，5）

M45：6，陶盂。泥质灰陶，胎极厚。折沿微仰，方唇，上腹微近直，下腹斜收，平底微凹。口径15.6、腹径14.4、底径9.2、高9.4厘米。（图二三〇，2）

M45：7，陶豆。泥质灰陶。敞口，圆唇，唇外缘略弧鼓，渐收至折处又凸起，上半部外鼓，下半部弧收呈凹槽，外壁呈"S"形，豆盘较浅，折壁，凸棱不明显，下腹部呈弧收，喇叭状柄较细高，圈

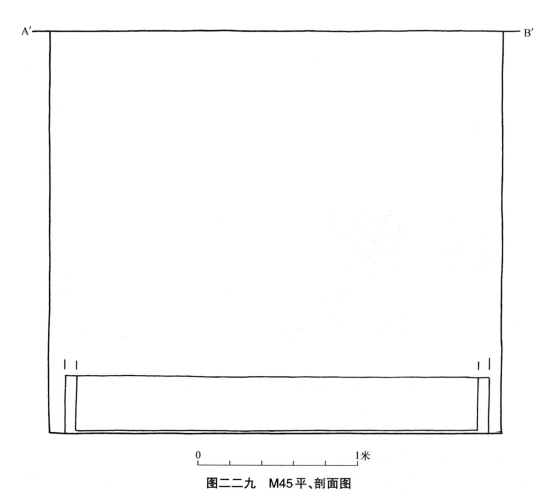

图二二九　M45平、剖面图

1.陶鬲　2.陶豆　3.陶罐　4.陶鬲　5.陶罐　6.陶盂　7.陶豆　8.陶盂　9.陶模型明器

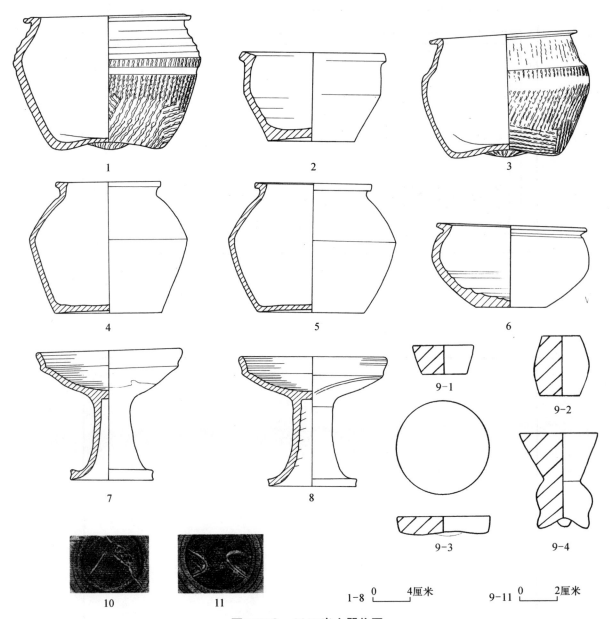

图二三〇　M45出土器物图

1. 陶鬲(M45:1)　2. 陶盂(M45:6)　3. 陶鬲(M45:4)　4. 陶罐(M45:3)　5. 陶罐(M45:5)　6. 陶盂(M45:8)
7. 陶豆(M45:2)　8. 陶豆(M45:7)　9. 陶模型明器(M45:9)　10. 陶豆刻符(M45:7)　11. 陶豆刻符(M45:2)

足状矮座外撇，座沿略内凹；豆盘内饰有螺旋状暗纹，暗纹较细而密，豆盘内有刻划符号。口径15.9、高13.7厘米。(图二三〇,8、10)

M45:8，陶盂。泥质灰陶，器表有多道刮削痕。平折沿，方唇，领较矮，鼓腹，平底。口径16.0、腹径16.9、底径7.4、高8.8厘米。(图二三〇,6)

M45:9，陶模型明器。泥质红褐陶。6件，甗、盂、盘各1件，罍2件，另1件难以分辨器形。(图二三〇,9)

12. M46

开口平面呈长方形,直壁,壁面平整,平底。填土为五花土,土质疏松。墓向280°。墓葬开口距地表100厘米,开口长300、宽150厘米,墓深180厘米。葬具为木质单棺,仅存朽痕,长方形,长278、宽123、高30、厚6厘米。人骨不存。(图二三一)

随葬品共17件(套),出土于棺内西端,均为陶器:

M46:1,陶罐。泥质灰陶,器表打磨平整。平折沿,方唇,束颈较短,溜肩微弧,折腹,弧腹内收,平底略内凹;肩部近折处饰有一道凹弦纹。口径1.4、腹径17.0、底径11.0、高13.1厘米。(图二三二,3;彩版六八,1)

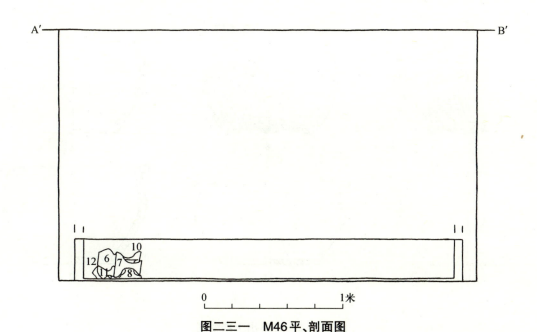

图二三一　M46平、剖面图

1.陶罐　2.陶罐　3.陶罐　4.陶鬲　5.陶鬲　6.陶罐　7.陶豆　8.陶豆　9.陶盂　10.陶豆
11.陶鬲　12.陶鬲　13.陶盂　14.陶盂　15.陶豆　16.陶模型明器　17.陶盂

　　M46：2，陶罐。泥质灰陶，器表打磨平整。平折沿，方唇，束颈较短，溜肩微弧，折腹，凸棱明显，弧腹内收，平底略内凹；沿面饰有三道凹弦纹。口径11.1、腹径16.4、底径10.8、高12.6厘米。（图二三二，1）

　　M46：3，陶罐。泥质灰陶，器表打磨平整。宽平折沿，圆唇，束颈较短，溜肩微弧，折腹，弧腹内收，平底略内凹；肩部近折处饰有一道凹弦纹。口径10.2、腹径17.6、底径10.3、高13.1厘米。（图二三二，2）

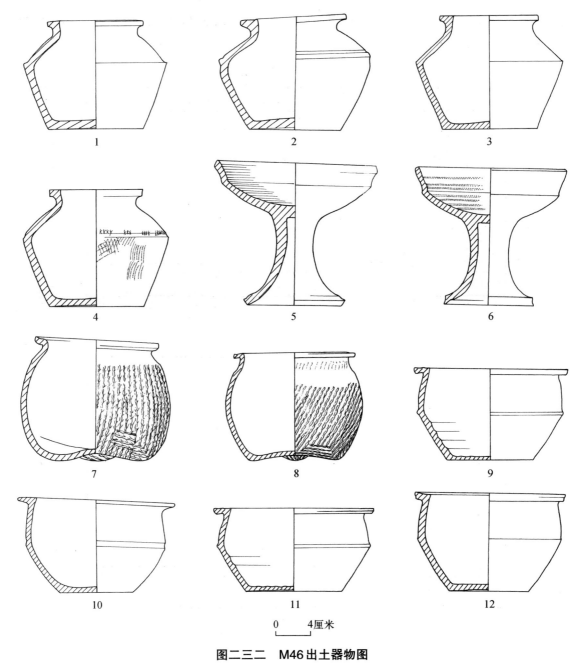

0　　　4厘米

图二三二　M46出土器物图

1. 陶罐（M46：2）　2. 陶罐（M46：3）　3. 陶罐（M46：1）　4. 陶罐（M46：6）　5. 陶豆（M46：7）　6. 陶豆（M46：8）
7. 陶鬲（M46：5）　8. 陶鬲（M46：12）　9. 陶盂（M46：13）　10. 陶盂（M46：14）　11. 陶盂（M46：9）　12. 陶盂（M46：17）

　　M46∶4，陶鬲。泥质灰陶。折沿微下斜，沿面有一道折棱，斜方唇，溜肩，弧腹，分裆矮，三袋足微内敛，足跟较圆钝；肩部抹平，腹以下饰交错绳纹。口径15.8、腹径18.8、高14.3厘米。（图二三三，4；彩版四一，3）

　　M46∶5，陶鬲。泥质褐陶。折沿微下斜，沿面下凹，圆唇，溜肩，弧腹，分裆较低，三袋足较肥大，内敛，足跟较圆钝；腹以下饰交错粗绳纹。口径14.3、腹径17.3、高14.1m。（图二三二，7）

　　M46∶6，陶罐。泥质灰陶，器表打磨平整。平折沿，方唇，束颈较短，溜肩微弧，折腹，凸棱明显，斜腹内收，平底。唇面饰有一道凹弦纹，肩部近折处饰有一道凹弦纹。口径10.8、腹径16.8、底径11.0、高13.5厘米。（图二三二，4）

　　M46∶7，陶豆。泥质灰褐陶。敞口，圆唇，唇外缘略弧鼓，渐收至折处又凸起，上半部外鼓，下半部弧收呈凹槽，外壁呈“S”形，豆盘较深，折壁，凸棱不明显，下腹部呈弓形弧收，喇叭状柄较高，圈足状矮座外撇，座沿斜方唇；豆盘内饰有螺旋状暗纹，暗纹较细而密。口径19.4、高16.4厘米。（图二三二，5；彩版五九，9）

　　M46∶8，陶豆。泥质灰陶。敞口，圆唇，唇外缘略弧鼓，渐收至折处又凸起，上半部外鼓，下半部弧收呈凹槽，外壁呈“S”形，豆盘较深，折壁，凸棱不明显，下腹部呈弓形弧收，喇叭状柄较高，圈足状矮座外撇，座沿斜方唇略内凹；豆盘内饰有螺旋状暗纹，暗纹较细而密。口径17.6、高15.7厘米。（图二三二，6）

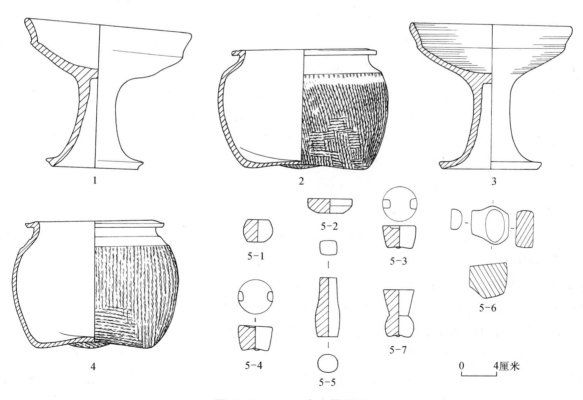

图二三三　M46出土器物图

1.陶豆（M46∶15）　2.陶鬲（M46∶11）　3.陶豆（M46∶10）　4.陶鬲（M46∶4）　5.陶模型明器（M46∶16）

M46：9，陶盂。泥质灰陶，器表打磨光滑。折沿微仰，圆唇，上腹较斜，下腹斜收，平底；折棱处有一道凹弦纹。口径18.4、腹径17.6、底径11.1、高9.8厘米。(图二三二，11)

M46：10，陶豆。泥质灰褐陶。敞口，圆唇，唇外缘略弧鼓，渐收至折处又凸起，上半部外鼓，下半部弧收呈凹槽，外壁呈"S"形，豆盘较深，折壁，凸棱不明显，下腹部呈弓形弧收，喇叭状柄较高，圈足状矮座外撇，座沿斜方唇；豆盘内饰有螺旋状暗纹，暗纹较细而密，外腹部暗纹间距较宽。口径18.5、高16.4厘米。(图二三三，3)

M46：11，陶鬲。泥质灰陶。折沿微下斜，方唇，溜肩，弧腹，分裆矮，三袋足微内敛，足跟较圆钝；肩部抹平，腹以下饰交错绳纹。口径14.4、腹径19.3、高13.3厘米。内有少量兽骨与之同出。(图二三三，2)

M46：12，陶鬲。泥质褐陶。折沿微下斜，尖圆唇，弧腹，分裆较低，三袋足较肥大，内敛，足跟较圆钝；腹以下饰交错粗绳纹。口径15、腹径15.8、高12.4厘米。(图二三二，8)

M46：13，陶盂。泥质灰陶，器表打磨光滑。折沿较平，圆唇，上腹较斜，下腹斜收，平底；沿面有一道凹弦纹，折棱处有一道凹弦纹。口径17.6、腹径18.0、底径10.0、高10.7厘米。(图二三二，9；彩版四九，3)

M46：14，陶盂。泥质灰陶，器表打磨光滑。折沿微仰，圆唇，上腹微弧，下腹斜收，平底；折棱处有一道凹弦纹，下腹部有一道凹槽。口径17.4、腹径16.6、底径9.2、高11.3厘米。(图二三二，10)

M46：15，陶豆。泥质灰褐陶。敞口，圆唇，唇外缘略弧鼓，渐收至折处又凸起，上半部外鼓，下半部弧收呈凹槽，外壁呈"S"形，豆盘较深，折壁，凸棱不明显，下腹部呈弓形弧收，喇叭状柄较高，圈足状矮座外撇，座沿斜方唇略内凹；豆盘内饰有螺旋状暗纹，暗纹较细而密，外腹部暗纹间距较宽。口径19.0、高16.1厘米。(图二三三，1)

M46：16，陶模型明器。8件，鼓形器、盘、匜、甗各1件，鼎、方壶各2件。泥质灰黄陶，疏松多孔。M46：16-1鼓形器，腹径1.6、高1.2厘米。M46：16-2盘，口径2.5、高0.8厘米。M46：16-3鼎，口径1.9、高1.3厘米。M46：16-4鼎，口径1.9、高1.4厘米。M46：16-5方壶，口方底圆，高3.3厘米。M46：16-6匜，长3.9、宽2.1、高1.8厘米。M46：16-7甗，口径1.7、高2.6厘米。(图二三三，5；彩版七九，2)

M46：17，陶盂。泥质灰陶，器表打磨光滑。折沿微仰，斜方唇，上腹斜弧，下腹斜收，平底，唇面有一道凹弦纹。口径18.1、腹径16.0、底径8.4、高10.7厘米。(图二三二，12)

13. M50

开口平面呈长方形，直壁，壁面平整，平底。填土为五花土，土质疏松。墓向270°。墓葬开口距地表100厘米，开口长280、宽160厘米，墓深300厘米。葬具为木质单棺，仅存朽痕，长方形，棺西端有一挡板将放置随葬品的区域与放置尸体的空间隔开，形成头箱。棺长270、宽136、高60、厚6厘米。人骨保存较差，仅存部分肢骨及朽痕，直肢葬。(图二三四)

随葬品共16件(套)，15件(套)陶器出土于头箱中，5枚贝置于人口中：

M50：1，陶鬲。夹砂灰陶。折沿微仰，方唇，圆肩，弧腹，分裆矮，三袋足内敛较甚，尖足跟；肩部抹平，上有六道凹槽，腹以下饰交错绳纹。口径16.0、腹径19.4、高13.8厘米。(图二三六，5)

M50：2，陶罐。泥质灰陶，器表打磨平整。平折沿，圆唇，束颈较高，溜肩，折腹，斜腹内收，平底，最大径位于腹部上半部；沿面饰有一圈凹弦纹。口径12.8、腹径19.6、底径11.6、高15.3厘米。

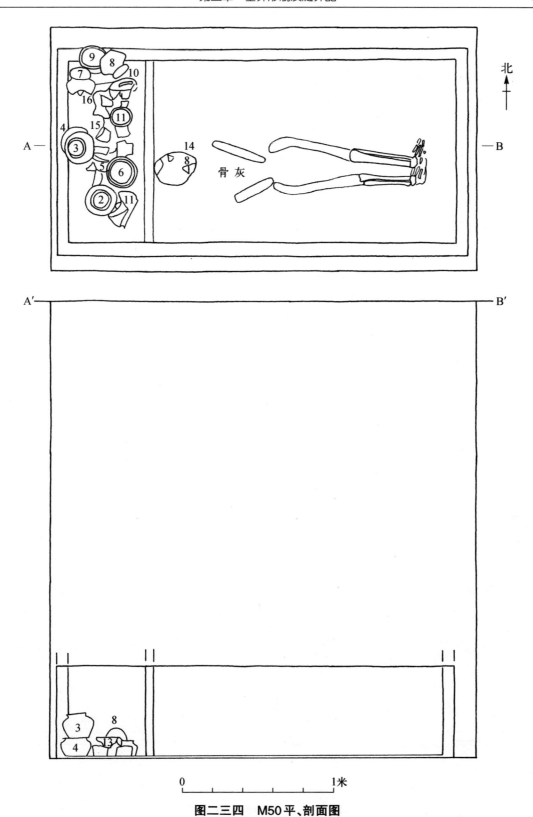

图二三四 M50平、剖面图

1.陶鬲 2.陶罐 3.陶罐 4.陶盂 5.陶鬲 6.陶罐 7.陶鬲 8.陶罐 9.陶盂
10.陶鬲 11.陶盂 12.陶豆 13.陶豆 14.贝 15.陶盂 16.陶豆

（图二三五,1）

　　M50:3,陶罐。泥质灰褐陶,器表打磨平整。平折沿,圆唇,束颈较高,溜肩,折腹,斜腹内收,平底;素面。口径12.5、腹径19.5、底径11.2、高14.2厘米。(图二三五,3)

　　M50:4,陶盂。泥质灰陶,器表打磨光滑。平折沿,尖圆唇,领较高,微束,鼓腹,平底;领和腹结合处有一道凹槽。口径16.8、腹径18.0、底径9.6、高11.0厘米。(图二三五,7)

　　M50:5,陶鬲。夹砂灰陶。折沿较平,圆唇,圆肩,弧腹,分裆矮,三袋足内敛较甚,尖足跟;肩部抹平,上有四道凹槽,上腹部饰抹断绳纹,下腹至足饰交错绳纹。口径15.3、腹径19.3、高14.3厘米。(图二三六,1)

　　M50:6,陶罐。泥质灰陶,器表打磨平整。平折沿,圆唇,束颈较高,溜肩,折腹,斜腹内收,平底;沿面饰有一圈凹弦纹。口径9.8、腹径16.6、底径9.0、高14.5厘米。(图二三五,2)

　　M50:7,陶鬲。夹砂灰陶。折沿较平,方唇,圆肩,弧腹,分裆矮,三袋足内敛较甚,尖足跟;肩部抹平,上有六道凹槽,上腹部饰抹断绳纹,下腹至足饰交错绳纹。口径15.6、腹径19.2、高14.0

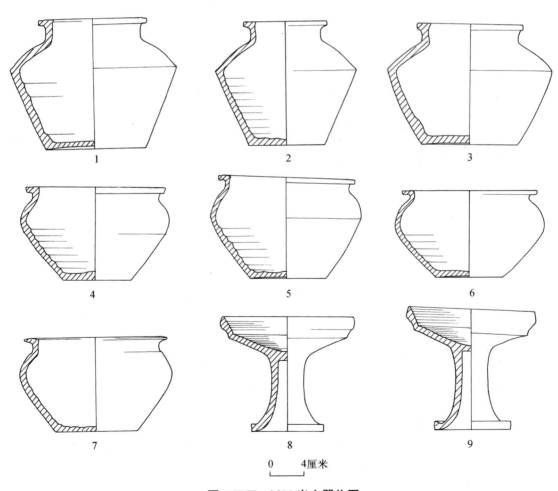

0　　　4厘米

图二三五　M50出土器物图

1. 陶罐(M50:2)　2. 陶罐(M50:6)　3. 陶罐(M50:3)　4. 陶盂(M50:11)　5. 陶盂(M50:15)
6. 陶盂(M50:9)　7. 陶盂(M50:4)　8. 陶豆(M50:12)　9. 陶豆(M50:13)

厘米。(图二三六,3;彩版三四,3)

M50:8,陶罐。泥质灰褐陶,器表打磨平整。平折沿,圆唇,束颈较高,溜肩,折腹,斜腹内收,平底;沿面饰有一圈凹弦纹。口径12.2、腹径18.6、底径11.2、高14.8厘米。(图二三六,4)

M50:9,陶盂。泥质灰陶。平折沿,圆唇,领较矮,弧鼓腹,平底;沿面有一道凹槽。口径14.0、腹径17.6、底径8.1、高10.2厘米。(图二三五,6)

M50:10,陶鬲。夹砂灰陶。折沿较平,斜方唇,圆肩,弧腹,分裆矮,三袋足内敛较甚,尖足跟;肩部抹平,上有五道凹槽,腹以下饰交错绳纹。口径15.8、腹径19.0、高13.2厘米。(图二三六,2)

M50:11,陶盂。泥质灰陶。平折沿,圆唇,领较矮,弧鼓腹,平底;沿面有一道凹槽。口径16.4、腹径17.6、底径8.0、高10.9厘米。(图二三五,4)

M50:12,陶豆。泥质灰陶。敞口,圆唇,唇外缘略弧鼓,渐收至折处又凸起,上半部外鼓,下半部弧收呈凹槽,外壁呈"S"形,豆盘较浅,折壁,凸棱不明显,下腹部呈弓形弧收,喇叭状柄较细高,圈足状矮座外撇,座沿略内凹;豆盘内饰有螺旋状暗纹,暗纹较细而密。口径15.5、高13.6厘米。(图二三五,8)

M50:13,陶豆。泥质灰陶。敞口,圆唇,唇外缘弧鼓,渐收至折处又凸起,上半部外鼓,下半部弧收呈凹槽,外壁呈"S"形,豆盘较浅,折壁,凸棱明显,下腹部呈弓形弧收,喇叭状柄较细高,圈足状矮座外撇,座面上翘;豆盘内饰有螺旋状暗纹,暗纹较细而密。口径15、高14.2厘米。(图二三五,9;彩版六〇,7)

M50:14,贝。5枚,均已残。较均匀,长度约2.5厘米。(图二三六,6)

M50:15,陶盂。泥质灰陶。平折沿,圆唇,领较矮,弧鼓腹,平底;沿面有一道凹槽。口径16.3、腹径17.8、底径8.8、高11.9厘米。(图二三五,5)

M50:16,陶豆,残碎。泥质灰陶。敞口,方唇。

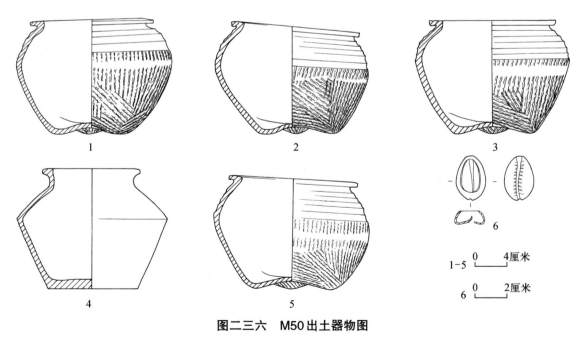

图二三六　M50出土器物图

1.陶鬲(M50:5)　2.陶鬲(M50:10)　3.陶鬲(M50:7)　4.陶罐(M50:8)　5.陶鬲(M50:1)　6.贝(M50:14)

14. M51

开口平面呈长方形,直壁,壁面平整,平底。填土为五花土,土质疏松。墓向295°。墓葬开口距地表100厘米,开口长250、宽140厘米,墓深300厘米。葬具为木质单棺,仅存朽痕,长方形,长

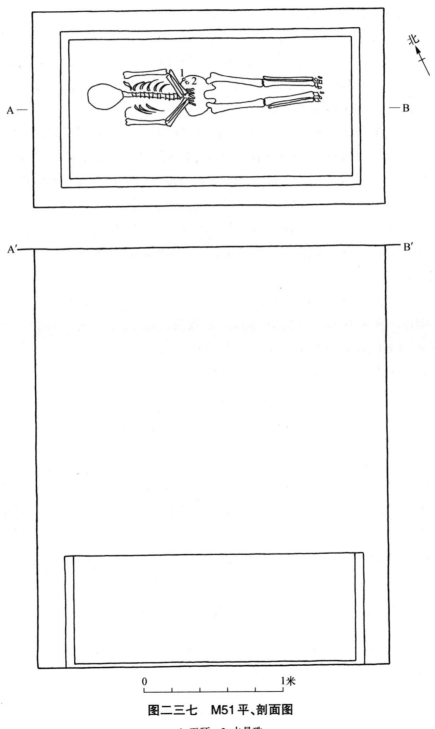

图二三七　M51平、剖面图

1. 玉环　2. 水晶珠

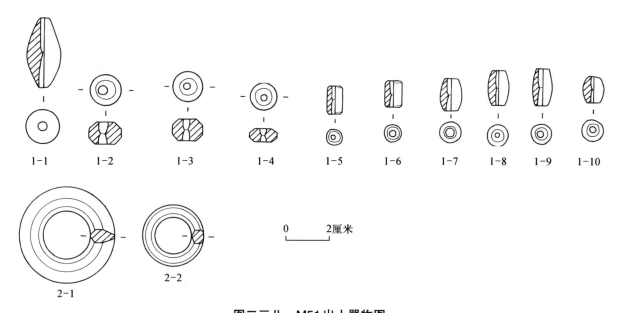

1-1   1-2   1-3   1-4   1-5   1-6   1-7   1-8   1-9   1-10

2-1   2-2

0   2厘米

图二三八   M51出土器物图

1. 水晶珠（M51∶2）   2. 玉环（M51∶1）

212、宽112、高80、厚6厘米。人骨保存较差,仰身直肢,双手置于腹部,双脚并拢。（图二三七）

随葬品共12件,均出土于人骨腹部左侧,2件玉环及10枚水晶珠:

M51∶1,玉环。2件,均为白色半透明状。M51∶1-1,外郭磨尖,内郭磨角。直径4.4、穿径2.2、肉厚0.6厘米;M51∶1-2,内外郭均磨角,使截面呈截角方形。直径2.8、穿径1.7、肉厚0.6厘米。（图二三八,2;彩版八二,1、2）

M51∶2,水晶珠。10枚,中间均有对钻的圆孔;5枚橄榄形,1大4小,大者紫色,其余4枚白色透明状;2枚圆柱形,紫色;3枚圆柱形外郭磨角,均为紫色,依次变小变矮。M51∶2-1长3.2、直径1.6厘米。M51∶2-3直径1.4厘米。M51∶2-5长1.3、直径0.7厘米。（图二三八,1;彩版八三,1-8）

15. M52

开口平面呈长方形,斜壁,壁面平整,口大底小,平底。填土为五花土,土质疏松。墓向280°。墓葬开口距地表100厘米,开口长370、宽280厘米,墓深500厘米,墓底长270、宽180厘米。葬具为木质单棺,仅存朽痕,长方形,长258、宽128、高48、厚8厘米。人骨保存较好,仰身直肢,面朝南,双手置于腹部,双脚并拢。（图二三九;彩版二四,1）

随葬品共2件（套）,1件陶盂出土于棺内西端,13枚贝置于人口中:

M52∶1,陶盂。泥质灰陶。折沿较平,沿面弧凸,尖圆唇,上腹微弧收,上有刮削痕,下腹斜收,平底。口径14.4、腹径14.3、底径7.2、高9.2厘米。（图二四〇,1）

M52∶2,贝。13枚,4枚已残,其余保存较好,保存较好者背部均有一个穿孔。大小不一,长度从1.8-2.7厘米不等。（图二四〇,2）

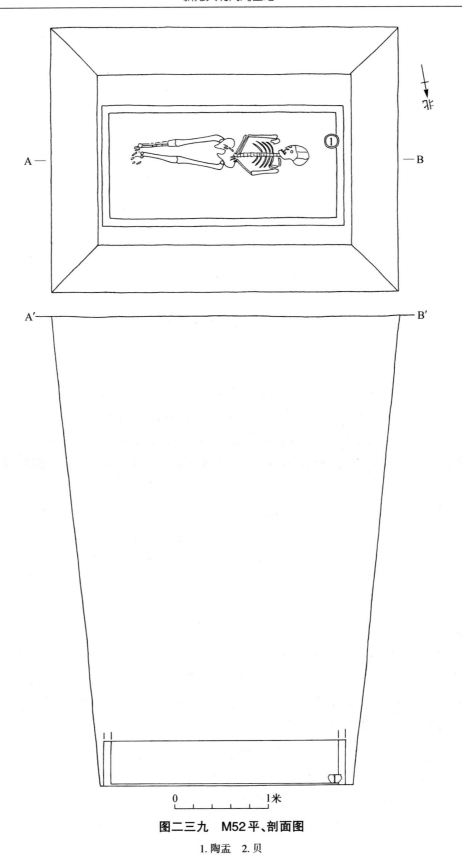

图二三九　M52平、剖面图

1. 陶盂　2. 贝

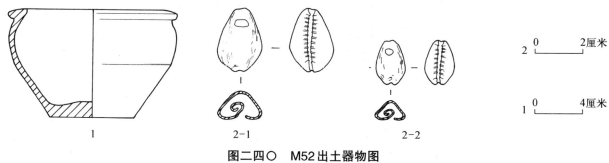

图二四〇 M52出土器物图

1.陶盂（M52：1） 2.贝（M52：2）

16. M58

开口平面呈长方形，直壁，壁面平整，平底。填土为五花土，土质疏松。墓向280°。墓葬开口距地表100厘米，开口长290、宽160厘米，墓深310厘米。葬具为木质单棺，仅存朽痕，长方形，长228、宽132-136、高50、厚6厘米。人骨保存较好，仰身直肢，面朝北，双手置于腹部，双脚并拢。（图二四一）

随葬品共14件，出土于棺内北侧，均为陶器：

M58：1，陶罐。泥质灰陶，器表打磨平整。平折沿，方唇，束颈较短，溜肩弧鼓，折腹，凸棱较明显，弧腹内收，平底，肩部近折处饰有一道凹弦纹。口径11.2、腹径18.4、底径11.4、高13.6厘米。（图二四二，2；彩版七〇，4）

M58：2，陶鬲。泥质红陶。折沿微仰，圆唇，圆肩，腹微斜，分裆较矮，三袋足内敛，尖足跟；上腹部饰抹断绳纹，下腹至足饰交错绳纹。口径11.5、腹径14.6、高12.7厘米。（图二四二，1）

M58：3，陶盂。泥质灰陶，器表有多道刮削痕。平折沿，方唇，领较矮，弧腹，平底微凹。口径15.2、腹径16.8、底径9.2、高11.1厘米。（图二四二，6；彩版五四，4）

M58：4，陶盂。泥质灰陶，器表打磨光滑。折沿微仰，尖唇，领较矮，弧腹，平底微凹。口径15.4、腹径17.1、底径8.4、高8.3厘米。（图二四二，3）

M58：5，陶豆。泥质褐陶。敞口，圆唇，唇外缘略弧鼓，豆盘较浅，折壁，凸棱不明显，下腹部弧收，近直柄较细长，圈足状矮座外撇，座沿斜方唇；豆盘内饰有密而细的螺旋状暗纹，盘内有刻划符号。口径15.9、高13.8厘米。（图二四二，4、16；彩版六〇，8）

M58：6，陶罐。泥质灰陶，器表打磨平整。平折沿，方唇，束颈较短，溜肩弧鼓，折腹，凸棱较明显，弧腹内收，平底。口径11.0、腹径17.8、底径11.5、高13.6厘米。（图二四二，11）

M58：7，陶罐。泥质灰陶，器表打磨平整。平折沿，方唇，束颈较短，溜肩弧鼓，折腹，凸棱较明显，弧腹内收，平底，肩部近折处饰有一道凹弦纹。口径11.0、腹径17.8、底径11.2、高13.5厘米。（图二四二，8）

M58：8，陶盂。泥质灰陶，器表打磨光滑。平折沿，方唇，领较矮，弧腹，平底微凹。口径15.0、腹径16.8、底径9.0、高8.4厘米。（图二四二，9）

M58：9，陶鬲。泥质红陶。折沿较平，沿面弧凸，圆唇，圆肩，弧腹，分裆较矮，三袋足内敛，尖足跟；肩部抹平，隐约可见绳纹痕迹，上有五道凹槽和一个小圆饼，上腹部饰抹断绳纹，下腹至足饰交错绳纹。口径14.6、腹径17.2、高13.1厘米。（图二四二，10）

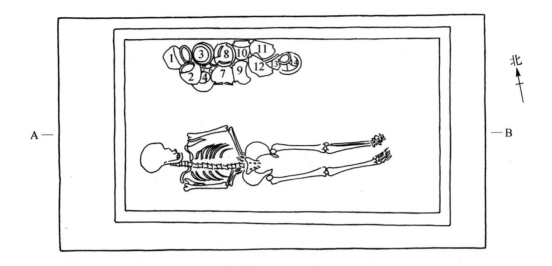

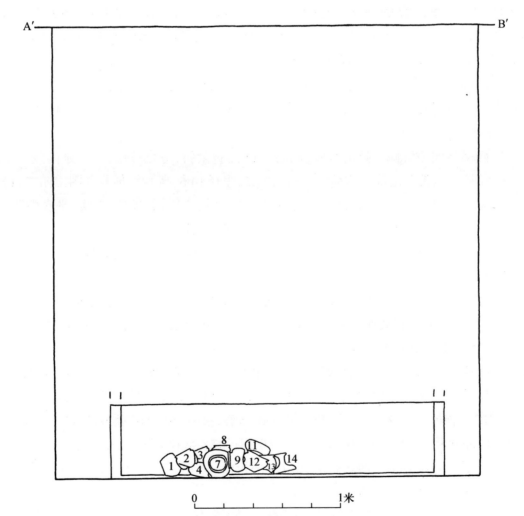

图二四一 M58平、剖面图

1.陶罐 2.陶鬲 3.陶盂 4.陶盂 5.陶豆 6.陶罐 7.陶罐 8.陶盂 9.陶鬲
10.陶罐 11.陶鬲 12.陶盂 13.陶鬲 14.陶豆

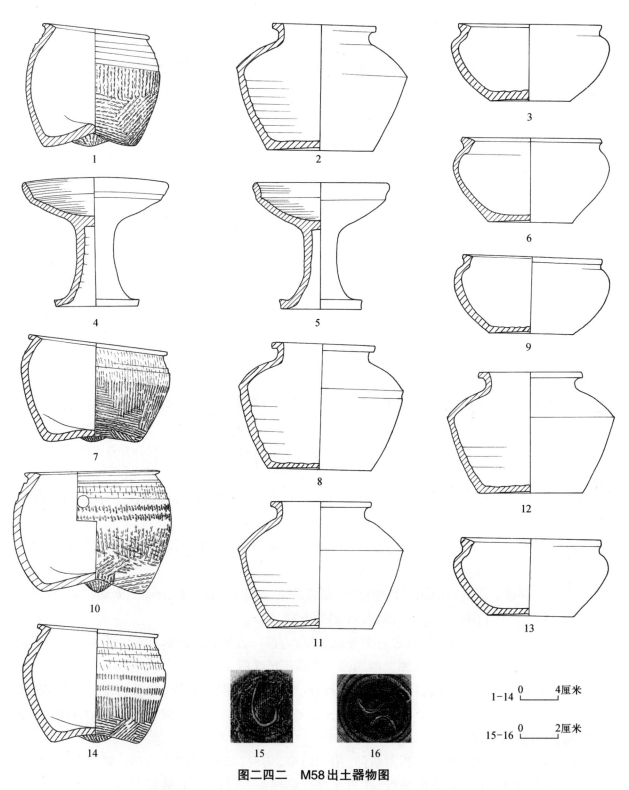

图二四二　M58出土器物图

1.陶鬲（M58:2）　2.陶罐（M58:1）　3.陶盂（M58:4）　4.陶豆（M58:5）　5.陶豆（M58:14）　6.陶盂（M58:3）
7.陶鬲（M58:13）　8.陶罐（M58:7）　9.陶盂（M58:8）　10.陶鬲（M58:9）　11.陶罐（M58:6）
12.陶罐（M58:10）　13.陶盂（M58:12）　14.陶鬲（M58:11）　15.陶豆刻符（M58:14）　16.陶豆刻符（M58:5）

　　M58：10，陶罐。泥质灰陶，器表打磨平整。平折沿，方唇，束颈较短，溜肩弧鼓，折腹，凸棱较明显，弧腹内收，平底。口径11.2、腹径18.0、底径11.2、高13.0厘米。(图二四二，12)

　　M58：11，陶鬲。泥质红陶。折沿微仰，尖圆唇，圆肩，弧腹，分裆较矮，三袋足内敛，尖足跟；肩部抹平，隐约可见绳纹痕迹，上有二道凹槽，上腹部饰抹断绳纹，下腹至足饰交错绳纹。口径13、腹径15.6、高12.3厘米。(图二四二，14)

　　M58：12，陶盂。泥质灰陶，器表有多道刮削痕。平折沿，方唇，领较矮，弧腹，平底微凹。口径15.0、腹径16.8、底径9.4、高8.3厘米。(图二四二，13)

　　M58：13，陶鬲。泥质红陶。折沿微仰，圆唇，圆肩，弧腹，分裆较矮，三袋足内敛，尖足跟；肩部抹平，隐约可见绳纹痕迹，上有五道凹槽和一个小圆饼，上腹部饰抹断绳纹，下腹至足饰交错绳纹。口径15.0、腹径16.2、高10.5厘米。(图二四二，7；彩版三四，5)

　　M58：14，陶豆。泥质灰陶。敞口，圆唇，唇外缘略弧鼓，渐收至折处又凸起，上半部弧鼓，下半部弧收形成凹槽，外壁呈"S"形，豆盘较浅，折壁，凸棱不明显，下腹部弧收，近直柄较细长，圈足状矮座外撇，座沿斜方唇；豆盘内饰有密而细的螺旋状暗纹，盘内有刻划符号。口径14.8、高13.6厘米。(图二四二，5、15)

17. M73

　　开口平面呈长方形，直壁，壁面平整，平底。填土为五花土，土质疏松。墓向290°。墓葬开口距地表100厘米，开口长280、宽184厘米，墓深270厘米。葬具为木质单棺，仅存朽痕，长方形，长242、宽154-162、高50、厚6厘米。人骨保存较差，仰身直肢，面朝上，双手置于腹部，双脚并拢。(图二四三)

　　随葬品共7件，出土于棺内西端，均为陶器：

　　M73：1，陶罐。泥质灰褐陶。平折沿极短，略仰，圆唇，颈部极短，溜肩弧鼓，折腹，斜腹内收，平底；素面。口径7.4、腹径9.6、底径5.0、高7.4厘米。(图二四四，6)

　　M73：2，陶盂。泥质灰陶。折沿较平，沿面弧凸，尖唇，领较矮，弧腹，平底。口径11.9、腹径14.6、底径7.0、高9.8厘米。(图二四四，2)

　　M73：3，陶罐。泥质灰褐陶。斜领较短，溜肩微弧，折腹，斜腹内收，平底；素面。口径6.9、腹径10.4、底径5.7、高7.0厘米。(图二四四，7；彩版七四，5)

　　M73：4，陶盂。泥质灰陶，器表有多道刮削痕。直口，方唇，领较矮，弧腹，平底。口径11.4、腹径14.2、底径7.0、高8.4厘米。(图二四四，4；彩版五五，7)

　　M73：5，陶鬲。泥质红陶。折沿较平，沿面较窄，尖唇，溜肩，斜腹，分裆较矮，三袋足内聚，尖足跟；肩部抹平，上有数道凹弦纹，腹以下饰交错绳纹。口径9.4、腹径11.4、高7.4厘米。(图二四四，1；彩版三八，3)

　　M73：6，陶鬲。泥质红陶。折沿微仰，沿面较窄，尖唇，溜肩，斜腹，分裆较矮，三袋足内聚，尖足跟；肩部抹平，上有数道凹弦纹，腹以下饰交错绳纹。口径11.0、腹径12.3、高7.9厘米。(图二四四，3)

　　M73：7，陶豆。泥质灰陶。敞口，尖圆唇，外壁上半部微鼓，下半部略内凹，豆盘浅平，弧折

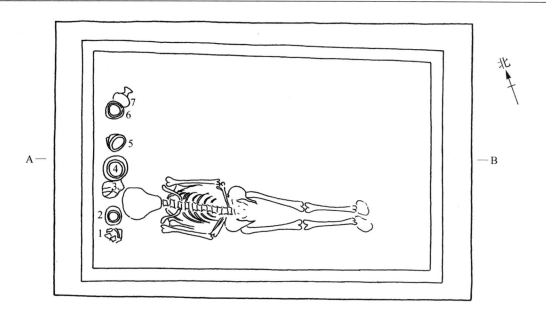

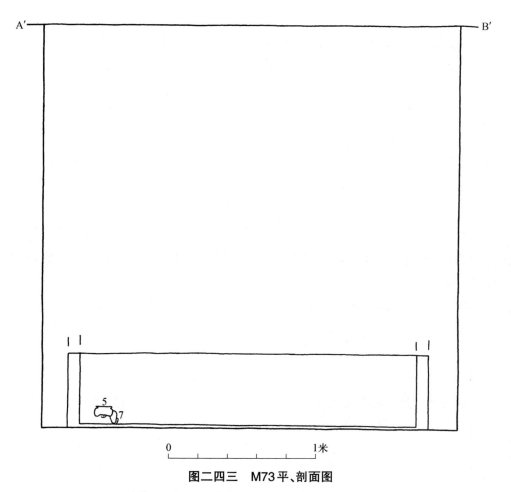

图二四三　M73平、剖面图

1.陶罐　2.陶盉　3.陶罐　4.陶盉　5.陶鬲　6.陶鬲　7.陶豆

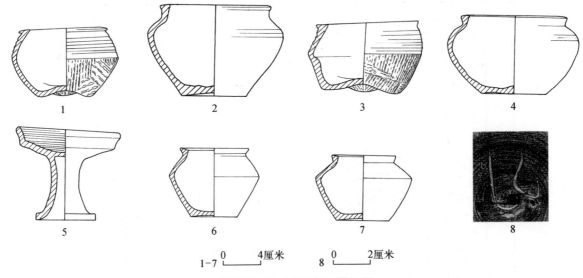

1-7 |—0———4厘米—|　　8 |—0——2厘米—|

图二四四　M73出土器物图

1. 陶鬲（M73：5）　2. 陶盂（M73：2）　3. 陶鬲（M73：6）　4. 陶盂（M73：4）
5. 陶豆（M73：7）　6. 陶罐（M73：1）　7. 陶罐（M73：3）　8. 陶豆刻符（M73：7）

壁,凸棱不明显,腹部弧收,近直柄,圈足状矮座外撇,座沿斜方唇；豆盘内饰有密而细的螺旋状暗纹,有刻划符号。口径11.2、高9.8厘米。（图二四四,5、8;彩版六三,3）

18. M79

开口平面呈长方形,斜壁,壁面平整,口大底小,平底。填土为五花土,土质疏松。墓向290°。墓葬开口距地表100厘米,开口长310、宽200厘米,墓深300厘米,墓底长270、宽160厘米。葬具为木质单棺,仅存朽痕,长方形,长258、宽130-136、高16、厚6厘米。人骨保存较差,仰身直肢。（图二四五）

随葬品共9件（套）,8件陶器出土于棺内西端,4枚贝置于人口中:

M79：1,陶罐。泥质灰陶,器表打磨平整。平折沿,圆唇,束颈较短,溜肩弧鼓,折腹,弧腹内收,平底;沿面饰有数道极细的凹弦纹,肩部近折处饰有一道凹弦纹。口径10.2、腹径12.4、底径6.0、高8.4厘米。（图二四六,2）

M79：2,陶罐。泥质灰陶,器表打磨平整。平折沿,方唇,束颈较短,溜肩弧鼓,折腹,弧腹内收,平底;沿面饰有一道凹弦纹,肩部近折处饰有一道凹弦纹。口径10.0、腹径13.2、底径6.5、高8.5厘米。（图二四六,1）

M79：3,陶鬲。夹细砂灰陶。平折沿,圆唇,圆肩,弧腹,分裆较矮,三袋足内聚,尖足跟;肩部抹平,上有四道凹槽,腹以下饰交错绳纹。口径12.0、腹径13.2、高9.4厘米。（图二四六,3）

M79：4,陶盂。泥质灰陶。折沿微仰,尖唇,上腹较直,下腹斜收,平底微凹。口径15.0、腹径14.9、底径6.0、高7.1厘米。（图二四六,8）

M79：5,陶盂。泥质灰陶。平折沿,尖圆唇,上腹斜弧,下腹弧收;折棱处有一道凹弦纹。口径13.2、腹径14.4、底径8.0、高8.1厘米。（图二四六,6）

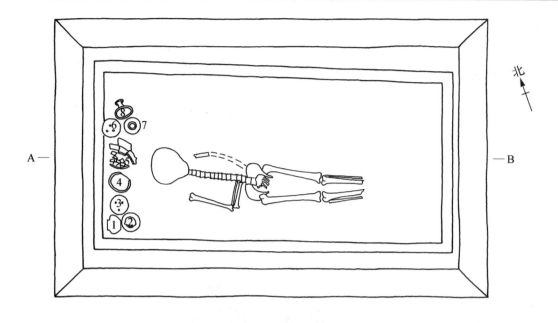

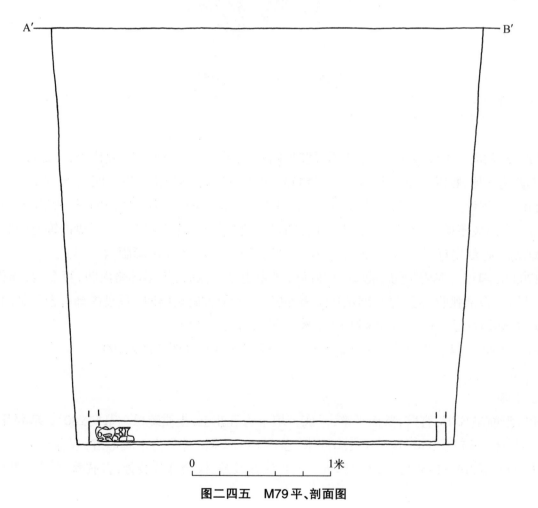

图二四五　M79平、剖面图

1.陶罐　2.陶罐　3.陶鬲　4.陶盂　5.陶盂　6.陶鬲　7.陶豆　8.陶豆　9.贝

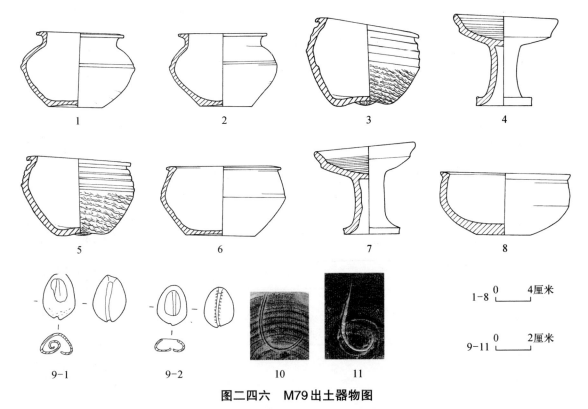

图二四六　M79 出土器物图

1. 陶罐(M79:2)　2. 陶罐(M79:1)　3. 陶鬲(M79:3)　4. 陶豆(M79:7)　5. 陶鬲(M79:6)　6. 陶盂(M79:5)
7. 陶豆(M79:8)　8. 陶盂(M79:4)　9. 贝(M79:9)　10. 陶豆刻符(M79:7)　11. 陶豆刻符(M79:8)

　　M79:6,陶鬲。夹细砂灰陶。平折沿,圆唇,圆肩,弧腹,分裆较矮,三袋足内聚,尖足跟;肩部抹平,上有四道凹槽,腹以下饰交错绳纹。口径11.9、腹径13.0、高8.8厘米。(图二四六,5;彩版三八,4)

　　M79:7,陶豆。泥质灰陶。敞口,尖圆唇,外壁上半部微鼓,下半部略内凹,外壁呈"S"形,豆盘浅,折壁,凸棱不明显,腹部弧收,近直柄,圈足状矮座外撇,座沿斜方唇;豆盘内饰有密而细的螺旋状暗纹,有刻划符号。口径12.0、高10.4厘米。(图二四六,4、10;彩版六三,4)

　　M79:8,陶豆。泥质灰陶。敞口,尖圆唇,外壁上半部微鼓,下半部略内凹,豆盘浅,弧折壁,凸棱不明显,腹部弧收,近直柄,圈足状矮座外撇,座沿斜方唇略内凹;豆盘内饰有密而细的螺旋状暗纹,有刻划符号。口径11.8、高10.2厘米。(图二四六,7、11)

　　M79:9,贝。4枚,均已残。大小较均匀,长度约2.3厘米。(图二四六,9)

19. M80

　　开口平面呈梯形,直壁,壁面平整,平底。填土为五花土,土质疏松。墓向280°。墓葬开口距地表100厘米,开口长330、宽170-180厘米,墓深180厘米。葬具为木质单棺,仅存朽痕,平面呈梯形,长290、宽108-136、高22、厚8厘米。人骨保存较差,仅余部分肢骨,直肢葬。(图二四七;彩版二四,2)

　　随葬品共17件(套),16件陶器出土于棺内西端,14枚贝置于人口中:

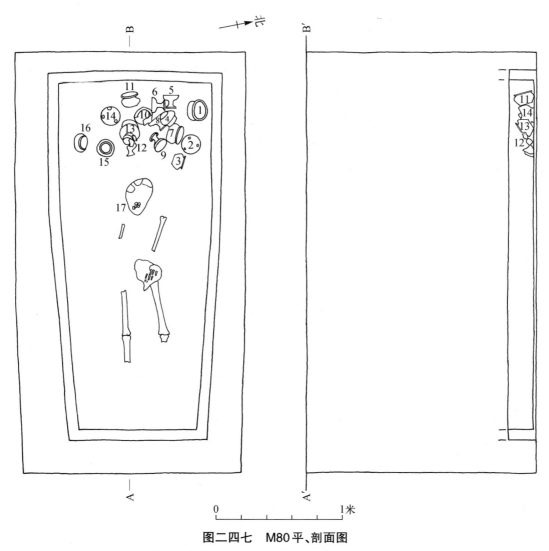

图二四七 M80平、剖面图

1. 陶盂 2. 陶鬲 3. 陶罐 4. 陶罐 5. 陶豆 6. 陶豆 7. 陶盂 8. 陶豆 9. 陶豆
10. 陶鬲 11. 陶盂 12. 陶鬲 13. 陶盂 14. 陶鬲 15. 陶罐 16. 陶罐 17. 贝

　　M80：1，陶盂。泥质灰陶。折沿微仰，圆唇，上腹较斜，下腹斜收，平底微凹；折棱处有一道凹弦纹。口径15.2、腹径14.4、底径9.0、高8.7厘米。（图二四八，11）

　　M80：2，陶鬲。夹细砂灰陶。折沿较平，圆唇，溜肩，腹微弧，裆较高，短锥足微外张；沿面有二道凹弦纹，肩部抹平，隐约可见绳纹痕迹，腹以下饰纵向绳纹。口径14.4、腹径15.0、高10.2厘米。（图二四九，1；彩版四二，1）

　　M80：3，陶罐。泥质灰陶。平折沿，沿面内凹，圆唇，短颈，溜肩弧鼓，弧折腹，弧腹内收，平底；素面。口径9.6、腹径13.2、底径8.8、高9.5厘米。（图二四八，10）

　　M80：4，陶罐。泥质灰褐陶。平折沿，沿面内凹，方唇，短颈，溜肩弧鼓，弧折腹，弧腹内收，平底；素面。口径9.0、腹径13.2、底径8.8、高9.6厘米。（图二四九，2）

　　M80：5，陶豆。泥质灰陶。敞口，斜方唇，折壁，折处凸棱明显，豆盘较深，矮喇叭状豆柄，矮座外撇,座底内凹;豆盘内有螺旋状暗纹,暗纹不清晰,外腹部和豆柄交接处有螺旋状凸弦纹。口径12.4、高9.3厘米.(图二四九,4)

M80：6,陶豆。泥质灰陶。敞口,方唇,折壁,折处凸棱明显,豆盘较深,矮喇叭状豆柄,矮座外撇,座底内凹;素面。口径12.4、高10.2厘米。(图二四九,3)

M80：7,陶盂。泥质灰陶。折沿微仰,圆唇,上腹较斜,下腹斜收,平底微凹;沿面有一道凹弦纹,折棱处有一道凹弦纹。口径15.4、腹径14.7、底径8.8、高8.4厘米。(图二四八,12;彩版四八,6)

M80：8,陶豆。泥质灰陶。敞口,方唇,折壁,折处凸棱明显,豆盘较深,矮喇叭状豆柄,矮座外撇,座底内凹;素面。口径12.4、高10.2厘米。(图二四八,4;彩版五八,7)

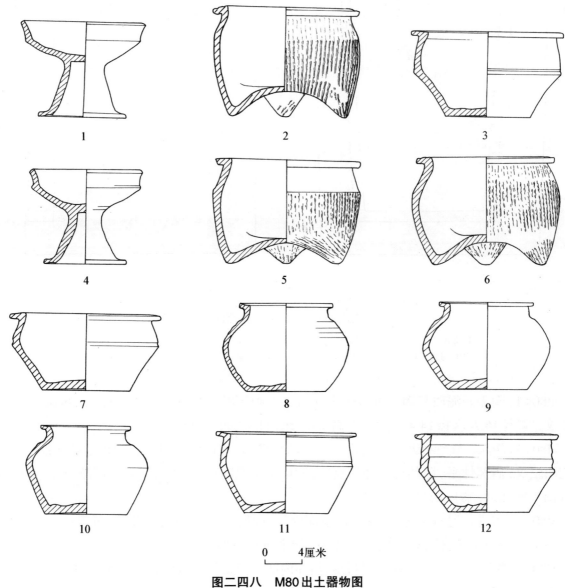

图二四八　M80出土器物图

1. 陶豆(M80:9)　2. 陶鬲(M80:10)　3. 陶盂(M80:11)　4. 陶豆(M80:8)　5. 陶鬲(M80:12)　6. 陶鬲(M80:14)
7. 陶盂(M80:13)　8. 陶罐(M80:15)　9. 陶罐(M80:16)　10. 陶罐(M80:3)　11. 陶盂(M80:1)　12. 陶盂(M80:7)

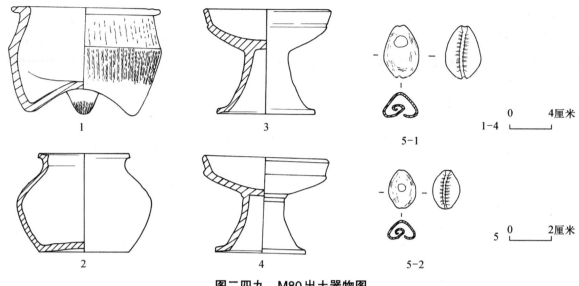

图二四九　M80出土器物图

1.陶鬲（M80：2）　2.陶罐（M80：4）　3.陶豆（M80：6）　4.陶豆（M80：5）　5.贝（M80：17）

M80：9，陶豆。泥质灰陶。敞口，斜方唇，折壁，折处凸棱明显，豆盘较深，矮喇叭状豆柄，矮座外撇，座底内凹；素面。口径13.4、高10.3厘米。（图二四八，1）

M80：10，陶鬲。夹细砂灰陶。折沿较平，圆唇，溜肩，腹微弧，裆较高，短锥足微外张；沿面有二道凹弦纹，肩部抹平，隐约可见绳纹痕迹，腹以下饰纵向绳纹。口径15.8、腹径15.9、高11.8厘米。（图二四八，2）

M80：11，陶盂。泥质灰陶。折沿微仰，方唇，上腹较斜，下腹斜收，平底；沿面有一道凹弦纹，折棱处有一道凹弦纹。口径16.4、腹径15.8、底径9.1、高9.1厘米。（图二四八，3）

M80：12，陶鬲。夹细砂灰陶。折沿较平，圆唇，溜肩，腹微弧，裆较高，短锥足微外张；沿面有二道凹弦纹，肩部抹平，隐约可见绳纹痕迹，腹以下饰纵向绳纹。口径15.6、腹径16.0、高11.1厘米。（图二四八，5）

M80：13，陶盂。泥质灰陶。折沿微下斜，圆唇，上腹较斜，下腹斜收，平底；沿面有一道凹弦纹，折棱处有一道凹弦纹。口径16.3、腹径15.9、底径9.5、高8.3厘米。（图二四八，7）

M80：14，陶鬲。夹细砂灰陶。折沿较平，圆唇，溜肩，腹微弧，裆较高，短锥足微外张；沿面有二道凹弦纹，肩部抹平，隐约可见绳纹痕迹，腹以下饰纵向绳纹。口径15.0、腹径16.0、高11.6厘米。（图二四八，6）

M80：15，陶罐。泥质灰陶。平折沿，沿面内凹，圆唇，短颈，溜肩弧鼓，弧折腹，弧腹内收，平底；肩部饰有数道较浅凹弦纹。口径10.2、腹径13.6、底径8.5、高9.5厘米。（图二四八，8）

M80：16，陶罐。泥质灰褐陶。平折沿，圆唇，短颈，溜肩弧鼓，弧折腹，弧腹内收，平底；沿面饰有两道凹弦纹。口径10.2、腹径13.6、底径8.6、高9.4厘米。（图二四八，9；彩版六五，5）

M80：17，贝。14枚，6枚已残，其余保存较好，保存较好者背部均有一个穿孔。大小不一，长度从1.6-2.7厘米不等。（图二四九，5；彩版八四，5）

20. M87

开口平面呈长方形,直壁,壁面平整,平底。填土为五花土,土质疏松。墓向290°。墓葬开口距地表100厘米,开口长270、宽184厘米,墓深300厘米。葬具为木质单棺,仅存朽痕,长方形,长

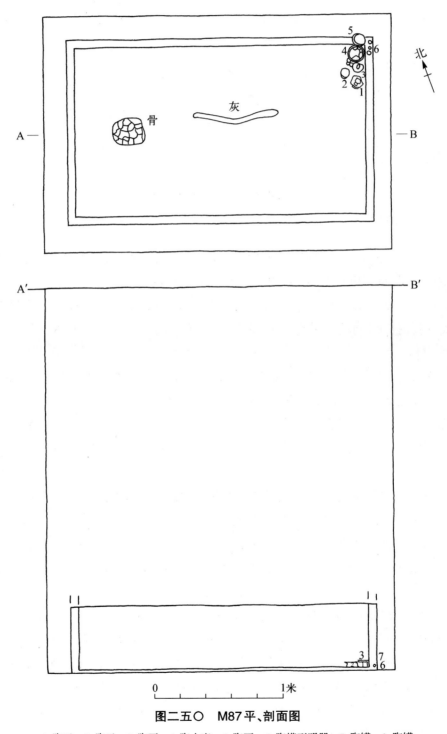

图二五〇　M87平、剖面图

1.陶盂　2.陶盂　3.陶鬲　4.陶小壶　5.陶鬲　6.陶模型明器　7.陶罐　8.陶罐

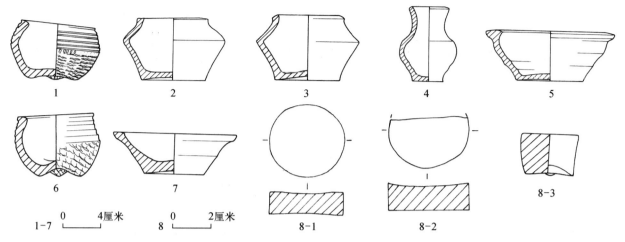

图二五一 M87出土器物图

1. 陶鬲（M87：5） 2. 陶罐（M87：7） 3. 陶罐（M87：8） 4. 陶小壶（M87：4）
5. 陶盂（M87：1） 6. 陶鬲（M87：3） 7. 陶盂（M87：2） 8. 陶模型明器（M87：6）

238、宽144、高52、厚6厘米。人骨保存差，仅余部分朽痕。（图二五〇；彩版二五，1）

随葬品共8件（套），出土于棺内东北角，均为陶器：

M87：1，陶盂。泥质灰陶。折沿近平，尖圆唇，斜腹，平底。口径13.5、底径6.8、高5.1厘米。（图二五一，5；彩版五三，4）

M87：2，陶盂。泥质灰陶。折沿近平，尖圆唇，斜弧腹，平底。口径13.0、底径6.4、高4.2厘米。（图二五一，7）

M87：3，陶鬲。泥质红陶。折沿较平，沿面极窄，尖唇，圆肩，弧腹，分档较矮，三袋足内聚，尖足跟；肩部抹平，上有数道凹弦纹，腹以下饰交错绳纹。口径8.0、腹径9.0、高6.3厘米。（图二五一，6）

M87：4，陶小壶。泥质灰陶。敞口方唇，长颈微束，圆肩，弧腹，假圈足较矮，平底。口径4.1、腹径6.0、底径3.4、高7.8厘米。（图二五一，4；彩版七八，7）

M87：5，陶鬲。泥质红陶。卷沿，沿面极窄，尖唇，圆肩，弧腹，分档较矮，三袋足内聚，尖足跟；肩部抹平，上有数道凹弦纹，腹以下饰交错绳纹。口径7.7、腹径9.5、高5.8厘米。（图二五一，1；彩版三九，1）

M87：6，陶模型明器。盘2件，鬲1件，泥质灰黄陶，疏松多孔。M87：6-1盘，直径3.9、高1.2厘米。M87：6-2盘，残，直径4.2、高1.4厘米。M87：6-3鬲，口径3.0、高2.1厘米。（图二五一，8）

M87：7，陶罐。泥质灰陶。直领极短，溜肩微弧，弧折腹，斜腹内收内弧，平底；沿面饰有一道凹弦纹。口径7.4、腹径10.7、底径6.7、高6.5厘米。（图二五一，2）

M87：8，陶罐。泥质灰陶。直领极短，溜肩微弧，折腹，斜腹内收内弧，平底；素面。口径7.6、腹径10.8、底径6.8、高6.8厘米。（图二五一，3；彩版七五，2）

21. M113

开口平面呈长方形，直壁，壁面平整，平底。填土为五花土，土质疏松。墓向280°。墓葬开口距

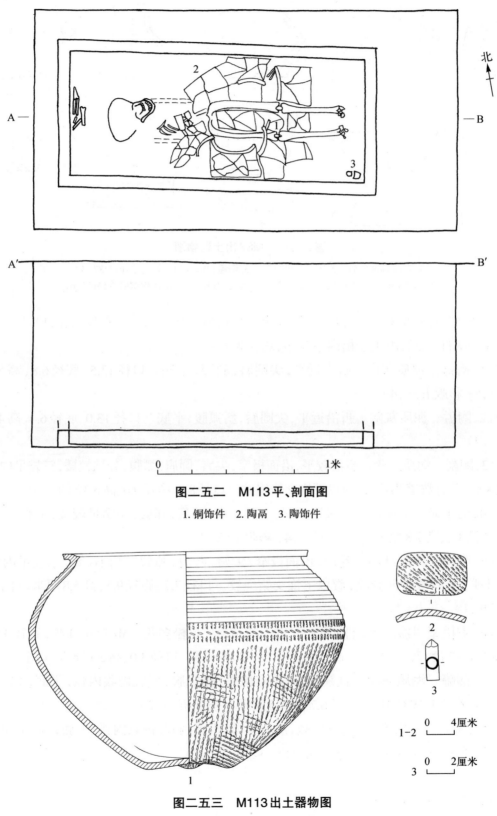

图二五二　M113平、剖面图

1. 铜饰件　2. 陶鬲　3. 陶饰件

图二五三　M113出土器物图

1. 陶鬲（M113∶2）　2. 陶饰件（M113∶3）　3. 铜饰件（M113∶1）

地表100厘米,开口长250、宽128厘米,墓深110厘米。葬具为木质单棺,仅存朽痕,长方形,长188、宽86、高10、厚6厘米。人骨保存较差,仅余部分肢骨和头骨朽痕,仰身直肢。(图二五二;彩版二五,2)

随葬品共3件,铜饰件出土于两腿膝盖之间,陶鬲压于人骨之下,陶模型明器出土于棺内东南角:

M113:1,铜饰件。管状,一端尖,另一端平,中空。直径0.9、高3厘米。(图二五三,3)

M113:2,陶鬲。肩以上泥质红陶,腹以下夹粗砂红陶。折沿微仰,方唇,圆肩,弧腹急收,三袋足内聚,足间距小;沿面有一道折棱,肩部饰十八道凹槽,上腹部近肩处饰抹断绳纹,中腹以下至足饰交错绳纹。口径35.8、腹径46.2、高31.6厘米。(图二五三,1;彩版三九,5)

M113:3,陶饰件。泥质灰陶。似瓦形,面上有绳纹。长10、宽6厘米。(图二五三,2;彩版七九,7)

22. M116

开口平面呈长方形,直壁,壁面平整,平底。填土为五花土,土质疏松。墓向285°。墓葬开口距地表100厘米,开口长255、宽140厘米,墓深400厘米。葬具为木质单棺,仅存朽痕,长方形,长216、宽92-98、高30、厚6厘米。人骨保存较差,仅余部分朽痕,仰身直肢。(图二五四)

随葬品共10件(套),1件骨簪出土于人头部,11贝枚置于人口中,8件陶器出土于棺内西端:

M116:1,骨簪。残,略曲,微扁,通体磨制。长9.2厘米,直径0.4-0.5厘米。(图二五五,10)

M116:2,贝。11枚,2枚已残,其余保存较好,保存较好者背部均有一个穿孔。大小不一,长度从1.8-3.0厘米不等。(图二五五,9)

M116:3,陶罐。泥质灰陶,器表打磨平整。平折沿,方唇,短束颈,溜肩弧鼓,折腹,斜腹内收,平底;底部有一圈凹弦纹。口径10.2、腹径17.0、底径10.2、高13.2厘米。(图二五五,3)

M116:4,陶罐。泥质灰陶,器表打磨平整。平折沿,方唇,短束颈,溜肩弧鼓,折腹,斜腹内收,平底;肩部有数圈经刮削形成的暗纹,底部有一圈凹弦纹。口径11.6、腹径18.2、底径11.0、高13.8厘米。(图二五五,4)

M116:5,陶盂。泥质灰陶,器表打磨光滑。折沿微仰,方唇,上腹斜弧,下腹斜收,平底;沿面有五道凹弦纹。口径16.8、腹径17.2、底径7.8、高11.4厘米。(图二五五,1)

M116:6,陶盂。泥质灰陶,器表打磨光滑。折沿微仰,方唇,上腹斜弧,下腹斜收,平底微凹。口径18.0、腹径17.2、底径8.6、高10.9厘米。(图二五五,2;彩版五一,1)

M116:7,陶鬲。夹粗砂红陶。折沿较平,尖唇,溜肩,弧腹,分裆较矮,三袋足内敛较甚,尖足跟;肩部抹平,腹以下饰交错绳纹。口径14.2、腹径17.6、高15.1厘米。(图二五五,5)

M116:8,陶鬲。夹粗砂红陶。折沿微仰,圆唇,溜肩,弧腹,分裆较矮,三袋足内敛较甚,尖足跟;沿面有一道凹弦纹,肩部抹平,腹以下饰交错绳纹。口径13.4、腹径16.4、高14.7厘米。(图二五五,6;彩版三五,1)

M116:9,陶豆。泥质灰陶。敞口,圆唇,唇外缘略弧鼓,渐收至折处又凸起,上半部外鼓,下半部弧收呈凹槽,外壁呈"S"形,豆盘较浅,折壁,凸棱不明显,下腹部弧收,喇叭状柄细高,圈足状矮座外撇,座沿略内凹;豆盘内饰有密而细的螺旋状暗纹,外腹部与柄交接处饰有数圈螺旋状凹弦纹,盘内有刻划符号。口径16.1、高13.9厘米。(图二五五,7、11;彩版六〇,9)

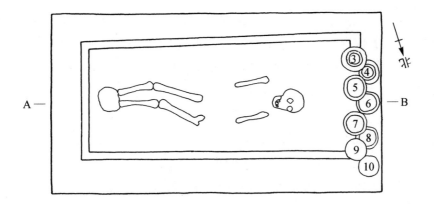

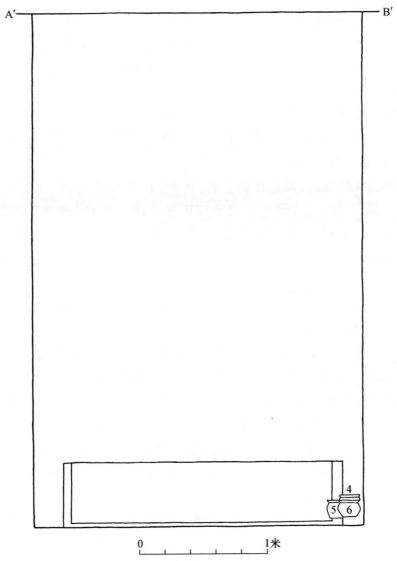

图二五四　M116平、剖面图

1. 骨簪　2. 贝　3. 陶罐　4. 陶罐　5. 陶盂　6. 陶盂　7. 陶鬲　8. 陶鬲　9. 陶豆　10. 陶豆

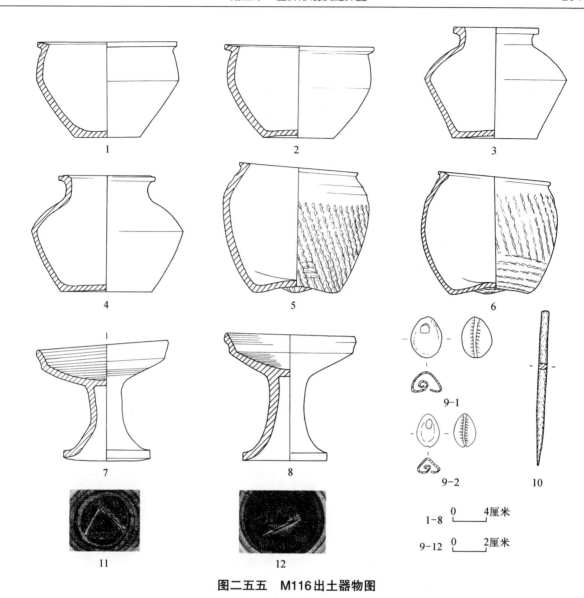

图二五五　M116出土器物图

1. 陶盂（M116：5）　2. 陶盂（M116：6）　3. 陶罐（M116：3）　4. 陶罐（M116：4）　5. 陶鬲（M116：7）
6. 陶鬲（M116：8）　7. 陶豆（M116：9）　8. 陶豆（M116：10）　9. 蚌贝（M116：2）
10. 骨簪（M116：1）　11. 陶豆刻符（M116：9）　12. 陶豆刻符（M116：10）

M116：10，陶豆。泥质灰陶。敞口，圆唇，唇外缘略弧鼓，渐收至折处又凸起，上半部外鼓，下半部弧收呈凹槽，外壁呈"S"形，豆盘较浅，折壁，凸棱不明显，下腹部弧收，喇叭状柄细高，圈足状矮座外撇；豆盘内饰有密而细的螺旋状暗纹，盘内有刻划符号。口径15.8、高15.0厘米。(图二五五，8、12)

23. M121

开口平面呈长方形，直壁，壁面平整，平底。填土为五花土，土质疏松。墓向280°。墓葬开口距地表100厘米，开口长305、宽160厘米，墓深230厘米。该墓西部被M113打破。葬具为木质单棺，仅存朽痕，长方形，长254、宽96、高50、厚6厘米。人骨保存好，仰身曲肢，面朝北，双手置于腹

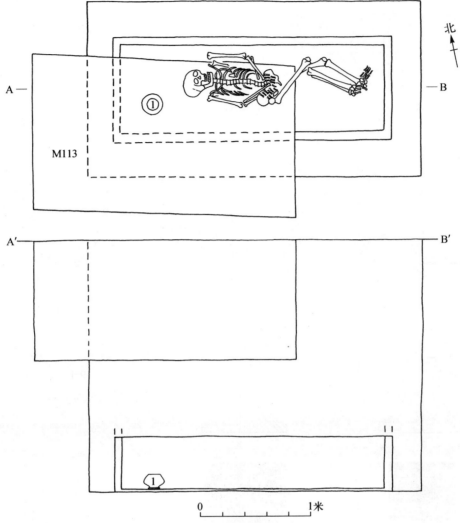

图二五六　M121平、剖面图

1. 陶罐

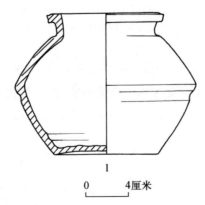

图二五七　M121出土器物图

1. 陶罐（M121∶1）

部。(图二五六)

随葬品仅1件,出土于棺内西端,为陶罐:

M121:1,陶罐。泥质灰陶,器表打磨平整。平折沿,斜方唇,短束颈,溜肩微弧,折腹,斜腹内收,平底略内凹;沿面饰有一道凹弦纹,腹部上部近折处有一道较宽的凹槽。口径11.0、腹径17.0、底径9.8、高13.1厘米。(图二五七,1;彩版七〇,6)

24. M122

开口平面呈长方形,直壁,壁面平整,平底。填土为五花土,土质疏松。墓向280°。墓葬开口距地表100厘米,开口长260、宽160厘米,墓深165厘米。葬具为木质单棺,仅存朽痕,长方形,长

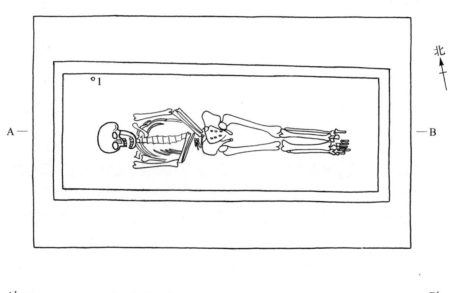

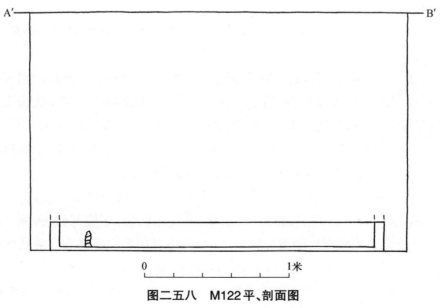

图二五八　M122平、剖面图

1. 陶模型明器

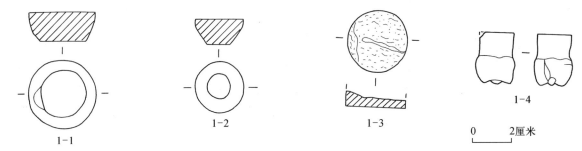

图二五九　M122出土器物图

1. 陶模型明器（M122：1）

231、宽92、高21、厚6厘米。人骨保存好，仰身直肢，面朝南，双手置于腹部，双脚并拢。（图二五八）

随葬品共1套，出土于棺内西北角，为陶模型明器：

M122：1，陶模型明器。4件，盂、盆、盘、甗各1件，泥质灰陶，疏松多孔。M122：1-1盂，口径2.5、底径1.2、高1.3厘米。M122：1-2盆，口径3.4、底径2.3、高1.5厘米。M122：1-3盘，残，直径3.1厘米。M122-4甗，口径1.8、高2.7厘米。（图二五九，1）

25. M127

开口平面呈长方形，直壁，壁面平整，平底。填土为五花土，土质疏松。墓向280°。墓葬开口距地表100厘米，开口长264、宽134厘米，墓深170厘米。葬具为木质单棺，仅存朽痕，长方形，长214、宽100-106、高60、厚6厘米。人骨保存较好，仰身直肢，面朝上，双手置于腹部，双脚并拢。（图二六○）

随葬品共5件，出土于棺内西端，均为陶器：

M127：1，陶鬲。夹粗砂红陶。平折沿，圆唇，溜肩，腹微弧，分裆较矮，三袋足较内敛，尖足跟；沿面有一道凹弦纹，肩部抹平，隐约可见绳纹痕迹，上有七道凹槽，腹以下饰交错绳纹。口径16.6、腹径21.8、高14.4厘米。（图二六一，5）

M127：2，陶豆。泥质褐陶。敞口，圆唇，唇外缘略弧鼓，渐收至折处又凸起，上半部弧鼓，下半部弧收形成凹槽，外壁呈"S"形，豆盘较浅，折壁，凸棱不明显，下腹部弧收，喇叭状柄细长，圈足状矮座外撇；豆盘内饰有密而细的螺旋状暗纹，盘内有刻划符号。口径16.4、高14.0厘米。（图二六一，2、6）

M127：3，陶盂。泥质灰陶，器表打磨光滑。折沿较平，方唇，上腹斜弧，下腹斜收，平底。口径18.5、腹径18.4、底径10.0、高11.4厘米。（图二六一，4；彩版五一，2）

M127：4，陶豆。泥质褐陶。敞口，圆唇，唇外缘略弧鼓，渐收至折处又凸起，上半部弧鼓，下半部弧收形成凹槽，外壁呈"S"形，豆盘较浅，折壁，凸棱不明显，下腹部弧收，喇叭状柄细长，圈足状矮座外撇；豆盘内饰有密而细的螺旋状暗纹，盘外由豆柄处向外饰有螺旋状凹槽，座沿面饰有一圈凹弦纹，盘内有刻划符号。口径14.4、高13.6厘米。（图二六一，3、7）

M127：5，陶罐。泥质灰褐陶，器表打磨平整。平折沿内凹，方唇，短束颈，溜肩弧鼓，折腹，斜腹内收，平底略内凹，最大径靠上；素面。口径10.2、腹径16.6、底径9.8、高14.4厘米。（图二六一，1）

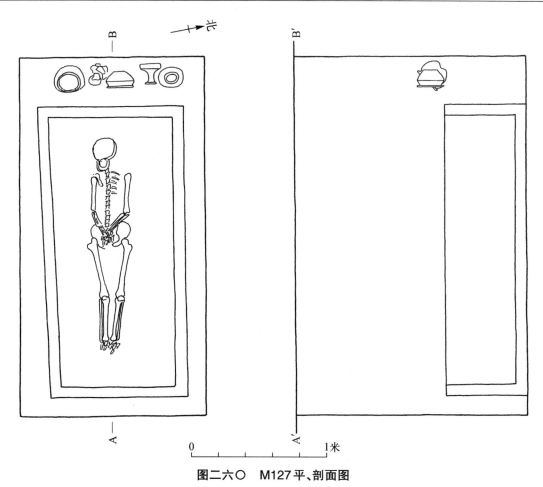

图二六〇　M127平、剖面图

1.陶鬲　2.陶豆　3.陶盉　4.陶豆　5.陶罐

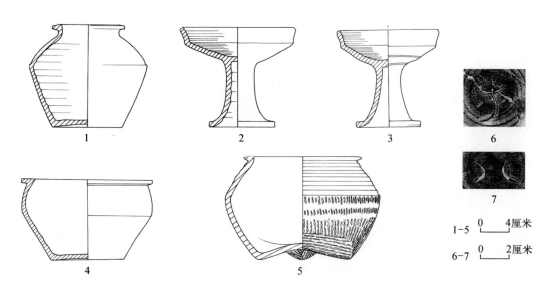

图二六一　M127出土器物图

1.陶罐（M127：5）　2.陶豆（M127：2）　3.陶豆（M127：4）　4.陶盉（M127：3）
5.陶鬲（M127：1）　6.陶豆刻符（M127：2）　7.陶豆刻符（M127：4）

26. M158

开口平面呈长方形,斜壁,壁面平整,口大底小,平底。填土为五花土,土质疏松。墓向290°。墓葬开口距地表100厘米,开口长285、宽186厘米,墓深300厘米,墓底长255、宽156厘米。葬具

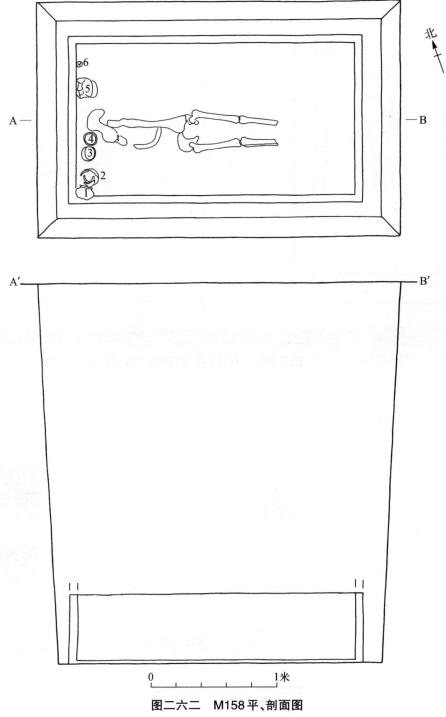

图二六二　M158平、剖面图

1.陶盉　2.陶盉　3.陶鬲　4.陶鬲　5.陶盉　6.陶模型明器　7.贝

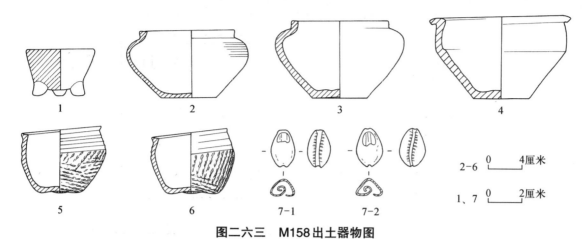

图二六三　M158出土器物图

1. 陶模型明器（M158：6）　2. 陶盂（M158：2）　3. 陶盂（M158：1）　4. 陶盂（M158：5）
5. 陶鬲（M158：3）　6. 陶鬲（M158：4）　7. 贝（M158：7）

为木质单棺，仅存朽痕，长方形，长232、宽132、高55、厚6厘米。人骨保存差，仅余部分朽痕，仰身直肢。（图二六二）

随葬品共7件（套），6件陶器出土于棺内西端，7枚贝置于人口中：

M158：1，陶盂。泥质灰陶，器表有多道刮削痕。直口，方唇，领较矮，弧腹，平底。口径11.4、腹径15.0、底径6.5、高9.0厘米。（图二六三，3；彩版五六，1）

M158：2，陶盂。泥质灰陶，器表有多道刮削痕。直口，方唇，领较矮，弧腹，平底微凹。口径11.2、腹径14.2、底径6.4、高7.9厘米。（图二六三，2）

M158：3，陶鬲。泥质红陶。折沿微仰，沿面极窄，尖圆唇，溜肩，弧腹，分裆较矮，三袋足内聚，尖足跟；肩部抹平，上有数道凹槽，腹以下饰交错绳纹。口径9.4、腹径10.0、高7.8厘米。（图二六三，5；彩版三九，3）

M158：4，陶鬲。泥质红陶。折沿微仰，沿面极窄，尖唇，溜肩，弧腹，分裆较矮，三袋足内聚，尖足跟；肩部抹平，上有数道凹槽，腹以下饰交错绳纹。口径9.0、腹径9.6、高7.6厘米。（图二六三，6）

M158：5，陶盂。泥质灰陶，器表打磨光滑。折沿较平，沿面弧凸，斜方唇，上腹微弧收，下腹斜收，平底。口径16.6、腹径15.5、底径6.5、高9.7厘米。（图二六三，4）

M158：6，陶模型明器。鬲1件，泥质灰黄陶，疏松。口径4.1、高2.7厘米。（图二六三，1）

M158：7，贝。7枚，均已残。大小较均匀，长度约2.2厘米。（图二六三，7）

27. M160

开口平面呈长方形，直壁，壁面平整，平底。填土为五花土，土质疏松。墓向270°。墓葬开口距地表100厘米，开口长288、宽150厘米，墓深275厘米。葬具为木质单棺，仅存朽痕，长方形，长256、宽118、高35、厚6厘米。人骨保存较差，仅余朽痕，直肢葬。（图二六四；彩版二六，1）

随葬品共15件（套），出土于棺内西端，均为陶器：

M160：1，陶盂。泥质灰陶，器表有多道刮削痕。折沿微仰，方唇，领较矮，弧腹，平底。口径

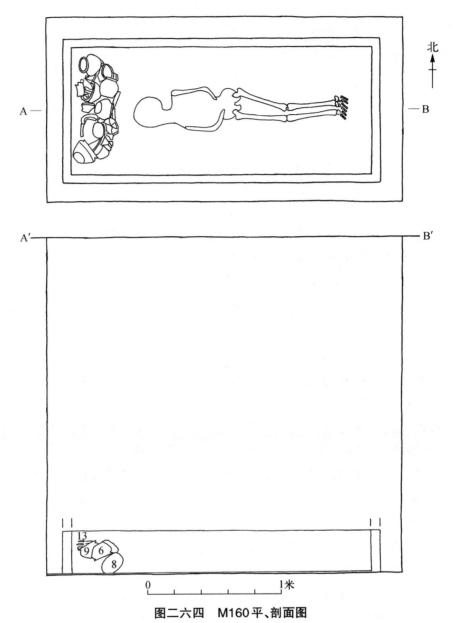

图二六四　M160平、剖面图

1. 陶盂　2. 陶罐　3. 陶罐　4. 陶鬲　5. 陶盂　6. 陶盂　7. 陶罐　8. 陶豆　9. 陶豆
10. 陶鬲　11. 陶罐　12. 陶盂　13. 陶鬲　14. 陶豆　15. 陶模型明器

14.4、腹径15.8、底径9.4、高9.0厘米。(图二六五,5)

　　M160：2,陶罐。泥质灰陶,器表打磨平整。平折沿,方唇,束颈较短,溜肩微弧,折腹,凸棱明显,斜腹内收,平底略内凹;肩部近折处饰有一道凹弦纹。口径10.5、腹径17.0、底径11.0、高14.3厘米。(图二六五,1)

　　M160：3,陶罐。泥质灰陶,器表打磨平整。平折沿,方唇,束颈较短,溜肩微弧,折腹,凸棱明显,斜腹内收,平底略内凹;沿面饰有两道较浅凹弦纹。口径10.6、腹径17.2、底径10.6、高14.5厘米。(图二六五,2)

　　M160：4，陶鬲，残。泥质灰陶。折沿微仰，沿面下凹，方唇，唇面下凹，溜肩，弧腹，乳钉足，其余部分残。(图二六六，5)

　　M160：5，陶盂。泥质灰陶，器表打磨光滑。折沿微仰，圆唇，上腹较斜，下腹斜收，平底；沿面有二道凹槽，折棱处有一道凹弦纹。口径17.2、腹径17.6、底径8.2、高11.0厘米。(图二六五，6)

　　M160：6，陶盂。泥质灰陶，器表打磨光滑。折沿微仰，圆唇，上腹较斜，下腹斜收，平底；折棱处有一道凹弦纹。口径16.0、腹径15.7、底径7.1、高10.2厘米。(图二六五，7)

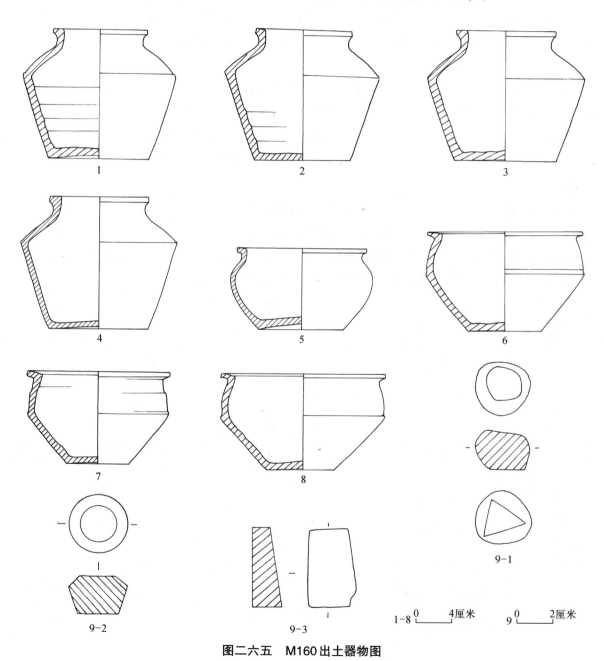

图二六五　M160出土器物图

1.陶罐(M160：2)　2.陶罐(M160：3)　3.陶罐(M160：7)　4.陶罐(M160：11)　5.陶盂(M160：1)
6.陶盂(M160：5)　7.陶盂(M160：6)　8.陶盂(M160：12)　9.陶模型明器(M160：15)

M160：7，陶罐。泥质灰陶，器表打磨平整。平折沿，沿面极短，方唇，短颈，溜肩微弧，折腹，斜腹内收，平底；沿面饰有两道凹弦纹。口径11.0、腹径17.5、底径11.4、高15.1厘米。（图二六五，3；彩版六八，6）

M160：8，陶豆。泥质灰陶。敞口，圆唇，折壁，折处凸棱明显，喇叭状柄较粗大，圈足状矮座外撇；豆盘内饰有螺旋状暗纹，暗纹较细，间距较小，底座底部饰有一道凹弦纹。口径17.4、高15.1厘米。（图二六六，1；彩版五九，4）

M160：9，陶豆。泥质灰陶。敞口，圆唇，折壁，折处凸棱明显，喇叭状柄较粗大，圈足状矮座外撇；豆盘内饰有螺旋状暗纹，暗纹较细，间距较小，底座底部饰有两道凹弦纹。口径17.2、高15.5厘米。（图二六六，2）

M160：10，陶鬲。泥质灰陶。折沿近平，沿面下凹，方唇，弧腹，裆较高，内壁粗糙，乳钉足略敛；肩部抹平，腹部以下饰纵向绳纹。口径17.7、腹径21.3、高16.3厘米。（图二六六，4；彩版四三，1）

M160：11，陶罐。泥质灰陶，器表打磨平整。平折沿，方唇，束颈较短，溜肩微弧，折腹，凸棱明显，斜腹内收，平底；肩部近折处饰有一道凹弦纹。口径11.0、腹径17.4、底径11.0、高14.6厘米。（图二六五，4）

M160：12，陶盂。泥质灰陶。折沿微仰，方唇，唇面下凹，上腹较斜，下腹斜收，平底；沿面有一道凹弦纹，折棱处有一道凹弦纹。口径18.3、腹径19.1、底径7.4、高10.6厘米。（图二六五，8；彩版四九，7）

M160：13，陶鬲，残。泥质灰陶。折沿微仰，沿面下凹，方唇，唇面下凹，溜肩，乳钉足，其余部分残。

M160：14，陶豆。泥质灰陶。敞口，圆唇，折壁，折处凸棱明显，喇叭状柄较粗大，圈足状矮座外

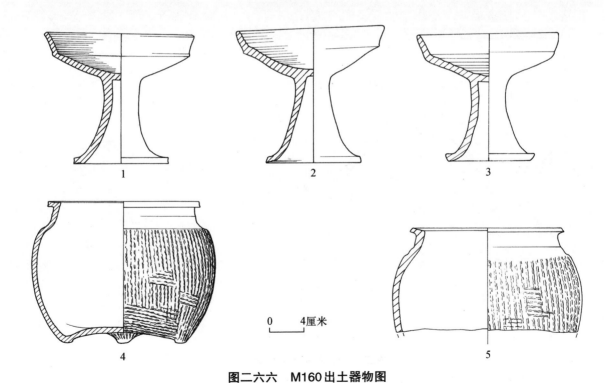

图二六六　M160出土器物图

1. 陶豆（M160：8）　2. 陶豆（M160：9）　3. 陶豆（M160：14）　4. 陶鬲（M160：10）　5. 陶鬲（M160：4）

撇,座沿斜方唇;豆盘内饰有螺旋状暗纹,暗纹较细,间距较小。口径16.5、高14.6厘米。(图二六六,3)

　　M160:15,陶模型明器。泥质灰黄陶,疏松多孔。4件,方壶、鬲各1件,盂2件。M160:5-1方壶,横截面呈长方形,上小下大;高4.4厘米。M160:5-2盂,腹径3.2、高2.1厘米。M160:15-3鬲,正视为近鼓形,上底圆形,下底三角形;腹径3.0、高2.1厘米。(图二六五,9)

28. M166

　　开口平面呈长方形,直壁,壁面平整,平底。填土为五花土,土质疏松。墓向280°。墓葬开口距地表100厘米,开口长245、宽120厘米,墓深240厘米。葬具为木质单棺,仅存朽痕,长方形,长

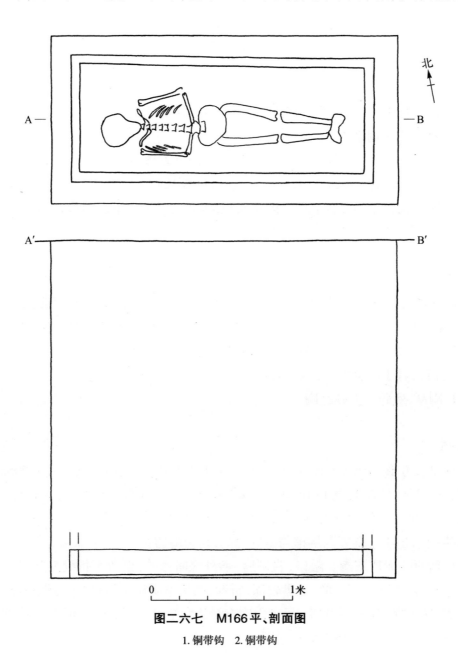

图二六七　M166平、剖面图

1. 铜带钩　2. 铜带钩

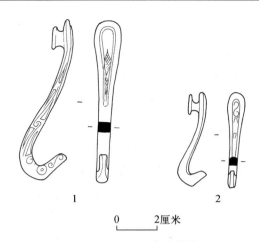

图二六八　M166出土器物图

1. 铜带钩(M166∶1)　　2. 铜带钩(M166∶2)

214、宽90、高20、厚6厘米。人骨保存较差,仅余朽痕。(图二六七)

随葬品共2件,均为铜带钩:

M166∶1,铜带钩。整体呈琵琶形,钩身修长,截面近方形,扣圆形,钩尾较长,上翘;钩身上有云雷纹和几何纹。长8.1、宽1.8厘米。(图二六八,1;彩版八一,4)

M166∶2,铜带钩。整体呈琵琶形,钩身较短,截面近方形,扣椭圆形,钩尾较短,上翘。长4.7、宽0.9厘米。(图二六八,2)

29. M176

开口平面呈长方形,直壁,壁面平整,平底。填土为五花土,土质疏松。墓向280°。墓葬开口距地表100厘米,开口长240、宽126厘米,墓深260厘米。葬具为木质单棺,仅存朽痕,长方形,长215、宽108、高40、厚6厘米。人骨保存较差,仅余朽灰,仰身直肢。(图二六九)

随葬品仅1件,置于人骨之下,为陶鬲:

M176∶1,陶鬲,残碎。夹砂红陶。

30. M185

开口平面呈长方形,直壁,壁面平整,平底。填土为五花土,土质疏松。墓向295°。墓葬开口距地表100厘米,开口长280、宽120厘米,墓深250厘米。葬具为木质单棺,仅存朽痕,平面呈梯形,长240、宽86-102、高60、厚6厘米。人骨保存较差,仰身直肢。(图二七〇)

随葬品共6件,出土于墓葬西端棺与墓壁之间,均为陶器:

M185∶1,陶豆。泥质灰陶。敞口,尖圆唇,唇外缘略弧鼓,渐收至折处又凸起,上半部外鼓,下半部弧收呈凹槽,外壁呈"S"形,豆盘较深,折壁,凸棱不明显,下腹部呈弓形弧收,喇叭状柄较细高,圈足状矮座外撇,座沿斜方唇;豆盘内饰有螺旋状暗纹,暗纹较细而密,外腹部饰有一圈螺旋状较粗暗纹。口径16.2、高15.5厘米。(图二七一,6;彩版六一,2)

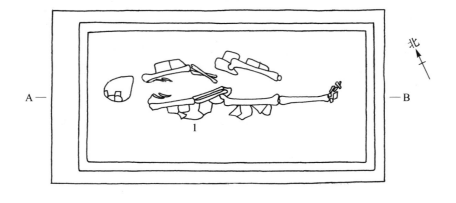

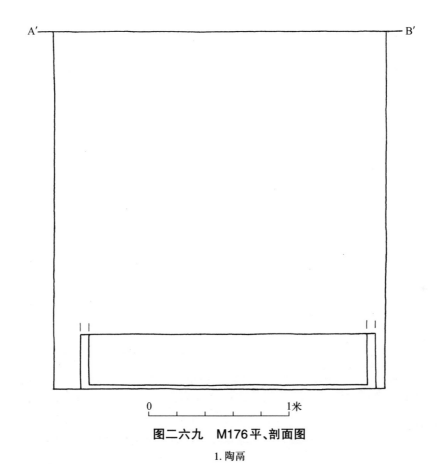

图二六九 M176平、剖面图

1. 陶鬲

　　M185∶2，陶盂。泥质灰陶，器表打磨光滑。平折沿，圆唇，唇缘上翘，使沿面形成一道凹弦纹，领较高，鼓腹，平底微凹；领和腹结合处有一道凹槽。口径16.6、腹径17.5、底径9.4、高9.5厘米。（图二七一，1）

　　M185∶3，陶盂。泥质灰陶，器表打磨光滑。折沿微仰，方唇，上腹较斜，下腹斜收，平底；上腹部有一道凹槽，折棱处有一道凹弦纹。口径16.6、腹径17.0、底径8.4、高10.4厘米。（图二七一，4）

　　M185∶4，陶鬲。夹粗砂红陶。折沿较平，沿面下凹，圆唇，溜肩，弧腹，分裆较矮，三袋足较内

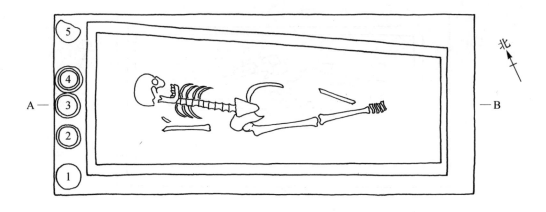

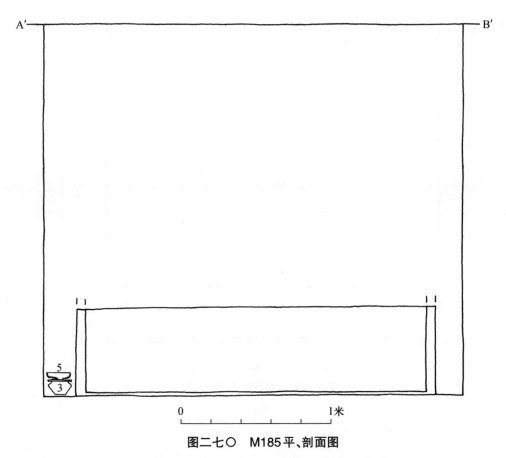

图二七〇　M185平、剖面图

1. 陶豆　2. 陶盂　3. 陶盂　4. 陶鬲　5. 陶鬲　6. 陶豆

敛，尖足跟；肩部抹平，上腹部饰抹断绳纹，下腹至足饰交错绳纹。口径14.6、腹径15.4、高11.8厘米。（图二七一，3；彩版三五，4）

　　M185：5，陶鬲。夹细砂红陶。折沿微上仰，圆唇，溜肩，弧腹，分裆较矮，三袋足较内敛，尖足跟；沿面有二道凹槽，肩部有四道凹槽和一个小圆饼，上腹部饰抹断绳纹，下腹至足饰交错绳纹。

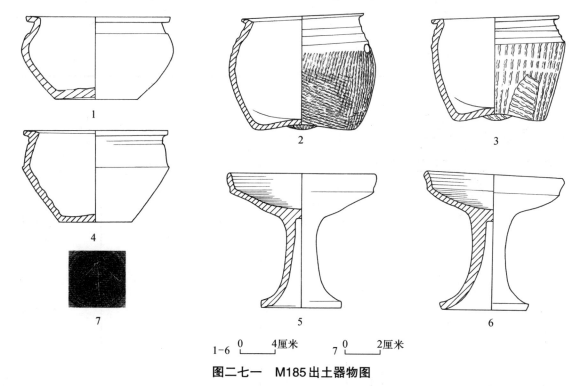

图二七一　M185出土器物图

1.陶盂（M185:2）　2.陶鬲（M185:5）　3.陶鬲（M185:4）　4.陶盂（M185:3）
5.陶豆（M185:6）　6.陶豆（M185:1）　7.陶豆刻符（M185:6）

口径14.0、腹径16、高12.9厘米。（图二七一,2）

M185:6,陶豆。泥质灰陶。敞口,尖圆唇,唇外缘略弧鼓,渐收至折处又凸起,上半部外鼓,下半部弧收呈凹槽,外壁呈"S"形,豆盘较深,折壁,凸棱不明显,下腹部呈弓形弧收,喇叭状柄较细高,圈足状矮座外撇,座底略内凹;豆盘内饰有螺旋状暗纹,暗纹较细而密,外腹部饰有较粗而疏暗纹,豆盘内有刻划符号。口径17.2、高15.3厘米。（图二七一,5、7）

31. M187

开口平面呈梯形,直壁,壁面平整,平底。填土为五花土,土质疏松。墓向290°。墓葬开口距地表100厘米,开口长245、宽106-116厘米,墓深126厘米。葬具为木质单棺,仅存朽痕,长方形,长192、宽91、高40、厚6厘米。人骨保存较差,仰身直肢。（图二七二）

随葬品共8件,出土于墓葬西端棺与墓壁之间,均为陶器:

M187:1,陶鬲。夹砂红陶。折沿下斜,方唇上缘上翘,使沿面出现一道凹槽,圆肩,弧腹,分裆矮,三袋足微内敛,尖足跟;肩部抹平,隐约可见绳纹痕迹,上腹部饰抹断绳纹,下腹至足饰交错绳纹。口径19.2、腹径22.1、高17.2厘米。（图二七三,7；彩版三三,6）

M187:2,陶罐。泥质灰褐陶,器表打磨平整。平折沿,方唇,短束颈,溜肩弧鼓,折腹,斜腹内收,平底;素面。口径11.2、腹径19.4、底径12.6、高13.7厘米。（图二七三,1；彩版六九,5）

M187:3,陶盂。泥质灰陶,器表有多道刮削痕。平折沿,尖圆唇,领较矮,鼓腹,平底;领和

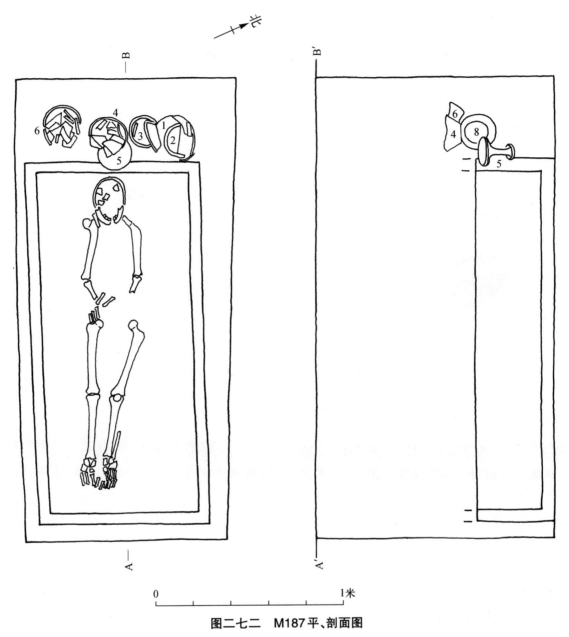

图二七二　M187平、剖面图

1. 陶鬲　2. 陶罐　3. 陶盂　4. 陶盂　5. 陶豆　6. 陶鬲　7. 陶豆　8. 陶罐

腹结合处有一道凹槽。口径15.6、腹径17.0、底径6.8、高8.3厘米。(图二七三,3)

　　M187:4,陶盂。泥质灰陶,器表打磨光滑。折沿较平,方唇,上腹较斜,下腹斜收,平底微凹;折棱处有一道凹弦纹。口径18.1、腹径18.4、底径10.0厘米。(图二七三,4)

　　M187:5,陶豆。泥质灰陶。敞口,圆唇,唇外缘略弧鼓,渐收至折处又凸起,上半部外鼓,下半部弧收呈凹槽,外壁呈"S"形,豆盘较浅,折壁,凸棱不明显,下腹部弧收,喇叭状柄细高,圈足状矮座外撇;豆盘内饰有密而细的螺旋状暗纹,盘外饰有数圈螺旋状暗纹,暗纹较粗较疏,盘内有刻划符号。口径15.8-16.3、高14.7厘米。(图二七三,5、9;彩版六○,3)

M187：6，陶鬲。夹砂红陶；折沿下斜，圆唇，圆肩，弧腹，分裆矮，三袋足微内敛，尖足跟；沿面有一道凹弦纹，肩部抹平，隐约可见绳纹痕迹，上腹部饰抹断绳纹，下腹至足饰交错绳纹。口径18.4、腹径23.4、高19.2厘米。(图二七三,8)

M187：7，陶豆。泥质灰陶。敞口，圆唇，唇外缘略弧鼓，渐收至折处又凸起，上半部外鼓，下半部弧收呈凹槽，外壁呈"S"形，豆盘较浅，折壁，凸棱明显，下腹部弧收，喇叭状柄细高，圈足状矮座外撇，座沿斜方唇；豆盘内饰有密而细的螺旋状暗纹，盘外饰有数圈螺旋状暗纹。口径17.6、高15.4厘米。(图二七三,6)

M187：8，陶罐。泥质灰陶，器表打磨平整。平折沿，方唇，短束颈，溜肩弧鼓，折腹，斜腹内收，平底；沿面饰有极细的两道凹弦纹，肩部近折处饰有一道凹弦纹。口径10.7、腹径18.8、底径12.7、高13.3厘米。(图二七三,2)

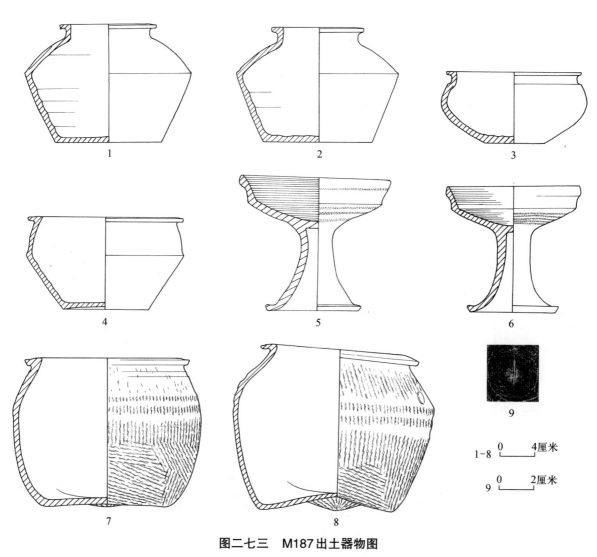

图二七三　M187出土器物图

1. 陶罐(M187：2)　2. 陶罐(M187：8)　3. 陶盂(M187：3)　4. 陶盂(M187：4)　5. 陶豆(M187：5)
6. 陶豆(M187：7)　7. 陶鬲(M187：1)　8. 陶鬲(M187：6)　9. 陶豆刻符(M187：5)

32. M191

开口平面呈长方形,直壁,壁面平整,平底。填土为五花土,土质疏松。墓向300°。墓葬开口距地表100厘米,开口长250、宽110厘米,墓深280厘米。葬具为木质单棺,仅存朽痕,长方形,长216、宽100、高20、厚6厘米。人骨保存较好,仰身直肢,面朝南,双手置于腹部,双脚并拢。(图二七四;彩版二六,2)

随葬品共8件,出土于棺内西南角,均为陶器:

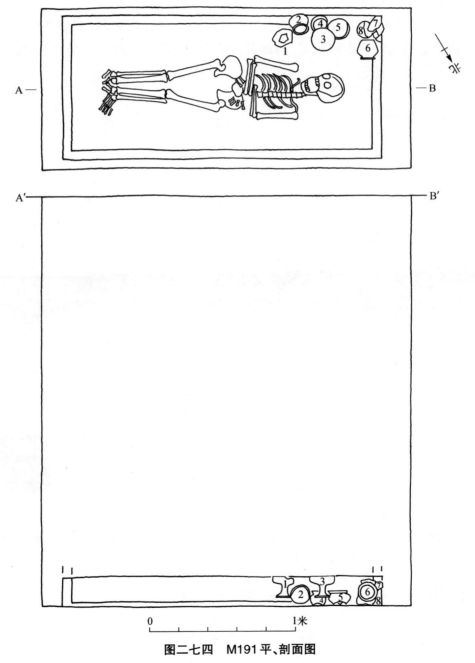

图二七四　M191平、剖面图

1.陶豆　2.陶罐　3.陶豆　4.陶鬲　5.陶鬲　6.陶罐　7.陶鬲　8.陶鬲

M191:1,陶豆。泥质灰陶。敞口,方唇,折壁,折处凸棱明显,豆盘较深,喇叭状豆柄较粗矮,矮座外撇,座底略内凹;素面。口径17.8、高13.0厘米。(图二七五,3)

M191:2,陶罐。泥质灰陶,器表打磨平整。平折沿,沿面下凹,方唇,短颈,溜肩弧鼓,折腹,斜腹内收,平底;沿面饰有一道凹弦纹。口径10.8、腹径17.4、底径9.1、高12.4厘米。(图二七五,4)

M191:3,陶豆。泥质灰陶。敞口,方唇,折壁,折处凸棱明显,豆盘较深,喇叭状豆柄较矮,矮座外撇,座底略内凹;外壁凸棱之上饰有一道凸弦纹和一道凹弦纹,豆盘内饰有螺旋状暗纹。口径17.6、高13.1厘米。(图二七五,7;彩版五八,1)

M191:4,陶鬲。夹粗砂红陶。折沿微仰,圆唇,弧腹,分裆较矮,三袋足外张,尖足跟;腹以下饰交错绳纹。口径11.8、腹径15.3、高10.0厘米。(图二七五,1;彩版三三,1)

M191:5,陶鬲。泥质灰陶。折沿微仰,圆唇,折腹,裆近平,三乳足聚于器底,足和裆部有刮削痕;折腹处有一道凹槽。口径14.6、腹径14.2、高6.7厘米。(图二七五,2)

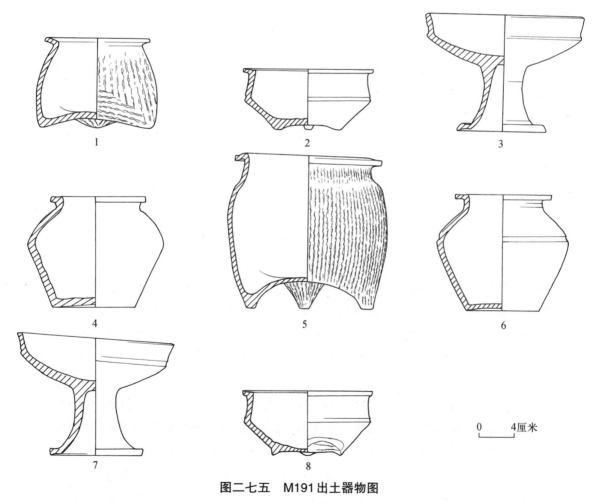

图二七五　M191出土器物图

1.陶鬲(M191:4)　2.陶鬲(M191:5)　3.陶豆(M191:1)　4.陶罐(M191:2)
5.陶鬲(M191:7)　6.陶罐(M191:6)　7.陶豆(M191:3)　8.陶鬲(M191:8)

M191：6，陶罐。泥质灰陶，器表打磨平整。平折沿，方唇，束颈较短，溜肩弧鼓，折腹，凸棱明显，斜腹内收，平底；肩部近折处饰有一道宽凹弦纹。口径10.8、腹径14.8、底径9.2、高13.0厘米。（图二七五，6；彩版六七，1）

M191：7，陶鬲。夹细砂灰陶。平折沿，折处微凸，方唇，溜肩，腹微弧，裆较高，截锥足微张；沿面和唇面各有一道凹弦纹，肩部抹平，仍可见绳纹痕迹，腹以下饰纵向绳纹。口径16.4、腹径18.0、高17.2厘米。有少量兽骨与之同出。（图二七五，5；彩版四一，5）

M191：8，陶鬲。泥质灰陶。平折沿，方唇，折腹，裆近平，三乳足聚于器底，足和裆部有刮削痕；折腹处有一道凹槽。口径14.6、腹径14.4、高7.2厘米。（图二七五，8；彩版四六，1）

33. M214

开口平面呈长方形，斜壁，壁面平整，口大底小，平底。填土为五花土，土质疏松。墓向290°。墓葬开口距地表100厘米，开口长260、宽140厘米，墓深300厘米，墓底长240、宽120厘米。葬具为木质单棺，仅存朽痕，长方形，长218、宽96、高50、厚6厘米。人骨保存较差，仰身直肢。（图二七六；彩版二七，1）

随葬品共7件（套），出土于棺内西端，均为陶器：

M214：1，陶盂。泥质灰陶。平折沿，尖唇，矮领，弧腹，平底微凹。口径12.2、腹径14.2、底径6.4、高8.3厘米。（图二七七，1）

M214：2，陶鬲。夹细砂红褐陶，应为受热不均所致。折沿较平，圆唇，圆肩，弧腹，分裆较矮，三袋足内聚，尖足跟；肩部抹平，上有五道凹弦纹，腹以下饰交错绳纹。口径12.2、腹径12.4、高8.3厘米。（图二七七，2；彩版三八，5）

M214：3，陶盂。泥质灰陶。平折沿，圆唇，矮领，弧腹，平底微凹。口径13.0、腹径15.7、底径7.4、高9.0厘米。（图二七七，6；彩版五六，2）

M214：4，陶罐。泥质灰陶，器表打磨平整。平折沿较窄，斜方唇，束颈略长，溜肩微弧，弧折腹，斜腹内收，平底；素面。口径11.0、腹径17.2、底径10.6、高13.1厘米。（图二七七，4）

M214：5，陶鬲。夹砂红陶。折沿较平，尖唇，圆肩，弧腹，分裆较矮，三袋足内聚，尖足跟；肩部抹平，上有三道凹槽，腹以下饰交错绳纹。口径12.4、腹径13.2、高8.3厘米。（图二七七，3）

M214：6，陶罐。泥质灰褐陶，器表打磨平整。平折沿，方唇，束颈略长，溜肩微弧，弧折腹，斜腹内收，平底；素面。口径11.0、腹径17.2、底径10.8、高13.0厘米。（图二七七，5；彩版七三，4）

M214：7，陶模型明器。8件，罍2件，瓿、匜、舟、鼎、敦、盘各1件。泥质灰陶。M214：7-1罍，腹径2.2、高3.0厘米。M214：7-2罍，腹径2.0、高2.4厘米。M214：7-3瓿，口径3.0、高3.3厘米。M214：7-4匜，长2.4、宽1.4厘米。M214：7-5舟，有双耳，四足，耳尖距2.4、高1.1厘米。M214：7-6鼎，口部倾斜，双耳微张，三足外撇，高3.0-3.5厘米。M214：7-7敦，有双耳，平底，耳尖距3.4、底径1.6、高1.7厘米。M214：7-8盘，有双耳，底近平，耳尖距4.4、高1.0厘米。（图二七七，7；彩版七九，5）

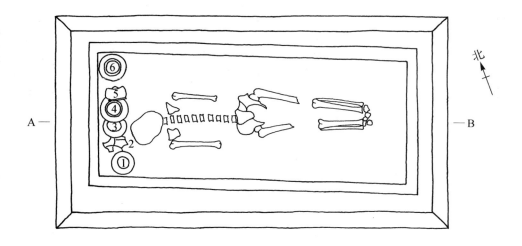

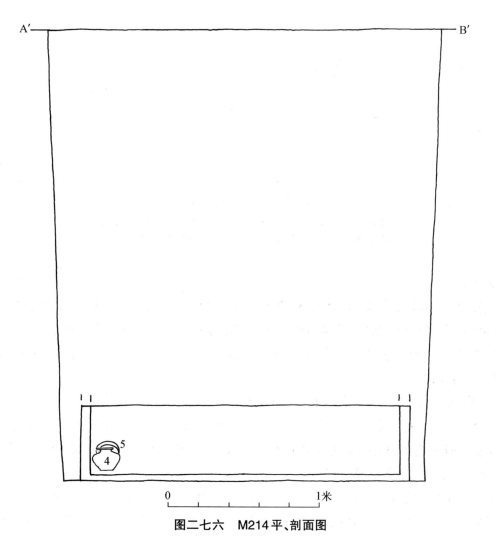

图二七六　M214平、剖面图

1.陶盂　2.陶鬲　3.陶盂　4.陶罐　5.陶鬲　6.陶罐　7.陶模型明器

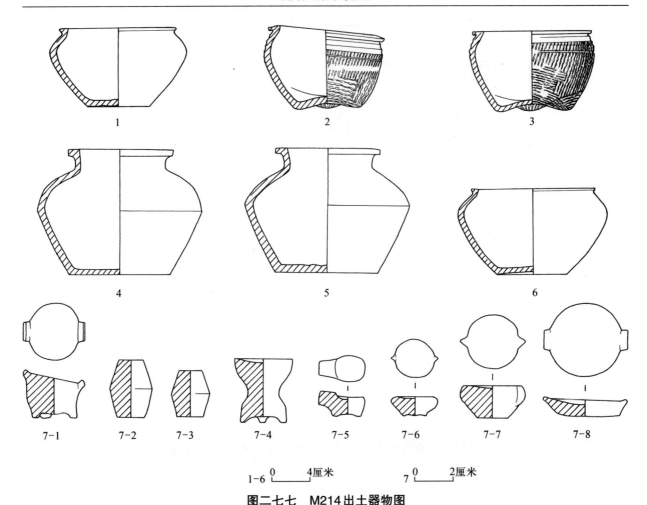

图二七七 M214出土器物图

1.陶盂(M214:1) 2.陶鬲(M214:2) 3.陶鬲(M214:5) 4.陶罐(M214:4)
5.陶罐(M214:6) 6.陶盂(M214:3) 7.陶模型明器(M214:7)

34. M244

开口平面呈长方形,直壁,壁面平整,平底。填土为五花土,土质疏松。墓向295°。墓葬开口距地表90厘米,开口长295、宽144厘米,墓深380厘米。葬具为木质单棺,仅存朽痕,长方形,长260、宽112—118、高32、厚6厘米。人骨保存较差,仰身直肢,面朝北,双手置于腹部,双脚并拢。(图二七八)

随葬品共6件,出土于棺内西南角,均为陶器:

M244:1,陶鬲。夹细砂灰陶。折沿较平,方唇,唇面下凹,溜肩,腹微弧,裆较高,内壁不规整,短锥足微外张;肩部抹平,隐约可见绳纹痕迹,腹以下饰纵向绳纹。口径13.0、腹径14.1、高10.9厘米。(图二七九,6;彩版四二,3)

M244:2,陶鬲。夹细砂灰陶。折沿较平,方唇,唇面下凹,溜肩,腹微弧,裆较高,内壁不规整,短锥足微外张;肩部抹平,隐约可见绳纹痕迹,腹以下饰纵向绳纹。口径13.4、腹径13.8、高10.1厘米。(图二七九,5)

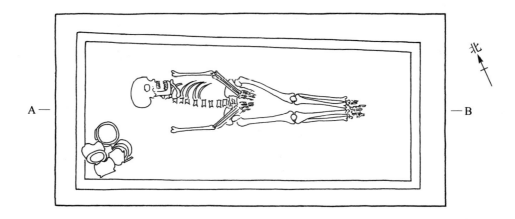

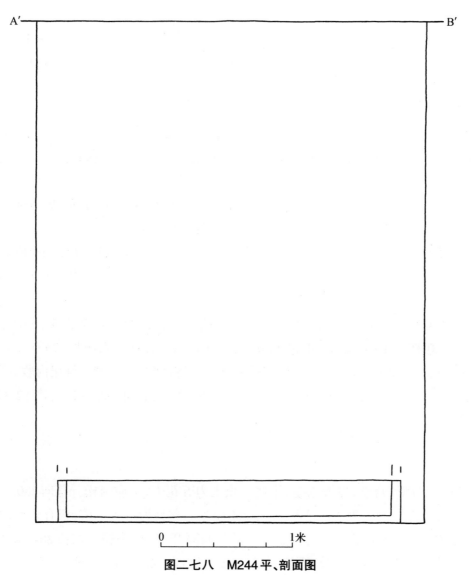

图二七八　M244平、剖面图

1. 陶鬲　2. 陶鬲　3. 陶盂　4. 陶罐　5. 陶盂　6. 陶罐

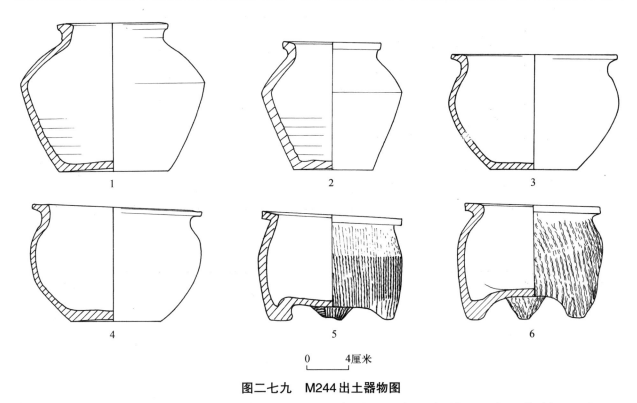

图二七九　M244 出土器物图

1. 陶罐（M244：4）　2. 陶罐（M244：6）　3. 陶盂（M244：5）　4. 陶盂（M244：3）　5. 陶鬲（M244：2）　6. 陶鬲（M244：1）

　　M244：3，陶盂。泥质灰陶，器表打磨光滑。平折沿，方唇，领较矮，弧鼓腹，平底；沿面有二道凹槽。口径16.2、腹径16.4、底径8.6、高10.9厘米。（图二七九，4）

　　M244：4，陶罐。泥质灰陶，器表打磨平整。平折沿，方唇，下沿极短，短颈，溜肩弧鼓，折腹，斜腹内收，平底；沿面饰有一道凹弦纹，底面饰有三道凹弦纹。口径10.6、腹径17.6、底径10.4、高14.2厘米。（图二七九，1）

　　M244：5，陶盂。泥质灰陶，器表打磨光滑。平折沿，方唇，领较矮，弧鼓腹，平底；沿面有二道凹槽。口径16.0、腹径16.4、底径8.4、高11.0厘米。（图二七九，3；彩版五四，7）

　　M244：6，陶罐。泥质灰陶。平折沿，圆唇，短颈，溜肩微弧，折腹，斜腹内收，平底；沿面饰有数圈极细的凹弦纹，腹部有刀削痕迹。口径9.6、腹径13.4、底径7.6、高12.3厘米。（图二七九，2）

35. M251

　　开口平面呈长方形，直壁，壁面平整，平底。填土为五花土，土质疏松。墓向280°。墓葬开口距地表100厘米，开口长280、宽164厘米，墓深200厘米。葬具为木质单棺，仅存朽痕，长方形，棺西端有一挡板将放置随葬品的区域与放置尸体的空间隔开，形成头箱。棺长264、宽116、高14、厚6厘米。人骨保存较差，仰身直肢，面朝南，双手置于腹部，双脚并拢。（图二八〇）

　　随葬品共18件（套），16件陶器出土于头箱中，7枚贝和15枚玉贝置于人口中：

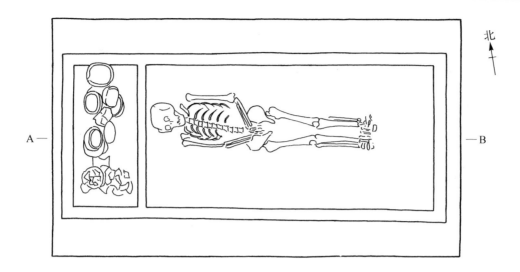

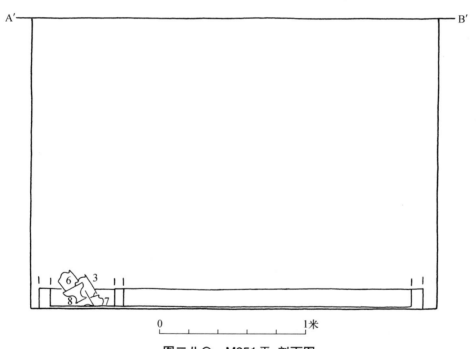

图二八〇　M251平、剖面图

1. 陶鬲　2. 陶鬲　3. 陶鬲　4. 陶盂　5. 陶盂　6. 陶罐　7. 陶豆　8. 陶豆　9. 陶盂
10. 陶罐　11. 陶豆　12. 陶豆　13. 陶罐　14. 陶盂　15. 贝　16. 玉贝　17. 陶罐　18. 陶鬲

　　M251:1,陶鬲。泥质灰陶。仰折沿,圆唇,折腹,裆近平,三乳足微敛;上腹部有一道凹槽。口径15.8、腹径14.4、高10.0厘米。(图二八一,4;彩版四五,3)

　　M251:2,陶鬲。泥质灰陶。仰折沿,圆唇,折腹,裆近平,三乳足微敛;上腹部有二道凹槽。口径15.2、腹径14.7、高10.4厘米。(图二八一,1;彩版四五,4)

M251：3，陶鬲。泥质灰陶。仰折沿，圆唇，弧腹，裆近平，三乳足微敛；上腹部有二道凹槽。口径15.5、腹径14.6、高10.3厘米。（图二八一，2；彩版四五，5）

M251：4，陶盂。泥质灰陶。宽仰折沿，圆唇，上腹微斜，下腹斜收，平底；沿面有一道凹弦纹，上腹部靠近折棱处有二道凹弦纹。口径16.4、腹径15.2、底径9.2、高9.2厘米。（图二八一，10；彩版四七，2）

M251：5，陶盂。泥质灰陶。宽仰折沿，圆唇，上腹微斜，下腹斜收，平底；沿面有一道凹弦纹，上腹部靠近折棱处有三道凹弦纹。口径17.2、腹径16.1、底径9.8、高10.2厘米。（图二八一，3；

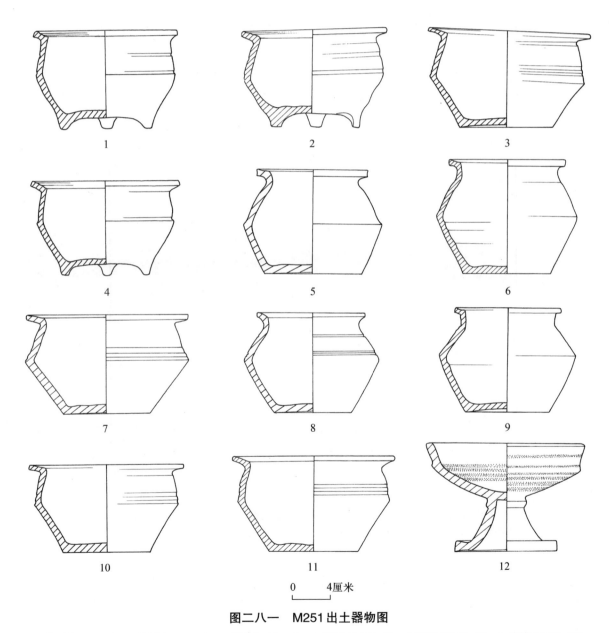

0　　　4厘米

图二八一　M251出土器物图

1.陶鬲（M251：2）　2.陶鬲（M251：3）　3.陶盂（M251：5）　4.陶鬲（M251：1）　5.陶罐（M251：6）　6.陶罐（M251：10）　7.陶盂（M251：9）　8.陶罐（M251：17）　9.陶罐（M251：13）　10.陶盂（M251：4）　11.陶盂（M251：14）　12.陶豆（M251：7）

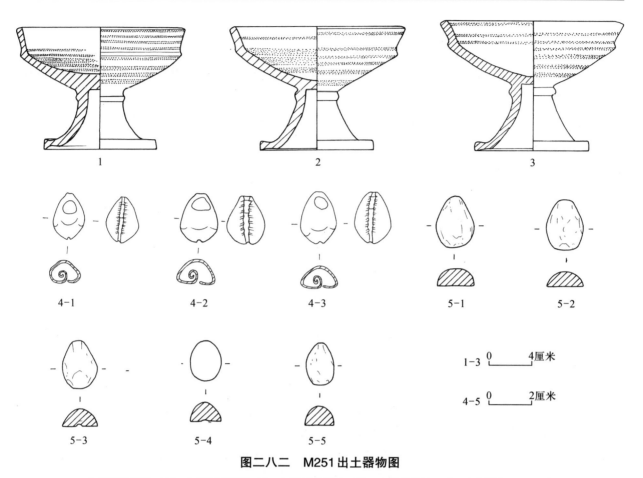

图二八二　M251出土器物图

1.陶豆(M251:12)　2.陶豆(M251:8)　3.陶豆(M251:11)　4.贝(M251:15)　5.玉贝(M251:16)

彩版四七,3)

M251:6,陶罐。泥质褐陶,器表打磨平整。平折沿略仰略内凹,斜方唇,束颈较长,溜肩下斜,弧折腹,斜腹内收,平底;素面。口径11.6、腹径14.5、底径10.2、高11.0厘米。(图二八一,5;彩版六四,2)

M251:7,陶豆。泥质褐陶。敞口,方唇,折壁,折棱突出,豆盘较深,矮喇叭状柄,豆柄上半部有一道箍,矮座,座面较宽,座底内凹,座面上翘;豆盘内外均饰有暗纹,暗纹粗而间距较大。口径16.8、高11.4厘米。(图二八一,12;彩版五七,3)

M251:8,陶豆。泥质灰褐陶。敞口,方唇,折壁,折棱突出,豆盘较深,矮喇叭状柄,豆柄上半部有一道箍,矮座,座面较宽,座底内凹;豆盘内外均饰有暗纹,暗纹粗而间距较大。口径16.4、高11.5厘米。(图二八二,2;彩版五七,4)

M251:9,陶盂。泥质灰陶。宽仰折沿,圆唇,上腹微斜,下腹斜收,平底微凹;沿面有一道凹弦纹,上腹部靠近折棱处有三道凹弦纹。口径17.2、腹径17.4、底径9.2、高10.4厘米。(图二八一,7;彩版四七,4)

M251:10,陶罐。泥质褐陶,器表打磨平整。平折沿略仰,斜方唇,束颈较长,溜肩下斜,弧折

腹,斜腹内收,平底。口径12.4、腹径14.8、底径9.2、高12.0厘米。(图二八一,6;彩版六四,3)

M251:11,陶豆。泥质灰褐陶。敞口,方唇,折壁,折棱突出,豆盘较深,矮喇叭状柄,豆柄上半部有一道箍,矮座,座面较宽,座底内凹;豆盘内外均饰有暗纹,暗纹粗而间距较大。口径17.0、高12.1厘米。(图二八二,3;彩版五七,5)

M251:12,陶豆。泥质灰褐陶。敞口,方唇,折壁,折棱突出,豆盘较深,矮喇叭状柄,豆柄上半部有一道箍,矮座,座面较宽,座底略内凹;豆盘内外均饰有暗纹,暗纹粗而间距较大。口径15.7、高11.4厘米。(图二八二,1;彩版五七,6)

M251:13,陶罐。泥质褐陶,器表打磨平整。平折沿略仰,斜方唇,束颈较长,溜肩下斜,弧折腹,斜腹内收,平底;素面。口径11.2、腹径14.4、底径8.8、高11.0厘米。(图二八一,9;彩版六四,4)

M251:14,陶盂。泥质灰陶。宽仰折沿,方唇,上腹微斜,下腹斜收,平底;沿面有一道凹弦纹,上腹部靠近折棱处有三道凹弦纹。口径17.2、腹径16.0、底径9.3、高10.0厘米。(图二八一,11;彩版四七,5)

M251:15,贝。7枚,1枚已残,其余保存较好,保存较好者背部均有一个穿孔。大小较均匀,长度约2.0厘米。(图二八二,4)

M251:16,玉贝。15枚,用白玉磨制切割而成贝形,其中7枚正面有一道刻槽,8枚无刻槽,长度在1.8-2.3厘米之间。(图二八二,5;彩版八二,4)

M251:17,陶罐。泥质褐陶,器表较粗糙。仰折沿,方唇,束颈较高,溜肩,折腹,凸棱不明显,斜腹内收,平底;肩部近颈处饰有一道凹弦纹,近折处饰有两道凹弦纹。口径11.4、腹径14.2、底径8.0、高10.5厘米。(图二八一,8;彩版六四,5)

M251:18,陶鬲,残。泥质灰陶。宽仰折沿,圆唇,其余部位均残,沿面有三道凹槽。

36. M272

开口平面呈长方形,直壁,壁面平整,平底。填土为五花土,土质疏松。墓向290°。墓葬开口距地表90厘米,开口长230、宽114厘米,墓深240厘米。葬具为木质单棺,仅存朽痕,长方形,长208、宽86-90、高26、厚6厘米。人骨保存较差,仰身直肢。(图二八三)

随葬品共5件,出土于棺内西北角,均为陶器:

M272:1,陶鬲。夹细砂红陶。折沿微仰,圆唇,圆肩,弧腹,分裆较矮,三袋足内聚,尖足跟;肩部抹平,上有四道凹弦纹,腹以下饰交错绳纹。口径11、腹径12.7、高9.0厘米。(图二八四,2)

M272:2,陶鬲。夹细砂红陶。折沿较平,圆唇,唇缘下垂,溜肩,弧腹,分裆较矮,三袋足内敛较甚,尖足跟;肩部抹平,上有四道凹槽,腹以下饰交错绳纹。口径12.9、腹径13.0、高8.9厘米。(图二八四,1)

M272:3,陶盂。泥质灰陶。平折沿,尖圆唇,领较矮,弧腹,平底,领和腹结合处有一道凹槽。口径9.9、腹径11.0、底径5.5、高6.7厘米。(图二八四,5;彩版五六,4)

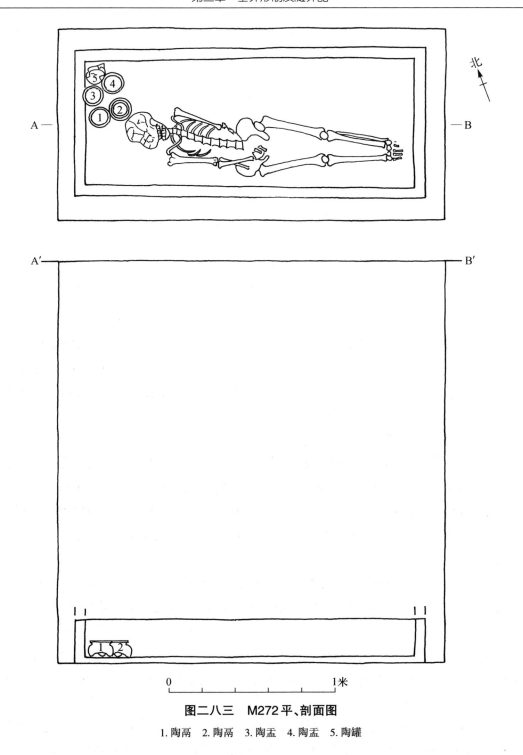

图二八三　M272平、剖面图

1.陶鬲　2.陶鬲　3.陶盂　4.陶盂　5.陶罐

　　M272∶4,陶盂。泥质灰陶。平折沿,尖圆唇,领较矮,弧腹,平底,领和腹结合处有一道凹槽。口径10.2、腹径11.4、底径5.7、高6.1厘米。(图二八四,4)

　　M272∶5,陶罐,残。泥质灰陶,器表打磨平整。平折沿极短,短颈,溜肩,折腹,斜腹内收,平底,腹部缺失;素面。(图二八四,3)

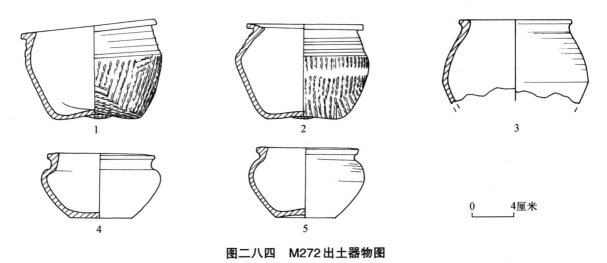

图二八四　M272出土器物图

1. 陶鬲（M272：2）　2. 陶鬲（M272：1）　3. 陶罐（272：5）　4. 陶盂（272：4）　5. 陶盂（M272：3）

37. M291

开口平面呈长方形，直壁，壁面平整，平底。填土为五花土，土质疏松。墓向280°。墓葬开口距地表100厘米，开口长256、宽106厘米，墓深280厘米。葬具为木质单棺，仅存朽痕，长方形，棺西端有一挡板将放置随葬品的区域与放置尸体的空间隔开，形成头箱。棺长238、宽92、高36、厚6厘米。人骨保存差，仅余部分下肢骨。（图二八五）

随葬品共8件，出土于头箱中，均为陶器：

M291：1，陶盂。泥质灰陶，器表打磨光滑。折沿微仰，方唇，上腹较斜，下腹弧收，平底；沿面和唇面各有一道凹弦纹，折棱处有一道凹弦纹。口径18.4、腹径16.9、底径7.4、高9.2厘米。（图二八六，5）

M291：2，陶盂。泥质灰陶。折沿较平，方唇，上腹较斜，下腹弧收，上有刮削痕，平底；上腹部有一道凹弦纹，折棱处有一道宽凹弦纹。口径16.1、腹径15.2、底径7.0、高9.1厘米。（图二八六，4；彩版四九，2）

M291：3，陶豆。泥质褐陶。敞口，方唇，豆盘较深，折壁，凸棱较明显，喇叭状柄较粗大，圈足状底座外撇较甚，座底和座沿面略内凹；豆盘内饰有螺旋状暗纹，暗纹间距较大。口径16.5、高14.8厘米。（图二八六，8）

M291：4，陶豆。泥质灰褐陶。敞口，方唇，豆盘较深，折壁，凸棱不明显，喇叭状柄较粗大，圈足状底座外撇较甚；豆盘内饰有螺旋状暗纹，暗纹较细，间距较大。口径16.5、高14.1厘米。（图二八六，7）

M291：5，陶鬲。泥质灰陶。折沿微仰，方唇，唇上缘上翘，使沿面形成一道凹槽，弧腹，分裆近平，三袋足极肥，外张，足跟较圆钝；腹以下饰交错粗绳纹。口径14.8、腹径16.4、高13.0厘米。（图二八六，1；彩版四一，1）

M291：6，陶鬲。泥质灰陶。折沿微仰，沿面下凹，方唇，弧腹，分裆近平，三袋足极肥，外张，足跟较圆钝；唇面饰一道凹弦纹，腹以下饰交错粗绳纹。口径15.9、腹径16.2、高12.5厘米。（图二八六，2）

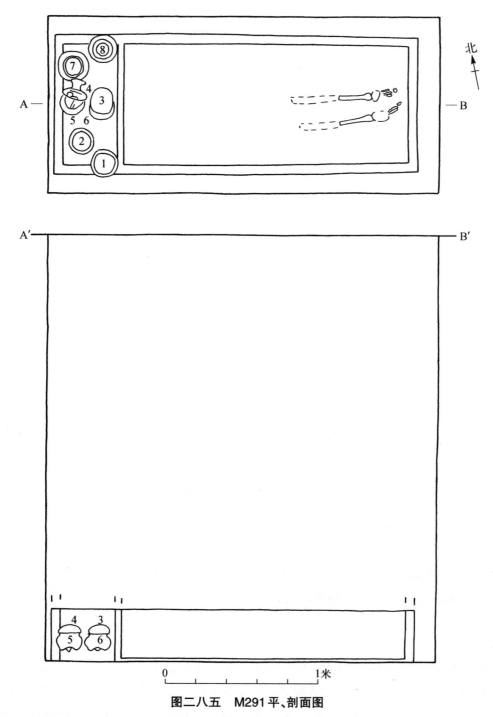

图二八五　M291平、剖面图

1. 陶盉　2. 陶盉　3. 陶豆　4. 陶豆　5. 陶鬲　6. 陶鬲　7. 陶罐　8. 陶罐

　　M291：7，陶罐。泥质灰陶，器表打磨平整。平折沿，方唇，高束颈，溜肩微鼓，折腹，凸棱明显，腹部弧收，平底；折棱上下各有一道凹弦纹。口径12.2、腹径18.6、底径12.2、高16.2厘米。（图二八六，6）

　　M291：8，陶罐。泥质灰陶，器表打磨平整。平折沿，方唇，短束颈，溜肩弧鼓，折腹，斜腹内

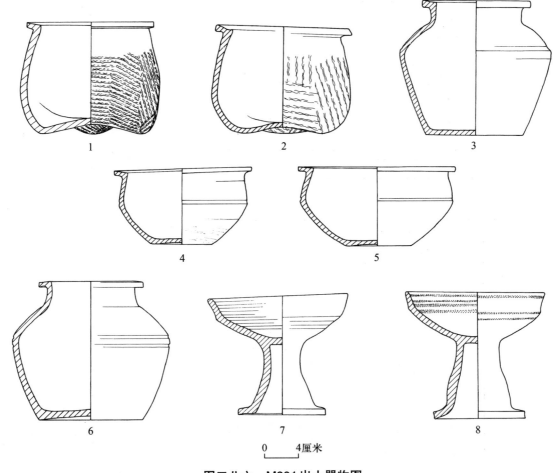

0　　　4厘米

图二八六　M291出土器物图

1. 陶鬲（M291：5）　2. 陶鬲（M291：6）　3. 陶罐（M291：8）　4. 陶盂（M291：2）
5. 陶盂（M291：1）　6. 陶罐（M291：7）　7. 陶豆（M291：4）　8. 陶豆（M291：3）

收，平底略内凹；沿面饰有一道凹弦纹，折棱上下各有一道凹弦纹。口径12.7、腹径17.8、底径11.4、高15.8厘米。（图二八六，3；彩版六七，4）

38. M293

开口平面呈长方形，直壁，壁面平整，平底。填土为五花土，土质疏松。墓向295°。墓葬开口距地表90厘米，开口长270、宽126厘米，墓深185厘米。葬具为木质单棺，仅存朽痕，长方形，长206、宽91-95、高14、厚6厘米。人骨保存较好，仰身直肢，面朝上，双手置于腹部，双脚并拢。（图二八七）

随葬品共5件，出土于墓葬西端棺与墓壁之间，均为陶器：

M293：1，陶豆。泥质灰陶。敞口，圆唇，折壁，折处凸棱明显，豆盘深，喇叭状柄较粗大，圈足状底座外撇，较矮；豆盘内饰有螺旋状暗纹，底座沿面饰有一道凹弦纹。口径18.6、高16.1厘米。（图二八八，3）

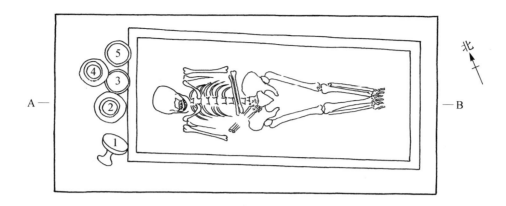

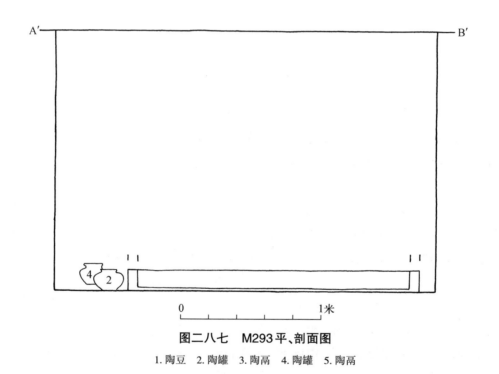

图二八七　M293 平、剖面图

1. 陶豆　2. 陶罐　3. 陶鬲　4. 陶罐　5. 陶鬲

　　M293：2，陶罐。泥质灰陶，器表打磨平整。平折沿，方唇，唇面略内凹，束颈较高，溜肩微鼓，折腹，凸棱明显，斜腹内收，平底；沿面饰有两道较浅的凹弦纹，肩部近颈处和近折处各饰有一道凹弦纹。口径12.8、腹径20.1、底径12.4、高14.1厘米。(图二八八，4；彩版六七，5)

　　M293：3，陶鬲。泥质灰陶。折沿微仰，沿面下凹，方唇，折腹，裆近平，三乳足聚于器底，足和裆部有刮削痕；唇面有一道凹弦纹。口径16.2、腹径15.5、高8.3厘米。(图二八八，2；彩版四六，3)

　　M293：4，陶罐。泥质灰褐陶，器表打磨平整。平折沿，方唇，束颈较高，溜肩微鼓，折腹，凸棱明显，斜腹内收略内弧，平底；沿面饰有两道较浅的凹弦纹，肩部近折处饰有两道凹弦纹。口径13.2、腹径19.0、底径11.0、高15.8厘米。(图二八八，5)

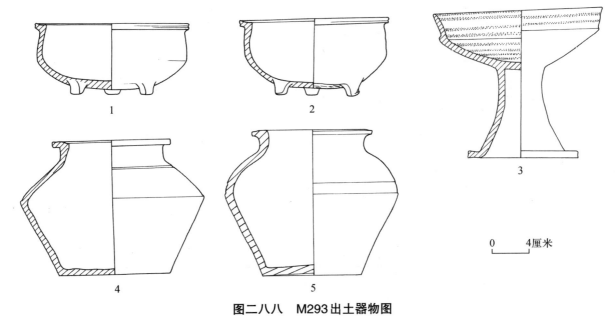

0 _____ 4厘米

图二八八　M293出土器物图

1. 陶鬲(M293:5)　2. 陶鬲(M293:3)　3. 陶豆(M293:1)　4. 陶罐(M293:2)　5. 陶罐(M293:4)

M293:5,陶鬲。泥质灰陶。折沿微仰,沿面下凹,方唇,折腹,裆近平,三乳足聚于器底,足和裆部有刮削痕;唇面有一道凹弦纹。口径16.7、腹径16.1、高7.7厘米。(图二八八,1)

39. M296

开口平面呈长方形,斜壁,壁面平整,口大底小,平底。填土为五花土,土质疏松。墓向300°。墓葬开口距地表100厘米,开口长280、宽200厘米,墓深520厘米,墓底长240、宽160厘米。葬具为木质单棺,仅存朽痕,长方形,长217、宽113、高40、厚6厘米。人骨保存较好,仰身直肢,双手置于腹部,双脚并拢。(图二八九)

随葬品共4件,出土于人骨头部南侧,均为铜璜:

M296:1,铜璜。4件,形制一样,中间有一个圆孔,上缘正面背面均有郭,璜身上有几何纹。M296:1-1残长8.4厘米,M296:1-2残长8.2厘米。(图二九〇,1)

单棺墓葬还有M1、M11、M13、M14、M15、M18、M20、M21、M31、M36、M37、M38、M40、M42、M53、M60、M62、M64、M70、M71、M72、M74、M77、M81、M84、M86、M88、M103、M109、M110、M112、M117、M118、M120、M125、M126、M129、M131、M134、M135、M141、M143、M144、M147、M148、M153、M154、M155、M156、M161、M162、M164、M168、M170、M171、M172、M173、M177、M178、M195、M197、M198、M201、M202、M203、M204、M206、M212、M213、M215、M216、M217、M221、M225、M230、M233、M234、M235、M236、M239、M247、M248、M249、M250、M255、M258、M259、M260、M262、M265、M270、M271、M274、M276、M294、M295、M298、M306、M310、M311、M312、M313。其中M74出土半个海蛤壳(彩版八四,4);M40、M70、M72出土贝若干,均置于人口中;其余墓葬皆无随葬品。

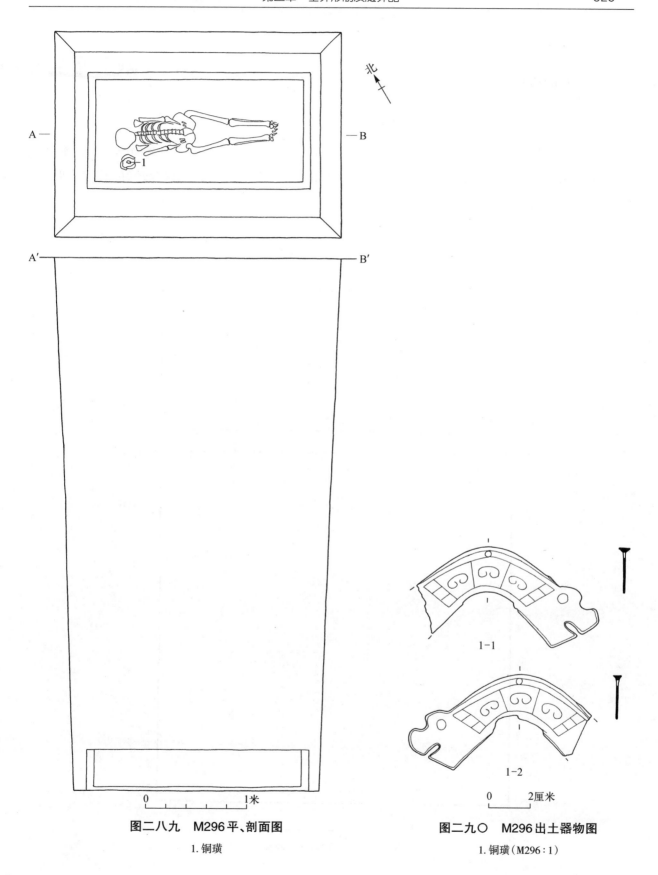

图二八九　M296平、剖面图

1. 铜璜

图二九〇　M296出土器物图

1. 铜璜（M296∶1）

四、D型　无葬具

无葬具的墓葬共有5座。

1. M226

开口平面呈长方形,直壁,壁面平整,平底。填土为五花土,土质疏松。墓向295°。墓葬开口距地表100厘米,开口长2 200、宽84厘米,墓深220厘米。葬具无。人骨保存较好,仰身直肢,面朝北,双手置于腹部,双脚并拢。(图二九一)

随葬品无。

无葬具的墓葬还有M139、M146、M150、M309,均无随葬品。

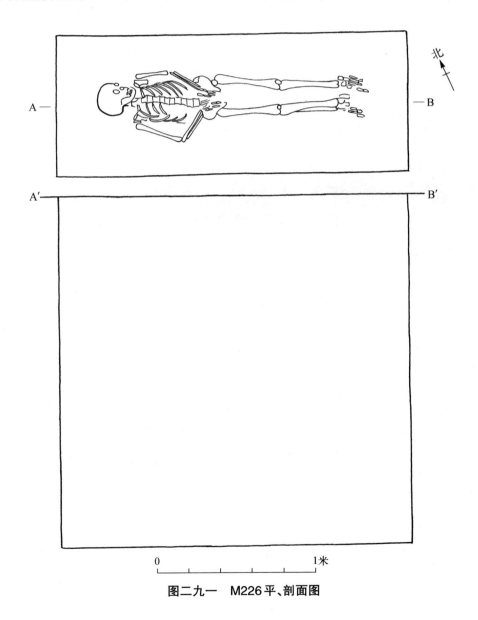

图二九一　M226平、剖面图

第二节　乙类——空心砖墓

空心砖墓共有6座,未分型。

1. M138

开口平面呈长方形,直壁,壁面平整,平底。填土为五花土,土质疏松。墓向290°。墓葬开口距地表100厘米,开口长278、宽133厘米,墓深130厘米。砖室顶部已不存,南北两侧各由4块侧立空心砖两两相叠而成,东西两端各由2块侧立的空心砖叠砌而成,底由7块空心砖平铺而成。砖室长266、宽122、残高73厘米。空心砖长116、宽38、高10厘米,单面拍印方格纹。无葬具。人骨保存较好,仰身直肢,面朝北,双脚并拢。(图二九二;彩版二七,2)

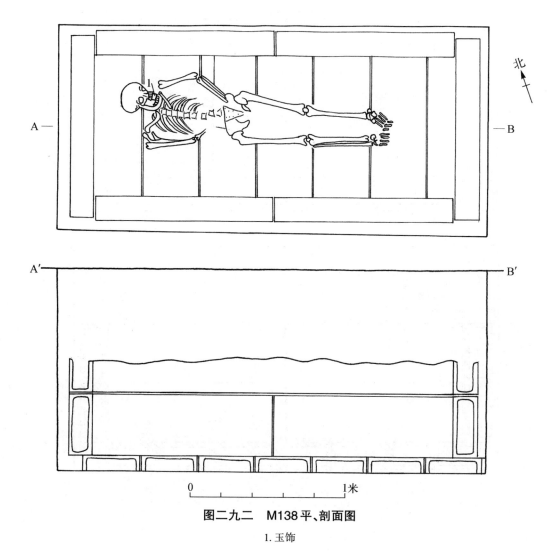

图二九二　M138平、剖面图

1. 玉饰

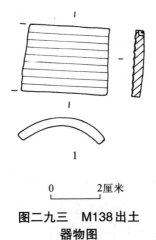

图二九三　M138出土
器物图

1. 玉饰（M138∶1）

随葬品共1件,置于人口中,为玉饰:

M138∶1,玉饰。残,形状近似瓦形,淡绿色,长3.5、宽2.7、厚0.3厘米,上缘有一个细孔,背面有8道凹槽。(图二九三,1;彩版八二,3)

2. M151

开口平面呈长方形,直壁,壁面平整,平底。填土为五花土,土质疏松。墓向280°。墓葬开口距地表100厘米,开口长278、宽130厘米,墓深1 146厘米。砖室顶部已不存,南北两侧各由4块侧立空心砖两两相叠而成,东西两端各由2块侧立的空心砖叠砌而成,底由7块空心砖平铺而成。砖室长270、宽122、残高96厘米。空心砖长104、宽38、高18厘米,单面拍印方格纹。无葬具。人骨保存较好,仰身直肢,面朝上,双手置于腹部,双脚并拢。(图二九四)

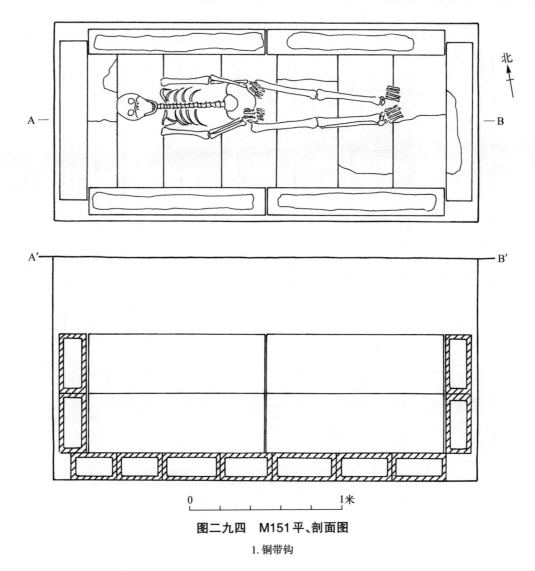

图二九四　M151平、剖面图

1. 铜带钩

随葬品共1件,为铜带钩:

M151:1,铜带钩。整体呈琵琶形,钩身修长,截面半圆形,扣圆形,钩尾残。长10.0、宽1.6厘米。(图二九五)

空心砖墓还有M136、M137、M145、M188,均无随葬品。

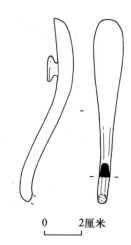

0　　2厘米

图二九五　M151出土器物图

1. 铜带钩(M151:1)

第三章　墓葬分期与年代

第一节　陶器的类型学分析

天利食品两周墓地共出土陶器1 170件(套),可分为日用陶器、仿铜陶礼器、模型明器三大类。

一、日用陶器

日用陶器主要有鬲、盂、豆、罐四个器类。

1. 陶鬲

陶鬲共计303件,根据裆部特征分为分裆和弧裆二类。

甲类共计209件。分裆。此类陶鬲多为灰陶,其次为红陶。大部分均夹细砂,少量泥质。口沿多素面,肩部大部分均有凹槽,为轮制痕迹,下腹至足均饰有交错绳纹。上半部分轮制成形,下半部分为用带绳纹的陶拍拍制而成。根据足部特征分为二型。

A型共188件。分裆小袋足。根据器形大小可分为二亚型:

Aa型共186件。分裆小袋足小鬲,高度皆不超过30厘米,腹径也在30厘米以下,出土时多位于人骨头部一端,且多与盂、豆、罐等组合。根据口、足及总体特征分为八式:

Ⅰ式:1件。沿面弧折,较宽,上仰,三足外张,裆部微瘪,器形较小。标本M119:8(图二九六,1)。

Ⅱ式:1件。折沿微仰,三足外张,器形较小。标本M191:4(图二九六,2)。

Ⅲ式:1件。平折沿,较窄,三足微张,器形较前一式变大。标本M142:7(图二九六,3)。

Ⅳ式:31件。折沿或平或为微仰,沿面较窄,三足微敛,足尖距大于口径,器形较大。标本M4:3、M4:4、M4:5、M4:6(图二九六,4)、M10:4、M10:11、M10:16、M10:17、M34:5、M34:6、M34:7、M34:8、M49:4、M49:5、M49:7、M49:8、M115:1、M115:7、M115:9、M115:12、M128:4、M128:9、M128:10、M128:14、M184:10、M184:11、M184:12、M184:15、M187:1、M187:6、M264:4、M280:3、M280:4、M287:2、M287:3等。

Ⅴ式:78件。三足较内敛,足尖距变小,略大于或等于口径。标本M43:3、M43:4、M45:1、

M45：4、M50：1、M50：5、M50：7（图二九六，5）、M50：10、M55：2、M55：3、M55：8、M55：11、
M56：1、M56：2、M56：14、M56：15、M58：2、M58：9、M58：11、M58：13、M111：2、M111：4、
M111：5、M111：8、M116：7、M116：8、M127：1、M165：1、M165：11、M65：13、M165：15、M174：4、
M174：5、M174：11、M174：13、M183：6、M183：7、M185：4、M185：5、M190：3、M190：7、M190：9、
M190：15、M207：1、M207：6、M237：4、M237：6、M237：8、M237：10、M241：3、M241：6、M241：10、
M241：12、M245：5、M245：9、M264：1、M264：2、M264：3、M279：1、M279：3、M279：8、M279：9、
M283：1、M283：5、M283：7、M292：1、M300：1、M301：8、M301：9、M301：11、M301：13、M304：2、
M304：7、M304：8、M304：11等。另有M183：1、M207：11、M292：5陶鬲残，应在此式。

Ⅵ式：33件。三足进一步内敛，足尖距小于口径。从此式开始，器形逐渐变小。标本M8：4、
M33：3、M33：4、M57：3、M175：1、M175：5、M175：8（图二九六，6）、M175：11、M205：1、M205：2、

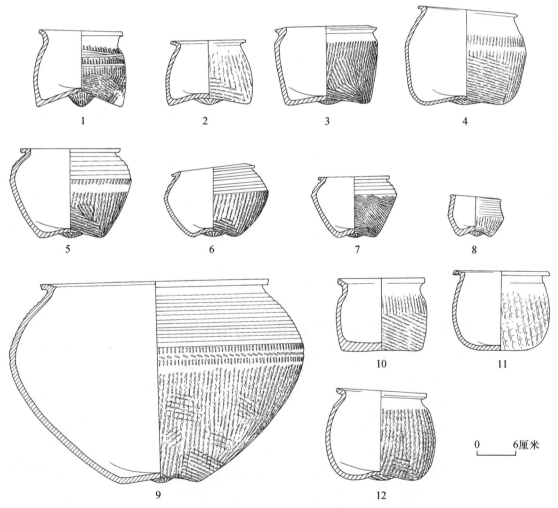

图二九六　甲类陶鬲型式图

1. Aa型Ⅰ式（M119：8）　2. Aa型Ⅱ式（M191：4）　3. Aa型Ⅲ式（M142：7）　4. Aa型Ⅳ式（M4：6）
5. Aa型Ⅴ式（M50：7）　6. Aa型Ⅵ式（M175：8）　7. Aa型Ⅶ式（M29：6）　8. Aa型Ⅷ式（M90：3）
9. Ab型（M113：2）　10. B型Ⅰ式（M252：10）　11. B型Ⅱ式（M232：5）　12. B型Ⅲ式（M46：5）

M205∶10、M205∶12、M219∶4、M223∶1、M223∶2、M223∶3、M223∶4、M228∶4、M228∶7、M228∶9、M228∶11、M229∶1、M240∶1、M240∶2、M240∶7、M240∶9、M285∶7、M285∶8、M285∶10、M285∶12、M286∶2、M302∶1等。另有M57∶8陶鬲残,应在此式。

Ⅶ式:27件。沿面变窄,三足内聚于底,器形较小。标本M9∶4、M9∶7、M9∶8、M9∶10、M25∶1、M29∶6(图二九六,7)、M29∶7、M29∶9、M29∶13、M44∶2、M66∶5、M66∶8、M73∶5、M73∶6、M79∶3、M79∶6、M182∶4、M214∶2、M214∶5、M231∶8、M272∶1、M272∶2、M289∶6等。另有M66∶10、M66∶16、M182∶5、M289∶8陶鬲残,应在此式。

Ⅷ式:10件。直口无沿,三足内聚于底,器形极小。标本M87∶3、M87∶5、M90∶3(图二九六,8)、M90∶4、M90∶5、M90∶6、M158∶3、M158∶4、M269∶3、M269∶6等。

Ab型仅2件。分裆小袋足大鬲。高度和口径均大于30厘米,出土时位于人骨下,不与盂、豆、罐等器物同出。标本M113∶2(图二九六,9)和M176∶1(残)。

B型21件。分裆大袋足,本型陶鬲的主要特征是三足肥大。根据口、足形态分为三型。

Ⅰ式:2件。仰折沿,三足外张,裆心极矮,分裆不甚明显。标本M252∶7和M252∶10(图二九六,10)。

Ⅱ式:15件。平折沿,三足微敛,裆心较前一式变高,分裆较明显。标本M142∶3、M142∶8、M142∶9、M180∶2、M180∶5、M180∶12、M180∶14、M232∶4、M232∶5(图二九六,11)、M291∶5、M291∶6、M305∶4、M305∶5、M305∶7、M305∶11等。

Ⅲ式:4件。平折沿,三足内敛。标本M46∶4、M46∶5(图二九六,12)、M46∶11、M46∶12等。

乙类共计94件。弧裆。纹饰和制法多样,形态差异也较大,根据足部形态分为三型。

A型6件。柱足。根据器表装饰分为二亚型。

Aa型仅2件。腹部装饰有绳纹,足跟部有扉棱,器身由带绳纹的工具拍制,三足为片状工具刮削而成。标本M119∶6(图二九七,1)和M119∶10。

Ab型4件。腹部装饰二道以上凹槽,器身轮制,三足为片状工具刮削而成。标本M275∶7、M275∶8、M275∶9、M275∶11(图二九七,2)等。

B型共计28件。锥足或截锥足。根据器表装饰分为二亚型。

Ba型16件。腹部装饰绳纹。器身由带绳纹的工具拍制,三足为绳纹工具或者片状工具刮削而成。根据口、足特征分为四式。

Ⅰ式:1件。仰折沿,沿面宽,三锥足较高,外张。标本M119∶11(图二九七,3)。

Ⅱ式:1件。折沿微下斜,沿面较宽,三锥足较矮,微张。标本M191∶7(图二九七,4)。

Ⅲ式:12件。平折沿,三锥足变矮,微张,足尖均有刮削痕。标本M39∶2、M39∶3、M39∶7、M39∶9(图二九七,5)、M80∶2、M80∶10、M80∶12、M80∶14、M130∶6、M130∶7、M130∶8、M130∶16等。

Ⅳ式:2件。平折沿,三锥足的足尖较直。标本M244∶1(图二九七,6)和M244∶2。

Bb型12件。腹部素面或有凹槽装饰,器身轮制,三足为片状工具刮削而成。根据口部特征分为二式。

Ⅰ式:4件。折沿微仰,器表光滑平整,素面,足内有刮削痕。标本M108∶1、M108∶2、

M108：3（图二九七,7）、M108：10等。

Ⅱ式：8件。平折沿,器表粗糙,多有凹槽,三足上有明显的刮削痕,器身多变形。标本M27：1、M27：3、M27：4、M27：6、M179：1、M179：2（图二九七,8）、M179：9、M179：15等。

C型共计60件。乳足。根据器表装饰分为二亚型。

Ca型37件。器表有绳纹,腹和足用绳纹工具拍制。根据足部特征、纹饰分布、整体器形分为五式。

Ⅰ式：3件。空足部分较大,乳钉足跟微敛,腹部及足均有绳纹,整体器形大。标本M160：10（图二九七,9）。另有M160：4、M160：13陶鬲残,也应在此式。

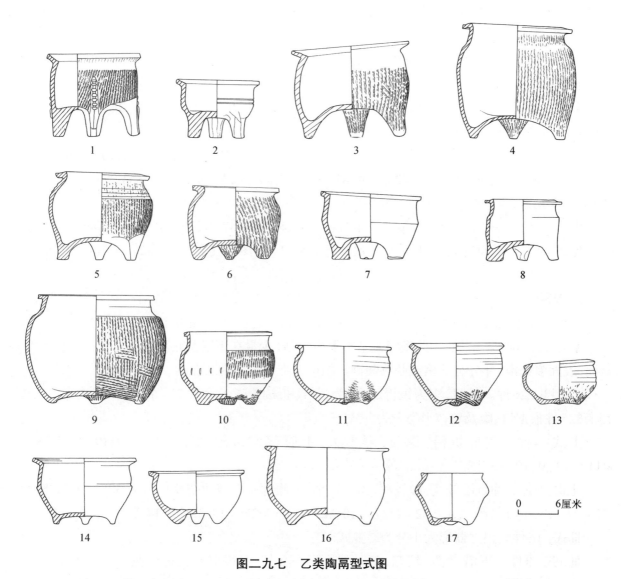

图二九七　乙类陶鬲型式图

1. Aa型（M119：6）　2. Ab型（M275：11）　3. Ba型Ⅰ式（M119：11）　4. Ba型Ⅱ式（M191：7）　5. Ba型Ⅲ式（M39：9）
6. Ba型Ⅳ式（M244：1）　7. Bb型Ⅰ式（M108：3）　8. Bb型Ⅱ式（M179：2）　9. Ca型Ⅰ式（M160：10）
10. Ca型Ⅱ式（M186：2）　11. Ca型Ⅲ式（M152：9）　12. Ca型Ⅳ式（M61：3）　13. Ca型Ⅴ式（M163：13）
14. Cb型Ⅰ式（M251：1）　15. Cb型Ⅱ式（M107：9）　16. Cb型Ⅲ式（M47：9）　17. Cb型Ⅳ式（M24：2）

Ⅱ式：2件。空足部分近无，腹部及足均有绳纹，器形较大。从这一式开始，器形逐渐变小。标本M186：2（图二九七，10）和M186：5。

Ⅲ式：14件。上腹抹平，下腹及足饰有绳纹，器形较小。标本M63：1、M63：5、M63：6、M63：13、M149：1、M149：5、M152：6、M152：7、M152：9（图二九七，11）、M152：11、M159：3、M159：4、M159：8、M159：10等。

Ⅳ式：11件。器形较小，三足内聚，仅足和裆部饰有绳纹。标本M23：4、M23：6、M30：7、M30：10、M30：11、M30：12、M61：3（图二九七，12）、M61：4、M61：7、M61：16、M104：9等。

Ⅴ式：7件。器形极小，三足极矮，裆近无，除M89：2腹以下均有绳纹外，其余均只在足部和裆部有绳纹。标本M89：2、M163：2、M163：3、M163：4、M163：13（图二九七，13）、M290：1、M290：5等。

Cb型　23件。器表素面或有凹槽装饰，器身轮制，三足为片状工具刮削而成。根据口部和足的特征分为四式。

Ⅰ式：4件，仰折沿，沿面较宽。标本M251：1（图二九七，14）、M251：2、M251：3。另有M251：18陶鬲残，也应在此式。

Ⅱ式：12件。折沿较平或微仰，沿面较宽。标本M107：9（图二九七，15）、M107：10、M107：15、M191：5、M191：8、M242：6、M242：5、M242：7、M242：8、M293：3、M293：5等。另有M107：2陶鬲残，也应在此式。

Ⅲ式：4件。平折沿，沿面较窄。标本M47：2、M47：6、M47：9（图二九七，16）、M47：16等。

Ⅳ式：3件。沿面近无，三足内聚于底。标本M24：2（图二九七，17）、M24：3、M89：1等。

2. 陶盂

共计306件，主要为泥质陶，少量夹砂陶，陶色均为灰色。根据底部特征分为二型。

A型共计304件。平底。此型陶盂基本上为轮制，少量在下腹及底部有刮削痕。器表大多为素面，表面多光滑，部分有凹槽或弦纹装饰。根据腹部形态分为二亚型。

Aa型共226件。折腹，多为锐折，少量为弧折，折棱清晰。除M223：6陶盂因残式别不明外，其余225件根据口、腹及整体形态分为九式。

Ⅰ式：4件。宽仰折沿，深腹，器形大，上腹部有多道凹槽。标本M119：1、M119：3、M119：12、M119：15（图二九八，1）等。

Ⅱ式：8件。仰折沿较宽，腹较深，器形较小，上腹部有多道凹弦纹。标本M251：4、M251：5、M251：9、M251：14（图二九八，2）、M275：10、M275：12、M275：13、M275：14等。

Ⅲ式：16件。根据器形大小分为二亚式。

Ⅲa式：8件。折沿微仰，较宽，腹较浅，器形较小，上腹部有二道凹弦纹。标本M107：4、M107：5、M107：8、M107：14、M242：1、M242：2、M242：3（图二九八，3）、M242：4等。

Ⅲb式：8件。折沿微仰，较窄，深腹，器表粗糙，器形较大。标本M108：5、M108：6、M108：7（图二九八，4）、M108：8、M130：10、M130：11、M130：12、M130：13等。

Ⅳ式：20件。沿面或宽或窄，浅腹，最大径位于器腹中部，器形较大，略显扁矮。标本M27：5、M27：11、M27：16、M27：17、M39：1、M39：10（图二九八，5）、M39：11、M39：12、M80：1、M80：7、M80：11、M80：13、M179：6、M179：7、M179：11、M179：13、M232：1、M232：2、M291：1、M291：2等。

Ⅴ式：48件。平折沿，较宽，下腹变深，器形略显瘦高，上腹与下腹之间的折棱大多微凸，较为明显，系有意而为之，器表打磨光滑，器形大。标本M4：7、M4：8、M4：9、M4：10、M10：2、M10：6、M10：7、M10：10、M34：10、M46：9、M46：13、M46：14、M46：17、M49：3、M49：13、M49：15、M49：16、M68：5、M68：6、M68：8、M115：2、M115：5、M115：10、M115：11、M128：1、M128：2、M128：3、M128：11、M142：1、M142：6、M142：12（图二九八，6）、M142：14、M160：5、M160：6、M160：12、M180：1、M180：3、M180：7、M180：15、M184：1、M184：2、M184：5、M184：8、M187：4、M280：6、M280：7、M287：5、M287：6。

Ⅵ式：48件。沿面变窄，器形略变小，上腹与下腹之间的折棱不突出，为刮制上下腹部而形成，非有意为之。标本M45：6、M47：8、M47：11、M47：12、M47：14、M55：1、M55：4、M55：12、M55：13、M111：3、M111：10、M111：12、M111：13、M116：5、M116：6、M127：3（图二九八，7）、M165：2、M165：5、M165：7、M165：12、M183：12、M185：3、M190：12、M190：13、M190：14、M207：2、M207：3、M207：8、M207：9、M237：1、M237：5、M237：9、M241：9、M245：6、M264：10、M264：11、M264：12、M264：13、M279：10、M283：3、M283：4、M301：5、M301：6、M301：12、M301：16、M304：9等。另有M190：16、M283：6陶盉残，应在此式。

Ⅶ式：43件。器形进一步变小，大部分上腹微弧，折棱较为圆钝。标本M8：2、M33：5、M33：6、M56：4、M56：9、M56：13、M56：16、M63：2、M63：3、M63：4、M63：10（图二九八，8）、M149：2、M149：6、M152：1、M152：2、M152：3、M152：5、M152：16、M159：5、M159：9、M159：13、M159：14、M175：2、M175：3、M175：7、M175：16、M186：3、M186：7、M228：1、M228：2、M228：3、M228：6、M240：4、M240：10、M240：11、M240：12、M285：1、M285：4、M285：6、M285：14、M286：4、M302：2、M302：3等。

Ⅷ式：22件。此式器形之间差异较大，折沿或宽或窄，部分折棱凸出，部分圆钝，但总体器形均较前一式变小，显现出退化的特征。标本M23：1、M23：7、M29：2、M29：4、M29：11、M30：1、M30：2、M30：3、M30：13、M52：1、M61：1、M61：2、M61：10、M61：14、M79：4、M79：5、M104：6、M104：8、M104：10、M289：4、M289：5（图二九八，9）等。另有M104：11陶盉残，应在此式。

Ⅸ式：16件。沿面极窄，折棱已不甚明显，器形极小。标本M22：1（图二九八，10）、M22：5、M67：6、M87：1、M87：2、M89：3、M89：4、M90：2、M96：1、M158：5、M163：1、M163：5、M163：6、M163：11、M269：1、M269：4等。

Ab型共78件。弧腹或弧鼓腹，有领。根据口、领及整体形态分为四式。

Ⅰ式：9件。器形较大，领较高，沿面较宽。标本M34：9（图二九八，11）、M34：11、M34：12、M68：7、M160：1、M187：3、M304：4、M304：10、M304：12等。

Ⅱ式：34件。器形较Ⅰ式变小，领变矮，部分沿面变窄。标本M43：6、M45：8、M50：4、

M50：9、M50：11、M50：15、M58：3、M58：4、M58：8、M58：12、M174：6、M174：7、M174：15、M183：5、M183：10、M183：11、M185：2、M237：2、M241：1、M241：4、M241：7、M244：3、M244：5、M245：2（图二九八，12）、M279：11、M279：12、M279：13、M283：2、M283：6、M292：2、M300：2等。另有M43：5、M174：8、M292：4陶盂残，应在此式。

Ⅲ式：9件。器形进一步变小，沿面较窄，领较矮。标本M57：1、M57：2、M205：6、M205：7、M205：9、M205：11、M219：3、M219：6、M229：2（图二九八，13）等。

Ⅳ式：26件。沿面极窄或退化为直口，器形小。标本M9：1、M9：3、M9：5（图二九八，14）、M9：9、M24、M24：5、M25：3、M29：15、M66：2、M66：7、M66：9、M66：13、M73：2、M73：4、M158：1、M158：2、M182：3、M182：6、M214：1、M214：3、M231：6、M231：7、M272：3、M272：4、M290：2、M290：6等。

B型仅2件。凹圜底。手制或用陶拍拍制，器表有刮削痕。标本M305：12（图二九八，15）和M305：13。

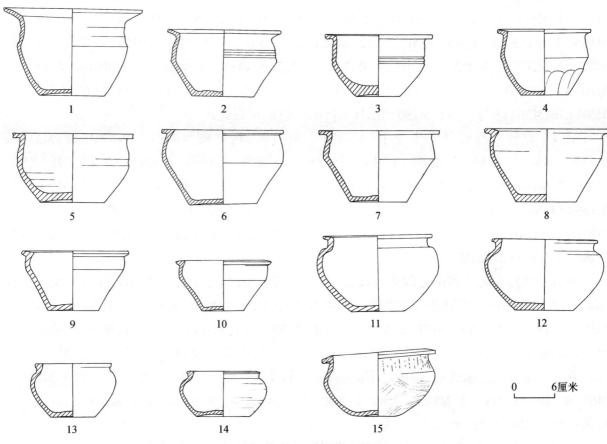

0　　6厘米

图二九八　陶盂型式图

1. Aa型Ⅰ式（M119：15）　2. Aa型Ⅱ式（M251：14）　3. Aa型Ⅲa式（M242：3）　4. Aa型Ⅲb式（M108：7）
5. Aa型Ⅳ式（M39：10）　6. Aa型Ⅴ式（M142：12）　7. Aa型Ⅵ式（M127：3）　8. Aa型Ⅶ式（M63：10）
9. Aa型Ⅷ式（M289：5）　10. Aa型Ⅸ式（M22：1）　11. Ab型Ⅰ式（M34：9）　12. Ab型Ⅱ式（M245：2）
13. Ab型Ⅲ式（M229：2）　14. Ab型Ⅳ式（M9：5）　15. B型（M305：12）

3. 陶豆

共计216件，陶质均为泥质，陶色比较复杂，有浅灰、深灰、灰褐等色。绝大部分豆盘内均有螺旋状暗纹，部分豆盘内刻划符号，豆盘和豆柄分别轮制然后组装。根据豆盘形态分为二型：

A型共215件。豆盘内外皆折，折棱明显。根据豆盘和豆柄及整体形态分为十一式。

Ⅰ式：4件。直口方唇，豆盘浅，折壁，喇叭状矮柄，柄上有一道箍，圈足状矮座外撇，整体较矮。标本M119：7、M119：9（图二九九，1）、M119：13、M119：16等。

Ⅱ式：16件。敞口方唇，豆盘较前一式略深，折壁，折处凸起形成凸棱，喇叭状矮柄，柄上有一道箍，已不如前一式明显，豆柄较前一式变高。标本M107：3、M107：11、M107：12、M107：13、M108：9、M242：9、M242：11、M242：12、M251：7、M251：8（图二九九，2）、M251：11、M251：12、M252：1、M252：2、M275：1、M275：5等。

Ⅲ式：8件。基本特征与前一式相同，唯柄上的箍消失。标本M108：4、M108：11、M108：14（图二九九，3）、M191：1、M191：3、M242：10、M252：3、M252：4等。

Ⅳ式：25件。根据器形大小和豆柄形状分为二亚式。

Ⅳa式：17件。敞口圆唇或近圆唇，折壁，折处微凸，豆柄变高变细，器形较高大。标本M27：12、M27：13、M27：14、M27：15、M130：1、M130：2、M130：9、M130：14、M232：3、M232：7、M291：3、M291：4、M293：1（图二九九，4）、M305：2、M305：6、M305：9、M305：10等。

Ⅳb式：8件。高圈足状豆柄，外撇，器形较小。标本M80：5、M80：6、M80：8（图二九九，5）、M80：9、M179：3、M179：4、M179：5、M179：10等。

Ⅴ式：29件。敞口，圆唇或尖圆唇，折壁，折棱不再凸起，不甚明显，豆柄比前一式更加细高，器形大。标本M10：8、M10：12、M10：13、M10：14、M34：1、M34：2、M34：3、M34：4、M46：8、M46：15、M49：6、M49：9、M49：10、M49：12、M142：2、M142：4、M142：5、M142：13、M160：8（图二九九，6）、M160：9、M160：14、M180：6、M180：8、M180：9、M180：16、M184：4、M184：7、M184：16、M287：4等。

Ⅵ式：14件。敞口，唇外缘弧鼓，渐收至折壁处再凸起，使整个豆盘外壁呈"S"形，喇叭状豆柄比前式增高，器形大。标本M4：1、M4：2、M46：7、M46：10、M68：9、M68：10、M68：11、M68：12、M184：13、M187：5、M187：7（图二九九，7）、M280：2、M280：5、M287：1等。

Ⅶ式：56件。器形与前一式接近，但豆盘变浅，喇叭状豆柄细高，座缘变窄。标本M43：7、M43：8、M45：2、M45：7、M47：1、M47：3、M47：13、M47：15、M50：12、M50：13、M55：5、M55：9、M56：8、M56：11、M58：5、M58：14、M111：9、M111：11、M116：9、M116：10、M127：2、M127：4、M165：3、M165：6、M174：9、M174：10、M174：12、M174：16、M183：2、M183：8、M185：1（图二九九，8）、M185：6、M190：1、M190：2、M190：、M190：5、M237：3、M237：7、M245：3、M245：7、M264：8、M264：9、M279：2、M279：4、M283：8、M283：10、M300：3、M301：1、M301：3、M301：7、M301：14、M304：13、M304：14、M304：15、M304：16等。另有M50：16陶豆残，应在此式。

Ⅷ式：28件。豆盘进一步变浅，豆柄由喇叭状柄变为近直柄，器形较小。标本M8：3、M8：5、

图二九九　陶豆型式图

1. A型Ⅰ式(M119:9)　2. A型Ⅱ式(M251:8)　3. A型Ⅲ式(M108:14)　4. A型Ⅳa式(M293:1)　5. A型Ⅳb式(M80:8)
6. A型Ⅴ式(M160:8)　7. A型Ⅵ式(M187:7)　8. A型Ⅶ式(M185:1)　9. A型Ⅷ式(M159:12)　10. A型Ⅸ式(M26:4)
11. A型Ⅹ式(M269:8)　12. A型Ⅺ式(M67:4)　13. B型(M12:4)

M33:7、M33:8、M56:7、M56:12、M57:5、M57:7、M152:4、M152:13、M159:6、M159:12(图二九九,9)、M175:4、M175:6、M175:9、M175:12、M186:4、M186:6、M219:1、M219:2、M228:8、M228:10、M229:4、M229:6、M285:11、M285:13、M286:1、M286:3等。

Ⅸ式：30件。豆盘较浅，近直柄，器形小。标本M23:3、M23:8、M25:2、M25:5、M26:3、

M26∶4(图二九九,10)、M29∶1、M29∶5、M29∶8、M29∶10、M30∶6、M30∶9、M30∶14、M30∶15、M61∶6、M61∶8、M61∶13、M61∶15、M66∶6、M66∶12、M73∶7、M79∶7、M79∶8、M104∶4、M104∶7、M231∶1、M231∶2、M231∶3、M289∶1、M289∶7等。

Ⅹ式∶2件。豆盘浅,直柄细长,较高。标本M269∶7和M269∶8(图二九九,11)。

Ⅺ式∶3件。豆盘极浅,豆柄细,较矮。标本M67∶4(图二九九,12)、M67∶5、M96∶2等。

B型仅1件。豆盘外折内弧,豆盘极浅,直柄较高。标本M12∶4(图二九九,13)。

4. 陶罐

305件,根据底部特征分为二类。

甲类300件。平底。均为泥质陶,灰陶占绝大多数,少量有灰褐陶、黑陶等。均为轮制,少量器表有刮削痕,器表一般经打磨,平整光滑,少数有光泽,部分器表饰有凹弦纹。根据肩部特征分为四型。

A型共295件。折肩。根据折棱所在位置分为二亚型。

Aa型24件。折棱位于器物中部或略偏下,根据沿、领、底形态分为四式。

Ⅰ式∶1件,仰折沿,较宽,领较高。标本M119∶14(图三〇〇,1)。

Ⅱ式∶7件,仰折沿,变窄,领变矮,底变小。标本M251∶6、M251∶10(图三〇〇,2)、M251∶13、M251∶17、M275∶2、M275∶4、M275∶6。

Ⅲ式∶8件。折沿较平或微仰,沿面较窄,领或高或矮。标本M107∶1、M107∶6、M107∶7(图三〇〇,3)、M107∶16、M108∶15、M108∶16、M252∶6、M252∶8。

Ⅳ式∶8件。平折沿极窄,矮领,扁腹,小底。标本M80∶3、M80∶4、M80∶15、M80∶16、M179∶8、M179∶12(图三〇〇,4)、M179∶14、M179∶16。

Ab型271件。折棱位于器物上部。根据沿、领及整体形态分为九式。

Ⅰ式∶1件。宽仰折沿,高领。标本M119∶4(图三〇〇,6)。

Ⅱ式∶1件。折沿微仰,较宽,高领。标本M275∶3(图三〇〇,7)。

Ⅲ式∶26件。平折沿,较宽,高领,器形较前两式变大。标本M27∶7、M27∶8、M27∶9、M27∶10、M39∶4、M39∶5、M39∶6、M39∶8、M108∶12、M108∶13、M130∶3、M130∶4、M130∶5、M130∶15、M142∶10、M142∶15、M191∶2、M191∶6、M232∶6、M232∶8、M252∶5(图三〇〇,8)、M252∶9、M291∶7、M291∶8、M293∶2、M293∶4等。

Ⅳ式∶50件。沿面较窄,领变矮,器形大。此式器表打磨光滑,做工精细。标本M4∶11、M4∶12、M4∶13、M4∶14、M10∶1、M10∶3、M10∶5、M10∶9、M34∶13、M3∶14、M34∶15、M34∶16、M46∶1、M46∶2、M46∶3、M46∶6、M49∶1、M49∶2、M49∶11、M49∶14、M68∶1、M68∶2、M68∶3、M68∶4、M115∶3、M115∶4、M115∶6、M115∶8、M128∶5、M128∶6、M128∶7、M128∶8、M160∶2、M160∶3、M160∶7、M160∶11、M180∶4、M180∶10、M180∶11、M180∶13(图三〇〇,9)、M184∶3、M184∶6、M184∶9、M184∶14、M187∶2、M187∶8、M280∶1、M280∶8、M287∶7、M287∶8等。

Ⅴ式∶80件。沿面较Ⅳ式变窄,部分领变矮,器形亦略小。标本M43∶1、M43∶2、M45∶3、

M45：5、M47：4、M47：5、M47：7、M47：10、M50：2、M50：3、M50：6、M50：8、M55：6、M55：7、M55：10、M58：1、M58：6、M58：7、M58：10（图三○○，10）、M111：1、M111：6、M111：7、M111：14、M116：3、M116：4、M121：1、M127：5、M165：4、M165：8、M165：9、M165：10、M174：1、M174：2、M174：3、M174：14、M183：3、M183：4、M183：9、M190：6、M190：8、M190：10、M190：11、M207：4、M207：5、M207：7、M207：10、M237：11、M237：12、M237：13、M237：14、M241：2、M241：8、M241：11、M244：4、M244：6、M245：1、M245：4、M264：5、M264：6、M264：7、M264：14、M279：5、M279：6、M279：7、M279：14、M283：11、M283：12、M283：13、M292：3、M300：4、M301：2、M301：4、M301：10、M301：15、M304：1、M304：3、M304：5、M304：6等。另有M55：14、M283：14陶罐残，应在此式。

Ⅵ式：56件。根据器形大小分为二个亚式。

Ⅵa式：34件。器形较小，部分沿面极窄，部分矮领近无，大部分器形扁矮。标本M8：1、M33：1、M33：2、M56：3、M56：5、M56：6、M56：10、M63：7、M63：8、M63：11、M149：3、M149：4、M159：1、M159：2、M159：7、M159：11、M175：10、M175：13、M175：14、M175：15、M186：1、M205：3、M205：4、M205：5、M205：8、M223：8、M228：5、M229：3、M229：5、M286：5（图三○○，11）、M302：4、M302：5等。另有M223：5、M223：10陶罐残，应在此亚式。

Ⅵb式：22件。与Ⅳ式基本形态相同，大小相当或略小，唯做工较Ⅳ式粗糙，器表多未打磨光滑，且同出的器物晚于Ⅳ式陶罐同出的器物，故将其单列为一个亚式。标本M57：4（图三○○，12）、M57：6、M63：9、M66：1、M66：3、M66：4、M66：11、M152：8、M152：10、M152：12、M152：15、M214：4、M214：6、M219：5、M240：3、M240：5、M240：6、M240：8、M285：2、M285：3、M285：5、M285：9等。

Ⅶ式：33件。器形小，此式内部差异较大，或扁矮，或瘦高，大部分沿面极窄。标本M9：6、M23：2、M23：5、M25：4、M25：6、M29：3、M29：12、M29：13、M29：14、M30：4、M30：5、M30：8、M30：16、M44：1、M61：5、M61：9、M61：11、M61：12、M73：1、M73：3、M79：1、M79：2、M104：1、M104：2、M104：3、M182：1、M182：2、M231：4（图三○○，13）、M231：5、M272：5、M297：1、M289：2、M289：3等。

Ⅷ式：14件。直口无沿，领极矮，器形较Ⅶ式小。标本M22：2（图三○○，5）、M22：4、M24：1、M87：7、M87：8、M89：5、M163：7、M163：8、M163：9、M163：10、M269：2、M269：5、M290：3、M290：4等。

Ⅸ式：10件。器形极小，已模型化，制作简单粗率。M67：1、M67：2、M67：3、M69：1、M69：2、M69：3、M69：4、M92：1（图三○○，14）、M92：2、M92：3等。

B型仅2件。溜肩。标本M142：16（图三○○，15）和M142：11。

C型仅2件。圆肩。标本M9：2（图三○○，16）和M104：5。

D型仅1件。平肩，高领，领的高度约占整个器身的二分之一。标本M90：7（图三○○，17）。

乙类共5件。凹圜底。均为泥质灰陶，器表或有绳纹或素面，均为用绳纹工具拍制而成。根据领和口的高低分为二型。

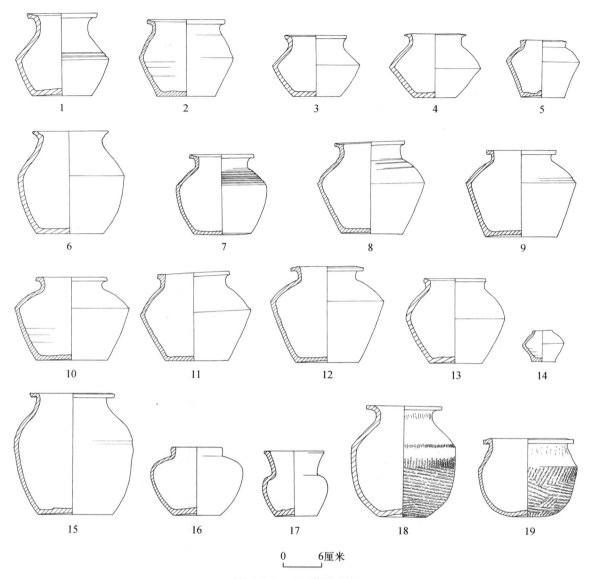

0　　6厘米

图三○○　陶罐型式图

1. 甲类Aa型Ⅰ式（M119∶14）　2. 甲类Aa型Ⅱ式（M251∶10）　3. 甲类Aa型Ⅲ式（M107∶7）　4. 甲类Aa型Ⅳ式（M179∶12）
5. 甲类Ab型Ⅷ式（M22∶2）　6. 甲类Ab型Ⅰ式（M119∶4）　7. 甲类Ab型Ⅱ式（M275∶3）　8. 甲类Ab型Ⅲ式（M252∶5）
9. 甲类Ab型Ⅳ式（M180∶13）　10. 甲类Ab型Ⅴ式（M58∶10）　11. 甲类Ab型Ⅵa式（M286∶5）　12. 甲类Ab型Ⅵb式（M57∶4）
13. 甲类Ab型Ⅶ式（M231∶4）　14. 甲类Ab型Ⅸ式（M92∶1）　15. 甲类B型（M142∶16）　16. 甲类C型（M9∶2）
17. 甲类D型（M90∶7）　18. 乙类A型（M119∶5）　19. 乙类B型（M305∶3）

　　A型仅1件。高领，小口。标本M119∶5（图三○○,18）。
　　B型共4件。矮领或无领，口较大。标本M241∶5、M305∶1、M305∶3（图三○○,19）。另有M305∶8陶罐残,应在此型。

二、仿铜陶礼器

　　仿铜陶礼器分为鼎、罍、敦、盖豆、壶五个器类。

1. 陶鼎

4件,均为泥质陶,颜色有褐色和灰色,多为素面,少量有暗纹装饰,器身轮制,鼎足和鼎耳手制,然后组装在一起。根据足部形态分为三型。

A型1件。条状足,截面圆角方形。标本M26:5(图三〇一,1)。

B型2件。蹄足,截面圆环形,可分为二式。

Ⅰ式:1件。器形较大,腹较深,圜底。标本M132:2(图三〇一,3)。

Ⅱ式:1件。器形较小,腹较浅,圜底近平。标本M114:3(图三〇一,4)。

C型1件。蹄足,截面马蹄形。标本M12:1(图三〇一,2)。

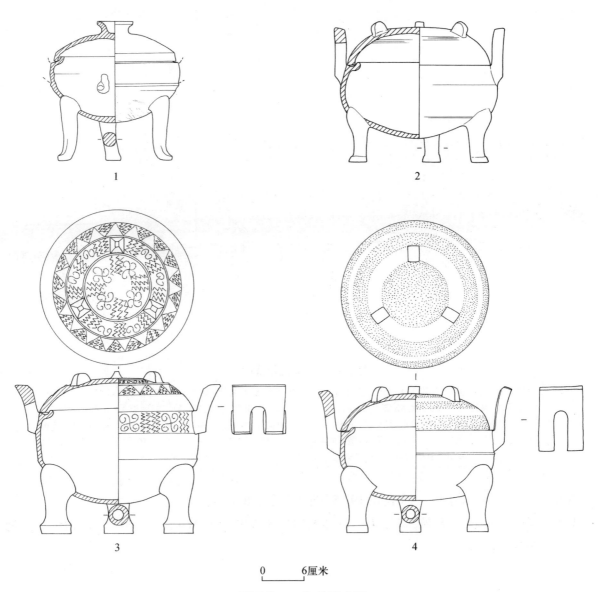

0 ____ 6厘米

图三〇一　陶鼎型式图

1. A型(M26:5)　2. C型(M12:1)　3. B型Ⅰ式(M132:2)　4. B型Ⅱ式(M114:3)

2. 陶罍

2件,均出自M26,泥质灰陶,素面,器身轮制,爬兽、实心钮和足为手制,然后组装在一起。标本M26:1(图三〇二,1)和M26:2。

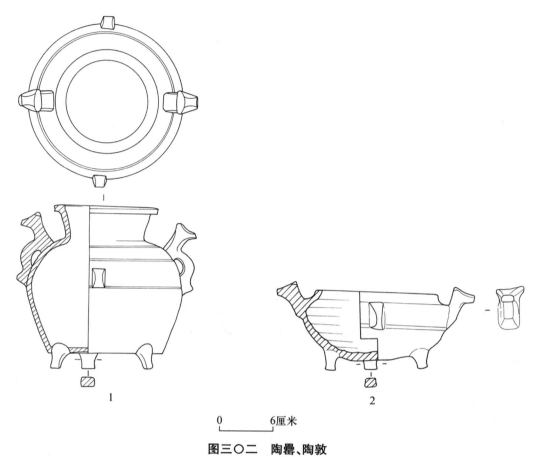

0　　　　6厘米

图三〇二　陶罍、陶敦

1. 陶罍(M26:1)　2. 陶敦(M26:6)

3. 陶敦

仅1件,泥质灰陶,素面,器身轮制,器钮和三足为手制,然后组装在一起。标本M26:6(图三〇二,2)。

4. 陶盖豆

3件,均为泥质灰陶,盖、抓手、豆盘、豆柄分别轮制,然后组装。根据腹部形态及大小分为三式。

Ⅰ式:1件。器形较大,折腹,折棱凸起。标本M132:1(图三〇三,1)。

Ⅱ式:1件。器形较大,折腹,折棱不甚明显。标本M114:2(图三〇三,2)。

Ⅲ式:1件。器形较小,下腹弧折。标本M12:3(图三〇三,3)。

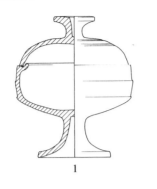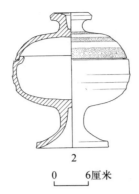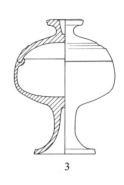

0 ⊢──── 6厘米

图三〇三　陶盖豆型式图

1. Ⅰ式(M132∶1)　2. Ⅱ式(M114∶2)　3. Ⅲ式(M12∶3)

5. 陶壶

5件,均为泥质灰陶,轮制,根据大小分为二类。

甲类3件。大壶。根据底足特征分为二型。

A型仅1件。假圈足。标本M132∶3(图三〇四,1)。

B型2件。平底。根据器形大小及腹部形态分为二式。

Ⅰ式:1件。器形较大,腹部弧鼓。标本M114∶1(图三〇四,2)。

Ⅱ式:1件。器形较小,腹部弧收。标本M12∶2(图三〇四,3)。

乙类2件。小壶。标本M78∶2(图三〇四,4)和M87∶4。

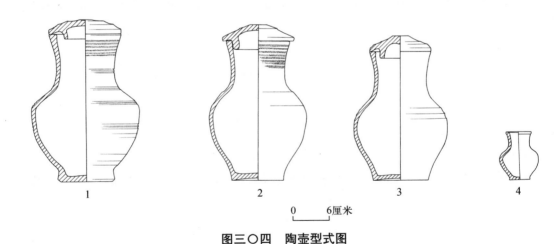

0 ⊢──── 6厘米

图三〇四　陶壶型式图

1. 甲类A型(M132∶3)　2. 甲类B型Ⅰ式(M114∶1)　3. 甲类B型Ⅱ式(M12∶2)　4. 乙类(M87∶4)

三、陶模型明器

24套(件),出于24座墓葬中,均为泥质,灰陶和灰黄陶居多,另有少量红褐陶,均为手制,实心。器形简化,部分未能分辨器形,能分辨者大多是模仿铜礼器(或仿铜陶礼器)而作,如鼎、甗、鬲、罍、方壶、敦、舟、盘、匜等。烧成温度低,易碎,导致很多墓葬的陶模型明器组合不全。组合较全者如M33∶9(甗、鬲各1件,方壶、罍、盘各2件)、M46∶16(鼓形器、甗、匜、盘各1件,鼎、方壶各2件)、M214∶7(鼎、敦、舟、盘、匜、甗各1件,罍2件)等。因器形简化,未分型式。

第二节　陶器组合分析

在日用陶器、仿铜陶礼器、陶模型明器三大类器物中,日用陶器占有绝大多数,且型式多样,变化节奏清晰明快;仿铜陶礼器数量极少,同型器物中未能有明显的式别差异;陶模型明器数量虽较仿铜陶礼器多,但是因为器形极其简化,写意性强,加之易碎,保存较差,未能发现其演化的线索。因此在下文的分析中,我们以日用陶器为纲,结合仿铜陶礼器进行组合分析,陶模型明器则在组合分析中略去,同时略去的还有其他材质的器物。日用陶器中,又以陶豆的演化速率最快,且贯穿始终,因此我们以陶豆作为核心器类,再辅以其他器类,将出土日用陶器和仿铜陶礼器的墓葬分为十五组。需要说明的是,为了使组合特征清晰明了,因残碎未能进行型式划分的器物在组合分析中非特殊情况将不再提及,陶器的数量和材质也一并省去。

Ⅰ组:1座,以AⅠ式豆为核心的组合。

AⅠ豆、甲AaⅠ鬲、乙AaⅠ鬲、乙BaⅠ鬲、甲AaⅠ罐、甲AbⅠ罐、乙A罐、AaⅠ盂组合。仅1座,即M119。

Ⅱ组:2座,以AⅡ式豆为核心的组合。分为2小组。

Ⅱ1组:AⅡ豆、乙CbⅠ鬲、甲AaⅡ罐、AaⅡ盂组合。仅1座,即M251。

Ⅱ2组:AⅡ豆、乙Ab鬲、甲AaⅡ罐、甲AbⅡ罐、AaⅡ盂组合。仅1座,即M275。

Ⅲ组:5座,以AⅢ式豆为核心的组合。分为5小组。

Ⅲ1组:AⅢ豆、AⅡ豆、甲BⅠ鬲、甲AaⅢ罐、甲AbⅢ罐组合。仅1座,即M252。

Ⅲ2组:AⅢ豆、AⅡ豆、乙CbⅡ鬲、AaⅢa盂组合。仅1座,即M242。

Ⅲ3组:AⅢ豆、AⅡ豆、乙BbⅠ鬲、甲AaⅢ罐、甲AbⅢ罐、AaⅢb盂组合。仅1座,即M108。

以上3小组同时出有AⅡ豆和AⅢ豆,且同出的其他器类均较Ⅱ组晚,因此将它们置于Ⅲ组。(以下情况相同或相似者不再说明)

Ⅲ4组:AⅡ豆、乙CbⅡ鬲、甲AaⅢ罐、AaⅢa盂组合。仅1座,即M107。(将M107归入Ⅲ组而不是Ⅱ组,主要是考虑其所出的鬲、罐、盂均较Ⅱ组晚,而与Ⅲ组相当)

Ⅲ5组:AⅢ豆、甲AaⅡ鬲、乙BaⅡ鬲、乙CbⅡ鬲、甲AbⅢ罐组合。仅1座,即M191。

Ⅳ组:9座,以AⅣ豆为核心的组合。分为8小组。

Ⅳ1组:AⅣa豆、甲BⅡ鬲、甲AbⅢ罐、AaⅣ盂组合。共2座,包括M232、M291。

Ⅳ2组:AⅣa豆、甲BⅡ鬲、乙B罐、B盂组合。仅1座,即M305。

Ⅳ3组:AⅣa豆、乙BaⅢ鬲、甲AbⅢ罐、AaⅢb盂组合。仅1座,即M130。

Ⅳ4组:AⅣa豆、乙CbⅡ鬲、甲AbⅢ罐组合。仅1座,即M293。

Ⅳ5组：AⅣa豆、乙BbⅡ鬲、甲AbⅢ罐、AaⅣ盂组合。仅1座，即M27。

Ⅳ6组：AⅣb豆、乙BbⅡ鬲、甲AaⅣ罐、AaⅣ盂组合。仅1座，即M179。

Ⅳ7组：AⅣb豆、乙BaⅢ鬲、甲AaⅣ罐、AaⅣ盂组合。仅1座，即M80。

Ⅳ8组：乙BaⅢ鬲、甲AbⅢ罐、AaⅣ盂组合。仅1座，即M39。

Ⅴ组：8座，以AⅤ豆为核心的组合。分为6小组。

Ⅴ1组：AⅤ豆、甲AaⅢ鬲、甲BⅡ鬲、甲AbⅢ罐、甲B罐、AaⅤ盂组合。仅1座，即M142。

Ⅴ2组：AⅤ豆、甲BⅡ鬲、甲AbⅣ罐、AaⅤ盂组合。仅1座，即M180。

Ⅴ3组：AⅤ豆、甲AaⅣ鬲、甲AbⅣ罐、AaⅤ盂组合。共2座，包括M10、M49。

Ⅴ4组：AⅤ豆、甲AaⅣ鬲、甲AbⅣ罐、AaⅤ盂、AbⅠ盂组合。仅1座，即M34。

Ⅴ5组：AⅤ豆、乙CaⅠ鬲、甲AbⅣ罐、AaⅤ盂、AbⅠ盂组合。仅1座，即M160。

Ⅴ6组：甲AaⅣ鬲、甲AbⅣ罐、AaⅤ盂。共2座，包括M115、M128。

Ⅵ组：7座，以AⅥ豆为核心的组合。分为5小组。

Ⅵ1组：AⅤ豆、AⅥ豆、甲AaⅣ鬲、甲AbⅣ罐、AaⅤ盂组合。共2座，包括M184、M287。

Ⅵ2组：AⅤ豆、AⅥ豆、甲BⅢ鬲、甲AbⅣ罐、AaⅤ盂组合。仅1座，即M46。

Ⅵ3组：AⅥ豆、甲AaⅣ鬲、甲AbⅣ罐、AaⅤ盂组合。共2座，包括M4、M280。

Ⅵ4组：AⅥ豆、甲AaⅣ鬲、甲AbⅣ罐、AaⅤ盂、AbⅠ盂组合。仅1座，即M187。

Ⅵ5组：AⅥ豆、甲AbⅣ罐、AaⅤ盂、AbⅠ盂组合。仅1座，即M68。

Ⅶ组：27座，以AⅦ豆为核心的组合。分为12小组。

Ⅶ1组：AⅦ豆、甲AaⅤ鬲、甲AbⅤ罐、AaⅥ盂、AbⅠ盂组合。仅1座，即M304。

Ⅶ2组：AⅦ豆、甲AaⅣ鬲、甲AaⅤ鬲、甲AbⅤ罐、AaⅥ盂组合。仅1座，即M264。

Ⅶ3组：AⅦ豆、甲AaⅤ鬲、甲AbⅤ罐、AaⅥ盂、AbⅡ盂组合。共5座，包括M45、M183、M237、M279、M283。

Ⅶ4组：AⅦ豆、甲AaⅤ鬲、甲AbⅤ罐、AaⅥ盂组合。共8座，包括M55、M111、M116、M127、M165、M190、M245、M301。

Ⅶ5组：AⅦ豆、甲AaⅤ鬲、甲AbⅤ罐、AbⅡ盂组合。共5座，包括M43、M50、M58、M174、M300。

Ⅶ6组：AⅦ豆、乙CbⅢ鬲、甲AbⅤ罐、AaⅥ盂组合。仅1座，即M47。

Ⅶ7组：AⅦ豆、甲AaⅤ鬲、AaⅥ盂、AbⅡ盂组合。仅1座，即M185。

Ⅶ8组：甲AaⅤ鬲、甲AbⅤ罐、乙B罐、AaⅥ盂、AbⅡ盂组合。仅1座，即M241。

Ⅶ9组：甲AaⅤ鬲、甲AbⅤ罐、AaⅥ盂组合。仅1座，即M207。

Ⅶ10组：甲AaⅤ鬲、甲AbⅤ罐、AbⅡ盂组合。仅1座，即M292。

Ⅶ11组：甲BaⅣ鬲、甲AbⅤ罐、AbⅡ盂组合。仅1座，即M244。

Ⅶ12组：仅出甲AbⅤ罐的组合。仅1座，即M121。

Ⅷ组：19座，以AⅧ豆为核心的组合，分为13小组。

Ⅷ1组：AⅧ豆、AⅦ豆、甲AaⅤ鬲、甲AbⅥa罐、AaⅦ盂组合。仅1座，即M56。

Ⅷ2组：AⅧ豆、甲AaⅥ鬲、甲AbⅥa罐、AaⅦ盂组合。共5座，包括M8、M33、M175、M228、M286。

Ⅷ3组：AⅧ豆、甲AaⅥ鬲、甲AbⅥb罐、AaⅦ盂组合。仅1座，即M285。

Ⅷ4组：AⅧ豆、乙CaⅡ鬲、甲AbⅥa罐、AaⅦ盂组合。仅1座，即M186。

Ⅷ5组：AⅧ豆、乙CaⅢ鬲、甲AbⅥa罐、AaⅦ盂组合。仅1座，即M159。

Ⅷ6组：AⅧ豆、乙CaⅢ鬲、甲AbⅥb罐、AaⅦ盂组合。仅1座，即M152。

Ⅷ7组：AⅧ豆、甲AaⅥ鬲、甲AbⅥa罐、AbⅢ盂组合。仅1座，即M229。

Ⅷ8组：AⅧ豆、甲AaⅥ鬲、甲AbⅥb罐、AbⅢ盂组合。共2座，包括M57、M219。

Ⅷ9组：甲AaⅥ鬲、甲AbⅥa罐、AaⅦ盂组合。共2座，包括M223（盂残）、M302。

Ⅷ10组：甲AaⅥ鬲、甲AbⅥb罐、AaⅦ盂组合。仅1座，即M240。

Ⅷ11组：甲AaⅥ鬲、甲AbⅥb罐、AbⅢ盂组合。仅1座，即M205。

Ⅷ12组：乙CaⅢ鬲、甲AbⅥa罐、甲AbⅥb罐、AaⅦ盂组合。仅1座，即M63。

Ⅷ13组：乙CaⅢ鬲、甲AbⅥa罐、AaⅦ盂组合。仅1座，即M149。

Ⅸ组：19座，以AⅨ豆为核心的组合，分为13小组。

Ⅸ1组：AⅨ豆、甲AaⅦ鬲、甲AbⅥb罐、AbⅣ盂组合。仅1座，即M66。

Ⅸ2组：AⅨ豆、甲AaⅦ鬲、甲AbⅦ罐、AaⅧ盂、AbⅣ盂组合。仅1座，即M29。

Ⅸ3组：AⅨ豆、甲AaⅦ鬲、甲AbⅦ罐、AaⅧ盂组合。共2座，包括M79、M289。

Ⅸ4组：AⅨ豆、甲AaⅦ鬲、甲AbⅦ罐、AbⅣ盂组合。共3座，包括M25、M73、M231。

Ⅸ5组：AⅨ豆、乙CaⅣ鬲、甲AbⅦ罐、甲C罐、AbⅣ盂组合。仅1座，即M104。

Ⅸ6组：AⅨ豆、乙CaⅣ鬲、甲AbⅦ罐、AbⅣ盂组合。共3座，包括M23、M30、M61。

Ⅸ7组：甲AaⅦ鬲、甲AbⅥb罐、AbⅣ盂组合。仅1座，即M214。

Ⅸ8组：甲AaⅦ鬲、甲AbⅦ罐、甲C罐、AbⅣ盂组合。仅1座，即M9。

Ⅸ9组：甲AaⅦ鬲、甲AbⅦ罐、AbⅣ盂组合。共2座，即M182、M272。

Ⅸ10组：甲AaⅦ鬲、甲AbⅦ罐组合。仅1座，即M44。

Ⅸ11组：仅出甲AbⅦ罐的组合。仅1座，即M297。

Ⅸ12组：仅出AaⅧ盂的组合。仅1座，即M52。

Ⅸ13组：AⅨ豆、A鼎、罍、敦的组合。仅1座，即M26。

Ⅹ组：10座，以AⅩ豆为核心的组合，分为10小组。

Ⅹ1组：AⅩ豆、甲AaⅧ鬲、甲AaⅧ罐、AaⅨ盂组合。仅1座，即M269。

Ⅹ2组：甲AaⅧ鬲、甲AaⅧ罐、AaⅨ盂、乙壶组合。仅1座，即M87。

Ⅹ3组：甲AaⅧ鬲、甲D罐、AaⅨ盂组合。仅1座，即M90。

Ⅹ4组：甲AaⅧ鬲、AbⅣ盂、AaⅨ盂组合。仅1座，即M158。

Ⅹ5组：乙CaⅤ鬲、乙CbⅣ鬲、甲AaⅧ罐、AaⅨ盂组合。仅1座，即M89。

Ⅹ6组：乙CaⅤ鬲、甲AaⅧ罐、AaⅨ盂组合。仅1座，即M163。

Ⅹ7组：乙CaⅤ鬲、甲AaⅧ罐、AbⅣ盂组合。仅1座，即M290。

Ⅹ8组：乙Cb Ⅳ鬲、甲Aa Ⅷ罐、Ab Ⅳ盂组合。仅1座，即M24。

Ⅹ9组：甲Aa Ⅷ罐、Aa Ⅸ盂组合。仅1座，即M22。

Ⅹ10组：仅出乙壶的组合。仅1座，即M78。

Ⅺ组：4座，以A Ⅺ豆为中心的组合，分为3小组。

Ⅺ1组：A Ⅺ豆、甲Aa Ⅸ罐、Aa Ⅸ盂组合。仅1座，即M67。

Ⅺ2组：A Ⅺ豆、Aa Ⅸ盂组合。仅1座，即M96。

Ⅺ3组：仅出甲Aa Ⅸ罐的组合。共2座，包括M69、M92。

以上十一组均与A型陶豆同出或有关联，因此可用A型陶豆将它们全部串联在一起。此外，还有5座墓葬出土日用陶器或仿铜陶礼器，但与A型陶豆并无关联，它们是M12、M113、M114、M132、M176。其中M12、M114、M132均出有盖豆，因此可用盖豆将这三座墓葬串联起来。

Ⅻ组：1座，以Ⅰ盖豆为中心的组合：

Ⅰ盖豆、B Ⅰ鼎、甲A壶组合。即M132。

ⅩⅢ组：1座，以Ⅱ盖豆为核心的组合：

Ⅱ盖豆、B Ⅱ鼎、甲B Ⅰ壶组合。即M114。

ⅩⅣ组：1座，以Ⅲ盖豆为核心的组合：

Ⅲ盖豆、C鼎、甲B Ⅱ壶、B豆组合。即M12。

剩余二座墓葬，未出土陶豆或陶盖豆，且与陶豆或陶盖豆无关联，因此将它们单列一组：

ⅩⅤ组：仅出甲Ab鬲的组合，共2座，包括M113、M176（鬲残）。

第三节　墓葬分期与年代

以上十五组器物组合中，前面十一组均以A型陶豆为核心，基本组合为鬲、盂、豆、罐。鬲、盂、豆、罐相邻两式均较为相近，且相邻两组间往往共见同一型式的某种器类，说明这十一组之间没有时代缺环，是连续发展的。

第Ⅰ组所出A Ⅰ陶豆、Aa Ⅰ陶盂与沣西第四期墓葬M453所出器物基本相似，沣西第四期墓葬的年代定在西周晚期，但早于西周末期[1]。A Ⅰ陶豆与天马—曲村居址所出Ba型Ⅲ式陶豆相似，Aa Ⅰ陶盂与天马—曲村居址所出Bb型Ⅰ式陶盂风格相似，以上两器在天马曲村均定为西周晚期早段[2]。因此A Ⅰ陶豆、Aa Ⅰ陶盂的年代应为西周晚期早段，所以我们认为，第Ⅰ组的年代应该定在西周晚期早段。

第Ⅸ组的M26所出A型陶鼎与新郑双楼东周墓地所出甲类B型Ⅳ式陶鼎相似，陶罍与新郑双楼墓地所出B型Ⅲ式陶罍近似，新郑双楼的BⅣ式陶鼎定在春秋晚期，BⅢ式陶罍定在春秋晚

[1]　中国科学院考古研究所：《沣西发掘报告》，文物出版社，1963年。
[2]　北京大学考古系商周组、山西省考古研究所：《天马—曲村（1980-1989）》，科学出版社，2000年。

期晚段[1]。因此可将 M26 年代定在春秋晚期晚段,则 A IX 豆的年代亦应在春秋晚期晚段。因此我们把第 IX 组的年代定在春秋晚期晚段。

前已述及,前面的十一组之间时间上连续性强,没有明显的缺环,而第 I 组和第 IX 组年代已确定,则这两组的年代成为其他组年代的重要参照系。

第 II 组的陶鬲与第 I 组不同型,甲 Aa II、甲 Ab II 陶罐均为继承甲 Aa I、甲 Ab I 陶罐发展而来,但器形差异略大,陶盂则除了器形变小、沿面变窄外,基本特征与 Aa I 陶盂相近,陶豆的继承性则更加明显,唯豆盘变深,口微敞,豆柄变粗。因此,第 II 组明显晚于第 I 组,但是时代相去不远。故我们把第 II 组定在西周晚期晚段。兴弘花园与热电厂墓地的甲类 Ba 型陶豆与 A II 陶豆形态基本相同,年代亦为西周晚期晚段[2],此可为我们的断代提供旁证。

第 III 组部分墓葬同出 A II 陶豆和 A III 陶豆,显现出明显的过渡性,其余器物则均较第 II 组的器物略晚,因此我们把第 III 组的年代定为两周之际到春秋早期早段。

第 IV 组的部分墓葬出第 III 组所出的乙 Cb II 陶鬲、甲 Ab III 陶罐、Aa III b 陶盂,但从同出陶豆的形态看,则又较第 III 组所出的 A III 陶豆器形大,可知第 IV 组较第 III 组略晚。因此我们将第 IV 组定在春秋早期晚段。

第 V 组和第 VI 组除了陶豆豆盘外轮廓存在差别外,其余器物均不能区分出明显的早晚关系,且部分墓葬 A V 陶豆与 A VI 陶豆同出,因此我们认为第 V 组和第 VI 组是年代略有早晚但是年代差距极小的两个组,它们共同对应的年代应为春秋中期早段。

第 VII 组和第 VIII 组明显是处于第 VI 组到第 IX 组之间的过渡时期,从第 VI 组到第 IX 组,器形整体逐渐变小,陶豆豆柄逐渐由喇叭柄变得近直,陶鬲三足逐渐内敛,陶盂和陶罐沿面退化,器表由打磨光滑到不打磨且保留有刮削痕迹。这些现象都说明第 VII 组和第 VIII 组的年代处于第 VI 组和第 IX 组之间,而第 VII 组和第 VIII 组之间仍然存在一定的差异,豆、鬲、盂、罐等器物上都有所体现。因此我们把第 VII 组的年代定在春秋中期晚段,把第 VIII 组的年代定在春秋晚期早段。

第 X 组从器物形态和组合看,都直承第 IX 组,但是显现出明显的衰退的特征,器形均极小,而且制作粗糙简陋,组合多已不全,仅 1 座墓葬出土陶豆。因此我们把第 X 组的年代定在战国早期早段。

第 XI 组器形已经完全明器化,鬲已不见,当较第 X 组略晚,因此我们把第 XI 组的年代定在战国早期晚段。

下面我们再分析出土陶盖豆的三组墓葬的年代:

第 XII 组的 M132 所出陶鼎、陶壶、陶盖豆均与新郑双楼 M79 所出同类器形态基本一致,新郑双楼 M79 的年代为战国中期早段[3],因此第 XII 组的年代应为战国中期早段。

第 XIV 组的 M12 所出陶壶与新郑双楼 M41 所出的陶壶形态相近,陶鼎与新郑双楼 M41 所出

---

[1]　河南省文物考古研究院:《新郑双楼东周墓地》,大象出版社,2016年。
[2]　河南省文物考古研究所:《郑韩故城兴弘花园与热电厂墓地》,文物出版社,2007年。
[3]　河南省文物考古研究院:《新郑双楼东周墓地》,大象出版社,2016年。

陶鼎浅腹的风格亦较为近似，唯盖豆腹弧折的特征略晚于M41所出陶盖豆，因此M12与新郑双楼M41的年代相当或略晚，新郑双楼M41的年代为战国晚期早段[1]，因此M12的年代应为战国晚期早段或略晚。

第XIII组的M114所出陶鼎、陶盖豆，均晚于第XII组所出同类器，而陶盖豆和陶壶又均早于第XIV组所出同类器，说明其年代当在第XIV组和第XIV组之间，属于这两组的过渡，因此，我们把第XIII组的年代定在战国中期晚段。

最后我们分析第XV组的年代，M176所出甲Ab型陶鬲残碎，形态不明，无法判定具体年代。M113所出陶鬲，与新郑西亚斯墓地所出A型III式陶鬲的形态基本一致，主要特征为方唇，宽沿，器形扁矮，三足内聚，足尖距小，肩部的凹弦纹细密等。西亚斯墓地A型III式陶鬲的年代为战国中期偏早阶段[2]，因此M113的年代亦应为战国中期偏早阶段，即战国中期早段。

综上，我们将天利食品厂墓地出有陶器的墓葬共分为七期十三段（图三〇五）。

各期、段、组及墓葬编号的对应关系如下表：

期	段	组	墓 葬 编 号
西周晚期	早段	I	M119
	晚段	II	M251、M275
春秋早期	早段	III	M107、M108、M191、M242、M252
	晚段	IV	M27、M39、M80、M130、M179、M232、M291、M293、M305
春秋中期	早段	V、VI	M4、M10、M34、M46、M49、M68、M115、M128、M142、M160、M180、M184、M187、M280、M287
	晚段	VII	M43、M45、M47、M50、M55、M58、M111、M116、M121、M127、M165、M174、M183、M185、M190、M207、M237、M241、M244、M245、M264、M279、M283、M292、M300、M301、M304
春秋晚期	早段	VIII	M8、M33、M56、M57、M63、M149、M152、M159、M175、M186、M205、M219、M223、M228、M229、M240、M285、M286、M302
	晚段	IX	M9、M23、M25、M26、M29、M30、M44、M52、M61、M66、M73、M79、M104、M182、M214、M231、M272、M289、M297
战国早期	早段	X	M22、M24、M78、M87、M89、M90、M158、M163、M269、M290
	晚段	XI	M67、M69、M92、M96
战国中期	早段	XII、XV	M113、M132
	晚段	XIII	M114
战国晚期	早段	XIV	M12

[1]　河南省文物考古研究院：《新郑双楼东周墓地》，大象出版社，2016年。
[2]　河南省文物考古研究所：《新郑西亚斯东周墓地》，大象出版社，2012年。

陶罐、陶盂、陶豆、陶鬲分期图

	罐 甲Ab型	陶 甲Aa型	陶豆 A型	盂 Ab型	陶 Aa型	乙Cb型	乙Ca型	鬲 乙Ba型	甲B型	甲Aa型
西周晚期早段	M119:4	M119:14	M119:9		M119:15			M119:11		M119:8
西周晚期晚段	M275:3	M251:10	M251:8		M251:14	M251:1				
春秋早期早段	M252:5	M107:7	M108:14		M108:7	M107:9		M191:7	M252:10	M191:4
春秋早期晚段		M179:12	M293:1		M39:10			M39:9	M232:5	

第四章　相关问题探讨

第一节　文化特征及其折射的历史背景

在第三章中,我们对出土陶器进行了类型学分析和组合研究,并以此为基础对出土陶器的墓葬进行了分期断代。本节将在第三章的基础上,分析各期陶器的文化特征,并结合新郑地区出土的其他墓葬材料,探讨这些现象所反映的历史背景。

天利食品厂墓地共有西周晚期墓葬3座,相较于春秋时期各期段的墓葬而言,数量明显较少。在这3座墓葬中,除了陶豆均属于A型外,其余陶鬲、陶罐、陶盂类型较为多样。如M119出土甲Aa、乙Aa、乙Ba三型鬲,而M251则出土乙Cb型鬲,M275出土乙Ab型鬲,3座墓之间两两不同出一种鬲;3座墓都同出了甲Aa罐,但是除了总体风格接近外,具体器形还是存在一定的差异;M119和M275都出了甲Ab罐,但M119还出了其他墓葬没有的乙A罐;3座墓均只出土Aa盂,但是除了宽仰折沿这一特征外,具体器形亦存在不小的差异。

综观以上分析,可以看出,天利食品厂墓地西周晚期的墓葬有两个特征:一是数量相对较少,二是文化特征多元。结合兴弘花园与热电厂墓地材料和郑国祭祀遗址所出西周墓葬材料看[1],新郑地区的西周晚期墓葬均呈现如此特征。这些特征表明,新郑地区在西周晚期并不是大型聚落中心,而是人口较为稀少的一处"边缘"区域,因而留下了较少的墓葬等人类活动遗存。同时这些特征还表明,西周晚期统治新郑地区的政权,对此区的控制力较弱,因而才会出现如此多元的文化特征。据梁晓景先生考订,西周晚期统治今新郑地区的政权为郐国,而郐国故城位于"密县城东35公里曲梁乡大樊庄古城角寨村"[2],与新郑还是有一定的距离,因此我们根据上述文化特征做的推论应当不误。

到了春秋早期,墓葬数量有了明显的增加,为14座。此期的文化特征则显现出极大的丰富性。陶豆虽均为A型,但是在Ⅳ式中仍可分出AⅣa、AⅣb两个总体相近但互有差异的亚式;陶

---

[1]　a. 河南省文物考古研究所:《郑韩故城兴弘花园与热电厂墓地》,文物出版社,2007年。

　　　b. 河南省文物考古研究所:《新郑郑国祭祀遗址》,大象出版社,2006年。

[2]　梁晓景:《郐国史迹探索》,《中原文物》1987年第3期。

鬲计有甲 Aa、甲 B、乙 Ba、乙 Bb、乙 Ca、乙 Cb 等六型；陶罐计有甲 Aa Ⅲ、甲 Ab Ⅲ、乙 B 三型；陶盂亦有 Aa 和 B 二型，且 Aa Ⅲ 式盂也可分为两个亚式。即使在同型同式器物中，在总体风格接近的前提下，个体的特殊性依然较明显。

我们认为，天利食品厂墓地春秋早期的文化特征，应与郑国定都新郑有关。史籍记载，郑武公（在位时间：公元前770－前744年）随平王东迁，灭掉虢、郐等十邑，定都于今之新郑，并对周边小国进行侵伐，以扩张领土[1]。定都新郑后，大量的人口涌入新郑，导致新郑的人口急剧增加，因而墓葬的数量骤增。又因为考古学文化的稳定性（或曰滞后性），原本统治新郑的郐国的考古学文化特征，并不会因为郐国的灭国而突然消失，加之新迁入人群自己的文化特色，以及可能还包含被征服的虢国及其他八邑的文化特征，使得新郑地区在春秋早期成为一个众多文化特征并存的区域，因而墓葬中的文化特征显现出极大的丰富性。然而，考古学文化与民族或国家之间的关系错综复杂，在没有文字材料的情况下很难将三者一一对应，因此我们很难去判定天利食品厂墓地春秋早期的哪些文化特征属于哪个特定的政权。

春秋中期早段时，天利食品厂墓地的考古学文化达到最繁荣的时期，突出特点表现为此段各器类的器形最大，陶质最好，烧成温度最高，大部分陶器都呈青灰色，造型也最为美观，陶盂和陶罐器表打磨光滑平整，能反光。我们认为，此种现象，当有其深刻的历史背景。郑国自定都新郑后，经武公和庄公（在位时间：公元前743－前701年）父子的励精图治，在庄公之时，郑国在当时的"国际政治"中扮演极为重要的角色，史称"春秋小霸"。庄公之后，由于王位之争，郑国的国际影响下降，但是总体而言，此时郑国对外除与宋国的小战争外，并无多少征战，内部的君位之争，也并未引起国内的太大动荡，因此国内经济一直在持续发展，这种局势一直持续到文公（在位时间：公元前672－前628年）之时，因此才会在春秋中期早段的时候，天利食品厂墓地的考古学文化达到最繁荣的时期。可以这样认为，尽管在庄公"小霸"之时，郑国的国际实力最强，但国内经济实力最强的时候，则不在庄公时期，而是较晚的春秋中期早段，大约相当于文公之时。

从春秋中期晚段到战国早期早段，天利食品厂墓地的考古学文化逐渐衰落，主要特征表现为各器类的器形逐渐变小，陶质逐渐变差，烧成温度变低，器形越来越简化和简陋，陶罐和陶盂的表面逐渐打磨得不甚光滑平整，越往后器表的刮削痕越来越明显等。无独有偶，新郑双楼墓地和兴弘花园与热电厂墓地的考古学文化，同样在春秋中晚期以后呈现一种渐次衰落的现象[2]，因此天利食品厂墓地考古学文化的衰落，当非偶然，应是这一时期的"时代特征"。我们认为，这种考古学文化的衰落与郑国国际国内实力的衰落不无关系。公元前679年，齐桓公开始称霸，从此进入了齐、晋、楚、秦诸国争霸的时期。苏勇先生概括郑国的衰落原因为："郑国内乱结束后，大国争霸的时代到来，先是齐、楚，后是晋、楚，无论哪一方都把争夺郑国当作霸业的重要组成部分。郑国夹在大国之间，一方面饱受征伐之苦，一方面发展空间被限制，加之国内各派政

[1] 关于灭虢、郐者是郑桓公还是郑武公，史籍相互抵牾，历代史家争讼不决，参看苏勇：《周代郑国史研究》，吉林大学博士论文，2010年。今从郑武公灭虢、郐之说。
[2] a. 河南省文物考古研究院：《新郑双楼东周墓地》，大象出版社，2016年。
b. 河南省文物考古研究所：《郑韩故城兴弘花园与热电厂墓地》，文物出版社，2007年。

治势力的崛起,内讧时有发生,国内政局不稳,虽有子产兴邦,也改变不了郑国'国小而偪'的状况,只能在大国弭兵之际,得到喘息的机会。"[1]正是因为这种强敌环伺导致的征伐不休,加上内乱不断,致使郑国国力和财力日趋式微,如大厦将倾。考古学文化的衰落与郑国实力式微如此契合,说明二者之间,一为表,一为里,一为现象,一位本质。考古学文化的特征,成为那段历史轨迹的有力明证。

战国早期晚段,墓葬数量骤减,仅3座。考古学文化特征也进入没落的阶段,表现为各器类特别是陶罐的明器化,器形极小极简单,鬲、盂、罐、豆的组合无一全者等。产生这种现象的原因可能有二:一是战国早期晚段郑国的没落与灭亡。战国早期晚段之时,郑国内忧外患愈加严重,日薄西山,并最终于公元前375年被韩所灭,韩迁都于新郑,从此延续四百余年的郑国退出历史的舞台。政权的没落与灭亡,或多或少对考古学文化特征产生影响。二是从整个大的时代特征来讲,战国早期前后的时段正是随葬日用陶器这一习俗衰落,仿铜陶礼器兴盛与流行的阶段,这种大的时代特征也对战国早期晚段天利食品厂墓地考古学文化的没落产生了一定的影响。

战国中期及以后,天利食品厂墓地从西周晚期以来占绝对主导的鬲、盂、罐、豆组合绝迹,代之而起的是属于韩文化的鼎、盖豆、壶的组合[2]。这当与上文提到的韩灭郑并徙都新郑,从而加强了对这一区域的统治有关。天利食品厂墓地出土属于韩文化器物的墓葬数量较少,但是从新郑西亚斯墓地和新郑双楼墓地出土的资料来看[3],战国中期以后,韩文化在新郑地区占据绝对主导,成为新郑地区考古学文化的主流。

第二节　埋葬制度及相关问题

两周时期是礼制的形成也是被破坏的时期,礼制的核心内容是将等级差异制度化,其中就有涉及埋葬制度的诸多内容。下文我们将从用鼎制度、棺椁多重制度和饭含制度三个方面,对比文献记载的埋葬制度和天利食品厂墓地所涉及的埋葬制度之间的差别与联系,探讨这些现象出现的原因。

用鼎制度方面,先秦文献记载较为零星,且多有抵牾。但据俞伟超等先生考订,西周鼎制为"周王室自有一套天子九鼎,卿七鼎,大夫五鼎,士三鼎或一鼎的制度,而又有一套公、侯七鼎,伯五鼎,子、男三鼎或一鼎的制度"。东周时期的鼎制为"诸侯用大牢九鼎;卿、上大夫用大牢七鼎;下大夫用少牢五鼎;士用牲三鼎或特一鼎"。并指出这种制度经历了西周后期至春秋初期、春秋中期至战国早期、战国中晚期三次破坏[4]。

[1]　苏勇:《周代郑国史研究》,吉林大学博士论文,2010年。
[2]　河南省文物考古研究院:《新郑双楼东周墓地》,大象出版社,2016年。
[3]　a. 河南省文物考古研究所:《新郑西亚斯东周墓地》,大象出版社,2012年。
　　　b. 河南省文物考古研究院:《新郑双楼东周墓地》,大象出版社,2016年。
[4]　俞伟超、高明:《周代用鼎制度研究》,《先秦两汉考古学论集》,文物出版社,1985年。

天利食品厂两周墓地共313座墓葬,未出土一件铜容器,显然已超出上述用鼎制度所涵盖的等级范围。出土陶器方面看,也多为鬲、盂、罐、豆等日用陶器,出土陶鼎的墓葬仅4座。M26年代在春秋晚期晚段,正是孔子所处的"礼崩乐坏"的时期,其余三座墓葬则晚至战国中期及以后,已是周代鼎制完全衰落时期的墓葬。

因此,如果仅依据随葬品来看,我们有充分的理由相信,天利食品厂墓地的墓主们均为庶民。然而,鼎制所反映出来的墓主等级与其他制度所反映的墓主等级并不一致。

关于周代的棺椁多重制度,《礼记》、《荀子》、《庄子》等古书均有记载,但是内容却相互有出入。赵化成先生梳理了文献记载,并结合考古发现,认为周代棺椁多重制度为天子棺椁七重,三椁四棺;诸侯五重,二椁三棺;大夫三重,一椁二棺;士再重,一椁一棺。而此制度经历了西周至春秋早期的滥觞期,到春秋中期至战国早期的形成期,再到战国中晚期的僭越与破坏期,最后是西汉时期的损益与衰亡期的发展历程[1]。天利食品厂墓地一椁二棺的墓葬1座,一椁一棺的墓葬160座,若与上述棺椁多重制度对应,则一半以上的墓葬的墓主当为"士"这个阶层,还有1座墓葬的墓主为大夫。

饭含制度在先秦文献中多有记载,不同身份等级所对应的饭含物品不同。与天利食品厂墓地相关的饭含制度是何休对《春秋公羊传》的注解。《春秋公羊传·文公五年》有云:"含者何,口实也。"何休注曰:"孝子所以实亲口也,缘生以事死,不忍虚其口,天子以珠,诸侯以玉,大夫以碧,士以贝,春秋之制也。"[2]何休是东汉著名经学家,其所言饭含之制,当非臆测,应有所本。天利食品厂墓地共有55座墓葬出土贝,除少数墓葬的贝出土位置不明外,有50座墓葬的贝出土于墓主口中,显然是作为饭含使用的。而以贝作为饭含的墓葬,既有一棺一椁的,也有单棺的。

综上,我们看到文献中所记载的三种埋葬制度在天利食品厂墓地表现出一种明显的不一致性。之所以会出现这种不一致,我们认为有两个可能的原因:一是所谓的"僭越",即天利食品厂墓地的墓主均为庶民,按礼制他们是不能使用一椁二棺和一椁一棺作为葬具的,也不能使用贝作为饭含,然而其中的一部分墓主,僭越了自己等级规范,使用了本该属于"士"或者"大夫"才能使用的礼制。二是文献记载只是一种理想化的结果,并不能真实地反映当时人们使用的墓葬制度。换言之,天利食品厂墓地的墓主们有可能部分是"士"或"大夫"这样的阶层,但是鼎制并未在他们的墓葬中体现,或者这些墓主可能是庶民,他们其实有享用一椁二棺或者一椁一棺和以贝为饭含的权利,只是文献并未反映出这一点。

我们认为,第二种可能性似乎更接近历史之真实。从天利食品厂墓地材料出发,并联系天马—曲村墓地和上马墓地的墓葬材料[3],我们发现日用陶器墓使用一棺一椁为葬具或以贝为饭含者,从西周开始,迄于春秋晚期,一直都有不小的数量。把年代跨度如此之长、数量如此众多的

[1] 赵化成:《周代棺椁多重制度研究》,《国学研究》第5卷,北京大学出版社,1998年。
[2] 何休注、徐彦疏、黄侃句读:《春秋公羊传注疏》,上海古籍出版社,1990年。
[3] a. 北京大学考古系商周组、山西省考古研究所:《天马—曲村(1980-1989)》,科学出版社,2000年。
    b. 山西省考古研究所:《上马墓地》,文物出版社,1994年。

材料都解释为"僭越"，于情不符，于理不通。浦慕州先生的研究成果也同样支持我们的这种认识，他在论及文献记载中的古代墓葬制度时，认为："由考古发掘所得墓葬材料来看，棺椁层数与陪葬鼎数之间并无严格的对应关系，这也就是说，文献记载的棺椁制度或随葬鼎制可能是周王朝所希望天下臣民共同遵守的礼制，但并非一成不变地为各地、各时代的人们所遵行，社会中实际实行的丧葬礼仪可能远较任何官方的或固定的制度都更有弹性。"[1]

在第二种可能性中，我们更倾向于认为，天利食品厂墓地的墓主的身份等级为庶民，因为从大量的两周墓葬材料看，用鼎制度在表现等级身份方面还是比较可信的，俞伟超先生亦曾明言用鼎制度在周代的礼乐彝器制度中"占有核心位置"[2]。因此，天利食品厂墓地的墓主等级为庶民，但是使用棺椁多重制度和以贝为饭含属于他们的等级权限之内，并非"僭越"行为。

第三节　陶模型明器现象试析

天利食品厂墓地一个很值得注意的现象是出土的陶模型明器。此类器物在新郑以外的两周墓葬中尚未见发现，新郑地区以往的发现也因为较为零星，所以有不同的称呼。如《新郑县河李村东周墓葬发掘简报》认为这类器物为泥塑器，并将其分为实用器物模型、仿生泥塑和一般陶质饰件三种类型[3]。然而从所给的图片来看，其所谓泥塑狗其实为模型明器甗，只因将其倒置，所以才误认为是狗；陶饰则应该是模型明器罍，泥塑饰则有可能是一件模型明器方壶。《南水北调新郑铁岭墓地发掘简报》则将该墓地M285所出一套陶模型明器称为"泥制器"，并正确认出部分器形，但也有部分器类未能识别出[4]。

我们之所以将这类器物称为模型明器，是因为其形制比较符合《礼记·檀弓上》的记载："是故竹不成用，瓦不成味，木不成斫，琴瑟张而不平，竽笙备而不和，有钟磬而无簨虡，其曰明器，神明之也。"[5]此类器物虽然大多是容器，但均为实心；大部分烧成温度都较低，但也经过烧制，已经成陶，而与泥器有所不同。又因为这类器物均较小，制作简单，模型化程度大，因此我们将这类器物统称为陶模型明器。

陶模型明器共出于24座墓葬当中，数量较多。在这24座墓葬中，除M122未同出其他器类年代不明外，其余23座墓葬年代最早者为春秋早期晚段的M27、M39、M179，最晚者为战国早期早段的M22、M87、M158、M163，年代跨度大。且在春秋早期晚段到战国早期早段之间，各段均有出土，因此陶模型明器是连续发展的。以上三点，说明陶模型明器并不是一时偶然产生的，应有其产生

---

[1]　浦慕州：《墓葬与生死：中国古代宗教之省思》，中华书局，2008年，第27-28页。

[2]　俞伟超、高明：《周代用鼎制度研究》，《先秦两汉考古学论集》，文物出版社，1985年。

[3]　河南省文物研究所新郑工作站：《新郑县河李村东周墓葬发掘简报》，《中原文物》1987年第4期。

[4]　郑州市文物考古研究院、河南省文物管理局南水北调办公室：《南水北调新郑铁岭墓地发掘简报》，《文物春秋》2008年第5期。

[5]　阮元校刻：《十三经注疏·礼记正义》，中华书局，1980年。

发展的文化背景。

　　然而,由于东周墓葬出土此类陶模型明器的现象在其他地区暂无发现,且出土陶模型明器的墓葬在新郑发现的墓葬中也只占少数,因而我们很难确知陶模型明器产生发展的历史文化背景是什么。在此,只能做一点简单的推测:春秋早中期墓葬随葬陶模型明器,当是墓主"僭制"的结果。上一节我们已经提到,天利食品厂墓地的墓主等级为庶民,他们无权使用铜礼器随葬,在仿铜陶礼器还没被广泛使用的情况下,他们发明创造了器形简陋、细小的陶模型明器随葬,以此僭用贵族阶层才能使用的铜礼器。春秋中晚期以后,仿铜陶礼器已经开始普遍,鼎制遭到严重的破坏,此时的部分墓主却还是选择使用陶模型明器而不是仿铜陶礼器,或许是出于对春秋早中期形成的这种传统的继承,体现了考古学文化的延续性。

附录一

新郑天利食品厂两周墓地墓葬人骨研究

孙　蕾　樊温泉　周立刚

河南省文物考古研究院

朱　泓

吉林大学边疆考古研究中心

第一节　性别和死亡年龄的统计与分析

对古代人类遗骸进行人类学、考古学和法医学的研究之前,都必须首先对其做出可靠的性别、年龄鉴定,否则便会直接影响到研究结论的正确性[1]。骨骼性别、年龄鉴定有助于探讨盛行的葬俗、婚姻制度和社会组织形式,了解古代社会居民的社会及劳动分工,并判断死者身份、死亡年龄,探寻古代居民生活条件[2]。对人骨标本性别和年龄的鉴定采用了邵象清[3]、朱泓[4]和陈世贤[5]等著作中所列的标准。

一、性别的鉴定

成年个体骨骼的性别鉴定首先应以性别特征最为明显的骨盆为主要依据,其次为颅骨(包括下颌骨),再其次才是其他骨骼。

一般来说,男性的骨盆粗壮、高而窄、坐骨大切迹窄而深,耻骨联合部较高,耻骨下角小;女性的骨盆浅而宽,骨面细腻,坐骨大切迹宽而浅,耻骨联合部较低,耻骨下角大,常有耳前沟。

男性的颅骨较大,厚重而粗壮,眉弓发达,眶上缘圆钝,前额较倾斜,颧骨高而粗壮,颧弓较粗,乳突和枕外隆突均较发达;女性的颅骨较小,光滑而细致,眉弓不发达,眶上缘锐薄,前额较陡

---

[1]　朱泓:《体质人类学》,北京:高等教育出版社,2004年,第92-106页。

[2]　汤卓炜:《环境考古学》,北京:科学出版社,2004年,第70页。

[3]　邵象清:《人体测量手册》,上海:上海辞书出版社,1985年,第34-56页。

[4]　朱泓:《体质人类学》,北京:高等教育出版社,2004年,第92-106页。

[5]　陈世贤:《法医人类学》,北京:人民卫生出版社,1998年,第83-86页。

直,颧骨低而纤细,颧弓较细弱,乳突和枕外隆突不发达。

　　除骨盆和颅骨之外,人体中的许多其他部位的骨骼也能反映出一定的性别差异。因此,在鉴定实践中,若能在骨盆和颅骨(包括下颌骨)的鉴定基础上再辅之以对其他骨骼的观察,则肯定可以提高判断的准确率。例如,男性胸骨体长度一般大于胸骨柄长度的2倍,而女性中这一比例则小于2倍。四肢的长骨中也可以体现出某些性别特征,一般来讲,男性的长骨较为粗大、厚重,肌嵴和骨突较发达,关节端的头和髁均较大;而女性的长骨则较细弱、轻巧,骨面较光滑、关节端的头和髁均较小。此外,锁骨、肩胛骨、椎骨(特别是寰椎、枢椎、第五腰椎)、肋骨、髌骨、跟骨、距骨、跖骨和趾骨等,性别差异也比较明显,可以作为骨骼性别鉴定时的参考。

　　由于骨骼上性别特征的出现与个体内分泌活动中性激素的作用密切相关,因此,对未成年的个体骨骼进行性别鉴定远比对成年个体困难。

二、年龄的鉴定

　　骨骼的年龄变化是一个十分复杂的综合性过程,并常常受到营养状况和发育情况等诸多因素的影响,同一年龄的骨骼有时会出现不同的年龄特征;而带有相似或相同年龄特征的骨骼,有时也可能属于不同年龄的个体。因此,骨骼的年龄鉴定在一般情况下不可能做到绝对的精确,尽管如此,该项工作仍具有重要的参考价值。通常,对未成年个体骨骼进行年龄鉴定的精确性要明显大于成年个体。未成年人骨标本年龄的判定主要依据牙齿萌出的时间顺序,囟门的闭合,四肢骨骨化点出现和骨骺愈合情况来判断。成年人骨性别的判定依据骨盆和颅骨的形态特征,年龄的判定依据耻骨联合面、耳状关节面、颅骨缝愈合和牙齿磨耗的变化形态。所以,年龄鉴定应尽量运用多种观察方法,对骨骼上的各项信息进行综合分析。

　　进行年龄鉴定时,通常可以采用如下两种方法表述人骨标本的年龄: 1.具体数字表示法,即用具体的数字记录判定出来的估计年龄或者估计年龄范围。2.年龄分期表示法,即采用阶段性的年龄分期来归纳鉴定的结果;一般可划分为婴儿期(0-2岁)、幼儿期(3-6岁)、少年期(7-14岁)、青年期(15-23岁)、壮年期(24-35岁)、中年期(36-55岁)和老年期(56岁以上)。

　　各年龄组判断标准如下:

　　1.婴幼、少年期:乳齿萌出或乳恒齿并存,此阶段通常除第三臼齿以外的牙齿全部萌出,一般未见牙齿磨耗。可依据乳恒齿萌出规律判断年龄。

　　2.青年期:耻骨联合面圆突,整个联合面由隆嵴和沟组成,最初时嵴的高度可达2-3毫米,其后联合面中部逐渐明显变平。联合面的周缘未形成,背侧缘从中部开始出现。第一臼齿和第二臼齿一般属于Ⅰ级磨耗。颅骨基底缝和矢状缝未愈合或开始愈合。

　　3.壮年期:耻骨联合面隆嵴逐渐消失且开始下凹,背侧缘和腹侧缘完全形成,联合面开始呈卵圆形倾向。第一臼齿属于Ⅱ-Ⅲ级磨耗,第二臼齿达到Ⅱ级磨耗。颅骨基底缝已经愈合。

　　4.中年期:耻骨联合面开始轻度下凹,而且显得起伏不平,继而明显下凹,联合面呈卵圆形,腹侧缘和背侧缘有唇缘形成。第一臼齿属于Ⅳ级磨耗,第二臼齿达到Ⅲ-Ⅳ级磨耗。颅骨骨缝大部分愈合。

5. 老年期：整个耻骨联合面骨质变得疏松，出现诸多退行性变化，腹侧缘常断裂破损。臼齿磨耗严重，齿冠磨去大部，齿质全部暴露。骨缝几乎全部愈合，骨质开始变薄。

三、天利两周墓地墓葬人骨性别和死亡年龄的统计分析

在天利两周墓地的313座墓葬中，共收集到95例人骨标本。95例人骨标本中，仅有23例人骨可知详细的年代划分，分别为西周时期3例，春秋时期16例和战国时期4例，各可知年代的样本量过少，其余72例两周人骨不知具体的时代划分。所以，为方便统计分析，本文将对95例两周人骨进行统一的统计和研究，而不对可知具体年代的人骨进行细分研究。新郑天利两周墓地人骨性别、年龄鉴定结果见附表一。

95例人骨标本中，男性或倾向于男性的个体共59例，女性或倾向于女性的个体共32例，未知性别4例。男、女两性比例为1.84∶1。从生物学角度来看，根据物种生殖繁衍的需求，自然界各种生物两性比例应平衡。人类在没有明显人为干预的情况下，也受到自然规律的制约，同一人群中男女两性比例应该接近1∶1。天利两周墓地的性别比中，男性明显高于女性，自然灾害、战争和埋葬习俗等原因都可能导致这种两性比例不均衡现象的出现。同时，该墓地人骨样本量相对较小，所以，不排除可能存在的抽样偏离现象对性别统计结果产生的影响。

某一地区一段时间内的死亡人数与该时期平均总人数之比率为该地区人口死亡率。人口死亡率在一定程度上表现了一个地区医疗水平及居民健康水平的高低。为了更直观地表现天利组各个年龄段的死亡率，根据表一的统计数据，绘制出天利组古代居民各个年龄段死亡率的柱状图（图二）和男女两性在各个年龄段死亡率的折线图（图三）。由图二可知，天利组古代居民的死亡年龄主要集中在中年期，占58.95%，其次集中在老年期，占18.95%，壮年期和青年期所占比重最低，分别为10.53%和5.26%。图三中，两性集中的死亡年龄段大致相同，均集中在中年期，不同的是，死亡年龄在壮年期的男性多于女性，死亡年龄在青年期的男性则少于女性。女性在青年期相对于男性较高的死亡率，很有可能是因为低下的医疗条件使得育龄期的女性在难产、分娩或产褥期具有高死亡率。

表一　天利组各个年龄段的死亡率

年 龄 段	男 性	女 性	未 知 性 别	合 计
婴儿期	0(0%)	0(0%)	0(0%)	0(0%)
幼儿期	0(0%)	0(0%)	0(0%)	0(0%)
少年期	0(0%)	0(0%)	0(0%)	0(0%)
青年期	1(1.69%)	3(9.38%)	1(25%)	5(5.26%)
壮年期	9(15.25%)	1(3.13%)	0(0)	10(10.53%)
中年期	35(59.32%)	20(62.5%)	1(25%)	56(58.95%)
老年期	10(16.95%)	8(25%)	0(0)	18(18.95%)
成 年	4(6.78%)	0(0%)	2(50%)	6(6.32%)
合 计	59(100%)	32(100%)	4(100%)	95(100%)

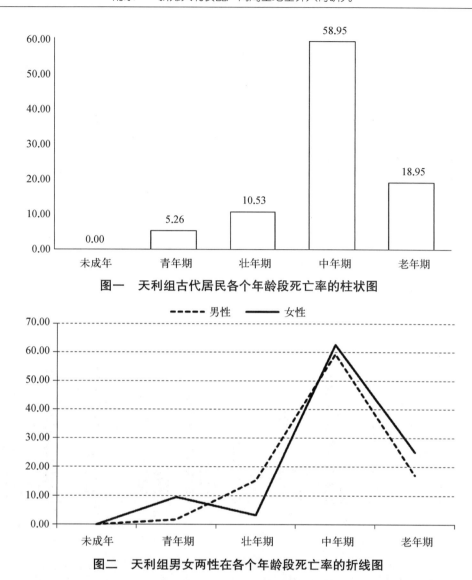

图一 天利组古代居民各个年龄段死亡率的柱状图

图二 天利组男女两性在各个年龄段死亡率的折线图

平均死亡年龄是墓地所有已知年龄个体的估计年龄总数与个体总数的比值[1]。根据性别年龄鉴定结果计算,天利组古代居民整个年龄段的平均死亡年龄为43.17岁,男、女两性的平均死亡年龄分别为47.97岁和44.89岁。其中,"成年"个体因为不能被详细划分死亡年龄阶段,未参与居民全组平均死亡年龄的统计,而未知性别的"未成年"和"成年"个体,因为不能确切区分性别,所以也未参与男、女两性平均死亡年龄的统计。

四、与先秦时期其他地区古代组居民的比较与分析

为了分析天利组居民的死亡年龄分布特点,揭示人口的死亡状况,现选择中原地区青铜时代

---

[1] 张敬雷:《青海省西宁市陶家寨汉晋时期墓地人骨研究》,长春:吉林大学博士论文,2008年,第8页。

各古代组居民与之进行比较,包括大司空组[1]、聂村组[2]、西村周组[3]、上马组[4]、曲村组[5]、潘庙组[6]、后李官组[7]、双楼组[8]和鲁堡组[9]等9个对比组,各组居民及两性居民的死亡年龄分布详见表二至表四及图三至图五。

表二　天利组居民各年龄段死亡率与其他古代组的比较(%)

年龄分期	大司空组	聂村组	西村周组	上马组	曲村组	潘庙组	后李官组	天利组	双楼组	鲁堡组
未成年	27.87	4.65	0	1.2	0.5	7.41	16.3	0	1.98	2.56
青年期	14.75	11.63	7.14	21.4	17.7	18.52	17.78	5.26	1.98	10.26
壮年期	27.46	16.28	33.33	25.7	30.9	25.93	27.41	10.53	6.93	25.64
中年期	29.1	65.12	52.38	39.7	39.6	48.15	35.56	58.95	54.46	46.15
老年期	0.82	2.33	7.14	10.5	3.2	0	2.96	18.95	29.7	10.26

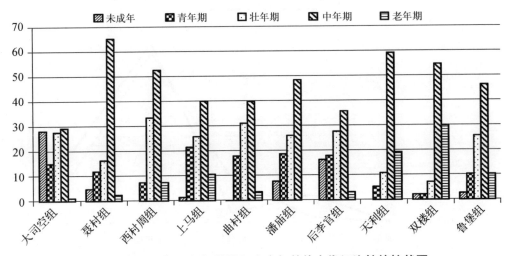

图三　天利组居民各年龄段死亡率与其他古代组比较的柱状图

［1］ 原海兵:《殷墟中小墓人骨的综合研究》,长春:吉林大学博士学位论文,2010年,第10-36页。
［2］ 孙蕾:《河南焦作聂村商代晚期墓地人骨研究报告》(未刊)。
［3］ 韩伟、吴镇烽、马振智、焦南峰:《凤翔南指挥西村周墓人骨的测量与观察》,《考古与文物》1985年第3期,第55-84页。
［4］ 潘其风:《上马墓地出土人骨的初步研究》,山西省考古研究所:《上马墓地》"附录一",北京:文物出版社,1994年,第398-483页。
［5］ 潘其风:《天马—曲村遗址西周墓地出土人骨的研究报告》,北京大学考古学系商周组、山西省考古研究所:《天马—曲村(1980—1989)》"附录一",北京:科学出版社,2000年,第1138-1152页。
［6］ 张君:《河南商丘潘庙古代人骨种系研究》,中国社会科学院考古研究所:《考古求知集:'96考古研究所中青年学术讨论会文集》,北京:中国社会科学出版社,1997年,第486-498页。
［7］ 张雅军:《山东临淄后李官两周墓葬人骨研究》,山东省文物考古研究所、土井浜遗址·人类学博物馆:《探索渡来系弥生人大陆区域的源流》(日中共同研究报告1),2000年,第164-167页。
［8］ 孙蕾:《新郑双楼东周墓葬人骨研究》,河南省文物考古研究院:《新郑双楼东周墓地》"附录一",郑州:大象出版社,2016年,第445-549页。
［9］ 孙蕾:《新乡鲁堡墓葬人骨研究报告》(未刊)。

与中原地区青铜时代居民各个年龄段死亡率比较,天利组与之具有相同的特点,居民的死亡年龄均主要集中在中年期;与较早时代人群相比,比如殷墟的大司空组、晚商的聂村组、西周的曲村组等,天利组居民在老年期的死亡率较高,仅低于晚商时期的聂村组。

表三　天利组居民各年龄段死亡率与其他古代组的比较(男性)(%)

年龄分期(男)	大司空组	聂村组	西村周组	上马组	曲村组	潘庙组	后李官组	天利组	双楼组	鲁堡组
青年期	7.46	12.00	3.45	7.95	17.84	16.67	17.24	1.69	0.00	5.00
壮年期	34.33	16.00	31.03	16.82	29.05	22.22	32.76	15.25	7.27	25.00
中年期	56.72	64.00	55.17	61.00	48.96	55.56	37.93	59.32	65.45	50.00
老年期	1.49	4.00	10.34	13.31	3.32	0.00	3.45	16.95	25.45	20.00

表四　天利组居民各年龄段死亡率与其他古代组的比较(女性)(%)

年龄分期(女)	大司空组	聂村组	西村周组	上马组	曲村组	潘庙组	后李官组	天利组	双楼组	鲁堡组
青年期	20.27	11.76	15.38	21.71	19.31	25.00	22.64	9.38	4.55	7.14
壮年期	43.24	11.76	38.46	26.10	33.66	37.50	30.19	3.13	4.55	35.71
中年期	36.49	70.59	46.15	40.29	43.07	37.50	43.40	62.50	59.09	42.86
老年期	0.00	0.00	0.00	10.65	3.47	0.00	1.89	25.00	27.27	0.00

通过对比发现(表三,图四),与同地区的东周居民双楼男性组相比,天利男性居民的壮年期和老年期的死亡率均较小,而其壮年期和青年期的死亡率则高于双楼男性组。与中原地区

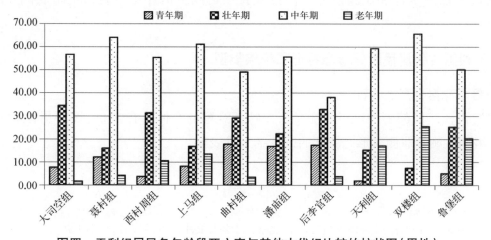

图四　天利组居民各年龄段死亡率与其他古代组比较的柱状图(男性)

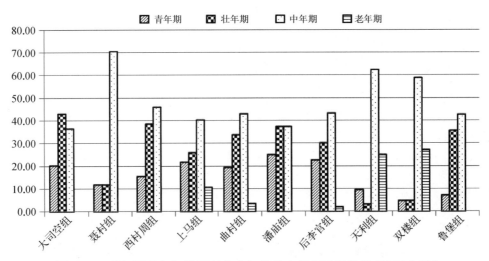

图五　天利组居民各年龄段死亡率与其他古代组比较的柱状图（女性）

除双楼男性组外其他对比组比较，天利男性组具有相对较低的壮年期和青年期的死亡率。由表四和图五可知，天利女性组死亡高峰集中在中年期，中年期的死亡率仅低于商代晚期的聂村女性组，同时，在青年期死亡率上，除了高于东周女性组和鲁堡女性组外，天利女性组均低于其他对比组，这暗示在对比组内，天利组的女性可能具有相对较高的医疗保健水平，其青年女性在分娩或产褥期的死亡率相对较低。

第二节　颅骨形态特征和种族类型的研究

为了明确描述新郑天利组人骨的体质类型，确定其种族属性，按照吴汝康等[1]和邵象清[2]在其有关论著中提出的各项标准，对天利组两性颅骨进行了非测量性形态特征的观察、测量性测量特征的统计和比较研究。两性颅骨项目测量值详见附表二至附表四。颅骨图片参考彩版。

一、天利组古代居民颅骨形态特征和种族类型

1. 颅骨非测量性形态特征

天利组古代居民颅骨中可供非测量形态特征观察的个体共有20例，其中男性12例，女性8例。天利组两性颅骨非测量形态特征的统计结果见表五。

---

[1]　吴汝康、吴新智、张振标：《人体测量方法》，北京：科学出版社，1984年，第11-101页。
[2]　邵象清：《人体测量手册》，上海：上海辞书出版社，1985年，第57-132页。

表五　天利组颅骨非测量形态特征观察统计表

观察项目	性别	例数	形态分类及出现率					
			椭圆形	圆形	卵圆形	五角形	楔形	菱形
颅型	男性	9	0(0%)	0(0%)	9(100%)	0(0%)	0(0%)	0(0%)
	女性	6	0(0%)	0(0%)	6(100%)	0(0%)	0(0%)	0(0%)
	合计	15	0(0%)	0(0%)	15(100%)	0(0%)	0(0%)	0(0%)
			弱	中等	显著	特显	粗壮	
眉弓突度	男性	11	0(0%)	8(72.73%)	3(27.27%)	0(0%)	0(0%)	
	女性	7	3(42.86%)	4(57.14%)	0(0%)	0(0%)	0(0%)	
	合计	18	3(16.67%)	12(66.67%)	3(16.67%)	0(0%)	0(0%)	
			0级	1级	2级	3级		
眉弓范围	男性	11	0(0%)	11(100%)	0(0%)	0(0%)		
	女性	7	0(0%)	7(100%)	0(0%)	0(0%)		
	合计	18	0(0%)	18(100%)	0(0%)	0(0%)		
			不显	稍显	中等	显著	极显	粗壮
眉间突度	男性	11	0(0%)	4(36.36%)	7(63.64%)	0(0%)	0(0%)	0(0%)
	女性	7	1(14.29%)	4(57.14%)	2(28.57%)	0(0%)	0(0%)	0(0%)
	合计	18	1(5.56%)	8(44.44%)	9(50%)	0(0%)	0(0%)	0(0%)
			平直	中等	倾斜			
前额	男性	11	1(9.09%)	2(18.18%)	8(72.73%)			
	女性	7	1(14.29%)	1(14.29%)	5(71.43%)			
	合计	18	2(11.11%)	3(16.67%)	13(72.22%)			
			不存在	不完全存在	全部存在			
额中缝	男性	9	8(88.89%)	0(0%)	1(11.11%)			
	女性	6	6(100%)	0(0%)	0(0%)			
	合计	15	14(93.33%)	0(0%)	1(6.67%)			
			愈合	微波	深波	锯齿	复杂	
顶骨缝前囟段	男性	9	4(44.44%)	0(0%)	4(44.44%)	1(11.11%)	0(0%)	
	女性	6	1(16.67%)	0(0%)	4(66.67%)	1(16.67%)	0(0%)	
	合计	15	5(33.33%)	0(0%)	8(53.33%)	2(13.33%)	0(0%)	

观察项目	性别	例数	形态分类及出现率					
顶骨缝顶段			愈合	微波	深波	锯齿	复杂	
	男性	9	1（11.11%）	0（0%）	3（33.33%）	5（55.56%）	0（0%）	
	女性	6	1（16.67%）	0（0%）	2（33.33%）	3（50%）	0（0%）	
	合计	15	2（13.33%）	0（0%）	5（33.33%）	8（53.33%）	0（0%）	
顶骨缝顶孔段			愈合	微波	深波	锯齿	复杂	
	男性	9	3（33.33%）	0（0%）	0（0%）	6（66.67%）	0（0%）	
	女性	6	0（0%）	0（0%）	1（16.67%）	5（83.33%）	0（0%）	
	合计	15	3（20%）	0（0%）	1（6.67%）	11（73.33%）	0（0%）	
顶骨缝后段			愈合	微波	深波	锯齿	复杂	
	男性	9	1（11.11%）	0（0%）	5（55.56%）	3（33.33%）	0（0%）	
	女性	6	0（0%）	0（0%）	3（50%）	3（50%）	0（0%）	
	合计	15	1（6.67%）	0（0%）	8（53.33%）	6（40%）	0（0%）	
眶形			圆形	椭圆形	方形	长方形	斜方形	
	男性	7	0（0%）	3（42.86%）	1（14.29%）	0（0%）	3（42.86%）	
	女性	6	0（0%）	3（50%）	1（16.67%）	1（16.67%）	1（16.67%）	
	合计	13	0（0%）	6（46.15%）	2（15.38%）	1（7.69%）	4（30.77%）	
鼻根区凹陷			无凹陷	略有	明显	极明显	几近直角	
	男性	10	5（50%）	5（50%）	0（0%）	0（0%）	0（0%）	
	女性	7	7（100%）	0（0%）	0（0%）	0（0%）	0（0%）	
	合计	17	12（70.59%）	5（29.41%）	0（0%）	0（0%）	0（0%）	
鼻前棘			不显	稍显	中等	显著	特显	
	男性	9	1（11.11%）	2（22.22%）	4（44.44%）	2（22.22%）	0（0%）	
	女性	8	0（0%）	5（62.5%）	2（25%）	1（12.5%）	0（0%）	
	合计	17	1（5.88%）	7（41.18%）	6（35.29%）	3（17.65%）	0（0%）	
梨状孔			心形	圆形	梨形			
	男性	8	3（37.5%）	0（0%）	5（62.5%）			
	女性	5	5（100%）	0（0%）	0（0%）			
	合计	13	8（61.54%）	0（0%）	5（38.46%）			

续表

观察项目	性别	例数	形态分类及出现率					
			锐型	钝型	鼻前沟型	鼻前窝型	混合型	
梨状孔下缘	男性	9	2（22.22%）	0（0%）	4（44.44%）	3（33.33%）	0（0%）	
	女性	8	3（37.5%）	2（25%）	0（0%）	3（37.5%）	0（0%）	
	合计	17	5（29.41%）	2（11.76%）	4（23.53%）	6（35.29%）	0（0%）	
			无	弱	中等	显著	极显	
犬齿窝	男性	8	0（0%）	4（50%）	3（37.5%）	1（12.5%）	0（0%）	
	女性	8	0（0%）	3（37.5%）	4（50%）	1（12.5%）	0（0%）	
	合计	16	0（0%）	7（43.75%）	7（43.75%）	2（12.5%）	0（0%）	
			U形	椭圆形	抛物线形			
腭形	男性	11	0（0%）	3（27.27%）	8（72.73%）			
	女性	8	4（50%）	0（0%）	4（50%）			
	合计	19	4（21.05%）	3（15.79%）	12（63.16%）			
			缺如	嵴状	丘状	瘤状		
腭圆枕	男性	11	5（45.45%）	1（9.09%）	0（0%）	5（45.45%）		
	女性	8	0（0%）	0（0%）	1（12.5%）	7（87.5%）		
	合计	19	5（26.32%）	1（5.26%）	1（5.26%）	12（63.16%）		
			极小	小	中等	大	特大	
乳突	男性	11	0（0%）	1（9.09%）	2（18.18%）	8（72.73%）	0（0%）	
	女性	8	0（0%）	5（62.5%）	2（25%）	1（12.5%）	0（0%）	
	合计	19	0（0%）	6（31.58%）	4（21.05%）	9（47.37%）	0（0%）	
			缺如	稍显	中等	显著	极显	喙状
枕外隆突	男性	10	0（0%）	2（20%）	5（50%）	3（30%）	0（0%）	0（0%）
	女性	6	1（16.67%）	4（66.67%）	1（16.67%）	0（0%）	0（0%）	0（0%）
	合计	16	1（6.25%）	6（37.5%）	6（37.5%）	3（18.75%）	0（0%）	0（0%）
			缺如	存在2孔	存在1孔	多孔		
顶孔	男性	8	3（37.5%）	0（0%）	5（62.5%）	0（0%）		
	女性	7	4（57.14%）	0（0%）	3（42.86%）	0（0%）		
	合计	15	7（46.67%）	0（0%）	8（53.33%）	0（0%）		

观察项目	性别	例数	形态分类及出现率					
			愈合	顶蝶型	额颞型	点型	翼上骨型	
翼区	男性	7	1（14.29%）	6（85.71%）	0（0%）	0（0%）	0（0%）	
	女性	5	1（20%）	4（80%）	0（0%）	0（0%）	0（0%）	
	合计	12	2（16.67%）	10（83.33%）	0（0%）	0（0%）	0（0%）	
			无	弱	明显	极显		
下颌圆枕	男性	9	0（0%）	8（88.89%）	1（11.11%）	0（0%）		
	女性	8	3（37.5%）	5（62.5%）	0（0%）	0（0%）		
	合计	17	3（17.65%）	13（76.47%）	1（5.88%）	0（0%）		
			外翻型	直型	内翻型			
下颌角区	男性	8	8（100%）	0（0%）	0（0%）			
	女性	8	5（62.5%）	1（12.5%）	2（25%）			
	合计	16	13（81.25%）	1（6.25%）	2（12.5%）			
			方形	圆形	尖形	不对称形		
颏形	男性	6	3（50%）	1（16.67%）	2（33.33%）	0（0%）		
	女性	6	1（16.67%）	3（50%）	2（33.33%）	0（0%）		
	合计	12	4（33.33%）	4（33.33%）	4（33.33%）	0（0%）		
			存在1孔	存在2孔	存在多孔			
颏孔	男性	7	0（0%）	7（100%）	0（0%）			
	女性	6	0（0%）	6（100%）	0（0%）			
	合计	13	0（0%）	13（100%）	0（0%）			

　　男性颅骨在颅形方面皆为卵圆形。眉弓发育以中等为主，其次为显著的发育程度。前额多为倾斜，占72.73%，其次为中等倾斜，占18.18%。88.89%的颅骨上不存在额中缝，另有1例具有完全的额中缝。颅顶缝的前囟段多为愈合和深波，均占了44.44%，另有11.11%的锯齿型。顶段以锯齿为主，占了55.56%，其次是深波，占33.33%。顶孔段多为锯齿型，占66.66%，其次为愈合。后段以深波为主，其次是愈合和锯齿。眶形以斜方形和椭圆形居多。鼻根区凹陷分别为无凹陷和略有凹陷，各占50.00%。鼻前棘多为中等，占了44.44%，其次是稍显、显著和不显。梨状孔中，梨形占62.50%，心形占37.50%。梨状孔下缘以鼻前沟型居多，占44.44%，其次是鼻前窝型，占33.33%，以及锐型，占22.22%。犬齿窝发育多数为弱，占50.00%。腭形以抛物线形为主，占72.73%。腭圆枕以缺如和瘤状为主，各占45.45%。嵴状次之。乳突以大为主，占72.73%。枕

外隆突多数为中等,占50.00%,其次是显著,占30.00%。顶孔多为1孔,占62.50%,其次是缺如,占37.50%。翼区以顶蝶型为主,占85.71%,愈合占14.29%。下颌圆枕发育多为弱,占88.89%。下颌角区皆外翻型。颏形以方形为主,占50.00%,其次是尖形和圆形,分别占33.33%和16.67%。颏孔均为2孔。

女性颅骨标本与男性颅骨标本之间的差别主要表现为:眉弓发育多为中等偏弱;眶形以椭圆形为主,方形、长方形和斜方形各1例;乳突以小为主,其次是中等和大;枕外隆突多为稍显,其次是缺如和中等;颏形以圆形为多,其次是尖形,方形最少,仅1例。其余各项非测量性形态特征与男性颅骨标本大体相仿。

通过对以上各项形态特征的观察,可以将天利组居民颅骨的体质特征归纳为:以卵圆形为主,眉弓的发育多为中等和显著,眉间突度多为中等,以倾斜为主的前额,颅顶缝多为愈合、锯齿型和深波,眶形多为斜方形和椭圆形,并有无凹陷和略有的鼻根区凹陷、以中等为主的鼻前棘,梨状孔多为梨形,梨状孔下缘多为鼻前沟型和鼻前凹型,犬齿窝以弱为主,并有较多瘤状的腭圆枕,顶蝶型为主的翼区,以弱为主的下颌圆枕,以外翻型为主的下颌角区及较多属于尖形和圆形的颏形。这些形态特征显示出比较明显的蒙古人种性质,因此,天利组居民应归属于现代亚洲蒙古大人种的范畴。

2. 颅骨测量性形态特征

天利组古代居民颅骨中可供测量的个体共有17例,其中男性9例,女性8例。男、女两性颅骨测量平均值的统计结果见表六和表七。天利组颅骨测量特征形态分类的出现率见表八。

表六　天利组男性颅骨测量值及指数(长度:毫米;角度:度;指数:%)

马丁号	测 量 项 目	平均值	个体数	标准差	最大值	最小值
1	颅骨最大长(g-op)	185.94	8	5.36	192.00	5.36
8	颅骨最大宽(eu-eu)	141.75	8	3.24	146.00	3.24
17	颅高(b-ba)	146.33	6	5.01	153.00	5.01
21	耳上颅高(po-po)	121.02	5	1.70	123.20	1.70
9	额骨最小宽(ft-ft)	95.83	8	3.97	101.00	3.97
7	枕骨大孔长(enba-o)	38.78	5	3.45	42.60	3.45
16	枕骨大孔宽	32.64	5	1.20	34.00	1.20
25	颅矢状弧(n-o)	394.43	7	11.46	412.00	11.46
26	额骨矢状弧(n-b)	135.00	8	8.65	144.00	8.65
27	顶骨矢状弧(b-l)	134.25	8	10.74	155.00	10.74
28	枕骨矢状弧(l-o)	125.43	7	10.85	142.00	10.85

马丁号	测量项目	平均值	个体数	标准差	最大值	最小值
29	额骨矢状弦（n-b）	116.76	8	6.24	126.50	6.24
30	顶骨矢状弦（b-l）	117.43	8	6.91	130.00	6.91
31	枕骨矢状弦（l-o）	102.65	7	8.21	114.32	8.21
23	颅周长（g-op-g）	544.71	7	15.64	567.00	15.64
24	颅横弧（po-b-po）	335.71	7	10.16	351.00	5.00
5	颅基底长（n-enba）	106.48	6	2.57	109.00	2.57
40	面底长（pr-enba）	95.69	4	14.40	108.44	14.40
48（pr）	上面高（n-pr）	74.31	7	3.55	80.30	3.55
48（sd）	上面高（n-sd（av））	78.82	7	4.09	87.00	4.09
47	全面高（n-gn）	126.67	5	1.47	129.00	1.47
45	颧点间宽（zy-zy）	138.07	3	2.06	139.50	2.06
46	中面宽（zm-zm）	106.31	6	5.38	115.20	5.38
43	上面宽（fmt-fmt）	108.49	7	3.14	114.92	3.14
50	前眶间宽（mf-mf）	17.01	6	1.61	20.00	1.61
MH L	颧骨高（fmo-zm）	46.27	5	2.68	49.50	2.68
MH R		46.76	5	2.09	49.50	2.09
MB L	颧骨宽（zm-rim.orb）	26.43	6	1.94	28.40	1.94
MB R		26.53	6	2.24	54.00	2.24
54	鼻宽	27.89	7	1.22	55.00	1.22
55	鼻高（n-ns）	55.81	7	2.55	60.30	2.55
SC	鼻最小宽	7.89	7	2.10	11.10	2.10
SS	鼻最小宽高	4.04	7	1.45	6.00	1.45
51L	眶宽（mf-ek）	44.68	6	0.70	45.50	0.70
51R		44.93	6	1.20	46.50	1.20
51aL	眶宽（d-ek）	41.57	6	1.24	44.00	1.24
51aR		42.64	6	1.66	44.60	1.66
52L	眶高	36.11	6	1.69	37.60	1.69
52R		36.71	6	1.48	60.00	1.48

马丁号	测 量 项 目	平均值	个体数	标准差	最大值	最小值
60	上颌齿槽弓长（pr-alv）	57.77	7	2.71	61.30	2.71
61	上颌齿槽弓宽（ekm-ekm）	68.14	7	2.57	73.50	2.57
62	腭长（ol-sta）	46.20	7	2.84	63.00	2.84
63	腭宽（enm-enm）	42.11	7	1.34	44.32	1.34
12	枕骨最大宽（ast-ast）	111.59	7	5.22	122.24	5.22
11	耳点间宽（au-au）	114.89	8	42.53	140.00	10.30
44	两眶宽（ek-ek）	101.10	6	1.56	103.24	1.56
FC	两眶内宽（fmo-fmo）	89.39	7	31.67	108.34	18.00
FS	鼻根点至两眶内宽矢高	16.69	7	2.27	20.00	2.27
DC	眶间宽（d-d）	21.94	5	1.70	32.00	1.70
32	额侧角Ⅰ（∠n-m FH）	83.60	5	3.65	89.00	3.65
	额侧角Ⅱ（∠g-m FH）	76.80	5	5.89	86.00	5.89
	前囟角（∠g-b FH）	45.40	5	2.70	72.00	2.70
72	总面角（∠n-pr FH）	81.20	5	2.49	85.00	2.49
73	中面角（∠n-ns FH）	85.80	5	3.70	90.00	3.70
74	齿槽面角（∠ns-pr FH）	65.00	5	5.79	75.00	5.79
75	鼻梁侧角（∠n-rhi FH）	59.00	1	\	77.00	59.00
77	鼻颧角（∠fmo-n-fmo）	143.57	7	4.43	152.00	4.43
SSA	颧上颌角（∠zm-ss-zm）	126.20	5	3.13	130.00	3.13
	面三角（∠pr-n-ba）	66.88	4	1.93	69.00	1.93
	（∠n-pr-ba）	71.25	4	1.26	73.00	1.26
	（∠n-ba-pr）	41.88	4	1.93	44.50	1.93
72-75	鼻梁角	19.00	1	\	19.00	19.00
8∶1	颅长宽指数	76.27	8	2.15	78.21	2.15
17∶1	颅长高指数	79.04	6	4.08	84.36	4.08
17∶8	颅宽高指数	104.11	6	5.30	111.68	5.30
9∶8	额宽指数	67.67	7	3.30	71.42	3.30
16∶7	枕骨大孔指数	85.37	4	6.59	91.71	6.59

马丁号	测量项目	平均值	个体数	标准差	最大值	最小值
40：5	面突指数	90.33	4	14.46	99.94	14.46
48：17pr	垂直颅面指数	51.21	4	2.22	54.03	2.22
48：17sd		53.56	4	3.16	57.14	3.16
48：45pr	上面指数（K）	53.99	3	0.29	54.22	0.29
48：45sd		56.20	3	1.15	57.35	1.15
48：46pr	中面指数（V）	68.27	5	2.91	72.42	2.91
48：46sd		72.14	5	3.79	76.60	3.79
54：55	鼻指数	49.83	6	4.40	57.31	4.40
52：51L	眶指数Ⅰ	81.32	6	3.72	85.45	3.72
52：51R		90.02	6	22.06	135.02	22.06
52：51aL	眶指数Ⅱ	87.42	6	3.68	91.15	3.68
52：51aR		99.00	6	32.44	164.78	32.44
54：51L	鼻眶指数Ⅰ	61.98	6	3.10	67.73	3.10
54：51R		61.63	6	2.59	66.22	2.59
54：51aL	鼻眶指数Ⅱ	66.66	6	3.79	71.98	3.79
54：51aR		66.89	6	4.71	73.04	4.71
SS：SC	鼻根指数	50.71	7	10.42	65.91	10.42
63：62	腭指数	93.03	6	4.47	99.46	4.47
45：(1+8)/2	横颅面指数	84.12	3	1.03	85.08	1.03
17：(1+8)/2	高平均指数	89.84	6	4.36	94.67	4.36
65	下颌髁突间宽（cdl-cdl）	129.11	5	3.51	134.64	3.51
66	下颌角间宽（go-go）	102.29	6	3.50	106.00	3.50
67	髁孔间径	50.03	7	2.34	68.00	2.34
68	下颌体长	82.65	6	4.02	85.70	4.02
68（1）	下颌体最大投影长	113.43	6	2.87	118.00	2.87
69	下颌联合高（id-gn）	35.35	6	2.56	38.52	2.56
MBHⅠL	下颌体高Ⅰ	33.38	7	2.03	37.00	2.03
MBHⅠR		32.14	7	4.07	37.30	4.07

续表

马丁号	测量项目	平均值	个体数	标准差	最大值	最小值
MBH Ⅱ L	下颌体高Ⅱ	31.31	7	2.25	33.90	2.25
MBH Ⅱ R		32.03	7	1.93	35.00	1.93
MBT Ⅰ L	下颌体厚Ⅰ	14.11	7	0.83	15.30	0.83
MBT Ⅰ R		14.11	7	0.76	15.31	0.76
MBT Ⅱ L	下颌体厚Ⅱ	16.06	7	1.23	18.24	1.23
MBT Ⅱ R		15.82	7	1.19	17.62	1.19
70 L	下颌枝高	72.35	7	3.20	76.76	3.20
70 R		73.14	5	3.24	76.30	3.24
71 L	下颌枝宽	46.43	3	1.68	47.50	1.68
71 R		45.33	3	2.56	48.00	2.56
71a L	下颌枝最小宽	36.05	6	2.44	38.60	2.44
71a R		35.53	5	2.21	79.00	2.21
79	下颌角	120.58	6	3.35	124.00	3.35
	颏孔间弧	59.00	7	2.94	62.00	2.94
68∶65	下颌骨指数	63.60	5	3.45	67.96	3.45
71∶70 L	下颌枝指数	66.56	3	4.21	71.04	4.21
71∶70 R		62.13	3	6.95	70.07	6.95

注：马丁号一项为空的表明无马丁号。

表七 天利组女性颅骨测量值及指数（长度：毫米；角度：度；指数：%）

马丁号	测量项目	平均值	个体数	标准差	最大值	最小值
1	颅骨最大长（g-op）	179.25	6	7.47	186.50	6.00
8	颅骨最大宽（eu-eu）	142.58	6	5.63	147.50	5.63
17	颅高（b-ba）	141.90	5	5.88	147.00	5.00
21	耳上颅高（po-po）	118.96	5	2.42	122.50	2.42
9	额骨最小宽（ft-ft）	93.84	6	5.76	103.42	5.76
7	枕骨大孔长（enba-o）	36.46	6	2.46	39.70	2.46
16	枕骨大孔宽	29.85	7	1.36	31.20	1.36
25	颅矢状弧（n-o）	385.50	6	13.28	405.00	6.00

马丁号	测量项目	平均值	个体数	标准差	最大值	最小值
26	额骨矢状弧（n-b）	130.00	6	4.00	136.00	4.00
27	顶骨矢状弧（b-l）	128.57	7	8.64	142.00	7.00
28	枕骨矢状弧（l-o）	126.33	6	9.63	136.00	6.00
29	额骨矢状弦（n-b）	113.01	6	2.34	116.70	2.34
30	顶骨矢状弦（b-l）	111.93	7	7.72	123.34	7.00
31	枕骨矢状弦（l-o）	102.98	6	6.42	109.00	6.00
23	颅周长（g-op-g）	532.83	6	11.62	551.00	6.00
24	颅横弧（po-b-po）	329.50	6	2.59	333.00	2.59
5	颅基底长（n-enba）	101.04	5	4.53	107.00	4.53
40	面底长（pr-enba）	97.73	4	4.75	103.20	4.00
48（pr）	上面高（n-pr）	64.79	6	4.47	72.70	4.47
48（sd）	上面高（n-sd（av））	68.95	6	4.36	76.40	4.36
47	全面高（n-gn）	116.82	3	2.60	119.82	2.60
45	颧点间宽（zy-zy）	132.07	2	0.24	132.24	0.24
46	中面宽（zm-zm）	100.61	4	4.67	106.64	4.00
43	上面宽（fmt-fmt）	103.06	5	4.62	109.50	4.62
50	前眶间宽（mf-mf）	16.73	5	1.79	18.80	1.79
MH L	颧骨高（fmo-zm）	42.95	5	3.68	45.88	3.68
MH R		42.52	5	3.25	44.90	3.25
MB L	颧骨宽（zm-rim.orb）	23.05	5	3.83	29.10	3.83
MB R		21.76	5	2.76	54.00	2.76
54	鼻宽	27.02	6	1.78	55.00	1.78
55	鼻高（n-ns）	49.21	6	2.02	52.76	2.02
SC	鼻最小宽	8.18	5	1.20	9.20	1.20
SS	鼻最小宽高	3.22	5	0.78	5.00	0.78
51L	眶宽（mf-ek）	43.40	5	2.52	47.60	2.52
51R		43.42	5	2.63	48.00	2.63

续表

马丁号	测量项目	平均值	个体数	标准差	最大值	最小值
51aL	眶宽（d-ek）	40.59	5	2.24	43.84	2.24
51aR		40.35	5	2.41	43.80	2.41
52L	眶高	35.00	5	1.44	37.20	1.44
52R		34.84	5	1.46	60.00	1.46
60	上颌齿槽弓长（pr-alv）	50.95	8	3.77	61.00	3.77
61	上颌齿槽弓宽（ekm-ekm）	61.04	8	4.50	64.60	4.50
62	腭长（ol-sta）	42.10	5	3.06	63.00	3.06
63	腭宽（enm-enm）	38.18	8	2.78	41.40	2.78
12	枕骨最大宽（ast-ast）	109.84	7	4.40	116.00	4.40
11	耳点间宽（au-au）	124.90	7	4.40	131.20	4.40
44	两眶宽（ek-ek）	98.85	5	5.41	107.50	5.00
FC	两眶内宽（fmo-fmo）	96.36	5	5.65	104.00	5.00
FS	鼻根点至两眶内宽之矢高	15.60	5	4.26	21.00	4.26
DC	眶间宽（d-d）	20.50	5	2.61	32.00	2.61
32	额侧角Ⅰ（∠n-m FH）	86.60	5	6.02	93.00	5.00
	额侧角Ⅱ（∠g-m FH）	80.80	5	4.66	86.00	4.66
	前囟角（∠g-b FH）	48.60	5	1.34	72.00	1.34
72	总面角（∠n-pr FH）	81.00	5	3.39	86.00	3.39
73	中面角（∠n-ns FH）	85.40	5	3.65	90.00	3.65
74	齿槽面角（∠ns-pr FH）	64.40	5	3.91	75.00	3.91
75	鼻梁侧角（∠n-rhi FH）	66.00	1	\	77.00	1.00
77	鼻颧角（∠fmo-n-fmo）	144.70	5	7.77	156.00	5.00
SSA	颧上颌角（∠zm-ss-zm）	125.63	4	4.07	131.00	4.00
	面三角（∠pr-n-ba）	67.88	4	3.92	71.50	3.92
	（∠n-pr-ba）	73.38	4	4.27	79.50	4.00
	（∠n-ba-pr）	36.25	4	1.32	38.00	1.32
72-75	鼻梁角	\	0	\	0.00	0.00
8:1	颅长宽指数	79.57	6	1.98	82.63	1.98

续表

马丁号	测 量 项 目	平均值	个体数	标准差	最大值	最小值
17∶1	颅长高指数	79.42	5	0.55	80.11	0.55
17∶8	颅宽高指数	99.75	5	2.26	102.80	2.26
9∶8	额宽指数	65.84	6	3.65	70.35	3.65
16∶7	枕骨大孔指数	82.12	6	4.77	88.98	4.77
40∶5	面突指数	96.55	4	2.50	99.23	2.50
48∶17pr	垂直颅面指数	45.62	4	3.50	50.84	3.50
48∶17sd		49.14	4	3.22	53.43	3.22
48∶45pr	上面指数（K）	51.65	2	4.70	54.98	2.00
48∶45sd		54.63	2	4.45	57.77	2.00
48∶46pr	中面指数（V）	65.24	4	5.78	73.88	4.00
48∶46sd		68.40	4	6.31	77.64	4.00
54∶55	鼻指数	55.00	6	4.56	60.22	4.56
52∶51L	眶指数Ⅰ	80.89	5	6.37	88.15	5.00
52∶51R		80.44	5	5.38	87.91	5.00
52∶51aL	眶指数Ⅱ	86.40	5	5.25	91.01	5.00
52∶51aR		86.50	5	4.56	91.83	4.56
54∶51L	鼻眶指数Ⅰ	60.97	5	2.94	66.10	2.94
54∶51R		60.94	5	2.72	65.46	2.72
54∶51aL	鼻眶指数Ⅱ	65.22	5	4.00	71.69	4.00
54∶51aR		65.63	5	4.36	73.24	4.36
SS∶SC	鼻根指数	39.23	5	7.51	48.05	5.00
63∶62	腭指数	90.12	5	6.41	97.75	5.00
45∶(1+8)/2	横颅面指数	80.59	2	0.76	81.13	0.76
17∶(1+8)/2	高平均指数	88.42	5	0.72	89.23	0.72
65	下颌髁突间宽（cdl-cdl）	122.55	4	7.24	128.70	4.00
66	下颌角间宽（go-go）	98.04	4	5.15	102.46	4.00
67	髁孔间径	49.43	4	2.76	68.00	2.76
68	下颌体长	75.30	4	4.66	80.20	4.00

马丁号	测 量 项 目	平均值	个体数	标准差	最大值	最小值
68（1）	下颌体最大投影长	107.03	4	2.59	109.60	2.59
69	下颌联合高（id-gn）	35.46	4	2.82	38.00	2.82
MBH Ⅰ L	下颌体高Ⅰ	33.04	4	2.35	36.40	2.35
MBH Ⅰ R		33.14	4	0.83	34.00	0.83
MBH Ⅱ L	下颌体高Ⅱ	31.97	4	1.46	33.36	1.46
MBH Ⅱ R		32.35	4	3.20	35.70	3.20
MBT Ⅰ L	下颌体厚Ⅰ	14.18	4	2.16	17.16	2.16
MBT Ⅰ R		13.59	4	2.30	17.00	2.30
MBT Ⅱ L	下颌体厚Ⅱ	15.02	4	0.95	15.80	0.95
MBT Ⅱ R		14.59	4	0.59	15.00	0.59
70 L	下颌枝高	64.33	4	3.38	68.64	3.38
70 R		63.33	4	1.82	65.50	1.82
71 L	下颌枝宽	44.07	4	1.92	46.30	1.92
71 R		44.70	4	1.43	46.60	1.43
71a L	下颌枝最小宽	35.81	4	2.42	38.30	2.42
71a R		35.25	4	2.77	79.00	2.77
79	下颌角	124.25	4	5.56	131.00	4.00
	颏孔间弧	59.00	4	3.27	63.00	3.27
68：65	下颌骨指数	61.64	4	5.89	69.72	4.00
71：70 L	下颌枝指数	68.71	4	5.51	72.55	4.00
71：70 R		70.67	4	4.20	75.77	4.00

表八　天利组古代居民主要颅面部测量性特征出现率统计表

项　　目	性别	例数	形态分类及出现率			
颅长宽指数			长颅型	中颅型	圆颅型	
	男性	8	1（12.5%）	7（87.5%）	0（0%）	
	女性	6	0（0%）	4（66.67%）	2（33.33%）	
	合计	14	1（7.14%）	11（78.57%）	2（14.29%）	

项　目	性别	例数	形态分类及出现率			
颅长高指数			正颅型	高颅型		
	男性	6	1（16.67%）	5（83.33%）		
	女性	5	0（0%）	5（100%）		
	合计	11	1（9.09%）	10（90.91%）		
颅宽高指数			中颅型	狭颅型		
	男性	6	1（16.67%）	5（83.33%）		
	女性	5	1（20%）	4（80%）		
	合计	11	2（18.18%）	9（81.82%）		
额宽指数			狭额型	中额型	阔额型	
	男性	7	2（28.57%）	2（28.57%）	3（42.86%）	
	女性	6	3（50%）	2（33.33%）	1（16.67%）	
	合计	13	5（38.46%）	4（30.77%）	4（30.77%）	
面突指数			正颌型	中颌型		
	男性	4	3（75%）	1（25%）		
	女性	4	3（75%）	1（25%）		
	合计	8	6（75%）	2（25%）		
垂直颅面指数			很小	小	中	大
	男性	4	0（0%）	1（25%）	2（50%）	1（25%）
	女性	4	2（50%）	1（25%）	1（25%）	0（0%）
	合计	8	2（25%）	2（25%）	3（37.5%）	1（12.5%）
上面指数（K）			中上面型	狭上面型		
	男性	3	0（0%）	3（100%）		
	女性	2	1（50%）	1（50%）		
	合计	5	1（20%）	4（80%）		
鼻指数			狭鼻型	中鼻型	阔鼻型	特阔鼻型
	男性	6	2（33.33%）	2（33.33%）	2（33.33%）	0（0%）
	女性	6	0（0%）	1（16.67%）	3（50%）	2（33.33%）
	合计	12	2（16.67%）	3（25%）	5（41.67%）	2（16.67%）

项 目	性别	例数	形态分类及出现率			
			低眶型	中眶型	高眶型	
眶指数 I	男性	6	0(0%)	5(83.33%)	1(16.67%)	
	女性	5	1(20%)	3(60%)	1(20%)	
	合计	11	1(9.09%)	8(72.73%)	2(18.18%)	
			弱	中	突	很突
鼻根指数	男性	7	0(0%)	3(42.86%)	2(28.57%)	2(28.57%)
	女性	5	2(40%)	2(40%)	1(20%)	0(0%)
	合计	12	2(16.67%)	5(41.67%)	3(25%)	2(16.67%)
			中腭型	阔腭型		
腭指数	男性	6	0(0%)	6(100%)		
	女性	5	1(20%)	4(80%)		
	合计	11	1(9.09%)	10(90.91%)		
			突颌型	中颌型	平颌型	
总面角	男性	5	1(20%)	3(60%)	1(20%)	
	女性	5	2(40%)	2(40%)	1(20%)	
	合计	10	3(30%)	5(50%)	2(20%)	
			超突颌型	特突颌型	突颌型	
齿槽面角	男性	5	1(20%)	3(60%)	1(20%)	
	女性	5	1(20%)	4(80%)	0(0%)	
	合计	10	2(20%)	7(70%)	1(10%)	
			小	中	大	很大
鼻颧角	男性	7	0(0%)	5(71.43%)	1(14.29%)	1(14.29%)
	女性	5	2(40%)	0(0%)	2(40%)	1(20%)
	合计	12	2(16.67%)	5(41.67%)	3(25%)	2(16.67%)

表八总结了天利组居民颅骨角度和指数的形态类型分布,颅长宽指数上,男、女两性出现率主要集中在中颅型,其次是长颅型和圆颅型。而两性颅长宽指数的平均值分别为76.27和79.57,均属中颅型。

颅长高指数,两性均集中在高颅型,其中有1例男性属于正颅型,而男、女均值分别为79.04和79.42,均表现为高颅型。

颅宽高指数男性平均值是104.11,女性为99.75,均表现为狭颅型;两性均主要集中在狭颅型上,其次是中颅型。

额宽指数,男性也以阔额型为主,其次是狭额型和中额型,女性也狭额型为主,其次是中额型和阔额型。男性均值为67.67,属中额型,女性均值为65.84,属于狭额型。

面突指数,男女两性均以正颌型为主,各占75.00%,其次是中颌型。男性均值为90.33,女性均值为96.55,均属于正颌型。

垂直颅面指数,男性均值为53.56,属于中等发育程度,女性均值为49.14,属于较小的发育程度。男性以中等为主,其次为小和大,女性以很小为主,其次为小和中等。总体来说,该组居民的垂直颅面指数反映出较明显的高颅低面性质,其中尤以女性为甚。

上面指数,男性皆狭上面型,女性则中上面型和狭上面型各占50.00%。男性均值为56.20,属于狭上面型,女性均值为54.63,属于中上面型。

鼻指数,男性狭鼻型、中鼻型和阔鼻型各有2例,女性以阔鼻型为主,其次为特阔鼻型和中鼻型。男性均值为49.83,属于中鼻型,女性均值为55.00,属于阔鼻型。

眶指数,两性均以中眶型为主,其次是低眶型和高眶型;男、女两性均值分别为90.02和80.44,分别表现为高眶型和中眶型。

鼻根指数,男性以中等为主,其次为突和很突,女性以中等和弱为主,其次属于突。男、女两性均值分别为50.71和39.23,分别为突和中等。

腭指数,男性皆阔腭型,女性以阔腭型为主,中腭型次之。男性均值为93.03,女性均值为90.12,均属于阔腭型。

总面角,男性以中颌型为主,占60.00%,其次是突颌型和平颌型,各占20.00%。女性以中颌型和突颌型为主,各占40.00%,其次是平颌型,占20.00%;男、女两性均值分别为81.20°和81.00°,均属于中颌型。

齿槽面角,男性多为特突颌型,突颌型、超突颌型次之,女性以特突颌型为主,其次为超突颌型。男性均值为65.00°,女性均值为64.40°,均属于特突颌型。

男女两性鼻颧角平均角度值分别为143.57°和144.70°,均属于中等发育程度。男性以中等为主,其次是大和很大,女性以小和大为主,其次是很大。综合以上两性鼻颧角变异范围的分析,天利组居民多数面部扁平度属于中等偏大。

综合以上主要颅面部测量特征的统计结果及平均值,天利组男性居民一般具有中颅型、高颅型和狭颅型的特征,并有中额型、正颌型、中等的垂直颅面指数,狭上面型,中鼻型,较突的鼻根指数,高眶型,阔腭型,属于中颌型的总面角及特突颌型的齿槽面角和中等程度的鼻颧角。

女性个体的绝大多数测量性特征与男性接近,所不同的是在面部垂直方向的突出程度上,齿槽面角的突颌程度比男性更明显,鼻型更阔等。所以,男女两性属于同一体质类型,性别因素是造成差异的主要因素。

二、与现代亚洲蒙古人种各区系类型的比较

根据对天利组颅骨形态的观察和颅面部测量特征的统计,这些形态特征显示出比较明显的蒙古人种性质,因此,天利组居民应归属于现代亚洲蒙古大人种的范畴。而现代亚洲蒙古人种又可以大致分成四个地区类型,即北亚类型(西伯利亚人种)、东北亚类型(北极人种)、东亚类型(远东人种)和南亚类型(南亚人种)。为了进一步确定天利组居民的种系归属,现将该组颅骨的17项线性、指数和角度值与现代亚洲蒙古人种及其中的北亚、东北亚、东亚和南亚等四个区域类型的变异范围相比较,以考察他们之间的关系。具体比较的测量项目值详见表九,图六是根据表九绘制出的比较项目平均值的折线图。

由图表可知,在17个比较项目中,天利组男性标本的各项平均值除了颅高、颅宽高指数和眶指数大于亚洲蒙古人种变异范围的上限,鼻颧角和眶指数略低于该变异范围的下限,其余12项均落入现代亚洲蒙古人种的变异范围。

与北亚类型相比较,共有颅长、额侧角、颅指数和鼻指数4项落入其变异范围。额最小宽接近北亚蒙古人种变异范围的上限,颧点间宽接近变异范围的下限,颅宽、颅高、上面高、上面指数、颅长高指数、颅宽高指数、垂直颅面指数、眶指数、鼻根指数和鼻颧角则超出北亚蒙古人种的范畴较多。北亚蒙古人种通常具有低颅、阔颅等特征与天利组的中颅、高颅和狭颅型及中额型存在较大的差异。

与东北亚类型比较,共有颅长、颅宽、最小额宽、上面高、颧点间宽、颅长宽指数、垂直颅面指数、上面指数和总面角9项落入其变异范围,其余的颅高、额侧角、颅宽高指数、颅长高指数、鼻颧角、眶指数、鼻指数和鼻根指数则游离于该类型对比项目之外。东北亚类型通常具有的较大的面部扁平度和向后方倾斜的额部与天利组有较大相似性,但天利组的中颅型则与东北亚类型的长颅型差异较大。

与东亚类型比较,共有颅宽、额侧角、颅长高指数、垂直颅面指数、上面指数、总面角和鼻指数7项落入其变异范围,颅长宽指数接近该变异范围的下限,最小额宽、上面高、颧点间宽、颅宽高指数、鼻颧角、眶指数和鼻根指数则游离于该变异范围之外。该组与东亚类型比较,其颅长偏长、颅高偏高,面宽略宽。

与南亚类型比较,共有颅宽、颅长高指数、鼻颧角和总面角4项落入其变异范围,最小额宽、颅长宽指数和鼻指数3项极为接近南亚类型的界值。颅长、颅高、上面高、颧点间宽、额侧角、颅宽高指数、垂直颅面指数、上面指数、眶指数和鼻根指数游离于界值之外。通常南亚蒙古人种具有较低的眶型,中等的颅高,与天利组之间存在较大的形态差异。

通过上述分析,可以得出以下结论:天利组颅骨具有中颅型、高颅型和狭颅型,中额型,正颌型,并属于中颌型的总面角及特突颌型的齿槽面角、中等鼻颧角等特点,表明其基本的颅骨形态特征与现代亚洲蒙古人种的东亚类型有较大的一致性,并与东北亚类型之间存在较多相似性。

表九　天利组与现代亚洲蒙古人种的比较（长度：毫米；角度：度；指数：%）

马丁号	测量项目	天利组	亚洲蒙古人种				
			北亚类型	东北亚类型	东亚类型	南亚类型	变异范围
1	颅长（g-op）	185.94（8）	174.90－192.70	180.70－192.40	175.00－182.20	169.90－181.30	169.90－192.70
8	颅宽（eu-eu）	141.75（8）	144.40－151.50	134.30－142.60	137.60－143.90	137.90－143.90	134.30－151.50
17	颅高（b-ba）	146.33（6）	127.10－132.40	132.90－141.10	135.30－140.20	134.40－137.80	127.10－141.10
9	最小额宽（ft-ft）	95.83（8）	90.60－95.80	94.20－96.60	89.00－93.70	89.70－95.40	89.00－96.60
48（sd）	上面高（n-sd（av））	78.82（7）	72.10－77.60	74.00－79.40	70.20－76.60	66.10－71.50	66.10－79.40
45	颧点间宽（zy-zy）	138.07（3）	138.20－144.00	137.90－144.80	131.30－136.00	131.50－136.30	131.30－144.80
32	额侧角 I（∠n-m FH）	83.6（5）	77.30－85.10	77.00－79.00	83.30－86.90	84.20－87.00	77.00－87.00
8:1	颅长宽指数	76.27（8）	75.40－85.90	69.80－79.00	76.90－81.50	76.90－83.30	69.80－85.90
17:1	颅长高指数	79.04（6）	67.40－73.50	72.60－75.20	74.30－80.10	76.50－79.50	67.40－80.10
17:8	颅宽高指数	104.11（6）	85.20－91.70	93.30－102.80	94.40－100.30	95.00－101.30	85.20－102.80
48:17sd	垂直颅面指数	53.56（4）	55.80－59.20	53.00－58.40	52.00－54.90	48.00－52.20	48.00－59.20
48:45sd	上面指数（K）	56.2（3）	51.40－55.00	51.30－56.60	51.70－56.80	49.90－53.30	49.90－56.80
77	鼻颧角（∠fmo-n-fmo）	143.57（7）	147.00－151.40	149.00－152.00	145.00－146.60	142.10－146.00	142.10－152.00
72	总面角（∠n-pr FH）	81.2（5）	85.30－88.10	80.50－86.30	80.60－86.50	81.10－84.20	80.50－88.10
52:51R	眶指数 I	90.02（6）	79.30－85.70	81.40－84.90	80.70－85.00	78.20－81.00	78.20－85.70
54:55	鼻指数	49.83（6）	45.00－50.70	42.60－47.60	45.20－50.20	50.30－55.50	42.60－55.50
SS:SC	鼻根指数	50.71（7）	26.90－38.50	34.70－42.50	31.00－35.00	26.10－36.10	26.10－42.50

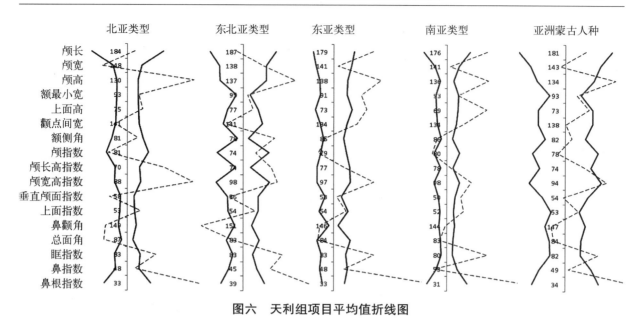

图六 天利组项目平均值折线图

三、与亚洲蒙古人种各近代颅骨组的比较

为了进一步考察天利组颅骨与现代亚洲蒙古人种各个地区人群在种族类型上的渊源关系，现选择薛村明清组[1]、华南组、福建东山岛组[2]、桃花园组[3]、抚顺组、华北组、爱斯基摩（勒俄康）组、楚克奇（河滨）组、爱斯基摩（东南）组、蒙古组、通古斯组和布里亚特组等12个近代颅骨组进行比较，参加对比的项目和对比组详见表一〇。

对包括天利组在内的13个颅骨组做的聚类分析，采用了欧氏距离作为相似系数和组内连接法。表一一列出了各比较组之间详细的欧氏距离系数，并据此绘制出树状聚类图（图七）。

图七清晰地反映了天利组与各近现代颅骨组之间的亲疏关系。在刻度处于15-20之间的范围内，13个颅骨组大致可以分为两个聚类群，第一聚类群基本代表了现代亚洲蒙古人种中的东北亚类型和东亚类型群体，第二聚类群代表了现代亚洲蒙古人种的北亚类型。在刻度处于10-15之间的范围内，第一聚类群分为两个小的聚类群，楚克奇（河滨）组、爱斯基摩（东南）组和爱斯基摩（勒俄康）组属于东北亚蒙古人种的小聚类；华北组和华南组等属于东亚蒙古人种的小聚类，天利组处于该小聚类中，与现代蒙古人种的东亚类型居民在颅骨形态特征上较为一致。依据欧氏距离系数，天利组与北方汉族的代表抚顺组距离最近，与同为郑州地区的薛村明清组也有极为接近的形态学距离。与天利组相对较近的是现代南方汉族的代表福建东山岛组和华南组，相对较远的是现代东北亚人种的爱斯基摩（勒俄康）组和爱斯基摩（东南）组。可见，天利组与现代北方汉族在颅骨形态上最接近，其次接近的是现代南方汉族，与东北亚类型的居民也有少量相似性。

［1］ 河南省文物局：《荥阳薛村遗址人骨研究报告》，北京：科学出版社，2015年，第169-171页。
［2］ 张振标：《福建历史时期人骨的种族特征》，《人类学学报》1996年第4期，第324-334页。
［3］ 张敬雷、李法军、盛立双、朱泓：《天津市蓟县桃花园墓地人骨研究》，《文物春秋》2008年第2期，第34-38页。

表一〇 天利组与近现代各颅骨组的比较（长度：毫米；角度：度；指数：%）

马丁号	项目	天利组	薛村明清组	华南组	福建东山岛组	桃花园组	抚顺组	华北组	爱斯基摩（勒俄康）组	楚克奇（河湨）组	爱斯基摩（东南）组	蒙古组	通古斯组	布里亚特组
1	颅长	185.94	183.37	179.90	180.00	181.22	180.80	178.50	183.90	182.90	181.80	182.20	185.50	181.90
8	颅宽	141.75	140.71	140.90	142.80	140.95	139.70	138.20	143.00	142.30	140.70	149.00	145.70	154.60
17	颅高	146.33	140.75	137.80	139.80	139.14	139.20	137.20	137.10	133.80	135.00	131.40	126.30	131.90
9	最小额宽	95.83	92.26	91.50	94.60	91.84	90.80	89.40	98.10	95.70	94.90	94.30	90.60	95.60
45	颧点间宽	138.07	135.14	132.60	133.20	134.53	134.30	132.70	140.90	140.80	137.50	141.80	141.60	143.50
48(sd)	上面高	78.82	71.71	73.82	73.30	72.42	76.20	75.30	78.20	78.00	77.50	78.00	75.40	77.20
52R	眶高	36.71	35.07	34.60	34.40	35.63	35.50	35.50	35.90	36.30	35.90	35.80	35.00	36.20
51R	眶宽	44.93	43.21	42.10	41.10	43.60	42.90	44.00	44.50	44.10	43.40	43.20	43.00	42.20
54	鼻宽	27.89	26.56	25.25	25.30	24.73	25.70	25.00	23.50	24.60	24.40	27.40	27.10	27.30
55	鼻高	55.81	52.84	52.60	53.70	55.49	55.10	55.30	54.70	55.70	54.60	56.50	55.30	56.10
8:1	颅长宽指数	76.27	76.76	78.75	79.40	77.85	77.30	77.56	77.50	77.90	77.60	82.00	78.70	85.10
17:1	颅长高指数	79.04	77.01	77.02	77.90	76.94	77.01	77.02	[74.55]	73.15	[74.26]	[72.12]	[68.09]	[72.51]
17:8	颅宽高指数	104.11	100.35	97.80	98.10	98.92	100.00	99.53	[95.87]	94.03	[95.95]	[88.19]	[86.68]	[85.32]
48:45sd	上面指数（K）	56.20	53.38	55.67	54.40	56.33	56.80	56.80	[55.50]	[55.40]	56.36	55.01	53.25	53.80
52:51R	眶指数Ⅰ	90.02	81.25	84.90	84.00	81.85	83.00	80.66	80.80	82.40	83.00	82.90	81.50	86.00
54:55	鼻指数	49.83	50.36	47.40	47.20	44.74	46.90	45.23	43.00	44.70	44.80	48.60	49.40	48.70
9:8	额颧指数	67.67	65.28	[64.94]	66.40	65.36	[65.00]	[64.69]	[68.60]	67.25	[67.45]	[63.29]	[62.18]	[61.84]

注：1. 标注"[ ]"内的数值是根据平均数计算所得的近似值。2. 华南组、华北组、蒙古组和通古斯组数据引自文献[1]，布里亚特组数据引自文献[2]，爱斯基摩（勒俄康）组、楚克奇（河湨）组和楚克奇（河湨）组（东南）组数据引自文献[3]。

[1] 朱泓、张全超：《内蒙古林西县井沟子遗址西区墓地人骨研究》，《人类学学报》2007年第2期，第97-106页。
[2] 张全超、胡延春、朱泓：《磴口县纳林套海汉墓人骨研究》，《内蒙古文物考古》2010年第2期，第136-142页。
[3] 潘其风、韩康信：《柳湾墓地的人骨研究》，青海省文物管理处考古队、中国社会科学院考古研究所：《青海柳湾——乐都柳湾原始社会墓地》，北京：文物出版社，1984年，第261-278页。

表一一　天利组与各近现代颅骨组之间的欧氏距离系数矩阵

	1	2	3	4	5	6	7	8	9	10	11	12	13
1	0.000												
2	15.372	0.000											
3	17.415	8.567	0.000										
4	16.159	8.264	5.098	0.000									
5	16.997	7.941	6.351	6.803	0.000								
6	15.038	8.147	5.765	7.672	5.155	0.000							
7	19.737	10.907	7.512	10.181	6.277	5.221	0.000						
8	18.665	15.491	15.114	13.780	12.736	13.832	15.749	0.000					
9	20.262	15.693	13.968	13.955	12.739	13.289	14.780	5.789	0.000				
10	18.222	12.856	9.910	10.435	9.182	9.241	10.742	6.977	5.023	0.000			
11	26.794	21.723	19.489	19.498	20.042	20.508	21.906	16.005	12.121	15.215	0.000		
12	31.895	24.157	22.695	24.063	23.299	23.848	24.363	20.562	15.836	18.679	10.336	0.000	
13	30.997	27.406	25.000	24.373	25.976	26.787	28.526	21.971	19.074	22.049	8.333	15.545	0.000

1. 天利组　2. 薛村明清组　3. 华南组　4. 福建东山岛组　5. 桃花园组　6. 抚顺组　7. 华北组　8. 爱斯基摩（勘俄康）组　9. 楚克奇（河滨）组　10. 爱斯基摩（东南）组　11. 蒙古组　12. 通古斯组　13. 布里亚特组

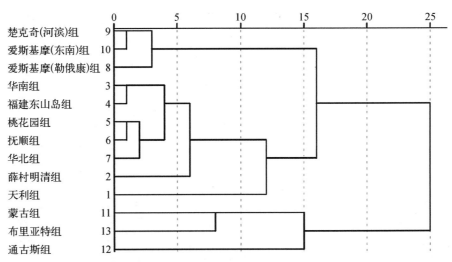

图七　天利组与各近现代颅骨组之间的树状聚类图

为了进一步了解天利组与各近现代颅骨组之间的关系，现采用主成分分析的方法，对包括天利组在内的13组人群的17项线性和指数值进行了深入的分析研究，分别为颅长、颅宽、颅高、最小额宽、颧点间宽、上面高、眶高、眶宽、鼻宽、鼻高、颅长宽指数、颅长高指数、颅宽高指数、上面指数、眶指数、鼻指数和额宽指数。

在本次的主成分分析中，因子得分的方法选择了 Anderson–rubin 方法，并通过"反映像矩阵"的方法检验出以上17项比较项目的每个变量适宜做主成分分析。

表一二　前三个主成分的方差累计贡献率

主　成　分	特　征　值	方差贡献率（%）	累计贡献率（%）
1	6.383	37.546	37.546
2	4.181	24.593	62.139
3	2.622	15.424	77.563

表一三　前三个主成分因子载荷矩阵

主　成　分　因　子[a]			
	主　成　分		
	1	2	3
颅　　长	0.407	0.485	0.334
颅　　宽	0.925	−0.042	0.101
颅　　高	−0.751	0.251	0.547
最 小 额 宽	0.257	0.653	0.025
颧 点 间 宽	0.873	0.426	−0.112

主 成 分 因 子ª			
	主 成 分		
	1	2	3
上面高	0.412	0.792	−0.076
眶　高	0.268	0.885	0.08
眶　宽	−0.147	0.814	−0.064
鼻　宽	0.561	−0.114	0.752
鼻　高	0.556	0.534	−0.105
颅长宽指数	0.779	−0.258	−0.017
颅长高指数	−0.825	0.064	0.422
颅宽高指数	−0.923	0.184	0.324
上面指数	−0.611	0.452	−0.194
眶指数	0.12	0.31	0.787
鼻指数	0.38	−0.347	0.806
额宽指数	−0.64	0.613	−0.077

注：采用提取主成分方法。a为已提取了3个主成分。

　　由表一二可知，当选取3个主成分时，其累计贡献率为77.563%，所以能解释77.563%的总方差，如果选取两个主成分时，能解释62.139%的总方差。所以，这次主成分分析的效果是比较好的，可以认为其基本包含了所有17个项目大多数特征的信息量，具有较高的可信度。前三个主成分的载荷量见表一三。

　　由表一三可知，第一主成分的贡献率为37.546%，最大载荷的原变量有颅宽、颅高、颧点间宽、鼻高、颅长宽指数、颅长高指数、颅宽高指数、上面指数和额宽指数等，代表颅型的宽、高，面宽及鼻型的特征。第二主成分的贡献率为24.583%，载荷最大的原变量有最小额宽、上面高、眶高、眶宽和额宽指数等，它们大致代表了面宽、眶型、鼻型及面部形态特征。第三主成分的贡献率为15.424%，载荷最大的原变量有鼻宽、眶指数和鼻指数等，代表了鼻型和眶型的特征。

　　因前三个主成分吸收了原变量集的多数信息，所以可以利用前三个主成分绘制图形进行直观地分析。图八是根据前三个主成分的分布构成绘出的三维散点图。

　　从图可见，13个颅骨组大致可以分成四个较为清晰的空间分布集团，即8、9、10属于现代东北亚蒙古人种，11、12和13属于现代北亚蒙古人种，2、3和4属于近现代南方汉族，以及5、6、7属于近现代北方汉族。这同聚类分析的结果基本一致。天利组处于第四个集团由近现代北方汉族颅骨组所组成的空间当中，与其中的桃花园组和华北组距离最近，其次是抚顺组，与现代东北亚人种的爱斯基摩（东南）组也相对较近。可见，天利组与近现代北方汉族在体质特征上具有很大的相似性，并与现代东北亚类型居民存在少量的相似性。

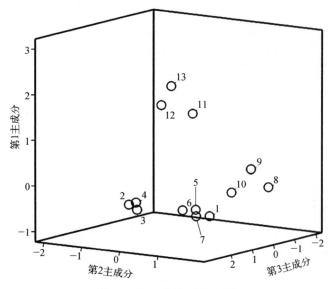

图八　前三个因子散点图

1. 天利组　2. 薛村明清组　3. 华南组　4. 福建东山岛组　5. 桃花园组　6. 抚顺组　7. 华北组　8. 爱斯基摩（勒俄康）组
9. 楚克奇（河滨）组　10. 爱斯基摩（东南）组　11. 蒙古组　12. 通古斯组　13. 布里亚特组

四、与各古代颅骨组的比较

为了考察天利组的种族归属、来源及其种系流向，现选择在时间和空间上与其存在一定联系的14个先秦颅骨组和12个汉代以后古代颅骨组，采用聚类分析和主成分分析的方法比较天利组与对比组之间的亲疏关系。

14个先秦颅骨组包括呈子二期组[1]、西夏侯组[2]、尉迟寺组[3]、乔村A组[4]、乔村B组[5]、柳湾合并组[6]、李家山组[7]、白庙Ⅰ组[8]、白庙Ⅱ组[9]、西北冈祭祀坑Ⅰ组[10]、昙石山组[11]、甑皮岩组[12]、

[1] 韩康信：《山东诸城呈子新石器时代人骨》，《考古》1990年第7期，第644-654页。

[2] 颜訚：《西夏侯新石器时代人骨的研究报告》，《考古学报》1973年第2期，第97页，第112页。

[3] 张君、韩康信：《尉迟寺新石器时代墓地人骨的观察与鉴定》，《人类学学报》1998年第1期，第22-31页。

[4] 潘其风：《侯马乔村墓地出土人骨的人类学研究》，山西省考古研究所：《侯马乔村墓地（1959-1996）》"附录四"，北京：科学出版社，2004年，第1218-1299页。

[5] 潘其风：《侯马乔村墓地出土人骨的人类学研究》，山西省考古研究所：《侯马乔村墓地（1959-1996）》"附录四"，北京：科学出版社，2004年，第1218-1299页。

[6] 潘其风、韩康信：《柳湾墓地的人骨研究》，青海省文物管理处考古队、中国社会科学院考古研究所：《青海柳湾——乐都柳湾原始社会墓地》"附录一"，北京：文物出版社，1984年，第261-303页。

[7] 张君：《青海李家山卡约文化墓地人骨种系研究》，《考古学报》1993年第3期，第381-390页。

[8] 易振华：《河北宣化白庙墓地青铜时代居民的人种学研究》，《北方文物》1998年第4期，第8-17页。

[9] 易振华：《河北宣化白庙墓地青铜时代居民的人种学研究》，《北方文物》1998年第4期，第8-17页。

[10] 韩康信、潘其风：《安阳殷墟中小墓人骨的研究》，中国社会科学院历史研究所、中国社会科学院考古研究所：《安阳殷墟头骨研究》，北京：文物出版社，1985年，第50-81页。

[11] 韩康信、张振标、曾凡：《闽侯昙石山遗址的人骨》，《考古学报》1976年第1期，第121-129页。

[12] 张银运、王令红、董兴仁：《广西桂林甑皮岩新石器时代遗址的人类头骨》，《古脊椎动物与古人类》1977年第1期，第4-13页。

新店子组[1]和阳畔组[2]；12个汉代以后古代颅骨组包括临淄组[3]、良辅组[4]、紫薇组[5]、郑州汉代组[6]、完工组[7][8][9]、邢家店组[10]、南杨家营子组[11][12]、三道湾组[13]、萧氏后族组[14]、耶律羽之组[15]、上孙家寨汉代组[16][17]和陶家寨组[18]。古代颅骨组的背景情况见表一四和表一五。

表一四　所选用先秦时期各古代对比颅骨组的情况

组　别	出　土　地　点	年　代	人种类型
呈子二期组	山东省诸城市的呈子新石器时代墓地	龙山时代	古中原类型
西夏侯组	山东省曲阜市东南	大汶口文化晚期	古中原类型
尉迟寺组	安徽蒙城，包括大汶口文化晚期和龙山文化两个时期的遗存	大汶口文化晚期	古中原类型
乔村A组	山西省侯马市乔村墓地，两周晋南地区的晋人	战国中期	古华北类型
乔村B组	山西省侯马市乔村墓地，两周晋南地区的晋秦混血	战国晚期	古华北类型
柳湾合并组	青海省乐都县境内柳湾墓地中属于半山文化、马厂文化和齐家文化的墓葬	新石器时代到早期青铜时代	古西北类型

[1]　张全超：《内蒙古和林格尔县新店子墓地人骨研究》，北京：科学出版社，2010年，第1-115页。
[2]　张全超：《内蒙古和林格尔县新店子墓地人骨研究》，北京：科学出版社，2010年，第1-115页。
[3]　韩康信、松下孝幸：《山东临淄周—汉代人骨体质特征研究及与西日本弥生时代人骨比较概报》，《考古》1997年第4期，第32-42页。
[4]　韩巍：《陕西澄城良辅墓地汉代人骨研究》，长春：吉林大学硕士学位论文，2006年，第58-59页。
[5]　陈靓：《西安紫薇田园都市唐墓人骨种系初探》，《考古与文物》2008年第5期，第95-105页。
[6]　河南省文物局：《荥阳薛村遗址人骨研究报告》，北京：科学出版社，2015年，第138-152页。
[7]　宿白：《东北、内蒙古地区的鲜卑遗迹——鲜卑遗迹辑录之一》，《文物》1977年第5期，第42-54页。
[8]　潘玲：《完工墓地的文化性质和年代》，《考古》2007年第9期，第78-86页。
[9]　潘其风、韩康信：《东汉北方草原游牧民族人骨的研究》，《考古学报》1982年第1期，第117-136页。
[10]　朱泓、王培新：《吉林农安县邢家店北山墓地的古代人骨》，《考古》1989年第1期，第368-374页。
[11]　潘其风、韩康信：《东汉北方草原游牧民族人骨的研究》，《考古学报》1982年第1期，第117-136页。
[12]　朱泓：《人种学上的匈奴、鲜卑与契丹》，《北方文物》1994年第2期，第7-13页。
[13]　朱泓：《察右后旗三道湾汉代鲜卑族颅骨的人种学研究》，内蒙古文物考古研究所：《内蒙古文物考古文集（第二辑）》，北京：中国大百科全书出版社，1997年，第421-430页。
[14]　顾玉才、陈山、张全超：《辽代萧氏后族墓地出土人骨的研究》，吉林大学边疆考古研究中心：《边疆考古研究（第4辑）》，北京：科学出版社，2006年，第320-329页。
[15]　周蜜：《内蒙古阿鲁科尔沁旗辽代耶律羽之墓地人骨研究》，吉林大学边疆考古研究中心：《边疆考古研究（第4辑）》，北京：科学出版社，2006年，第301-319页。
[16]　韩康信、谭婧泽、张帆：《青海大通上孙家寨古墓地人骨的研究》，《中国西北地区古代居民种族研究》，上海：复旦大学出版社，2005年，第1页、第63页。
[17]　谭婧泽、韩康信：《中国北方几个古代民族的体征类型和种族属性》，《现代人类学通讯》2007年第1期，第58-66页。
[18]　张敬雷：《青海省西宁市陶家寨汉晋时期墓地人骨研究》，长春：吉林大学博士学位论文，2008年，第106页。

组　别	出　土　地　点	年　代	人种类型
李家山组	青海省湟中县李家山下西河村潘家梁卡约文化墓葬,稍晚于齐家文化	相当于夏末至周初	古西北类型
白庙Ⅰ组	河北省张家口市的宣化区的白庙墓地	春秋时期	古华北类型
白庙Ⅱ组	河北省张家口市的宣化区的白庙墓地	春秋时期	古东北类型
西北冈祭祀坑Ⅰ组	河南省安阳市殷墟商代王陵区附近的祭祀坑	商代后期	古东北类型
昙石山组	福建省闽侯县昙石山遗址	新石器时代晚期昙石山文化	古华南类型
甑皮岩组	广西壮族自治区桂林市郊区甑皮岩新石器时代遗址	大约距今7 500年和9 000年	古华南类型
新店子组	内蒙古和林格尔县新店子墓地	两周时期	古蒙古高原类型
阳畔组	内蒙古呼和浩特市清水河县阳畔墓地	春秋中期至战国早期	古蒙古高原类型

表一五　所选用汉代及其以后各古代对比颅骨组的情况

组　别	出　土　地　点	年　代	相似人种类型
临淄组	山东临淄地区的两醇春秋时期遗址和乙烯汉代遗址	春秋至汉代	古中原类型
良辅组	陕西省澄城县刘家洼乡良辅墓地	汉代	古中原类型
紫薇组	陕西西安长安区郭杜镇北的紫薇田园都市墓葬群	唐代	古中原类型
郑州汉代组	河南荥阳薛村遗址的汉代墓葬及少量来自新郑天成隔热遗址、羚锐遗址、中华北路遗址、北街遗址、文化路中段遗址、丽都花园和众康遗址的汉代墓葬	汉代	古中原类型
完工组	内蒙古呼伦贝尔市陈巴尔虎旗的完工墓葬	东汉时期	古东北类型
邢家店组	吉林省农安县邢家店遗址的北山墓地	西汉时期	古东北类型
南杨家营子组	内蒙古昭盟巴林左旗南杨家营子遗址	东汉时期	古蒙古高原类型
三道湾组	内蒙古自治区乌兰察布市右后旗红格尔图乡的东汉时期鲜卑族墓地	东汉时期	古蒙古高原类型
萧氏后族组	辽宁法库县叶茂台一号辽墓和阜新县管山辽墓契丹贵族墓地	辽代中晚期	古蒙古高原类型
耶律羽之组	内蒙古赤峰阿鲁科尔沁旗辽代耶律羽之契丹贵族墓地	辽代	古蒙古高原类型
上孙家寨汉代组	青海省大通县上孙家寨的汉晋时代墓地	汉晋时期	古西北类型
陶家寨组	青海省西宁市陶家寨汉晋时期墓地	汉晋时期	古西北类型

表一六　天利组与先秦各古代颅骨组比较（男性）（长度：毫米；角度：度；指数：%）

马丁号	比较项目	天利组	呈子二期组	西夏侯组	尉迟寺组	乔村A组	乔村B组	柳湾合并组	李家山组	白庙I组	白庙II组	西北冈祭祀坑I组	昊石山组	甑皮岩组	新店子组	阳畦组	同种系标准差
1	颅长	185.94	184.50	180.30	185.30	180.78	180.77	185.93	182.20	185.38	181.13	182.50	189.70	193.30	173.80	176.00	5.73
8	颅宽	141.75	144.20	140.90	137.40	142.86	142.70	136.41	140.00	139.88	149.25	144.44	139.20	143.20	153.27	152.50	4.76
17	颅高	146.33	144.30	148.30	144.50	140.95	141.43	139.38	136.50	146.50	140.00	135.10	141.30	140.90	129.18	129.50	5.69 △
45	颧点间宽	138.07	136.90	139.43	133.80	137.04	138.02	137.24	138.60	136.50	145.50	141.18	135.60	138.00	142.08	139.00	4.57
9	最小额宽	95.83	94.80	93.94	92.10	92.45	92.53	90.30	91.20	94.00	98.03	93.78	91.00	93.50	94.33	89.50	4.05
51R	眶宽	44.93	44.07	44.22	42.63	43.01	43.88	43.87	43.20	42.80	44.25	41.64	42.20	42.60	44.38	42.10	1.67
52R	眶高	36.71	34.07	34.34	35.30	34.29	34.57	34.27	35.40	33.13	33.15	33.50	33.80	34.40	33.12	33.00	1.91
54	鼻宽	27.89	26.20	27.66	27.70	26.03	26.65	27.26	26.70	26.30	26.85	27.28	29.50	28.30	27.12	25.10	1.77
55	鼻高	55.81	53.20	57.12	53.80	54.79	54.30	55.77	57.00	54.63	54.50	54.42	51.90	53.10	56.52	55.20	2.92
48(sd)	上面高	78.82	74.90	74.60	70.30	74.74	73.98	78.19	77.30	76.00	76.38	73.56	71.10	69.70	73.91	72.00	4.15
72	总面角	81.20	85.80	84.38	85.80	83.56	84.45	89.21	87.00	87.75	89.75	85.84	81.00	84.00	88.00	84.00	3.24
8:1	颅指数	76.27	78.20	78.20	74.30	79.21	78.94	73.92	76.93	75.32	82.54	79.15	73.40	73.20	88.13	87.50	2.67
17:1	颅长高指数	79.04	78.10	82.30	79.20	78.36	78.56	74.74	74.96	79.09	77.31	74.21	73.80	70.50	72.80	73.30	2.94
17:8	颅宽高指数	104.11	99.50	105.30	104.80	98.24	99.00	100.96	97.60	104.83	93.84	93.63	99.50	97.90	84.57	84.93	4.30
48:45sd	上面指数	56.20	54.70	54.10	52.50	54.40	54.72	56.97	55.88	55.95	52.59	51.91	52.50	50.40	51.93	51.76	3.30 ☆
48:17sd	垂直颅面指数	53.56	53.30	50.73	48.60	53.10	52.56	56.57	56.99	51.88	54.56	54.45	48.10	49.47	57.29	55.59	/
52:51R	眶指数	90.02	78.90	77.97	82.80	79.60	79.14	78.46	82.02	77.43	77.47	80.75	80.00	80.40	74.71	78.46	5.05
54:55	鼻指数	49.83	49.30	48.46	51.50	47.60	50.50	49.09	47.01	48.15	49.23	50.39	57.00	53.30	48.06	45.46	3.82
9:8	额宽指数	67.67	65.70	66.60	67.03	64.48	64.95	65.94	65.25	67.45	65.72	64.88	[65.37]	[65.29]	61.60	58.71	3.29 △

注1. 标有"△"的采用挪威组同种系标准差，标有"☆"的采用欧洲组同种系标准差，其余采用埃及E组的同种系标准差。
2. 标注"[ ]"内的数值是根据平均数计算所得的近似值。

1. 与先秦各古代颅骨组的比较

将天利组与14个先秦古代颅骨组进行比较,表一六列出了具体的比较项目。首先运用计算天利颅骨组与各近现代颅骨组之间组差均方根函数值的方法进行比较。比较的结果见表一七。

表一七　天利组与先秦时期各颅骨组之间的组差均方根值

对 比 组	全部项目	角度和指数项目	对 比 组	全部项目	角度和指数项目
呈子二期组	0.90	1.07	白庙Ⅰ组	0.99	1.15
西夏侯组	0.87	1.07	白庙Ⅱ组	1.46	1.81
尉迟寺组	0.94	0.87	西北冈祭祀坑Ⅰ组	1.33	1.49
乔村A组	0.98	1.09	昙石山组	1.27	1.36
乔村B组	0.91	1.06	甑皮岩组	1.35	1.61
柳湾合并组	1.11	1.38	新店子组	2.23	2.82
李家山组	1.01	1.18	阳畈组	2.23	2.69

表一七是天利组与14个先秦颅骨组之间的组差均方根函数值,在全部项目上,与天利组最为近似的是古中原类型的西夏侯组和呈子二期组;较为接近的是古华北类型的乔村B组和古中原类型的尉迟寺组;相对较远的是古华北类型的乔村A组和白庙Ⅰ组及古西北类型的李家山组和柳湾合并组;较为疏远的是古东北类型的白庙Ⅱ组、西北冈祭祀坑Ⅰ组及古华南类型的昙石山组、甑皮岩组;最为疏远的是古蒙古高原类型的阳畈组和新店子组。

天利组与14个先秦古代颅骨组的聚类分析,采用欧氏距离作为相似系数和最远邻法。表一八列出了各比较组之间详细的欧氏距离系数,并据此绘制出树状聚类图九。

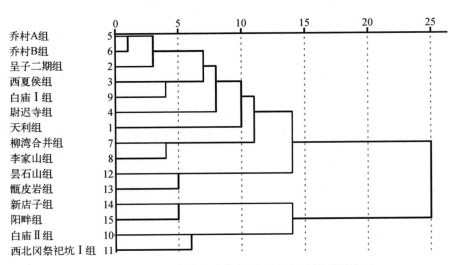

图九　天利组与先秦各古代颅骨组之间的树状聚类图

表一八　天利组与先秦各古代颅骨组的欧氏距离系数矩阵（男性）

	1	2	3	4	5	6	7	8	9	10	11	12	13	14	15
1	0.000														
2	14.984	0.000													
3	15.939	11.489	0.000												
4	16.060	13.581	13.663	0.000											
5	16.622	6.989	12.500	15.060	0.000										
6	16.398	6.228	11.418	13.775	3.739	0.000									
7	18.997	13.618	18.042	16.350	13.967	13.682	0.000								
8	18.112	13.012	18.616	18.674	10.014	11.055	9.286	0.000							
9	15.731	9.080	9.391	11.344	12.688	11.911	12.328	16.154	0.000						
10	24.453	14.836	20.675	25.953	15.325	14.901	21.884	17.544	21.228	0.000					
11	22.054	13.551	21.173	20.887	11.187	11.323	16.790	10.958	20.064	12.270	0.000				
12	20.648	16.273	20.957	13.016	17.675	16.102	18.161	20.312	17.877	26.133	18.725	0.000			
13	21.955	16.333	23.237	16.648	18.806	17.880	19.130	20.175	19.295	23.547	16.972	9.441	0.000		
14	39.308	29.668	35.859	39.368	26.567	27.258	33.634	26.927	36.837	19.926	20.788	37.251	35.083	0.000	
15	37.505	28.532	35.112	37.034	24.382	25.805	32.727	25.464	35.902	22.555	19.710	34.731	32.913	10.095	0.000

1. 天利组　2. 呈子二期组　3. 西夏侯组　4. 尉迟寺组　5. 乔村A组　6. 乔村B组　7. 柳湾合并组　8. 李家山组　9. 白庙I组　10. 白庙II组
11. 西北冈祭祀坑I组　12. 景石山组　13. 甑皮岩组　14. 新店子组　15. 阳畦组

图九清晰地反映了天利组与各先秦古代颅骨组之间的亲疏关系。在刻度25时，15个颅骨组大致可以分为两个大聚类群，第一大聚类群可分为两小聚类群，第一小聚类群包括白庙Ⅱ组和西北冈祭祀坑Ⅰ组，第二小聚类群包括新店子组和阳畔组，两小聚类群分别属于先秦时期的古东北类型和古蒙古高原类型。第二大聚类群在刻度上处于10-15之间，可分为三个小聚类群，第一小聚类群有昙石山组和甑皮岩组，属于先秦时期的古华南类型；第二小聚类群有柳湾合并组和李家山组，属于先秦时期的古西北类型；第三小聚类群包括乔村A组、乔村B组至尉迟寺组和天利组，属于先秦时期的古华北类型和古中原类型。天利组处于第三小聚类群的边缘地带，与古西北类型和古华北类型均有较近的形态学距离。结合组差均方根函数值的比较结果，天利组应该属于古中原类型，与古华北类型的颅骨具有较大的相似性。

为了更加系统地了解天利组居民与先秦时期其他古代居民之间的关系，现采用主成分分析的方法，对包括天利组在内的15组人群的17项线性和指数值进行了深入的分析研究，分别为颅长、颅宽、颅高、颧点间宽、眶宽、眶高、鼻宽、鼻高、上面高、总面角、颅长宽指数、颅长高指数、颅宽高指数、垂直颅面指数、眶指数、鼻指数和额宽指数。

在本次的主成分分析中，因子得分的方法选择了Anderson-rubin方法，并通过"反映像矩阵"的方法检验出以上17项比较项目的每个变量大体适宜做主成分分析。

由表一九可知，当选取3个主成分时，其累计贡献率为76.033%，所以能解释76.033%的总方差，如果选取两个主成分时，能解释66.589%的总方差。所以，这次主成分分析的效果是比较高的，可以认为基本包含了所有17个项目大多数特征的信息量，具有较高的可信度。前三个主成分的载荷量见表二○。

表一九　前三个主成分的方差累计贡献率

主 成 分	特 征 值	方差贡献率（%）	累计贡献率（%）
1	7.512	44.190	44.190
2	3.808	22.398	66.589
3	1.606	9.445	76.033

表二○　前三个主成分因子载荷矩阵

主 成 分 因 子[a]			
	主 成 分		
	1	2	3
颅 长	0.838	−0.273	−0.044
颅 宽	−0.851	−0.208	0.136
颅 高	0.816	0.383	−0.268
颧点间宽	−0.673	0.14	−0.086

续表

主　成　分　因　子ᵃ			
	主　　成　　分		
	1	2	3
眶　　宽	−0.058	0.729	0.039
眶　　高	0.6	0.447	0.601
鼻　　宽	0.648	−0.304	0.115
鼻　　高	−0.438	0.708	0.185
上面高	−0.106	0.862	0.03
总面角	−0.454	0.293	−0.621
颅指数	−0.931	0.003	0.114
颅长高指数	0.332	0.677	−0.248
颅宽高指数	0.885	0.394	−0.202
垂直颅面指数	−0.767	0.422	0.165
眶指数	0.563	0.246	0.706
鼻指数	0.673	−0.579	−0.013
额宽指数	0.812	0.424	−0.261

注：采用提取主成分方法。a 为已提取了 3 个主成分。

由表二〇可知，第一主成分的贡献率为 44.190%，最大载荷的原变量有颅长、颅宽、颅高、额点间宽、眶高、鼻宽、颅长宽指数、颅宽高指数、垂直颅面指数、鼻指数和额宽指数等，代表颅型的长、宽、高，面宽、面部在水平方向上的突出程度以及眶型和鼻型的特征。第二主成分的贡献率为 22.398%，载荷最大的原变量有眶宽、鼻高、上面高和颅长高指数等，大致代表了眶型、鼻型、颅型的长高及面部等特征。第三主成分的贡献率为 9.445%，载荷最大的原变量有眶高、总面角和眶指数等，代表了面部在水平方向的突出程度和眶型的特征。

因前三个主成分吸收了原变量集的多数信息，所以可以利用前三个主成分绘制图形进行直观地分析。图一〇是根据前三个主成分的分布构成绘出的三维散点图。

从图一〇可见，各先秦古代组大致可以分成三个较为清晰的空间分布集团，即 12 和 13 代表的古华南类型集团，14 和 15 代表的古蒙古高原类型集团，以及由古中原类型、古西北类型和古华北类型所组成的第三个集团。这同聚类分析的结果基本一致。天利组处于第三个集团中，与其中的古中原类型的呈子二期组距离最近，其次是古华北类型的乔村 B 组，并与古中原类型的尉迟寺组、古华北类型的乔村 A 组及古西北类型的柳湾合并组也存在较近的空间距离。在第三个集团中，天利组与古东北类型的白庙 II 组、西北冈祭祀坑 I 组距离最远。可见，天利组与中原地区

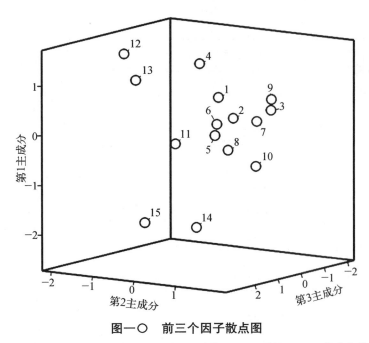

图一〇　前三个因子散点图

1. 天利组　　2. 呈子二期组　　3. 西夏侯组　　4. 尉迟寺组　　5. 乔村A组　　6. 乔村B组　　7. 柳湾合并组　　8. 李家山组
9. 白庙 I 组　　10. 白庙 II 组　　11. 西北冈祭祀坑 I 组　　12. 昙石山组　　13. 甑皮岩组　　14. 新店子组　　15. 阳畔组

的土著古中原类型居民在体质特征上具有很大的相似性,并与古华北类型的晋秦混血也有较大的相似性。

2. 与汉代及其以后各古代颅骨组的比较

根据表二一各项数值计算出天利组与汉代及其以后各古代组之间的组差均方根函数值,结果列于表二二。表二二中,在组差均方根函数值的全部项目上,天利组居民与唐代中原地区的汉族紫薇组最为接近,与汉晋时期西北羌系民族的上孙家寨汉代组较近,与郑州地区的汉民族郑州汉代组也较为接近,而与汉代北方游牧民族南杨家营子组和鲜卑族三道湾组,以及辽代契丹贵族萧氏后族组和耶律羽之组最为疏远。

表二二　天利组与汉代及其以后时期各颅骨组之间的组差均方根值

对 比 组	全部项目	角度和指数项目	对 比 组	全部项目	角度和指数项目
临淄组	1.03	1.19	南杨家营子组	1.91	2.29
良辅组	1.01	1.20	三道湾组	1.66	2.11
紫薇组	0.72	0.90	萧氏后族组	1.82	2.34
郑州汉代组	0.95	1.14	耶律羽之组	2.10	2.68
完工组	1.18	1.38	上孙家寨汉代组	0.93	0.96
邢家店组	1.18	1.69	陶家寨组	1.01	1.18

表二　天利组与汉代及其以后各古代颅骨组比较（男性）(长度：毫米；角度：度；指数：%)

马丁号	比较项目	天利组	临淄组	良辅组	紫薇组	郑州汉代组	完工组	邢家店组	南杨家营子组	三道湾组	萧氏后族组	耶律羽之组	上孙家寨汉代组	陶家寨组	同种系标准差
1	颅长	185.94	181.80	184.93	182.18	179.90	184.25	183.20	179.63	181.69	180.55	171.00	181.20	183.98	5.73
8	颅宽	141.75	141.00	141.23	139.76	141.20	140.60	141.10	144.75	148.51	154.33	154.50	139.70	140.32	4.76
17	颅高	146.33	138.80	137.58	142.81	138.50	139.00	142.00	126.00	130.65	135.30	133.25	136.20	135.56	5.69 △
45	颧点间宽	138.07	137.40	136.27	140.64	142.94	142.50	136.10	136.75	141.08	136.50	142.50	137.10	137.73	4.57
9	最小额宽	95.83	93.70	93.23	94.52	93.46	91.00	93.10	90.00	93.36	88.18	92.83	91.10	90.42	4.05
51R	眶宽	44.93	42.90	45.53	44.88	44.32	43.25	46.20	41.38	43.24	44.30	44.25	42.80	44.06	1.67
52R	眶高	36.71	34.20	35.26	35.33	35.79	33.75	36.00	34.07	34.20	36.30	36.70	35.80	35.75	1.91
54	鼻宽	27.89	26.80	26.14	27.45	27.33	26.25	27.80	27.00	27.43	27.48	26.78	27.10	26.59	1.77
55	鼻高	55.81	54.70	52.65	55.05	54.76	59.00	54.50	57.50	56.38	57.38	57.78	56.50	54.43	2.92
48（sd）	上面高	78.82	73.70	74.67	74.99	75.40	77.50	77.20	76.75	78.91	77.65	78.35	75.80	75.91	4.15
72	总面角	81.20	87.10	84.75	84.15	85.75	88.00	94.00	91.16	87.50	88.00	86.00	85.30	84.38	3.24
8:1	颅指数	76.27	77.60	77.31	76.80	79.22	76.44	77.02	79.90	81.88	85.49	90.31	77.30	76.38	2.67
17:1	颅长高指数	79.04	76.50	76.93	78.49	76.59	75.54	77.51	70.20	72.00	75.66	77.41	75.90	73.81	2.94
17:8	颅宽高指数	104.11	98.10	97.54	101.98	97.41	98.94	100.64	87.06	88.02	88.49	85.68	97.70	96.77	4.30
48:45sd	上面指数	56.20	53.10	52.74	53.95	53.35	54.40	56.72	55.70	56.21	57.55	54.88	55.20	55.61	3.30 ☆
48:17sd	垂直颅面指数	53.56	53.00	50.30	50.80	55.56	55.75	[54.37]	60.72	60.60	57.94	58.14	54.80	56.09	/
52:51R	眶指数	90.02	79.90	77.44	78.84	80.95	78.01	77.92	81.34	78.22	82.67	83.18	83.70	81.24	5.05
54:55	鼻指数	49.83	49.20	50.30	50.01	49.96	45.41	51.01	47.16	48.86	47.86	46.17	48.40	48.94	3.82
9:8	额宽指数	67.67	66.60	67.02	67.63	66.68	64.89	65.98	62.51	62.94	57.12	59.63	65.40	64.43	3.29 △

注：1. 标有"△"的采用挪威组同种系标准差，标有"☆"的采用欧洲组同种系标准差，其余采用同种系标准差。
2. 标注"[ ]"的数值是根据平均数计算所得的近似值。

表二三　天利组与汉以后各古代颅骨组的欧氏距离系数矩阵（男性）

	1	2	3	4	5	6	7	8	9	10	11	12	13
1	0.000												
2	14.123	0.000											
3	13.898	6.422	0.000										
4	8.811	8.441	9.451	0.000									
5	15.068	7.367	10.560	9.462	0.000								
6	15.632	10.084	13.261	12.244	9.737	0.000							
7	15.105	10.131	12.244	12.244	12.820	13.030	0.000						
8	33.039	21.910	23.962	29.249	21.675	21.763	25.501	0.000					
9	28.053	19.457	21.043	25.312	17.331	18.914	23.187	10.207	0.000				
10	29.926	22.904	24.094	28.086	22.156	23.106	24.971	17.533	13.475	0.000			
11	35.395	28.243	30.273	32.355	25.204	28.758	31.714	22.041	17.363	14.204	0.000		
12	15.676	5.928	8.719	11.246	7.972	9.011	12.529	19.287	17.799	21.655	27.222	0.000	
13	16.554	8.219	8.750	13.148	9.376	9.842	13.841	18.584	16.591	21.299	28.092	5.035	0.000

1. 天利组　2. 临淄组　3. 良辅组　4. 紫薇组　5. 郑州汉代组　6. 完工组　7. 邢家店组　8. 南杨家营子组　9. 三道湾组　10. 萧氏后族组　11. 耶律羽之组　12. 上孙家寨汉代组　13. 陶家寨组

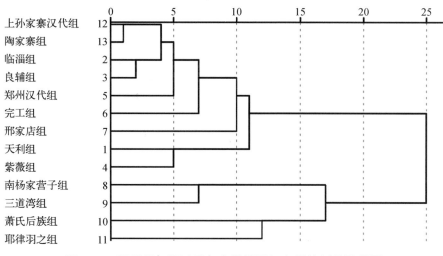

图一一 天利组与汉以后各古代颅骨组之间的树状聚类图

天利组与12个汉代及其以后古代颅骨组的聚类分析,采用欧氏距离作为相似系数和类间连接法。表二三列出了各比较组之间详细的欧氏距离系数,并据此绘制出树状聚类图一一。

表二四 前三个主成分的方差累计贡献率

主 成 分	特 征 值	方差贡献率(%)	累计贡献率(%)
1	7.187	47.916	47.916
2	2.522	16.816	64.732
3	1.718	11.454	76.186

表二五 前三个主成分因子载荷矩阵

主 成 分 因 子[a]			
	主 成 分		
	1	2	3
颅 长	0.711	−0.356	−0.079
颅 宽	−0.828	0.462	−0.159
颅 高	0.785	0.394	0.199
颧点间宽	−0.229	0.219	0.818
最小额宽	0.611	0.369	0.397
眶 宽	0.525	0.688	−0.244
眶 高	0.086	0.856	−0.239

主 成 分 因 子ᵃ			
	主 成 分		
	1	2	3
鼻 高	−0.751	−0.109	0.44
上面高	−0.525	0.376	0.206
总面角	−0.349	−0.359	−0.429
颅指数	−0.818	0.503	−0.068
颅宽高指数	0.93	−0.002	0.19
垂直颅面指数	−0.875	−0.152	0.004
鼻指数	0.764	0.206	−0.416
额宽指数	0.908	−0.189	0.264

注：采用提取主成分方法。a为已提取了3个主成分。

图一一清晰地反映了天利组与汉代及其以后各古代颅骨组之间的亲疏关系。图一一中，在刻度25时，13个颅骨组可以分为两大聚类群，第一大聚类群中，南杨家营子组和三道湾组代表汉代以后的鲜卑人，萧氏后族组和耶律羽之组代表辽代的契丹贵族。第二大聚类群中，包括西北羌系民族和中原农业文化系统的汉民族，以及北方草原游牧民族。在刻度处于5时，天利组与中原汉民族的紫薇组首先聚合，位于第二大聚类群的边缘地带。天利组与紫薇组之间具有最为相近的遗传关系。

对包括天利组在内的13个颅骨组做主成分分析，由表二四和表二五可知，前三个主成分的累计贡献率为76.186%。第一主成分的贡献率为47.916%，而第二主成分和第三主成分则分别可以解释16.816%和11.454%的方差。第一主成分最大载荷的原变量有颅长、颅宽、颅高、最小额宽、鼻高、颅长宽指数、颅宽高指数、垂直颅面指数、鼻指数和额宽指数等，主要体现在颅型的宽和高及面部宽度、面部在水平方向上的突出程度等方面。第二主成分最大载荷的原变量有眶宽和眶高等，代表眶型等特征。第三主成分最大载荷原变量有颧点间宽等，代表面部的宽度等形态特征。

图一二是依据前三个主成分的分布构成绘出的三维散点图。图一二中，13组人群可大致分为三个空间分布集团。南杨家营子组和三道湾组属于第一空间分布集团，代表汉代古蒙古高原类型的鲜卑人，完工组作为匈奴等北方草原游牧民族也属于该集团，但与鲜卑人发生了分离；耶律羽之组和萧氏后族组属于第二空间分布集团，代表辽代北方的契丹贵族；第三集团基本代表中原汉民族和西北羌系民族的人群，邢家店组作为北方草原游牧民族处于该集团的边缘地带。在第三集团中，天利组与陕西澄城的良辅组和陕西的唐代紫薇组距离

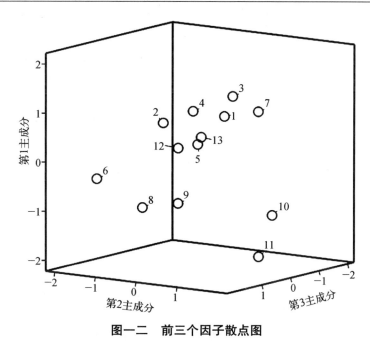

图一二　前三个因子散点图

1. 天利组　　2. 临淄组　　3. 良辅组　　4. 紫薇组　　5. 郑州汉代组　　6. 完工组　　7. 邢家店组　　8. 南杨家营子组
9. 三道湾组　　10. 萧氏后族组　　11. 耶律羽之组　　12. 上孙家寨汉代组　　13. 陶家寨组

最近，与西北羌系民族的陶家寨组和北方草原文化系统的邢家店组也相对较近。可见，天利组居民作为郑韩故城的古代居民，与汉代及其以后时代的陕西汉民族存在最为接近的颅骨形态学联系。

第三节　身高的推算

　　身高的变化不仅体现了体质特征的变换，而且蕴含了食物结构、疾病现象以及功能压力等方面的信息。这些信息不仅反映人类健康状况的变化，也反映经济模式甚至生活风俗等的变化，对于全面研究古代人群具有重要的作用[1]。本文对新郑天利两周墓葬成年人骨标本的肢骨进行了观察和测量，两性成年居民肢骨测量数据见附表五至附表一四。利用肢骨最大长推算出身高，这不仅为研究中原地区两周居民身高提供较大样本的基本身高数据，也为了解该地区两周居民的健康发育等体质状况提供有意义的参考。天利两周墓葬居民的身高推算公式，男性居民选择陈世贤[2]计算黄色人种身高公式（见表二六），依据列举的年龄段侧别公式推测身高。

---

[1]　王明辉:《人骨综合研究》,中国社会科学院考古研究所、河南省文物考古研究所:《灵宝西坡墓地》,北京:文物出版社,2010年,第130页。
[2]　陈世贤:《法医人类学》,北京:人民卫生出版社,1998年,第83-86页。

表二六　男性身高推算公式

年龄段	侧别	肱骨最大长身高公式	股骨最大长身高公式	胫骨最大长身高公式
21-30岁	L	MHL*2.66+826.39毫米 ±41.31毫米	MFL*2.30+643.62毫米 ±34.81毫米	MTL*2.22+853.39毫米 ±38.74毫米
	R	MHL*2.91+744.62毫米 ±40.13毫米	MFL*2.31+644.84毫米 ±34.86毫米	MTL*2.28+833.10毫米 ±38.13毫米
31-40岁	L	MHL*3.05+704.10毫米 ±46.01毫米	MFL*2.32+640.21毫米 ±33.32毫米	MTL*2.44+776.34毫米 ±38.66毫米
	R	MHL*2.88+751.77毫米 ±44.24毫米	MFL*2.33+635.64毫米 ±32.98毫米	MTL*2.49+759.27毫米 ±38.02毫米
41-50岁	L	MHL*3.15+679.24毫米 ±43.62毫米	MFL*2.36+617.48毫米 ±31.16毫米	MTL*2.52+742.77毫米 ±36.51毫米
	R	MHL*3.11+685.92毫米 ±41.37毫米	MFL*2.20+687.57毫米 ±32.35毫米	MTL*1.71+1 033.92毫米 ±47.31毫米
51-60岁	L	MHL*2.68+817.29毫米 ±51.60毫米	MFL*1.96+784.03毫米 ±34.30毫米	MTL*2.33+811.68毫米 ±36.93毫米
	R	MHL*2.67+808.85毫米 ±41.38毫米	MFL*1.98+780.19毫米 ±35.85毫米	MTL*2.34+810.40毫米 ±36.50毫米

女性居民选择张继宗[1]计算中国汉族女性的身高推算公式(见表二七),该公式与成年女性的年龄无关,而与所选用肢骨的侧别相关。

表二七　女性身高推算公式

侧别	肱骨最大长身高公式	股骨最大长身高公式	胫骨最大长身高公式
L	638.470毫米 +3.242*MHL ±50.27毫米	483.913毫米 +2.671*MFL ±47.92毫米	597.332毫米 +2.899*MTL ±48.88毫米
R	741.288毫米 +2.875*MHL ±55.69毫米	459.290毫米 +2.752*MFL ±50.00毫米	603.069毫米 +2.908*MTL ±51.46毫米

注:表二六和表二七中MHL,MFL,MTL分别代表肱骨最大长、股骨最大长和胫骨最大长。

依据所选用的公式分别推算出天利两周墓葬成年居民的身高,推算结果见表二八和表二九。天利两周墓葬成年男性居民平均身高为165.90厘米,变异范围是153.59-174.74厘米,女性平均身高为157.46厘米,变异范围是146.67-163.82厘米。虽然女性平均身高低于男性平均身高,但女性身高的最大值与男性身高的最大值十分接近。

为了进一步明确天利两周墓葬成年两性居民身高的发育状况,现选择河南境内先秦时期6组古代居民和1组北方现代居民平均身高作为对比组,与天利两周居民进行比较。为了增强各对比组间身高均值的可比性,均采用以黄种人身高推算公式所计算的各对比组居民身高均值。

---

[1] 张继宗:《中国汉族女性长骨推断身高的研究》,《人类学学报》2001年第4期,第302-307页。

表二八　新郑天利两周墓葬男性成年居民身高推算（毫米）

标本号	肱骨最大长		股骨最大长		胫骨最大长		肱骨最大值推测身高		股骨最大值推测身高		胫骨最大值推测身高		个体平均身高
侧别	左	右	左	右	左	右	左	右	左	右	左	右	
M21	321.00	326.50	437.00	437.00	359.00	/	1680.25	1694.74	1648.72	1654.31	1650.37	/	1665.68
M212	274.00	281.00	385.00	/	319.00	321.00	1555.23	1562.33	1529.12	/	1561.57	1564.98	1554.65
M153	269.00	272.00	386.50	/	308.50	306.00	1541.93	1536.14	1532.57	/	1538.26	1530.78	1535.94
M60	333.00	337.00	463.00	466.00	385.00	392.00	1719.75	1722.33	1714.37	1721.38	1715.74	1735.35	1721.49
M222	/	310.00	/	455.00	/	/	/	1644.57	/	1695.75	/	/	1670.16
M195	/	/	/	447.50	374.00	379.00	/	/	/	1678.28	1688.90	1702.98	1690.05
M32	324.00	335.00	/	462.00	/	/	1692.30	1716.57	/	1712.06	/	/	1706.98
M114	329.00	333.00	472.00	475.00	391.00	/	1707.55	1710.81	1735.25	1742.35	1730.38	/	1725.27
M162	/	/	/	/	/	351.00	/	/	/	/	/	1633.26	1633.26
M34	295.00	299.60	411.00	/	/	/	1603.85	1614.62	1593.73	/	/	/	1604.07
M42	323.00	327.00	449.00	448.00	367.00	367.00	1689.25	1693.53	1681.89	1679.44	1671.82	1673.10	1681.51
M294	325.00	328.00	466.00	464.00	372.00	372.00	1695.35	1696.41	1721.33	1716.72	1684.02	1685.55	1699.90
M293	302.00	304.50	418.00	/	340.00	336.50	1625.20	1628.73	1609.97	/	1605.94	1597.16	1613.40
M13	/	/	431.00	/	/	/	/	/	1634.64	/	/	/	1634.64
M102	/	/	450.00	445.00	376.00	378.00	/	/	1679.48	1666.57	1690.29	1680.30	1679.16
M8	/	335.00	464.00	461.00	378.00	381.00	/	1727.77	1712.52	1701.77	1695.33	1685.43	1704.56
M134	317.00	/	/	/	/	/	1677.79	/	/	/	/	/	1677.79
M48	/	/	/	/	351.00	/	/	/	/	/	1627.29	/	1627.29
M54	322.00	/	/	460.00	/	/	1693.54	/	/	1699.57	/	/	1696.56

续表

标本号	肱骨最大长 左	肱骨最大长 右	股骨最大长 左	股骨最大长 右	胫骨最大长 左	胫骨最大长 右	肱骨最大值推测身高 左	肱骨最大值推测身高 右	股骨最大值推测身高 左	股骨最大值推测身高 右	胫骨最大值推测身高 左	胫骨最大值推测身高 右	个体平均身高
M306	／	322.50	／	457.00	／	366.00	／	1688.90	／	1692.97	／	1659.78	1680.55
M297	325.00	328.00	475.00	468.00	398.00	401.00	1702.99	1706.00	1738.48	1717.17	1745.73	1719.63	1721.67
M172	332.00	333.00	454.00	457.00	371.00	372.00	1725.04	1721.55	1688.92	1692.97	1677.69	1670.04	1696.04
M224	／	／	／	468.00	／	／	／	／	／	1717.17	／	／	1717.17
M35	／	306.00	429.00	432.00	358.00	356.00	／	1637.58	1629.92	1637.97	1644.93	1642.68	1638.62
M151	336.50	／	482.00	482.00	／	／	1739.22	／	1755.00	1747.97	／	／	1747.40
M203	285.00	291.00	411.00	413.00	325.00	／	1576.99	1590.93	1587.44	1596.17	1561.77	／	1582.66
M303	／	／	392.00	389.00	／	／	／	／	1542.60	1543.37	／	／	1542.99
M287	／	／	436.00	438.00	354.00	349.00	／	／	1646.44	1651.17	1634.85	1630.71	1640.79
M2	334.00	332.00	／	／	／	354.00	1712.41	1695.29	／	／	／	1638.76	1682.15
M209	317.00	327.00	459.00	461.00	372.00	373.00	1666.85	1681.94	1683.67	1692.97	1678.44	1683.22	1681.18
M110	321.00	323.00	451.00	449.00	376.50	370.00	1677.57	1671.26	1667.99	1669.21	1688.93	1676.20	1675.19
M111	／	／	431.00	／	／	／	／	／	1628.79	／	／	／	1628.79
M95	331.00	330.00	469.00	／	／	／	1704.37	1689.95	1703.27	／	／	／	1699.20
M196	／	298.00	403.00	408.00	334.00	334.00	／	1604.51	1573.91	1588.03	1589.90	1591.96	1589.66
M311	316.00	／	／	／	／	363.00	1664.17	／	／	／	／	1659.82	1662.00
M33	／	／	／	426.00	344.00	342.00	／	／	／	1623.67	1613.20	1610.68	1615.85

男性平均身高 1659.01　身高最大值 1747.40　身高最小值 1535.94

表二九　新郑天利两周墓葬女性成年居民身高推算（毫米）

标本号	肱骨最大长 左	肱骨最大长 右	股骨最大长 左	股骨最大长 右	胫骨最大长 左	胫骨最大长 右	肱骨最大值推测身高 左	肱骨最大值推测身高 右	股骨最大值推测身高 左	股骨最大值推测身高 右	胫骨最大值推测身高 左	胫骨最大值推测身高 右	个体平均身高
M226	／	293.00	／	／	／	／	／	1583.66	／	／	／	／	1583.66
M84	308.50	315.00	418.00	418.00	352.00	353.00	1638.63	1646.91	1600.39	1609.63	1617.78	1629.59	1623.82
M236	／	／	430.00	428.00	／	／	／	／	1632.44	1637.15	／	／	1634.79
M90	／	／	／	／	321.00	323.00	／	／	／	／	1527.91	1542.35	1535.13
M129	／	／	／	427.00	327.00	／	／	／	／	1634.39	1545.31	／	1589.85
M108	／	／	／	／	336.00	334.00	／	／	／	／	1571.40	1574.34	1572.87
M197	294.00	／	／	／	／	／	1591.62	／	／	／	／	／	1591.62
M169	287.00	／	412.00	／	327.00	333.00	1568.92	／	1584.37	／	1545.31	1571.43	1567.51
M18	294.00	／	424.00	／	346.00	342.50	1591.62	／	1616.42	／	1600.39	1599.06	1601.87
M191	／	301.00	409.00	409.00	324.00	327.00	／	1606.66	1576.35	1584.86	1536.61	1553.99	1571.69
M161	307.00	309.00	437.00	／	／	／	1633.76	1629.66	1651.14	／	／	／	1638.19
M5	／	264.00	361.00	361.00	297.50	299.00	／	1500.29	1448.14	1452.76	1459.78	1472.56	1466.71
M43	／	／	／	／	306.50	310.00	／	／	／	／	1485.88	1504.55	1495.21
M238	／	296.00	411.00	413.00	338.00	338.00	／	1592.29	1581.69	1595.87	1577.19	1585.97	1586.60
M4	284.00	／	391.00	386.00	318.00	314.00	1559.20	／	1528.27	1521.56	1519.21	1516.18	1528.89
M251	284.00	290.00	404.00	408.00	321.00	325.00	1559.20	1575.04	1563.00	1582.11	1527.91	1548.17	1559.24
M1	／	／	414.00	415.00	339.00	340.00	／	／	1589.71	1601.37	1580.09	1591.79	1590.74
M89	／	300.00	／	／	／	／	／	1603.79	／	／	／	／	1603.79

女性平均身高 1574.57　身高最大值 1638.19　身高最小值 1466.71

表三〇　　天利两周墓葬成年居民与其他时代居民身高及身高的性二型性指数比较

组　别	地　点	时代/文化	身高均值（厘米）		性二型性
			男	女	
石固组[1]	河南长葛	裴李岗文化	167.00	153.50	8.08
晓坞组[2]	河南灵宝	仰韶早期	171.34	166.60	2.77
西坡组[3]	河南灵宝	仰韶中晚期	168.59	159.23	5.55
笃忠组[4]	河南渑池	仰韶晚期	165.00	154.33	6.47
天利组	河南新郑	两　周	165.90	157.46	5.09
西亚斯组[5]	河南新郑	东　周	171.33	152.20	11.17
双楼组[6]	河南新郑	东　周	167.46	159.10	4.99
现代组[7]			169.49	158.57	6.44

注：现代组数值为黑龙江、吉林、辽宁、内蒙古、北京、河北、山东和天津汉族青年身高的平均值。

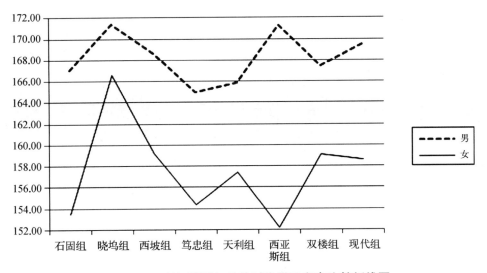

图一三　天利组居民与其他时代居民身高比较折线图

［1］原海兵、李法军、张敬雷、盛立双、朱泓：《天津蓟县桃花园明清家族墓地人骨的身高推算（Ⅰ）》，《人类学学报》2008年第4期，第318－324页。

［2］陈靓、魏兴涛：《晓坞遗址仰韶文化墓葬出土人骨的鉴定与初步研究》，《考古》2011年第12期，第16－22页。

［3］王明辉：《人骨综合研究》，中国社会科学院考古研究所、河南省文物考古研究所：《灵宝西坡墓地》，北京：文物出版社，2010年，第130页。

［4］孙蕾：《河南渑池笃忠遗址龙山文化早期人骨研究》，长春：吉林大学硕士学位论文，2008年，第29页。

［5］Pechenkina K.：《新郑西亚斯东周墓地人骨鉴定报告》，河南省文物考古研究所：《新郑西亚斯东周墓地》"附录二"，郑州：大象出版社，2012年，第232－261页。

［6］孙蕾：《新郑双楼东周墓葬人骨研究》，河南省文物考古研究院：《新郑双楼东周墓地》"附录一"，郑州：大象出版社，2016年，第445－549页。

［7］唐锡麟、王志强、王冬妹：《中国汉族青年身高水平的地域分布》，《人类学学报》1994年第2期，第143－148页。

　　表三〇和图一三显示,天利组男女两性成年居民的平均身高与对比组一致,两性的身高差异均符合在同种族、同民族、同地区的人群中男性高于女性的人体身高的一般规律。天利组男女两性居民身高在先秦对比组中处于中等偏下水平,两性的平均身高均略低于同地区时代较晚的东周双楼组。

　　为了更明确地比较两性身高的差异性,现采用计算身高性二型性[1]指数的方法,对天利组及其对比组的两性身高进行比较。身高的性二型性指数公式为:

$$I_{SD} = (H_{MM} - H_{MF}) / H_{MM} * 100$$

　　其中, I_{SD} (sexual dimorphism index)表示性二型性指数, H_{MM} (mean male height)表示男性平均身高, H_{MF} (mean female height)表示女性平均身高。

　　在人群中,性二型性指数通常介于5%到10%之间。表三〇中,天利两性居民身高的性二型性指数为5.09%,略高于5%,但是低于同为郑韩故城古代居民的西亚斯组,西亚斯组相较于天利组居民时代稍晚;天利组两性身高的性二型性水平同样低于现代人群(现代组中男女两性在后天的待遇方面可视为无差别,所以,现代组的平均指数6.44%应该可以作为男女两性居民的自然性二型性标准)。可见,天利两性身高的差异与现代社会人群的两性身高差异相比大致相同,甚至更小。在同一人群中,身高是反映该人群健康状况的重要指标,但是身高的性别差异不仅可以反映一些难以定量描述的健康问题,而且能够从侧面了解该人群中女性的经济和社会地位[2]。排除两性身高样本量较小的状况,天利组两性居民身高差异大于时代稍晚的双楼组,而小于现代组,也许说明,在郑韩故城中,两周居民随着时代发展,身高呈现上升的趋势,两性的身高差异缩小,该地区人群的健康状况有所提高,女性相较于其他地区遗址的先秦居民,具有上升趋势的经济和社会地位。

第四节　病　理　调　查

　　古病理学是一门研究疾病在较长时间内的演变和发展过程以及人类对周围环境变化的适应性的学科[3]。对考古发掘中出土的人骨进行古病理学的研究,不仅为探索某些现代疾病起源和发展提供重要的材料,也为探讨古代居民的生活方式、生存环境和健康状况提供重要的线索。因此,深入研究古代人骨,确认其中的病理现象,对考古学工作者提供有关古代人类及其社会诸多方面的信息具有非常现实的意义[4]。

---

[1] Stephen Molnar, *Human variation: races, types, and ethnic groups*, New Jersey: Prentice-Hall, 1998, pp.189, 191.
[2] 谭琳、吴帆:《经济全球化对妇女健康的影响及其理论框架》,《广东社会科学》2000年第6期,第112-117页。
[3] (英)夏洛特·罗伯茨等、张桦译:《疾病考古学》,济南:山东画报出版社,2010年,第1页。
[4] 李法军、朱泓:《河北阳原姜家梁新石器时代居民骨骼的病理观察》,《中国边疆考古学术讨论会论文摘要》,2005年,第96-112页。

　　依据新郑天利两周墓葬采集到的人骨保存状况，现就可供观察、鉴定性别的骨骼和牙齿表现出的病理及部分异常现象进行描述和总结。依据朱泓[1]、陈世贤[2]、Donald J.Ortner[3]、Roberts and Manchester[4]及 Buikstra and Ubelaker[5]等提出的标准，对骨骼创伤和部分骨病、牙病进行初步的统计和分析。

　　然而，并不是所有的疾病和创伤都能在骨骼上有所反映，也并不是所有在骨骼上反映的疾病和创伤都能够保留下来，保留下来的疾病和创伤痕迹并不一定都能够被辨识出来，因此所有对古代人群进行的疾病和创伤研究只能部分反映古代居民的健康状况，不能替代其他方法对古代居民健康状况的研究[6]。

一、创伤（Trauma）

　　创伤是除了骨骼的退行性病变外最常见的病理，创伤对骨骼的影响以这几种形式存在：骨折、关节错位、破坏血液或神经的供给、人工变形[7]。而其中，在古代人类遗骸上发现最多的是骨折，骨折可以分为完全骨折和不完全骨折，比如横形骨折、斜形骨折、螺旋形骨折和粉碎性骨折等属于完全骨折，而压缩性骨折和绿枝性骨折则属于不完全骨折[8]。

　　在天利两周墓葬出土人骨上发现2例个体存在创伤，1例为M162（男性，35岁左右），其左侧肱骨骨干近端1/3处有愈合的骨折，骨干变短，与正常的右侧肱骨相比较已扭曲变形。另1例为M268（男性，成年），其左侧股骨骨干上半部偏外侧有骨痂，可能是骨折形成的。参见彩版八五。

二、施莫尔结节（Schmorl's nodes）

　　施莫尔结节是椎间盘组织上相邻椎体终板的垂直突出物，最初由 G. Schmorl 描述。在现代人类中，施莫尔结节的出现率从38%到76%，男性占很重要的比重，主要发病于腰椎和胸椎部。虽然在临床上对施莫尔结节做了大量的研究，但是其发病机理仍然存在争议。许多临床研究认为创伤和椎体终板的先天性削弱是其主要原因。研究显示，年轻人的创伤或长期的机械负荷是产生施莫尔结节的重要原因[9][10]。

[1]　朱泓：《体质人类学》，北京：高等教育出版社，2004年。
[2]　陈世贤：《法医人类学》，北京：人民卫生出版社，1998年。
[3]　Ortner DJ., *Identification of Pathological Conditions in Human Skeletal Remains (2nd edn)*, London: Academic Press, 2003.
[4]　Charlotte Roberts, Keith Manchester, *The Archaeology of Disease (3rd edition)*, New York: Cornell University Press, 2005.
[5]　Buikstra JE, Ubelaker D., *Standards for data collection from human skeletal remains*, Arkansas: Fayetteville, 1994.
[6]　王明辉：《人骨综合研究》，中国社会科学院考古研究所、河南省文物考古研究所：《灵宝西坡墓地》，北京：文物出版社，2010年，第115-153页。
[7]　White T. D, Folkens P. A., *The Human Bone Manual*, New York: Elsevier Academic Press, 2005, pp.312-314.
[8]　Mays S., *The Archaeology of Human Bones*, New York: Routledge, 1998, pp.162-165.
[9]　Wagner AL, Reed MF, Arrington JA, Stallworth D., "Relationship of Schmorl's nodes to vertebralbody endplate fractures and acute endplate diskextrusions", *American Journal of Neuroradiology* 21(2000), pp.276-281.
[10]　H. Stundag, "Schmorl's Nodes in a Post Medieval Skeletal Sample from Klostermarienberg", *Austria International Journal Of Osteoarchaeology* 19(6)(2009), pp.695-710.

在天利两周墓地中发现1例个体存在施莫尔结节。该个体为M172(男性,40-45岁),其部分胸椎和全部腰椎上有施莫尔结节。

三、骨性关节炎(Osteoarthritis)

骨性关节炎又名退行性关节病,是关节炎最常见的形式,其病理特征是由于关节内或周围骨和软骨的退化而在关节表面或边缘形成骨赘,或者骨与骨直接摩擦出现象牙化或多孔现象,有时甚至导致相邻关节的融合。其病因主要是机械性压力,主要发生于承重关节面上,尤其在脊椎骨、髋臼关节面和膝盖处[1]。

依据天利两周墓葬人骨的保存情况,在可供观察骨骼的个体上,共发现9例存在不同发病部位、不同程度的骨性关节炎,男性7例,女性2例,均为中老年个体。发病部位多为脊椎,其次为腿部和足部及上肢,在胸骨体与肋骨连接处也有少量出现。具体发病个体和部位见表三一。参见彩版八五。

表三一 天利两周墓葬居民骨性关节炎病发部位统计表

标本号	性别	年龄	发 病 部 位
M222	男	30±	胸骨与肋骨相连处有骨赘生成
M268	男	成年	左右股骨远端的内外侧踝关节面上有"唇形变"的关节炎,其中右侧股骨内外侧踝关节面和髌骨关节面上有凸起的骨痂及骨质象牙化。左右胫骨近端,与股骨关节面上有关节炎,有骨赘生成,形成"唇形变"。
M311	男	55±	颈椎、胸椎和腰椎椎体有骨赘生成,形成"唇形变"。
M172	男	40-45	左右第一跖骨远端关节面上骨质象牙化,并均有向下方延伸的关节面。
M2	男	50±	颈椎椎体有骨赘生成。
M209	男	50±	腰椎椎体皆有骨赘生成。胸骨体与肋骨连接处均生出多余骨赘。
M122	男	60+	胸椎、腰椎椎体有骨赘生成;左侧肱骨滑车上有多孔性变,边缘有骨赘生成。
M197	女	45±	存在严重的骨质疏松,颈椎、胸椎和腰椎椎体有骨赘生成。
M238	女	55±	跟骨,胸椎和腰椎椎体有骨赘生成。

四、弥漫性特发性骨质增生症(Diffuse Idiopathic Skeletal Hyperostosis,DISH)

弥漫性特发性骨质增生症虽然在1950年首次被定义为一种脊柱疾病,但目前普遍被认为是类似脊柱外部病理表现的一种类型。该病的特定病因还不清楚,但似乎与肥胖症和Ⅱ型糖尿病有关。研究者曾在伊拉克出土的一具尼安德特人骨骼上观察到这种病理现象,此骨骼距

---

[1] White T. D, Folkens P. A., *The Human Bone Manual,* New York: Elsevier Academic Press, 2005, pp.309-332.

今4万年至7.3万年，是目前已知的最早病例。该病累及脊柱，椎体表面、关节腔和关节突的完整性并没有遭到破坏，脊柱前侧纵向的韧带和侧面的组织骨化，形成大面积的烛蜡状骨赘，常见于第七至第十一胸椎右侧椎体表面，这种现象可能是因为大动脉位于胸椎的左侧（身体的主要血管）。四个连续的椎体融合即可做出诊断。另外，韧带和肌腱的附丽处还发生肌腱末端骨赘，目前还不了解肌腱末端骨赘的发生是否在脊柱受累之前，不过这种病理改变也是进行诊断的要点[1]。

区分弥漫性特发性骨质增生症和强直性脊柱炎这两种骨骼病理畸形，是鉴定两种疾病在古代流行情况的第一步。DISH一般多发生于老年男性个体，脊柱上可见典型的流淌状厚骨赘和脊柱以外其他部位的肌腱末端骨赘，但通常不会出现骨突关节或骶髂关节融合现象。强直性脊柱炎表现为薄的、竖直方向的脊柱韧带骨赘的形成，骨突关节和骶髂关节融合，不会累及脊柱以外的其他关节。相对于现代人群来讲，在考古学人群中探寻特定的致病因素更加困难，但考察不同人群的文化特征可能会对该研究有所帮助[2]。

在天利两周墓葬中发现1例个体，M209（男性，50岁左右），其T5-T10的椎体右侧有类似蜡样的骨质使椎体连为一体，但仅是椎体相连，棘突和上、下关节突仅有多余的骨质长出，之间仍是分离的。T11椎体前侧有多余的骨质附着。L1-L5椎体未连接，但椎体有骨赘生成，形成唇形样变。左右侧骶髂关节的上方，连接髂骨和骶骨的肌腱末端骨化，左右股骨的近端和远端都有新骨形成。依据M209骨骼上表现的特征，参照DISH的病理表现，初步判定该个体的此病症应属于弥漫性特发性骨质增生症。参见彩版八六。

五、肱骨滑车上孔（Septal aperture）

肱骨滑车上孔位于肱骨滑车后上方冠状高与鹰嘴窝之间，滑车上孔形状，以椭圆形最多，肾形次之，圆形最少，滑车上孔的种族差异非常显著，黑种人出现率最高，白种人最低，黄色人种居中。但其侧别差异不显著；滑车上孔的出现率，女性较男性高。有关滑车上孔产生的原因说法颇多，有反祖遗传学说（此孔是哺乳类动物的特征，灵长类狐猴和狒狒恒定地存在，猕猴、大猩猩和黑猩猩经常存在，但长臂猿少见，只有某些哺乳类动物不存在，即野兔、狗、獴、白鼠、某些羚羊和狐猴。另外，古人类出现率较今人为多），肘关节过伸机械反应说和骨化紊乱说（即骨化时期，钙的代谢紊乱所致）。根据本文滑车上孔出现的年龄差异支持反祖特征说。另根据年龄和孔在鹰嘴窝所处的位置，难以支持肘关节过伸机械反应说[3][4]。

天利两周墓葬出土人骨的肱骨滑车上孔的情况见表三二。

[1] （英）夏洛特·罗伯茨等、张桦译：《疾病考古学》，济南：山东画报出版社，2010年，第174-176页。
[2] （英）夏洛特·罗伯茨等、张桦译：《疾病考古学》，济南：山东画报出版社，2010年，第174-176页。
[3] 丁士海、阎克等：《关于肱骨滑车上孔的研究》，《解剖学研究》2000年第2期，第83-87页。
[4] 杨玉田、李应义：《中国人肱骨滑车上孔的调查》，《人类学学报》1984年第4期，第334-339页。

表三二　天利两周墓葬居民肱骨滑车上孔统计表

标 本 号	性　别	年　龄	发病部位
M244	男	60+	左侧
M285	男	40－45	右侧
M2	男	50±	两侧
M212	男?	25±	左侧
M111	男	55±	右侧
M114	男	35±	两侧
M8	男	40±	左侧
M106	男	50±	右侧
M122	男	60+	左侧
M303	男	45－50	左侧
M238	女	55±	右侧
M84	女	30±	左侧
M299	女?	45－50	左侧
M251	女	60+	两侧
M226	女?	25±	右侧
M4	女	60+	两侧
M11	女	50±	右侧
M1	女	60±	两侧

六、胸骨孔（Sternal aperture）

胸骨孔的大小、形状不等,成人的胸骨孔内为透明软骨,通常位于第三至第四节胸骨体之间,在骨标本中的发生率为1%-2%。胸骨孔是因为胸骨柄没能愈合在一起,其大小和形状依据延迟愈合的时间而定。这个孔通常是椭圆形的,边缘光滑,可能很大或很小。在不同的人群中,胸骨孔的出现率也有所不同,东非的13.2%明显比欧洲的4%出现率高[1]。

在天利两周墓葬中发现1例人骨个体存在胸骨孔,该个体是M209（男性,50岁左右）,其胸骨体下方有胸骨孔,胸骨体与肋骨连接处均生出多余骨质,剑突与胸骨体连为一体。参见彩版八六。

---

[1] Barnes E., "Developmental Defects of the Axial Skeleton in Paleopathology", University Press of Colorado,1994, pp.210-230.

七、筛状眶与多孔性骨肥厚(Cribra orbitalia and Porotic hyperostosis)

筛状眶和多孔性骨肥厚是出现在骨骼上的一种病理损伤,多发现于颅骨的眶顶和头盖骨上,其特征是骨骼的外部致密层处有孔蚀结构,并且其板障加厚。一般认为,它可能是由于缺铁性贫血造成的,它与人群所处的生活环境和社会经济类型也有一定的关系,被认为与农业社会的出现有关。缺铁性贫血是贫血中最常见的一种,铁缺乏的原因多是血液流失、饮食中缺乏铁元素或个体存在铁元素吸收障碍,其后果则是影响红细胞的生成。在一般情况下,红细胞的生成和分解是一个平衡的过程,而贫血会破坏这一平衡。当体内的红细胞数量减少或红细胞内血红蛋白的浓度减少时,机体会自动分泌促红细胞生成素,使骨髓代偿性地生成更多的红细胞。在儿童时期,颅骨和眼眶部位的红骨髓是红细胞生成的主要场所,发生在这两处的骨髓增生也就导致了相应的损伤[1]。

从采集狩猎向农业经济的转型中,因为食物的改变以及更多地依赖种植产品,使得这种病理现象似乎有增加的趋势。除饮食影响外,感染性疾病、寄生虫、疟疾或腹泻等都会引起贫血,这些非饮食因素也有规律地集中发生在与农业社会有关的密集定居地区[2]。Wapler等人强调只有严重及慢性的贫血才能引起骨骼病变[3],而且即使得了严重的贫血,也并不一定在每个人的骨骼上都显现出病变。因此,贫血的实际出现率要比所观察的高。多孔性骨肥厚通常被认为是与筛状眶属于同一个病理生理学。许多学者对多孔性骨肥厚和筛状眶进行分析,认为筛状眶是贫血的初期病变,而颅骨多孔性骨肥厚则是贫血的后期病变表现。在人群中,表现在眼眶与颅骨上的贫血病变出现率有明显的不同,所以两种现象的关系也有很大的变化[4]。然而,对不同地域和年代的人骨进行观察时,会认为多孔性骨肥厚和筛状眶是不同发展过程的表现[5]。

在天利两周墓地的墓葬中发现7例个体存在筛状眶或多孔性骨肥厚,其中,5例男性,2例女性。男性中,3例为筛状眶,2例为颅骨多孔性骨肥厚;女性中,筛状眶和多孔性骨肥厚各1例。筛状眶与多孔性骨肥厚并非同时出现在同一个体上,发病年龄自壮年期至老年期。天利人骨筛状眶与多孔性骨肥厚的具体发病部位见表三三。

---

[1] Phillip L. Walker, Rhonada R. Bathurst and Rebecca Richman, "The Cause of Porotic Hyperostosis and Cribra Orbitalia: A Reappraisal of the Iron-Deficiency-Anemia Hypothesis", *American Journal of Physical Anthropology* 139(2009), pp.109-125.

[2] 张君:《农业社会的出现对古代人群健康的影响》,《中国文物报》2006年8月11日。

[3] Wapler U, Crubezy E, Schultz M., "Is cribra orbitalia synonymous with anaemia? Analysis and interpretation of cranial pathology in Sudan", *American Journal of Physical Anthropology* 123(2004), pp.333-339.

[4] Stuart-Macadam P., "Porotic hyperostosis: relationship between orbital and vault lesions", *American Journal of Physical Anthropology* 80(1989), pp.187-193.

[5] M. Djuric, P. Milovanovic, A. Janovic, M. Draskovic, K. Djukic, P. Milenkovic., "Porotic Lesions in Immature Skeletons from Stara Torina, Late Medieval Serbia", *International Journal Of Osteoarchaeology* 18(2008), pp.458-475.

表三三　天利两周墓葬居民筛状眶和多孔性骨肥厚的个体登记表

标　本　号	性　　别	年　　龄	发　病　部　位
M110	男	50-55	额骨、顶骨和枕骨上有多孔性骨肥厚
M303	男	45-50	筛状眶
M131	男	60±	筛状眶
M222	男	30±	筛状眶
M134	男	40-45	额骨、顶骨和枕骨有多孔性骨肥厚
M256	女	60+	筛状眶
M84	女	30±	顶骨矢状缝附近处有多孔性骨肥厚

八、骑马人小平面（Plaque[1]）

在天利两周墓地中发现12例男性个体在股骨颈的前侧边缘接近股骨头处，有压印样的痕迹，此痕迹有明显的边缘。当骑在马上且双腿夹紧马腹时，股骨颈上此压印样的痕迹正好与髋臼上端外缘相接触，此压印样的平面即是"骑马人小平面"[2]。骑马人小平面的出现当是长期的骑马行为在骨骼上的表现。

在天利两周墓地发现具有"骑马人小平面"的个体皆为男性，1例处于壮年期，10例处于中年期和1例处于老年期，共占观察到的男性个体的20.34%。在女性个体中均未见此平面，也许暗示长期骑马的行为仅发生于天利两周墓地的男性居民中。参见彩版八六。

九、牙齿磨耗及口腔健康状况

人类牙齿的主要功能是咀嚼食物，所以在摄取、切割、粉碎和研磨的过程中，牙齿的磨耗程度直接反映了牙齿咬合面用于不同质地食物留下的痕迹[3]。从病因学上来讲，影响牙齿磨耗的因素多种多样，比如牙齿与牙齿的接触、外部因素的机械摩擦，或者是酸性物质对牙齿的腐蚀都会增加牙齿的磨耗，其发生可以由于单一的因素引发，也可以是多种因素一起作用的结果。同时，大量的研究说明牙齿的磨耗与年龄有着明显的相关性，即牙齿磨耗会呈现出一种增龄性变化[4]。在考古学研究中，研究牙齿磨耗以探讨不同历史时期或不同区域的不同人群的食物结构及与之密切相关的社会经济模式是阐述人类社会文明发展的一个重要方面[5]。国内外已有很多针对牙齿

[1] Finnegan M., "Non-metric variation of the infracranial skeleton", *Journal of Anatomy* 125(1978), pp.23-37.
[2] 米夏艾勒·舒勒茨、泰德·H.施米特·舒勒茨、巫新华等：《新疆于田县流水墓地26号墓出土人骨的古病理学和人类学初步研究》，《考古》2008年第3期，第86-91页。
[3] 龚怡、李金陆、杨圣辉：《新石器时期人类牙齿磨耗与饮食习惯》，《北京口腔医学》2005年第3期，第162-164页。
[4] 蒙萌：《牙齿磨耗与牙列缺损及其功能等级分类相关性的调查研究》，西安：第四军医大学硕士学位论文，2013年，第10-11页。
[5] 王巍、曾祥龙、刘武：《中国夏代人牙齿磨耗的研究》，《口腔正畸学》2006年第3期，第127页。

磨耗的研究,为了解古人的生存状况、咀嚼功能、食物结构以及口颌系统的进化等提供了很多有益探讨[1][2][3][4][5]。

由于牙齿组织结构坚硬而牢固,通常能够在长时间的埋葬中保存下来,所以,牙齿疾病作为古病理学研究中非常重要的一个方面,同样可以为研究者提供大量关于饮食、口腔卫生及生前生存状况等信息,若是与考古发掘中其他的证据相结合,甚至可成为研究先民的生存压力、文化行为、生业模式等较为复杂课题的可靠信息来源[6][7][8][9]。对考古遗址所出牙齿的病理特征进行观察和统计,有助于考察古代居民身体健康水平的变化状况,进而反映该考古遗址中社会经济和文化变迁关系的深层次问题。

以下主要从牙齿磨耗和牙齿疾病的相互关系来探讨新郑天利两周墓地古代两性居民在食物构成、饮食行为习惯及社会经济模式方面的特征及性别差异等问题。

1. 材料与方法

在天利两周墓地的313座墓葬中,共收集95例人骨标本,在其中保留有牙齿并可知性别的个体中,观察的牙齿共1 302颗,属于80例个体,分别为男性51例(869颗牙齿),女性29例(433颗牙齿)。表三四详细列出了上、下颌各类别牙齿的数量情况。

表三四　牙齿磨耗研究使用的牙齿标本

性别	颌骨	I1	I2	C	P1	P2	M1	M2	M3	合计
男性	上颌	44	38	59	66	68	68	60	34	437
	下颌	27	32	51	59	65	74	79	45	432
女性	上颌	11	21	26	32	26	25	28	15	184
	下颌	27	30	36	35	34	37	32	18	249
总 计		109	121	172	192	193	204	199	112	1 302

[1] 何嘉宁:《陶寺、上马、延庆古代人群臼齿磨耗速率的比较研究》,《人类学学报》2007年第2期,第116-124页。
[2] 刘武、张全超、吴秀杰等:《新疆及内蒙古地区青铜—铁器时代居民牙齿磨耗及健康状况的分析》,《人类学学报》2005年第2期,第32-52页。
[3] 周蜜、潘雷、邢松等:《湖北郧县青龙泉新石器时代居民牙齿磨耗及健康状况》,《人类学学报》2013年第3期,第330-344页。
[4] 赵永生、朱泓、毛瑞林等:《甘肃临潭磨沟墓地古代居民的牙齿磨耗研究》,吉林大学边疆考古研究中心:《边疆考古研究(第12辑)》,北京:科学出版社,2012年,第431-443页。
[5] 陈伟驹、李法军:《鲤鱼墩遗址出土人牙的牙齿磨耗和龋齿》,《人类学学报》2013年第1期,第45-51页。
[6] 刘武、张全超、吴秀杰等:《新疆及内蒙古地区青铜—铁器时代居民牙齿磨耗及健康状况的分析》,《人类学学报》2005年第2期,第32-52页。
[7] 彭书琳:《岭南古代居民拔牙习俗的考古发现》,《南方文物》2009年第3期,第80-88页。
[8] 高扬、张全超、朱泓:《内蒙古和林格尔县土城子遗址古代居民的龋病分布》,《吉林大学学报(医学版)》2006年第3期,第515-516页。
[9] 张雅军、何驽、尹兴喆:《山西陶寺遗址出土人骨的病理和创伤》,《人类学学报》2011年第3期,第265-273页。

本文采用美国学者Smith[1]制定的 8 级标准,对所研究的全部牙齿的磨耗状态进行观察。所得的牙齿磨耗数据,按性别及牙齿类别分别统计各磨耗等级的百分比出现率。采用Mann-Whitney U检测同一性别内上、下颌分组之间及全部牙齿性别分组之间在各类别牙齿磨耗差异的显著性水平,以 $P<0.05$ 作为确定差异显著的标准[2]。为了更直观地反映各牙齿的平均磨耗状态及方便与其他遗址对比分析,本文采用加权平均的方法[3]计算牙齿的平均磨耗等级:

$$牙齿的平均磨耗等级 = \sum（各磨耗等级级别百分比的出现率 \times 相对应的磨耗级别）$$

同时,统计上、下颌中门齿与第一臼齿的磨耗差别(I1/M1),及上、下颌前部 3 个牙齿与后部 3 个牙齿的磨耗差别(I1-C)/(M1-M3)。这两个指数的计算方法为相应牙齿的平均磨耗级别之比。I1-C表示中门齿、侧门齿、犬齿 3 个牙齿平均磨耗级别的相加值;M1-M3表示 3 个臼齿平均磨耗级别的相加值。

对新郑天利两周墓葬居民口腔健康状况的初步了解,主要通过对该墓地保留有牙齿并可知性别个体(80例个体)的 3 项病理特征(牙齿生前脱落、牙釉质发育不良和龋齿)的观察与统计。

牙釉质发育不良被认为是一种非特异性的"生存压力指标",并定义为"釉质发育缺陷",它表现为釉质表面呈线状、沟状凹陷,最常见于门齿和犬齿的颊侧面。这些缺陷发生在牙齿发育期间,并且作为永久的记录保留至成年阶段。很多因素都和釉质缺陷的病因有关,大致分几个方面:遗传异常、局部创伤及系统的新陈代谢压力[4]。牙釉质发育不良是检验古代社会人群非特异性生存压力和推理出其健康水平的有效手段。

判断生前牙齿脱落的依据是齿槽愈合情况。保持了锐利边缘和显示轻微愈合的空齿槽,应是后埋葬因素而非生前牙齿脱落造成的[5]。因为牙齿生前脱落属于一种非特异性病理指标,所以出现该现象的具体原因还不能确定[6]。牙齿生前脱落可能由多方面的原因引起,包括饮食结构、营养缺乏类疾病、口腔健康状况、外伤及文化行为[7]。

龋齿是由大量的成酸菌,尤其是变形链球菌和一些乳酸杆菌引起的,当这些成酸菌和碳水化

[1] Smith Holly, "Patterns of molar wear in hunter-gatherers and agriculturalists", *American Journal of Physical Anthropology* 63(1984), pp.39−56.

[2] Keenleyside A., "Dental pathology and diet at Apollonia, a Greek Colony on the Black Sea", *International Journal of Osteoarchaeology* 18(2008), pp.262−279.

[3] 刘武、张全超、吴秀杰等:《新疆及内蒙古地区青铜—铁器时代居民牙齿磨耗及健康状况的分析》,《人类学学报》2005年第2期,第32−52页。

[4] Charlotte Roberts, Keith Manchester, *The Archaeology of Disease (3rd edition)*, New York: Cornell University Press, 2005, pp.63−83.

[5] 朱泓:《古病理学讲义》,《研究生课程讲义》(未刊)。

[6] Hillson S., "Recording dental caries in archaeological human remains", *International Journal of Osteoarchaeology* 11(2001), pp.249−289.

[7] Lukacs J R., "Dental trauma and antemortem tooth loss in prehistoric Canary Islanders: Prevalence and contributing factors", *International Journal of Osteoarchaeology* 17(2007), pp.157−173.

合物在牙齿上发酵时,会生成乳酸[1]。乳酸会导致牙釉质软化,并对牙齿表面造成不可逆转的破坏[2]。所以,在以碳水化合物为主要饮食结构的农业社会中,龋齿具有较高的出现率[3]。

采用卡方检验(X^2)比较同一牙病的两性患病率、患齿率的差异,当P值<0.05时,确定差异有显著性意义[4]。

2. 结果

（1）牙齿磨耗的总体情况

由表三五可知,天利两周墓地全部牙齿的平均磨耗度为4.38°,除了第三臼齿的3.55°,其余牙齿的平均磨耗度皆为4°以上,磨耗最严重的是第一臼齿,为4.75°。上、下颌同名牙齿的平均磨耗度大小排比依次为M1＞I1＞C＞P1＞I2＞P2＞M2＞M3。牙齿磨耗度分布的百分比从大到小依次为4°（24.35%）＞5°（24.19%）＞3°（22.27%）＞6°（11.44%）＞2°（7.83%）＞8°（4.99%）＞7°（4.53%）＞1°（0.38%）。

表三五　天利墓地牙齿磨耗级别的分布情况

牙位	1°	2°	3°	4°	5°	6°	7°	8°	合计	平均磨耗等级
I1	0	0	27	23	38	12	4	5	109	4.61
I2	0	5	28	34	30	12	8	4	121	4.46
C	0	5	36	40	56	18	11	6	172	4.60
P1	0	16	41	45	49	17	11	13	192	4.49
P2	0	25	38	50	43	17	5	15	193	4.33
M1	0	6	33	55	50	41	10	9	204	4.75
M2	0	24	45	51	37	25	9	8	199	4.27
M3	5	21	42	19	12	7	1	5	112	3.55
总计	5	102	290	317	315	149	59	65	1 302	4.38

（2）上、下颌牙齿磨耗对比

分别对天利两周墓地同一性别内,上、下颌牙齿的平均磨耗进行对比。由图一四可知,男性前

---

[1]　史俊南:《口腔内科学(第3版)》,北京:高等教育出版社,2011年,第107-158页。

[2]　Pechenkina K.:《新郑西亚斯东周墓地人骨鉴定报告》,河南省文物考古研究所:《新郑西亚斯东周墓地》"附录二",郑州:大象出版社,2012年,第232-261页。

[3]　张君:《农业社会的出现对古代人群健康的影响》,《中国文物报》2006年8月11日。

[4]　Giovanna Belcastro, Elisa Rastelli, Valentina Mariotti et al, "Continuity or discontinuity of the life-style in Central Italy during the Roman Imperial Age-Early Middle Ages Transition: Diet, health, and behavior", *American Journal of Physical Anthropology* 132(2007), pp.381-394.

部牙齿(I1、I2和C)和后部牙齿(P2和M1)的磨耗级别均为上颌略大于下颌,但第二臼齿平均磨耗则是下颌重于上颌。采用U检验检查上、下颌牙齿磨耗级别的差异,结果显示,P=0.721,大于0.05,上、下颌组牙齿平均磨耗不存在显著性差异。图一五展示了女性上、下颌同名牙齿平均磨耗等级的分布情况。与男性上、下颌牙齿磨耗等级大致相反,前部牙齿(I1和I2)和后部牙齿(M1、M2和M3)均为下颌重于上颌。U检验结果显示,P=0.645,大于0.05,女性上、下颌牙齿平均磨耗仍然不存在显著性差异。

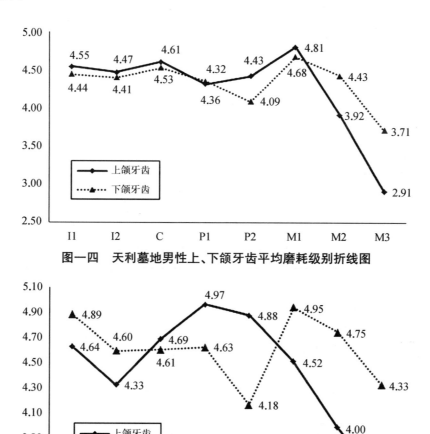

图一四　天利墓地男性上、下颌牙齿平均磨耗级别折线图

图一五　天利墓地女性上、下颌牙齿平均磨耗级别折线图

（3）不同性别牙齿磨耗情况

图一六显示,任何牙位的平均磨耗度均为女性较男性严重,两性的牙齿磨耗程度在各个牙位上的分布大致相同,同时有少许差异。男性组中,各个牙位牙齿的磨耗程度由重到轻依次为: M1 > C > I1 > I2 > P1 > P2 > M2 > M3;女性组中,各个牙位牙齿磨耗程度由重到轻依次为: I1 > P1 > M1 > C > I2 > P2 > M2 > M3。采用U检验检测两性牙齿平均磨耗的区别,P=0.161,男、女牙齿的平均磨耗不具有显著性差异。

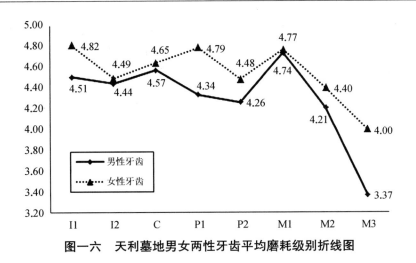

图一六　天利墓地男女两性牙齿平均磨耗级别折线图

（4）与先秦各古代组的对比

为了对天利两周居民牙齿磨耗水平有客观的了解，将其与国内已发表的史前、青铜和铁器时代等先秦不同考古遗址出土的牙齿磨耗数据对比。对比组牙齿磨耗程度的观察皆采用同一标准。所选用古代人群对比组的情况见表三六。对比组上、下颌同名牙齿平均磨耗见表三七。

表三六　先秦古代对比样本中的情况

样 本 组	地 点	时代/文化	经 济 形 态
双楼组[1]	河南新郑	东周	旱作农业经济
青龙泉组[2]	湖北省郧县境内的青龙泉遗址	仰韶、屈家岭和石家河等文化	稻作农业种植为主，狩猎采集为辅
新疆组[3]	新疆营盘墓地、穷克科墓地、洋海墓地	青铜—铁器时代	农牧并举，兼营狩猎
内蒙古水泉组[4]	内蒙古自治区赤峰市敖汉旗四家子镇水泉墓地	战国时代	以农业经济为主
内蒙古饮牛沟组[5]	内蒙古乌兰察布市凉城县永兴乡毛庆沟墓地	战国时代	农牧并举

[1]　孙蕾：《新郑双楼东周墓葬人骨研究》，河南省文物考古研究院：《新郑双楼东周墓地》"附录二"，郑州：大象出版社，2016年，第445-549页。

[2]　周蜜、潘雷、邢松等：《湖北郧县青龙泉新石器时代居民牙齿磨耗及健康状况》，《人类学学报》2013年第3期，第330-344页。

[3]　刘武、张全超、吴秀杰等：《新疆及内蒙古地区青铜—铁器时代居民牙齿磨耗及健康状况的分析》，《人类学学报》2005年第2期，第32-52页。

[4]　刘武、张全超、吴秀杰等：《新疆及内蒙古地区青铜—铁器时代居民牙齿磨耗及健康状况的分析》，《人类学学报》2005年第2期，第32-52页。

[5]　刘武、张全超、吴秀杰等：《新疆及内蒙古地区青铜—铁器时代居民牙齿磨耗及健康状况的分析》，《人类学学报》2005年第2期，第32-52页。

续表

样本组	地点	时代/文化	经济形态
山西游邀组[1]	山西忻州市游邀遗址	晚期龙山文化	以农业经济为主
河南下王岗组[2]	河南淅川县下王岗遗址	仰韶文化、屈家岭文化和龙山文化等	农业经济,兼营渔猎
磨沟组[3]	甘肃省临潭县陈旗乡磨沟墓地	齐家文化	旱作农业,兼采集经济

表三七　天利组与其他先秦古代对比样本组的牙齿平均磨耗级别分布

样本组*		I1	I2	C	P1	P2	M1	M2	M3
上颌	天利组	4.6	4.4	4.6	4.5	4.6	4.7	3.9	3.1
	双楼组	4.6	4.5	4.8	4.8	4.9	5.2	4.3	2.9
	青龙泉组	3.4	2.8	3.2	3.3	3.0	4.5	3.5	2.5
	新疆组	4.4	3.8	3.8	3.7	4.3	5.3	3.8	2.5
	内蒙古水泉组	3.9	3.6	3.6	3.9	3.9	5.9	4.7	3.0
	内蒙古饮牛沟组	3.1	3.0	3.8	3.6	3.8	5.1	4.3	3.5
	山西游邀组	3.1	3.6	4.3	4.5	4.5	5.0	3.5	2.5
	河南下王岗组	3.5	3.1	3.6	3.3	3.5	4.6	3.4	2.5
	磨沟组	3.9	3.8	3.7	3.2	3.2	4.2	3.2	2.1
下颌	天利组	4.7	4.5	4.6	4.5	4.1	4.8	4.5	3.9
	双楼组	4.5	4.3	4.4	4.2	4.2	4.8	4.2	3.4
	青龙泉组	3.9	3.7	3.6	3.2	2.9	4.2	3.7	2.8
	新疆组	4.1	3.9	4.0	3.6	3.6	5.0	4.0	3.1
	内蒙古水泉组	3.8	3.8	3.1	4.0	3.9	5.4	4.5	3.1
	内蒙古饮牛沟组	3.2	3.4	3.5	3.5	3.3	5.0	4.5	2.7
	山西游邀组	4.1	3.9	4.1	4.4	4.0	5.1	4.6	2.6
	河南下王岗组	3.7	3.5	3.8	3.2	3.4	4.5	4.0	2.7
	磨沟组	3.9	3.9	3.8	3.3	3.2	4.2	3.4	2.4

＊对比组数据皆来自于表三六所引相关文献。

[1]　刘武、张全超、吴秀杰等:《新疆及内蒙古地区青铜—铁器时代居民牙齿磨耗及健康状况的分析》,《人类学学报》2005年第2期,第32-52页。
[2]　刘武、张全超、吴秀杰等:《新疆及内蒙古地区青铜—铁器时代居民牙齿磨耗及健康状况的分析》,《人类学学报》2005年第2期,第32-52页。
[3]　赵永生、朱泓、毛瑞林等:《甘肃临潭磨沟墓地古代居民的牙齿磨耗研究》,吉林大学边疆考古研究中心:《边疆考古研究(第12辑)》,北京:科学出版社,2012年,第431-443页。

　　计算天利两周墓葬人骨的前、后部牙齿磨耗的差别指数,分别得出上、下颌I1/M1的比值与(I1-C)/(M1-M3)的比值,并将这两种比值与其他古代人群对比。虽然除天利组、双楼组和磨沟组以外,其他古代组牙齿磨耗的统计均剔除了老年个体,但这两项前、后牙齿磨耗的差别指数比较应该不受样本年龄段的影响。图一七是天利组在内的9个先秦居民上、下颌的I1/M1比值与(I1-C)/(M1-M3)比值的二维散点图。在对比组中,天利组的中门齿与第一臼齿的磨耗比值最大(图一七a)。除了西北齐家文化的磨沟组,天利组在上颌的前部牙齿与后部牙齿磨耗比值最大,在下颌的前部牙齿与后部牙齿磨耗比值也较高,但低于史前时期的湖北青龙泉组和时代较晚的东周时期的双楼组(图一七b)。

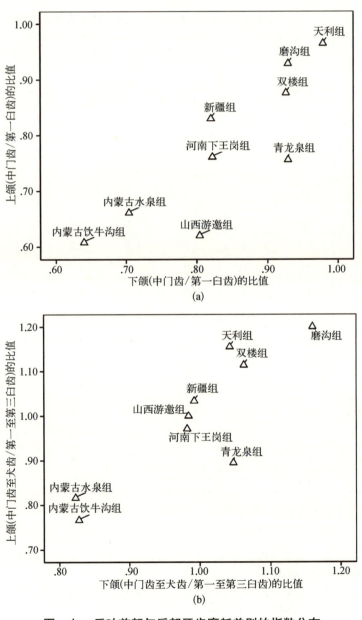

图一七　反映前部与后部牙齿磨耗差别的指数分布

(a)(中门齿/第一臼齿)的比值;(b)(中门齿至犬齿/第一至第三臼齿)的比值

（5）口腔健康状况

表三八中，男、女两性牙釉质发育不良的患病率分别为33.3%和13.8%、牙齿生前脱落的患病率分别为37.3%和51.7%、龋病的患病率为29.4%和37.9%。卡方检验结果显示，3种牙病的两性患病率均不存在显著性差异；牙齿生前脱落和龋病的女性患病率均大于男性，但是两性差异较小；在牙釉质发育不良的患病率上，女性小于男性，且两性差异较大，P值为0.056 2，但仍大于0.05的界值。

表三八　天利墓地两性牙病患病率卡方检验比较结果

牙　病	男　性			P	女　性		
	患病数	观察数	发病率（%）		患病数	观察数	发病率（%）
牙釉质发育不良	17	51	33.3	0.056 2	4	29	13.8
牙齿生前脱落	19	51	37.3	0.429 9	15	29	51.7
龋　病	15	51	29.4	0.371 6	11	29	37.9

表三九　天利墓地两性牙病上、下颌患齿率卡方检验比较结果

牙　病	男 性 上 颌			P	男 性 下 颌		
	患齿数	观察数	患齿率（%）		患齿数	观察数	患齿率（%）
牙釉质发育不良	63	437	14.4	0.006 9	37	432	8.6
牙齿生前脱落	35	437	8.0	0.025 5	57	432	13.2
龋　病	22	437	4.9	0.906 3	21	432	4.9
牙　病	女 性 上 颌			P	女 性 下 颌		
	患齿数	观察数	患齿率（%）		患齿数	观察数	患齿率（%）
牙釉质发育不良	3	184	1.6	0.213 8	9	249	3.6
牙齿生前脱落	46	184	25.0	0.013 2	34	249	13.7
龋　病	13	184	4.9	0.424 5	13	249	4.9

表三九统计了天利两性牙病的上、下颌患齿率，卡方检验比较在同一性别中，上、下颌患齿率是否具有显著性差异。男性上、下颌牙釉质发育不良患齿率的比较（P值为0.006 9），及上、下颌的牙齿生前脱落患齿率的比较（P值为0.025 5），P值皆小于0.05；女性上、下颌牙齿生前脱落患齿率比较的P值为0.013 2，小于0.05。在上、下颌牙病患齿率存在显著性差异的是男性的牙釉质发育不良和牙齿生前脱落以及女性的牙齿生前脱落。

表四〇至表四二分别统计了牙釉质发育不良、牙齿生前脱落及龋病在各个牙齿上患齿率的两性比较。

表四〇中，牙釉质发育不良基本出现于两性上、下颌的I1、I2、C和P1，其中女性上颌的I2未见

该病。两性在上颌的 I1（$P=0.035\,5$）、I2（$P=0.011\,0$），下颌的 C（$P=0.006\,5$）上的患齿率存在显著性差异。同时，两性在上颌牙齿的总患齿率（$P=0.000\,0$）、下颌牙齿的总患齿率（$P=0.013\,2$）上均存在显著性差异。图一八和一九可知，男性的牙釉质发育不良患齿率明显高于女性。

表四〇　天利墓地牙釉质发育不良患齿率的两性比较

牙釉质发育不良	男　性			P	女　性		
	患齿数	观察数	患齿率（%）		患齿数	观察数	患齿率（%）
UI1	19	44	43.2	0.035 5*	1	11	9.1
UI2	21	38	55.3	\	0	21	0.0
UC	20	59	33.9	0.011 0*	2	26	7.7
UP1	3	66	4.5	0.220 6	0	32	0.0
UP2	0	68	0.0	\	0	26	0.0
UM1	0	68	0.0	\	0	25	0.0
UM2	0	60	0.0	\	0	28	0.0
UM3	0	34	0.0	\	0	15	0.0
上颌牙齿	63	437	14.4	0.000 0*	3	184	1.6
LI1	6	27	22.2	0.125 5	2	27	7.4
LI2	9	32	28.1	0.071 0	3	30	10.0
LC	19	51	37.3	0.006 5*	4	36	11.1
LP1	3	59	5.1	0.175 1	0	35	0.0
LP2	0	65	0.0	\	0	34	0.0
LM1	0	74	0.0	\	0	37	0.0
LM2	0	79	0.0	\	0	32	0.0
LM3	0	45	0.0	\	0	18	0.0
下颌牙齿	37	432	8.6	0.013 2*	9	249	3.6

＊$P<0.05$，存在显著性差异

表四一　天利墓地牙齿生前脱落患齿率的两性比较

牙齿生前脱落	男　性			P	女　性		
	患齿数	观察数	患齿率（%）		患齿数	观察数	患齿率（%）
UI1	0	44	0.0	\	2	11	18.2
UI2	3	38	7.9	0.843 7	2	21	9.5
UC	1	59	1.7	0.064 0	3	26	11.5
UP1	4	66	6.1	0.084 5	6	32	18.8

续表

牙齿生前脱落	男 性			P	女 性		
	患齿数	观察数	患齿率（%）		患齿数	观察数	患齿率（%）
UP2	4	68	5.9	0.000 5*	11	26	42.3
UM1	7	68	10.3	0.019 2*	9	25	36.0
UM2	8	60	13.3	0.095 1	9	28	32.1
UM3	8	34	23.5	0.855 2	4	15	26.7
上颌牙齿	35	437	8.0	0.000 0*	46	184	25.0
LI1	3	27	11.1	0.668 7	2	27	7.4
LI2	4	32	12.5	0.220 7	1	30	3.3
LC	3	51	5.9	0.514 3	1	36	2.8
LP1	9	59	15.3	0.085 2	1	35	2.9
LP2	10	65	15.4	0.416 8	3	34	8.8
LM1	11	74	14.9	0.644 7	7	37	18.9
LM2	8	79	10.1	0.012 8*	11	32	34.4
LM3	9	45	20.0	0.148 7	8	18	44.4
下颌牙齿	57	432	13.2	0.881 9	34	249	13.7

* $P < 0.05$，存在显著性差异

表四二　天利墓地龋病患齿率的两性比较

龋 齿	男 性			P	女 性		
	患齿数	观察数	患齿率（%）		患齿数	观察数	患齿率（%）
UI1	0	44	0.0	\	0	11	0.0
UI2	0	38	0.0	\	0	21	0.0
UC	1	59	1.7	\	0	26	0.0
UP1	5	66	7.6	0.428 6	4	32	12.5
UP2	7	68	10.3	0.861 1	3	26	11.5
UM1	7	68	10.3	0.740 1	2	25	8.0
UM2	2	60	3.3	0.424 2	2	28	7.1
UM3	0	34	0.0	\	2	15	13.3
上颌牙齿	22	437	4.9	0.316 3	13	184	4.9
LI1	0	27	0.0	0.312 8	1	27	3.7
LI2	0	32	0.0	\	0	30	0.0
LC	0	51	0.0	\	0	36	0.0
LP1	1	59	1.7	\	0	35	0.0

续表

龋　齿	男　性			P	女　性		
	患齿数	观察数	患齿率（%）		患齿数	观察数	患齿率（%）
LP2	4	65	6.2	\	0	34	0.0
LM1	5	74	6.8	0.115 9	6	37	16.2
LM2	8	79	10.1	0.414 5	5	32	15.6
LM3	3	45	6.7	0.870 2	1	18	5.6
下颌牙齿	21	432	4.9	0.835 5	13	249	4.9

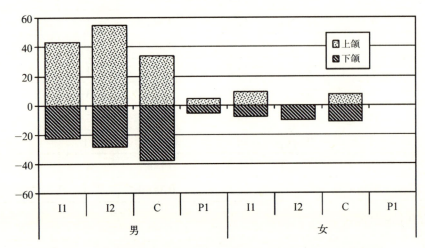

图一八　牙釉质发育不良患齿率的上、下颌及两性比较柱状图

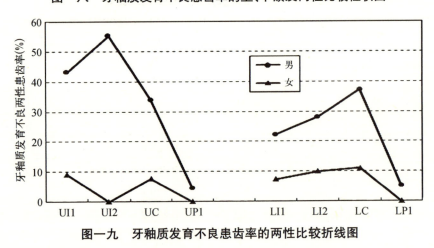

图一九　牙釉质发育不良患齿率的两性比较折线图

图二〇和二一中，女性上颌牙齿生前脱落的患齿率均高于男性，在下颌门齿、犬齿和前臼齿的患齿率低于男性，但臼齿患齿率高于男性。表四一中，上颌P2（P=0.000 5），M1（P=0.019 2），下颌M2（P=0.012 8）存在显著的两性差异，但仅上颌牙齿的总患齿率具有显著性差异，下颌牙齿的总患齿率则无明显差异。

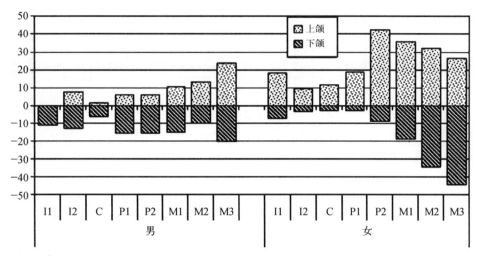

图二〇 牙齿生前脱落患齿率的上、下颌及两性比较柱状图

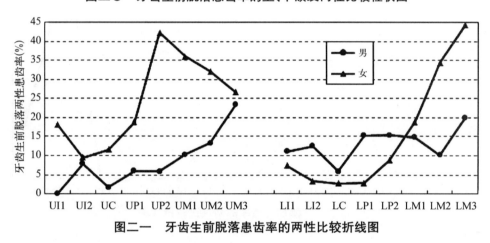

图二一 牙齿生前脱落患齿率的两性比较折线图

在龋病方面,两性上、下颌患齿率差异不大,女性多发于下颌臼齿、上颌前臼齿和臼齿,以及少量的下颌中门齿,男性多发于上颌前臼齿和下颌臼齿。但是,女性在上颌 M3 和下颌 M1 有极高的患齿率(图二二和二三)。由表四二可知,两性在上、下颌各类牙齿上的龋病患齿率均不存在显著性差异(P 值均>0.05)。

3. 讨论

(1)牙齿磨耗

多年来,对许多古代人群食物结构、经济模式,以及相关生存活动的分析多是通过对牙齿磨耗和健康状况的研究实现的。因而,这方面的研究对丰富考古学和体质人类学研究发挥了重要作用,在很大程度上补充了考古学资料的不足,成为生物考古学的重要组成部分[1]。

---

[1] 周蜜、潘雷、邢松等:《湖北郧县青龙泉新石器时代居民牙齿磨耗及健康状况》,《人类学学报》2013年第3期,第330-344页。

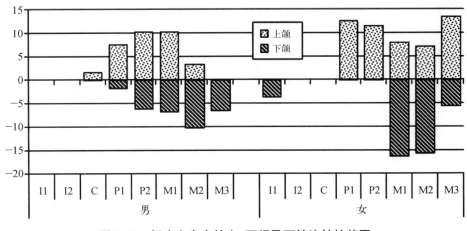

图二二　龋病患齿率的上、下颌及两性比较柱状图

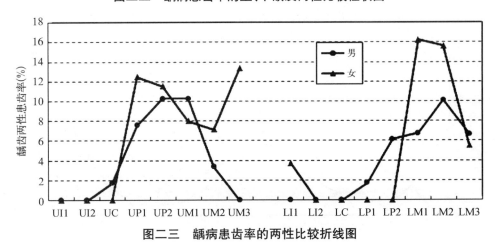

图二三　龋病患齿率的两性比较折线图

影响人类牙齿磨耗程度或磨耗速率的因素颇为复杂,就人群的生存时代、生活环境、文化行为特征等方面而言,主要包括食物构成、食物制作技术、牙齿及整个咀嚼器官的健康状态,上、下颌咬合关系以及饮食习惯等因素[1][2]。

由图一四和图一五可知,天利组的同一性别内,上、下颌牙齿的平均磨耗程度通过U检验,均不存在显著性差异。但是,男性的前部牙齿(I1、I2和C)和后部牙齿(P2和M1)的磨耗级别为上颌略重于下颌;女性的前部牙齿(I1和I2)和后部牙齿(M1、M2和M3)为下颌重于上颌。上、下颌之间牙齿磨耗的差异多与上、下颌臼齿之间的咬合关系以及牙齿萌出的顺序有关。牙齿的萌出时间一般下颌牙略早于上颌牙,上、下颌M1萌出时间相差可达数月,而M2差异则为数月到1年[3]。女性的上、下颌磨耗程度的差异与牙齿萌出的顺序相一致,但男性的上颌重于下颌,可能是其他因素导致的,诸如食

[1]　Stephen Molnar, "Tooth wear and culture: A survey of tooth functions among some prehistoric population", *Current Anthropology* 13(1972), pp.511-526.

[2]　Stephen Molnar, "Human tooth wear, tooth function and cultural variability", *American Journal of Physical Anthropology*, 134(1971), pp.175-190.

[3]　何嘉宁:《陶寺、上马、延庆古代人群臼齿磨耗速率的比较研究》,《人类学学报》2007年第2期,第116-124页。

物构成或行为特征等因素,推测男性居民可能习惯于用牙齿啃咬坚硬食物或非食物性物品所致。

图一六中,经U检验,天利组两性牙齿磨耗程度虽然不存在显著性差别,但任何牙位的平均磨耗度均为女性略重于男性。男性组中,磨耗程度最重的前5个牙位依次是M1、C、I1、I2和P1;女性组中,磨耗程度最重的前5个牙位是I1、P1、M1、C和I2。同一人群中,牙齿磨耗速率如存在性别差异,通常认为与经济性质或生存状况密切相关[1][2]。采集狩猎人群中,女性可能有更多的机会接触较粗糙的植物性食物,而男性接触肉食的机会相对较多,两性食物种类及比例的差别造成了女性较高的磨耗速率。在农业或游牧为主要经济形态的人群中,两性食物种类的差异可能不如采集狩猎人群明显[3]。在天利两周墓地的男性个体上多发现其股骨颈处有"骑马人小平面"[4],这可能是经常骑马造成的,同时此平面在女性个体上基本未出现。可见,劳动分工和生产方式的性别差异可能使得天利两周墓地居民在饮食结构上出现少许的变化。

前、后部牙齿磨耗程度的差异与古代人群的食物构成和摄取食物的方式以及将牙齿作为非咀嚼功能的工具使用等行为模式密切相关[5]。图一七显示,天利两周墓葬人骨的前后部牙齿磨耗的差别指数在先秦各对比组中明显偏高,与同为郑韩故城的东周时代居民双楼组[6]相近。天利组在I1/M1的比值中最大,可见,该组居民相对于第一臼齿,其上、下颌中门齿的磨耗是最严重的。在(I1-C)/(M1-M3)的比值比较中,其上颌的前部牙齿磨耗仅低于磨沟组,但下颌前部牙齿的磨耗则低于青龙泉组[7],天利组居民前部牙齿的磨耗为上颌重于下颌。甘肃齐家文化的磨沟组牙齿磨耗为下颌重于上颌,同时前部牙齿磨耗明显重于后部牙齿,研究者在该组居民牙齿上发现了"上颌前部牙齿舌侧磨耗"(Lingual surface attrition of the maxillary anterior teeth[LSAMAT])的现象[8],此现象可能是由"上颌前部牙齿剥离木薯类根茎外皮产生的"[9]。磨沟组虽然以旱作农业为主,但仍存在采集经济[10],其采集经济使得该组居民常常用门齿和犬齿啃咬坚硬的食物、剥离坚果的外皮,造成前部牙齿磨耗重于后部牙齿,或者是某种"功能性的过度咀嚼导致的,也许在加

[1] 何嘉宁:《陶寺、上马、延庆古代人群臼齿磨耗速率的比较研究》,《人类学学报》2007年第2期,第116-124页。
[2] 刘武、张全超、吴秀杰等:《新疆及内蒙古地区青铜—铁器时代居民牙齿磨耗及健康状况的分析》,《人类学学报》2005年第2期,第32-52页。
[3] 何嘉宁:《陶寺、上马、延庆古代人群臼齿磨耗速率的比较研究》,《人类学学报》2007年第2期,第116-124页。
[4] 米夏艾勒·舒勒茨、泰德·H.施米特·舒勒茨、巫新华:《新疆于田县流水墓地26号墓出土人骨的古病理学和人类学初步研究》,《考古》2008年第3期,第86-91页。
[5] 刘武、张全超、吴秀杰等:《新疆及内蒙古地区青铜—铁器时代居民牙齿磨耗及健康状况的分析》,《人类学学报》2005年第2期,第32-52页。
[6] 孙蕾:《新郑双楼东周墓葬人骨研究》,河南省文物考古研究院:《新郑双楼东周墓地》"附录二",郑州:大象出版社,2016年,第445-549页。
[7] 周蜜、潘雷、邢松等:《湖北郧县青龙泉新石器时代居民牙齿磨耗及健康状况》,《人类学学报》2013年第3期,第330-344页。
[8] 赵永生、朱泓、毛瑞林等:《甘肃临潭磨沟墓地古代居民的牙齿磨耗研究》,吉林大学边疆考古研究中心:《边疆考古研究(第12辑)》,北京:科学出版社,2012年,第431-443页。
[9] 赵永生、朱泓、毛瑞林等:《甘肃临潭磨沟墓地古代居民的牙齿磨耗研究》,吉林大学边疆考古研究中心:《边疆考古研究(第12辑)》,北京:科学出版社,2012年,第431-443页。
[10] 赵永生、朱泓、毛瑞林等:《甘肃临潭磨沟墓地古代居民的牙齿磨耗研究》,吉林大学边疆考古研究中心:《边疆考古研究(第12辑)》,北京:科学出版社,2012年,第431-443页。

工纤维材料时,用前部牙齿咬住织物"[1],这似乎可以解释磨沟组前后部牙齿磨耗程度差异最大的原因。人类恒齿中的4个类别:门齿、犬齿、前臼齿和臼齿,在咀嚼运动中分别承担着切割、撕裂、捣碎和研磨食物的生理功能。植物性的食物通常需要更多的研磨,而肉食则需要更多的撕裂和捣碎,也就是说狩猎—采集型人群要比农业型人群表现出更多的前部牙齿磨耗[2]。张银运[3]根据对安徽巢湖早期智人牙齿的磨耗分析,提出过巢湖早期智人前部牙齿重度磨耗与执行非咀嚼性工具功能或啃咬骨头上的筋肉有关。天利组前部牙齿较重的磨耗(男性牙数约占该组总牙数的2/3),尤其是男性前部牙齿的重磨耗,不排除天利古代男性居民的饮食结构中有较大肉食的比重或男性居民多用前部牙齿做工具使用等行为模式的可能。湖北青龙泉组居民,虽然以稻作农业种植为主兼狩猎采集经济,但其食物较精细[4],可能经过一定加工的细软食物不需要过多后部牙齿的研磨,仅靠前部牙齿的切割和捣碎就可下咽。在新疆和内蒙古地区,甚至是山西游邀组、河南下王岗组,虽然多以农业经济为主,或农牧并举,或兼营渔猎,因食物的加工和制造技术较原始[5],使得粗糙的植物性食物需要更多后部牙齿的研磨,因此这些对比组前后牙齿磨耗的差异均较低。周立刚[6]对郑韩故城两处东周遗址人骨做了碳氮同位素分析,结果认为,郑韩故城东周居民以谷类作物中C_4类植物(小米等)作为其饮食结构的主体,并食用少量C_3类植物(小麦等),而肉类蛋白在饮食中却极为有限。所以,虽然天利组居民饮食中肉类蛋白较少,但其地处旱作农业经济发达的中原地区[7],对粮食较高水平的加工,并大量食用以小米等C_4类植物为主、细软易消化的谷类农作物,也许是造成其前、后部牙齿磨耗程度差异较大的一个原因。

(2)口腔健康

儿童时期形成门齿、犬齿和前臼齿的时间大概在2-5岁,2-4岁是形成门齿和犬齿主要时间。天利组牙釉质发育不良基本出现于两性上、下颌的I1、I2、C和P1,牙釉质发育不良出现的时间大概在2-4岁。其中,男性上、下颌前臼齿的患齿率明显小于门齿和犬齿,两性的上、下颌患齿率皆存在显著性差异,男性明显高于女性。有学者研究认为牙釉质发育不良的出现也许与这个年龄段的断奶有关[8]。婴

[1]　Milner G R, Larsen C S., "Teeth as artifacts of human behavior: Intentional mutilation and accidental modification", Kelley M A, Larsen C S eds., *Advances in Dental Anthropology*, New York: Wiley-Liss, 1991, pp.357-378.

[2]　贺乐天、朱泓、李文瑛等:《新疆罗布泊小河墓地居民的口腔健康与饮食》,《人类学学报》2014年第4期,第497-509页。

[3]　张银运:《安徽巢湖早期智人的牙齿磨耗和早期智人前部齿工具机能假说》,《人类学学报》1989年第4期,第314-319页。

[4]　周蜜、潘雷、邢松等:《湖北郧县青龙泉新石器时代居民牙齿磨耗及健康状况》,《人类学学报》2013年第3期,第330-344页。

[5]　刘武、张全超、吴秀杰等:《新疆及内蒙古地区青铜—铁器时代居民牙齿磨耗及健康状况的分析》,《人类学学报》2005年第2期,第32-52页。

[6]　Zhou Ligang, "From State to Empire: Human Dietary Change on the Central Plains of China from 770 BC to 220 AD", Alberta: A Thesis Submitted in Partial Fulfillment of the Requirements for the Degree of Doctor of Philosophy Department of Anthropology University of Alberta, 2016, pp.97-109.

[7]　李根蟠:《农业科技史话》,北京:社会科学文献出版社,2011年,第3-38页。

[8]　Giovanna Belcastro, Elisa Rastelli, Valentina Mariotti et al, "Continuity or discontinuity of the life-style in Central Italy during the Roman Imperial Age-Early Middle Ages Transition: Diet, health, and behavior", *American Journal of Physical Anthropology* 132 (2007), pp.381-394.

儿从6个月以前的全部母乳到这之后的逐步添加辅食,直至3岁完全停止母乳的喂养。因为牙釉质发育不良也是机体中营养不良和感染性疾病相互作用的结果,如果饮食中蛋白质含量缺乏加之较差的卫生条件,以及营养的缺失、严重的疾病都会影响牙釉质的形成。饮食和生存压力的变化是导致牙齿釉质发育不全的主要致病因素之一[1]。天利两周男性牙釉质发育不良的高患齿率说明其在儿童时期尤其在断奶期承受了比女性严重的新陈代谢压力,见图二四。

就本文的资料和研究结果而言,龋病似乎是引起牙齿生前脱落的一个重要原因。天利两周墓葬男女的牙齿生前脱落多集中在前臼齿和臼齿,这也是两性龋齿多集中的牙位。天利组的龋病患齿率虽不存在显著的两性差异,但女性患齿率高于男性。可见,排除外伤或文化行为等因素,牙齿生前脱落与口腔健康状况关系密切。天利两周女性的上颌牙齿生前脱落患齿率明显高于男性,所以,与男性相比,天利两周女性口腔健康状况应该更为严重。

迄今人们广泛接受致龋的四联因素理论认为:细菌、口腔环境、宿主(即指寄生物包括寄生虫、病毒等寄生于其上的生物体)和时间是形成龋病不可缺少的因素[2]。农业经济使得富含碳水化合物的农作物成为人们的主要食物来源。天利两周龋病患齿率女性略高于男性(表四二,图二二

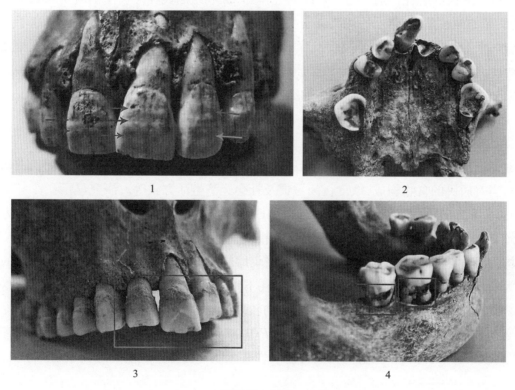

图二四　牙病

1. 牙釉质发育不良,M172,男性　2. 牙齿生前脱落,M84,女性　3. 前部牙齿釉质崩裂,M110,男性　4. 龋病,M238,女性

---

[1]　王明辉:《中原地区古代居民的健康状况——以贾湖遗址和西坡墓地为例》,《第四纪研究》2014年第1期,第51-59页。
[2]　史俊南:《口腔内科学(第3版)》,北京:高等教育出版社,2011年,第107-158页。

和二三),在致龋菌、时间和卫生习惯及牙齿的形态、矿化程度及组织结构都大致相同的情况下,碳水化合物的饮食使得口腔环境产生更多的乳酸。两性的饮食结构似乎存在少许的差别,相对于男性,女性饮食中碳水化合物比重略大,而男性的饮食中可能含有更多的蛋白质和脂肪。

（3）牙齿磨耗与口腔健康

食物结构是造成人类牙齿从萌出到个体死亡持续不断磨耗的恒定因素,食物硬度大且富含颗粒成分,就会造成牙齿磨耗速度加快[1]。在天利组居民的前部牙齿上就发现较多牙釉质崩裂的情况。如果牙齿营养状况较差或牙釉质发育不良,也会导致釉质硬度降低,进而加速牙齿的磨耗[2]。

刘东秀[3]通过对当代一般人群牙齿的磨耗平均水平进行研究,认为酸性食物与牙齿磨耗的关系最密切,然后依次是硬质食物、磨牙症、刷牙用力过大、碳酸饮料、错颌畸形、胃酸返流等。

目前,对天利两周墓地人骨虽然未做稳定碳氮同位素的分析,但是,参照对新郑市区同时代其他遗址(兴弘花园和热电厂遗址)人骨做的同位素分析结果[4],认为两性在δ^{13}C值上无显著性差异,而在δ^{15}N值上存在显著性差异,即男性可能比女性食用了相对较多的肉类蛋白。富含碳水化合物的植物性食物使得口腔环境产生更多的乳酸,一方面使牙齿易患龋病,并导致生前脱落,另一方面也加快了牙齿的磨耗。前文对牙病的研究可知,天利组居民在牙齿生前脱落和龋病的患齿率上,虽无明显的两性差异,但女性均略高于男性,这与女性在牙齿平均磨耗程度上略高于男性的情况相吻合。天利组男性居民在牙釉质发育不良的患齿率上明显高于女性,并多发生于前部牙齿。与女性相比,在牙釉质发育不良而导致釉质硬度降低的情况下,多用前部牙齿食用较多的肉类,势必加速天利组男性牙齿尤其是前部牙齿的磨耗。

4. 结论

本文对新郑天利两周墓地居民的牙齿磨耗及口腔疾病进行了统计和分析,试图从古病理学的角度揭示当时居民的食物构成、饮食行为习惯及社会经济生活方式等。研究显示:

A. 除了第二臼齿,男性前部牙齿(I1、I2和C)和后部牙齿(P2和M1)的磨耗级别均为上颌略大于下颌。与男性上、下颌牙齿磨耗等级大致相反,女性前部牙齿(I1和I2)和后部牙齿(M1、M2和M3)均为下颌重于上颌,两性上、下颌牙齿平均磨耗均不存在显著性差异。任何牙位的平均磨耗度均为女性较男性严重,两性牙齿的平均磨耗不具有显著性差异。与先秦各古代组的对比,天利组上、下颌的前部牙齿与后部牙齿磨耗比值均较高。

B. 两性在牙釉质发育不良的上颌患齿率(P=0.000 0)、下颌患齿率(P=0.013 2)上均存在显著性差异,所以,男性的患齿率明显高于女性。女性在上颌牙齿生前脱落的患齿率均高于男性,在下

---

[1] 何嘉宁:《陶寺、上马、延庆古代人群臼齿磨耗速率的比较研究》,《人类学学报》2007年第2期,第116-124页。

[2] Ungar P., "Dental microwear of European Miocene catarthines: Evidence for diets and tooth use", *Journal of Human Evolution* 31(1996), pp.335-366.

[3] 刘东秀:《牙齿磨耗程度的研究》,西安:第四军医大学硕士学位论文,2007年,第14-61页。

[4] Zhou Ligang, "From State to Empire: Human Dietary Change on the Central Plains of China from 770 BC to 220 AD", Alberta: A Thesis Submitted in Partial Fulfillment of the Requirements for the Degree of Doctor of Philosophy Department of Anthropology University of Alberta, 2016, pp.97-109.

颌门齿、犬齿和前臼齿的患齿率低于男性，但臼齿患齿率高于男性。在龋病方面，两性上、下颌患齿率差异较小，女性多发于下颌臼齿、上颌前臼齿和臼齿，男性多发于上颌前臼齿和下颌臼齿。两性在上、下颌各类牙齿上均不存在显著性差异（P值均＞0.05）。

　　C. 天利两周墓地居民虽然在牙齿磨耗水平、牙齿生前脱落和龋病的患齿率上均不存在显著的两性差异，但除了在牙釉质发育不良方面存在显著的两性差异，即男性明显高于女性外，其他三方面的比较均为女性略高于男性。同时，与先秦时期不同地区、不同经济形态的古代居民相比，天利居民在前部牙齿，尤其是上颌前部的牙齿上表现出较后部牙齿更为严重的磨耗。

　　综合前文的分析，产生这些现象的原因一方面是天利墓地地处中原地区，发达的农业经济使得谷类农作物成为居民的主要食物来源，两性在牙齿生前脱落和龋病的患齿率及牙齿磨耗上虽不存在明显的差异，但是女性略高于男性的磨耗程度和患齿率则说明，两性在食物结构大致相同的情况下还存在少许差异，不同的劳动分工使得男性可能获得更多的动物性蛋白质和脂肪，而女性饮食结构中谷类碳水化合物比重较大。另一方面，在牙釉质发育不良的患齿率上男性明显高于女性，说明该墓地的男性居民（尤其在幼年时期）普遍具有高于女性的生存压力。在牙釉质硬度降低、多用前部牙齿作工具使用及动物性蛋白质、脂肪摄入较多的情况下，天利墓地男性居民相对于其他地区存在较明显的前部牙齿磨耗。

第五节　总　　结

　　本文分别从性别与年龄的构成、人种特征、居民身高和古病理学等多个角度对新郑天利两周墓地出土的人骨标本进行了体质人类学研究，主要结论概括如下：

　　（一）天利组古代居民的死亡年龄主要集中在中年期，其次是老年期，壮年期和青年期所占比重最低。死亡年龄在壮年期的男性多于女性，死亡年龄在青年期的男性则少于女性。天利组古代居民整个年龄段的平均死亡年龄为43.17岁，男、女两性的平均死亡年龄分别为47.97岁和44.89岁。女性在青年期相对于男性较高的死亡率，很有可能是因为低下的医疗条件使得育龄期的女性在难产、分娩或产褥期具有高死亡率；但是相对于中原地区两周及其以前的商代居民，天利组的女性可能具有相对较高的医疗保健水平，使得青年女性在分娩或产褥期的死亡率相对较低。

　　（二）依据对天利组两性颅骨标本的观察和测量，可以将其体质特征归纳为：以卵圆形为主，具有中颅型、高颅型和狭颅型的颅型，眉弓的发育多为中等和显著，眉间突度多为中等，以倾斜为主的前额，并有中额型、正额型的面型，颅顶缝多为愈合、锯齿型和深波，眶形多为斜方形和椭圆形，鼻根区有无凹陷和略有凹陷两种发育程度，鼻型为中鼻型，中等的垂直颅面指数和狭上面型，以中等为主的鼻前棘，梨状孔多为梨形，梨状孔下缘多为鼻前沟型和鼻前凹型，犬齿窝以弱为主，并有较多瘤状的腭圆枕，顶蝶型为主的翼区，以弱为主的下颌圆枕，以及较突的鼻根指数，高眶型，阔腭型，中颌型的总面角及特突颌型的齿槽面角、中等程度的鼻颧角，以外翻型为主的下颌角区及较多尖形和圆形的颏形。这些形态特征显示出比较明显的蒙古人种性质，因此，天利组居民应归属于现代亚洲蒙古大人种的范畴。

（三）天利组与现代亚洲蒙古人种的东亚类型有较大的一致性，并与东北亚类型之间存在较多相似性。

与各近现代颅骨组的比较结果显示，天利组与现代北方汉族在颅骨形态上最接近，其次接近的是现代南方汉族，与东北亚类型的居民也有少量相似性。

与先秦各古代颅骨组比较，天利组与古中原类型的西夏侯组和呈子二期组最为近似，与古华北类型的乔村B组和古中原类型的尉迟寺组也较为接近。所以，天利组与中原地区的土著古中原类型居民在体质特征上具有很大的相似性，并与古华北类型的晋秦混血也有较大的相似性。

与汉代以后各古代颅骨组比较，天利组组与唐代中原地区的汉族紫薇组最为接近，与汉晋时期西北羌系民族的上孙家寨汉代组也较近。所以，天利组居民作为郑韩故城的古代居民，与汉代及其以后时代的陕西汉民族存在最为接近的颅骨形态学联系。

（四）推算出天利两周墓葬成年男性居民平均身高为165.90厘米，变异范围是153.59-174.74厘米，女性平均身高为157.46厘米，变异范围是146.67-163.82厘米。与河南境内先秦时期6组古代居民和1组北方现代居民平均身高相比较，天利组男女两性居民身高处于中等偏下水平。相对于东周时期的双楼组，天利组两性居民身高较大的性二型性水平也许说明，在郑韩故城中，两周居民随着时代发展，身高呈现上升的趋势，两性的身高差异缩小，该地区人群的健康状况有所提高。

（五）在天利两周墓地人骨中发现了创伤、施莫尔结节、骨性关节炎、弥漫性特发性骨质增生症、肱骨滑车上孔、胸骨孔、筛状眶和多孔性骨肥厚等病症，并对牙病和牙齿磨耗进行了观察与统计。

附表一　新郑天利两周墓地人骨的性别、年龄鉴定

墓 号	性 别	年 龄	墓 号	性 别	年 龄
M1	女	60±	M33	男	60+
M2	男	50±	M34	男	35-40
M3	？	45±	M35	男	45±
M4	女	60+	M40	女？	50±
M5	女	50±	M42	男	35-40
M7	？	成年	M43	女	50±
M8	男	40±	M44	男	50-55
M11	女	50±	M48	男	40-45
M13	男	40±	M51	？	23±
M17	女	50-55	M53	女	20±
M18	女	45-50	M54	男	40-45
M20	男	45±	M60	男	30±
M21	男	20±	M67	男	40-45
M32	男	35±	M69	男	45-50

续表

墓 号	性 别	年 龄	墓 号	性 别	年 龄
M84	女	30±	M197	女	45±
M85	女	50±	M199	女	45－50
M89	女	60±	M203	男	45－50
M90	女	40±	M209	男	50±
M95	男	55±	M212	男？	25±
M101	男	35－40	M220	女	55－60
M102	男	40±	M222	男	30±
M106	男	50±	M223	女？	50－55
M108	女？	40－45	M224	男	40－45
M110	男	50－55	M226	女？	25±
M111	男	55±	M230	男？	成年
M114	男	35±	M233	男	50±
M117	男	40±	M236	女	35±
M118	女	35－40	M238	女	55±
M119	男？	40±	M243	女	50－55
M120	男	60+	M244	男	60+
M122	男	60+	M251	女	60+
M129	女	40－45	M252	男	40－45
M131	男	60±	M253	男	25－30
M134	男	40－45	M256	女	60+
M138	男	40±	M268	男	成年
M147	？	成年	M272	女？	50±
M151	男	45±	M275	男	55±
M153	男	25－30	M280	男	35－40
M154	男？	成年	M285	男	40－45
M161	女	50±	M287	男	45－50
M162	男	35±	M293	男	35－40
M169	女	45－50	M294	男	35－40
M171	女	55－60	M297	男	40－45
M172	男	40－45	M299	女？	45－50
M188	男？	成年	M303	男	45－50
M191	女	50±	M306	男	40－45
M195	男	30－35	M311	男	55±
M196	男	55±			

附表二　新郑天利两周墓地颅骨测量表（1）（长度：毫米；角度：度；指数：%）

马丁号	测 量 项 目	M110	M114	M151	M8	M95	M54
		男	男	男	男	男	男
1	颅骨最大长（g-op）	179.00	192.00	191.00	186.00	178.00	186.00
8	颅骨最大宽（eu-eu）	140.00	144.00	137.00	144.00	138.00	141.00
17	颅高（b-ba）	151.00	140.00	153.00	146.00	146.00	142.00
21	耳上颅高（po-po）	122.30	120.30	\	120.30	119.00	\
9	额骨最小宽（ft-ft）	90.80	98.00	96.80	97.20	98.56	\
7	枕骨大孔长（enba-o）	36.20	41.84	38.60	42.60	34.66	\
16	枕骨大孔宽	33.20	\	32.64	32.60	30.74	\
25	颅矢状弧（n-o）	392.00	403.00	412.00	382.00	380.00	392.00
26	额骨矢状弧（n-b）	143.00	134.00	144.00	141.00	122.00	131.00
27	顶骨矢状弧（b-l）	134.00	143.00	155.00	130.00	123.00	135.00
28	枕骨矢状弧（l-o）	119.00	131.00	113.00	114.00	134.00	125.00
29	额骨矢状弦（n-b）	120.70	114.50	126.50	118.80	109.30	114.00
30	顶骨矢状弦（b-l）	117.10	123.00	130.00	115.20	109.74	119.00
31	枕骨矢状弦（l-o）	96.54	106.90	92.30	95.10	109.52	103.90
23	颅周长（g-op-g）	533.00	557.00	553.00	547.00	523.00	533.00
24	颅横弧（po-b-po）	335.00	337.00	351.00	332.00	322.00	327.00
5	颅基底长（n-enba）	104.00	103.00	108.50	109.00	108.50	105.90
40	面底长（pr-enba）	99.60	99.70	\	75.00	108.44	\
48（pr）	上面高（n-pr）	73.40	75.64	\	74.60	74.60	\
48（sd）	上面高（n-sd（av））	74.70	80.00	\	78.14	79.00	\
47	全面高（n-gn）	125.00	126.70	\	126.64	126.00	\
45	颧点间宽（zy-zy）	135.70	139.50	\	139.00	\	\
46	中面宽（zm-zm）	109.00	104.44	\	115.20	107.00	100.50
43	上面宽（fmt-fmt）	105.30	109.26	\	107.60	108.74	\
50	前眶间宽（mf-mf）	16.40	17.00	\	16.36	20.00	\
MH L	颧骨高（fmo-zm）	47.46	47.40	\	49.50	43.20	\
MH R		46.46	47.50	\	49.50	46.64	\

续表

马丁号	测 量 项 目	M110 男	M114 男	M151 男	M8 男	M95 男	M54 男
MB L	颧骨宽（zm-rim.orb）	27.72	26.44	\	28.40	26.60	26.60
MB R		27.40	25.30	\	30.00	27.00	26.20
54	鼻宽	27.20	27.64	\	28.20	26.50	\
55	鼻高（n-ns）	54.22	56.54	\	55.00	56.40	\
SC	鼻最小宽	8.80	6.30	\	6.00	11.10	\
SS	鼻最小宽高	5.80	2.40	\	2.50	6.00	\
51L	眶宽（mf-ek）	44.20	45.40	\	45.00	44.00	\
51R		43.76	46.50	\	45.64	43.30	\
51aL	眶宽（d-ek）	41.10	41.50	\	40.70	40.70	\
51aR		44.60	43.34	\	42.50	40.60	\
52L	眶高	33.80	36.84	\	37.10	34.10	\
52R		35.30	38.00	\	36.70	34.80	\
60	上颌齿槽弓长（pr-alv）	56.40	54.20	\	60.72	57.60	\
61	上颌齿槽弓宽（ekm-ekm）	65.80	67.50	\	68.00	68.60	\
62	腭长（ol-sta）	43.00	44.00	\	48.50	48.20	\
63	腭宽（enm-enm）	41.00	40.30	\	42.72	42.60	\
12	枕骨最大宽（ast-ast）	107.10	108.00	114.30	109.80	110.20	109.50
11	耳点间宽（au-au）	126.70	131.50	126.74	131.60	127.60	124.70
44	两眶宽（ek-ek）	99.66	103.24	\	101.40	102.40	\
FC	两眶内宽（fmo-fmo）	98.30	102.10	\	98.20	101.50	\
FS	鼻根点至两眶内宽矢高	17.00	15.00	\	17.00	18.50	\
DC	眶间宽（d-d）	19.84	22.60	\	21.66	24.40	\
32	额侧角Ⅰ（∠n-m FH）	89.00	84.00	\	84.00	82.00	\
	额侧角Ⅱ（∠g-m FH）	86.00	75.00	\	75.00	78.00	\
	前囟角（∠g-b FH）	43.00	45.00	\	45.00	50.00	\
72	总面角（∠n-pr FH）	81.00	81.00	\	81.00	78.00	\
73	中面角（∠n-ns FH）	89.00	84.00	\	85.00	81.00	\

马丁号	测 量 项 目	M110	M114	M151	M8	M95	M54
		男	男	男	男	男	男
74	齿槽面角（∠ns-pr FH）	56.00	69.00	\	64.00	65.00	\
75	鼻梁侧角（∠n-rhi FH）	\	\	\	\	59.00	\
77	鼻颧角（∠fmo-n-fmo）	142.00	147.00	\	143.00	140.00	\
SSA	颧上颌角（∠zm-ss-zm）	128.00	130.00	\	123.50	122.50	\
	面三角（∠pr-n-ba）	65.00	65.50	\	69.00	68.00	\
	（∠n-pr-ba）	73.00	70.00	\	71.00	71.00	\
	（∠n-ba-pr）	42.00	44.50	\	40.00	41.00	\
72-75	鼻梁角	\	\	\	\	19.00	\
8:1	颅长宽指数	78.21	75.00	71.73	77.42	77.53	75.81
17:1	颅长高指数	84.36	72.92	80.10	78.49	82.02	76.34
17:8	颅宽高指数	107.86	97.22	111.68	101.39	105.80	100.71
9:8	额宽指数	64.86	68.06	70.66	67.50	71.42	\
16:7	枕骨大孔指数	91.71	\	84.56	76.53	88.69	\
40:5	面突指数	95.77	96.80	\	68.81	99.94	\
48:17pr	垂直颅面指数	48.61	54.03	\	51.10	51.10	\
48:17sd		49.47	57.14	\	53.52	54.11	\
48:45pr	上面指数（K）	54.09	54.22	\	53.67	\	\
48:45sd		55.05	57.35	\	56.22	\	\
48:46pr	中面指数（V）	67.34	72.42	\	64.76	69.72	\
48:46sd		68.53	76.60	\	67.83	73.83	\
54:55	鼻指数	50.17	48.89	\	51.27	46.99	\
52:51L	眶指数Ⅰ	76.47	81.15	\	82.44	77.50	\
52:51R		80.67	81.72	\	80.41	80.37	\
52:51aL	眶指数Ⅱ	82.24	88.77	\	91.15	83.78	\
52:51aR		79.15	87.68	\	86.35	85.71	\
54:51L	鼻眶指数Ⅰ	61.54	60.88	\	62.67	60.23	\
54:51R		62.16	59.44	\	61.79	61.20	\

马丁号	测量项目	M110	M114	M151	M8	M95	M54
		男	男	男	男	男	男
54∶51aL	鼻眶指数Ⅱ	66.18	66.60	\	69.29	65.11	\
54∶51aR		60.99	63.77	\	66.35	65.27	\
SS∶SC	鼻根指数	65.91	38.10	\	41.67	54.05	\
63∶62	腭指数	95.35	91.59	\	88.08	88.38	\
45∶(1+8)/2	横颅面指数	85.08	83.04	\	84.24	\	\
17∶(1+8)/2	高平均指数	94.67	83.33	93.29	88.48	92.41	86.85
65	下颌髁突间宽（cdl-cdl）	126.30	128.30	\	126.10	130.20	\
66	下颌角间宽（go-go）	98.80	106.00	\	\	105.20	98.90
67	髁孔间径	47.00	51.30	\	49.36	49.92	50.40
68	下颌体长	78.00	84.50	\	85.70	77.00	85.50
68（1）	下颌体最大投影长	112.40	111.00	\	114.00	110.20	115.00
69	下颌联合高（id-gn）	35.70	33.40	\	31.36	36.64	\
MBHⅠL	下颌体高Ⅰ	34.20	32.40	\	32.40	37.00	34.72
MBHⅠR		33.34	32.26	\	33.26	37.30	34.34
MBHⅡL	下颌体高Ⅱ	29.20	33.00	\	30.64	33.00	33.90
MBHⅡR		33.20	32.92	\	31.70	35.00	32.00
MBTⅠL	下颌体厚Ⅰ	14.10	13.34	\	12.86	14.00	15.30
MBTⅠR		14.00	13.66	\	13.00	13.70	14.60
MBTⅡL	下颌体厚Ⅱ	15.00	15.94	\	14.72	16.30	15.30
MBTⅡR		14.54	17.00	\	14.84	14.72	16.00
70L	下颌枝高	74.62	73.60	\	66.58	71.92	71.00
70R		75.00	74.82	\	\	71.10	68.50
71L	下颌枝宽	\	\	\	47.30	\	44.50
71R		42.90	\	\	\	\	48.00
71aL	下颌枝最小宽	32.00	35.70	\	37.66	34.72	37.60
71aR		32.00	35.70	\	\	35.24	37.80
79	下颌角	123.00	116.00	\	118.00	124.00	123.50

马丁号	测 量 项 目	M110	M114	M151	M8	M95	M54
		男	男	男	男	男	男
	额孔间弧	56.00	61.00	\	59.00	60.00	61.00
68:65	下颌骨指数	61.76	65.86	\	67.96	59.14	\
71:70 L	下颌枝指数	\	\	\	71.04	\	62.68
71:70 R		57.20	\	\	\	\	70.07

附表三　新郑天利两周墓地颅骨测量表（2）（长度：毫米；角度：度；指数：%）

马丁号	测 量 项 目	M294	M280	M252	M238	M84
		男	男	男	女	女
1	颅骨最大长（g-op）	\	184.50	191.00	\	166.50
8	颅骨最大宽（eu-eu）	\	144.00	146.00	\	132.00
17	颅高（b-ba）	\	\	\	\	133.00
21	耳上颅高（po-po）	\	\	123.20	\	\
9	额骨最小宽（ft-ft）	95.00	89.30	101.00	\	89.50
7	枕骨大孔长（enba-o）	\	\	\	35.00	37.76
16	枕骨大孔宽	\	\	34.00	27.40	30.90
25	颅矢状弧（n-o）	\	\	400.00	\	370.00
26	额骨矢状弧（n-b）	\	124.00	141.00	\	128.00
27	顶骨矢状弧（b-l）	\	132.00	122.00	120.00	128.00
28	枕骨矢状弧（l-o）	\	\	142.00	\	115.00
29	额骨矢状弦（n-b）	\	108.64	121.60	\	112.10
30	顶骨矢状弦（b-l）	\	116.74	108.62	101.00	112.44
31	枕骨矢状弦（l-o）	\	\	114.32	\	97.60
23	颅周长（g-op-g）	\	\	567.00	\	518.00
24	颅横弧（po-b-po）	\	\	346.00	\	326.00
5	颅基底长（n-enba）	\	\	\	\	100.20
40	面底长（pr-enba）	\	\	\	\	\
48（pr）	上面高（n-pr）	80.30	68.30	73.30	\	\
48（sd）	上面高（n-sd（av））	87.00	75.20	77.70	\	\

马丁号	测量项目	M294	M280	M252	M238	M84
		男	男	男	女	女
47	全面高（n-gn）	\	\	129.00	\	\
45	颧点间宽（zy-zy）	\	\	\	\	\
46	中面宽（zm-zm）	\	101.74	\	\	\
43	上面宽（fmt-fmt）	106.40	107.20	114.92	\	101.26
50	前眶间宽（mf-mf）	15.22	17.10	\	\	\
MH L	颧骨高（fmo-zm）	\	43.80	\	\	\
MH R		\	43.72	\	44.90	\
MB L	颧骨宽（zm-rim.orb）	\	22.80	\	\	\
MB R		\	23.30	\	22.66	\
54	鼻宽	26.76	29.80	29.10	\	\
55	鼻高（n-ns）	60.30	52.00	56.24	\	\
SC	鼻最小宽	5.80	7.26	10.00	\	\
SS	鼻最小宽高	3.60	3.50	4.50	\	\
51L	眶宽（mf-ek）	45.50	44.00	\	\	\
51R		45.40	45.00	\	\	\
51aL	眶宽（d-ek）	44.00	41.40	\	\	\
51aR		44.00	40.80	\	\	\
52L	眶高	37.20	37.60	\	\	\
52R		38.62	36.86	\	\	\
60	上颌齿槽弓长（pr-alv）	61.30	55.16	59.00	48.20	45.64
61	上颌齿槽弓宽（ekm-ekm）	66.00	67.60	73.50	54.74	63.30
62	腭长（ol-sta）	50.54	44.60	44.56	38.40	40.00
63	腭宽（enm-enm）	41.30	42.50	44.32	32.80	37.70
12	枕骨最大宽（ast-ast）	\	\	122.24	104.30	106.86
11	耳点间宽（au-au）	10.30	\	140.00	117.66	122.60
44	两眶宽（ek-ek）	99.20	100.70	\	\	\
FC	两眶内宽（fmo-fmo）	18.00	99.30	108.34	\	92.80

马丁号	测 量 项 目	M294	M280	M252	M238	M84
		男	男	男	女	女
FS	鼻根点至两眶内宽之矢高	16.30	13.00	20.00	\	14.00
DC	眶间宽（d–d）	\	21.20	\	\	\
32	额侧角Ⅰ（∠n–m FH）	\	\	79.00	\	\
	额侧角Ⅱ（∠g–m FH）	\	\	70.00	\	\
	前囟角（∠g–b FH）	\	\	44.00	\	\
72	总面角（∠n–pr FH）	\	\	85.00	\	\
73	中面角（∠n–ns FH）	\	\	90.00	\	\
74	齿槽面角（∠ns–pr FH）	\	\	71.00	\	\
75	鼻梁侧角（∠n–rhi FH）	\	\	\	\	\
77	鼻颧角（∠fmo–n–fmo）	141.00	152.00	140.00	\	145.50
SSA	颧上颌角（∠zm–ss–zm）	\	127.00	\	\	\
	面三角（∠pr–n–ba）	\	\	\	\	\
	（∠n–pr–ba）	\	\	\	\	\
	（∠n–ba–pr）	\	\	\	\	\
72–75	鼻梁角	\	\	\	\	\
8∶1	颅长宽指数	\	78.05	76.44	\	79.28
17∶1	颅长高指数	\	\	\	\	79.88
17∶8	颅宽高指数	\	\	\	\	100.76
9∶8	额宽指数	\	62.01	69.18	\	67.80
16∶7	枕骨大孔指数	\	\	\	78.29	81.83
40∶5	面突指数	\	\	\	\	\
48∶17pr	垂直颅面指数	\	\	\	\	\
48∶17sd		\	\	\	\	\
48∶45pr	上面指数（K）	\	\	\	\	\
48∶45sd		\	\	\	\	\
48∶46pr	中面指数（V）	\	67.13	\	\	\
48∶46sd		\	73.91	\	\	\

马丁号	测 量 项 目	M294	M280	M252	M238	M84
		男	男	男	女	女
54∶55	鼻指数	44.38	57.31	\	\	\
52∶51L	眶指数Ⅰ	84.88	85.45	\	\	\
52∶51R		135.02	81.91	\	\	\
52∶51aL	眶指数Ⅱ	87.77	90.82	\	\	\
52∶51aR		164.78	90.34	\	\	\
54∶51L	鼻眶指数Ⅰ	58.81	67.73	\	\	\
54∶51R		58.94	66.22	\	\	\
54∶51aL	鼻眶指数Ⅱ	60.82	71.98	\	\	\
54∶51aR		71.94	73.04	\	\	\
SS∶SC	鼻根指数	62.07	48.21	45.00	\	\
63∶62	腭指数	\	95.29	99.46	85.42	94.25
45∶(1+8)/2	横颅面指数	\	\	\	\	\
17∶(1+8)/2	高平均指数	\	\	\	\	89.11
65	下颌髁突间宽（cdl-cdl）	\	\	134.64	112.30	\
66	下颌角间宽（go-go）	\	105.20	99.64	90.60	\
67	髁孔间径	\	48.00	54.20	48.60	\
68	下颌体长	\	\	85.20	78.30	\
68(1)	下颌体最大投影长	\	\	118.00	103.60	\
69	下颌联合高（id-gn）	\	36.50	38.52	31.52	\
MBHⅠL	下颌体高Ⅰ	\	31.38	31.56	31.00	\
MBHⅠR		\	30.20	24.30	32.90	\
MBHⅡL	下颌体高Ⅱ	\	27.70	31.70	32.70	\
MBHⅡR		\	29.30	30.10	33.80	\
MBTⅠL	下颌体厚Ⅰ	\	14.50	14.70	12.00	\
MBTⅠR		\	14.52	15.31	12.80	\
MBTⅡL	下颌体厚Ⅱ	\	18.24	16.92	14.80	\
MBTⅡR		\	17.62	16.00	14.62	\

续表

马丁号	测量项目	M294	M280	M252	M238	M84
		男	男	男	女	女
70 L	下颌枝高	\	76.76	72.00	63.82	\
70 R		\	\	76.30	61.50	\
71 L	下颌枝宽	\	\	47.50	46.30	\
71 R		\	\	45.10	46.60	\
71a L	下颌枝最小宽	\	\	38.60	38.30	\
71a R		\	\	36.90	37.60	\
79	下颌角	\	\	119.00	118.00	\
	颏孔间弧	\	54.00	62.00	59.00	\
68：65	下颌骨指数	\	\	63.28	69.72	\
71：70 L	下颌枝指数	\	\	65.97	72.55	\
71：70 R		\	\	59.11	75.77	\

附表四　新郑天利两周墓地颅骨测量表（3）（长度：毫米；角度：度；指数：%）

马丁号	测量项目	M169	M90	M197	M11	M5	M223
		女	女	女	女	女	女？
1	颅骨最大长（g-op）	182.00	176.00	178.50	186.00	\	186.50
8	颅骨最大宽（eu-eu）	144.00	142.00	147.50	147.00	\	143.00
17	颅高（b-ba）	\	139.50	143.00	147.00	\	147.00
21	耳上颅高（po-po）	119.40	116.40	117.00	119.50	\	122.50
9	额骨最小宽（ft-ft）	98.30	91.70	89.00	103.42	\	91.10
7	枕骨大孔长（enba-o）	\	38.20	39.70	33.24	\	34.84
16	枕骨大孔宽	29.70	29.84	31.20	28.90	\	31.00
25	颅矢状弧（n-o）	388.00	377.00	377.00	396.00	\	405.00
26	额骨矢状弧（n-b）	136.00	128.00	126.00	134.00	\	128.00
27	顶骨矢状弧（b-l）	138.00	123.00	120.00	129.00	\	142.00
28	枕骨矢状弧（l-o）	114.00	127.00	133.00	133.00	\	136.00
29	额骨矢状弦（n-b）	116.70	111.80	115.00	112.00	\	110.44

马丁号	测 量 项 目	M169	M90	M197	M11	M5	M223
		女	女	女	女	女	女?
30	顶骨矢状弦（b-l）	118.90	108.20	105.56	114.10	\	123.34
31	枕骨矢状弦（l-o）	93.20	102.70	107.20	108.20	\	109.00
23	颅周长（g-op-g）	534.00	523.00	533.00	551.00	\	538.00
24	颅横弧（po-b-po）	330.00	331.00	327.00	333.00	\	330.00
5	颅基底长（n-enba）	\	95.50	98.50	107.00	\	104.00
40	面底长（pr-enba）	\	93.50	94.00	100.20	\	103.20
48（pr）	上面高（n-pr）	65.80	61.30	72.70	65.20	60.00	63.74
48（sd）	上面高（n-sd（av））	67.70	69.40	76.40	69.40	62.90	67.90
47	全面高（n-gn）	119.82	\	\	115.34	\	115.30
45	颧点间宽（zy-zy）	\	\	132.24	\	\	131.90
46	中面宽（zm-zm）	106.64	\	98.40	\	95.80	101.60
43	上面宽（fmt-fmt）	109.50	\	104.74	\	96.90	102.90
50	前眶间宽（mf-mf）	18.40	14.86	16.30	\	15.30	18.80
MH L	颧骨高（fmo-zm）	44.74	\	45.00	45.88	42.32	36.80
MH R		43.64	\	44.24	\	43.00	36.84
MB L	颧骨宽（zm-rim.orb）	21.66	\	24.40	29.10	20.50	19.60
MB R		21.50	\	25.62	\	21.00	18.00
54	鼻宽	28.00	25.10	25.90	30.00	27.10	26.00
55	鼻高（n-ns）	47.26	49.20	52.76	49.82	47.36	48.84
SC	鼻最小宽	9.00	7.70	8.70	\	9.20	6.30
SS	鼻最小宽高	3.40	3.70	4.00	\	3.00	2.00
51L	眶宽（mf-ek）	47.60	42.20	42.70	\	41.00	43.50
51R		48.00	42.20	42.50	\	41.40	43.00
51aL	眶宽（d-ek）	43.84	41.00	40.90	\	37.80	39.40
51aR		43.80	40.40	40.30	\	37.00	40.26
52L	眶高	34.26	37.20	35.60	\	34.40	33.52
52R		35.00	37.10	34.80	\	33.10	34.20

续表

马丁号	测 量 项 目	M169	M90	M197	M11	M5	M223
		女	女	女	女	女	女?
60	上颌齿槽弓长（pr-alv）	53.60	50.20	54.54	54.00	46.60	54.80
61	上颌齿槽弓宽（ekm-ekm）	62.00	64.50	62.00	64.60	53.20	64.00
62	腭长（ol-sta）	45.40	41.70	45.00	\	\	\
63	腭宽（enm-enm）	41.40	40.76	36.90	39.34	36.70	39.82
12	枕骨最大宽（ast-ast）	112.40	107.50	116.00	114.40	\	107.40
11	耳点间宽（au-au）	127.40	124.00	128.00	131.20	\	123.44
44	两眶宽（ek-ek）	107.50	97.00	97.86	\	92.70	99.20
FC	两眶内宽（fmo-fmo）	104.00	\	98.50	\	89.20	97.30
FS	鼻根点至两眶内宽之矢高	21.00	\	14.50	\	10.00	18.50
DC	眶间宽（d-d）	23.60	17.44	18.74	\	20.00	22.72
32	额侧角Ⅰ（∠n-m FH）	89.00	83.00	78.00	93.00	\	90.00
	额侧角Ⅱ（∠g-m FH）	85.00	78.00	75.00	86.00	\	80.00
	前囟角（∠g-b FH）	50.00	47.00	48.00	50.00	\	48.00
72	总面角（∠n-pr FH）	82.00	77.00	81.00	86.00	\	79.00
73	中面角（∠n-ns FH）	87.00	80.00	85.00	90.00	\	85.00
74	齿槽面角（∠ns-pr FH）	65.00	62.00	68.00	68.00	\	59.00
75	鼻梁侧角（∠n-rhi FH）	66.00	\	\	\	\	\
77	鼻颧角（∠fmo-n-fmo）	136.00	\	147.00	\	156.00	139.00
SSA	颧上颌角（∠zm-ss-zm）	122.00	\	123.00	\	131.00	126.50
	面三角（∠pr-n-ba）	\	71.00	65.00	64.00	\	71.50
	（∠n-pr-ba）	\	71.00	70.00	79.50	\	73.00
	（∠n-ba-pr）	\	38.00	35.00	36.50	\	35.50
72-75	鼻梁角	\	\	\	\	\	\
8:1	颅长宽指数	79.12	80.68	82.63	79.03	\	76.68
17:1	颅长高指数	\	79.26	80.11	79.03	\	78.82
17:8	颅宽高指数	\	98.24	96.95	100.00	\	102.80
9:8	额宽指数	68.26	64.58	60.34	70.35	\	63.71

续表

马丁号	测量项目	M169	M90	M197	M11	M5	M223
		女	女	女	女	女	女?
16：7	枕骨大孔指数	\	78.12	78.59	86.94	\	88.98
40：5	面突指数	\	97.91	95.43	93.64	\	99.23
48：17pr	垂直颅面指数	\	43.94	50.84	44.35	\	43.36
48：17sd		\	49.75	53.43	47.21	\	46.19
48：45pr	上面指数（K）	\	\	54.98	\	\	48.32
48：45sd		\	\	57.77	\	\	51.48
48：46pr	中面指数（V）	61.70	\	73.88	\	62.63	62.74
48：46sd		63.48	\	77.64	\	65.66	66.83
54：55	鼻指数	59.25	51.02	49.09	60.22	57.22	53.24
52：51L	眶指数Ⅰ	71.97	88.15	83.37	\	83.90	77.06
52：51R		72.92	87.91	81.88	\	79.95	79.53
52：51aL	眶指数Ⅱ	78.15	90.73	87.04	\	91.01	85.08
52：51aR		79.91	91.83	86.35	\	89.46	84.95
54：51L	鼻眶指数Ⅰ	58.82	59.48	60.66	\	66.10	59.77
54：51R		58.33	59.48	60.94	\	65.46	60.47
54：51aL	鼻眶指数Ⅱ	63.87	61.22	63.33	\	71.69	65.99
54：51aR		63.93	62.13	64.27	\	73.24	64.58
SS：SC	鼻根指数	37.78	48.05	45.98	\	32.61	31.75
63：62	腭指数	91.19	97.75	82.00	\	\	\
45：(1+8)/2	横颅面指数	\	\	81.13	\	\	80.06
17：(1+8)/2	高平均指数	\	87.74	87.73	88.29	\	89.23
65	下颌髁突间宽（cdl-cdl）	122.90	\	\	128.70	\	126.30
66	下颌角间宽（go-go）	99.60	\	\	99.50	\	102.46
67	髁孔间径	46.60	\	\	53.20	\	49.30
68	下颌体长	70.70	\	\	80.20	\	72.00
68(1)	下颌体最大投影长	106.60	\	\	108.30	\	109.60
69	下颌联合高（id-gn）	38.00	\	\	35.50	\	36.82

马丁号	测量项目	M169 女	M90 女	M197 女	M11 女	M5 女	M223 女?
MBH Ⅰ L	下颌体高Ⅰ	36.40	\	\	32.74	\	32.00
MBH Ⅰ R		32.10	\	\	33.56	\	34.00
MBH Ⅱ L	下颌体高Ⅱ	33.36	\	\	30.00	\	31.80
MBH Ⅱ R		28.24	\	\	35.70	\	31.64
MBT Ⅰ L	下颌体厚Ⅰ	13.82	\	\	17.16	\	13.74
MBT Ⅰ R		12.00	\	\	17.00	\	12.56
MBT Ⅱ L	下颌体厚Ⅱ	15.80	\	\	13.76	\	15.70
MBT Ⅱ R		15.00	\	\	13.74	\	15.00
70 L	下颌枝高	68.64	\	\	60.40	\	64.44
70 R		65.50	\	\	62.20	\	64.12
71 L	下颌枝宽	41.70	\	\	43.66	\	44.62
71 R		43.60	\	\	45.00	\	43.60
71a L	下颌枝最小宽	32.50	\	\	36.44	\	36.00
71a R		32.70	\	\	37.70	\	33.00
79	下颌角	131.00	\	\	122.00	\	126.00
	颏孔间弧	55.00	\	\	63.00	\	59.00
68:65	下颌骨指数	57.53	\	\	62.32	\	57.01
71:70 L	下颌枝指数	60.75	\	\	72.28	\	69.24
71:70 R		66.56	\	\	72.35	\	68.00

附表五　新郑天利两周墓地成年居民肢骨测量表（1）（长度：毫米；指数：%）

标本号	侧别	M32 男 35±	M110 男 50-55	M13 男 40±	M35 男 45±	M2 男 50±	M134 男 40-45	M48 男 40-45
性别								
年龄								
肱骨：最大长	左	324.00	321.00	\	\	334.00	317.00	\
	右	335.00	323.00	\	306.00	332.00	\	\
生理长	左	319.00	315.00	\	\	328.00	314.00	\
	右	329.00	316.50	\	303.00	325.00	\	\

标本号	侧别	M32	M110	M13	M35	M2	M134	M48
性　别		男	男	男	男	男	男	男
年　龄		35±	50-55	40±	45±	50±	40-45	40-45
体中部最大径	左	22.20	22.20	\	\	23.10	23.80	\
	右	22.80	21.80	\	21.70	23.44	\	\
体中部最小径	左	18.00	17.20	\	\	20.00	18.10	\
	右	18.20	17.40	\	17.30	20.70	\	\
体最小周长	左	64.00	62.00	\	\	66.00	65.00	\
	右	65.00	62.50	\	61.50	68.00	\	\
头周长	左	148.50	138.00	\	\	\	146.00	139.00
	右	152.00	\	\	\	\	\	\
上端宽	左	50.00	46.00	\	\	\	50.00	\
	右	\	\	\	\	52.00	\	\
下端宽	左	63.00	60.00	\	\	62.00	62.00	\
	右	64.00	61.50	\	57.50	63.00	\	\
滑车和小头宽	左	45.40	45.40	\	\	47.40	46.00	\
	右	43.60	47.00	\	40.50	48.50	\	\
滑车矢径	左	28.60	26.50	\	\	30.00	28.60	\
	右	28.70	27.86	\	23.60	29.34	\	\
头横径	左	45.30	39.64	\	\	\	43.52	40.50
	右	45.00	\	\	41.00	\	\	\
头纵径	左	47.84	46.66	\	\	\	47.82	44.90
	右	49.30	44.74	\	\	48.80	\	\
骨干横断面指数	左	81.08	77.48	\	\	86.58	76.05	\
	右	79.82	79.82	\	79.72	88.31	\	\
粗壮指数	左	19.75	19.31	\	\	19.76	20.50	\
	右	19.40	19.35	\	20.10	20.48	\	\
股骨：最大长	左	\	451.00	431.00	429.00	\	\	\
	右	462.00	449.00	\	432.00	\	\	\

标本号	侧别	M32	M110	M13	M35	M2	M134	M48
性 别		男	男	男	男	男	男	男
年 龄		35±	50−55	40±	45±	50±	40−45	40−45
生理长	左	\	448.00	425.00	424.00	\	\	\
	右	459.00	446.00	\	428.00	\	\	\
体长	左	\	366.00	346.00	342.00	\	\	\
	右	370.00	361.00	\	346.00	\	\	\
上部横径	左	33.00	33.10	\	30.30	\	34.20	28.70
	右	31.30	32.84	\	30.00	\	34.40	28.50
上部矢径	左	25.20	24.90	\	21.70	\	25.50	24.00
	右	24.20	24.40	\	22.70	\	25.90	25.10
中部横径	左	\	29.20	\	24.70	\	\	\
	右	27.30	28.70	\	24.70	\	\	\
中部矢径	左	\	30.60	\	29.60	\	\	\
	右	26.30	30.50	\	28.20	\	\	\
中部周长	左	\	95.00	\	88.00	\	\	\
	右	87.00	93.00	\	85.00	\	\	\
下部最小径	左	\	29.50	\	26.50	28.00	\	\
	右	26.40	30.50	\	27.20	29.70	\	\
下部横径	左	\	39.80	\	34.00	41.30	\	\
	右	38.80	41.80	\	36.40	40.50	\	\
颈头前长	左	\	81.00	74.00	69.00	\	84.34	\
	右	87.20	81.50	\	71.24	90.80	80.50	\
头垂直径	左	\	45.00	46.00	39.10	\	48.00	\
	右	46.50	46.00	\	38.22	\	\	43.90
颈高	左	\	32.40	37.72	30.20	\	36.60	\
	右	33.30	32.62	\	29.60	27.30	35.00	31.00
颈矢径	左	\	24.70	28.00	24.10	\	27.00	\
	右	24.40	26.00	\	24.60	27.20	27.20	23.70

标本号	侧别	M32	M110	M13	M35	M2	M134	M48
性　别		男	男	男	男	男	男	男
年　龄		35±	50-55	40±	45±	50±	40-45	40-45
两髁宽	左	\	81.34	\	75.30	\	\	\
	右	\	81.70	\	76.00	\	\	\
外髁长	左	\	62.40	\	59.64	\	\	\
	右	\	62.44	\	57.80	\	\	\
内髁长	左	\	64.34	\	56.00	\	\	\
	右	\	64.22	\	56.00	\	\	\
颈干角	左	\	125.00	123.00	122.00	\	128.00	\
	右	120.00	120.00	\	122.00	130.00	125.00	\
头周长	左	\	151.00	\	138.00	\	163.50	\
	右	\	153.00	\	142.00	\	\	149.00
头矢径	左	\	46.30	\	42.60	\	50.00	\
	右	\	47.00	\	43.66	\	\	45.70
长厚指数	左	\	21.21	\	20.75	\	\	\
	右	18.95	20.85	\	19.86	\	\	\
粗壮指数	左	\	13.35	\	12.81	\	\	\
	右	11.68	13.27	\	12.36	\	\	\
干中部指数	左	\	104.79	\	119.84	\	\	\
	右	96.34	106.27	\	114.17	\	\	\
扁平指数	左	76.36	75.23	\	71.62	\	74.56	83.62
	右	77.32	74.30	\	75.67	\	75.29	88.07
胫骨：最大长	左	\	376.50	\	358.00	\	\	351.00
	右	\	370.00	\	356.00	354.00	\	\
生理长	左	\	352.00	\	342.00	\	\	335.00
	右	\	350.00	\	341.00	341.00	\	\
上端宽	左	\	76.00	\	71.00	\	\	73.00
	右	\	75.00	\	72.00	84.00	\	\

标本号	侧别	M32	M110	M13	M35	M2	M134	M48
性别		男	男	男	男	男	男	男
年龄		35±	50-55	40±	45±	50±	40-45	40-45
下端宽	左	\	54.00	\	49.00	\	\	50.00
	右	\	55.00	\	46.00	56.00	\	51.00
下端矢径	左	\	41.00	\	37.10	\	\	37.00
	右	\	41.20	\	36.30	40.60	\	36.80
中部最大径	左	\	31.00	\	28.60	\	\	28.90
	右	\	30.00	\	28.60	32.80	\	\
中部横径	左	\	24.20	\	21.20	\	\	20.10
	右	\	23.00	\	20.70	22.76	\	\
体最小周长	左	\	81.00	\	74.00	\	\	77.00
	右	\	82.00	\	72.50	83.00	\	\
滋养孔横径	左	23.00	23.84	\	22.20	26.70	\	20.50
	右	23.40	24.20	\	23.46	26.00	\	\
滋养孔矢状径	左	33.90	35.10	\	32.20	37.00	\	33.40
	右	33.70	35.00	\	31.24	35.10	\	\
长厚指数	左	\	23.01	\	21.64	\	\	22.99
	右	\	23.43	\	21.26	24.34	\	\
中部断面指数	左	\	78.06	\	74.13	\	\	69.55
	右	\	76.67	\	72.38	69.39	\	\
胫骨指数	左	67.85	67.92	\	68.94	72.16	\	61.38
	右	69.44	69.14	\	75.10	74.07	\	\
胫股指数	左	\	78.57	\	80.66	\	\	\
	右	\	78.48	\	79.67	\	\	\

附表六　新郑天利两周墓葬成年居民肢骨测量表（2）（长度：毫米；指数：%）

标本号	侧别	M102	M34	M60	M21	M69	M106	M42
性别		男	男	男	男	男	男	男
年龄		40±	35-40	30±	20±	45-50	50±	35-40
肱骨：最大长	左	\	295.00	333.00	321.00	\	\	323.00
	右	\	299.60	337.00	326.50	\	\	327.00

续表

标本号	侧别	M102	M34	M60	M21	M69	M106	M42
性别		男	男	男	男	男	男	男
年龄		40±	35-40	30±	20±	45-50	50±	35-40
生理长	左	\	293.00	326.00	312.00	\	\	319.00
	右	\	296.00	328.00	318.00	\	\	323.00
体中部最大径	左	\	21.20	22.30	20.70	\	\	22.30
	右	\	25.00	22.30	21.60	\	\	\
体中部最小径	左	\	17.62	18.00	17.60	\	\	17.56
	右	\	17.80	17.34	17.70	\	\	\
体最小周长	左	\	63.00	66.00	62.50	\	\	62.50
	右	\	\	63.00	63.50	\	\	\
头周长	左	\	\	136.00	141.00	\	\	135.00
	右	\	140.50	137.00	146.00	\	\	\
上端宽	左	\	\	\	50.00	\	\	46.00
	右	\	48.00	48.00	50.00	\	\	46.00
下端宽	左	\	60.00	61.50	61.00	65.00	\	55.00
	右	\	61.00	59.00	58.00	66.00	63.00	57.50
滑车和小头宽	左	\	45.40	46.20	44.00	46.80	\	41.84
	右	\	44.70	43.90	43.00	45.82	46.50	45.42
滑车矢径	左	\	\	26.44	26.30	27.72	\	26.40
	右	\	26.76	26.00	\	27.30	26.80	27.20
头横径	左	\	\	40.10	41.00	\	\	39.50
	右	\	42.00	39.20	41.70	\	\	\
头纵径	左	\	45.00	44.80	46.00	\	\	44.16
	右	\	45.34	45.00	47.40	\	\	45.64
骨干横断面指数	左	\	83.11	80.72	85.02	\	\	78.74
	右	\	71.20	77.76	81.94	\	\	\
粗壮指数	左	\	21.36	19.82	19.47	\	\	19.35
	右	\	\	18.69	19.45	\	\	\

标本号	侧别	M102	M34	M60	M21	M69	M106	M42
性　别		男	男	男	男	男	男	男
年　龄		40±	35−40	30±	20±	45−50	50±	35−40
股骨：最大长	左	450.00	411.00	463.00	437.00	\	\	449.00
	右	445.00	\	466.00	437.00	\	\	448.00
生理长	左	446.00	410.00	461.00	434.00	\	\	444.00
	右	442.00	\	463.00	434.00	\	\	446.00
体长	左	356.00	328.00	\	349.00	\	\	365.00
	右	362.00	\	380.00	352.50	\	\	368.00
上部横径	左	31.00	32.00	32.70	32.80	36.00	33.10	33.84
	右	33.20	32.84	32.84	33.50	35.60	31.30	31.68
上部矢径	左	24.20	26.40	25.40	27.40	27.90	28.70	24.64
	右	23.74	26.00	25.40	27.00	27.70	28.80	25.10
中部横径	左	27.42	29.32	27.80	28.60	\	\	28.00
	右	27.70	\	27.40	28.20	\	\	26.10
中部矢径	左	28.54	30.70	29.40	29.60	\	\	30.40
	右	28.24	\	31.40	29.60	\	\	29.80
中部周长	左	88.50	94.00	91.50	93.50	\	\	93.50
	右	87.00	\	94.00	94.00	\	\	91.00
下部最小径	左	29.00	30.00	28.30	\	32.70	\	28.80
	右	28.50	\	29.70	\	31.40	\	28.90
下部横径	左	41.70	36.20	38.40	\	46.10	\	38.10
	右	41.70	\	40.00	\	44.50	\	37.80
颈头前长	左	80.00	75.60	77.80	80.40	\	77.00	73.50
	右	84.70	76.62	86.72	86.80	\	84.90	83.00
头垂直径	左	44.70	41.54	45.00	45.10	\	44.50	43.70
	右	\	43.64	43.52	44.70	\	44.10	43.42
颈高	左	35.70	34.40	33.50	31.10	\	36.10	37.00
	右	35.70	34.52	31.60	33.20	\	35.70	33.00

标本号	侧别	M102	M34	M60	M21	M69	M106	M42
性　别		男	男	男	男	男	男	男
年　龄		40±	35-40	30±	20±	45-50	50±	35-40
颈矢径	左	25.70	25.00	24.70	23.00	\	25.60	25.66
	右	26.60	27.60	25.30	23.10	\	26.20	25.60
两髁宽	左	\	77.10	80.80	\	\	\	78.72
	右	\	\	82.00	\	\	\	77.66
外髁长	左	61.50	60.80	61.00	\	\	\	\
	右	\	\	61.60	\	\	\	60.60
内髁长	左	61.00	60.72	59.20	\	\	\	62.10
	右	\	\	58.00	\	\	\	61.90
颈干角	左	129.00	125.00	118.00	125.00	\	140.00	118.00
	右	125.00	120.00	125.00	123.00	\	130.00	125.00
头周长	左	157.00	146.00	150.00	151.00	\	\	151.00
	右	\	\	150.00	\	\	\	150.00
头矢径	左	47.70	44.80	45.80	46.20	\	\	46.40
	右	\	\	45.80	\	\	\	46.22
长厚指数	左	19.84	22.93	19.85	21.54	\	\	21.06
	右	19.68	\	20.30	21.66	\	\	20.40
粗壮指数	左	12.55	14.64	12.41	13.41	\	\	13.15
	右	12.66	\	12.70	13.32	\	\	12.53
干中部指数	左	104.08	104.71	105.76	103.50	\	\	108.57
	右	101.95	\	114.60	104.96	\	\	114.18
扁平指数	左	78.06	82.50	77.68	83.54	77.50	86.71	72.81
	右	71.51	79.17	77.34	80.60	77.81	92.01	79.23
胫骨：最大长	左	376.00	\	385.00	359.00	\	\	367.00
	右	378.00	\	392.00	\	\	\	367.00
生理长	左	355.00	\	371.00	337.50	\	\	351.00
	右	363.00	\	376.00	\	\	\	351.00

续表

标本号	侧别	M102	M34	M60	M21	M69	M106	M42
性别		男	男	男	男	男	男	男
年龄		40±	35-40	30±	20±	45-50	50±	35-40
上端宽	左	76.00	\	75.50	\	\	\	76.00
	右	76.00	\	77.00	\	\	\	76.00
下端宽	左	51.00	52.00	50.00	50.00	\	\	51.00
	右	50.00	52.00	53.00	\	\	\	52.00
下端矢径	左	36.60	37.70	37.70	38.30	\	\	38.24
	右	37.90	38.50	38.80	\	\	\	39.00
中部最大径	左	31.80	\	30.40	\	\	\	31.00
	右	30.50	\	31.12	\	\	\	30.80
中部横径	左	20.40	\	19.60	\	\	\	23.20
	右	20.70	\	20.40	\	\	\	24.00
体最小周长	左	76.00	\	75.00	\	\	\	80.00
	右	76.00	\	77.00	\	\	\	79.00
滋养孔横径	左	23.60	\	22.70	\	23.80	\	24.50
	右	23.20	\	24.00	\	25.00	\	24.20
滋养孔矢状径	左	36.00	\	34.80	\	38.90	\	34.80
	右	36.00	\	34.80	\	37.80	\	35.00
长厚指数	左	21.41	\	20.22	\	\	\	22.79
	右	20.94	\	20.48	\	\	\	22.51
中部断面指数	左	64.15	\	64.47	\	\	\	74.84
	右	67.87	\	65.55	\	\	\	77.92
胫骨指数	左	65.56	\	65.23	\	61.18	\	70.40
	右	64.44	\	68.97	\	66.14	\	69.14
胫股指数	左	79.60	\	80.48	77.76	\	\	79.05
	右	82.13	\	81.21	\	\	\	78.70

附表七 新郑天利两周墓葬成年居民肢骨测量表(3)(长度：毫米；指数：%)

标本号	侧别	M8	M114	M111	M209	M44	M151	M95
性 别		男	男	男	男	男	男	男
年 龄		40±	35±	55±	50±	50-55	45±	55±
肱骨：最大长	左	\	329.00	\	317.00	\	336.50	331.00
	右	335.00	333.00	\	327.00	\	\	330.00
生理长	左	\	326.00	\	316.00	\	334.00	324.00
	右	331.00	329.00	\	323.00	\	338.00	323.00
体中部最大径	左	\	21.60	\	23.80	\	23.60	23.32
	右	23.00	22.64	\	24.80	\	25.20	23.00
体中部最小径	左	\	17.40	\	19.00	\	18.60	17.44
	右	16.20	18.54	\	17.90	\	18.60	17.70
体最小周长	左	\	67.00	\	67.50	\	66.00	64.00
	右	59.00	68.00	\	66.00	\	68.00	65.00
头周长	左	\	\	\	141.00	\	147.00	\
	右	141.00	150.00	\	146.00	\	149.00	\
上端宽	左	\	\	\	50.00	\	\	49.00
	右	49.00	50.50	\	\	\	\	\
下端宽	左	55.50	62.00	\	64.00	\	\	62.00
	右	56.50	60.00	63.00	63.00	62.50	\	60.00
滑车和小头宽	左	43.30	44.30	\	46.30	\	\	43.80
	右	43.50	45.00	44.54	46.00	48.00	\	\
滑车矢径	左	25.00	28.30	\	25.70	\	\	25.80
	右	24.84	28.24	26.46	26.50	29.80	\	27.60
头横径	左	\	\	\	41.70	\	43.60	\
	右	42.54	46.50	\	43.00	\	44.50	\
头纵径	左	\	45.90	\	45.54	\	47.52	45.50
	右	46.00	48.14	\	47.84	\	49.40	\
骨干横断面指数	左	\	80.56	\	79.83	\	78.81	74.79
	右	70.43	81.89	\	72.18	\	73.81	76.96

标本号	侧别	M8	M114	M111	M209	M44	M151	M95
性 别		男	男	男	男	男	男	男
年 龄		40±	35±	55±	50±	50-55	45±	55±
粗壮指数	左	\	20.36	\	21.29	\	19.61	19.34
	右	17.61	20.42	\	20.18	\	\	19.70
股骨：最大长	左	464.00	472.00	431.00	459.00	\	482.00	469.00
	右	461.00	475.00	\	461.00	\	482.00	\
生理长	左	458.00	469.00	427.00	456.00	\	478.00	466.00
	右	457.00	471.00	\	455.50	\	478.50	\
体长	左	374.00	384.00	340.00	367.00	\	\	386.00
	右	370.00	385.00	\	374.00	\	391.00	\
上部横径	左	32.30	32.20	32.20	30.10	35.30	35.10	33.12
	右	31.80	32.10	\	31.80	34.00	35.10	33.60
上部矢径	左	23.64	27.20	24.20	27.40	26.00	27.20	27.74
	右	23.14	26.40	\	29.72	25.50	27.68	27.50
中部横径	左	27.60	31.40	27.40	28.44	\	30.80	27.40
	右	27.80	29.00	\	29.84	\	30.70	\
中部矢径	左	27.60	32.00	26.80	31.40	\	32.30	30.40
	右	27.00	31.00	\	33.80	\	31.70	\
中部周长	左	87.50	98.00	89.50	96.00	\	100.00	96.00
	右	89.00	94.50	\	100.00	\	100.00	\
下部最小径	左	29.80	29.00	\	34.50	\	\	28.70
	右	29.80	30.72	\	34.40	\	30.20	\
下部横径	左	40.80	41.50	\	45.70	\	\	41.50
	右	40.94	39.12	\	48.00	\	42.44	\
颈头前长	左	73.00	76.60	75.62	81.00	80.00	87.44	78.00
	右	76.40	83.00	\	82.00	84.12	86.50	81.60
头垂直径	左	45.34	45.00	43.10	46.64	47.60	47.70	45.80
	右	45.20	44.44	\	47.00	48.50	47.50	44.20

标本号	侧别	M8	M114	M111	M209	M44	M151	M95
性　别		男	男	男	男	男	男	男
年　龄		40±	35±	55±	50±	50-55	45±	55±
颈高	左	35.70	35.10	32.24	34.00	38.40	35.72	37.80
	右	35.90	34.52	\	35.00	37.60	35.10	34.32
颈矢径	左	25.60	25.72	25.00	27.00	29.30	28.52	26.80
	右	26.00	26.60	\	27.40	30.00	28.60	26.40
两髁宽	左	79.72	82.00	\	84.00	\	\	78.70
	右	80.30	82.74	\	83.50	\	88.22	\
外髁长	左	60.82	65.10	\	63.84	\	\	60.50
	右	61.20	63.24	\	64.52	\	\	\
内髁长	左	61.00	65.30	\	65.64	\	\	\
	右	62.20	\	\	65.00	\	\	\
颈干角	左	122.00	132.00	125.00	127.00	122.00	129.00	126.00
	右	120.00	128.00	\	127.00	122.00	125.00	123.00
头周长	左	153.00	158.00	\	155.00	167.00	161.00	157.00
	右	153.50	159.50	\	156.00	168.00	163.00	\
头矢径	左	46.54	48.80	\	46.80	51.10	49.50	48.10
	右	47.00	48.90	\	48.20	51.00	50.30	\
长厚指数	左	19.10	20.90	20.96	21.05	\	20.92	20.60
	右	19.47	20.06	\	21.95	\	20.90	\
粗壮指数	左	12.05	13.52	12.69	13.12	\	13.20	12.40
	右	11.99	12.74	\	13.97	\	13.04	\
干中部指数	左	100.00	101.91	97.81	110.41	\	104.87	110.95
	右	97.12	106.90	\	113.27	\	103.26	\
扁平指数	左	73.19	84.47	75.16	91.03	73.65	77.49	83.76
	右	72.77	82.24	\	93.46	75.00	78.86	81.85
胫骨：最大长	左	378.00	391.00	\	372.00	\	\	\
	右	381.00	\	\	373.00	\	\	\

标本号	侧别	M8	M114	M111	M209	M44	M151	M95
性别		男	男	男	男	男	男	男
年龄		40±	35±	55±	50±	50−55	45±	55±
生理长	左	358.00	371.50	\	354.00	\	\	\
	右	364.00	\	\	357.00	\	\	\
上端宽	左	74.00	76.00	\	72.00	\	\	\
	右	74.00	76.00	\	72.00	\	\	\
下端宽	左	52.00	56.00	\	52.50	\	\	\
	右	51.00	\	\	50.00	\	\	\
下端矢径	左	38.20	\	\	\	\	\	\
	右	39.32	\	\	\	\	\	\
中部最大径	左	29.70	30.00	\	31.60	\	\	\
	右	29.80	\	\	31.30	\	\	\
中部横径	左	20.84	22.80	\	25.30	\	\	\
	右	20.70	\	\	24.40	\	\	\
体最小周长	左	75.00	78.00	\	87.00	\	\	\
	右	73.50	\	\	84.50	\	\	\
滋养孔横径	左	22.70	24.34	\	26.74	\	\	24.40
	右	22.30	24.60	\	27.10	\	\	23.60
滋养孔矢状径	左	33.40	34.60	\	36.20	\	\	37.70
	右	34.40	33.44	\	35.10	\	\	36.90
长厚指数	左	20.95	21.00	\	24.58	\	\	\
	右	20.19	\	\	23.67	\	\	\
中部断面指数	左	70.17	76.00	\	80.06	\	\	\
	右	69.46	\	\	77.96	\	\	\
胫骨指数	左	67.96	70.35	\	73.87	\	\	64.72
	右	64.83	73.56	\	77.21	\	\	63.96
胫股指数	左	78.17	79.21	\	77.63	\	\	\
	右	79.65	\	\	78.38	\	\	\

附表八 新郑天利两周墓葬成年居民肢骨测量表（4）（长度：毫米；指数：%）

标本号	侧别	M212	M54	M195	M294	M196	M203	M33
性 别		男？	男	男	男	男	男	男
年 龄		25±	40-45	30-35	35-40	55±	45-50	60+
肱骨：最大长	左	274.00	322.00	\	325.00	\	285.00	\
	右	281.00	\	\	328.00	298.00	291.00	\
生理长	左	271.00	318.00	\	324.00	\	278.50	\
	右	275.00	\	\	\	293.00	\	\
体中部最大径	左	18.10	22.64	\	\	\	20.40	\
	右	18.50	\	\	25.10	22.60	20.74	\
体中部最小径	左	12.64	17.80	\	\	\	14.00	\
	右	14.00	\	\	19.20	15.80	13.90	\
体最小周长	左	48.50	65.00	\	\	\	55.00	\
	右	50.00	\	\	\	64.00	55.00	\
头周长	左	120.00	148.00	\	\	\	127.00	\
	右	120.00	\	\	\	134.00	127.50	\
上端宽	左	41.00	\	\	\	\	46.00	\
	右	41.00	\	\	49.00	45.50	45.50	\
下端宽	左	51.00	58.00	61.00	\	\	56.50	59.00
	右	52.00	60.00	\	58.00	59.00	\	59.50
滑车和小头宽	左	37.80	44.30	48.00	\	\	42.00	43.13
	右	37.00	47.30	\	71.00	42.60	\	39.24
滑车矢径	左	22.30	26.30	\	\	\	25.74	27.00
	右	21.90	27.00	\	28.00	29.90	26.30	\
头横径	左	35.30	43.40	\	\	\	38.20	\
	右	36.00	\	\	\	41.00	38.00	\
头纵径	左	38.60	47.10	\	\	\	40.82	\
	右	38.30	\	\	48.00	42.44	41.82	\
骨干横断面指数	左	69.83	78.62	\	\	\	68.63	\
	右	75.68	\	\	76.49	69.91	67.02	\

续表

标本号	侧别	M212	M54	M195	M294	M196	M203	M33
性 别		男?	男	男	男	男	男	男
年 龄		25±	40-45	30-35	35-40	55±	45-50	60+
粗壮指数	左	17.70	20.19	\	\	\	19.30	\
	右	17.79	\	\	\	21.48	18.90	\
股骨：最大长	左	385.00	\	\	466.00	403.00	411.00	\
	右	\	460.00	447.50	464.00	408.00	413.00	426.00
生理长	左	378.00	\	\	462.00	398.00	405.00	\
	右	\	456.00	445.50	457.50	402.00	408.00	423.00
体长	左	316.00	\	\	390.00	332.00	324.00	\
	右	\	376.00	366.00	382.00	323.00	324.00	352.00
上部横径	左	28.20	33.90	33.80	33.30	31.60	30.60	31.20
	右	27.46	34.00	34.00	31.20	30.20	29.60	30.30
上部矢径	左	19.50	24.50	28.20	27.30	22.36	22.74	24.90
	右	18.80	24.70	27.84	26.60	23.60	22.74	23.40
中部横径	左	25.80	\	\	29.20	26.60	27.70	\
	右	\	30.20	28.72	28.00	25.70	27.30	25.50
中部矢径	左	20.20	\	\	\	27.80	26.00	\
	右	\	31.00	33.70	32.00	27.50	26.40	29.60
中部周长	左	75.00	\	\	\	87.50	86.00	\
	右	\	98.00	100.00	95.00	85.00	86.00	87.00
下部最小径	左	21.30	\	\	31.40	27.40	24.00	\
	右	\	28.00	30.00	31.52	27.40	24.00	27.00
下部横径	左	36.30	\	\	42.60	40.34	38.50	\
	右	\	39.50	49.36	41.90	38.21	39.20	37.60
颈头前长	左	61.30	78.20	\	72.00	66.26	74.44	71.70
	右	\	78.32	86.50	79.40	74.50	78.90	79.40
头垂直径	左	37.68	43.10	\	45.64	\	40.80	45.54
	右	37.54	43.34	\	44.70	40.30	41.10	43.00

续表

标本号	侧别	M212	M54	M195	M294	M196	M203	M33
性别		男?	男	男	男	男	男	男
年龄		25±	40-45	30-35	35-40	55±	45-50	60+
颈高	左	28.00	33.64	\	34.50	34.40	31.42	31.10
	右	\	33.00	38.20	34.00	32.74	31.40	28.50
颈矢径	左	23.00	26.42	\	25.40	25.20	22.50	25.40
	右	\	25.70	28.00	27.30	25.80	20.60	25.80
两髁宽	左	72.00	\	86.80	\	78.30	72.00	\
	右	\	81.70	87.20	82.20	78.00	73.20	77.30
外髁长	左	51.40	\	\	\	58.52	60.44	\
	右	\	64.00	65.70	62.20	60.00	61.40	57.00
内髁长	左	51.10	\	\	\	59.20	58.00	\
	右	\	63.10	62.50	61.30	59.70	58.72	57.00
颈干角	左	127.00	130.00	\	121.00	122.00	126.00	122.00
	右	\	122.00	130.00	120.00	120.00	127.00	128.00
头周长	左	130.00	\	\	\	\	141.00	151.00
	右	130.00	149.00	\	156.00	150.00	140.00	151.00
头矢径	左	40.10	\	\	\	\	43.00	46.20
	右	40.00	45.70	\	48.00	46.00	43.10	46.30
长厚指数	左	19.84	\	\	\	21.98	21.23	\
	右	\	21.49	22.45	20.77	21.14	21.08	20.57
粗壮指数	左	12.17	\	\	\	13.67	13.26	\
	右	\	13.42	14.01	13.11	13.23	13.16	13.03
干中部指数	左	78.29	\	\	\	104.51	93.86	\
	右	\	102.65	117.34	114.29	107.00	96.70	116.08
扁平指数	左	69.15	72.27	83.43	81.98	70.76	74.31	79.81
	右	68.46	72.65	81.88	85.26	78.15	76.82	77.23
胫骨：最大长	左	319.00	\	374.00	372.00	334.00	325.00	344.00
	右	321.00	\	379.00	372.00	334.00	\	342.00

标本号	侧别	M212	M54	M195	M294	M196	M203	M33
性别		男？	男	男	男	男	男	男
年龄		25±	40-45	30-35	35-40	55±	45-50	60+
生理长	左	303.00	\	354.00	357.00	316.00	313.00	327.00
	右	304.00	\	360.00	357.00	315.00	\	324.00
上端宽	左	66.50	\	72.50	\	\	67.00	\
	右	66.00	\	71.50	\	72.50	\	67.00
下端宽	左	43.50	\	55.00	\	52.00	48.00	51.00
	右	44.00	\	56.50	57.00	52.00	\	51.00
下端矢径	左	34.50	\	41.60	38.60	38.10	35.00	39.20
	右	33.30	\	42.40	39.90	37.64	\	39.00
中部最大径	左	23.50	\	33.42	33.24	28.40	28.86	29.00
	右	22.70	\	32.50	31.24	28.00	\	29.00
中部横径	左	17.40	\	26.70	23.50	19.60	19.60	19.80
	右	16.70	\	27.00	22.40	21.20	\	20.30
体最小周长	左	62.00	\	83.00	80.00	73.00	72.00	77.00
	右	61.00	\	83.00	78.00	75.00	\	76.00
滋养孔横径	左	19.30	25.20	27.52	25.40	20.76	22.74	22.50
	右	17.74	26.10	30.60	25.10	23.00	22.74	24.20
滋养孔矢状径	左	25.40	36.60	37.40	36.40	32.44	32.40	31.50
	右	25.00	35.80	40.50	35.84	32.54	31.64	32.60
长厚指数	左	20.46	\	23.45	22.41	23.10	23.00	23.55
	右	20.07	\	23.06	21.85	23.81	\	23.46
中部断面指数	左	74.04	\	79.89	70.70	69.01	67.91	68.28
	右	73.57	\	83.08	71.70	75.71	\	70.00
胫骨指数	左	75.98	68.85	73.58	69.78	64.00	70.19	71.43
	右	70.96	72.91	75.56	70.03	70.68	71.87	74.23
胫股指数	左	80.16	\	\	77.27	79.40	77.28	\
	右	\	\	80.81	78.03	78.36	\	76.60

附表九 新郑天利两周墓葬成年居民肢骨测量表（5）（长度：毫米；指数：%）

标本号	侧别	M162	M138	M303	M306	M119	M122	M287
性别		男	男	男	男	男？	男	男
年龄		35±	40±	45—50	40—45	40±	60+	45—50
肱骨：最大长	左	\	\	\	\	\	\	\
	右	\	\	\	322.50	\	\	\
生理长	左	\	\	\	\	\	\	\
	右	\	\	\	\	\	\	\
体中部最大径	左	\	\	\	\	\	\	\
	右	\	\	\	\	\	\	\
体中部最小径	左	\	\	\	\	\	\	\
	右	\	\	\	\	\	\	\
体最小周长	左	\	\	\	\	\	\	\
	右	\	\	\	\	\	\	\
头周长	左	\	\	\	\	\	\	\
	右	\	\	\	\	\	\	\
上端宽	左	\	\	\	\	\	\	\
	右	\	\	\	\	\	\	\
下端宽	左	\	\	48.00	\	58.00	56.50	58.00
	右	\	\	\	\	\	\	\
滑车和小头宽	左	\	\	40.10	\	42.70	45.50	42.64
	右	\	\	\	\	\	\	\
滑车矢径	左	\	\	23.10	\	26.60	26.50	24.80
	右	\	\	\	\	\	\	\
头横径	左	\	\	\	\	\	\	\
	右	\	\	\	\	\	\	\
头纵径	左	\	\	\	\	\	\	\
	右	\	\	\	\	\	\	\
骨干横断面指数	左	\	\	\	\	\	\	\
	右	\	\	\	\	\	\	\

标本号	侧别	M162	M138	M303	M306	M119	M122	M287
性　别		男	男	男	男	男?	男	男
年　龄		35±	40±	45-50	40-45	40±	60+	45-50
粗壮指数	左	\	\	\	\	\	\	\
	右	\	\	\	\	\	\	\
股骨：最大长	左	\	\	392.00	\	\	\	436.00
	右	\	\	389.00	457.00	\	\	438.00
生理长	左	\	\	391.50	\	\	\	433.50
	右	\	\	387.50	456.00	\	\	436.00
体长	左	\	\	316.00	\	\	\	358.00
	右	\	\	316.00	373.00	\	\	\
上部横径	左	32.32	32.80	30.20	30.56	\	29.90	32.50
	右	32.80	33.20	31.30	31.00	\	26.60	32.00
上部矢径	左	24.70	26.00	21.40	26.64	\	25.80	23.40
	右	26.44	24.00	19.60	26.20	\	24.00	24.00
中部横径	左	\	\	26.20	\	\	\	26.40
	右	\	\	26.60	28.40	\	\	25.50
中部矢径	左	\	\	27.34	\	\	\	29.40
	右	\	\	27.40	29.30	\	\	31.00
中部周长	左	\	\	86.00	\	\	\	91.00
	右	\	\	85.00	92.00	\	\	90.00
下部最小径	左	\	\	23.80	\	25.60	\	30.44
	右	\	\	24.60	32.60	\	\	31.00
下部横径	左	\	\	34.80	\	38.74	\	40.40
	右	\	\	35.00	46.20	\	\	41.10
颈头前长	左	76.40	77.60	73.80	79.90	\	80.42	78.00
	右	84.10	\	76.10	91.40	\	\	86.30
头垂直径	左	46.40	\	40.80	\	\	\	43.54
	右	45.00	\	40.00	\	\	\	42.76

续表

标本号	侧别	M162	M138	M303	M306	M119	M122	M287
性　别		男	男	男	男	男？	男	男
年　龄		35±	40±	45−50	40−45	40±	60+	45−50
颈高	左	32.30	\	29.22	37.00	\	\	30.72
	右	32.40	\	27.70	36.10	\	\	31.00
颈矢径	左	24.00	\	21.54	29.60	\	\	24.60
	右	25.10	\	\	29.70	\	\	23.60
两髁宽	左	\	\	\	\	79.60	\	77.00
	右	\	\	\	\	\	\	77.72
外髁长	左	\	\	\	\	59.00	\	\
	右	\	\	\	\	\	\	\
内髁长	左	\	\	\	\	58.84	\	\
	右	\	\	\	\	\	\	\
颈干角	左	120.00	127.00	124.00	127.00	\	134.00	118.00
	右	124.00	\	118.00	124.00	\	\	123.00
头周长	左	157.00	\	138.00	\	\	\	148.00
	右	159.00	\	136.00	\	\	\	\
头矢径	左	48.20	\	42.10	\	\	\	45.50
	右	48.92	\	41.50	\	\	\	\
长厚指数	左	\	\	21.97	\	\	\	20.99
	右	\	\	21.94	20.18	\	\	20.64
粗壮指数	左	\	\	13.68	\	\	\	12.87
	右	\	\	13.94	12.65	\	\	12.96
干中部指数	左	\	\	104.35	\	\	\	111.36
	右	\	\	103.01	103.17	\	\	121.57
扁平指数	左	76.42	79.27	70.86	87.17	\	86.29	72.00
	右	80.61	72.29	62.62	84.52	\	90.23	75.00
胫骨：最大长	左	\	\	\	\	\	\	354.00
	右	351.00	\	\	366.00	\	\	349.00

标本号	侧别	M162	M138	M303	M306	M119	M122	M287
性　别		男	男	男	男	男?	男	男
年　龄		35±	40±	45-50	40-45	40±	60+	45-50
生理长	左	\	\	\	\	\	\	339.00
	右	342.00	\	\	353.00	\	\	339.00
上端宽	左	\	\	\	\	63.50	\	75.50
	右	78.00	\	\	\	\	\	75.00
下端宽	左	\	52.00	\	\	\	\	50.50
	右	56.00	\	\	\	\	\	51.00
下端矢径	左	\	39.52	\	\	\	\	38.30
	右	39.70	\	\	\	\	\	37.30
中部最大径	左	\	\	\	\	\	\	29.44
	右	32.10	\	\	\	\	\	29.50
中部横径	左	\	\	\	\	\	\	18.10
	右	22.30	\	\	\	\	\	18.80
体最小周长	左	\	\	\	\	\	\	72.00
	右	80.00	\	\	\	\	\	74.00
滋养孔横径	左	22.24	\	\	\	21.10	\	21.40
	右	22.00	\	\	\	\	\	23.34
滋养孔矢状径	左	34.50	\	\	\	31.60	\	34.70
	右	35.24	\	\	\	\	\	34.60
长厚指数	左	\	\	\	\	\	\	21.24
	右	23.39	\	\	\	\	\	21.83
中部断面指数	左	\	\	\	\	\	\	61.48
	右	69.47	\	\	\	\	\	63.73
胫骨指数	左	64.46	\	\	\	66.77	\	61.67
	右	62.43	\	\	\	\	\	67.46
胫股指数	左	\	\	\	\	\	\	78.20
	右	\	\	\	77.41	\	\	77.75

附表一○　新郑天利两周墓葬成年居民肢骨测量表（6）（长度：毫米；指数：％）

标本号	侧别	M117	M297	M285	M172	M311	M268	M222
性别		男	男	男	男	男	男	男
年龄		40±	40－45	40－45	40－45	55±	成年	30±
肱骨：最大长	左	\	325.00	\	332.00	316.00	\	\
	右	\	328.00	\	333.00	\	\	310.00
生理长	左	\	323.00	\	326.00	310.00	\	\
	右	\	327.00	\	325.00	\	\	305.00
体中部最大径	左		21.50	\	23.50	24.66		\
	右		21.84	\	23.64	\		21.20
体中部最小径	左	\	16.44	\	17.90	18.50	\	\
	右	\	16.52	\	18.10	\	\	17.10
体最小周长	左	\	62.50	\	66.00	68.50	\	\
	右	\	62.00	\	68.00	\	\	63.00
头周长	左	\	148.00	\	\	\	\	\
	右	\	147.00	\	147.00	\	\	142.00
上端宽	左	\	49.00	\	\	\	\	49.50
	右	\	49.00	\	51.00	\	\	49.00
下端宽	左	59.00	60.00	\	62.50	63.00	\	\
	右	\	59.00	64.50	63.50	63.50	\	57.00
滑车和小头宽	左	45.40	42.80	\	44.80	46.00	\	\
	右	\	43.00	47.00	47.00	\	\	43.90
滑车矢径	左	25.84	26.34	\	27.20	29.30	\	\
	右	\	26.50	28.00	28.30	29.20	\	26.20
头横径	左	\	44.44	\	\	\	\	\
	右	\	43.60	\	43.40	\	\	42.60
头纵径	左	\	47.62	\	\	\	\	46.12
	右	\	47.52	\	47.50	\	\	46.94
骨干横断面指数	左	\	76.47	\	76.17	75.02	\	\
	右	\	75.64	\	76.57	\	\	80.66

续表

标本号	侧别	M117	M297	M285	M172	M311	M268	M222
性 别		男	男	男	男	男	男	男
年 龄		40±	40-45	40-45	40-45	55±	成年	30±
粗壮指数	左	\	19.23	\	19.88	21.68	\	\
	右	\	18.90	\	20.42	\	\	20.32
股骨：最大长	左	\	475.00	\	454.00	\	477.00	\
	右	\	468.00	\	457.00	\	\	455.00
生理长	左	\	469.00	\	449.00	\	475.00	\
	右	\	463.00	\	452.50	\	\	453.00
体长	左	\	392.00	\	372.00	353.00	388.00	\
	右	\	386.00	\	371.50	\	\	364.00
上部横径	左	34.10	31.70	34.10	31.70	34.40	33.50	33.30
	右	33.40	31.64	33.80	31.50	\	\	32.80
上部矢径	左	27.52	25.74	25.50	26.80	27.00	27.54	26.30
	右	26.40	24.54	25.14	28.74	\	\	27.30
中部横径	左	\	29.40	\	29.10	28.80	32.30	\
	右	\	28.50	\	28.50	\	\	26.60
中部矢径	左	\	28.60	\	33.10	30.30	34.20	\
	右	\	28.30	\	33.70	\	\	31.00
中部周长	左	\	91.00	\	102.00	96.00	103.50	\
	右	\	89.00	\	101.00	\	\	94.00
下部最小径	左	\	29.00	\	30.50	31.40	27.14	\
	右	\	29.00	\	30.10	30.60	24.70	31.60
下部横径	左	\	41.40	\	38.40	42.50	43.70	\
	右	\	40.00	\	39.30	42.60	41.24	41.60
颈头前长	左	\	78.70	\	75.90	\	76.00	75.20
	右	\	79.00	85.00	85.20	\	\	84.60
头垂直径	左	\	45.42	\	47.12	\	46.00	43.40
	右	\	45.40	46.40	46.30	\	\	\

标本号	侧别	M117	M297	M285	M172	M311	M268	M222
性　别		男	男	男	男	男	男	男
年　龄		40±	40－45	40－45	40－45	55±	成年	30±
颈高	左	\	36.00	36.10	38.74	38.70	34.10	34.30
	右	\	33.62	\	36.10	\	\	33.40
颈矢径	左	\	23.70	25.40	27.14	28.80	25.60	23.40
	右	\	26.00	\	29.40	\	\	25.10
两髁宽	左	\	82.60	\	82.80	88.00	86.60	\
	右	\	82.00	\	82.30	88.00	\	83.00
外髁长	左	\	60.20	\	63.52	65.90	71.60	\
	右	\	60.66	\	63.50	64.70	\	66.40
内髁长	左	\	62.00	\	62.50	65.30	69.80	\
	右	\	60.82	\	64.52	65.40	\	64.30
颈干角	左	\	119.00	\	123.00	120.00	129.00	132.00
	右	\	115.00	129.00	124.00	\	\	135.00
头周长	左	\	154.00	\	160.00	166.00	158.50	152.00
	右	\	153.00	157.00	161.00	\	\	\
头矢径	左	\	47.10	\	48.70	50.24	48.80	47.20
	右	\	47.00	48.00	49.56	\	\	\
长厚指数	左	\	19.40	\	22.72	\	21.79	\
	右	\	19.22	\	22.32	\	\	20.75
粗壮指数	左	\	12.37	\	13.85	\	14.00	\
	右	\	12.27	\	13.75	\	\	12.72
干中部指数	左	\	97.28	\	113.75	105.21	105.88	\
	右	\	99.30	\	118.25	\	\	116.54
扁平指数	左	80.70	81.20	74.78	84.54	78.49	82.21	78.98
	右	79.04	77.56	74.38	91.24	\	\	83.23
胫骨：最大长	左	\	398.00	\	371.00	\	385.00	\
	右	\	401.00	\	372.00	363.00	379.00	\

标本号	侧别	M117	M297	M285	M172	M311	M268	M222
性　别		男	男	男	男	男	男	男
年　龄		40±	40-45	40-45	40-45	55±	成年	30±
生理长	左	\	386.00	\	356.00	\	365.00	\
	右	\	387.50	\	357.00	349.00	364.00	\
上端宽	左	\	65.50	\	79.00	71.50	93.00	\
	右	\	76.50	\	78.50	72.50	91.50	78.00
下端宽	左	\	53.00	\	53.50	55.50	56.00	\
	右	\	53.50	\	55.50	55.50	59.50	\
下端矢径	左	\	40.00	\	41.64	43.00	41.30	\
	右	\	40.00	\	41.24	42.40	41.10	\
中部最大径	左	\	30.40	\	30.30	\	34.50	\
	右	\	30.40	\	30.40	31.10	35.00	\
中部横径	左	\	21.40	\	24.00	\	22.00	\
	右	\	23.40	\	23.56	22.00	21.20	\
体最小周长	左	\	77.00	\	78.00	\	84.00	\
	右	\	77.00	\	79.00	81.00	85.00	\
滋养孔横径	左	21.20	22.30	24.20	25.50	24.74	23.80	\
	右	21.24	23.30	\	25.74	25.10	24.20	25.50
滋养孔矢状径	左	35.90	32.00	34.70	35.00	34.80	38.70	\
	右	36.00	32.20	\	34.30	34.20	38.60	34.90
长厚指数	左	\	19.95	\	21.91	\	23.01	\
	右	\	19.87	\	22.13	23.21	23.35	\
中部断面指数	左	\	70.39	\	79.21	\	63.77	\
	右	\	76.97	\	77.50	70.74	60.57	\
胫骨指数	左	59.05	69.69	69.74	72.86	71.09	61.50	\
	右	59.00	72.36	\	75.04	73.39	62.69	73.07
胫股指数	左	\	82.30	\	79.29	\	76.84	\
	右	\	83.69	\	78.90	\	\	\

附表一一 新郑天利两周墓葬成年居民肢骨测量表（7）（长度：毫米；指数：%）

标本号	侧别	M233	M153	M293	M224	M131	M252	M244
性 别		男	男	男	男	男	男	男
年 龄		50±	25－30	35－40	40－45	60±	40－45	60+
肱骨：最大长	左	\	269.00	302.00	\	\	\	\
	右	\	272.00	304.50	\	\	\	\
生理长	左	\	268.50	300.00	\	\	\	\
	右	\	271.00	302.00	\	\	\	\
体中部最大径	左	\	16.80	22.30	\	\	\	\
	右	\	20.00	23.00	\	\	\	\
体中部最小径	左	\	15.54	16.10	\	\	\	\
	右	\	15.70	16.10	\	\	\	\
体最小周长	左	\	57.00	63.00	\	\	\	\
	右	\	58.00	63.50	\	\	\	\
头周长	左	\	123.00	144.00	\	\	\	\
	右	\	\	145.00	\	\	\	\
上端宽	左	\	41.50	48.00	\	\	\	\
	右	\	42.00	49.00	\	\	\	\
下端宽	左	\	51.50	56.50	52.00	54.50	62.00	\
	右	\	51.50	57.00	62.00	\	62.50	\
滑车和小头宽	左	\	37.40	42.10	46.42	44.00	43.80	\
	右	43.60	36.90	45.44	47.34	\	44.30	\
滑车矢径	左	\	21.60	26.64	28.74	24.90	27.00	\
	右	30.30	22.12	26.00	28.10	\	26.00	\
头横径	左	\	37.40	44.00	\	\	\	\
	右	\	\	44.34	\	\	\	\
头纵径	左	\	38.40	46.00	\	\	\	\
	右	\	\	45.64	\	\	\	\
骨干横断面指数	左	\	92.50	72.20	\	\	\	\
	右	\	78.50	70.00	\	\	\	\

标本号	侧别	M233	M153	M293	M224	M131	M252	M244
性别		男	男	男	男	男	男	男
年龄		50±	25-30	35-40	40-45	60±	40-45	60+
粗壮指数	左	\	21.19	20.86	\	\	\	\
	右	\	21.32	20.85	\	\	\	\
股骨：最大长	左	\	386.50	418.00	\	\	\	\
	右	\	\	\	468.00	\	\	\
生理长	左	\	\	416.00	\	\	\	\
	右	\	\	\	465.00	\	\	\
体长	左	\	\	327.00	\	\	\	\
	右	\	\	\	382.00	\	\	\
上部横径	左	34.00	27.00	30.54	32.80	32.30	35.80	\
	右	32.00	24.90	31.20	32.00	34.00	\	\
上部矢径	左	27.54	18.92	24.64	27.84	26.44	22.00	\
	右	26.30	18.00	23.00	29.00	26.88	\	\
中部横径	左	\	21.00	26.00	\	\	\	\
	右	\	\	\	29.44	\	\	\
中部矢径	左	\	25.20	27.30	\	\	\	\
	右	\	\	\	33.00	\	\	\
中部周长	左	\	72.50	85.50	\	\	\	\
	右	\	\	\	102.00	\	\	\
下部最小径	左	\	\	29.80	\	\	\	\
	右	\	\	\	31.74	\	\	\
下部横径	左	\	\	33.40	\	\	\	\
	右	\	\	\	42.10	\	\	\
颈头前长	左	\	62.20	75.80	\	\	\	77.60
	右	\	61.40	81.62	88.54	\	82.14	85.00
头垂直径	左	\	37.00	43.00	\	\	\	42.00
	右	\	35.80	44.20	45.80	\	45.10	43.50

续表

标本号	侧别	M233	M153	M293	M224	M131	M252	M244
性别		男	男	男	男	男	男	男
年龄		50±	25-30	35-40	40-45	60±	40-45	60+
颈高	左	\	32.00	29.40	35.84	35.90	34.80	30.20
	右	\	29.70	28.60	36.00	36.52	32.76	31.10
颈矢径	左	\	25.00	23.74	26.90	24.10	26.70	23.80
	右	\	24.20	23.10	25.60	24.60	26.80	25.00
两髁宽	左	\	\	76.50	\	\	\	\
	右	\	\	\	\	\	\	79.30
外髁长	左	\	\	63.20	\	\	\	\
	右	\	\	\	\	\	\	56.60
内髁长	左	\	\	59.42	\	\	\	\
	右	\	\	\	65.62	\	\	\
颈干角	左	\	125.00	123.00	\	\	123.00	124.00
	右	\	120.00	123.00	130.00	\	127.00	125.00
头周长	左	\	132.00	154.00	\	\	158.00	\
	右	\	\	155.00	156.00	\	\	\
头矢径	左	\	40.00	47.60	\	\	48.00	\
	右	\	\	47.50	48.24	\	\	\
长厚指数	左	\	\	20.55	\	\	\	\
	右	\	\	\	21.94	\	\	\
粗壮指数	左	\	\	12.81	\	\	\	\
	右	\	\	\	13.43	\	\	\
干中部指数	左	\	120.00	105.00	\	\	\	\
	右	\	\	\	112.09	\	\	\
扁平指数	左	81.00	70.07	80.68	84.88	81.86	61.45	\
	右	82.19	72.29	73.72	90.63	79.06	\	\
胫骨：最大长	左	\	308.50	340.00	\	\	\	\
	右	\	306.00	336.50	\	\	\	\

标本号	侧别	M233	M153	M293	M224	M131	M252	M244
性别		男	男	男	男	男	男	男
年龄		50±	25-30	35-40	40-45	60±	40-45	·60+
生理长	左	\	296.00	323.00	\	\	\	\
	右	\	296.00	326.00	\	\	\	\
上端宽	左	\	69.50	73.50	\	\	\	\
	右	\	67.00	70.50	\	\	\	\
下端宽	左	52.50	46.00	50.00	\	\	54.00	52.00
	右	57.00	45.50	46.00	\	\	\	\
下端矢径	左	37.70	33.60	34.60	\	\	39.44	38.24
	右	39.84	31.80	31.60	\	\	\	\
中部最大径	左	\	24.60	28.00	\	\	\	\
	右	\	23.50	28.00	\	\	\	\
中部横径	左	\	20.70	18.90	\	\	\	\
	右	\	19.00	20.40	\	\	\	\
体最小周长	左	\	67.00	71.00	\	\	\	\
	右	\	65.50	71.00	\	\	\	\
滋养孔横径	左	24.54	20.00	20.60	26.28	\	\	21.80
	右	23.64	20.50	21.20	25.30	\	21.30	\
滋养孔矢状径	左	35.20	28.00	29.84	36.40	\	\	36.44
	右	36.10	25.80	29.90	37.40	\	38.00	\
长厚指数	左	\	22.64	21.98	\	\	\	\
	右	\	22.13	21.78	\	\	\	\
中部断面指数	左	\	84.15	67.50	\	\	\	\
	右	\	80.85	72.86	\	\	\	\
胫骨指数	左	69.72	71.43	69.03	72.20	\	\	59.82
	右	65.48	79.46	70.90	67.65	\	56.05	\
胫股指数	左	\	\	77.64	\	\	\	\
	右	\	\	\	\	\	\	\

附表一二　新郑天利两周墓葬成年居民肢骨测量表（8）（长度：毫米；指数：%）

标本号	侧别	M1	M191	M199	M89	M169	M90	M197	M161
性别		女	女	女	女	女	女	女	女
年龄		60±	50±	45-50	60±	45-50	40±	45±	50±
肱骨：最大长	左	\	\	\	\	287.00	\	294.00	307.00
	右	\	301.00	\	300.00	\	\	\	309.00
生理长	左	\	\	\	\	284.00	\	293.00	305.00
	右	\	298.50	\	295.00	\	\	\	306.00
体中部最大径	左	\	\	\	\	\	\	20.30	20.00
	右	\	19.80	\	21.50	\	\	\	20.84
体中部最小径	左	\	\	\	\	\	\	14.62	13.80
	右	\	14.10	\	16.10	\	\	\	13.34
体最小周长	左	\	\	\	\	57.00	\	56.00	55.00
	右	\	53.00	\	58.50	\	\	\	57.00
头周长	左	\	\	\	\	\	\	120.50	131.00
	右	\	124.00	\	129.00	\	\	\	135.00
上端宽	左	\	\	\	\	\	\	41.50	45.50
	右	\	43.00	\	\	\	\	\	46.50
下端宽	左	53.50	55.00	\	56.00	52.00	\	51.50	54.00
	右	54.50	54.00	58.00	55.00	\	\	\	56.50
滑车和小头宽	左	39.60	39.70	\	42.20	36.40	\	40.90	39.00
	右	39.60	39.56	38.26	41.40	\	\	38.10	37.60
滑车矢径	左	23.00	21.86	\	\	24.30	\	26.44	24.70
	右	22.00	22.40	21.80	23.50	\	\	24.30	23.70
头横径	左	\	\	\	\	\	\	38.00	40.20
	右	\	\	\	38.70	\	\	\	41.54
头纵径	左	\	\	\	\	36.40	\	37.62	41.00
	右	\	\	\	39.90	\	\	\	41.30
骨干横断面指数	左	\	\	\	\	\	\	72.02	69.00
	右	\	71.21	\	74.88	\	\	\	64.01

标本号	侧别	M1	M191	M199	M89	M169	M90	M197	M161
性别		女	女	女	女	女	女	女	女
年龄		60±	50±	45-50	60±	45-50	40±	45±	50±
粗壮指数	左	\	\	\	\	19.86	\	19.05	17.92
	右	\	17.61	\	19.50	\	\	\	18.45
股骨：最大长	左	414.00	409.00	\	\	412.00	\	\	437.00
	右	415.00	409.00	\	\	\	\	\	\
生理长	左	412.00	405.00	\	\	409.00	\	\	431.00
	右	414.00	406.00	\	\	\	\	\	\
体长	左	344.00	340.00	\	\	\	\	\	348.00
	右	342.00	338.00	\	\	\	\	\	\
上部横径	左	31.00	31.42	30.50	\	29.40	30.00	\	29.60
	右	30.20	32.00	30.10	32.00	27.86	\	27.80	30.00
上部矢径	左	23.00	20.50	19.80	\	20.40	20.50	\	21.00
	右	23.20	20.40	19.70	21.60	20.80	\	23.70	20.70
中部横径	左	27.40	26.50	\	\	26.70	\	\	25.80
	右	26.30	25.00	\	\	\	\	\	\
中部矢径	左	24.70	23.50	\	\	24.00	\	\	23.00
	右	25.10	23.60	\	\	\	\	\	\
中部周长	左	84.50	79.00	\	\	82.00	\	\	77.00
	右	83.00	77.50	\	\	\	\	\	\
下部最小径	左	24.70	23.80	\	\	24.30	24.80	22.90	27.76
	右	26.00	24.00	\	\	\	24.10	\	\
下部横径	左	37.74	39.26	\	\	38.00	39.00	36.00	39.80
	右	38.20	37.26	\	\	\	40.71	\	\
颈头前长	左	69.80	70.64	\	\	66.76	\	\	66.10
	右	69.42	71.20	\	\	73.00	\	71.70	77.40
头垂直径	左	38.70	37.64	\	\	38.00	\	\	40.80
	右	\	38.20	\	\	37.90	40.50	38.30	\

标本号	侧别	M1	M191	M199	M89	M169	M90	M197	M161
性　别		女	女	女	女	女	女	女	女
年　龄		60±	50±	45-50	60±	45-50	40±	45±	50±
颈高	左	28.20	27.70	\	\	28.00	28.80	\	27.70
	右	28.00	27.70	\	\	26.20	29.50	29.40	29.20
颈矢径	左	23.50	23.80	\	\	22.00	\	\	22.70
	右	21.80	25.10	\	\	20.00	23.00	\	22.60
两髁宽	左	71.52	72.00	\	\	71.80	72.40	72.80	\
	右	\	71.80	\	\	\	\	\	\
外髁长	左	55.40	55.50	\	\	58.60	\	56.50	61.60
	右	\	56.10	\	\	\	\	\	\
内髁长	左	\	51.70	\	\	56.62	\	53.84	59.00
	右	\	\	\	\	\	\	\	\
颈干角	左	125.00	123.00	\	\	128.00	\	\	132.00
	右	125.00	122.00	\	\	127.00	\	130.00	128.00
头周长	左	132.00	133.00	\	\	132.00	\	\	139.00
	右	\	\	\	\	129.50	135.00	\	141.00
头矢径	左	40.10	40.30	\	\	39.70	\	\	42.44
	右	\	40.20	\	\	39.70	41.70	\	42.50
长厚指数	左	28.00	19.51	\	\	20.05	\	\	17.87
	右	20.05	19.09	\	\	\	\	\	\
粗壮指数	左	12.65	12.35	\	\	12.40	\	\	11.32
	右	12.42	11.97	\	\	\	\	\	\
干中部指数	左	90.15	88.68	\	\	89.89	\	\	89.15
	右	95.44	94.40	\	\	\	\	\	\
扁平指数	左	74.19	65.25	64.92	\	69.39	68.33	\	70.95
	右	76.82	63.75	65.45	67.50	74.66	\	85.25	69.00
胫骨：最大长	左	339.00	324.00	\	\	327.00	321.00	\	\
	右	340.00	327.00	\	\	333.00	323.00	\	\

标本号	侧别	M1	M191	M199	M89	M169	M90	M197	M161
性　别		女	女	女	女	女	女	女	女
年　龄		60±	50±	45-50	60±	45-50	40±	45±	50±
生理长	左	323.00	317.00	\	\	312.00	307.00	\	\
	右	324.00	313.00	\	\	321.00	308.00	\	\
上端宽	左	68.50	68.00	\	\	70.00	\	\	\
	右	70.00	68.00	\	\	70.00	68.00	\	\
下端宽	左	44.50	46.00	\	\	47.00	\	\	\
	右	47.00	47.00	\	\	45.00	\	\	\
下端矢径	左	32.80	34.94	\	\	33.16	34.20	\	\
	右	33.00	35.00	\	\	34.50	\	\	\
中部最大径	左	26.50	26.00	\	\	25.80	25.20	\	\
	右	27.10	25.90	\	\	25.90	25.70	\	\
中部横径	左	18.80	16.40	\	\	17.50	19.80	\	\
	右	18.20	16.70	\	\	18.00	19.60	\	\
体最小周长	左	66.00	63.00	\	\	68.00	70.00	\	\
	右	66.00	62.50	\	\	68.50	69.00	\	\
滋养孔横径	左	21.50	18.90	21.70	\	20.60	20.70	20.70	20.00
	右	21.30	20.00	22.20	\	23.30	21.00	\	20.40
滋养孔矢状径	左	28.00	28.50	25.60	\	30.40	30.80	28.76	30.10
	右	29.70	29.46	26.00	\	30.40	29.82	\	30.80
长厚指数	左	20.43	19.87	\	\	21.79	22.80	\	\
	右	20.37	19.97	\	\	21.34	22.40	\	\
中部断面指数	左	70.94	63.08	\	\	67.83	78.57	\	\
	右	67.16	64.48	\	\	69.50	76.26	\	\
胫骨指数	左	76.79	66.32	84.77	\	67.76	67.21	71.97	66.45
	右	71.72	67.89	85.38	\	76.64	70.42	\	66.23
胫股指数	左	78.40	78.27	\	\	76.28	\	\	\
	右	78.26	77.09	\	\	\	\	\	\

附表一三　新郑天利两周墓葬成年居民肢骨测量表（9）（长度：毫米；指数：%）

标本号	侧别	M5	M43	M4	M226	M129	M108	M251	M220
性别		女	女	女	女?	女	女?	女	女
年龄		50±	50±	60+	25±	40-45	40-45	60+	55-60
肱骨：最大长	左	\	\	284.00	\	\	\	284.00	\
	右	264.00	\	\	293.00	\	\	290.00	\
生理长	左	\	\	282.00	\	\	\	282.50	\
	右	261.00	\	\	289.00	\	\	286.00	\
体中部最大径	左	\	\	20.30	\	\	\	19.80	\
	右	20.40	\	\	20.70	\	\	19.46	\
体中部最小径	左	\	\	15.40	\	\	\	15.50	\
	右	13.20	\	\	15.00	\	\	15.00	\
体最小周长	左	\	\	56.50	\	\	\	58.00	\
	右	54.00	\	\	56.00	\	\	57.00	\
头周长	左	\	\	\	\	\	\	125.00	\
	右	120.00	\	\	123.00	\	\	124.00	\
上端宽	左	\	\	\	\	\	\	43.50	\
	右	42.00	\	\	42.00	\	\	\	\
下端宽	左	\	\	\	\	51.00	\	55.00	45.00
	右	55.00	\	44.00	51.00	\	\	56.50	50.00
滑车和小头宽	左	\	\	\	\	\	\	40.00	37.24
	右	39.00	35.52	37.70	39.10	\	\	39.90	38.00
滑车矢径	左	\	\	\	\	\	\	26.50	21.00
	右	22.40	23.30	22.00	24.90	\	\	25.20	21.14
头横径	左	\	\	\	\	\	\	38.20	\
	右	35.50	\	\	35.80	\	\	37.80	\
头纵径	左	\	\	36.76	\	\	\	39.60	\
	右	37.80	\	\	41.00	\	\	40.70	\
骨干横断面指数	左	\	\	75.86	\	\	\	78.28	\
	右	64.71	\	\	72.46	\	\	77.08	\

标本号	侧别	M5	M43	M4	M226	M129	M108	M251	M220
性　别		女	女	女	女?	女	女?	女	女
年　龄		50±	50±	60+	25±	40-45	40-45	60+	55-60
粗壮指数	左	\	\	19.89	\	\	\	20.42	\
	右	20.45	\	\	19.11	\	\	19.66	\
股骨：最大长	左	361.00	\	391.00	\	\	\	404.00	\
	右	361.00	\	386.00	\	427.00	\	408.00	\
生理长	左	358.00	\	388.00	\	\	\	401.00	\
	右	359.00	\	384.00	\	424.00	\	404.00	\
体长	左	294.00	\	330.00	\	\	\	318.00	\
	右	291.00	\	318.00	\	344.00	\	309.00	\
上部横径	左	30.10	\	30.00	29.00	28.80	\	28.60	30.84
	右	27.70	\	31.30	28.80	27.00	\	30.20	29.10
上部矢径	左	19.10	\	20.50	21.00	21.30	\	22.20	21.60
	右	19.20	\	20.60	20.70	22.00	\	24.70	22.00
中部横径	左	26.70	\	24.84	\	\	\	25.00	\
	右	23.46	\	26.20	\	26.40	\	25.70	\
中部矢径	左	23.10	\	24.50	\	\	\	24.00	\
	右	23.00	\	26.00	\	25.00	\	25.10	\
中部周长	左	79.50	\	78.50	\	\	\	78.50	\
	右	74.50	\	81.00	\	80.00	\	82.00	\
下部最小径	左	23.00	\	24.70	\	\	\	25.00	\
	右	22.20	\	\	\	22.70	\	26.00	\
下部横径	左	36.80	\	33.70	\	\	\	38.50	\
	右	35.34	\	\	\	41.70	\	39.00	\
颈头前长	左	62.70	\	63.00	\	67.30	\	78.00	68.20
	右	69.54	\	66.60	\	68.90	\	84.34	75.00
头垂直径	左	38.10	\	35.39	\	38.74	\	40.50	37.42
	右	39.00	\	\	\	38.70	\	41.60	\

标本号	侧别	M5	M43	M4	M226	M129	M108	M251	M220
性　别		女	女	女	女?	女	女?	女	女
年　龄		50±	50±	60+	25±	40-45	40-45	60+	55-60
颈高	左	29.50	\	29.20	\	31.00	\	29.00	28.72
	右	28.00	\	29.20	\	28.50	\	27.66	27.00
颈矢径	左	20.10	\	22.90	\	21.30	\	20.90	21.00
	右	20.64	\	23.60	\	21.00	\	22.00	19.60
两髁宽	左	70.70	\	66.20	\	\	75.50	74.80	\
	右	70.30	\	\	\	68.70	75.50	74.80	\
外髁长	左	51.00	\	50.70	\	\	57.50	57.10	\
	右	49.22	\	\	\	52.30	56.84	57.34	\
内髁长	左	55.00	\	50.00	\	\	58.94	55.64	\
	右	\	\	\	\	53.90	59.80	57.10	\
颈干角	左	124.00	\	120.00	\	135.00	\	135.00	123.00
	右	120.00	\	123.00	\	133.00	\	138.00	120.00
头周长	左	127.50	\	\	\	134.00	\	143.00	127.00
	右	128.00	\	\	\	132.00	\	\	\
头矢径	左	39.20	\	\	\	41.10	\	44.00	38.70
	右	39.40	\	39.00	\	40.20	\	\	37.34
长厚指数	左	22.21	\	20.23	\	\	\	19.58	\
	右	20.75	\	21.09	\	18.87	\	20.30	\
粗壮指数	左	13.91	\	12.72	\	\	\	12.22	\
	右	12.94	\	13.59	\	12.12	\	12.57	\
干中部指数	左	86.52	\	98.63	\	\	\	96.00	\
	右	98.04	\	99.24	\	94.70	\	97.67	\
扁平指数	左	63.46	\	68.33	72.41	73.96	\	77.62	70.04
	右	69.31	\	65.81	71.88	81.48	\	81.79	75.60
胫骨：最大长	左	297.50	306.50	318.00	\	327.00	336.00	321.00	\
	右	299.00	310.00	314.00	\	\	334.00	325.00	\

标本号	侧别	M5	M43	M4	M226	M129	M108	M251	M220
性别		女	女	女	女?	女	女?	女	女
年龄		50±	50±	60+	25±	40-45	40-45	60+	55-60
生理长	左	282.00	297.00	304.00	\	315.50	323.00	308.00	\
	右	285.00	297.00	302.00	\	\	322.00	318.00	\
上端宽	左	68.00	62.00	61.00	\	69.00	70.00	69.00	\
	右	66.50	64.00	\	\	\	70.00	69.00	\
下端宽	左	47.00	38.00	45.00	\	44.00	48.50	49.00	\
	右	48.50	41.00	44.00	\	44.00	49.00	51.00	\
下端矢径	左	33.60	32.60	32.54	\	31.70	34.80	34.10	\
	右	32.60	34.60	31.70	\	31.92	35.00	35.60	\
中部最大径	左	25.90	24.40	25.80	\	24.60	29.10	27.00	\
	右	26.00	24.20	26.14	\	\	28.70	\	\
中部横径	左	17.60	17.30	17.20	\	18.30	19.70	19.40	\
	右	19.10	18.40	17.00	\	\	19.30	\	\
体最小周长	左	68.00	64.00	65.00	\	65.00	72.00	70.00	\
	右	71.00	65.00	66.00	\	\	72.00	\	\
滋养孔横径	左	22.10	20.00	17.80	\	22.60	21.10	22.54	\
	右	23.00	21.64	18.64	\	\	21.60	22.00	\
滋养孔矢状径	左	29.34	27.00	29.36	\	29.10	32.10	29.74	\
	右	29.90	27.00	29.00	\	\	31.00	30.20	\
长厚指数	左	24.11	21.55	21.38	\	20.60	22.29	22.73	\
	右	24.91	21.89	21.85	\	\	22.36	\	\
中部断面指数	左	67.95	70.90	66.67	\	74.39	67.70	71.85	\
	右	73.46	76.03	65.03	\	\	67.25	\	\
胫骨指数	左	75.32	74.07	60.63	\	77.66	65.73	75.79	\
	右	76.92	80.15	64.28	\	\	69.68	72.85	\
胫股指数	左	78.77	\	78.35	\	\	\	76.81	\
	右	79.39	\	78.65	\	\	\	78.71	\

附表一四　新郑天利两周墓葬成年居民肢骨测量表（10）（长度：毫米；指数：%）

标本号	侧别	M223	M238	M84	M18	M256	M171	M236
性别		女？	女	女	女	女	女	女
年龄		50-55	55±	30±	45-50	60+	55-60	35±
肱骨：最大长	左	\	\	308.50	294.00	\	\	\
	右	\	296.00	315.00	\	\	\	\
生理长	左	\	\	303.00	287.00	\	\	\
	右	\	293.50	308.00	\	\	\	\
体中部最大径	左	\	\	20.40	20.20	\	\	\
	右	\	18.90	20.40	\	\	\	\
体中部最小径	左	\	\	15.50	16.50	\	\	\
	右	\	14.10	16.30	\	\	\	\
体最小周长	左	\	\	57.00	56.00	\	\	\
	右	\	52.50	57.50	\	\	\	\
头周长	左	\	116.00	128.00	123.00	\	\	\
	右	\	120.00	127.00	\	\	\	\
上端宽	左	\	40.50	\	43.50	\	\	\
	右	\	42.50	46.00	\	\	\	\
下端宽	左	53.00	\	52.00	54.00	52.50	\	\
	右	\	51.50	52.50	55.00	\	\	\
滑车和小头宽	左	40.20	\	39.40	39.00	36.82	\	\
	右	\	36.30	39.00	38.10	\	\	39.00
滑车矢径	左	26.10	\	24.70	23.54	20.80	\	22.70
	右	\	23.44	23.00	22.40	\	\	23.20
头横径	左	\	35.50	38.20	36.70	\	\	\
	右	\	36.20	37.70	\	\	\	\
头纵径	左	\	37.60	40.42	40.92	\	\	\
	右	\	38.00	40.80	\	\	\	\
骨干横断面指数	左	\	\	75.98	81.68	\	\	\
	右	\	74.60	79.90	\	\	\	\

续表

标本号	侧别	M223	M238	M84	M18	M256	M171	M236
性　别		女?	女	女	女	女	女	女
年　龄		50－55	55±	30±	45－50	60+	55－60	35±
粗壮指数	左	\	\	18.48	19.05	\	\	\
	右	\	17.74	18.25	\	\	\	\
股骨：最大长	左	\	411.00	418.00	424.00	\	\	430.00
	右	\	413.00	418.00	\	\	\	428.00
生理长	左	\	408.50	415.00	416.00	\	\	425.00
	右	\	410.50	416.00	\	\	\	422.00
体长	左	\	331.00	341.00	347.00	\	\	342.00
	右	\	339.00	342.00	\	\	\	\
上部横径	左	34.10	29.86	28.80	33.40	27.80	29.40	29.00
	右	32.70	28.50	29.40	31.20	28.80	29.40	27.40
上部矢径	左	22.30	20.30	21.84	22.60	20.80	23.00	23.00
	右	22.40	20.50	22.00	23.50	20.40	24.00	23.74
中部横径	左	\	26.64	26.00	29.00	\	\	26.20
	右	\	25.70	25.90	\	\	\	24.70
中部矢径	左	\	23.50	24.60	26.30	\	\	27.40
	右	\	23.80	24.34	\	\	\	26.70
中部周长	左	\	79.00	80.00	88.00	\	\	85.00
	右	\	78.50	80.00	\	\	\	82.00
下部最小径	左	\	21.26	24.00	27.20	\	22.20	24.40
	右	\	21.50	23.00	\	\	\	23.10
下部横径	左	\	35.64	36.44	44.30	\	34.70	38.70
	右	\	33.46	35.10	\	\	\	37.20
颈头前长	左	\	64.30	68.40	66.40	66.16	75.40	67.90
	右	\	69.50	70.44	72.00	\	\	74.00
头垂直径	左	\	36.90	41.12	38.44	36.00	43.10	40.30
	右	\	36.90	41.14	39.80	\	\	39.70

续表

标本号	侧别	M223	M238	M84	M18	M256	M171	M236
性别		女?	女	女	女	女	女	女
年龄		50-55	55±	30±	45-50	60+	55-60	35±
颈高	左	\	26.20	29.42	29.50	29.00	30.00	25.90
	右	\	25.50	29.20	27.26	\	\	25.40
颈矢径	左	\	19.00	21.90	22.70	22.00	21.70	20.80
	右	\	19.70	22.00	23.70	\	\	21.70
两髁宽	左	\	70.80	72.00	74.00	\	\	\
	右	\	69.82	72.00	74.90	\	\	\
外髁长	左	\	54.20	57.00	57.30	\	\	\
	右	\	53.80	54.70	56.30	\	\	\
内髁长	左	\	50.20	55.46	54.40	\	\	\
	右	\	50.80	54.70	54.00	\	\	\
颈干角	左	\	126.00	123.00	124.00	132.00	125.00	130.00
	右	\	130.00	120.00	125.00	\	\	127.00
头周长	左	\	126.00	138.00	133.00	122.00	144.00	\
	右	\	125.00	137.50	137.50	\	\	135.00
头矢径	左	\	38.80	42.10	40.00	37.60	43.00	\
	右	\	38.70	42.50	42.50	\	\	41.80
长厚指数	左	\	19.34	19.28	21.15	\	\	20.00
	右	\	19.12	19.23	\	\	\	19.43
粗壮指数	左	\	12.27	12.19	13.29	\	\	12.61
	右	\	12.06	12.08	\	\	\	12.18
干中部指数	左	\	88.21	94.62	90.69	\	\	104.58
	右	\	92.61	93.98	\	\	\	108.10
扁平指数	左	65.40	67.98	75.83	67.66	74.82	78.23	79.31
	右	68.50	71.93	74.83	75.32	70.83	81.63	86.64
胫骨:最大长	左	\	338.00	352.00	346.00	\	\	\
	右	\	338.00	353.00	342.50	\	\	\

续表

标本号	侧别	M223	M238	M84	M18	M256	M171	M236
性 别		女?	女	女	女	女	女	女
年 龄		50-55	55±	30±	45-50	60+	55-60	35±
生理长	左	\	326.00	338.00	330.00	\	\	\
	右	\	327.00	345.00	328.50	\	\	\
上端宽	左	\	67.00	69.00	70.00	\	\	\
	右	\	66.90	68.50	68.00	\	\	\
下端宽	左	\	45.00	46.00	45.00	\	\	43.00
	右	\	44.50	46.50	46.50	\	\	42.50
下端矢径	左	\	31.52	31.30	35.00	\	\	33.60
	右	\	32.50	32.10	35.00	\	\	33.54
中部最大径	左	\	25.54	26.20	27.30	\	\	\
	右	\	24.90	26.40	27.50	\	\	\
中部横径	左	\	17.90	19.30	18.80	\	\	\
	右	\	19.52	20.30	18.80	\	\	\
体最小周长	左	\	66.50	71.00	69.00	\	\	\
	右	\	66.00	66.50	69.00	\	\	\
滋养孔横径	左	21.90	19.54	19.60	21.40	18.30	\	\
	右	23.24	21.00	20.60	22.80	\	\	21.20
滋养孔矢状径	左	31.30	27.74	29.64	31.80	30.00	\	\
	右	33.00	27.50	29.40	33.20	\	\	28.70
长厚指数	左	\	20.40	21.01	20.91	\	\	\
	右	\	20.18	19.28	21.00	\	\	\
中部断面指数	左	\	70.09	73.66	68.86	\	\	\
	右	\	78.39	76.89	68.36	\	\	\
胫骨指数	左	69.97	70.44	66.13	67.30	61.00	\	\
	右	70.42	76.36	70.07	68.67	\	\	73.87
胫股指数	左	\	79.80	81.45	79.33	\	\	\
	右	\	79.66	82.93	\	\	\	\

新郑天利两周墓地

下

河南省文物考古研究院 编著

上海古籍出版社

附录二

河南新郑天利东周墓地出土
玉器的科技分析研究

董俊卿　刘　松　李青会

中国科学院上海光学精密机械研究所科技考古中心

胡永庆　樊温泉

河南省文物考古研究院

　　新郑天利食品厂墓地位于河南省新郑市梨河镇韩城路东段北、鄀楼村南。东临乡村道路,南依义兴彩印厂、新郑市晨晖科技有限公司,西接七里闫村耕地,北邻郑州和一正生物科技有限公司,地形呈长方形,总面积22 919.55平方米。

　　2012年10月-2013年2月,配合郑州天利食品厂的基本建设,对位于郑韩故城南部梨河镇鄀楼村南的一处东周时期墓地进行了考古发掘。这处墓地是近年来在郑韩故城外发现的一处规模较大且保存完好的公族墓地。

　　清理春秋战国时期的墓葬313座,出土铜、玉、陶、石、骨、蚌、水晶、玛瑙等不同质料的文物千余件。这些墓葬以土坑竖穴墓为主,除少数中型墓葬外,余皆为小型墓葬,葬具多为一棺一椁,有少量的单棺墓和两椁一棺墓。这批墓葬最大的特点就是保存完好,未经盗扰,因而为我们研究郑韩故城春秋、战国时期的墓葬布局、埋葬习俗以及年代分期提供了宝贵的实物资料。为了解出土玉器隐藏的科技信息,进一步确定玉器的质地、工艺及可能的来源,我们选取37件典型的玉器进行多种无损分析方法的检测和分析,现将分析结果介绍如下。

一、实验方法

1. Raman 光谱

在物相鉴定方面分别使用便携式拉曼和激光共焦拉曼光谱仪。其仪器信息如下:

（1）便携式拉曼光谱仪

采用的MiniRam微型近红外激光拉曼光谱仪[1],型号为BTR111-785,由美国必达泰克公司

---

[1] Junqing Dong, Yunling Han, Jiwang Ye, et al, "In situ identification of gemstone beads excavated from tombs of the Han Dynasties in Hepu County, Guangxi Province, China using a portable Raman spectrometer", *Journal of Raman Spectroscopy* 7(2014), pp.596-602.

生产。采用的是基于"CLEANLAZETM"技术的高纯度785 nm窄线宽激光光源(输出功率大于300 mW),光谱响应范围在175厘米$^{-1}$-3 200厘米$^{-1}$,其高灵敏度响应范围在175厘米$^{-1}$-2 800厘米$^{-1}$。采用16位模数转换仪,传感器为TE致冷控温2048元阵列传感器。每件样品根据具体情况采集1-6条谱图,设置的积分时间5-10秒,光谱分辨率为10厘米$^{-1}$。为了提高信噪比和降低积分时间,将激光输出功率在10%到100%之间进行调整。

(2)激光共焦拉曼光谱仪(LRS)

采用可移动式LabRAM XploRA激光共焦拉曼光谱仪[1]对样品进行对比测试。本实验采用532 nm的激光波长,50倍长焦物镜,光栅参数1 800 gr/毫米。空间分辨率横向好于1 μm,纵向好于2 μm。拉曼频移范围70厘米$^{-1}$-4 000厘米$^{-1}$;光谱分辨率≤2厘米$^{-1}$;光谱重复性≤±0.2厘米$^{-1}$。每次测定样品前均应采用单晶Si标样分别对两个波长的激光拉曼光谱进行校正。

2. 能量色散型便携式X射线荧光光谱(pXRF)

化学成分分析采用OURSTEX 100FA型便携式能量色散型X射线荧光光谱仪[2],设备靶材为钯靶(Pd),X射线管的激发电压最高可达40 kV,最大功率为50 W,X射线焦斑直径约为2.5毫米,X射线探测器采用外部场效应管硅漂移探测器,其能量分辨率可达145 eV(Mn Kα),为减少空气对X射线的吸收,并利于对轻元素的探测,设备配有低真空样品腔,样品腔内气压为400-600 Pa。设备的参数请参见文献。本次测试主要采用低真空探测单元。

3. 光学相干层析(OCT)分析技术

实验采用的超宽波长频域OCT系统[3],主要由高速扫描激光(HSL)光源(波长范围为900-1 600 nm,最大功率为50 mW)、干涉仪(日本santec公司IV-2000型)、测量臂和电脑组成。HSL发出的激光经经过1×2的耦合器后分为两束,一束光经偏振控制器、循环器、准直镜、减光镜(ND filter)、物镜照射到反射镜上,被反射作为参考光。另一束光经偏振控制器、循环器、准直镜、振镜、物镜照射到被探测物体上,物体散射回来的光作为测量光。参考光被光纤收集,经循环器、偏振控制器后与经过循环器返回的测量光在2×2耦合器中耦合,干涉,输出信号被平衡检波器探测,经平滑滤波后传输进模数转换(A/D)板,经计算机处理,得到OCT图像。设置测试条件为:样品折射率设置为1.5(取普通硅酸盐材料的平均折射率1.5);信号探测的积分次数设置为4;先选择2D成像模式进行多区域扫描,在基础上选取重点区域进行3D成像模式扫描;图像对比度根

---

[1] 赵虹霞:《中国古代硅酸盐质文物的显微拉曼光谱研究》,中国科学院上海光学精密机械研究所博士论文,2014年,第12页。

[2] Song Liu, Qinghui Li, Qing Fu, Fuxi Gan, Zhaoming Xiong, "Application of a portable XRF spectrometer for classification of potash glass beads unearthed from tombs of Han Dynasty in Guangxi, China", *X-Ray Spectrometry* 6(2013), pp.470-479.

[3] 董俊卿、李青会、严鑫:《基于OCT成像技术对常见陶瓷文物断面结构的无损分析》,《自然杂志》2015年第5期,第325-331页。

据实测的情况微调整,大致范围为-5-60 dB。

二、实验结果

(一) 玉器材质种类的无损分析结果

由分析结果可知,天利东周墓地出土的这37件玉器的材质主要有方解石、玉髓、透闪石、滑石和磷灰石。首先采用便携式拉曼光谱仪对该批玉器进行物相分析,表一列举了天利墓地玉器的便携式拉曼分析结果。然后再采用LabRAM XploRA激光共焦拉曼光谱仪对典型的玉器样品进行深入分析,典型的拉曼图谱见图一-图五。结合拉曼分析结果,每种类型的玉器选取具有代表性的部分玉器进行pXRF进行分析,表二列出了天利东周墓地部分样品的pXRF化学成分定量分析结果。

1. 透闪石(tremolite)质玉器

透闪石型玉器共4件,图一为玉片样品HNWK-TL-13的Raman图谱,主要拉曼振动峰为透闪石的特征峰,如175厘米$^{-1}$、222厘米$^{-1}$和367厘米$^{-1}$(晶格振动峰)、671厘米$^{-1}$(硅氧四面体链中Si—O—Si的伸缩振动峰)、1 056厘米$^{-1}$(Si—O的伸缩振动峰)、3 655厘米$^{-1}$和3 668厘米$^{-1}$(OH^{-1}的伸缩振动峰)。选取了HNWK-TL-13、33和34这3件样品进行pXRF化学成分分析,其主要化学成分为MgO(21.21%-22.20%),SiO$_2$(58.38%-60.25%)、CaO(12.58%-13.81%)。这与透闪石[Tremolite,化学结构式为Ca$_2$Mg$_5$Si$_8$O$_{22}$(OH)$_2$]的理论值(MgO 24.81%、SiO$_2$ 59.17%、CaO 13.81%)基本一致。

2. 方解石(clcite)质玉器

该类玉器数量最多,计16件。图二为玉贝样品HNWK-TL-14的Raman图谱,其中方解

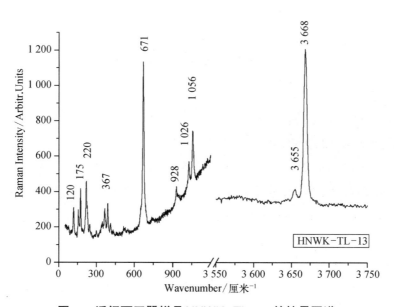

图一　透闪石玉器样品HNWK-TL-13的拉曼图谱

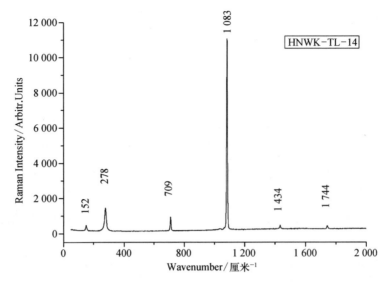

图二　方解石样品HNWK-TL-14的拉曼图谱

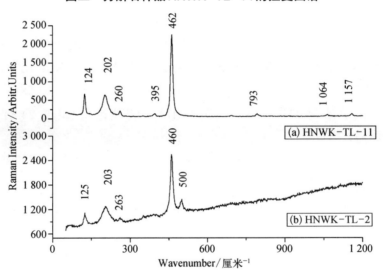

图三　石英质玉器样品的拉曼图谱

（a：水晶珠HNWK-TL-11；b：玉髓HNWK-TL-2）

石的特征峰是1 083厘米$^{-1}$（归属于方解石的CO_3^{2-}阴离子团的对称伸缩振动）、709厘米$^{-1}$（归属于CO_3^{2-}阴离子团的弯曲振动）和278厘米$^{-1}$（归属于CO_3^{2-}的晶格振动）。选取6件代表性的样品（HNWK-TL-14、18、25、27、29和37）进行pXRF化学成分分析，其主要组分为CaO（80.37%-93.33%），次要组分为SiO_2（2.11%-8.89%），该类样品中皆含有一定量的SiO_2，说明方解石的纯度欠佳，伴生有少量石英等杂质矿物。

3. 石英（Quartz）质玉器

该类样品共计15件，图三（a）为水晶珠样品HNWK-TC-11的拉曼图谱，主要拉曼峰在124厘米$^{-1}$、203厘米$^{-1}$、260厘米$^{-1}$、395厘米$^{-1}$、464厘米$^{-1}$、793厘米$^{-1}$、1 064厘米$^{-1}$和1 157厘米$^{-1}$等附近，属

于石英的特征峰,其中100-300厘米⁻¹的拉曼振动峰归属于Si—O—Si的弯曲振动和畸变模式,300-600厘米⁻¹的拉曼振动峰归属于O—Si—O的弯曲振动,700-900厘米⁻¹的拉曼振动峰归属于Si—O键的伸缩振动,1 000-1 200厘米⁻¹的拉曼振动峰归属于Si—O键的反伸缩振动。选取7件代表性的样品(HNWK-TL-01、02、03、05、10、12和30)进行pXRF化学成分分析,其主要成分为石英SiO_2(88.10%-95.78%)。石英质矿物有多种,根据晶体的结晶程度和晶体大小可将石英分为显晶质和隐晶质两大类,显晶质石英包括紫水晶、黄水晶、水晶、玫瑰水晶、发晶和烟水晶,而隐晶质水晶包括玛瑙、玉髓、红玉髓、绿玉髓和缟玛瑙等。水晶和玉髓的拉曼振动峰有细微的差别,如图三b所示,玉髓样品HNWK-TL-2在500厘米⁻¹附近有一个明显的拉曼振动峰。结合样品的外观特征,天利东周墓地出土的这些石英质玉器有水晶、紫水晶和玉髓,详见表三。

4. 滑石(talc)质玉器

该类样品仅1件,为玉料残片样品HNWK-TL-35。其主要振动峰集中在3 669厘米⁻¹、672厘米⁻¹、361厘米⁻¹和189厘米⁻¹(见图四),其中3 669厘米⁻¹与OH根或水分子的伸缩振动有关,672厘米⁻¹归属于Si—O—Si的伸缩振动,361厘米⁻¹和189厘米⁻¹的拉曼振动峰与SiO_4基团和OH根的振动模式有关[1]。pXRF实验测量了该件样品,其主要成分SiO_2 62.47%和MgO 30.53%,比值SiO_2/MgO =2.01。滑石的化学结构式为$Mg_3Si_4O_{10}(OH)_2$,主要成分的理论值为SiO_2 63.37%和MgO 31.88%,比值SiO_2/MgO=1.99,样品HNWK-TL-35的分析结果与滑石的化学成分理论值非常吻合。

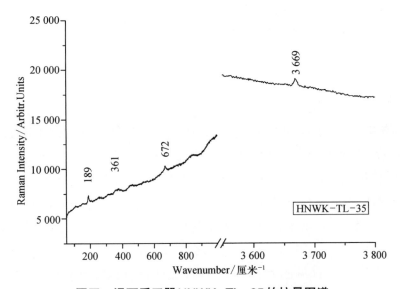

图四 滑石质玉器HNWK-TL-35的拉曼图谱

[1] G. J. Rosasco, J. J. Blaha, "Raman Microprobe Spectra and Vibrational Mode Assignments of Talc", *Article in Applied Spectroscopy* 2(1980), pp.140-144.

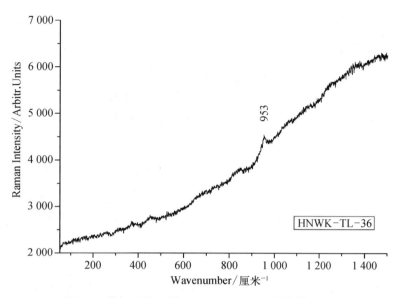

图五　磷灰石质玉器 HNWK-TL-36 的拉曼图谱

5. 磷灰石(Apatite)质玉器

天利东周墓地出土的磷灰石类样品只有1件,即玉柱 HNWK-TL-36,其拉曼振动峰如图五所示,主要拉曼峰在960厘米$^{-1}$附近,属于磷灰石的特征峰,归属于磷氧四面体$[PO_4]^{3-}$的υ_1峰[1]。其主要化学成分测量结果为 SiO_2 14.55%、P_2O_5 41.48%、CaO 39.49%。磷灰石属于磷酸盐矿物,是黄绿磷灰石、氟磷灰石、氧硅磷灰石、氯磷灰石、锶磷灰石等一系列磷灰石矿物的总称。磷灰石的形状为玻璃状晶体、块体或结核,颜色多样,纯净磷灰石往往可以用作宝石。天利东周墓地出土的这件磷灰石,限于无损分析技术手段的制约,尚不能确定归为哪一种磷灰石,需进一步分析。

(二) OCT 成像分析结果

以石英(玉髓和水晶)质玉器和透闪石玉器为例,选取11件具有代表性的样品(HNWK-TL-1、2、3、4、5、9、12、13、30、31、32)进行了 OCT 分析,结果见图六-图八。

可以看出不同质地的玉器在透明程度、均匀性、纤维粗细程度等方面存在一定差异,而即使是同一种材质的玉器以及同一件玉器不同部位(如沁蚀区域与半透明区域)也存在差异。

石英质玉器中玉髓和水晶或紫水晶样品的 OCT 图像明显不同,由于玉髓属于隐晶质矿物集合体石英,这些矿物集合体对光会产生散射,如图六所示。纯净的玉髓样品表现出均匀的弱散射相,质地细腻、均匀(见图六,a、e)。OCT 成像也可以评判玉髓中的裂纹信息,如样品 HNWK-TL-32-2,裂纹呈一条不规则的亮线(见图六,f)。但玉髓作为一种天然的矿物,成矿地

---

[1] Liu Yu, "Review on the vibrational spectroscopy of apatites", *Journal of Wuhan Institute of Chemical Technology* 1 (2002), pp.21-27.

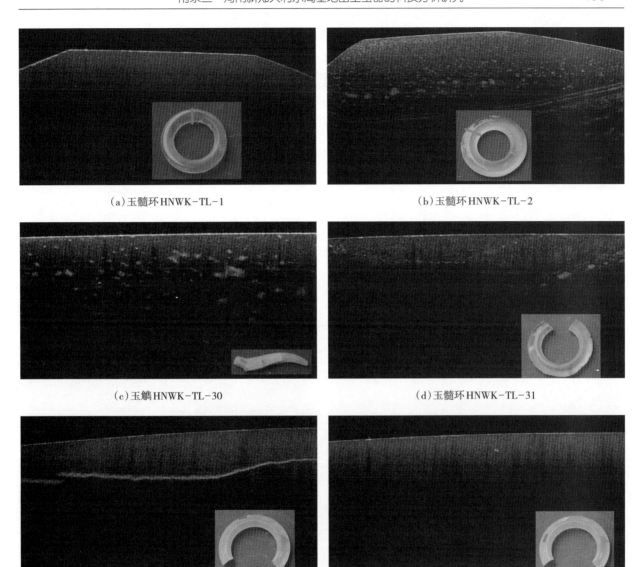

（a）玉髓环 HNWK-TL-1　　　　　　　　　（b）玉髓环 HNWK-TL-2

（c）玉觿 HNWK-TL-30　　　　　　　　　（d）玉髓环 HNWK-TL-31

（e）玉髓环 HNWK-TL-32-1,均匀区域　　　　　（f）玉髓环 HNWK-TL-32-2,裂纹处

图六　玉髓样品的OCT二维图像

质背景不同,其晶体尺寸、显微粗细程度以及伴生矿物或包裹体也不同,如在样品HNWK-TL-2、HNWK-TL-30、HNWK-TL-31可以看到较大的晶粒(见图六,b、c、d)。紫水晶和水晶属于显晶质石英,透明度较高,杂质较少,对光的吸收较强,如样品HNWK-TL-3、HNWK-TL-5、HNWK-TL-9和HNWK-TL-12(见图七)。

　　对透闪石质玉器而言,从玉片HNWK-TL-13的OCT二维图像可以看出浅绿色部位的衬度较为均匀,散射层的厚度也基本一致(见图八,a),而有沁蚀的部位的散射层则厚薄不匀,散射强度也有差异,沁蚀层薄的散射层薄,沁蚀层下面的玉质较纯,对光的吸收较强(见图八,b)。玉料样品HNWK-TL-33的玉质较为接近,纤维较粗,从OCT图像上可以看出,散射相和吸收相交替存在,一些亮白斜线可能与玉材的纤维走向有关(见图八,c、d)。

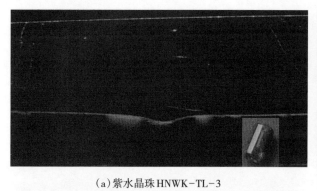

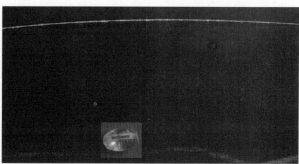

（a）紫水晶珠 HNWK-TL-3　　　　　　　　　　　（b）水晶珠 HNWK-TL-5

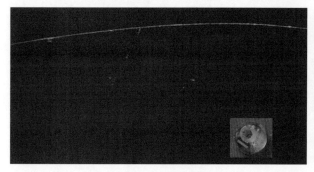

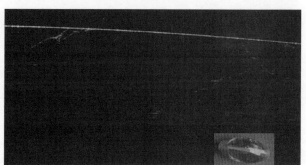

（c）紫水晶珠 HNWK-TL-9　　　　　　　　　　　（d）紫水晶珠 HNWK-TL-12

图七　紫水晶和水晶样品的OCT二维图像

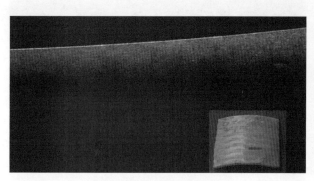

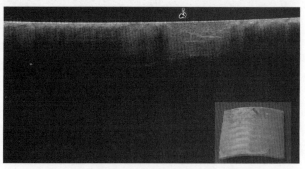

（a）透闪石玉片 HNWK-TL-13-1　　　　　　　　（b）透闪石玉片 HNWK-TL-13-2（受沁部位）

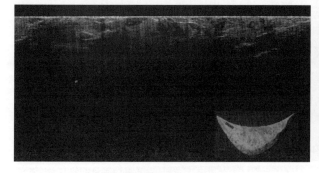

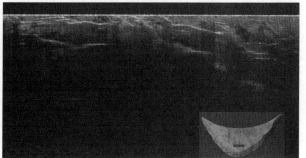

（c）透闪石玉料 HNWK-TL-33-1　　　　　　　　（d）透闪石玉料 HNWK-TL-33-2

图八　透闪石玉器样品的OCT二维图像

三、讨论

1. 玉材质地及玉器功能

此次分析的该批天利东周墓地出土的玉器共计37件，该批玉器的材质种类较多，有透闪石、方解石、石英（包括紫水晶、水晶和玉髓）、滑石、磷灰石等。图九（a）展示了这批玉器的玉材质地、种类比例，图九（b）展示了这批玉器的类别数量示意图。这批玉器大部分为装饰品，个别为玉料残片，可以看出该批玉器均属于单一物相、较为纯净的玉器。其中透闪石型玉器4件，约占11%，方解石16件，约占43%，石英15件，约占40%，滑石和磷灰石各1件，分别约占3%。即：玉贝和玉圭皆为方解石，玉珠皆为石英质（主要是紫水晶，其次为水晶），玉环皆为玉髓，1件玉片、1件玉饰件和2件玉料为透闪石，另1件玉料为滑石，还有1件玉柱为磷灰石。

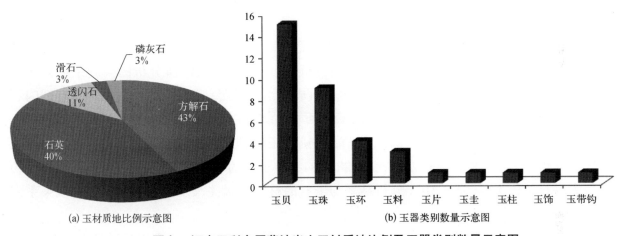

(a) 玉材质地比例示意图　　　　(b) 玉器类别数量示意图

图九　河南天利东周墓地出土玉材质地比例及玉器类别数量示意图

2. 玉器的地质成因背景

一般认为，透闪石有两种地质成因，其一为花岗岩、花岗闪长岩与大理岩接触交代型，其二为超基性岩蚀变型。根据以往采用外束质子激发X射线荧光光谱技术（PIXE）对透闪石的分析[1]，前者以Zn、Mn及Zr为主要微量元素，Cr、Co及Ni很少或全无（一般 < 50 μg/g），而后者Cr、Ni及Co的含量较高，往往高出前者一个甚至两个数量级（ > 100 μg/g）。通过pXRF微量元素分析可以看出，天利东周墓地的3件透闪石型玉器的微量元素基本一致，均含有较高的Mn和Zn，含量分布范围分别为365 μg/g-1 157 μg/g和75 μg/g-350 μg/g。而Cr和Ni的含量较少，Cr的含量分布范围为26 μg/g-148 μg/g，Ni的含量则均低于30 μg/g（见表二）。在地质成因类型上皆属于花岗岩、花岗闪长岩与大理岩接触交代而成。这与以往分析的河南偃师、洛阳、南阳和安阳出土的大部分透闪石

[1] 张朱武、干福熹、承焕生：《不同成矿机理和地质环境下形成的软玉的化学成分特征》，《矿物学报》2010年第3期，第367-372页。

型玉器[1]的地质成因类型相似,在原料的来源上可能存在一定的关系。

天利东周墓地出土方解石玉器的微量元素主要为Cr、Ni和Sr,含量范围一般在90 μg/g-600 μg/g之间(见表二),其中HNWK-TL-14、18、25和27较为接近,而样品HNWK-TL-29则未检测出Cr,且Sr的含量最高(601 μg/g),明显高于其他样品,可能与该样品的CaO含量高有关。

天利东周墓地出土的玉髓样品HNWK-TL-1、2和30的微量元素含量较为一致,以Cr、Cu和Zn为主,含量分布范围分别为503 μg/g-596 μg/g、358 μg/g-440 μg/g和118 μg/g-162μg/g,可能来自同一批矿料。而紫水晶和水晶样品的微量元素含量差异明显,其中紫水晶样品HNWK-TL-3和HNWK-TL-12的微量元素以Ni和Zn为主,含量分布范围分别为407 μg/g-869 μg/g和96 μg/g-714 μg/g,HNWK-TL-3的含量略低于HNWK-TL-12。另1件紫水晶HNWK-TL-10的微量元素以Cr为主,含量高达4 013 μg/g。而水晶样品HNWK-TL-5的微量含量皆低于100 μg/g。说明这些紫水晶和水晶的原料可能来自不同矿区。

四、结论

采用便携式拉曼光谱仪、激光共焦拉曼光谱仪、pXRF和OCT成像技术对河南新郑天利东周墓地出土的37件玉器进行了综合无损分析,表三列举了此次所分析的天利东周墓地出土玉器测试分析所用的技术手段及主要物相组成。结果表明,这些玉器的材质种类有透闪石4件,方解石16件,玉髓15件,滑石1件,磷灰石1件,天利东周墓地出土的透闪石玉器数量不多,约占11%,其中完整玉器仅2件,另有2件则为玉料,说明墓地的等级不高。通过OCT成像技术分析,以石英和透闪石为例,为这批不同材质玉器的玉质均匀性、透明度、风化程度的评判提供科学依据,玉器的OCT分析结果与玉料的材料学属性及制作工艺之间的对应关系需要进一步探讨。

天利东周墓出土的透闪石质玉器,皆属于花岗岩、花岗闪长岩与大理岩接触交代而成,与以往分析的河南偃师、洛阳、南阳和安阳出土的大部分透闪石型玉器的地质成因类型相似,在原料的来源上可能存在一定的关系。而玉髓样品可能来自相同的矿区,但紫水晶和水晶的原料可能来自不同的矿区。鉴于样品的珍贵性和非破损分析的限制,具体玉料来源还有待于进一步分析。

致谢:本工作受到国家重点基础研究发展计划"973计划"(2012CB720901、2012CB720906)和国家自然科学基金(51402326、11374314)资助。感谢实验分析过程中河南省文物考古研究院郭亮和中国科学院上海光学精密机械研究所科技考古中心的顾冬红、王凯和严鑫等先生的帮助。

---

[1] (a)董俊卿、干福熹、承焕生等:《河南境内出土早期玉器初步研究》,《华夏考古》2011年第3期,第30-50页。
(b)干福熹、承焕生、孔德铭等:《河南安阳市新出土殷墟玉器的无损分析检测的研究》,《文物保护与考古科学》2008年第4期,第26-35页。

表一　新郑天利东周墓地出土玉器的主要 Raman 峰及归属

样品编号	拉曼谱峰（厘米⁻¹）												主要物相
HNWK-TL-01	128w		197w				461m	501w					石英
HNWK-TL-02	128m		203m			353vw	466vs						石英
HNWK-TL-03	128m		203m			353w	463vs						石英
HNWK-TL-04	125m		204m			353w	463s						石英
HNWK-TL-05													石英
HNWK-TL-06	128m		203m			353w	466s						石英
HNWK-TL-07	128m		203m			353w	462vs						石英
HNWK-TL-08	128w		203m			353w	463s						石英
HNWK-TL-09	125s		203m			352w	462vs						石英
HNWK-TL-10	128s		203s			353w	464vs						石英
HNWK-TL-11	128m		203m				459s						石英
HNWK-TL-12	128m		203s			353w	466vs						石英
HNWK-TL-30	128s		203s			353w	462s	501w					石英
HNWK-TL-31	121m		203m				461s	499m					石英
HNWK-TL-32							466w						石英
振动峰归属	Si—O—Si的弯曲振动和畸变						O—Si—O的弯曲振动						
HNWK-TL-33	115vw	177w	191m	221w	288vw	358vw			672m	935vw	1029vw	1054vw	透闪石
HNWK-TL-34				221w					672w			1059w	透闪石
振动峰归属	晶格振动			O—H—O 晶格振动					Si—O$_{br}$—Si 完全对称伸缩振动		Si—O$_{br}$—Si 反对称伸缩振动		
HNWK-TL-35	107vw		191m		288vw	358vw			672w				滑石
振动峰归属	晶格振动		O—H—O 晶格振动						Si—O$_{br}$—Si 完全对称伸缩振动				

续表

样品编号	拉曼谱峰（厘米⁻¹）				主要物相
HNWK-TL-14		153m		709m	1085s	方解石
HNWK-TL-15		153s	278s	709m	1085vs	方解石
HNWK-TL-16		153m	278m	709w	1085s	方解石
HNWK-TL-17				709w	1085s	方解石
HNWK-TL-18		153m	278m	709w	1085s	方解石
HNWK-TL-19		153m	278s	709w	1085s	方解石
HNWK-TL-20		153w	278m	709vw	1085m	方解石
HNWK-TL-21		153w	278m	711vw	1084m	方解石
HNWK-TL-22		153m	277s	709w	1085vs	方解石
HNWK-TL-23		153m	278s	709w	1085s	方解石
HNWK-TL-24		153m	276m	709w	1085s	方解石
HNWK-TL-25		153m	278s	709w	1085vs	方解石
HNWK-TL-26		159m	278m	709w	1085s	方解石
HNWK-TL-27				709m	1085s	方解石
HNWK-TL-28		153m	278s	709w	1085s	方解石
HNWK-TL-29		153m	278s	709m	1085vs	方解石
HNWK-TL-37				709m	1085m	方解石
振动峰归属		CO_3^{2-} 的晶格振动		CO_3^{2-} 阴离子团的弯曲振动	CO_3^{2-} 的对称振动	
HNWK-TL-36					960m	磷灰石
振动峰归属					$\upsilon_1[PO_4]^{3-}$	

注：以上分析为便携式拉曼的分析结果。

表二　新郑天利东周墓地出土玉器的pXRF化学成分定量分析结果

样品编号	主要物相	主量元素（wt%）										微量元素（μg/g）							
		Na_2O	MgO	Al_2O_3	SiO_2	P_2O_5	K_2O	CaO	Fe_2O_3	CuO	PbO	Cr	Mn	Ni	Cu	Zn	Rb	Sr	Pb
HNWK-TL-01	石英	0.47	0.52	1.70	95.09	1.37	0.55	0.27	0.04	Tr	Tr	503	N.D.	81	362	146	4	2	2
HNWK-TL-02	石英	0.61	0.59	1.79	94.50	1.60	0.62	0.26	0.03	Tr	Tr	596	N.D.	45	440	162	1	3	27
HNWK-TL-03	石英	0.36	0.58	1.84	94.90	1.47	0.59	0.24	0.02	Tr	Tr	N.D.	N.D.	407	N.D.	96	N.D.	1	14
HNWK-TL-05	石英	0.66	0.49	2.17	94.26	1.49	0.56	0.32	0.04	Tr	Tr	N.D.	N.D.	1	N.D.	92	N.D.	1	23
HNWK-TL-10	石英	0.26	0.43	1.78	95.78	0.99	0.48	0.26	0.02	Tr	Tr	4 013	N.D.	N.D.	N.D.	4	1	2	16
HNWK-TL-12	石英	0.16	0.59	1.76	95.53	1.18	0.52	0.25	0.01	Tr	Tr	N.D.	N.D.	869	N.D.	714	N.D.	2	N.D.
HNWK-TL-13	透闪石	1.02	22.20	2.43	58.63	0.31	0.17	13.81	1.43	Tr	Tr	148	608	2	N.D.	75	6	8	N.D.
HNWK-TL-14	方解石	N.D.	1.01	0.71	3.24	7.39	0.13	86.64	0.87	Tr	Tr	578	N.D.	263	N.D.	N.D.	N.D.	94	N.D.
HNWK-TL-18	方解石	N.D.	1.14	0.47	2.82	2.87	0.26	92.10	0.34	Tr	Tr	192	N.D.	352	N.D.	N.D.	N.D.	243	11
HNWK-TL-25	方解石	N.D.	1.25	0.22	2.11	7.12	0.18	88.51	0.62	Tr	Tr	304	N.D.	327	N.D.	N.D.	1	260	N.D.
HNWK-TL-27	方解石	N.D.	1.08	0.68	4.00	12.26	0.17	80.37	1.45	Tr	Tr	509	N.D.	184	N.D.	N.D.	N.D.	294	N.D.
HNWK-TL-29	方解石	1.62	1.24	0.40	3.01	0.27	0.05	93.33	0.09	Tr	Tr	N.D.	N.D.	338	N.D.	242	N.D.	601	34
HNWK-TL-30	石英	0.28	0.58	2.21	94.84	1.22	0.53	0.30	0.05	Tr	Tr	578	N.D.	68	358	118	0	1	31
HNWK-TL-33	透闪石	3.14	22.09	2.00	58.38	0.18	0.28	12.58	1.35	Tr	Tr	26	1 157	N.D.	N.D.	350	14	6	2
HNWK-TL-34	透闪石	1.02	21.21	3.45	60.25	0.02	0.35	13.07	0.64	Tr	Tr	147	365	26	59	188	6	6	18
HNWK-TL-35	滑石	1.62	30.53	2.17	62.47	0.06	0.42	0.63	2.10	Tr	Tr	N.D.	156	92	2 798	49	13	2	114
HNWK-TL-36	磷灰石	N.D.	0.98	0.51	14.55	41.48	0.18	39.49	1.12	0.57	1.11	681	N.D.	74	M	255	N.D.	200	M
HNWK-TL-37	方解石	N.D.	1.43	2.27	8.89	0.06	0.74	86.30	0.30	Tr	Tr	17	N.D.	362	N.D.	73	N.D.	59	18

注：N.D.：表示未检测出；Tr：表示该成分含量为微量；M：表示该成分含量为主量。

表三　河南天利墓地出土玉器综合分析结果

样品编号	出土编号	器物名称	主要物相	测试方法	照　片
HNWK-TL-01	M51：1-1	水晶环1个	玉髓 （石英quartz）	miniRam, pXRF, OCT	
HNWK-TL-02	M51：1-2	水晶环1个	玉髓 （石英quartz）	miniRam, LRS pXRF, OCT	
HNWK-TL-03	M51：2-1	水晶珠1个	紫水晶 （石英quartz）	miniRam, pXRF, OCT	
HNWK-TL-04	M51：2-2	水晶珠1个	紫水晶 （石英quartz）	miniRam, OCT	
HNWK-TL-05	M51：2-3	水晶珠1个	水晶 （石英quartz）	miniRam, pXRF, OCT	
HNWK-TL-06	M51：2-4	水晶珠1个	水晶 （石英quartz）	miniRam	
HNWK-TL-07	M51：2-5	水晶珠1个	水晶 （石英quartz）	miniRam	

续表

样品编号	出土编号	器物名称	主要物相	测试方法	照　　片
HNWK-TL-08	M51：2-6	水晶珠1个	紫水晶 （石英quartz）	miniRam	
HNWK-TL-09	M51：2-7	水晶珠1个	紫水晶 （石英quartz）	miniRam, OCT	
HNWK-TL-10	M51：2-8	水晶珠1个	紫水晶 （石英quartz）	miniRam, pXRF	
HNWK-TL-11	M51：2-9	水晶珠1个	水晶 （石英quartz）	miniRam, LRS	
HNWK-TL-12	M51：2-10	水晶珠1个	紫水晶 （石英quartz）	miniRam, pXRF, OCT	
HNWK-TL-13	M138：1	玉片1个	透闪石 （tremolite）	pXRF, OCT	
HNWK-TL-14	M251：16-1	玉贝1个	方解石 （clcite）	miniRam, pXRF	

续表

样品编号	出土编号	器物名称	主要物相	测试方法	照　片
HNWK-TL-15	M251：16-2	玉贝 1 个	方解石（clcite）	miniRam	
HNWK-TL-16	M251：16-3	玉贝 1 个	方解石（clcite）	miniRam	
HNWK-TL-17	M251：16-4	玉贝 1 个	方解石（clcite）	miniRam	
HNWK-TL-18	M251：16-5	玉贝 1 个	方解石（clcite）	miniRam, pXRF	
HNWK-TL-19	M251：16-6	玉贝 1 个	方解石（clcite）	miniRam	
HNWK-TL-20	M251：16-7	玉贝 1 个	方解石（clcite）	miniRam	
HNWK-TL-21	M251：16-8	玉贝 1 个	方解石（clcite）	miniRam	

样品编号	出土编号	器物名称	主要物相	测试方法	照　片
HNWK-TL-22	M251：16-9	玉贝1个	方解石 （clcite）	miniRam	
HNWK-TL-23	M251：16-10	玉贝1个	方解石 （clcite）	miniRam	
HNWK-TL-24	M251：16-11	玉贝1个	方解石 （clcite）	miniRam	
HNWK-TL-25	M251：16-12	玉贝1个	方解石 （clcite）	miniRam, pXRF	
HNWK-TL-26	M251：16-13	玉贝1个	方解石 （clcite）	miniRam	
HNWK-TL-27	M251：16-14	玉贝1个	方解石 （clcite）	miniRam, pXRF	
HNWK-TL-28	M251：16-15	玉贝1个	方解石 （clcite）	miniRam	

续表

样品编号	出土编号	器物名称	主要物相	测试方法	照　片
HNWK-TL-29	M277:1	玉圭1个	方解石（clcite）	miniRam, pXRF	
HNWK-TL-30	M281:1	玉觿1个	玉髓（石英quartz）	miniRam, pXRF, OCT	
HNWK-TL-31	M281:2	水晶环,残	玉髓（石英quartz）	miniRam, OCT	
HNWK-TL-32	M281:3	水晶环,残	玉髓（石英quartz）	miniRam, OCT	
HNWK-TL-33	M281:5-1	玉料,残	透闪石（tremolite）	miniRam, pXRF	
HNWK-TL-34	M281:5-2	玉料,残	透闪石（tremolite）	miniRam, pXRF	
HNWK-TL-35	M281:5-3	玉料,残	滑石（talc）	miniRam, pXRF	

续表

样品编号	出土编号	器物名称	主要物相	测试方法	照　片
HNWK-TL-36	M281∶5-4	玉柱1个	磷灰石	miniRam, pXRF	
HNWK-TL-37	M281∶6	玉饰,残	透闪石（tremolite）	miniRam, pXRF	

注：miniRam,便携式拉曼光谱仪,BTR111-785 minRam型；LRS,激光共焦拉曼光谱仪,LabRAM XploRA型。

附录三

郑韩故城外的家畜饲养业：新郑天利食品厂墓地出土动物骨骼稳定碳氮同位素分析

周立刚

河南省文物考古研究院、加拿大阿尔伯塔大学人类学系

  稳定碳氮同位素分析作为研究古代饮食的方法，自上世纪七十年代开始应用于考古学领域，目前已成为科技考古的重要手段之一。该方法不仅通过分析骨骼遗存而获得古代人群的饮食信息，同时在动物考古领域内也有广泛的应用[1]。动物骨骼的稳定同位素分析最初是为了辅助人类食物结构研究，同一生态系统内动物与人的稳定氮同位素值（$\delta^{15}N$）相比较可以反映人类肉食来源以及肉食比例[2]。随后，研究者开始认识到动物骨骼的稳定同位素信息本身也具有很高的研究价值，例如他们可以反映古代动物的驯养过程[3]、家畜饲养方式[4]等，为研究古代动物养殖业和人类生计模式提供了全新的证据。国内学者在这些相关领域均已经取得显著成绩，并且在国际学术界产生了重要影响[5]。

  目前国内所见动物的稳定同位素研究基本上都集中于史前时期，极少关注历史时期的动物遗存。而历史时期人类食物结构研究中，也缺少与相关动物遗存的参照和对比。这与动物遗存

[1] Birch Suzanne E. Pilaar, "Stable isotopes in zooarchaeology: an introduction", *Archaeological and Anthropological Sciences* 5(2) (2013), pp.81-83.

[2] Lee-Thorp Julia A., "On isotopes and old bones", *Archaeometry* 50(6) (2008), pp.925-950.

[3] (a)管理、胡耀武、汤卓炜、杨益民、董豫、崔亚平、王昌燧：《通化万发拨子遗址猪骨的C, N稳定同位素分析》，《科学通报》2007年第14期。

(b)管理、胡耀武、胡松梅、孙周勇、秦亚、王昌燧：《陕北靖边五庄果墚动物骨的C和N稳定同位素分析》，《第四纪研究》2008年第6期。

[4] (a)陈相龙、李悦、刘欢、陈洪海、王振：《陕西淳化枣树沟脑遗址马坑内马骨的C和N稳定同位素分析》，《南方文物》2014年第1期。

(b)陈相龙、袁靖、胡耀武、何驽、王昌燧：《陶寺遗址家畜饲养策略初探：来自碳、氮稳定同位素的证据》，《考古》2012年第9期。

[5] Hu Yaowu, Songmei Hu, Weilin Wang, Xiaohong Wu, Fiona B. Marshall, Xianglong Chen, Liangliang Hou, and Changsui Wang, "Earliest evidence for commensal processes of cat domestication", *Proceedings of the National Academy of Sciences* 111(1) (2014), pp.116-120.

的埋藏特征有关，因为它们大部分出土于遗址中，而历史时期的遗址发掘相对较少，故而可研究的动物材料也相对缺乏。新郑天利食品厂东周墓葬出土的动物骨骼则为突破这样的限制提供了机会。该墓地位于郑韩故城附近，随葬了较为丰富的动物骨骼，保存较好，且种类基本涵盖了常见的家畜如牛、羊、猪、狗等。这批动物为研究东周时期家畜饲养方式以及郑韩故城和郊区人群的肉食来源提供了宝贵的材料。本实验选取了该墓地出土的14件动物骨骼标本进行稳定碳氮同位素分析，主要目的是观察不同家畜之间的食物特征差异，从而推测当时的家畜饲养方式，并为后续的人类饮食研究提供参考。

一、实验材料及方法

本次实验选取的动物骨骼标本由河南省文物考古研究院王娟博士鉴定，包括4件猪骨、1件狗骨、3件牛骨、6件羊骨等共计14件样品。所有个体均为墓葬出土，根据骨缝愈合情况看，都属于年幼个体。

由于稳定同位素分析属于有损分析，对于考古出土的骨骼是有一定破坏的，因此实验取样必须在骨骼专家的指导下进行。取样必须首先确保不破坏关键骨骼特征，不影响后续的相关研究，同时样品的保存质量和重量要能够满足同位素分析的需要。本次实验取样在河南省文物考古研究院侯彦峰副研究员和王娟博士的指导下进行，在对拟取样动物个体进行全面记录之后，每个个体选取约5克的骨骼样品准备进行测试分析。所取样本主要为肋骨，也有部分趾骨和肢骨，根据骨骼保存情况而定。

测试分析分为样品清理、预处理、同位素分析三个步骤。样品清理过程中，首先用手持电磨对所取骨骼样品表面进行机械清理以去除表面附着的污染物和杂质。清理过的样品在双重蒸馏水里进行超声波清洗，一般样品清洗三遍（每遍10分钟）或直到洗液变清。随后样品进行自然晾干并称重记录，进入预处理步骤。样品预处理主要目的是从考古出土的骨骼样品中提取骨胶原蛋白，目前国际上通用的提取方法有两种：传统的开普敦大学（University of Cape Town）方法对成块骨骼样品直接进行处理，而在德国的马普人类进化研究所（Max Planck Institute for Evolutionary Anthropology）等机构采用另一种改进过的方法，增加了粉碎、凝胶、超滤等步骤。最近一项专门针对两种不同实验方法的比较研究发现，对于保存较好的骨骼样品，两种方法得出的结果并无明显差别，而改进的胶原蛋白提取方法更适用于保存较差的样品[1]。由于本实验选取的动物骨骼样品保存都比较好，因此采取相对经济的开普敦大学处理方法进行胶原蛋白提取。

提取胶原蛋白的方法如下：晾干称重后的样品首先浸入1%的HCL溶液中进行去除矿物质处理。溶液每两天更换一次直至样品完全变软并无气泡渗出，这个过程一般会持续一到两周，具体时间与骨骼特征有关。样品随后用蒸馏水清洗并浸入0.125摩尔浓度的NaOH溶液处理20小

---

[1]　Sealy Judith, Malia Johnson, Michael Richards, and Olaf Nehlich, "Comparison of two methods of extracting bone collagen for stable carbon and nitrogen isotope analysis: comparing whole bone demineralization with gelatinization and ultrafiltration", *Journal of Archaeological Science* 47(7)(2014), pp.64-69.

时,以清除样品中可能残余的酸性物质。处理完的样品再用蒸馏水每天清洗一次直至洗液完全呈中性。此时所得样品即为提取的骨胶原蛋白。胶原蛋白样品进行冷冻干燥并称重记录,准备进行稳定同位素分析。以上实验样品的清理和处理工作均在河南省文物考古研究院古人类食物研究实验室进行。

骨胶原蛋白的稳定同位素分析工作由中国农业科学院农业环境稳定同位素实验室完成。测试仪器为vario PYRO cube元素分析仪和ISOPRIME-100质谱仪。测试过程中,每12个测试样品中插入一个实验室标准物质以校对结果的精确度。标准物质的稳定碳同位素比值($\delta^{13}C$)和稳定氮同位素比值($\delta^{15}N$)均经国际标准物校对,$\delta^{13}C$的值以V-PDB值为基准,$\delta^{15}N$值以大气(air)值为基准。实验室测试结果长期精确度为±0.2‰,符合国际标准。

二、测试结果

稳定碳氮同位素测试结果是否可靠,由骨胶原蛋白的保存状况决定。而胶原蛋白的保存质量由以下三个标准共同衡量[1]:首先,胶原蛋白的产出量(collagen yield)必须大于1%;其次胶原蛋白中碳氮元素质量比(C/N)必须介于2.9到3.6之间;最后,保存较好的骨胶原蛋白中碳元素的质量百分比(C%)应该在15%以上,同时氮元素的质量百分比(N%)应该在4.8%以上,至少不能分别低于4.5%和0.5%。本实验中14件测试样品的各项指标列于表一,所有样品胶原蛋白产出量均在2.4%以上,碳氮元素质量比(C/N)均为3.2,碳元素的质量百分比(C%)在39.8%以上,同时氮元素的质量比(N%)在14.5%以上。经过三重标准衡量,这些样品中胶原蛋白保存情况非常好,所有测试结果可靠。

表一　天利食品厂墓地出土动物骨骼稳定同位素分析各项指标数据

样品编号	种　类	$\delta^{13}C$(‰)	$\delta^{15}N$(‰)	C%	N%	C/N	Yield %
M47	猪	−13.9	5.3	39.8	14.5	3.2	5.7%
M49	猪	−7.9	7.7	40.1	14.7	3.2	5.0%
M46	猪	−14.4	6.1	40.5	14.6	3.2	8.3%
M8	猪	−13.5	6.2	39.9	14.4	3.2	2.9%
M56	狗	−9.4	7.3	40.9	14.8	3.2	5.7%
M142	牛	−6.8	7.6	41.4	15.1	3.2	17.4%
M152	牛	−10.4	7.7	41.5	15.3	3.2	5.6%

[1]　(a) DeNiro Michael J., "Postmortem preservation and alteration of in vivo bone collagen isotope ratios in relation to palaeodietary reconstruction", *Nature* 317 (6040) (1985), pp.806-809.

(b) Ambrose Stanley H., "Preparation and characterization of bone and tooth collagen for isotopic analysis", *Journal of archaeological science* 17(4) (1990), pp.431-451.

续表

样品编号	种　类	δ¹³C（‰）	δ¹⁵N（‰）	C%	N%	C/N	Yield %
M128	牛	−11.2	7.1	41.8	15.2	3.2	14.1%
M142	羊	−16.6	7.9	41.3	15.0	3.2	2.4%
M128	羊	−14.0	10.7	41.7	15.2	3.2	11.8%
M55	羊	−14.9	8.6	41.2	15.1	3.2	9.0%
M165	羊	−18.6	9.9	41.6	15.1	3.2	12.6%
M142	羊	−17.0	6.6	41.7	15.3	3.2	9.7%
M152	羊	−13.1	10.2	41.1	15.1	3.2	11.6%

表二　天利食品厂墓地出土动物骨骼稳定同位素平均值

种　类	n	δ¹³C（‰）（Ave.±SD）	δ¹⁵N（‰）（Ave.±SD）
猪	4	−12.5±2.6	6.3±0.9
狗	1	−9.4	7.3
牛	3	−9.5±1.9	7.5±0.2
羊	6	−15.7±1.9	9.0±1.4
平均（n=14）		−13±3.3	7.8±1.5

三、分析与讨论

本次实验分析了天利食品厂东周墓地出土的动物骨骼样品共计14件，包括两种杂食动物（猪、狗）和两种植食动物（羊、牛）。各类动物的 δ¹³C 和 δ¹⁵N 平均值列于表二，各样品碳氮同位素值的散点分布见图一。为了能够科学地分析家畜的食物特征，图一还列出了4组人的同位素数据进行比较[1]。

1. 植食动物的食物特征分析

在图一的散点分布情况上可见这四种动物的食物结构特征存在明显差异，其中羊的情况最为特殊。这6个羊的个体不仅同位素值分布最为分散，且其 δ¹³C 值明显低于绝大多数其他动物，而 δ¹⁵N 值不仅整体高于其他动物，个别值甚至高于人。一般来说，δ¹³C 值较低则反映其食物中C3类

[1] Zhou Ligang, Sandra J. Garvie-Lok, Fan Wenquan, Chu Xiaolong, "Human Diets during the Social Transition from Territorial States to Empire: Stable Isotope Analysis of Human and Animal Remains from 770 BC to 220 AD on the Central Plains of China", *Journal of Archaeological Science: Reports* 11(2017), pp.211−223.

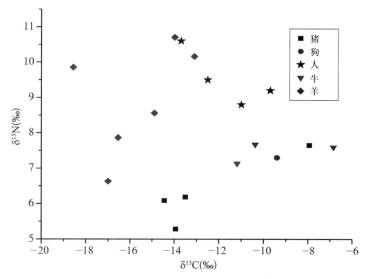

图一　天利食品厂墓地出土动物稳定碳氮同位素值散点分布图

注：作参考的人骨稳定同位素值来自另一项正在进行的研究

植物的比例较大，这些数据比较结果表明羊比其他动物要食用较多的C3类植物。而羊作为植食动物，其在陆地生态系统食物链上的营养级显然要低于作为杂食动物的人类，根据 $\delta^{15}N$ 值随营养级升高而增加的原理[1]，其 $\delta^{15}N$ 应当低于人类。因此图一中所显示的羊的氮同位素值非常意外。此时需要注意到，骨缝愈合情况说明所有选取的样品均为未成年个体，而未成年个体中最容易影响 $\delta^{15}N$ 的是母乳喂养。根据对人和动物的观察研究，哺乳期幼儿的 $\delta^{15}N$ 值要明显高于其母体或者同一种群中其他成年个体约一个营养级（3‰-5‰左右）而接近于肉食动物的水平，随着断奶的开始和辅食的增加，幼儿的 $\delta^{15}N$ 值逐渐下降并最终接近于成年个体的水平[2]。根据这个原理和所选标本的年龄特征，图一中所反映的具有较高 $\delta^{15}N$ 值的个体应该是处于哺乳期的羔羊。不同个体之间的差异说明这些羊在被宰杀随葬的时候年龄略有差异，有的个体仍在依靠母乳，因此受母乳影响，其 $\delta^{15}N$ 值偏高；而有的个体则已经不同程度的断奶并开始进食饲料，$\delta^{15}N$ 值开始下降。

　　虽同为食草类家畜，牛的同位素值反映了与羊完全不同的食物特征。首先这3个牛的个体 $\delta^{13}C$ 值明显较高，说明其食物中含有大量的C4类植物，这一点与羊截然不同。其次其 $\delta^{15}N$ 处于较低水平且处于比较稳定状态，个体之间差异很小，由这点可以推测这些牛虽然年龄较小，可能

[1]　(a) DeNiro Michael J., and Samuel Epstein, "Influence of diet on the distribution of nitrogen isotopes in animals", *Geochimica et cosmochimica acta* 45(3) (1981), pp.341-351.

　　　(b) Schoeninger Margaret J., and Michael J. DeNiro, "Nitrogen and carbon isotopic composition of bone collagen from marine and terrestrial animals", *Geochimica et Cosmochimica Acta* 48(4) (1984), pp.625-639.

[2]　(a) Fogel Marilyn L., Noreen Tuross, and Douglas W. Owsley, "Nitrogen isotope tracers of human lactation in modern and archaeological populations", *Carnegie Institution of Washington Yearbook* 1989, pp.111-117.

　　　(b) Fuller Benjamin T., James L. Fuller, David A. Harris, and Robert EM Hedges, "Detection of breastfeeding and weaning in modern human infants with carbon and nitrogen stable isotope ratios", *American Journal of Physical Anthropology* 129(2)(2006), pp.279-293.

都已经完全断奶并开始进食饲料。羊和牛这两种植食动物的 δ^{15}N 值差异体现了它们被宰杀时的年龄差异。虽然都是幼年个体,前者明显包含有仍在吮吸母乳的羔羊和断奶的幼羊,而后者则都是完全断奶的幼年个体。而这两种动物的 δ^{13}C 值差异则可能体现了不同的饲料成分,进而反映了饲养方式之间可能存在的差异。

地球上的植物根据光合作用的特征可分为 C3、C4、CAM 三类[1]。陆地上绝大多数植物均为 C3 类植物,其包含的农作物有小麦、大麦、燕麦、水稻、豆类等;而与之相对的 C4 类植物(δ^{13}C 值明显较高的一类)多生长于高温干旱地区,所包含的农作物主要有小米、玉米、高粱和甜菜等;CAM 类植物只存在于较为特殊的生态环境下,很少有被人类食用的品种[2]。而东周时期中国北方地区的主要农作物是属于 C4 类植物的小米(包括粟和黍),其他作物如小麦、水稻等均为 C3 植物且只有少量栽种,在整个北方农业体系及人们食物中也居于很次要的地位[3]。虽然以往曾经认为另一种 C4 作物高粱在东周时期也有栽种,最近的一项研究表明过去所鉴定的考古出土的高粱遗存都存在问题[4],因此东周时大量栽种高粱是缺乏有力证据的。在这种背景之下,牛的饲料中大量的 C4 类植物只有可能是小米的茎叶等,也就是农产品的剩余,而羊的饲料中显然缺少这些。这种差异体现了人们对这两种家畜的不同喂养方式,这应当是与它们在当时农业社会中的不同价值有关。

传统中国饮食并不包含奶和奶制品,因此养羊主要是为了获得肉和羊毛。而牛对于古代农业人群则具有特殊意义,它是一种不可或缺的畜力,可用来负重拉车或者拉犁。根据学者对文献和考古材料的综合分析,牛耕至迟在东周时期已经出现并且对农业的发展起到了显著的推动作用[5]。鉴于牛在当时对农业生产的特殊作用,以及其由体型决定的较大的饲料需求量,人们会有意识地将农产品剩余如小米的茎叶等储存起来作为饲料并用来喂养它们,这种推测应该是成立的。而相比之下,羊的食物需求量小,通过野外放牧就可以获取足够的食物,因此需要加的辅助饲料有限。牛和羊之间的这种食物特征差异在新石器时代就已经存在,例如一项对于渭河流域动物遗存的研究发现牛的食物中明显有较多的 C4 类植物[6],这说明人们可能长期以来对这种两

[1] (a) Smith Bruce N., and Samuel Epstein, "Two categories of 13C/12C ratios for higher plants", *Plant physiology* 47(3) (1971), pp.380-384.
   (b) Vogel J. C., "Fractionation of the carbon isotopes during photosynthesis", *Sitzungsberichte der Heidelberger Akademie der Wissenschaften (Mathematisch-naturwissenschaftliche Klasse)*, Springer: Berlin Heidelberg, 1980, pp.111-116.
[2] (a) Vogel J. C., and Nikolaas J. Van der Merwe, "Isotopic evidence for early maize cultivation in New York State", *American Antiquity* 42(2) (1977), pp.238-242.
   (b) Lee-Thorp Julia A, "On isotopes and old bones", *Archaeometry* 50(6) (2008), pp.925-950.
[3] (a) 钱穆:《中国古代北方农作物考》,载钱穆著:《中国学术思想史论丛(一)》,北京:生活·读书·新知三联书店,2009年,第1-35页。
   (b) 许倬云:《周代的衣、食、住、行》,《历史语言研究所集刊》1976年第3期。
[4] 刘莉、盖瑞·克劳福德、李炅娥、陈星灿、马萧林、李建和、张建华:《郑州大河村遗址仰韶文化"高粱"遗存的再研究》,《考古》2012年第1期。
[5] 彭明瀚:《中国牛耕起源研究述评》,《南方文物》1991年第3期。
[6] Chen XiangLong, S-M. Hu, Y-W. Hu, W-L. Wang, Y-Y. Ma, P. Lü, and C-S. Wang, "Raising practices of Neolithic livestock evidenced by stable isotope analysis in the Wei River valley, North China", *International Journal of Osteoarchaeology* 26(1) (2014), pp.42-52.

种家畜都实施不同的喂养方式。即使是在现代很多的农村地区,牛和羊对于人们的重要性还是截然不同的,人们还是会有意识地储存农作物秸秆叶子等作为牛饲料。

2. 杂食动物的食物特征分析

在古代饮食研究中,猪和狗往往是一起讨论的,因为在所有动物中它们与人类关系最近,且和人类一样均为杂食动物。然而图一所显示的猪和狗的同位素值有着明显的差别,说明在这批个体中猪和狗的食物特征并不相近。猪的平均 $\delta^{13}C$ 值($-12.5 \pm 2.6‰$)表明其食物中明显有大量的 C3 植物,而狗的食物中则明显以C4植物为主($\delta^{13}C = -9.4‰$)。同时 $\delta^{15}N$ 值的比较说明猪($\delta^{15}N = 6.3 \pm 0.9‰$)的食物中动物蛋白含量要低于狗($\delta^{15}N = 7.3‰$)。

一般认为,由于和人类的亲密关系,猪和狗的食物中会包含大量人类食物的剩余(如残羹剩饭等),因此它们的食物结构特征也会与人类相似,碳氮同位素值也与同时期同地区的人类相近[1]。虽然天利食品厂墓地出土的人骨暂时还没有进行同位素分析,图一所列举的四组人骨碳氮同位素数据分别来自新郑附近的东周和汉代墓地,也具有一定参考价值。然而通过对比可以发现,没有任何一个人群的同位素值与猪或者狗相近,人与动物之间尤其是 $\delta^{15}N$ 值差异最为明显。虽然同为杂食性,人类的 $\delta^{15}N$ 值均明显高于后两者,说明人类食物中动物蛋白含量或者肉食含量明显较多。换言之,这些猪或者狗的食物中并没有太多的人类剩余的肉食。这一点也可以从另一个角度予以证实:杂食动物的食物中会包含不同量的肉类,因此在同一生态系统中其 $\delta^{15}N$ 值应当要高于不食用任何肉类的植食动物。但是在这批样品中,猪和狗的 $\delta^{15}N$ 值明显接近甚至低于牛或者羊,说明其食物几乎完全是植物,并不包含肉类。这些比较结果可以肯定它们并没有获得多少人类剩余的肉食,进而暗示它们与普通意义上的家养猪狗有区别。

另一点值得注意的是,本次分析的4件猪骨样品均出土于同一墓地,稳定碳氮同位素值表明这4个个体之间的食物结构差别也非常明显。如图一所示,出土于M49的个体($\delta^{13}C=-7.9‰$, $\delta^{15}N=7.7‰$)的碳氮同位素值都明显高于其他三个个体的均值($\delta^{13}C= -14 \pm 0.4‰$, $\delta^{15}N=5.9 \pm 0.4‰$),说明这个个体的食物以C4类为主,并且动物蛋白摄入量也较多。根据之前的分析,当时唯一广泛种植的C4作物就是小米,因此其食物应该与小米密切相关。猪与牛的摄食及消化系统不同,不能直接食用小米秸秆叶子等,当然人们也不大可能直接用小米去喂猪。所以最大可能性是人们有意对其喂食了小米的糠壳或者剩余食物,从这方面看,这个个体很有可能是圈养。而碳氮同位素值均明显较低的其他三个个体(M8,M46,M47)则可能没有这样的待遇,其食物明显以C3为主。如果这三个个体也是圈养的话,其食物可能主要是 $\delta^{13}C$ 和 $\delta^{15}N$ 均偏低的豆类;如果是散养,则其食物来源就比较多,比如各种C3类野草和植物。无论是哪种可能性,都

[1]　(a) Hogue S. Homes, "Corn dogs and hush puppies: diet and domestication at two protohistoric farmsteads in Oktibbeha County, Mississippi", *Southeastern Archaeology* 22(2) (2003), pp.185－195.

(b) Hu YaoWu, FengShi Luan, ShouGong Wang, ChangSui Wang, and Michael P. Richards, "Preliminary attempt to distinguish the domesticated pigs from wild boars by the methods of carbon and nitrogen stable isotope analysis", *Science in China Series D: Earth Sciences* 52(1) (2009), pp.85－92.

说明当时人们对这些猪的饲养都存在两种差别很大的方式,或者是圈养和散养,或者是同时圈养但是喂食不同的饲料。对猪同时进行圈养和散养的饲养方式在新石器时代也已经有发现,并且现在很多农村仍然存在[1],因此这种差别并不意外。如果是同时圈养,但是喂食不同饲料,则可能反映了不同的宰杀季节,或者说不同的饲养环境,即不同来源。这种推测并不是无意义的,因为这些猪显然都是为随葬而宰杀的,不同宰杀季节则能反映了墓主死亡时间的差异;至于不同的来源则有可能为研究当时的畜牧业经济提供重要线索。这些都需要结合动物考古学的其他证据来做进一步探索。

3. 动物同位素特征与郑韩故城附近的家畜饲养业

根据埋藏特征看,猪骨和狗骨置于陶鼎或者陶鬲中,体积较大的牛骨和羊骨直接置于尸骨一侧,说明这些家畜个体是专门为随葬而宰杀。从骨缝愈合程度看,这批随葬动物都是非常年幼的个体,同位素特征表明个别的羊还仍在哺乳阶段,其他个体也并没有完全断奶。显然这些个体都是为了随葬需要专门选取的幼年家畜。从社会资源角度讲,以幼年家畜随葬比宰杀成年家畜随葬要节约相当多的成本,因为成年家畜个体身上已经消耗了大量的资源。这种专门选择幼年家畜随葬的行为从另一个角度反映了当时人们对动物资源的合理利用。

这种随葬情况对于研究当时的畜牧业经济以及墓主的经济地位有一定的参考意义。关于东周时期畜牧业的文献资料不多,但是在中原地区这样的传统农业区,家庭畜牧业规模应该不会很大。根据相关研究,秦汉时期民间牛羊养殖业主要集中于畜牧业专业户,目的是贸易交换;而个体养牛者应当是条件较好的家庭,目的则是耕用[2]。即使是在农业相对发达的汉代,普通家庭畜牧业也主要是养猪、狗、鸡之类小型动物[3]。因此可以向前推测,在东周时期家庭饲养牛羊者也不会很多,饲养猪、狗的规模也应当十分有限。这些选取参与分析的动物样品出于10个墓葬单位中,大部分墓葬内只随葬一种家畜。其中M142、M128、M152至少随葬牛和羊两种家畜,且个别墓葬随葬的某种家畜个体大于两个。例如M142所取两件羊骨标本同位素值差别较大,可能来自两个不同个体。考虑到当时十分有限的家畜饲养业以及这批随葬动物的年龄特征、数量,它们不太可能是墓主的家养牲畜。除非墓主是家畜养殖专业户,否则很难保证在有随葬需求时即有牲畜幼崽供宰杀,尤其是同时有牛羊这样农业地区不常饲养的牲畜供宰杀随葬。因此大部分随葬家畜可能都是通过购买或者交换而获得,这一方面反映了墓主具有一定的经济实力,另一方面暗示在当地或附近应该有较为发达的家畜饲养业。

该墓地距离郑韩故城非常近,郑韩故城作为东周时期盛极一时的都城,城内发现了大量的手工业作坊,但是并没有家畜饲养遗迹。从环境的角度分析,在人口密集的城内饲养大量牲畜也不

---

[1] Chen XiangLong, S-M. Hu, Y-W. Hu, W-L. Wang, Y-Y. Ma, P. Lü, and C-S. Wang, "Raising practices of Neolithic livestock evidenced by stable isotope analysis in the Wei River valley, North China", *International Journal of Osteoarchaeology* 26(1) (2014), pp.42-52.

[2] 温乐平:《论秦汉养牛业的发展及相关问题》,《中国社会经济史研究》2007年第3期。

[3] 班固:《汉书》,北京:中华书局,1962年,第1120页。

大可能。因此其城内所需大量肉食，以及骨器作坊所需的原材料，显然是来自城外专业饲养的家畜。这些家畜不仅供给都城内的肉类需求、骨器原料需求，也可能供给附近居民的肉食需求及随葬需要。根据稳定碳氮同位素比较，随葬的猪和狗并不具有杂食动物的食物特征，而是接近植食动物的特征。这也说明它们不同于一般意义上的家养动物，可能是专门饲养以供交易的。而不同的猪之间，其食物特征差别也有可能是由不同饲养环境造成。同位素数据反映的信息与上述关于这些牲畜来自专业饲养场所的推测是一致的。

四、结论

总体而言，这些动物的食物结构差别非常明显。羊的食物主要是C3类植物，在当前的背景下应该主要是野草类，同时这些个体包含有仍在哺乳中的羔羊。牛的食物显然包含大量的小米茎叶等相关农业产品，这应当与其在农业生产中特殊的作用有关。猪和狗虽然同为杂食动物，但是其食物几乎是完全以植物为主，并不包含多少肉类。虽然个别猪和狗的个体可能食用了明显较多的与小米相关的食物，显示它们与人类关系比较近，但是它们也并没有获得明显的肉食，这与以往发现的杂食动物特征有差别。另外，这些猪的个体之间食物特征也存在明显差异，可能当时同时存在不同的饲养方式或不同的饲养环境。动物的稳定同位素特征、动物骨骼埋葬特征及当时有限的家庭畜牧业水平都暗示这批随葬的动物有可能是来自专业畜牧场所，而非家养动物。因此，这些个体的同位素值不仅为研究该墓地人群的肉食来源和肉食水平提供了参考，也为研究郑韩故城内居民的食物结构特征提供了有效的参照。

需要注意的是，这批动物样品中猪和狗的食物特征并不接近杂食动物，反而与植食动物相似，这与传统认识有差别。这种差别并不是质疑了以往的观点，而是反映这些动物可能不是一般意义上的家养动物，而可能是专门饲养以供交换或者贸易的牲畜。这对从食物特征角度研究人与动物的关系提出了一种新的思路。在历史时期研究这一问题的材料并不是很丰富，但是郑韩故城内东周墓葬出土的殉狗墓葬则是一个很好的对比案例[1]。这种腰坑殉狗的葬俗不在本文讨论范围内，但是这些殉狗与墓主的关系则值得思考。动物考古和稳定同位素分析相结合，或许可以揭示这些殉狗究竟是墓主生前亲密伙伴或者只是从其他地方买来殉葬。而这一问题的解决，反过来能够为理解这种在东周时期略显特殊的葬俗提供新的证据。

致谢：本文在选取试验标本的过程中得到河南省文物考古研究院樊温泉研究员、侯彦峰副研究员、王娟博士的帮助。加拿大阿尔伯塔大学人类学系 Sandra Garvie-Lok 副教授在2014年7月的访问中对标本选取进行了现场指导，同时对实验分析过程和数据解读提供了宝贵建议。测试分析经费由河南省文物局"2015年度省级文物保护专项补助资金"支持。

---

[1] 例如在兴弘花园与热电厂墓地的214座墓葬中有11例。见河南省文物考古研究所：《郑韩故城兴弘花园与热电厂墓地》，北京：文物出版社，2007年。

附表

天利食品厂两周墓地墓葬登记表

墓号	墓葬结构		葬具及保存状况						墓向	人骨及保存状况				随葬品	时代	其他
	形制	墓口尺寸与深度（长×宽—深）（厘米）	椁长（厘米）	椁宽（厘米）	椁高（厘米）	棺长（厘米）	棺宽（厘米）	棺高（厘米）		数量	葬式及保存状况	性别	年龄			
1	长方形土坑竖穴墓，直壁，平底	306×168—300				270	136	55	280°	1	人骨保存差，仅余部分肯头	女	60±			被盗
2	长方形土坑竖穴，直壁，平底，一棺一椁	280×172—450	234	139	50	198	72	10	290°	1	仰身直肢，双手置于腹部，面朝上	男	50±			
3	长方形土坑竖穴墓，斜壁，平底	350×240—660	284	160	60	212	100	30	290°	1	保存较差，仰身直肢，双手放于腹部	？	45±			
4	长方形土坑竖穴墓，斜壁，平底	270×130—300				248	108	30	290°	1	仰身直肢，双手置于腹部，面朝南	女	60±	鬲4、盂4、豆2、罐4、蚌壳若干	春秋中期早段	
5	长方形土坑竖穴墓，斜壁，平底	250×180—580	210	140	50	182	96	30	290°	1	保存较好，仰身直肢，双手交叉放于腹部	女	50±	蚌壳1		
6	长方形土坑竖穴墓，斜壁，平底	378×320—450	282	190	90	182	106	20	275°	1	保存较差，仰身直肢			贝23		
7	长方形土坑竖穴，斜壁，口大底小，平底，一棺一椁	440×320—344	322	210	124	226	88	34	285°	1	仰身直肢，双手置于腹部，面朝上	？	成年			
8	长方形土坑竖穴墓，直壁，西壁有一个壁龛，平底	265×130—220				210	96	35	280°	1	仰身曲肢，双手置于腹部，面朝上	男	40±	鬲1、盂1、豆2、罐1	春秋晚期早段	

续表

墓号	墓葬结构		葬具及保存状况						墓向	人骨及保存状况				随葬品	时代	其他
	形制	墓口尺寸与深度(长×宽-深)(厘米)	椁长(厘米)	椁宽(厘米)	椁高(厘米)	棺长(厘米)	棺宽(厘米)	棺高(厘米)		数量	葬式及保存状况	性别	年龄			
9	长方形土坑竖穴墓,直壁,平底	270×166-320				222	128-134	16	280°	1	人骨保存差,仅余朽灰			鬲4、盂4、罐2	春秋晚期晚段	
10	长方形土坑竖穴墓,直壁,平底	290×150-360	264	118-128	50	190	76-80	8	280°	1	保存较差,仰身直肢,双手交叉放于腹部			鬲4、盂4、豆4、罐4、贝14	春秋中期早段	
11	长方形土坑竖穴墓,直壁,平底	260×148-210				206	117	50	285°	1	仰身直肢,双手置于腹部,面朝上	女	50±			
12	长方形土坑竖穴墓,斜壁,口大底小,西壁有一个壁龛,平底	290×210-490				222	130-138	60	280°	1	仰身直肢,双手置于腹部,上身保存差			鼎1、盖豆1、壶1、豆1	战国晚期早段	
13	长方形土坑竖穴墓,直壁,平底	250×130-200				230	92-100	40	285°	1	保存较好,仰身直肢,双手置于腹部	男	40±			
14	梯形土坑竖穴墓,斜壁,平底	244×132-144-130				204	84-100	20	275°	1	保存较差,仅存头骨和嘴部分下肢,直肢					
15	长方形土坑竖穴墓,直壁,平底	265×184-200				236	121-126	50	290°	1	不存					被M14打破,且被盗
16	长方形土坑竖穴墓,直壁,平底,一棺一椁	280×192-420	254	154-162	56	216	103	20	290°	1	仰身直肢,双手置于腹部,面朝上					
17	长方形土坑竖穴墓,直壁,平底	260×160-320	232	130	56	180	68	10	290°	1	保存较好,仰身直肢,双手交叉放于腹部	女	50-55			

续表

墓号	墓葬结构		葬具及保存状况							人骨及保存状况				随葬品	时代	其他
	形制	墓口尺寸与深度(长×宽-深)厘米	椁长(厘米)	椁宽(厘米)	椁高(厘米)	棺长(厘米)	棺宽(厘米)	棺高(厘米)	墓向	数量	葬式及保存状况	性别	年龄			
18	长方形土坑竖穴墓,直壁,平底	250×140-340				215	100	34	295°	1	保存较好,仰身直肢,双手交叉放于腹部	女	45-50			
19	长方形土坑竖穴墓,直壁,平底	245×160-290				232	80-92	36	280°	1	保存较差,仰身直肢			铁匕1		
20	长方形土坑竖穴墓,直壁,平底	260×140-260				240	114-126	45	280°	1	保存较好,仰身直肢,双手交叉放于腹部	男	45±			
21	长方形土坑竖穴墓,直壁,平底	246×140-200				242	100	40	270°	1	仰身直肢,双手置于腹部,面朝上	男	20±			
22	长方形土坑竖穴墓,直壁,平底	310×170-160				216	94-112	10	280°	1	仰身直肢,人骨保存差,仅余朽痕			盂2、罐2、模型明器1套	战国早期早段	
23	长方形土坑竖穴墓,直壁,平底	320×180-260	284	155	58	218	80-92	6	280°	1	保存较差,仰身直肢			鬲2、盂2、豆2、罐2	春秋晚期晚段	
24	长方形土坑竖穴墓,直壁,平底	350×250-330	290	192	70	232	154	50	280°		不存			鬲2、盂2、罐1	战国早期早段	
25	长方形土坑竖穴墓,直壁,平底	300×200-340	240	158	44	160	68	8	280°		仅存骨灰			鬲1、盂1、豆2、罐2	春秋晚期晚段	
26	长方形土坑竖穴墓,斜壁,平底	405×280-320	302	196	110	225	108	40	280°	1	保存较差,仰身直肢			鼎2、罍2、敦1、豆2	春秋晚期晚段	

续表

墓号	墓葬结构		葬具及保存状况							墓向	人骨及保存状况				随葬品	时代	其他
	形制	墓口尺寸与深度(长×宽-深)厘米	椁长(厘米)	椁宽(厘米)	椁高(厘米)	棺长(厘米)	棺宽(厘米)	棺高(厘米)			数量	葬式及保存状况	性别	年龄			
27	长方形土坑竖穴墓,直壁,平底	310×180-180				270	112-120	60	280°		1	直肢葬,人骨保存差,仅余朽痕			鬲4、盂4、豆4、罐4、模型明器1套,贝20	春秋早期晚段	
28	长方形土坑竖穴,直壁,平底,一棺一椁	300×172-160	242	134	56	186-190	86	24	270°		1	仰身直肢,双手置于腹部,面朝上					
29	长方形土坑竖穴墓,直壁,平底	280×200-260	260	148-178	45	180	94	14	285°		1	人骨保存差,仅余头骨			鬲4、盂4、豆4、罐4、模型明器1套,贝2	春秋晚期晚段	
30	长方形土坑竖穴,斜壁,口大底小,平底,一棺一椁	402×248-340	280	166	60	198	78	8	280°		1	仰身直肢,双手置于腹部,面朝上			鬲4、盂4、豆4、罐4,贝16	春秋晚期晚段	
31	长方形土坑竖穴墓,直壁,平底	270×140-150				246	112	30	295°		1	直肢葬,人骨保存差,仅余朽灰					
32	长方形土坑竖穴墓,斜壁,平底	300×220-510	254	148	62	210	98	26	290°		1	保存较差,仰身直肢,双手交叉放于腹部	男	35±			
33	长方形土坑竖穴墓,直壁,平底	300×150-390	278	136	40	208	78	8	290°		1	保存较差,仰身直肢,双手交叉放于腹部	男	60±	鬲2、盂2、豆2、罐2、模型明器1套	春秋晚期早段	

续表

墓号	墓葬形制	结构 墓口尺寸与深度(长×宽-深)厘米	葬具及保存状况 椁长(厘米)	椁宽(厘米)	椁高(厘米)	棺长(厘米)	棺宽(厘米)	棺高(厘米)	墓向	人骨及保存状况 数量	葬式及保存状况	性别	年龄	随葬品	时代	其他
34	长方形土坑竖穴墓，直壁，平底	284×160-172				256	128-134	34	295°	1	仰身直肢，双手置于腹部，面朝上	男	35-40	鬲4、盂4、豆4、罐4	春秋中期早段	
35	长方形土坑竖穴，斜壁，口大底小，平底，一棺一椁	380×248-540	226	148-152	66	182	92-98	36	280°	1	仰身直肢，双手置于腹部，面朝上	男	45±			
36	长方形土坑竖穴墓，口大底小，平底	250×152-300				208	70-74	10	280°	1	仰身直肢，人骨保存差，仅余朽痕					
37	长方形土坑竖穴墓，直壁，平底	225×128-164				198	95	54	290°	1	仰身直肢，双手置于腹部，上身保存差，下肢保存较好					
38	长方形土坑竖穴墓，直壁，平底	245×140-220				224	110-116	50	285°	1	仰身曲肢，双手置于腹部，面朝上					
39	长方形土坑竖穴墓，直壁，平底	296×150-180	276	130	36	209	74-78	10	270°	1	保存较差，仰身直肢			鬲4、盂4、罐4、模型明器1套、蚌壳1	春秋早期晚段	
40	长方形土坑竖穴墓，直壁，平底	270×160-100				238	93	20	290°	1	仰身直肢，双手置于腹部，面朝上	女？	50±	贝8		

续表

墓号	墓葬结构		葬具及保存状况						墓向	人骨及保存状况				随葬品	时代	其他
	形制	墓口尺寸与深度(长×宽×深—深)厘米	椁长(厘米)	椁宽(厘米)	椁高(厘米)	棺长(厘米)	棺宽(厘米)	棺高(厘米)		数量	葬式及保存状况	性别	年龄			
41	长方形土坑竖穴墓，斜壁，平底	332×220—500	252	148	78	208	100	48	280°	1	保存较差，仰身直肢			铜镞1、贝26		
42	长方形土坑竖穴墓，直壁，平底	250×140—130				214	88—96	30	290°	1	仰身直肢，双手置于腹部，面朝南	男	35—40			
43	长方形土坑竖穴墓，直壁，平底	290×160—205				236	102	34	280°	1	仰身直肢，上身保存差，下肢保存较好			鬲2、盂2、豆2、罐2	春秋中期晚段	
44	长方形土坑竖穴墓，直壁，平底	280×160—170				232	120—128	50	280°	1	仰身直肢，双手置于腹部，面朝南	女	50±	鬲1、罐1	春秋晚期晚段	被M90打破
45	长方形土坑竖穴墓，直壁，平底	280×152—250				262	126—130	36	270°	1	人骨已不存			鬲2、盂2、豆2、罐2、模型明器1套	春秋中期晚段	墓向依据随葬品的位置而定
46	长方形土坑竖穴墓，直壁，平底	300×150—180				278	123	30	280°	1	人骨大都不存			鬲4、盂4、豆4、罐4、模型明器1套	春秋中期早段	墓向根据随葬品的位置而定
47	长方形土坑竖穴，直壁，平底，一棺一椁	306×160—260	270	136	36	192	92—96	18	270°	1	人骨保存较差，仅余朽痕			鬲4、盂4、豆4、罐4、贝13	春秋中期晚段	
48	长方形土坑竖穴，口大底小，斜壁，平底，一棺一椁	300×240—460	254	174	90	200	100	64	280°	1	仰身直肢，双手置于腹部，面朝北	男	40—45	贝21	春秋中期晚段	

续表

墓号	墓葬结构		葬具及保存状况						墓向	人骨及保存状况				随葬品	时代	其他
	形制	墓口尺寸与深度（长×宽—深）（厘米）	椁长（厘米）	椁宽（厘米）	椁高（厘米）	棺长（厘米）	棺宽（厘米）	棺高（厘米）		数量	葬式及保存状况	性别	年龄			
49	长方形土坑竖穴，直壁，平底，一棺一椁	280×160—180	258	128	24	180	80	10	270°	1	人骨保存较差，仅余朽痕			鬲4、盂4、豆4、罐4、贝9	春秋中期早段	
50	长方形土坑竖穴墓，直壁，平底	280×160—300				270	136	60	270°	1	仰身直肢，人骨保存差，仅余朽痕			鬲4、盂4、豆3、罐4、贝5	春秋中期晚段	
51	长方形土坑竖穴墓，直壁，平底	250×140—300				212	112	80	295°	1	仰身直肢，双手置于腹部，面朝上	?	23±	玉环2、水晶珠10		
52	长方形土坑竖穴墓，口大底小，平底	370×280—500				258	128	48	280°	1	仰身直肢，双手置于腹部，面朝北			盂1、贝13	春秋晚期晚段	
53	长方形土坑竖穴墓，直壁，平底	240×130—210				208	76—92	20	280°	1	仰身直肢，双手置于腹部，面朝上	女	20±			
54	长方形土坑竖穴，斜壁，口大底小，平底，一棺一椁	356×252—280	306	184	70	228	106	10	290°	1	仰身直肢，双手置于腹部，面朝北	男	40—45			
55	长方形土坑竖穴，直壁，平底，一棺一椁	320×180—340	288	148—152	26	208	87	8	270°	1	仰身直肢，上身保存差，下肢骨保存较好			鬲4、盂4、豆2、罐4、贝5	春秋中期晚段	
56	长方形土坑竖穴墓，直壁，平底	310×170—242	266	144	22	206	98	10	290°	1	仅存骨灰			鬲4、盂4、豆4、罐4	春秋晚期早段	
57	长方形土坑竖穴墓，直壁，平底	260×144—200	244	126	26	188	90	10	280°	1	保存较差，仰身直肢			鬲2、盂2、豆2、罐2	春秋晚期早段	

续表

墓号	墓葬结构		葬具及保存状况							墓向	人骨及保存状况				随葬品	时代	其他
	形制	墓口尺寸与深度(长×宽×深)厘米	椁长(厘米)	椁宽(厘米)	椁高(厘米)	棺长(厘米)	棺宽(厘米)	棺高(厘米)			数量	葬式及保存状况	性别	年龄			
58	长方形土坑竖穴墓，直壁，平底	290×160—310				228	132—136	50	280°		1	仰身直肢，双手置于腹部，面朝北			鬲4、盂4、豆2、罐4	春秋中期晚段	
59	长方形土坑竖穴，斜壁，口大底小，平底，一棺一椁	356×252—460	252	154	70	212	100	46	270°		1	仰身直肢，双手置于腹部，面朝北			贝16		
60	长方形土坑竖穴墓，直壁，平底	275×140—150				222	108	44	275°		1	仰身曲肢，双手置于腹部，面朝上	男	30±			
61	长方形土坑竖穴，斜壁，口大底小，平底，一棺一椁	320×232—360	252	130—140	30	190	80	8	280°		1	仰身直肢，保存较差			鬲4、盂4、豆4、罐4	春秋晚期晚段	
62	长方形土坑竖穴墓，直壁，平底	200×94—110				192	74	30	285°		1	仰身直肢，双手置于腹部，面朝上					
63	长方形土坑竖穴，斜壁，口大底小，平底，一棺一椁	360×260—340	280	166	40	190	102	20	280°		1	仰身直肢，双手置于腹部，面朝上			鬲4、盂4、罐4、模型明器1套	春秋晚期早段	
64	长方形土坑竖穴墓，直壁，平底	234×110—200				214	78—82	10	280°		1	仰身直肢，双手置于腹部，保存较差，仅余朽痕					
65	长方形土坑竖穴，斜壁，口大底小，平底，一棺一椁	392×260—620	278	144	80	208	102	48	280°		1	仰身直肢，双手置于腹部，面朝南					

续表

墓号	墓葬结构		葬具及保存状况						墓向	人骨及保存状况				随葬品	时代	其他
	形制	墓口尺寸与深度(长×宽-深)厘米	椁长(厘米)	椁宽(厘米)	椁高(厘米)	棺长(厘米)	棺宽(厘米)	棺高(厘米)		数量	葬式及保存状况	性别	年龄			
66	长方形土坑竖穴墓，直壁，平底	355×225-420	314	184	90	226	106-114	10	290°	1	保存较差，仰身直肢，双手交叉放于腹部			鬲4、盂4、豆2、罐4、模型明器1套,贝16	春秋晚期晚段	
67	长方形土坑竖穴墓，斜壁，平底	420×300-670	304	178	120	220	99	30	295°	1	保存较好，仰身直肢，双手交叉放于腹部	男	40-45	盂1、豆2、罐3,贝18	战国早期晚段	人骨左侧有一段动物骨骼
68	梯形土坑竖穴墓，直壁，平底	280×140-160-165	260	116-126	25	198	64-76	15	290°		仅存朽灰			盂4、豆4、罐4	春秋中期早段	
69	长方形土坑竖穴，斜壁，口大底小，一棺一椁	302×200-460	254	138	40	192	70-78	8	290°	1	仰身直肢，双手置于腹部，上身保存较差	男	45-50	罐4,贝11	战国早期晚段	
70	长方形土坑竖穴墓，斜壁，口大底小。南壁有4个脚窝，东壁有3个脚窝	250×172-420				216	100	20	295°	1	仰身直肢，双手置于腹部，面朝上			贝9		
71	长方形土坑竖穴墓，直壁，平底	305×150-170				228	84-90	30	270°	1	仰身直肢，双手置于腹部，面朝上					
72	长方形土坑竖穴墓，斜壁，口大底小，平底	300×200-440				208	118	40	290°	1	仰身直肢，双手置于腹部，面朝上			贝7		
73	长方形土坑竖穴墓，直壁，平底	280×184-270				242	154-162	50	290°	1	仰身直肢，双手置于腹部，面朝上			鬲2、盂2、豆1、罐2	春秋晚期晚段	

续表

墓号	墓葬结构		葬具及保存状况						墓向	人骨及保存状况				随葬品	时代	其他
	形制	墓口尺寸与深度(长×宽—深)厘米	椁长(厘米)	椁宽(厘米)	椁高(厘米)	棺长(厘米)	棺宽(厘米)	棺高(厘米)		数量	葬式及保存状况	性别	年龄			
74	长方形土坑竖穴墓,直壁,平底	210×120—230				188	92	30	285°	1	仰身直肢,面朝北,上身保存差,下肢保存较好			毛蚶1		
75	长方形土坑竖穴,斜壁,口大底小,平底,一棺一椁	420×332—640	298	206	150	230	100	74	280°	1	仰身直肢,面朝北,上身保存差					
76	长方形土坑竖穴,斜壁,口大底小,平底,一棺一椁	350×184—620	266	152—166	110	206	100	18	280°	1	仰身直肢,双手置于腹部,面朝北			贝26		
77	长方形土坑竖穴墓,直壁,平底	230×120—316				216	114	66	280°	1	仰身直肢,双手置于腹部,面朝上					
78	长方形土坑竖穴墓,斜壁,平底	306×230—500	242	128	40	211	82	8	280°	1	保存较差,仰身直肢,双手交叉放于腹部			小壶1、贝16,骨簪1	战国早期早段	
79	长方形土坑竖穴墓,斜壁,口大底小,平底	310×200—300				258	130—136	16	290°	1	仰身直肢,上身保存差,下肢保存较好			鬲2、盂2、豆2、罐2、贝4	春秋晚期晚段	
80	梯形土坑竖穴墓,直壁,平底	330×170—180—180				290	108—136	22	280°	1	直肢葬,人骨保存差,仅余朽痕			鬲4、盂4、豆4、罐4、贝14	春秋早期晚段	
81	长方形土坑竖穴墓,斜壁,口大底小,平底	290×200—350				216	128	100	300°	1	仰身直肢,人骨保存差,仅余朽痕					

续表

墓号	墓葬结构 形制	墓口尺寸与深度（长×宽-深）厘米	椁长（厘米）	椁宽（厘米）	椁高（厘米）	棺长（厘米）	棺宽（厘米）	棺高（厘米）	墓向	数量	葬式及保存状况	性别	年龄	随葬品	时代	其他
82	长方形土坑竖穴墓,直壁,平底	256×150-240	234	142	90	206	94	20	290°	1	保存较好,仰身直肢,双手交叉放于腹部					
83	长方形土坑竖穴墓,斜壁,平底	285×180-440	242	128	46	197	98	14	280°		仅存骨灰					
84	长方形土坑竖穴墓,直壁,平底	270×152-190				222	105	40	295°	1	仰身直肢,双手置于腹部,面朝南	女	30±			
85	长方形土坑竖穴墓,口大底小,斜壁,平底,一棺	300×200-260	240	144	50	200	96	34	290°	1	仰身曲肢,双手置于腹部,面朝南	女	50±			
86	长方形土坑竖穴墓,直壁,平底	254×132-340				226	104-116	40	290°	1	仰身直肢,上身保存较差,下肢保存较好					
87	长方形土坑竖穴墓,直壁,平底	270×184-300				238	144	52	290°	1	人骨保存差,仅余朽灰			鬲2、罐2、盂2、小壶1、模型明器1套	战国早期早段	
88	梯形土坑竖穴墓,直壁,平底	220×128-160-80				202	101-132	10	280°	1	直肢葬,上身保存差,下肢保存较好					被盗
89	长方形土坑竖穴墓,口大底小,斜壁,平底,一棺一椁	280×180-380	226	132-138	56	186	104	10	280°	1	仰身曲肢,双手置于腹部,面朝北	女	60±	鬲2、盂2、罐1	战国早期早段	

续表

墓号	墓葬结构		葬具及保存状况						墓向	人骨及保存状况				随葬品	时代	其他
	形制	墓口尺寸与深度(长×宽-深)厘米	椁长(厘米)	椁宽(厘米)	椁高(厘米)	棺长(厘米)	棺宽(厘米)	棺高(厘米)		数量	葬式及保存状况	性别	年龄			
90	长方形土坑竖穴，斜壁，口大底小，平底，一棺一椁	340×240-580	252	138-150	50	200	94	24	280°	1	仰身直肢，双手置于腹部，面朝上	女	40±	鬲4、盂1、罐1、贝5	战国早期早段	
91	长方形土坑竖穴，斜壁，口大底小，平底，一棺一椁	280×180-320	222	122-126	35	188	70-76	12	280°	1	仰身直肢，面朝北，保存较差					
92	长方形土坑竖穴墓，斜壁，平底	330×252-580	250	144	52	190	84	10	290°	1	保存较差，仰身直肢			罐3	战国早期晚段	
93	长方形土坑竖穴，斜壁，口大底小，平底，一棺一椁	380×280-560	290	176	95	214	110	30	300°	1	仰身直肢，双手置于腹部，面朝上			贝21		
94	长方形土坑竖穴墓，斜壁，平底	369×260-570	274	158	70	222	112	26	280°	1	保存较好，仰身直肢，双手交叉放于腹部			贝11		
95	长方形土坑竖穴墓，斜壁，平底	310×240-390	250	162-166	76	207	98	30	280°	1	保存较好，仰身直肢，双手交叉放于腹部	男	55±	贝15		
96	长方形土坑竖穴，斜壁，口大底小，平底，一棺一椁	350×292-560	250	170	140	188	100	54	280°	1	保存差，仅余朽痕			盂1、豆1	战国早期晚段	人骨以外，还有马的大腿骨一个
97	长方形土坑竖穴，斜壁，口大底小，平底，一棺一椁	326×270-500	280	162-168	56	204	76-86	19	290°	1	仰身直肢，双手置于腹部，面朝北			贝13		

墓号	墓葬结构		葬具及保存状况						墓向	人骨及保存状况				随葬品	时代	其他
	形制	墓口尺寸与深度（长×宽－深）厘米	椁长（厘米）	椁宽（厘米）	椁高（厘米）	棺长（厘米）	棺宽（厘米）	棺高（厘米）		数量	葬式及保存状况	性别	年龄			
98	长方形土坑竖穴墓,斜壁,平底	300×220－250	228	134	40	184	90	18	280°	1	保存较好,仰身直肢,双手交叉放于腹部			贝10		
99	长方形土坑竖穴墓,斜壁,平底	365×280－610	254	86－95	105	103	95	24	290°	1	保存较好,仰身直肢,双手交叉放于腹部			贝6		
100	长方形土坑竖穴,斜壁,口大底小,平底,一棺一椁	380×280－560	276	154－168	92	226	110	54	295°	1	仰身直肢,双手置于腹部,面朝北			贝13		
101	长方形土坑竖穴墓,直壁,平底	260×164－300	240	132－148	60	204	90	10	290°	1	保存较差,仰身直肢,双手交叉放于腹部	男	35－40			
102	长方形土坑竖穴墓,斜壁,平底	300×200－510	232	115－120	30	200	80－88	10	290°	1	保存较好,仰身直肢,双手交叉放于腹部	男	40±			
103	长方形土坑竖穴墓,斜壁,口大底小,平底。中西部有一圆形盗洞	260×160－300				210	96	40	290	1	直肢葬,人骨上,保存较差,上身仅余杔痕,下肢保存较好					
104	长方形土坑竖穴墓,斜壁,平底	380×260－320	280	160	60	224	108－124	12	290°	1	保存较好,仰身直肢,双手交叉放于腹部			鬲1、盂4、豆2、罐4	春秋晚期晚段	被盗
105	长方形土坑竖穴墓,斜壁,平底	450×360－480	320	240	140	224	120	24	290°	1	保存较好,仰身直肢,双手交叉放于腹部			贝22		

续表

墓号	墓葬结构		葬具及保存状况						墓向	人骨及保存状况				随葬品	时代	其他
	形制	墓口尺寸与深度（长×宽－深）厘米	椁长（厘米）	椁宽（厘米）	椁高（厘米）	棺长（厘米）	棺宽（厘米）	棺高（厘米）		数量	葬式及保存状况	性别	年龄			
106	长方形土坑竖穴，斜壁，口大底小，平底，一棺	260×196—500	220	132	60	204	70—76	20	280°	1	仰身直肢，双手置于腹部，面朝上	男	50±			
107	长方形土坑竖穴，直壁，平底，一棺一椁	300×160—140	252	118	56	180	80—84	18	280°	1	朽朽不存			鬲4、盂4、豆4、罐4、蚌圭1	春秋早期早段	
108	长方形土坑竖穴墓，直壁，平底	316×180—100	258	134	54	184	94	18	280°	1	保存较差，仰身直肢	女?	40—45	鬲4、盂4、豆4、罐4、贝15	春秋早期早段	
109	长方形土坑竖穴墓，直壁，平底	270×132—220				218	92	10	280°	1	人骨保存差，仅余部分肢骨					
110	长方形土坑竖穴墓，直壁，平底	310×210—540				242	112—118	30	290°	1	仰身直肢，双手置于腹部，面朝上	男	50—55			
111	长方形土坑竖穴墓，直壁，平底	280×144—250	251	104—109	35	142	73	10	280°	1	保存较差，仰身直肢，双手放于腹部	男	55±	鬲4、盂4、豆2、罐4	春秋中期晚段	
112	长方形土坑竖穴墓，直壁，平底	270×130—270				228	95	18	290°	1	仰身直肢，双手置于腹部，面朝上					
113	长方形土坑竖穴墓，直壁，平底	250×128—110				188	86	10	280°	1	仰身直肢，双手置于腹部，面朝上			鬲1、陶饰件1、铜饰件1	战国中期早段	

续表

墓号	墓葬结构		葬具及保存状况						墓向	人骨及保存状况				随葬品	时代	其他
	形制	墓口尺寸与深度(长×宽-深)/厘米	椁长(厘米)	椁宽(厘米)	椁高(厘米)	棺长(厘米)	棺宽(厘米)	棺高(厘米)		数量	葬式及保存状况	性别	年龄			
114	长方形土坑竖穴、斜壁、口大底小、平底、一棺一椁	300×240-460	235	120	60	192	78-84	18	280°	1	仰身直肢，双手置于腹部，面朝北	男	35±	鼎1、盖豆1、壶1	战国中期中晚段	
115	长方形土坑竖穴、直壁、平底、一棺一椁	296×144-300	266	128	30	200	96	8	280°	1	直肢葬，已朽坏，仅余残痕			鬲4、盂4、罐4	春秋中期早段	
116	长方形土坑竖穴墓、直壁、平底	255×140-400				216	92-98	50	285°	1	仰身曲肢，保存较差，仅余朽灰			鬲2、盂2、豆2、罐2、贝11、骨簪1	春秋中期中晚段	
117	长方形土坑竖穴墓、直壁、平底	286×126-155				228	114	25	290°	1	仰身直肢，双手置于腹部，面朝上	男	40±			
118	长方形土坑竖穴墓、直壁、平底	245×130-80				222	94	10	290°	1	仰身直肢，上身保存差，下肢保存较好	女	35-40			
119	长方形土坑竖穴、直壁、平底、一棺一椁	360×180-120	300	132	20	202	86	8	290°	1	仰身直肢，面朝上，上身保存较差	男?	40±	鬲4、盂4、豆4、罐3、蚌壳若干	西周晚期早段	
120	长方形土坑竖穴墓、斜壁、平底	270×204-370				220	108-120	70	270°	1	保存较好，仰身直肢，双手放于腹部	男	60±			
121	长方形土坑竖穴墓、直壁、平底	305×160-230				254	96	50	280°	1	保存较好，仰身曲肢，双手交叉放于腹部			罐1	春秋中期中晚段	被M113打破

续表

墓号	墓葬结构 形制	墓口尺寸与深度(长×宽-深)厘米	椁长(厘米)	椁宽(厘米)	椁高(厘米)	棺长(厘米)	棺宽(厘米)	棺高(厘米)	墓向	数量	葬式及保存状况	性别	年龄	随葬品	时代	其他
122	长方形土坑竖穴墓,直壁,平底	260×160-165				231	92	21	280°	1	仰身直肢,双手置于腹部,面朝上	男	60±	模型明器1套		
123	长方形土坑竖穴,直壁,平底,一棺一椁	340×190-360	282	144	50	204	82	20	290°	1	仰身直肢,双手置于腹部,面朝北			贝9		
124	长方形土坑竖穴,斜壁,口大底小,平底,一棺一椁	286×170-380	234	124	60	192	88	32	280°	1	仰身直肢,双手置于腹部,面朝上					
125	长方形土坑竖穴墓,直壁,平底	226×136-240				196	84-90	40	90°	1	仅存骨灰					
126	长方形土坑竖穴墓,斜壁,平底	234×148-226				204	92-104	35	280°	1	保存较差,仅存部分人骨					
127	长方形土坑竖穴墓,直壁,平底	264×134-170				214	100-106	60	280°	1	保存较好,仰身直肢,双手交叉于腹部			鬲1、盂1、豆2、罐1	春秋中期晚段	
128	长方形土坑竖穴,直壁,平底,一棺一椁	290×172-250	262	126-134	50	192	72	10	260°	1	直肢葬,已朽坏,仅余残痕			鬲4、盂4、罐4、模型明器1、贝11	春秋中期早段	
129	长方形土坑竖穴墓,直壁,平底	218×110-100				196*	92	20	290°	1	保存较好,仰身直肢,双手放于腹部	女	40-45			

续表

墓号	墓葬结构		葬具及保存状况						墓向	人骨及保存状况				随葬品	时代	其他
	形制	墓口尺寸与深度(长×宽-深)厘米	椁长(厘米)	椁宽(厘米)	椁高(厘米)	棺长(厘米)	棺宽(厘米)	棺高(厘米)		数量	葬式及保存状况	性别	年龄			
130	梯形土坑竖穴墓，直壁，平底，墓底西端有一方形头坑	300×152-160-326	260	128	56	203	74-84	36	270°	1	人骨腐朽仅存骨灰			鬲4、盂4、豆4、罐4	春秋早期晚段	
131	长方形土坑竖穴墓，直壁，平底	225×112-130				207	99	30	290°	1	保存较好，仰身曲肢，双手放于腹部	男	60±			
132	长方形土坑竖穴，斜壁，口大底小，平底，一椁一棺	290×230-250	236	154-170	60	186	66-74	10	290°	1	仰身直肢，双手置于腹部，面朝上			鼎1、盖豆1、壶1	战国中期早段	
133	长方形土坑竖穴，直壁，平底，一椁一棺	252×148-350	218	132	40	122	100-102	20	285°	1	仰身直肢，面朝上，肢骨保存较差					被M132打破
134	长方形土坑竖穴墓，斜壁，平底	273×178-310				224	118	50	290°	1	保存较好，仰身直肢，双手放于腹部	男	40-45			
135	长方形土坑竖穴墓，直壁，平底	240×130-220				220	102	58	290°	1	保存较好，仰身直肢，双手交叉放于腹部					
136	长方形空心砖墓，直壁，平底	254×144-130	118		88				270°	1	仰身直肢，人骨保存较差					
137	长方形空心砖墓，直壁，平底	250×126-110	116		66				280°	1	人骨不存					墓向依据整个墓地状况而定

墓号	墓葬结构		葬具及保存状况						墓向	人骨及保存状况				随葬品	时代	其他
	形制	墓口尺寸与深度(长×宽×深/厘米)	椁长(厘米)	椁宽(厘米)	椁高(厘米)	棺长(厘米)	棺宽(厘米)	棺高(厘米)		数量	葬式及保存状况	性别	年龄			
138	长方形空心砖墓,直壁,平底	278×133-130	266	122	73				290°	1	仰身直肢,双手置于腹部,面朝北	男	40±	玉饰1		
139	长方形土坑竖穴墓,直壁,平底	220×140-120							280°							被M136打破,且被盗,墓向根据整个墓地状况而定
140	长方形土坑竖穴,斜壁,口大底小,平底,一棺	310×240-280				186	110	30	285°	1	朽坏不存					
141	长方形土坑竖穴墓,直壁,平底	228×112-110				210	85	30	290°	1	保存较好,仰身直肢,双手放于腹部					
142	长方形土坑竖穴,直壁,平底,一棺一椁	260×140-310	208	110-115	30	176	76-82	10	270°	1	仰身直肢,上身保存差,下肢骨保存较好					
143	长方形土坑竖穴墓,直壁,平底	250×130-154				221	100	44	280°	1	保存较差,仅存头骨和部分下肢骨			高4、盂4、豆4、罐4、模型明器1套、蚌壳1	春秋中期早段	被M141打破
144	长方形土坑竖穴墓,直壁,平底	255×130-240				212	96-100	45	280°	1	保存较差,仅存头骨和下肢骨,直肢					

墓号	墓葬结构		葬具及保存状况						墓向	人骨及保存状况				随葬品	时代	其他
	形制	墓口尺寸与深度(长×宽-深)厘米	椁长(厘米)	椁宽(厘米)	椁高(厘米)	棺长(厘米)	棺宽(厘米)	棺高(厘米)		数量	葬式及保存状况	性别	年龄			
145	长方形空心砖墓,直壁,平底	252×120-110	242	116	80				280°	1	仰身直肢,面朝南,上肢保存较差					
146	长方形土坑竖穴墓,直壁,平底	250×130-120							280°							两次被盗。墓向根据整个墓地状况而定
147	长方形土坑竖穴墓,直壁,平底	260×154-260				224	114	60	280°	1	保存较差,仰身直肢	?	成年			被M145、M146打破
148	长方形土坑竖穴墓,直壁,平底	230×140-154				216	110	34	290°	1	仅存下肢骨,直肢					被盗
149	长方形土坑竖穴,斜壁,口大底小,平底,一棺一椁	310×210-400	234	144	56	176	78	16	285°	1	仰身直肢,双手置于腹部,面朝上			鬲2、盂2、罐2	春秋晚期早段	被M148打破
150	长方形土坑竖穴墓,直壁,平底	240×170-250							280°							墓向依据整个墓地状况而定
151	长方形空心砖墓,直壁,平底	278×130-146	270	122	96				280°	1	仰身直肢,双手置于腹部,面朝上	男	45±	铜带钩1		
152	长方形土坑竖穴墓,斜壁,平底	332×220-440	276	140-144	54	190	72-80	10	290°	1	保存较好,仰身直肢,双手交叉放于腹部			鬲4、盂5、豆2、罐4、模型明器1,贝7	春秋晚期早段	被M151打破

续表

墓号	墓葬结构		葬具及保存状况						墓向	人骨及保存状况				随葬品	时代	其他
	形制	墓口尺寸与埋深(长×宽×深)厘米	椁长(厘米)	椁宽(厘米)	椁高(厘米)	棺长(厘米)	棺宽(厘米)	棺高(厘米)		数量	葬式及保存状况	性别	年龄			
153	长方形土坑竖穴墓,斜壁,口大底小,平底	250×120-160				202	74	30	280°	1	仰身直肢,双手置于腹部,面朝上	男	25-30			
154	长方形土坑竖穴墓,直壁,平底	250×130-200				214	94	62	290°	1	仰身直肢,双手置于腹部,面朝上	男?	成年			
155	梯形土坑竖穴墓,直壁,平底	275×140-154-250				250	120	10	280°	1	仰身直肢,双手置于腹部,面朝上					
156	长方形土坑竖穴墓,直壁,平底	230×140-230				200	112	65	285°	1	人骨保存差,仅余朽痕					
157	长方形土坑竖穴墓,直壁,平底	238×144-260	216	114	56	196	85	20	300°	1	保存较差,仅存头骨和部分肢骨,直肢					
158	长方形土坑竖穴墓,斜壁,口大底小,平底	284×186-300				232	132	55	290°	1	直肢葬,人骨保存差,仅余朽痕			鬲2、盂3、模型明器1,贝7	战国早期早段	
159	长方形土坑竖穴,斜壁,口大底小,平底,一棺一椁	324×200-414	276	152	55	192	112-116	10	290°	1	仰身直肢,双手置于腹部,面朝北			鬲4、盂4、豆2、罐4	春秋晚期早段	
160	长方形土坑竖穴墓,直壁,平底	288×150-275				256	118	35	270°	1	直肢葬,上身保存差,下肢保存较好			鬲3、盂4、豆3、罐4、模型明器1套	春秋中期早段	

墓号	墓葬结构		葬具及保存状况						墓向	人骨及保存状况				随葬品	时代	其他
	形制	墓口尺寸与深度（长×宽×深）厘米	椁长（厘米）	椁宽（厘米）	椁高（厘米）	棺长（厘米）	棺宽（厘米）	棺高（厘米）		数量	葬式及保存状况	性别	年龄			
161	长方形土坑竖穴墓，直壁，平底	280×140—340				252	114—120	30	280°	1	仰身直肢，双手置于腹部，面朝北	女	50±			
162	长方形土坑竖穴墓，直壁，平底	230×130—210				200	96	56	290°	1	仰身直肢，双手置于腹部，面朝上	男	35±			
163	长方形土坑竖穴墓，斜壁，平底	330×280—540	258	158—166	90	190	98—106	16	280°	1	保存较差，仅存部分人骨			鬲4、盂4、罐4、模型明器1	战国早期早段	
164	长方形土坑竖穴墓，斜壁，口大底小，平底	320×200—280	264	146	40	245	140	50	290°	1	人骨不存					墓向依据墓地整个墓状况而定
165	长方形土坑竖穴墓，直壁，平底	330×180—240				196	92—100	16	280°	1	保存较差，仅存部分下肢骨			鬲4、盂4、豆2、罐4、模型明器1套	春秋中期晚段	
166	长方形土坑竖穴墓，直壁，平底	246×120—240				214	90	20	280°	1	人骨保存差，仅余残痕			铜带钩2		
167	长方形土坑竖穴，斜壁，口大底小，平底，一棺一椁	340×260—400	260	180	80	200	116	40	285°	1	人骨坏不存					墓向依据墓地整个墓状况而定
168	长方形土坑竖穴墓，直壁，平底	242×104—130				210	82	30	290°	1	人骨保存差，仅余残痕					

续表

| 墓号 | 墓葬结构 | | 葬具及保存状况 | | | | | | | 墓向 | 人骨及保存状况 | | | | | 随葬品 | 时代 | 其他 |
	形制	墓口尺寸与深度(长×宽—深)/厘米	椁长(厘米)	椁宽(厘米)	椁高(厘米)	棺长(厘米)	棺宽(厘米)	棺高(厘米)			数量	葬式及保存状况	性别	年龄				
169	长方形土坑竖穴墓,斜壁,平底	300×220—570	232	145	70	201	98	30	295°	1	保存较好,仰身直肢,双手交叉于腹部	女	45—50			
170	长方形土坑竖穴墓,直壁,平底	245×110—110				210	80	20	285°	1	仰身葬,下肢一曲一直,双手置于腹部,面朝南					
171	长方形土坑竖穴墓,直壁,平底	210×109—130				196	76	30	270°	1	保存较好,仰身直肢,双手交叉于腹部	女	55—60			
172	长方形土坑竖穴墓,直壁,平底	250×210—200				220	80	40	285°	1	仰身直肢,双手置于腹部,面朝上	男	40—45			
173	长方形土坑竖穴墓,直壁,平底	250×140—210				220	100	40	275°	1	仰身直肢,人骨保存差,仅余朽痕					
174	长方形土坑竖穴墓,斜壁,平底	320×208—370	268	140—150	46	202	78—80	10	290°	1	保存较差,仰身直肢,双手交叉于腹部			鬲4、盂4、豆4、罐4	春秋中期晚段	
175	长方形,直壁,平底,一椁一棺	275×160—250	246	132—136	46	182	74	12	280°	1	仰身直肢,双手置于腹部,面朝上			鬲4、盂4、豆4、罐4	春秋晚期早段	
176	长方形土坑竖穴墓,直壁,平底	240×126—260				215	108	40	295°	1	人骨保存差,仅余朽痕			陶两1		

续表

墓号	墓葬结构		葬具及保存状况							人骨及保存状况				随葬品	时代	其他
	形制	墓口尺寸与深度(长×宽)墓-深)厘米	椁长(厘米)	椁宽(厘米)	椁高(厘米)	棺长(厘米)	棺宽(厘米)	棺高(厘米)	墓向	数量	葬式及保存状况	性别	年龄			
177	长方形土坑竖穴墓,直壁,平底	255×160—140				212	90—96	10	290°	1	仰身直肢,面朝北,上身保存差,下肢保存较好					
178	长方形土坑竖穴墓,直壁,平底	246×120—194				216	79	14	285°	1	直肢葬,上身保存差,下肢保存较好					
179	长方形土坑竖穴墓,直壁,平底,一棺一椁	300×180—230	274	118—126	36	206	78	10	270°	1	直肢葬,保存较差,仅余朽灰			鬲4、盂4、豆4、罐4、模型明器1套,蚌壳若干	春秋早期晚段	
180	长方形土坑竖穴墓,直壁,平底,一棺	270×140—340	244	121	62	180	83	10	260°	1	保存较差,仰身直肢			鬲4、盂4、豆4、罐4、贝15,蚌壳若干	春秋中期早段	
181	长方形土坑竖穴墓,直壁,平底,一棺一椁	230×136—330	210	124	80	178	92	30	275°	1	保存差,仅余残痕					
182	长方形土坑竖穴墓,斜壁,平底	324×248—500	248	144	52	192	88	10	280°	1	保存较差,仰身直肢,双手交叉放于腹部			鬲2、盂2、罐2、贝11	春秋晚期晚段	
183	长方形土坑竖穴墓,斜壁,平底	320×160—370	270	118	48	192	80	10	280°		仅存骨灰			鬲3、盂2、豆2、罐3、模型明器1套	春秋中期晚段	

新郑天利两周墓地

续表

墓号	墓葬结构		葬具及保存状况						墓向	人骨及保存状况				随葬品	时代	其他
	形制	墓口尺寸与深度(长×宽-深)/厘米	椁长(厘米)	椁宽(厘米)	椁高(厘米)	棺长(厘米)	棺宽(厘米)	棺高(厘米)		数量	葬式及保存状况	性别	年龄			
184	长方形土坑竖穴,直壁,平底,一棺一椁	300×164-320	264	144-152	44	202	74-84	22	280°	1	直肢葬,人骨保存较差,仅余朽痕			鬲4、盂4、豆4、罐4、蚌壳1	春秋中期早段	
185	长方形土坑竖穴墓,直壁,平底	280×120-250				240	86-102	60	295°	1	仰身直肢,人骨保存差			鬲2、盂2、豆2	春秋中期晚段	
186	长方形土坑竖穴墓,直壁,平底	295×170-290	256	110	50	183	66-78	9	290°	1	保存较差,仰身直肢,双手放于腹部			鬲2、盂2、豆2、罐1、模型明器1套	春秋晚期早段	
187	梯形土坑竖穴墓,直壁,平底	245×106-116-126				192	91	40	290°	1	仰身直肢,上身保存差,下肢保存较好			鬲2、盂2、豆2、罐2	春秋中期早段	
188	长方形空心砖墓,直壁,平底	258×120-126	258	120	76				285°	1	直肢葬,上身保存较差,下肢保存较好	男?	成年			
189	长方形土坑竖穴墓,直壁,平底	247×130-200	216	112	50	180	72	20	280°	1	仅存骨灰					
190	长方形土坑竖穴墓,斜壁,平底	326×184-450	284	134	60	206	84-90	20	285°	1	仅存骨灰			鬲4、盂4、豆4、罐4	春秋中期晚段	
191	长方形土坑竖穴墓,直壁,平底	250×110-280				216	100	20	300°	1	保存较好,仰身直肢,双手交叉放于腹部	女	50±	鬲4、豆2、罐2	春秋早期早段	
192	长方形土坑竖穴,口大底小,斜壁,平底,一棺一椁	302×232-620	240	162	80	196	80-84	40	290°	1	仰身直肢,双手置于腹部,面朝南					

续表

墓号	墓葬结构		葬具及保存状况						墓向	人骨及保存状况				随葬品	时代	其他
	形制	墓口尺寸与深度(长×宽-深)厘米	椁长(厘米)	椁宽(厘米)	椁高(厘米)	棺长(厘米)	棺宽(厘米)	棺高(厘米)		数量	葬式及保存状况	性别	年龄			
193	长方形土坑竖穴, 斜壁, 口大底小, 平底, 一棺一椁	302×232-660	242	154	74	212	122	34	285°	1	朽坏不存					被盗
194	长方形土坑竖穴墓, 斜壁, 平底, 中部有一椭圆形盗洞	280×192-680	220	140	68	190	100	18	290°		不存					被盗
195	长方形土坑竖穴墓, 直壁, 平底	260×120-220				236	92	58	280°	1	仰身直肢, 双手置于腹部, 面朝上	男	30-35			
196	长方形土坑竖穴墓, 斜壁, 平底	310×240-540	244	150	12	208	92	12	280°	1	保存较好, 仰身直肢, 双手交叉放于腹部	男	55±			
197	长方形土坑竖穴墓, 直壁, 平底	250×120-240				214	100	30	290°	1	仰身直肢, 双手置于腹部, 面朝北	女	45±			
198	长方形土坑竖穴墓, 直壁, 平底	280×150-260				240	108	58	280°	1	仰身直肢, 双手置于腹部, 面朝上					
199	长方形土坑竖穴墓, 斜壁, 平底	300×240-580	246	156	36	183	106	16	280°	1	保存较差, 仰身直肢, 双手放于腹部	女	45-50	贝6		
200	长方形土坑竖穴墓, 斜壁, 平底	280×180-360	212	132	38	186	104	16	280°	1	保存较差, 仰身直肢					被M188打破

续表

墓号	墓葬结构		葬具及保存状况						墓向	人骨及保存状况				随葬品	时代	其他
	形制	墓口尺寸与深度（长×宽－深）厘米	椁长（厘米）	椁宽（厘米）	椁高（厘米）	棺长（厘米）	棺宽（厘米）	棺高（厘米）		数量	葬式及保存状况	性别	年龄			
201	长方形土坑竖穴墓,直壁,平底	235×132－350				216	117	60	280°	1	仰身直肢,面朝南,上身保存较差					
202	长方形土坑竖穴墓,直壁,平底	250×110－190				228	88	20	290°	1	人骨保存差,仅余朽灰					
203	长方形土坑竖穴墓,直壁,平底	210×110－140				204	88	20	290°	1	仰身直肢,双手置于腹部,面朝北	男	45－50			
204	长方形土坑竖穴墓,口大底小,平底	260×146－440				214	100	40	280°	1	仰身直肢,面朝南,上身保存较差					
205	长方形土坑竖穴墓,直壁,平底	282×156－600	264	130－138	66	192	94－106	24	280°	1	保存较差,仰身直肢			鬲4、盂4、罐4	春秋晚期早段	
206	长方形土坑竖穴墓,口大底小,平底	270×180－420				220	110	50	280°	1	直肢葬,人骨保存较差,仅余朽灰					
207	长方形土坑竖穴墓,直壁,平底	270×160－380	243	123	56	190	72	18	285°	1	保存较差,仰身直肢,双手交叉放于胸部			鬲3、盂4、罐4	春秋中期晚段	被M206打破
208	长方形土坑竖穴墓,斜壁,中部一圆形盗洞,平底	320×252－660	212	125	40	184	82	20	280°		不存					被盗

续表

墓号	墓葬结构		葬具及保存状况						墓向	人骨及保存状况				随葬品	时代	其他
	形制	墓口尺寸与深度(长×宽-深)厘米	椁长(厘米)	椁宽(厘米)	椁高(厘米)	棺长(厘米)	棺宽(厘米)	棺高(厘米)		数量	葬式及保存状况	性别	年龄			
209	长方形土坑竖穴墓，斜壁，平底	325×220-500	230	130	60	187	87-96	26	289°	1	保存较好，仰身直肢，双手交叉放于腹部	男	50±			
210	长方形土坑竖穴墓，直壁，平底，中部有一圆形盗洞	230×165-430	200	140	60	164	92	26	280°		不存					被盗
211	长方形土坑竖穴，斜壁，口大底小，平底，一棺一椁	315×180-380	263	129	60	216	86-90	16	280°	1	仰身曲肢，上身保存较差，下肢保存较好			贝2		
212	长方形土坑竖穴墓，直壁，平底	230×112-100				206	89	10	280°	1	仰身直肢，双手置于腹部，面朝上	男?	25±			
213	长方形土坑竖穴墓，平底	236×130-394				212	100	44	295°	1	仰身直肢，双手置于腹部，面朝上					
214	长方形土坑竖穴墓，斜壁，口大底小，平底	260×140-300				218	96	50	290°	1	仰身直肢，上身保存较差，下肢保存较好			鬲2、盂2、罐2、模型明器1套	春秋晚期晚段	
215	长方形土坑竖穴墓，斜壁，口大底小，平底	270×210-480				208	108	40	285°	1	人骨保存差，仅余头骨朽灰					
216	长方形土坑竖穴墓，直壁，平底	235×116-260				190	80	20	275°	1	直肢葬，上身保存差，下肢保存较好					

续表

墓号	墓葬结构		葬具及保存状况						墓向	人骨及保存状况				随葬品	时代	其他
	形制	墓口尺寸与深度（长×宽-深）厘米	椁长（厘米）	椁宽（厘米）	椁高（厘米）	棺长（厘米）	棺宽（厘米）	棺高（厘米）		数量	葬式及保存状况	性别	年龄			
217	长方形土坑竖穴墓，口大底小，平底	280×210-310				238	136	60	290°	1	直肢葬，人骨保存差，仅余朽痕					
218	长方形土坑竖穴墓，斜壁，平底	292×172-410	244	124	32	210	84	20	280°	1	保存较差，仰身直肢，双手交叉放于腹部					
219	长方形土坑竖穴墓，斜壁，平底	300×160-450	264	124	64	200	80	20	280°	1	保存较差，仰身直肢，双手放于腹部			鬲1、盂2、豆2、罐1	春秋晚期早段	
220	长方形土坑竖穴墓，直壁，平底	250×140-340	226	124	36	196	94	18	295°	1	保存较差，仰身直肢，双手交叉放于腹部	女	55-60			
221	长方形土坑竖穴墓，直壁，平底	242×144-380	220	122	26				285°	1	直肢葬，人骨保存差，仅余部分肢骨					
222	长方形土坑竖穴墓，斜壁，平底	346×260-640	248	160	75	194	82-94	26	295°	1	保存较好，仰身直肢，双手放于腹部	男	30±			
223	长方形土坑竖穴墓，直壁，平底	310×170-480	278	136	50	212	100	16	285°	1	保存较好，仰身直肢，双手放于腹部	女？	50-55	鬲4、盂1、罐3、模型明器1套、贝6	春秋晚期早段	
224	长方形土坑竖穴，斜壁，口大底小，平底，一棺一椁	338×252-580	240	152	80	198	92-106	40	295°	1	仰身直肢，双手置于腹部，面朝北	男	40-45	贝10		

续表

墓号	墓葬结构		葬具及保存状况						墓向	人骨及保存状况				随葬品	时代	其他
	形制	墓口尺寸与深度(长×宽-深)厘米	椁长(厘米)	椁宽(厘米)	椁高(厘米)	棺长(厘米)	棺宽(厘米)	棺高(厘米)		数量	葬式及保存状况	性别	年龄			
225	长方形土坑竖穴墓,直壁,平底	255×124-260				222	103	30	295°	1	直肢葬,人骨保存较差,仅余朽痕					
226	长方形土坑竖穴墓,直壁,平底	220×88-220							295°	1	仰身直肢,双手置于腹部,面朝北	女?	25±			
227	长方形土坑竖穴墓,斜壁,平底	325×240-420	264	184	80	222	122	36	300°	1	保存较差,仅存部分肢骨,直肢			贝14		
228	长方形土坑竖穴墓,斜壁,平底	342×212-460	270	158	76	208	112	30	280°	1	保存较差,仰身直肢			鬲4、盂4、豆2、罐1	春秋晚期早段	
229	长方形土坑竖穴,斜壁,口大底小,平底,一棺一椁	286×176-420	226	112	58	178	70-74	8	280°	1	仰身直肢,上身保存差,下肢骨保存较好			鬲1、盂1、豆2、罐2	春秋晚期早段	
230	长方形土坑竖穴墓,斜壁,口大底小,平底	250×140-280	210	108	46				285°	1	仰身直肢,上身保存差,下肢骨保存较好	男?	成年			
231	长方形土坑竖穴,直壁,平底,一棺一椁	270×140-320	240	110-115	40	200	64-74	12	310°	1	仰身直肢,双手置于腹部,面朝上			鬲1、盂2、豆3、罐2、贝16	春秋晚期晚段	
232	长方形土坑竖穴,直壁,平底,一棺一椁	280×124-240	264	110	36	208	72	16	270°	1	仰身直肢,上身保存较差,下肢保存较好			鬲2、盂2、豆2、罐2	春秋早期晚段	被M231打破

续表

墓号	墓葬结构		葬具及保存状况						墓向	人骨及保存状况				随葬品	时代	其他
	形制	墓口尺寸与深度(长×宽-深)/厘米	椁长(厘米)	椁宽(厘米)	椁高(厘米)	棺长(厘米)	棺宽(厘米)	棺高(厘米)		数量	葬式及保存状况	性别	年龄			
233	长方形土坑竖穴墓,直壁,平底	270×136-290				220	88-96	34	290°	1	仰身直肢,双手置于腹部,面朝南	男	50±			
234	长方形土坑竖穴墓,直壁,平底	220×86-120				194	68	10	295°	1	仰身直肢,双手置于腹部,面朝北					
235	长方形土坑竖穴墓,直壁,平底	240×140-200				196	74	10	280°	1	仰身直肢,双手置于腹部,面朝上					
236	长方形土坑竖穴墓,斜壁,口大底小,平底	271×190-460				202	110	36	300°	1	仰身直肢,双手置于腹部,面朝上	女	35±			被M235打破
237	长方形土坑竖穴墓,直壁,平底	290×172-460	266	148	46	186	100	15	285°	1	保存极差,仅存部分肢骨,仰身直肢			鬲4、盂4、豆2、罐4、贝10	春秋中期晚段	
238	长方形土坑竖穴墓,斜壁,平底	300×210-560	226	132	80	184	86	30	290°	1	保存较差,仰身直肢,双手放于腹部	女	55±			
239	梯形土坑竖穴墓,直壁,平底	226×(80~90)-120				212	72-76	20	270°	1	仰身直肢,双手置于腹部,面朝北					
240	长方形土坑竖穴,斜壁,口大底小,平底,一棺一椁	340×200-350	276	132-140	50	202	88	16	295°	1	直肢葬,上身保存差,下肢骨保存较好			鬲4、盂4、罐4	春秋晚期早段	

墓号	墓葬结构		葬具及保存状况						墓向	人骨及保存状况				随葬品	时代	其他
	形制	墓口尺寸与深度(长×宽-深)/厘米	椁长(厘米)	椁宽(厘米)	椁高(厘米)	棺长(厘米)	棺宽(厘米)	棺高(厘米)		数量	葬式及保存状况	性别	年龄			
241	长方形土坑竖穴, 斜壁, 口大底小, 平底, 一棺一椁	340×228-500	280	152	86	198	100—104	8	280°	1	仰身直肢, 上身保存较差			鬲4, 盂4, 罐4	春秋中期晚段	
242	长方形土坑竖穴, 直壁, 平底, 一棺一椁	280×140-140	262	112	26	192	66—72	20	287°	1	保存差, 仅余残痕			鬲4, 盂4, 豆4	春秋早期早段	
243	长方形土坑竖穴墓, 斜壁, 平底	300×210-460	222	133	40	177	82—94	12	275°	1	保存较差, 侧身屈肢, 双手交叉放于腹部	女	50-55			
244	长方形土坑竖穴墓, 直壁, 平底	295×144-380				260	112—118	32	295°	1	仰身直肢, 双手置于腹部, 面朝北	男	60+	鬲2, 盂2, 罐2	春秋中期晚段	
245	长方形土坑竖穴墓, 直壁, 平底	280×160-240	252	120	50	182	78	16	290°	1	仅存骨灰					
246	长方形土坑竖穴, 斜壁, 口大底小, 平底, 一棺一椁	280×160-300	240	122	70	180	86—96	24	290°	1	仰身直肢, 双手置于腹部, 上身保存较差			鬲2, 盂2, 豆2, 罐2, 模型明器1	春秋中期晚段	
247	长方形土坑竖穴墓, 直壁, 平底	242×120-310				228	92	40	290°	1	直肢葬, 人骨保存差, 仅余朽痕					
248	长方形土坑竖穴墓, 直壁, 平底	240×130-360				220	106	30	295°	1	直肢葬, 上身保存差, 下肢保存较好					
249	长方形土坑竖穴墓, 直壁, 平底	240×130-280				202	96	30	300°	1	人骨保存差, 仅余朽痕					

续表

墓号	墓葬结构		葬具及保存状况						墓向	人骨及保存状况				随葬品	时代	其他
	形制	墓口尺寸与深度(长×宽-深)厘米	椁长(厘米)	椁宽(厘米)	椁高(厘米)	棺长(厘米)	棺宽(厘米)	棺高(厘米)		数量	葬式及保存状况	性别	年龄			
250	长方形土坑竖穴墓,直壁,平底	268×140-330				238	92	30	110°	1	仰身曲肢,上身保存差,下肢保存较好					
251	长方形土坑竖穴墓,直壁,平底	280×164-200				264	116	14	280°	1	仰身直肢,双手置于腹部,面朝上	女	60+	鬲4、盂4、豆4、罐4、贝7、玉贝15	西周晚期晚段	
252	长方形土坑竖穴墓,直壁,平底	350×185-260	290	144-150	60	230	90	16	290°	1	保存较好,仰身直肢,双手交叉放于腹部	男	40-45	鬲2、豆4、罐4、贝12	春秋早期早段	
253	长方形土坑竖穴墓,斜壁,平底	340×248-620	252	130	56	212	92-98	36	290°	1	保存较好,仰身直肢,双手交叉放于腹部	男	25-30	贝3		
254	长方形土坑竖穴墓,斜壁,平底	288×210-460	214	121-129	30	156	88	10	290°	1	保存较好,仰身直肢,双手交叉放于腹部					
255	长方形土坑竖穴墓,斜壁,口大底小,平底	260×176-320				220	108-116	40	295°	1	仰身直肢,双手置于腹部,面朝上					
256	长方形土坑竖穴墓,斜壁,平底	274×184-480	236	138	78	190	96	54	285°	1	保存较差,仰身直肢,双手交叉放于腹部	女	60+	贝5		
257	长方形土坑竖穴,斜壁,口大底小,平底,一棺一椁	300×210-460	234	136	70	198	88	36	280°	1	直肢葬,仅余下肢骨					

续表

墓号	墓葬结构		葬具及保存状况						墓向	人骨及保存状况				随葬品	时代	其他
	形制	墓口尺寸与深度(长×宽-深)(厘米)	椁长(厘米)	椁宽(厘米)	椁高(厘米)	棺长(厘米)	棺宽(厘米)	棺高(厘米)		数量	葬式及保存状况	性别	年龄			
258	长方形土坑竖穴墓,斜壁,口大底小,平底	270×180-390				208	120	50	280°	1	直肢葬,人骨保存差,仅余朽痕					
259	长方形土坑竖穴墓,直壁,平底	266×120-200				208	80	30	290°	1	仰身直肢,双手置于腹部,面朝上					
260	长方形土坑竖穴墓,直壁,平底	210×136-260				190	102	26	295°	1	仰身直肢,双手置于腹部,面朝北					
261	长方形土坑竖穴墓,斜壁,平底	265×208-526	212	124	44	192	78-82	10	285°		仅存骨灰					
262	长方形土坑竖穴墓,斜壁,口大底小,平底	240×160-420				202	104	40	290°	1	直肢葬,人骨保存差,仅余朽痕					
263	长方形土坑竖穴墓,斜壁,平底	338×280-640	234	158	84	202	86	14	295°		仅存骨灰					
264	长方形土坑竖穴墓,直壁,平底,一棺一椁	310×180-420	280	148	36	194	74-82	8	275°	1	直肢葬,已朽坏,仅余残痕			鬲4、盂4、豆2、罐4	春秋中期晚段	
265	长方形土坑竖穴墓,斜壁,口大底小,平底	272×140-290				246	92	10	295°	1	直肢葬,人骨保存差,仅余朽痕					
266	长方形土坑竖穴墓,斜壁,平底。中部偏西有一椭圆形盗洞	365×260-540	265	149	60	204	91	26	290°		不存					被盗

续表

墓号	墓葬结构		葬具及保存状况						墓向	人骨及保存状况				随葬品	时代	其他
	形制	墓口尺寸与深度(长×宽-深)厘米	椁长(厘米)	椁宽(厘米)	椁高(厘米)	棺长(厘米)	棺宽(厘米)	棺高(厘米)		数量	葬式及保存状况	性别	年龄			
267	长方形土坑竖穴墓，斜壁，平底	306×207-380	253	154	70	202	109	16	295°	1	保存较好，仰身曲肢，双手交叉放于腹部			贝10		
268	长方形土坑竖穴，斜壁，口大底小，平底，一棺	330×252-580	242	142	80	190	104	30	280°	1	仰身直肢，面朝上，肢骨保存较差	男	成年	贝10		
269	长方形土坑竖穴墓，斜壁，平底	332×220-480	268	163	66	202	100	24	290°	1	仅存骨灰			鬲2、盂2、豆2、罐2、铜带钩1	战国早期早段	
270	长方形土坑竖穴墓，直壁，平底	230×120-230				214	102-106	30	280°	1	仰身直肢，上身保存较差，下肢保存较好					
271	长方形土坑竖穴墓，直壁，平底	200×120-200				188	104	26	290°	1	直肢葬，仅余下肢朽痕					
272	长方形土坑竖穴墓，直壁，平底	230×114-240				208	86-90	26	290°	1	仰身直肢，上身保存较差，下肢保存较好	女?	50±	鬲2、盂2、罐1	春秋晚期晚段	
273	长方形土坑竖穴墓，直壁，平底	276×170-200	240	122-134	30	204	88-92	10	285°	1	仅存骨灰					
274	长方形土坑竖穴墓，直壁，平底	266×188-440				206	112	22	285°	1	人骨不存					被盗
275	长方形土坑竖穴，直壁，平底，一棺一椁	320×172-184	290	130-140	44	216	86-90	20	290°	1	保存较差，仅余残痕	男	55±	鬲4、盂4、豆2、罐4	两周晚期晚段	

续表

墓号	墓葬结构		葬具及保存状况						墓向	人骨及保存状况				随葬品	时代	其他
	形制	墓口尺寸与深度(长×宽-深)/厘米	椁长(厘米)	椁宽(厘米)	椁高(厘米)	棺长(厘米)	棺宽(厘米)	棺高(厘米)		数量	葬式及保存状况	性别	年龄			
276	长方形土坑竖穴墓,直壁,平底	275×172-200				244	130	20	280°	1	直肢葬,人骨保存较差,仅余下肢朽灰					
277	长方形土坑竖穴墓,斜壁,平底	316×228-470	232	142	50	204	102	10	280°	1	仅存部分下肢骨,直肢			玉圭1		
278	长方形土坑竖穴墓,斜壁,平底,西端有一圆形盗洞	280×220-360	213	134	40	174	78-84	16	285°		不存					被盗
279	长方形土坑竖穴墓,斜壁,平底	300×180-480	252	128	50	188	88	8	280°	1	仅存骨灰			鬲4、盂4、豆2、罐4	春秋中期晚段	
280	长方形土坑竖穴墓,直壁,平底	265×124-240	255	106	34	193	76	10	270°	1	保存较差,仰身直肢,双手交叉放于腹部	男	35-40	鬲2、盂2、豆2、罐2	春秋中期早段	
281	长方形土坑竖穴墓,斜壁,平底	338×248-650	224	134	66	168	68	8	280°	1	保存较差,仅存骨灰			铜璜8、玉觿1、玉环2、废玉料若干		
282	土坑竖穴,斜壁,口大底小,平底,一棺一椁	335×250-560	242	150	50	196	90	26	280°	1						被盗
283	土坑竖穴,斜壁,口大底小,平底,一棺一椁	290×180-580	232	126	62	198	90	20	280°	1	直肢葬,已朽坏,仅余残痕			鬲3、盂4、豆2、罐4、贝17	春秋中期晚段	

续表

墓号	墓形制	墓口尺寸与深度(长×宽—深)厘米	椁长(厘米)	椁宽(厘米)	椁高(厘米)	棺长(厘米)	棺宽(厘米)	棺高(厘米)	墓向	数量	葬式及保存状况	性别	年龄	随葬品	时代	其他
284	长方形土坑竖穴墓，直壁，平底	232×120—310	224	108	48	104	80	18	280°	1	保存较差，仰身直肢					
285	长方形土坑竖穴墓，斜壁，口大底小，平底	360×248—440	外:296 内:218	外:183 内:131	外:80 内:20	198	72—81	10	300°	1	仰身直肢，双手置于腹部，面朝南			陶鬲4、陶盂4、陶豆2、陶罐4	春秋晚期早段	
286	土坑竖穴，直壁，平底，一棺一椁	255×136—300	242	121	46	182	88	12	290°	1	仰身直肢，保存较差			鬲1、盂1、豆1、罐1	春秋晚期早段	
287	土坑竖穴，直壁，平底，一棺一椁	260×110—260	242	90	26	194	60—68	10	280°	1	仰身直肢，双手置于腹部，面朝南	男	45—50	鬲2、盂2、豆2、罐2	春秋中期早段	
288	长方形土坑竖穴墓，直壁，平底	256×148—310	246	137	50	202	96	10	280°	1	保存较差，仰身直肢，双手交叉放于腹部			贝1		
289	长方形土坑竖穴墓，直壁，平底	300×160—260	254	114	40	200	80	10	280°	1	保存较差，仅存部分肢骨，仰身直肢			鬲2、盂2、豆2、罐2	春秋晚期晚段	
290	土坑竖穴，斜壁，口大底小，平底，一棺	286×192—480	240	140	66	182	84	8	280°	1	仰身直肢，双手置于腹部，面朝北			鬲2、盂2、罐2	战国早期早段	
291	长方形土坑竖穴墓，直壁，平底	256×106—280				238	92	36	280°		保存较差，仅存部分下肢骨			鬲2、盂2、豆2、罐2	春秋早期晚段	
292	长方形土坑竖穴墓，直壁，平底，中部有一圆形盗洞	300×160—520	244	122	100	172	83	40	110°		不存			鬲2、盂2、罐1	春秋中期晚段	被盗

续表

墓号	墓葬结构		葬具及保存状况						墓向	人骨及保存状况				随葬品	时代	其他
	形制	墓口尺寸与深度（长×宽一深）厘米	椁长（厘米）	椁宽（厘米）	椁高（厘米）	棺长（厘米）	棺宽（厘米）	棺高（厘米）		数量	葬式及保存状况	性别	年龄			
293	长方形土坑竖穴墓，直壁，平底	270×126—185				206	91—95	14	295°	1	保存较好，仰身直肢，双手交叉放于腹部	男	35—40	鬲2、豆1、罐2	春秋早期晚段	
294	长方形土坑竖穴墓，斜壁，平底	290×145—400				225	98	10	300°	1	保存较好，仰身直肢，双手交叉放于腹部	男	35—40			
295	长方形土坑竖穴墓，直壁，平底	220×100—180				205	68	10	100°	1	保存较差，仅存部分人骨					
296	长方形土坑竖穴墓，斜壁，平底	280×200—520				217	113	40	300°	1	保存较差，仰身直肢，双手放于腹部			铜镞4		
297	长方形土坑竖穴墓，直壁，平底	235×96—240	218	84	30	184	64	8	300°	1	人骨保存较好，面向西，仰身直肢，双手交叉放于腹部	男	40—45		春秋晚期晚段	
298	长方形土坑竖穴墓，直壁，平底	232×90—160				216	82	26	270°	1	仅存骨灰			罐1		
299	长方形土坑竖穴墓，直壁，平底	282×140—160	265	120	25	224	80—85	16	290°	1	人骨保存较好，仰身直肢，双手交叉放于胸前	女?	45—50			
300	土坑竖穴，直壁，平底，一棺一椁	270×140—410	242	118	40	185	79	16	300°	1	仰身直肢，双手置于腹部，面朝上			鬲1、盂1、豆1、罐1	春秋中期晚段	

续表

墓号	墓葬结构		葬具及保存状况						墓向	人骨及保存状况				随葬品	时代	其他
	形制	墓口尺寸与深度(长×宽—深)厘米	椁长(厘米)	椁宽(厘米)	椁高(厘米)	棺长(厘米)	棺宽(厘米)	棺高(厘米)		数量	葬式及保存状况	性别	年龄			
301	土坑竖穴，直壁，平底，一棺一椁	296×156—420	268	130	56	184	76	8	290°	1	仰身直肢，双手置于腹部，面朝南			鬲4、盂4、豆4、罐4	春秋中期晚段	
302	土坑竖穴，直壁，平底，一棺一椁	300×180—300	236	116	46	178	66—74	4	290°	1	保存较差，仅余下肢骨的一部分			鬲1、盂2、罐2	春秋晚期早段	
303	长方形土坑竖穴墓，直壁，平底	234×112—180	222	101	20	180	66	8	300°	1	保存较完整，仰身直肢，双手交叉放于腹部	男	45—50			
304	土坑竖穴，直壁，平底，一棺一椁	310×168—480	270	120	48	210	82	20	285°	1	仰身直肢，双手置于腹部，面朝北			鬲4、盂4、豆4、罐4	春秋中期晚段	
305	土坑竖穴，直壁，平底，一棺一椁	266×136—280	236	100—106	40	184	72	20	280°	1	仰身直肢，上身保存差，下肢背保存较好					
306	长方形土坑竖穴墓，直壁，平底	240×100—220				224	82—85	20	295°	1	保存较好，仰身直肢，双手交叉放于腹部	男	40—45			
307	土坑竖穴，直壁，平底，一棺一椁	270×144—260	242	112	48	204	82	10	280°	1	仰身直肢，上身保存差，下肢背保存较好			鬲4、盂2、豆4、罐3	春秋早期晚段	
308	土坑竖穴，直壁，平底，一棺一椁	222×110—220	210	98	26	190	60—68	10	280°	1	仰身直肢，双手置于腹部，面朝南					

续表

墓号	墓葬结构		葬具及保存状况							人骨及保存状况				随葬品	时代	其他
	形制	墓口尺寸与深度(长×宽-深)厘米	椁长(厘米)	椁宽(厘米)	椁高(厘米)	棺长(厘米)	棺宽(厘米)	棺高(厘米)	墓向	数量	葬式及保存状况	性别	年龄			
309	长方形土坑竖穴墓,直壁,平底	260×110-200							290°							被M308打破,墓向依据整个墓地状况而定
310	长方形土坑竖穴墓,直壁,平底	246×154-220				234	120	10	285°	1	保存较差,仅存头骨和部分肢骨,直肢					
311	长方形土坑竖穴墓,直壁,平底	250×131-320				220	100	20	270°	1	保存较好,仰身下肢微曲,双手交叉放于腹部	男	55±			
312	长方形土坑竖穴墓,直壁,平底	260×136-250				230	98	30	290°	1	保存较差,仰身直肢					
313	长方形土坑竖穴墓,斜壁,平底	258×148-420				212	92	48	280°	1	保存较差,仰身直肢					

后　记

　　《新郑天利两周墓地》是河南省文物考古研究院新郑工作站为配合郑州天利食品厂的基本建设,于2012—2013年进行的考古发掘的最终报告,同时也是郑韩故城考古发掘与研究这一完整体系内的一个重要成果和组成部分。

　　虽然新郑工作站只是河南省文物考古研究院的一个派出机构,但是这里的考古工作始终得到了河南省文物局的高度关注和正确引导;新郑市委市政府等各级领导也尽最大努力给我们创造了良好的发掘环境;新郑市旅游和文物局作为我们最亲密的合作伙伴,甘愿以绿叶的身份无私奉献,无论是钻探发掘、外部协调,还是文物安全、日常管理,都给与了我们大力的支持;院里的领导和同事们也都在业务和生活等方面密切关心和热情支持着站里的工作。同时,还要感谢那些常年与我们一起并肩奋斗的民工朋友们,他们的默默付出是鼓励该书出版的最大动力。另外在这里,还要特别感谢郑州天利食品有限公司叶松清先生的鼎力相助和积极配合。

　　郑州天利两周墓地的发掘工作是2012年10月开始的,发掘领队为樊温泉,郭亮及新郑市旅游和文物局的沈小芳承担了发掘期间的摄影和测绘工作,郭松峰和贾蒙丽负责后勤管理工作,同时郭亮和郭松峰还肩负着考古工地的安全保卫工作。参加这次田野发掘的工作人员先后有蔡小红、游惠琴、石变、沈春荣、孙春玲等,武汉大学历史学院考古专业博士李龙俊参加了后期的发掘工作。

　　发掘过程中,我院科技考古研究室的孙蕾博士亲临工地对出土人骨进行现场鉴定,并在整理阶段对取样人骨做了全面的分析研究;我院科技考古研究室的蓝万里博士也多次到发掘现场做了腹土取样;发掘结束后,我院技术室的祝贺、任潇二位同事对墓地进行了航拍。

　　田野发掘结束后,我们就及时安排了墓地资料的整理工作。李龙俊、沈小芳参加了资料整理的全过程;出土青铜器的修复工作由左二香承担;出土陶器由贾蒙丽、王刘敏、李彩玲、高玉梅、王俊卫等负责修复;姜凤玲、陈伟芳完成了全部器物的绘图工作;沈新荣制作了报告中所需的拓片;陈伟芳负责全部文字和图片的电脑录入工作;祝贺对出土器物进行了拍照。

　　墓地出土的玉器由中国科学院上海光学精密机械研究所科技考古中心的董俊卿、刘松、赵虹霞、李青会等科技人员做了检测,我院科技考古研究室的胡永庆研究员也参加了检测工作。

　　我院科技考古研究室的周立刚博士对墓地出土的动物骨骼做了稳定碳氮同位素分析。

　　在《新郑天利两周墓地》即将付梓印刷之际,再次向一直关注及支持我们工作的各界人士表示感谢。

　　本报告由樊温泉、李龙俊、沈小芳执笔完成。

编　者
2018年4月

彩　版

1. M285

M285

1. M67

2. M96

M67 和 M96

1. M104

2. M107

M104和M107

1. M111

2. M114

M111和M114

1. M132 壁龛

2. M142

M132和M142

1. M174

2. M175

M174和M175

1. M179

2. M182

M179和M182

1. M183

2. M186

M183和M186

1. M190

2. M205

M190和M205

1. M231

2. M245

M231和M245

1. M264

2. M269

M264和M269

彩版一六

1. M279

2. M280

M279和M280

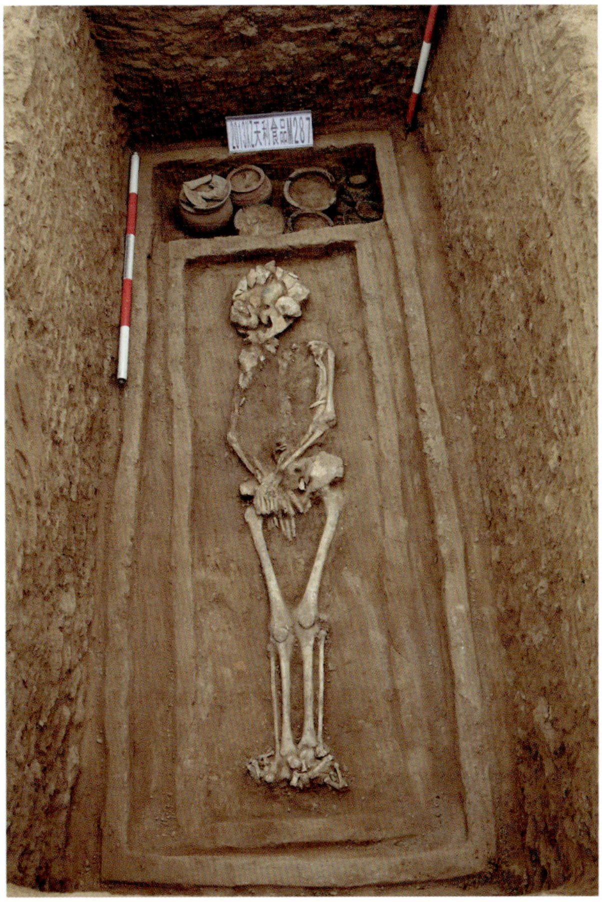

1. M287

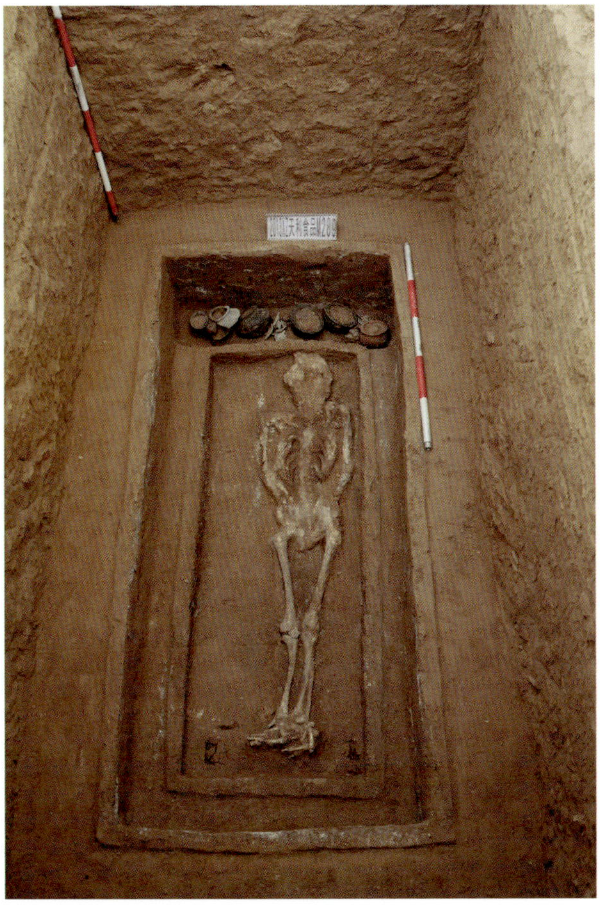

2. M289

M287和M289

1. M290

2. M300

M290 和 M300

1. M301

2. M304

M301 和 M304

1. M305

2. M9

M305和M9

1. M12

2. M27

M12 和 M27

彩版二四

1. M52

2. M80

M52和M80

1. M87

2. M113

M87 和 M113

1. M160

2. M191

M160和M191

1. M214

2. M138

M214和M138

1. M10出土陶器

2. M26出土陶器

M10和M26出土陶器

1. M67 出土陶器

2. M108 出土陶器

M67 和 M108 出土陶器

1. M119出土陶器

2. M130出土陶器

M119和M130出土陶器

1. M179 出土陶器

2. M275 出土陶器

M179和M275出土陶器

1. M4出土陶器

2. M12出土陶器

M4和M12出土陶器

1. 鬲（M191：4）

2. 鬲（M34：5）

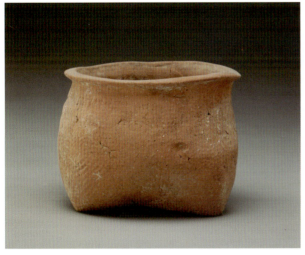

3. 鬲（M49：7）

4. 鬲（M128：14）

5. 鬲（M184：10）

6. 鬲（M187：1）

陶鬲

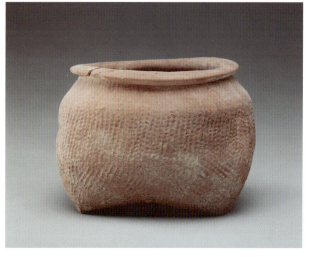

1. 鬲（M280∶3）

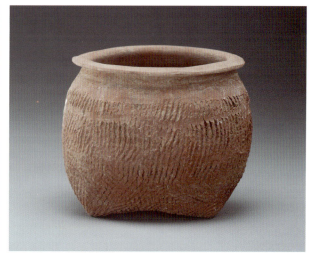

2. 鬲（M287∶3）

3. 鬲（M50∶7）

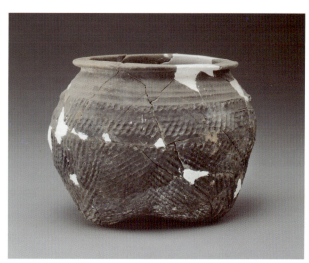

4. 鬲（M56∶15）

5. 鬲（M58∶13）

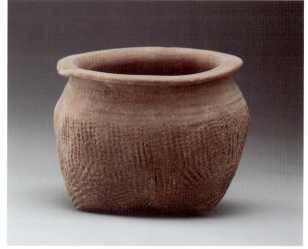

6. 鬲（M111∶4）

陶鬲

1. 鬲（M116∶8）

2. 鬲（M174∶11）

3. 鬲（M183∶7）

4. 鬲（M185∶4）

5. 鬲（M190∶7）

6. 鬲（M207∶6）

陶鬲

1. 鬲（M237∶6）

2. 鬲（M241∶3）

3. 鬲（M241∶6）

4. 鬲（M264∶1）

5. 鬲（M283∶1）

6. 鬲（M304∶7）

陶鬲

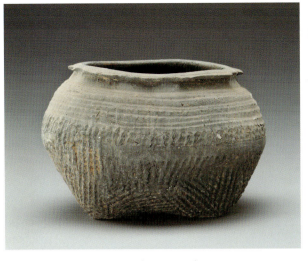

1. 鬲（M205：1）

2. 鬲（M219：4）

3. 鬲（M223：2）

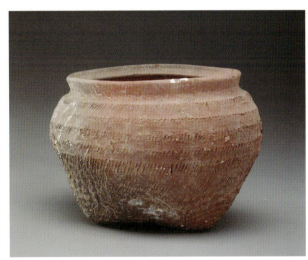

4. 鬲（M229：1）

5. 鬲（M240：2）

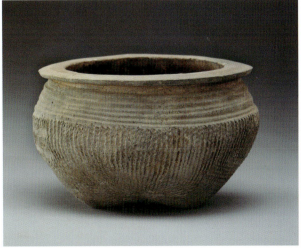

6. 鬲（M285：8）

陶鬲

1. 鬲（M29：9）

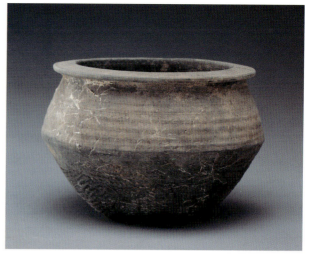

2. 鬲（M66：5）

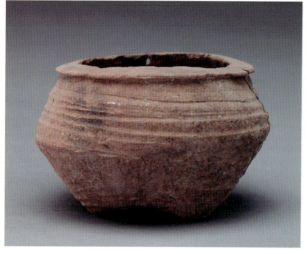

3. 鬲（M73：5）

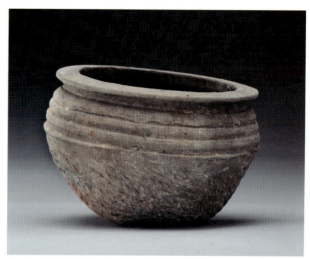

4. 鬲（M79：6）

5. 鬲（M214：2）

6. 鬲（M231：8）

陶鬲

1. 鬲（M87∶5）

2. 鬲（M90∶5）

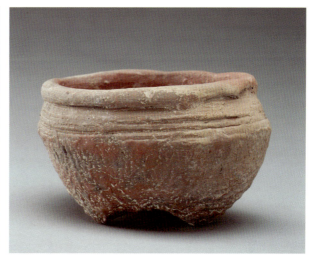

3. 鬲（M158∶3）

4. 鬲（M269∶6）

5. 鬲（M113∶2）

6. 鬲（M252∶7）

陶鬲

1. 鬲（M142：9）

2. 鬲（M180：2）

3. 鬲（M180：5）

4. 鬲（M180：12）

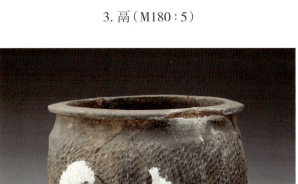

5. 鬲（M180：14）

6. 鬲（M232：5）

陶鬲

1. 鬲（M291：5）

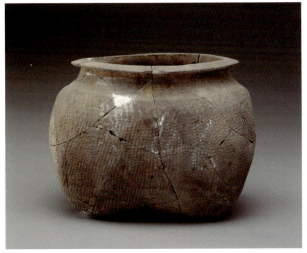

2. 鬲（M305：7）

3. 鬲（M46：4）

4. 鬲（M275：11）

5. 鬲（M191：7）

6. 鬲（M39：2）

陶鬲

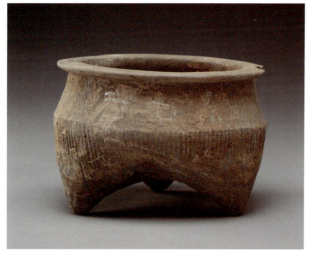

1. 鬲（M80：2）

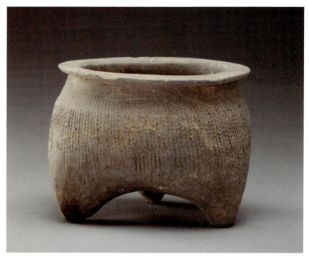

2. 鬲（M130：16）

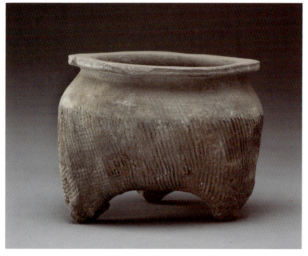

3. 鬲（M244：1）

4. 鬲（M108：3）

5. 鬲（M27：6）

6. 鬲（M179：9）

陶鬲

1. 鬲（M160：10）

2. 鬲（M186：2）

3. 鬲（M63：5）

4. 鬲（M149：5）

5. 鬲（M152：7）

6. 鬲（M152：11）

陶鬲

1. 鬲（M159：8）

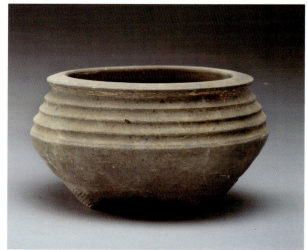

2. 鬲（M30：12）

3. 鬲（M61：3）

4. 鬲（M104：9）

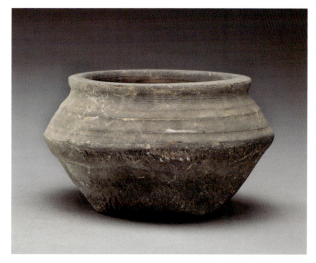

5. 鬲（M89：2）

6. 鬲（M163：3）

陶鬲

1. 鬲（M290：1）

2. 鬲（M290：5）

3. 鬲（M251：1）

4. 鬲（M251：2）

5. 鬲（M251：3）

6. 鬲（M107：9）

陶鬲

1. 鬲（M191：8）

2. 鬲（M242：5）

3. 鬲（M293：3）

4. 鬲（M47：2）

5. 鬲（M24：2）

6. 鬲（M89：1）

陶鬲

1. 盂（M119：15）

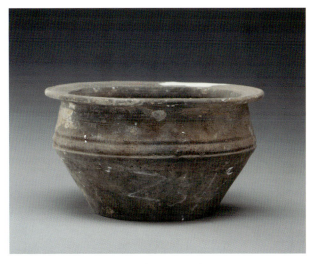

2. 盂（M251：4）

3. 盂（M251：5）

4. 盂（M251：9）

5. 盂（M251：14）

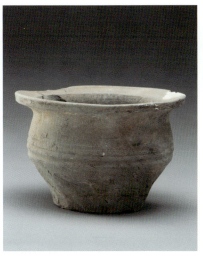

6. 盂（M275：12）

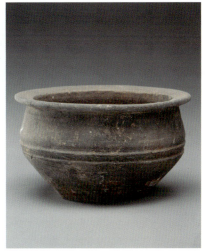

7. 盂（M107：14）

陶盂

1. 盂（M242：2）

2. 盂（M108：8）

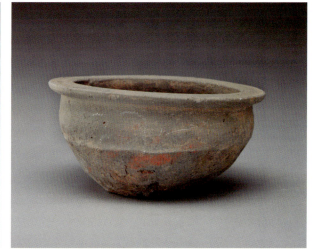

3. 盂（M130：10）

4. 盂（M27：16）

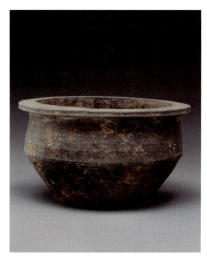

5. 盂（M39：11）

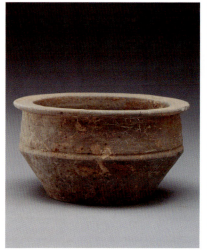

6. 盂（M80：7）

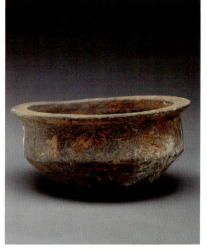

7. 盂（M179：11）

陶盂

1. 盂（M232：1）

2. 盂（M291：2）

3. 盂（M46：13）

4. 盂（M49：3）

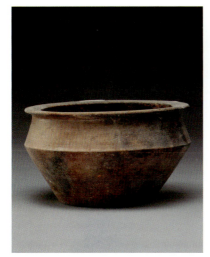

5. 盂（M68：6）

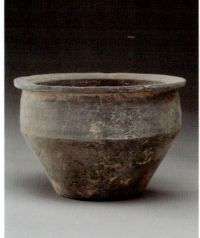

6. 盂（M142：1）

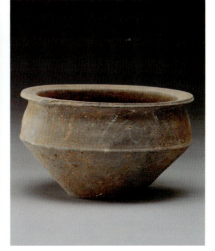

7. 盂（M160：12）

陶盂

1. 盂（M180：1）

2. 盂（M180：3）

3. 盂（M180：7）

4. 盂（M180：15）

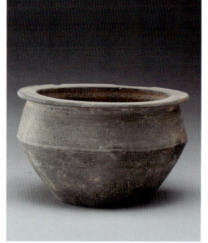

5. 盂（M184：1）

6. 盂（M287：6）

7. 盂（M47：12）

陶盂

陶盂

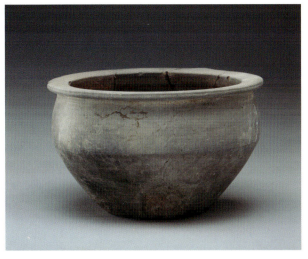

1. 盂（M116：6）

2. 盂（M127：3）

3. 盂（M183：12）

4. 盂（M190：12）

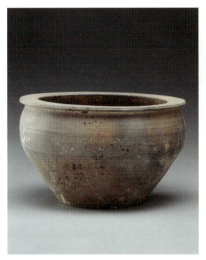

5. 盂（M207：9）

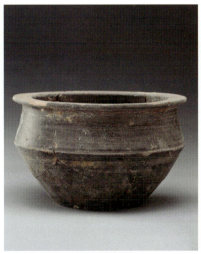

6. 盂（M237：9）

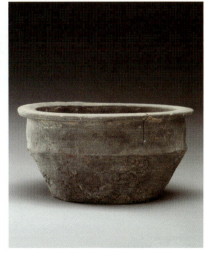

7. 盂（M241：9）

陶盂

1. 盂（M56：4）

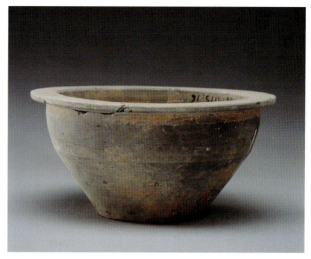

2. 盂（M175：16）

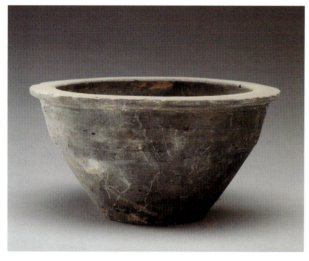

3. 盂（M240：12）

4. 盂（M285：1）

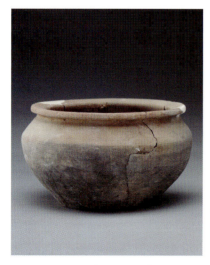

5. 盂（M285：6）

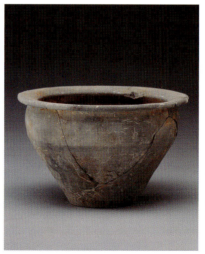

6. 盂（M30：1）

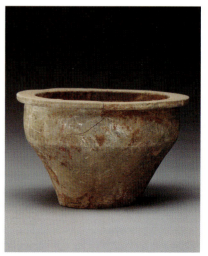

7. 盂（M61：10）

陶盂

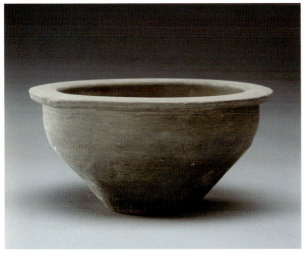

1. 盂（M104：6）

2. 盂（M22：5）

3. 盂（M67：6）

4. 盂（M87：1）

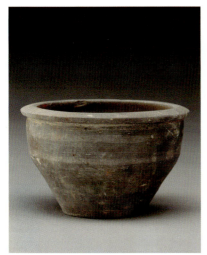

5. 盂（M89：3）

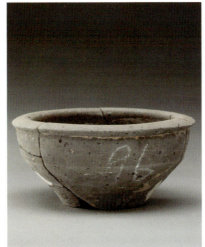

6. 盂（M96：1）

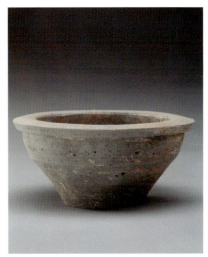

7. 盂（M163：11）

陶盂

1. 盂（M158：1）

2. 盂（M214：3）

3. 盂（M231：7）

4. 盂（M272：3）

5. 盂（M290：2）

6. 盂（M290：6）

7. 盂（M305：13）

陶盂

1. 豆（M119：9）　　　　2. 豆（M242：9）　　　　3. 豆（M251：7）

4. 豆（M251：8）　　　　5. 豆（M251：11）　　　　6. 豆（M251：12）

7. 豆（M252：1）　　　　8. 豆（M275：1）　　　　9. 豆（M108：11）

陶豆

1. 豆（M191：3）　　　　2. 豆（M252：3）　　　　3. 豆（M27：12）

4. 豆（M130：14）　　　　5. 豆（M232：3）　　　　6. 豆（M305：9）

7. 豆（M80：8）　　　　8. 豆（M179：10）　　　　9. 豆（M10：12）

陶豆

1. 豆（M34：2）　　　　2. 豆（M49：6）　　　　3. 豆（M142：4）

4. 豆（M160：8）　　　　5. 豆（M180：6）　　　　6. 豆（M180：8）

7. 豆（M180：9）　　　　8. 豆（M180：16）　　　　9. 豆（M46：7）

陶豆

1. 豆（M68：10）　　　　2. 豆（M184：13）　　　　3. 豆（M187：5）

4. 豆（M280：5）　　　　5. 豆（M287：1）　　　　6. 豆（M47：13）

7. 豆（M50：13）　　　　8. 豆（M58：5）　　　　9. 豆（M116：9）

陶豆

1. 豆（M183：2）　　　　2. 豆（M185：1）　　　　3. 豆（M190：2）

4. 豆（M245：3）　　　　5. 豆（M264：9）　　　　6. 豆（M283：10）

7. 豆（M301：1）　　　　8. 豆（M8：3）　　　　9. 豆（M56：12）

陶豆

1. 豆（M152：4）　　　2. 豆（M159：6）　　　3. 豆（M175：4）

4. 豆（M186：4）　　　5. 豆（M219：2）　　　6. 豆（M229：6）

7. 豆（M285：13）　　　8. 豆（M26：3）　　　9. 豆（M30：14）

陶豆

1. 豆（M61：13）　　　　2. 豆（M66：6）　　　　3. 豆（M73：7）

4. 豆（M79：7）　　　　5. 豆（M104：7）　　　　6. 豆（M231：1）

7. 豆（M269：7）　　　　8. 豆（M67：4）　　　　9. 豆（M12：4）

陶豆

1. 罐（M119：14）

2. 罐（M251：6）

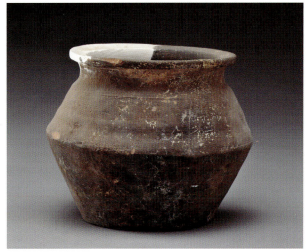

3. 罐（M251：10）

4. 罐（M251：13）

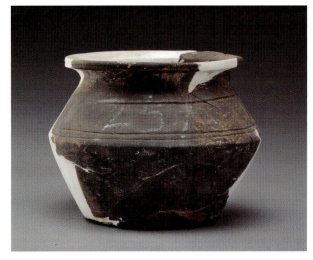

5. 罐（M251：17）

6. 罐（M275：2）

陶罐

1. 罐（M107∶7）

2. 罐（M108∶16）

3. 罐（M252∶6）

4. 罐（M252∶8）

5. 罐（M80∶16）

6. 罐（M179∶8）

陶罐

1. 罐（M119：4）

2. 罐（M275：3）

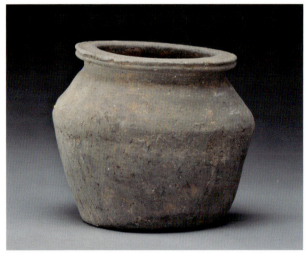

3. 罐（M27：7）

4. 罐（M39：6）

5. 罐（M130：5）

6. 罐（M142：10）

陶罐

1. 罐（M191：6）

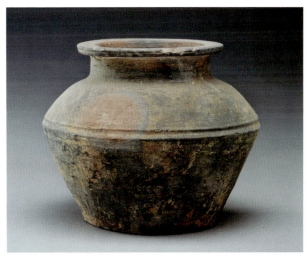

2. 罐（M232：6）

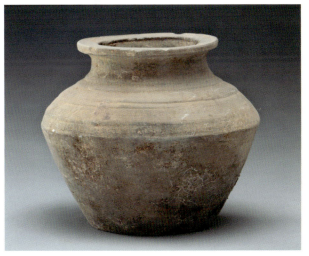

3. 罐（M252：5）

4. 罐（M291：8）

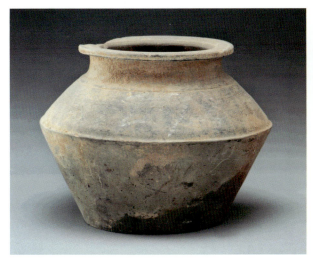

5. 罐（M293：2）

6. 罐（M34：15）

陶罐

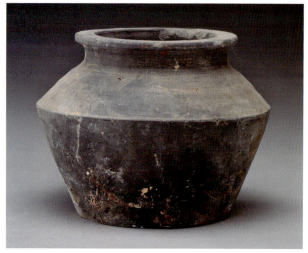

1. 罐（M46:1）

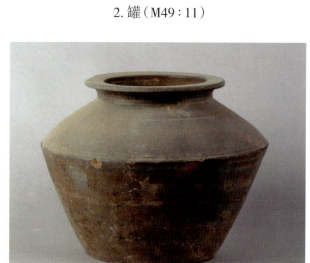

2. 罐（M49:11）

3. 罐（M68:4）

4. 罐（M115:3）

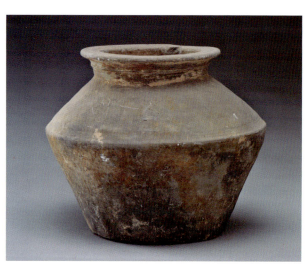

5. 罐（M128:5）

6. 罐（M160:7）

陶罐

1. 罐（M180：10）

2. 罐（M180：11）

3. 罐（M180：13）

4. 罐（M184：3）

5. 罐（M187：2）

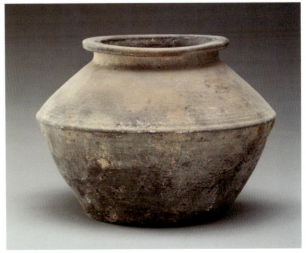

6. 罐（M280：8）

陶罐

1. 罐（M287：7）

2. 罐（M43：1）

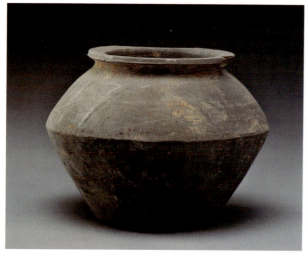

3. 罐（M47：7）

4. 罐（M58：1）

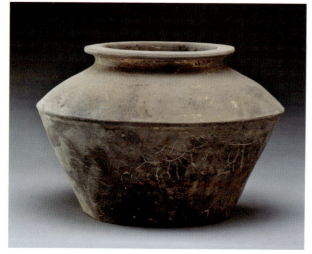

5. 罐（M111：6）

6. 罐（M121：1）

陶罐

1. 罐（M183：4）

2. 罐（M190：8）

3. 罐（M241：11）

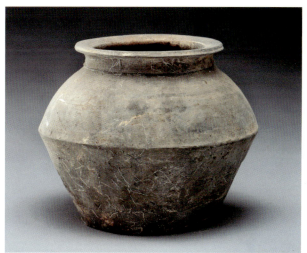

4. 罐（M245：4）

5. 罐（M264：6）

6. 罐（M301：2）

陶罐

1. 罐（M304：6）

2. 罐（M149：4）

3. 罐（M159：11）

4. 罐（M175：13）

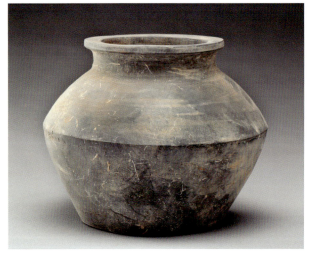

5. 罐（M205：5）

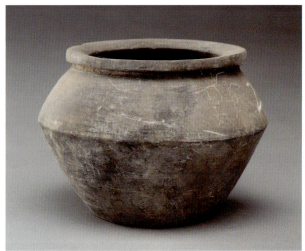

6. 罐（M229：3）

陶罐

1. 罐（M57：4）

2. 罐（M66：1）

3. 罐（M152：12）

4. 罐（M214：6）

5. 罐（M219：5）

6. 罐（M240：6）

陶罐

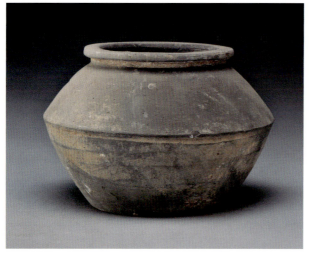

1. 罐（M23：2）

2. 罐（M25：4）

3. 罐（M30：8）

4. 罐（M61：9）

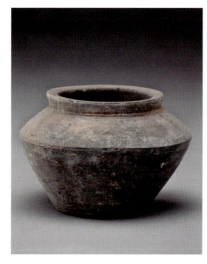

5. 罐（M73：3）

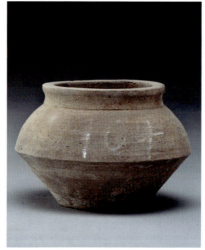

6. 罐（M104：1）

7. 罐（M231：5）

陶罐

1. 罐（M289：2）

2. 罐（M87：8）

3. 罐（M163：7）

4. 罐（M269：5）

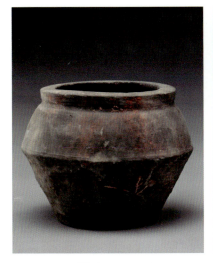

5. 罐（M290：3）

6. 罐（M290：4）

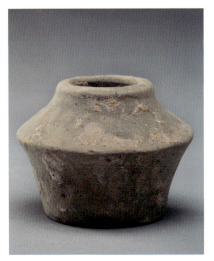

7. 罐（M67：3）

陶罐

1. 罐（M69：1）
2. 罐（M92：2）

3. 罐（M142：16）
4. 罐（M90：7）

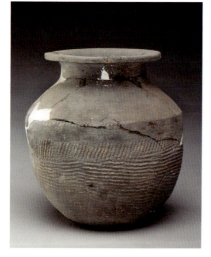
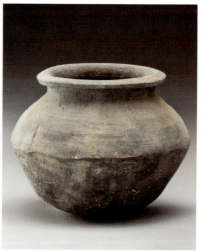
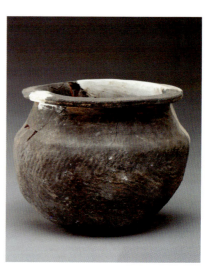

5. 罐（M119：5）
6. 罐（M241：5）
7. 罐（M305：3）

陶罐

1. 鼎（M26：5）

2. 鼎（M132：2）

3. 鼎（M114：3）

4. 鼎（M12：1）

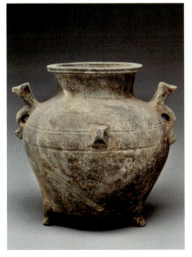

5. 罍（M26：2）

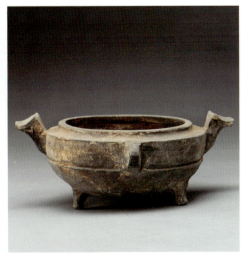

6. 敦（M26：6）

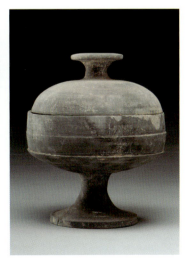

7. 盖豆（M132：1）

陶鼎、陶罍、陶敦和陶盖豆

1. 盖豆（M114：2）

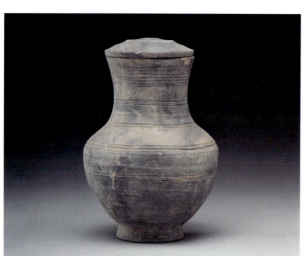

2. 盖豆（M12：3）

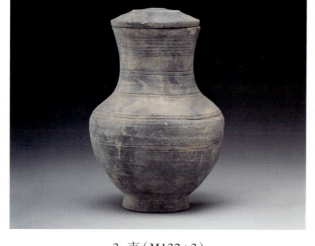

3. 壶（M132：3）

4. 壶（M114：1）

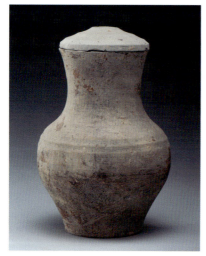

5. 壶（M12：2）

6. 小壶（M78：2）

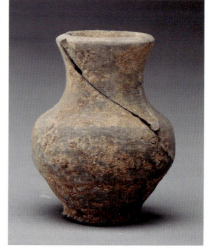

7. 小壶（M87：4）

陶盖豆和陶壶

1. 模型明器（M22：3）

2. 模型明器（M46：16）

3. 模型明器（M63：12）

4. 模型明器（M165：14）

5. 模型明器（M214：7）

6. 模型明器（M33：9）

7. 饰件（M113：3）

陶模型明器和陶饰件

1. 刻划符号（M43∶8）

2. 刻划符号（M108∶9）

3. 刻划符号（M111∶11）

4. 刻划符号（M183∶8）

5. 刻划符号（M184∶13）

6. 刻划符号（M264∶8）

陶器刻划符号

1. 刻划符号（M245:3）

2. 刻划符号（M279:3）

3. 刻划符号（M280:2）

4. 铜带钩（M166:1）

5. 铜带钩（M269:9）

6. 铜璜（M281:4）

陶器刻划符号、铜带钩和铜璜

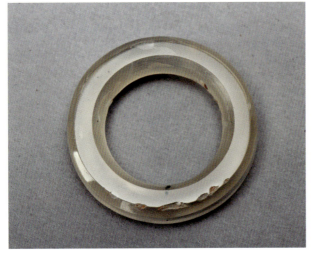

1. 玉环（M51：1-1）

2. 玉环（M51：1-2）

3. 玉残片（M138：1）

4. 玉贝（M251：16）

5. 玉圭（M277：1）

6. 玉觽（M281：1）

玉环、玉残片、玉贝、玉圭和玉觽

1. 水晶珠（M51：2-1）

2. 水晶珠（M51：2-2）

3. 水晶珠（M51：2-3）

4. 水晶珠（M51：2-4）

5. 水晶珠（M51：2-6）

6. 水晶珠（M51：2-7）

7. 水晶珠（M51：2-9）

8. 水晶珠（M51：2-10）

水晶珠

1. 骨簪(M78:1)

2. 贝(M10:15)

3. 贝(M69:5)

4. 海蛤(M74:1)

5. 贝(M80:17)

6. 贝(M237:15)

7. 贝(M283:9)

骨簪、贝和海蛤

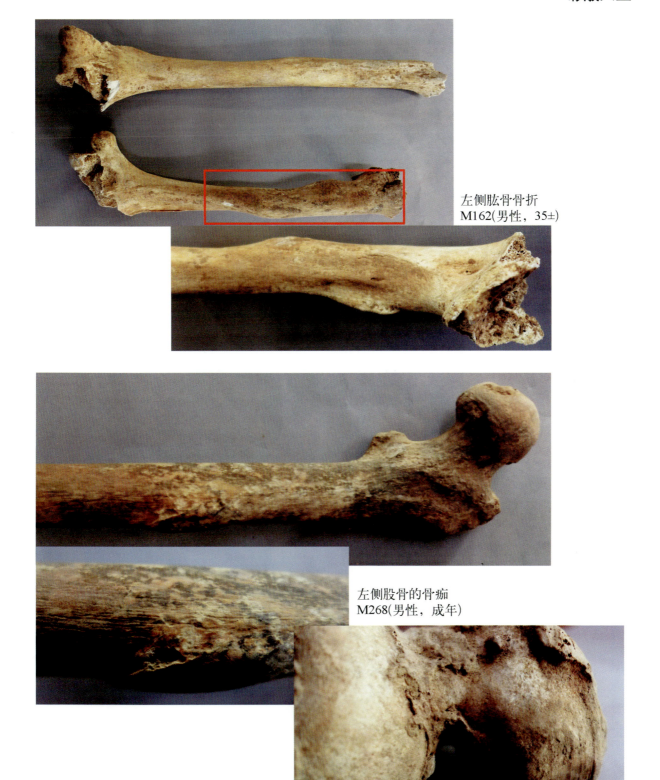

左侧肱骨骨折
M162(男性，35±)

左侧股骨的骨痂
M268(男性，成年)

左侧股骨外侧踝关节面的
骨质象牙化M268(男性，成年)

古病理标本

弥漫性特发性
骨质增生症
M209(男性，50±)

 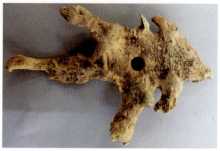

胸骨孔
M209(男性，50±)

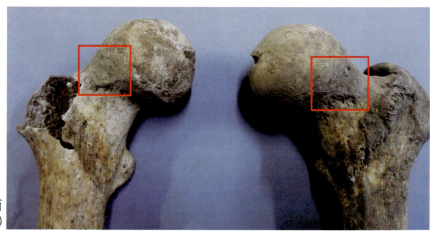

骑马人小平面
M203(男性，45-50)

古病理标本

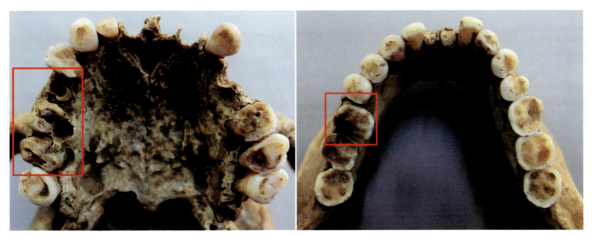

上、下颌的龋病M95(男性，55±)

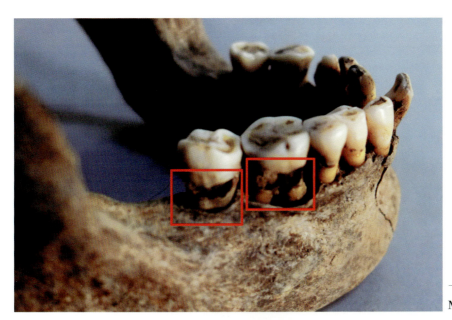

下颌臼齿颊侧龋病
M238(女性，55±)

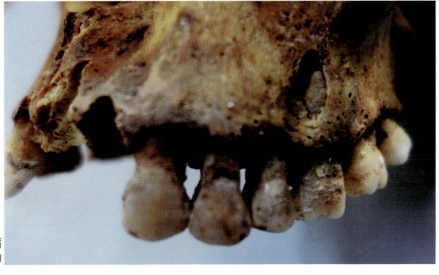

根尖周病
M223(性别未知，50-55)

古病理标本

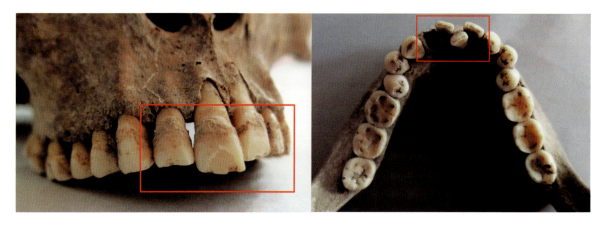

牙齿崩裂M110(男，50-55)　　　　　　齿列拥挤M110(男，50-55)

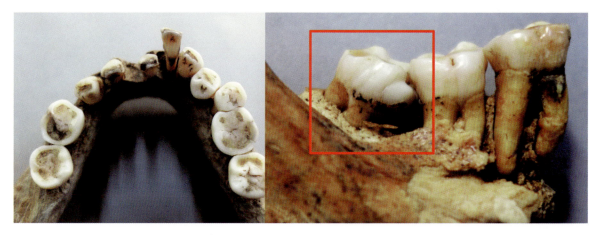

牙齿生前脱落M238(女，55±)　　　　　第三臼齿阻生M172(男，40-45)

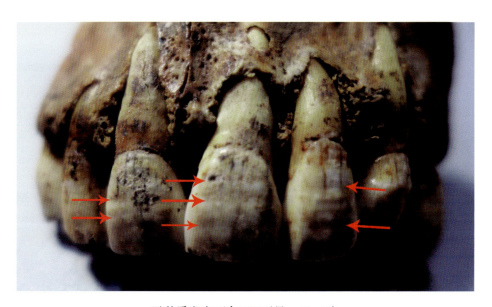

牙釉质发育不良M172(男，40-45)

古病理标本

1. 正视

2. 侧视

3. 顶视

4. 后视

颅骨标本（M8）

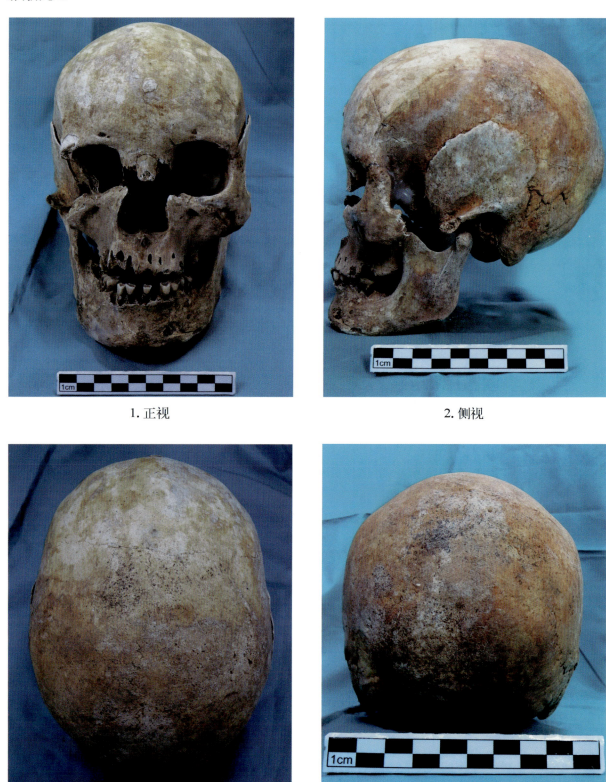

1. 正视

2. 侧视

3. 顶视

4. 后视

颅骨标本（M11）

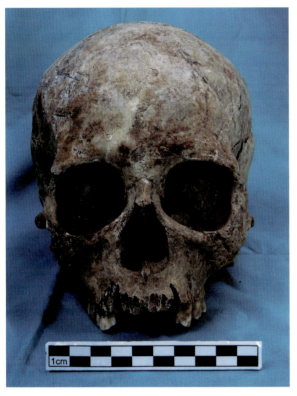

1. 正视

2. 侧视

3. 顶视

4. 后视

颅骨标本（M90）

1. 正视

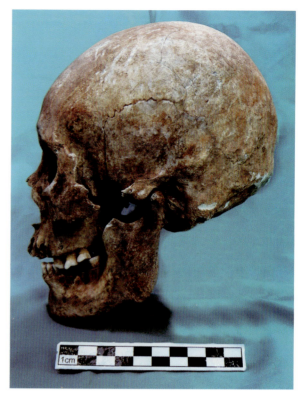

2. 侧视

3. 顶视

4. 后视

颅骨标本（M95）

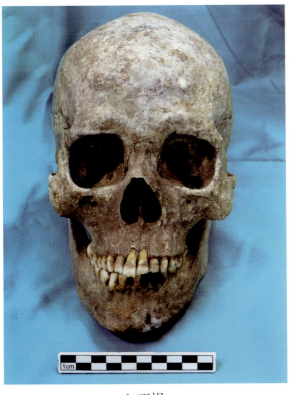

1. 正视

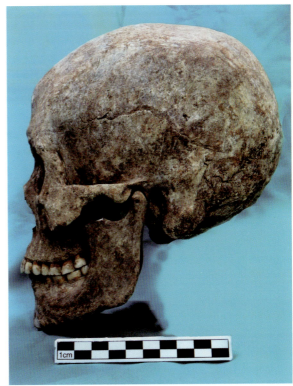

2. 侧视

3. 顶视

4. 后视

颅骨标本（M110）

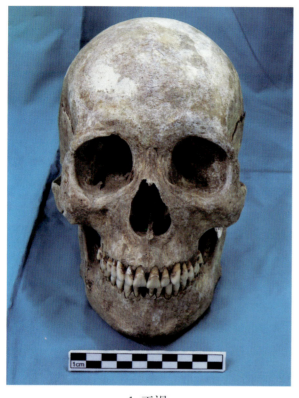

1. 正视

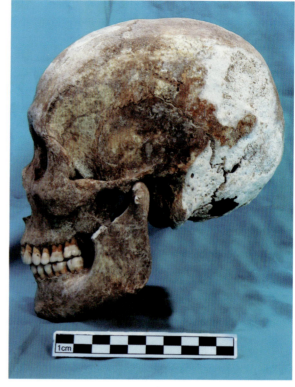

2. 侧视

3. 顶视

4. 后视

颅骨标本（M114）

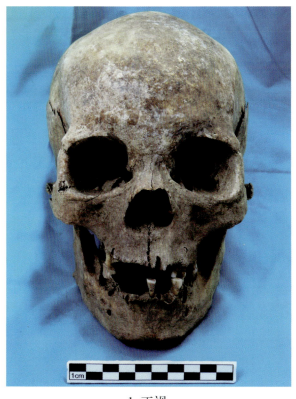

1. 正视

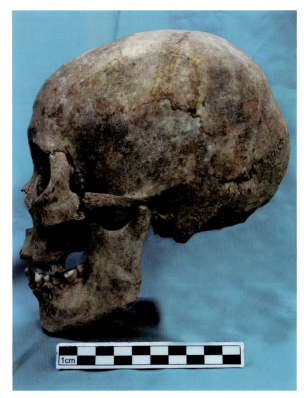

2. 侧视

3. 顶视

4. 后视

颅骨标本（M169）

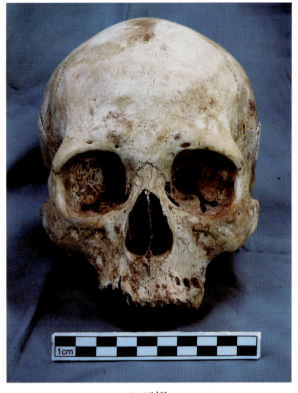

1. 正视

2. 侧视

3. 顶视

4. 后视

颅骨标本（M197）

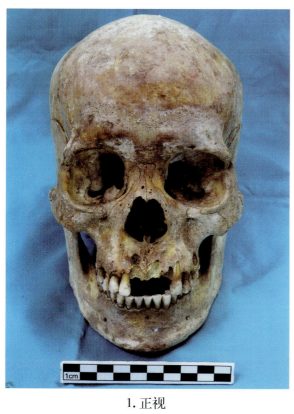

1. 正视

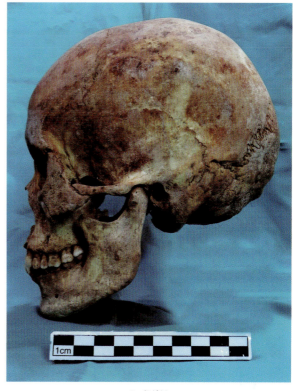

2. 侧视

3. 顶视

4. 后视

颅骨标本（M223）

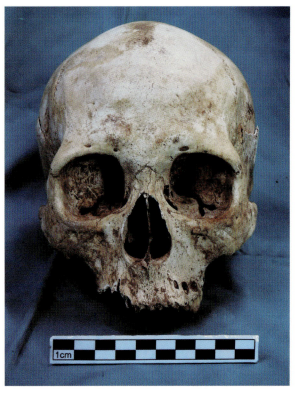

1. 正视

2. 侧视

3. 顶视

4. 后视

颅骨标本（M252）